[中文版]
Chinese Version

开发性金融脱贫攻坚发展报告

（2017/中英文对照）

Report on the Progress of the Fight Against Poverty Through Development Finance

Edited by China Development Bank

国家开发银行◎编

责任编辑：张　燕
封面设计：林芝玉
责任校对：吕　飞

图书在版编目（CIP）数据

开发性金融脱贫攻坚发展报告. 2017：全二册：汉英对照/国家开发银行 编. —
北京：人民出版社，2018. 10
ISBN 978 - 7 - 01 - 019969 - 6

Ⅰ. ①开…　Ⅱ. ①国…　Ⅲ. ①扶贫—金融支持—研究报告—中国—2017—汉、语
Ⅳ. ①F124. 7　②F832. 0

中国版本图书馆 CIP 数据核字（2018）第 238567 号

开发性金融脱贫攻坚发展报告
KAIFAXING JINRONG TUOPIN GONGJIAN FAZHAN BAOGAO
（2017/中英文对照）

国家开发银行 编

人民出版社出版发行
（100706　北京市东城区隆福寺街 99 号）

北京中科印刷有限公司印刷　新华书店经销

2018 年 10 月第 1 版　2018 年 10 月北京第 1 次印刷
开本：787 毫米 × 1092 毫米 1/16　印张：51. 5
字数：660 千字

ISBN 978 - 7 - 01 - 019969 - 6　定价：176. 00 元（全二册）

邮购地址 100706　北京市东城区隆福寺街 99 号
人民东方图书销售中心　电话（010）65250042　65289539

CONTENTS

目　录

融智篇

融情篇

地区篇

示范篇

附　录

前　言

消除贫困、改善民生、逐步实现共同富裕，是社会主义的本质要求，是我们党的重要使命。党的十八大以来，党中央把贫困人口脱贫作为实现中华民族第一个百年奋斗目标的底线任务和标志性指标，在全国范围全面打响了脱贫攻坚战。脱贫攻坚力度之大、规模之广、影响之深，前所未有。2015 年 11 月召开的中央扶贫开发工作会议提出，要做好金融扶贫这篇文章，加大对脱贫攻坚的金融支持力度，特别是要重视发挥好政策性金融和开发性金融在脱贫攻坚中的作用。《中共中央 国务院关于打赢脱贫攻坚战的决定》（中发〔2015〕34 号）明确提出，国家开发银行（以下简称“开发银行”）设立“扶贫金融事业部”。2016 年 11 月，国务院审定批准的《国家开发银行章程》将扶贫开发等增进人民福祉的领域作为开发银行支持重点。

2016 年以来，根据党中央、国务院决策部署，开发银行先后采取了一系列超常规举措，积极发挥开发性金融作用，大力决战脱贫攻坚。一是创新机制方法，压实工作责任。组建了扶贫金融事业部，发挥“集团军”作战优势。进一步加强与国家部委合作，共同研究银政合作支持脱贫攻坚的思路方法。与地方政府共同建立省、市、县三级开发性金融脱贫攻坚合作办公室，搭建银政合作推进脱贫攻坚的重要平台。签订脱贫攻坚责任书、立下“军令状”，逐级明确脱贫攻坚主体责任。二是聚焦脱贫难点，精准信贷投放。围绕脱贫攻坚重点难点，探索形成“融制、融资、融智”的“三融”扶贫策略及“易地扶贫搬迁到省、基础设施到县、产业发展到村（户）、教育资助到户（人）”的“四到”工作思路和方法，截至2017年年底，累计发放精准扶贫贷款1.36万亿元，惠及1247个国家级和省级贫困县中的983个县，脱贫攻坚工作取得积极成效。三是强化融智服务，加大扶智力度。在协助20个省编制省级脱贫攻坚规划的同时，与22个国家级贫困县开展融资规划编制合作试点，组织编制河南省卢氏县等49份脱贫攻坚规划资询报告。向贫困地区选派183名扶贫金融专员，帮助地方政府找思路、出主意。先后为全部14个集中连片特困地区举办了专题培训班，覆盖721个贫困县，培训贫困县领导干部1400余人次等。开发银行支持脱贫攻坚工作得到了党中央、国务院和各级政府的高度肯定以及贫困群众的广泛赞扬。

当前，脱贫攻坚已经进入攻坚拔寨的冲刺阶段。2017年6月23日，习近平总书记在山西太原召开深度贫困地区脱贫攻坚座谈会时强调，要发挥金融资金的引导和协同作用，形成支持深度贫困地区脱贫攻坚的强大投入合力。开发银行将坚持精准扶贫、精准脱贫基本方略，运用开发性金融理念和方法，以建档立卡贫困村和贫困人口为支持重点，以深度贫困地区脱贫攻坚为抓手，通过“三融”“四到”支持打好脱贫攻坚的每一场战役，助力贫困地区和贫困人口与全国一道迈入全面小康社会。

为更加全面反映开发银行贯彻落实党中央、国务院关于打赢脱贫攻坚战决策部署的做法和成效，开发银行组织编写了《开发性金融脱贫攻坚发展报告（2017）》。旨在宣介开发性金融脱贫攻坚的理念方法和实践做法，为如期打赢脱贫攻坚战、实现全面建成小康社会目标提供借鉴和帮助。

综　　述

《中共中央 国务院关于打赢脱贫攻坚战的决定》提出，要发挥好政策性、开发性金融的作用，并明确要求开发银行成立扶贫金融事业部。开发银行始终坚决贯彻落实党中央、国务院决策部署，发挥开发性金融作用，不断强化体制机制建设和创新，采取超常规举措，加大工作力度，大力支持脱贫攻坚。本篇主要介绍开发银行通过绘制“路线图”、组建“集团军”、签订“军令状”，运用“三融”扶贫策略和“四到”工作思路方法，支持脱贫攻坚的主要做法和成效。

发挥开发性金融作用
全力打赢脱贫攻坚战

习近平总书记在中央扶贫工作会议上指出，特别要重视发挥好政策性金融和开发性金融在脱贫攻坚中的作用。《中共中央　国务院关于打赢脱贫攻坚战的决定》提出，要发挥好政策性、开发性金融的作用，并明确要求开发银行成立扶贫金融事业部。2016 年以来，开发银行坚决贯彻落实党中央、国务院关于打赢脱贫攻坚战的决策部署，以党建统领脱贫攻坚，以扶智建制为重点，在思路、方法、制度等方面下大力气，不断强化体制机制建设和创新，加强思路方法研究，通过绘制“路线图”、组建“集团军”、签订“军令状”，加大融资融智支持力度，截至 2017 年年底，累计发放精准扶贫贷款 1. 36 万亿元，重点支持了易地扶贫搬迁、贫困村提升工程、特色产业、教育医疗卫生和助学贷款等脱贫攻坚领域，覆盖 983 个贫困县，有效缓解了贫困地区的资金瓶颈制约，有力促进了贫困地区的经济社会发展和贫困群众的生产生活条件改善，得到了党中央、国务院和各级政府的高度肯定以及贫困群众的广泛赞扬。

一、强化组织保障，成立扶贫金融事业部新机构

2015 年中央扶贫开发工作会议召开后，开发银行第一时间成立了由主要

负责同志任组长的脱贫攻坚领导小组,全面加强脱贫攻坚组织领导。2016 年以来,多次召开开发银行党委会议、全行性专题会议,就脱贫攻坚进行安排部署和组织推动。特别是根据《中共中央 国务院关于打赢脱贫攻坚战的决定》关于开发银行设立扶贫金融事业部的有关要求,高效完成方案设计、人员调配、制度建设、机构设立和报批等工作。2016 年 5 月 31 日,经银监会批准,开发银行扶贫金融事业部正式成立运行,下设综合业务局、基础设施局、区域开发局三个总行一级局,实现了扶贫业务的专账单独核算和经营。开发银行决战脱贫攻坚有了专门机构、专业队伍、专家力量,以"集团军"的方式,为支持打赢脱贫攻坚战提供组织支撑和保障。

2016 年 6 月 13 日,开发银行召开全行扶贫开发工作会议,学习贯彻党中央、国务院关于打赢脱贫攻坚战的决策部署,研究落实扶贫开发工作举措。为进一步落实责任,开发银行分行党委"一把手"作为支持当地脱贫攻坚的第一责任人,与总行党委签订了脱贫攻坚责任书,立下"军令状",实现了脱贫攻坚主体责任的逐级明确落实。

二、加强银政合作,构建脱贫攻坚工作新机制

一是积极参与政策研究。加强与中央农办、国家发展改革委、国务院扶贫办等部门的联系、沟通和汇报,积极参与脱贫攻坚政策研究。与有关部委合作,共同研究推动水利、交通、教育、医疗卫生等行业扶贫工作。如:与国家发展改革委联合发布《关于支持美丽特色小(城)镇建设促进脱贫攻坚的意见》,积极开展探索实践,支持脱贫攻坚与美丽特色小(城)镇建设相互促进、协同发展。二是深化与地方政府的脱贫攻坚合作。先后与贵州、甘肃、云南等 21 个省(自治区、直辖市)签订了开发性金融支持脱贫攻坚合作协议,明确工作目标、支持重点和合作机制等内容,为合力推进脱贫攻坚奠定基础。三是搭建开发性金融脱贫攻坚合作机制和平台。与各地政府共同建立省、市、县三级"开发性金融脱贫攻坚合作办公室",构建组织、推动、协调金融扶贫的工作机制和合作平台,完善扶贫项目运作和资金运行管理,取得良好成效。

三、打好易地扶贫搬迁首战，实现精准扶贫新突破

按照国务院领导"理顺从中央到省、市(县)的资金运作机制，做到上下贯通"的指示，开发银行多措并举，确保易地扶贫搬迁首战告捷。一是打通资金运作渠道。协助22个省(自治区、直辖市)政府建立省级扶贫投融资主体。在国家发展改革委的指导下，主动研究设计省、市、县三级资金管理体系，规范资金借、用、管、还各环节，并承办"全国易地扶贫搬迁投融资工作专题培训班"，为地方讲解。二是做好资金筹集工作。成功发行17期专项政策性金融债券，筹集易地扶贫搬迁信贷资金751亿元。三是加快项目评审和贷款投放。按照省级扶贫投融资主体"统一贷款、统一采购、统一还款"的融资模式，开辟绿色通道，优化贷款程序，对22个省(自治区、直辖市)承诺贷款4483亿元，惠及911万建档立卡贫困人口和253万同步搬迁人口，截至2017年年底，已累计发放贷款868亿元，审批专项建设基金216亿元，投放199亿元，为易地扶贫搬迁提供了充足的资金保障。

四、整合财政支农资金，开拓破解贫困村提升工程资金瓶颈新举措

开发银行根据国务院办公厅《关于支持贫困县开展统筹整合使用财政涉农资金试点的意见》(国办发〔2016〕22号)，研究提出通过整合财政涉农资金撬动信贷资金的创新性举措，围绕村组道路、安全饮水、环境整治、校安工程等难点和"短板"，在不增加地方财政负担的前提下，为贫困县建档立卡贫困村基础设施提供贷款支持。截至2017年年底，开发银行已向23个省份承诺农村基础设施建设贷款3027亿元，发放1393亿元，惠及541个贫困县的3.99万个建档立卡贫困村，可以建设村组道路31万公里、校安工程4762个、农村危旧房改造8.9万套，解决2316万人的安全饮水问题，极大改善了贫困

地区的生产生活条件，增强了贫困群众的直接获得感，激发了内生发展动力，并为产业发展奠定基础，为实现持久脱贫创造了条件。

五、紧抓特色产业，积极探索金融扶贫新路径

开发银行紧抓产业扶贫这个脱贫攻坚的关键环节，着力增强贫困地区的“造血”能力。2016 年以来发放产业扶贫贷款 929 亿元，助力数十万建档立卡贫困户走上增收脱贫之路，在支持贫困地区产业发展中发挥了较好的示范引领作用。一是积极与央企、国企、地方行业龙头企业开展合作，将龙头企业的市场优势、行业优势与贫困地区的资源优势有机结合，通过签订购销合同、吸纳就业、土地流转、分红等方式，构建龙头企业与贫困人口之间的利益联结机制，带动贫困人口增收脱贫。二是完善推广“四台一会”（管理平台、统贷平台、担保平台、公示平台、信用协会）贷款模式，将“四台一会”融资机制与村级互助资金协会运作机制有效结合，向甘肃建档立卡贫困人口提供单笔额度不超过 3 万元的小额扶贫信用贷款 10.2 亿元，支持了 3.4 万贫困农户发展特色产业。三是借鉴德国复兴信贷银行模式，将开发银行批发优势和中小商业银行零售优势有机结合，合作开展转贷款试点，在河南、甘肃等地发放扶贫转贷款7000 多万元，重点支持贫困地区小微企业和农户发展特色产业。四是牢固树立“易地扶贫搬迁是脱贫搬迁”的理念，在支持地方政府编制规划中统筹考虑搬迁群众就业、子女上学、社会保障等问题，把后续产业发展作为支持重点，与搬迁安置同步规划、同步推进，并制定专门的指导意见，对搬迁安置与后续产业发展进行同步授信、同步支持。还创新捐赠资金使用方式，为 21 个贫困县捐赠资金 2400 万元，用于壮大风险补偿金，为贫困县产业发展提供支持。

六、积极开拓创新，加强教育医疗两大保障建设

开发银行瞄准贫困地区教育和医疗卫生两大突出短板，不断拓宽扶贫开发思路，切实加大支持力度。教育扶贫方面，发挥助学贷款主力银行作用，按照"应贷尽贷"原则，截至2017年12月末，开发银行累计发放助学贷款1360亿元，覆盖了26个省（自治区、直辖市），2240个县，2835所高校，使1039万家庭经济困难学生圆梦大学，其中支持建档立卡贫困学生超过100万人。在四川古蔺率先开展中职教育助学贷款试点，为家庭贫困的中职学生提供信用贷款，重点解决住宿费和生活费不足问题，支持贫困学生接受中职教育，为促进就业增收打下基础。同时，通过支持职业学校和农民工培训基地建设，着力提高贫困人口生产劳动技能，增强就业和创业能力，助力贫困人口彻底摆脱贫困。健康扶贫方面，主动与卫生计生委加强合作，开展联合调研，共同研究推进开发性金融支持贫困地区医疗卫生事业发展的指导意见和工作方案，探索创新融资支持方式，重点支持贫困地区县级医院、乡镇卫生院、村卫生室等建设。在云南省，开发银行通过统贷模式支持职业学校和县级医院建设脱贫工程，实现贷款承诺201.5亿元，发放10亿元，支持全省38所职业学校、30个县级公立医院和妇女儿童医院建设，切实加快了贫困地区教育、医疗卫生保障的进程。

七、强化融智服务，为打赢脱贫攻坚战提供智力支持

扶贫必先扶智。开发银行在加大脱贫攻坚资金支持的同时，充分发挥专家优势，不断创新帮扶方式，切实加大融智支持力度。一是加大人才支持。选派183名综合素质好、责任意识强、业务能力过硬的业务骨干到832个国家级贫困县所在的174个地市州专职开展扶贫工作，在规划编制、扶贫项目策划、融资模式设计等方面帮助地方政府找思路、出主意。二是加强规划编制。

坚持从规划入手，推动地方政府科学谋划脱贫攻坚工作，协助20个省份编制省级脱贫攻坚规划，与22个国家级贫困县开展融资规划编制合作试点，并组织开展河南省卢氏县等49份脱贫攻定规划资询报告。三是举办“扶贫开发地方干部培训班”。先后为全部14个集中连片特困地区举办了专题培训班，覆盖721个贫困县，培训贫困县领导干部1400余人次。四是创新开展定点扶贫。在做好贵州正安、务川、道真和四川古蔺4个贫困县定点帮扶工作的同时，开发银行将中央国家机关组织协调、政策保障和行业管理优势与自身融资融智优势相结合，积极探索合力推进定点扶贫的新路子。目前，开发银行已与89个中央国家机关建立合作关系，先后参与了84个贫困县的扶贫规划和129个贫困县融资方案的编制，向230个贫困县发放贷款超过1000亿元。2017年5月，开发银行与中央国家机关工委联合举办中央国家机关扶贫挂职干部培训班，为89个单位的160位定点县挂职干部提供培训。

支持打赢脱贫攻坚战是开发银行应尽的职责。开发银行将深入贯彻落实习近平总书记系列重要讲话精神，牢固树立“四个意识”，在服务国家战略中找准定位，在落实中央决策部署中实现作为，在脱贫攻坚行动中展现担当，重点做好以下几方面工作：

一是着力支持贫困村提升工程。以12.8万个建档立卡贫困村为重点，加大对特困地区村组道路、安全饮水、电网改造、人居环境整治等基础设施和基础教育、职业教育以及医疗卫生等公共服务领域资金投入和政策支持，全面提升深度贫困地区和建档立卡贫困村的生产生活条件，打通脱贫攻坚政策落实“最后一公里”。同时，进一步加大对西藏、四省藏区、新疆南疆四地州及四川凉山、云南怒江、甘肃临夏等民族地区基础设施和公共服务等领域的支持力度，助力深度贫困地区脱贫攻坚。

二是加大易地扶贫搬迁支持力度。继续加大易地扶贫搬迁资金投放，为全国约1000万建档立卡贫困人口完成搬迁任务提供资金保障。同时，主动创新投融资模式，加大对已搬迁群众和安置区的跟踪支持力度，推动和参与后续发展规划，研究适合区域性特点的搬迁人口脱贫方案和投融资方案，为搬迁户就业有渠道、收入有提高、生活能融入提供全面金融服务。

三是推进产业扶贫。聚焦易地扶贫搬迁后续产业发展，将搬迁群众就业创业作为产业扶贫工作重点。深化银政合作，完善推广“四台一会”贷款模式，积极探索资产收益扶贫等创新模式，重点支持农村经济组织发展，壮大贫困村集体经济。积极与龙头企业合作，培育一批带动性好、可持续的产业扶贫项目，共同支持贫困地区产业发展，带动贫困群众脱贫致富。

四是大力支持健康、教育扶贫。大力支持健康扶贫，在国家卫生计生委的指导下，着手启动县级医院能力达标工程，改善广大农村特别是贫困人口就医条件，提高医疗卫生服务水平。同时，继续扩大助学贷款覆盖面，做好中等职业教育助学贷款试点工作；加大教育基础设施支持力度，支持建设一批有专业特色并适应市场需求的中等职业学校。

五是推进“三大行动”。实施深度贫困地区脱贫攻坚行动，按照习近平总书记“新增脱贫攻坚资金主要用于深度贫困地区，新增脱贫攻坚项目主要布局深度贫困地区，新增脱贫攻坚举措主要集中于深度贫困地区”的“三个新增”要求，将开发银行信贷资金和政策向深度贫困地区倾斜，进一步探索创新超常规举措，助力深度贫困地区与全国一道进入全面小康社会。实施定点扶贫行动，推动扩展与国资委、中央国家机关工委等部门的合作，将各部委的组织协调优势、行业指导优势与开发银行开发性金融优势相结合，有效整合资源，形成推动定点县脱贫攻坚的强大合力。实施东西部扶贫协作行动，贯彻党中央、国务院关于东西部扶贫协作的决策部署，建立支持东西部扶贫协作的工作机制，发挥开发性金融优势与作用，为促进东西部扶贫协作提供支持和服务。

创设银政合作新机制
搭建合力攻坚新平台

多年来，开发银行始终坚持把加强和深化政府合作作为巩固、发展脱贫攻坚机制建设的关键环节，不断深化与各级政府的合作，加强扶贫工作的机制建设，为更好地发挥开发性金融作用、支持打赢脱贫攻坚战提供了有力支撑。

一方面，开发银行大力推进与各部委的合作。加强向有关主管部门的沟通汇报，与中央政策研究室、中央农办、国家发展改革委、教育部、财政部、交通运输部、水利部、农业部、卫生计生委、人民银行、国家林业局、银监会、国家能源局、国务院扶贫办等部门密切合作，探讨各领域开展扶贫开发的思路和方法。

——积极参与政策创设。自 2015 年 3 月以来，开发银行先后 5 次与中央农办等部门沟通对接，积极参与《中共中央 国务院关于打赢脱贫攻坚战的决定》的起草工作，研究探索金融扶贫的超常规措施，从扶贫融资主体建设、融资模式创新、财政资金整合等方面提出意见建议并被吸收采纳。与国务院扶贫办签署开发性金融扶贫合作协议，共同探索支持贫困乡村发展特色产业、扶贫小额信用贷款、资产收益扶贫等精准扶贫的方法和模式。与国家发展改革委合作开展全国易地扶贫搬迁“十三五”规划前期研究，为规划的编制奠定良好基础。双方联合发布《关于支持特色小(城)镇建设促进脱贫攻坚的意见》,支持脱贫攻坚与特色小(城)镇建设相互促进、协同发展。

——合力聚焦重点领域。与水利部合作,发挥开发性金融对水利扶贫开发工作的重要促进作用,夯实贫困地区水利基础设施,加快贫困地区水利改革发展。与交通运输部签署合作协议,共同推进交通扶贫领域的制度、信用、市场建设,提供7000亿元的融资支持,破解交通扶贫融资难题,为打赢脱贫攻坚战提供保障。与国家林业局、财政部、国务院扶贫办印发关于整合和统筹资金支持贫困地区油茶核桃等木本油料产业发展的指导意见,创新林业扶贫的新模式。与国家民委共同研究提出支持武陵山片区发展的意见及实施方案;并会同国家民委、国家旅游局、全国工商联及湖北、湖南、重庆、贵州四省(直辖市)政府签署《推进武陵山片区旅游减贫致富与协同发展合作协议》及相关指导意见,推进片区旅游产业发展,促进扶贫开发。此外,与国家卫生计生委、教育部加强合作,研究推进医疗、教育扶贫的指导意见和工作方案。

——共同推进定点扶贫。开发银行深化与中央国家机关工委合作,与中央国家机关和单位共同探索支持定点扶贫县脱贫攻坚的新方式。开发银行已与89个中央国家机关建立合作关系,先后参与了84个贫困县的扶贫规划和129个贫困县融资方案的编制,向230个贫困县发放贷款超过1000亿元。2017年5月,开发银行与中央国家机关工委联合举办中央国家机关扶贫挂职干部培训班,为89个单位的160位定点县挂职干部提供培训。

专栏:开发银行与国家民委共同推进武陵山片区脱贫攻坚与区域发展

武陵山片区是维护民族团结、促进民族进步的重要区域,推动这一片区的脱贫攻坚与区域发展工作,对于全国民族地区经济社会发展具有重要示范带动意义。2013年以来,开发银行和国家民委与湖北、湖南、贵州、重庆四省(直辖市)政府在推进武陵山片区脱贫攻坚试点方面开展了大量探索和实践,形成了金融推动片区发展的新路子。

2013年,开发银行和国家民委通过深入调研,共同研究提出《关于支持武陵山片区区域发展与脱贫攻坚试点的意见》及实施方案,与湖北、湖南、重庆、贵州四省(直辖市)政府共同签署六方合作协议,搭建了银政合作推进武陵山区域扶贫开发的新机制。2016 年 1 月,开发银行参加在重庆召开的武陵山片区区域发展与扶贫攻坚推进会,与国家民委、国家旅游局、全国工商联以及四省(直辖市)政府签订了《推进武陵山片区旅游减贫致富与协同发展合作协议》,2016 年 6 月,与国家民委、国家旅游局、全国工商联联合印发《关于推进武陵山片区旅游减贫致富与协同发展的意见》,为探索武陵山片区扶贫开发的新模式和新机制,加快推进片区如期实现全面建成小康社会的目标共谋思路。

此外,开发银行湖北、湖南、重庆、贵州四省(直辖市)分行积极与省、市、县各级政府部门加强合作,全面加大对当地扶贫开发支持力度。如:与湖南省发展改革委共同研究提出旅游扶贫工作方案,探索以"小专项 + 贷款"的模式对大湘西地区节点旅游交通标志和旅游公共服务设施建设予以融资支持。与重庆市黔江区政府签订了《共同推进扶贫攻坚工作和渝东南片区中心城市建设开发性金融合作备忘录》和《政银联动推动扶贫开发战略合作协议》。通过加强银政合作,夯实了金融支持武陵山片区发展的工作基础。

另一方面,开发银行以开发性金融脱贫攻坚合作办公室(以下简称"合作办")建设为重点,不断深化与各级地方政府的脱贫攻坚合作。2016 年以来,开发银行充分运用开发性金融理论和金融社会化理念,不断深化银政合作机制,扶智建制,通过合作办建设,构建覆盖到县的扶贫开发业务合作机构和组织管理体系,最大限度把地方政府的组织优势与开发银行的融资、融智、融商优势结合起来,转化为日常协调运转和项目建设的管理优势,发挥开发性金融资金引导作用。

——合作办的成立:由省(市、县)政府组织成立,受开发性金融脱贫攻坚合作领导小组领导,可以挂靠在省(市、县)政府或者财政、发展改革等部门。合作办主任由合作领导小组指定。合作办应有固定办公场所和相应工作人员,可吸收财政、发展改革、扶贫等部门业务骨干参加,有条件的地区可以招聘专职人员。

——重要意义:合作办建设是加快推进金融支持脱贫攻坚工作的有效手段,巩固和完善扶贫开发机制建设的重要内容,开发银行支持地方脱贫攻坚工作的抓手以及进一步深化开发银行与地方政府合作关系的桥梁。合作办的建设完成标志着开发银行与地方政府共同完成扶贫开发机制顶层设计。合作办建设有利于在规划编制、项目开发、融资方案设计等方面发挥政府对扶贫开发工作的组织管理优势，建立任务明确、责任到位、协调有效、运行顺畅的工作推进机制，有利于建立和完善扶贫项目运作、资金运行管理和项目实施评价等方面的制度，助力打通扶贫开发贷款“借用管还”路径，推动建立扶贫开发长效机制。

——主要职责：合作办作为协助组织、推动、协调开发性金融扶贫开发业务的合作平台，负责地方政府与开发银行的日常沟通和协调，以及组织开展当地脱贫攻坚的日常工作。主要职责包括但不限于：推动并参与地方脱贫攻坚等各项规划的制定与实施，做好与开发银行融资服务的对接；制定开发性金融支持当地脱贫攻坚的具体方案，确定支持领域，研究配套政策；组织开展项目申报，筛选重点支持项目，设计融资模式，研究和制定融资方案；推动基层政府及有关部门组织做好项目实施和监督等工作，协调解决扶贫开发业务遇到的困难和问题；协助开发银行开展贷款审查、民主评议、合同签订、资金支付、贷后管理和本息回收等工作；推动落实贷款风险补偿等相关政策，完善项目民主评议和社会公示机制，促进扶贫开发业务风险控制网络建设；组织、引导社会各方力量参与开发银行扶贫开发融资服务体系，整体推进脱贫攻坚工作。

实践证明，加强合作办建设对加快推进脱贫攻坚工作具有十分重要的作用。截至 2017 年 12 月末，开发银行已推动地方政府合作建立省市县三级合作办共计 154 个，在江西、湖北、宁夏、贵州、河南推动建立省级开发性金融脱贫攻坚合作办公室，在贫困地区建立了市级合作办 36 个，县级合作办 112 个，为全面支持和服务脱贫攻坚奠定了良好的基础。

专栏：陕西省商洛市开发性金融脱贫攻坚合作办公室成效凸显

开发银行与陕西省商洛市委、市政府坚持从领导决策层面发力、高位推动、高点起步，双方签署《开发性金融支持商洛脱贫攻坚“十三五”合作备忘录》，建立开发性金融支持脱贫攻坚工作联席会议制度，在市、县分别成立开发性金融支持商洛脱贫攻坚领导小组，由市、县“一把手”任组长，财政、发改、扶贫等职能部门主要负责人任组员。同时，在市县两级设立开发性金融支持脱贫攻坚合作办公室，办公室统一设在市、县区财政局，由财政局长兼任办公室主任，主管副局长和陕西省分行一名副处长兼任副主任，办公室内设综合协调、项目指导和资金管理三个组，负责出台扶贫项目和资金管理办法，明确责任主体，协调金融扶贫工作开展。目前，市、县区办公室已全部设立并正常运转，调配工作人员80余人，形成了政银共管，财政、银行、城投公司三方牵制，既分工又协作的工作机制。

一年来，在开发性金融合作办公室的推动和支持下，各项制度建设进一步完善，先后制定出台了项目管理、资金管理、县级报账支付、涉农资金整合、报告制度、联合检查验收、工作职责、档案管理、试点工作方案等十多个制度和办法，建立了项目管理统一计划、统一限价、统一监理、统一决算、统一验收的“五统一”机制，为项目规范实施、资金安全运行提供了强有力的制度保障。同时，通过开展业务培训，有效提高了工作人员的能力水平，为支持打赢脱贫攻坚战提供了有力的人才保障。合作办的设立成为商洛市开发性金融脱贫攻坚取得成效的关键。截至2017年12月末，开发银行向商洛市累计发放贷款246亿元，投放专项建设基金11.44亿元。其中，2016年授信35亿元支持701个贫困村提升工程，有效改善了贫困村生产生活条件，增强了贫困群众获得感，为产业发展创造了良好条件。2017年，商洛市贫困人口由2015年的49万多人减少至34万人，减贫15余万人，占陕西省年度减贫人数的11.2%，有206个贫困村实现“摘帽”退出。

履行社会责任　加大定点扶贫力度

定点扶贫是党中央、国务院作出的重大决策，是中国特色扶贫事业的重要组成部分和不可或缺的重要力量。开发银行认真贯彻落实党中央、国务院关于定点扶贫的决策部署，发挥开发性金融作用，大力支持贵州正安、道真、务川县和四川古蔺县 4 个定点扶贫县的脱贫攻坚工作，并与中央国家机关合作，整合优势资源，共同推动定点扶贫合作取得显著成效，切实提升帮扶作用，打造银政扶贫合作的新模式、新经验。

一、多措并举，大力支持 4 个定点扶贫县脱贫攻坚

（一）坚持机制建设，加强组织领导

开发银行始终把定点扶贫作为一项重要政治任务，摆在突出位置，认真履行使命。中央单位定点扶贫工作会议召开后，开发银行成立了以主要负责同志任组长的定点扶贫工作领导小组，明确目标任务，加大领导力度，层层压实责任。针对定点扶贫县的实际情况，专门出台《关于进一步做好定点扶贫工作的意见》，厘清帮扶思路，细化支持举措，提供充足资金和政策保障。同

时，在古蔺县建立开发性金融脱贫攻坚合作办公室，加强顶层设计，搭建合作平台，形成政府、开发银行、企业密切配合、积极联动的定点扶贫工作格局。

（二）坚持“四到”工作思路，加大融资支持

易地扶贫搬迁方面，通过省级投融资主体向4个定点扶贫县发放易地扶贫搬迁贷款37.6亿元，投放专项建设基金1.9亿元，惠及23.2万搬迁人口。创新融资模式和金融产品，支持古蔺县发行易地扶贫搬迁专项债券，成功向社会筹集资金5亿元。贫困村提升工程方面，为4个定点扶贫县农村基础设施建设项目承诺贷款41.7亿元，发放38.3亿元，将惠及225个贫困村的22.2万贫困人口。产业扶贫方面，向正安、道真、务川3个县累计发放“开发银行小额农贷”4.15亿元，直接支持3295户农户、37家中小企业和19家合作社，打造正安白茶、道真中药材、务川羊业三个地域优势产品。通过“四台一会”模式支持古蔺县中小企业发展生产，发放贷款3800万元，增加就业岗位312个。教育扶贫方面，向4个定点扶贫县累计发放助学贷款6.1亿元，惠及4.5万名家庭贫困学生，并率先在古蔺试点中职教育助学贷款，首批支持192名贫困学生接受中等职业教育，掌握一技之长，实现就业增收。

（三）坚持规划先行，做好顶层设计

开发银行充分发挥在专家、行业等方面的优势，通过编制规划和咨询报告，因地制宜提出差异化发展思路和融资支持方案，提升金融扶贫的精准度与科学性。为古蔺县编制《古蔺县脱贫攻坚重点领域融资规划》，并组织专家完成《古蔺县能源、旅游、农特产业发展建议》，以发展顾问等形式帮助古蔺县加强扶贫投融资主体建设，推动项目融资和规划建设等工作。为务川、正安、道真3个县编制《脱贫攻坚融资规划研究》，就3个县脱贫攻坚提出融资政策建议。

（四）坚持智力帮扶，着力人才支持

开发银行与定点扶贫县建立人才双向交流机制，向4个定点扶贫县派驻挂职干部5名，专职开展扶贫开发工作，并接收3名干部赴开发银行交流挂

职，有效解决定点扶贫县和支援县金融生态建设滞后、金融专业人才不足的问题。开发银行挂职干部扎根基层，吃苦奉献，帮村子出主意、想办法、引项目，为群众做好事、办实事、解难事，受到地方政府的一致肯定和贫困群众的热烈欢迎。同时，开发银行进一步加大地方干部培训力度，2017 年 7 月，在贵州道真为定点扶贫县举办“扶贫开发地方干部培训班”。截至 2017 年 12 月末，为 4 县举办 6 期培训班，累计培训地方干部 188 人次，增强了当地干部运用金融手段开展扶贫开发的意识和能力。

（五）坚持创新模式，加大捐赠支持

开发银行将开发式扶贫和救济式扶贫相结合，不断创新方式方法，着力提升定点扶贫县自我发展能力。一方面，创新捐赠资金使用方式。2016 年为 4 个定点扶贫县各安排捐赠资金 160 万元，用于补充产业贷款风险补偿金，为建档立卡贫困户发展产业脱贫提供增信，撬动更多的信贷资金支持贫困农户发展产业，有效增强产业扶贫融资能力，促进定点县特色产业发展壮大。另一方面，继续做好教育捐赠工作。开展“彩烛工程”公益培训，投入捐赠资金 200 万元，联合北京师范大学为 4 个定点扶贫县 137 名小学校长举办 3 期培训。举办“快乐音乐教室”活动，捐赠 200 万元，为务川、正安、道真三县设立 6 所音乐教室，并邀请北京天使童声合唱团为当地音乐教师提供专业的合唱培训。开展“新长城”贫困高中生资助活动，捐助 120 万元，为定点县 600 名高中自强班学生正常学习生活提供支持和保障。

二、创新机制，与中央国家机关合作推动定点扶贫

（一）加强沟通对接，夯实工作机制

2015 年 12 月汪洋副总理主持召开中央单位定点扶贫工作会议后，开发银行认真贯彻党中央、国务院对定点扶贫的重要指示精神，主动向各中央国家机关汇报，提出将部委政策优势、组织优势与开发银行融资融智优势相结

合,共同推动定点扶贫的工作思路,得到了很多部委的认可和支持。开发银行主动向有关单位汇报,探索推进定点扶贫合作,先后向水利部、农业部、中央国家机关工委递交了《定点扶贫合作方案》,尤其是与中央国家机关工委建立了整体合作机制,重点跟踪和支持了中央国家机关工委牵头的89家中央国家机关的171个定点扶贫县,改进传统“一对一”合作模式,由点及面,切实提高整体合作成效。开发性金融脱贫攻坚主要做法和与中央国家机关定点扶贫合作思路,获得各部门的充分肯定。中央国家机关工委有关负责同志表示,“开发银行对中央国家机关定点扶贫工作的有力支持,增强了中央国家机关做好定点扶贫的信心和决心”,国务院扶贫办有关负责同志认为,“开发银行是金融扶贫的先行者和主力,为定点扶贫搭建了有力的金融服务平台”。

开发银行各分行积极向中央单位定点扶贫县派驻了扶贫工作组和金融扶贫专员,发挥宣传员、规划员、联络员作用,主动与中央国家机关扶贫挂职干部对接,建立联系和合作机制。开发银行山西省分行通过省扶贫办协调,一次性与15家中央驻晋单位的56名挂职干部全部进行了对接。2016年9月,在国家林业局主要负责同志、广西壮族自治区人民政府有关负责同志的见证下,开发银行广西壮族自治区分行与国家林业局定点帮扶的龙胜县、罗城县签订了《开发性金融支持林业定点扶贫县全面合作协议》,支持林业精准扶贫及国家储备林项目建设,增强林业发展对脱贫攻坚的支撑保障能力。截至2017年12月末,开发银行有21家分行与89个中央国家机关在135个县的挂职人员建立了联系,12家分行与37个中央国家机关的49个定点扶贫县签订了扶贫合作协议。

(二)开展扶贫规划和融资方案编制,提升扶贫精准度

开发银行抓住扶智建制这个关键,积极为中央国家机关定点扶贫县提供规划和融资方案等各类融智服务。2016年,开发银行选取了18个中央单位定点扶贫县启动规划合作,为各县提供20万元规划费用支持,结合开发银行和中央单位的专家及行业优势,为贫困县提供扶贫规划及配套融资规划编制、产业扶贫研究等服务,目前18份规划报告已全部完成。2017年,开发银行成立了卢氏县脱贫攻坚规划咨询报告编制小组,实地走访6个乡镇、6个建

档立卡贫困村，通过深度调研，针对五大领域提出十大工程和34个项目包，梳理重点项目484个，合计总投资200亿元左右，并于7月会同海关总署正式向卢氏县政府递交了规划咨询报告。开发银行有关分行协助63个县编制扶贫规划，并根据扶贫规划整体部署及重点扶贫项目融资需求，加强实地调研，为定点扶贫县把脉，先后为88个中央国家机关的129个定点扶贫县策划了融资方案，有力推动扶贫项目的落地实施。

（三）服务地方干部培训，输送金融扶贫方法

“十三五”以来，开发银行举办了14期“扶贫开发地方干部培训班”，覆盖14个集中连片特困地区、721个贫困县，片区内的中央单位定点扶贫县均派人参加。2017年5月，开发银行与中央国家机关工委联合举办“开发性金融助力脱贫攻坚中央国家机关定点扶贫挂职干部培训班”，共有84个中央国家机关的160余名定点扶贫挂职干部参训，培训得到各方领导的高度重视，国务委员杨晶同志亲自审定培训方案，中央国家机关工委负责同志、国务院扶贫办主要负责同志等出席。同时，开发银行协助中央国家机关工委建立定点扶贫干部微信群，并编制了扶贫政策汇编材料，持续向中央国家机关定点扶贫挂职干部分享扶贫政策、典型案例。此外，开发银行各分行积极开展形式多样的培训活动，如2016年10月，开发银行河南省分行召开三期“开发性金融支持脱贫攻坚地方干部研讨会”，覆盖全省38个国家级贫困县，向主管县领导及发改、财政、扶贫办、金融办、城投公司等部门讲解扶贫政策及融资模式，增强地方干部运用金融手段开展扶贫开发的意识和能力。

（四）坚持“四到”，加大对定点扶贫县融资支持力度

开发银行按照“易地扶贫搬迁到省、基础设施到县、产业发展到村（户）、教育资助到户（人）”的思路，加大向中央国家机关定点扶贫县的信贷投放力度，截至2017年12月末，向中央国家机关定点扶贫县累计发放扶贫贷款1417亿元，其中2016年以来发放贷款865亿元，投放专项建设基金58亿元。易地扶贫搬迁方面，按照“省级统贷、整体承诺、分县核准、分笔签约、分批发放支付”的模式，向158个定点扶贫县授信易地扶贫搬迁贷款734亿元、发放

115 亿元,惠及 3.2 万个建档立卡贫困村 41 万建档立卡贫困人口。农村基础设施方面,向 132 个定点扶贫县授信农村基础设施贷款 825 亿元、发放 288 亿元,惠及 9696 个建档立卡贫困村 478 万建档立卡贫困人口,重点支持建档立卡贫困村的村组道路、安全饮水、农村环境整治、校安工程等,加快补齐农村基础设施建设短板。产业扶贫,积极发挥龙头企业带动作用和“四台一会”银政合作机制,向 34 个定点扶贫县授信产业扶贫贷款 40 亿元,发放 27 亿元,大力支持新型农业经营主体发展特色优势产业,惠及 8.8 万建档立卡贫困人口。助学贷款方面,本着“应贷尽贷”原则,向 192 个定点扶贫县发放助学贷款 125 亿元,帮助 58 万家庭经济困难学生圆了大学梦。

(五)创新服务方式,改善地方扶贫条件

开发银行创新扶贫工作思路,将捐赠资金作为贫困县风险补偿金,为当地发展特色产业提供融资担保增信,撬动信贷资金帮扶当地建档立卡贫困人口脱贫致富。2016 年以来,向 38 个中央国家机关定点贫困县合计捐赠 4900 万元,若按 1∶10 的杠杆放大效应测算,可撬动信贷资金 4.9 亿元。按每户贷款 5 万元计算,可支持建档立卡贫困户约 9800 户。同时,与国家发展改革委联合印发《关于开展开发性金融支持返乡创业促进脱贫攻坚有关工作的通知》(发改就业〔2017〕1274 号),将 23 个中央国家机关定点扶贫县纳入试点范围予以支持。

采取金融扶贫超常规举措
决胜深度贫困地区脱贫攻坚战

习近平总书记2017年6月23日在山西深度贫困地区脱贫攻坚座谈会上指出，我国现有贫困大多集中在深度贫困地区。这些地区多是革命老区、民族地区、边疆地区，基础设施和社会事业发展滞后，集体经济薄弱，脱贫任务重，越往后脱贫成本越高、难度越大。脱贫攻坚本来就是一场硬仗，深度贫困地区脱贫攻坚更是这场硬仗中的硬仗，必须给予更加集中的支持，采取更加有效的举措，开展更加有力的工作。会后，开发银行党委立即组织认真学习习近平总书记重要讲话，深入贯彻落实会议精神，全面认识深度贫困地区脱贫攻坚的艰巨性和重要性，切实增强打赢脱贫攻坚战的责任感和使命感。研究出台《关于开发性金融支持深度贫困地区脱贫攻坚的意见》，充分发挥开发性金融的优势和作用，聚焦西藏、新疆南疆、四省藏区以及云南怒江、四川凉山、甘肃临夏等深度贫困地区，向最难啃的“硬骨头”精准发力，助力深度贫困地区和贫困群众同全国人民一道进入全面小康社会。

一、以融制合作为基础，强化扶贫开发机制建设

开发银行主动加强与深度贫困地区地方政府的沟通与合作，将政府的组

织协调、政策保障优势与开发银行的融资融智优势相结合，加强机制体制建设，夯实工作基础。一是签订脱贫攻坚合作协议。与西藏自治区签订脱贫攻坚合作协议，提出“十三五”期间为西藏脱贫攻坚提供500亿元融资支持的工作目标。此外，与新疆维吾尔自治区，四省藏区的云南迪庆，四川阿坝、甘孜，云南怒江，甘肃临夏等地方政府分别签订合作协议，明确工作目标、支持重点、工作举措和合作机制等内容，为加快推进深度贫困地区脱贫攻坚奠定良好的基础。二是完善机构设置。为了更好地服务新疆南疆地区脱贫攻坚，促进经济发展和社会稳定，开发银行于2015年在喀什增设二级分行，通过专门机构和专业力量，进一步支持南疆基础设施、水利、交通等重大项目建设和民生改善。三是制定专门支持政策。根据国家援疆援藏特惠政策，开发银行专门制定了《关于深化对口援疆工作的指导意见》（开发银行发〔2012〕457号）、《关于开发性金融支持西藏“十三五”发展的指导意见》（开发银行规章〔2016〕96号）等多项制度文件，为西藏、南疆等地区的社会发展和长治久安提供差异化政策支持。

二、加强融智服务，提升支持深度贫困地区发展的科学性和精准度

一是加大人才支持。向深度贫困地区的地市州派驻26名综合素质好、责任意识强、业务能力过硬的业务骨干专职开展扶贫工作。先后连续四年派驻16名员工赴南疆地区驻村帮扶，在规划编制、扶贫项目策划、融资模式设计等方面帮助地方政府找思路、出主意。二是加强规划编制。坚持从规划入手，推动地方政府科学谋划脱贫攻坚工作。结合当地旅游资源禀赋和以“首位产业”发展旅游的契机，将产业规划与扶贫工作有机结合，协助编制四川凉山州“十三五”旅游扶贫规划。先后协助喀什地区编制完成《喀什地区“十三五”易地扶贫搬迁融资规划》《喀什市“十三五”扶贫攻坚融资规划》和《哈密地区“十三五”扶贫开发规划》，得到地方政府的欢迎和肯定。三是举办“扶贫开发地方干部培训班”。先后为西藏、新疆南疆四地州、四省藏区等深度贫困地区

的地方干部举办了专题培训班，覆盖深度贫困地区204个贫困县，培训贫困县领导干部246人次，帮助扶贫干部更好地了解国家扶贫政策和开发性金融支持脱贫攻坚的模式做法，增强运用金融手段开展扶贫开发的意识和能力。

三、大力支持基础设施建设，加快改善深度贫困地区落后面貌

深度贫困地区交通基础薄弱，水利建设滞后，农村基础设施欠账多，是制约脱贫攻坚的难点和“短板”。开发银行发挥中长期信贷优势，大力支持交通、水利、电力等大型基础设施建设，有力破解深度贫困地区发展瓶颈制约。在南疆，支持阿尔塔什水利枢纽、三岔口至莎车高速公路、库车机场、喀什热电厂等项重大基础设施领域建设，累计发放贷款260亿元。在云南怒江，以专项建设基金的方式，向保泸高速项目、大华桥水电站项目和黄登水电站项目投放16亿元。在四省藏区，依托独有的水利资源，大力支持水利水电建设，向两河口、毛尔盖河、澜沧江里底水电站等重点水电项目发放贷款152亿元，涉及装机容量超过1500万千瓦。向丽香高速、丽香铁路等项目投放专项建设基金6.4亿元，向九黄机场、雅康高速、汶马高速等重点工程发放贷款27亿元，显著改善了九寨沟、雅安、康定等旅游地区的交通状况，为发展旅游扶贫等特色产业扶贫提供了良好条件。

围绕村组道路、安全饮水、环境整治、校安工程等与贫困群众生产生活密切相关的领域，运用统筹整合贫困县扶贫涉农财政资金相关政策，推动完善财政涉农资金使用机制，创新融资支持方式，在不增加财政负担的基础上，切实加大对贫困村基础设施建设的支持力度，大力推进贫困村提升工程。支持西藏林芝、阿里、日喀则、山南等地区边境小康村建设，其中已向林芝、阿里等地承诺贷款24亿元，发放贷款4亿元，惠及建档立卡贫困户28513人。截至2017年12月末，开发银行累计向深度贫困地区发放农村基础设施贷款4233亿元，有力改善了深度贫困地区的生产生活条件，提升了贫困群众的获得感，激发了内生发展动力，并为产业发展奠定基础，为实现持久脱贫创造了条件。

四、积极推进产业扶贫，助力实现持久稳定脱贫

开发银行把产业扶贫作为脱贫攻坚的根本途径，发挥批发银行的引领带动作用，创新融资模式，加大支持力度。一是积极与央企、国企、地方行业龙头企业开展合作，将龙头企业的市场优势、行业优势与贫困地区的资源优势有机结合，通过签订购销合同、吸纳就业、土地流转、分红等方式，构建龙头企业与贫困人口之间的利益联结机制，带动贫困人口增收脱贫。在新疆南疆，向中泰化学控股公司等新疆重大纺织项目发放贷款24亿元，支持南疆棉花产业链延伸，带动3500多名各族群众稳定就业。二是完善推广“四台一会”（管理平台、统贷平台、担保平台、公示平台、信用协会）贷款模式。在甘肃临夏，通过将“四台一会”融资机制与村级互助资金协会运作机制有效结合，向5个县区2000多户农户承诺互助资金小额信用贷款7400万元，发放2768万元，向积石山县承诺互助协会贷款580万元，重点支持贫困地区小微企业和农户发展特色产业，并在省内18个贫困县推广。三是依托特色资源优势，助力特色产业发展。在西藏，支持拉萨市曲水县农业产业化示范基地建设，通过培育玛咖、党参等十余种经济作物，取得较好经济效益，帮助当地贫困群众390户1800多人实现就业增收脱贫。在四省藏区，支持青海海南州、海西州格尔木等光伏发电项目超过80兆瓦，发放贷款15.38亿元。

五、着力教育医疗扶贫，推进脱贫攻坚两大保障建设

开发银行瞄准贫困地区教育和医疗卫生两大突出短板，不断拓宽扶贫开发思路，切实加大支持力度。教育扶贫方面，发挥助学贷款主力银行作用，按照“应贷尽贷”原则，累计向深度贫困地区发放助学贷款241亿元，帮助近178万人次家庭经济困难学生圆梦大学。同时，通过支持职业学校和农民工培训基地建设，着力提高贫困人口生产劳动技能，增强就业和创业能力，助力贫困

人口彻底摆脱贫困。在新疆南疆，向喀什技师学院项目发放贷款6250万元，预计每年可培训输送少数民族贫困人口劳动力近1万人，实现教育扶贫、带动就业的双重效果。健康扶贫方面，主动与卫生计生委加强合作，开展联合调研，共同研究推进开发性金融支持贫困地区医疗卫生事业发展的指导意见和工作方案，探索创新融资支持方式，重点支持贫困地区县级医院、乡镇卫生院、村卫生室等建设。在云南，开发银行通过统贷模式支持职业学校和县级医院建设脱贫工程，实现贷款承诺201.5亿元，发放10亿元，支持全省38所职业学校、30个县级公立医院和妇女儿童医院建设，其中包括怒江州2所医院和1所职业学校，切实加快了贫困地区教育、医疗卫生保障的进程。在西藏，按照"三级甲等医院"标准支持新建日喀则人民医院，发放贷款2亿元，有力改善了日喀则地区及藏区西部的医疗基础设施水平，加强了贫困群众的医疗服务保障。

六、创新方式方法，探索深度贫困地区脱贫攻坚新思路

开发银行根据深度贫困地区不同贫困类型和不同致贫原因，坚持因地制宜，突出分类施策，不断创新支持举措，实现精准扶贫。与国家发展改革委联合发布《关于支持美丽特色小（城）镇建设促进脱贫攻坚的意见》，按照统一规划、统一授信、整体建设的方式支持脱贫攻坚与美丽特色小（城）镇建设相互促进、协同发展。在新疆南疆率先取得突破，推动"十三五"南疆特色乡镇脱贫攻坚项目落地，承诺中长期贷款500亿元，支持南疆50个特色小城镇建设。截至2017年12月末，已实现贷款发放8亿元，支持沙雅县红旗镇和阿恰勒特色小城镇加快建设。将脱贫攻坚和生态保护相结合，探索创新生态文明融资模式，支持生态文明建设。在甘肃临夏，按照"统一规划，分年实施"的思路，加强贫困地区生态文明小康村建设，重点支持产业培育发展、村容村貌整治、公共服务和社会保障等方面，实现贷款承诺18亿元，发放12亿元。

开发银行将认真学习贯彻习近平总书记关于深度贫困地区脱贫攻坚的重要讲话精神，把深度贫困地区作为脱贫攻坚工作的重中之重，进一步推动

脱贫攻坚向深度贫困地区聚焦,向最难啃的“硬骨头”精准发力。重点将抓好以下几方面工作:

一是立足深度贫困地区,进一步加大融制合作。坚持把加强政府合作、强化融制服务作为重要抓手,支持深度贫困地区不断探索创新脱贫攻坚的制度安排和机制设计,在深度贫困地区大力推进开发性金融脱贫攻坚合作办公室建设,积极推动深度贫困地区政府开展信用体系建设,着力构建吸引资金、资源持续进入的制度、市场和信用,帮助破解深度贫困地区脱贫攻坚领域的瓶颈制约。

二是落实“三个新增”要求,进一步加大融资支持力度。按照“四到”工作思路和方法,切实加大对深度贫困地区脱贫攻坚的融资支持力度,着力解决健全公共服务、建设基础设施、发展产业等问题。进一步加大对云南省贫困地区医疗卫生教育事业的融资支持,尤其是做好怒江等深度贫困地区的支持和服务。大力支持西藏基础设施建设,破解发展瓶颈制约。加快对新疆南疆50个特色小城镇项目500亿元贷款的发放进度,探索形成以特色小城镇建设促进脱贫攻坚的新模式。

三是强化规划引领和人才支持,进一步加大融智服务。充分发挥开发银行专家、行业优势,支持深度贫困地区脱贫攻坚规划编制,帮助编制配套的系统性融资规划,并加大对深度贫困地区的规划咨询力度。继续发挥好扶贫金融专员的作用,加大驻村工作队和“第一书记”派驻力度。此外,加强对深度贫困地区地方干部的培训,提高深度贫困地区地方干部的政策水平和运用金融手段开展脱贫攻坚的能力。

四是破除发展瓶颈制约,进一步加大差异化支持政策。针对深度贫困地区特点,开辟绿色通道,加快项目受理、评审进程,在现有政策的基础上进一步研究提出差异化的信贷支持政策,在贷款规模、项目资本金、贷款期限、偿债能力、信用结构等方面给予优惠条件,加快深度贫困地区扶贫项目落地生效。

五是创新思路方法,进一步推进“三大行动”。开发银行将东西部扶贫协作、定点扶贫和深度贫困地区脱贫攻坚作为脱贫攻坚的“三大行动”。把东部地区及定点扶贫部门的优势与开发银行优势相结合,整合资源,凝聚合力,共同加大对深度贫困地区的支持力度。

六是增强责任担当，进一步加大推动力度。研究建立对支持深度贫困地区脱贫攻坚的考核评估机制，明确目标任务，增进行动自觉。加强对深度贫困地区扶贫工作的监督检查，在建设标准核定、资金高效合规使用、建设项目跟踪评价等方面，发挥好金融的影响和作用，严防信贷资金滞留和被挪用等现象发生。通过举办深度贫困地区脱贫攻坚工作现场会、创建开发性金融精准扶贫示范点等工作，总结推广成功经验，发挥引领和示范作用，提升脱贫攻坚工作成效。

开发性金融助力搭建东西部扶贫协作“连心桥”

习近平总书记强调，东西部扶贫协作和对口支援，是推动区域协调发展、协同发展、共同发展的大战略，是加强区域合作、优化产业布局、拓展对内对外开放新空间的大布局，是实现先富帮后富、最终实现共同富裕目标的大举措。开发银行以中央扶贫开发工作会议精神为指引，以习近平总书记系列重要讲话精神为指导，运用开发性金融方法，加大资源整合和资金支持力度，大力开展东西部协作扶贫行动。

一、面对新形势新挑战，进一步做好东西部扶贫协作需金融发力

组织东部地区支援西部地区20年来，党中央不断加大工作力度，形成了多层次、多形式、全方位的扶贫协作和对口支援格局，使区域发展差距扩大的趋势得到逐步扭转，西部贫困地区、革命老区扶贫开发取得重大进展。实践证明，东部支援西部，先富带动后富，开创了优势互补、长期合作、聚焦扶贫、实现共赢的良好局面。东西部结对牵手、协作扶贫，充分体现了党的政治优

势和组织优势,以及中国特色社会主义制度的制度优势。2016年7月,习近平总书记在宁夏银川专门召开东西部扶贫协作座谈会,就进一步做好这项工作提出四点要求,为全面打赢脱贫攻坚战提供了重要实践遵循。新时期东西部扶贫协作工作面临着新形势、新挑战。目前,西部贫困地区容易帮扶的已经脱贫,剩下的贫困程度深、扶贫成本高、脱贫难度大,是脱贫攻坚的短板。习近平总书记指出,进一步做好东西部扶贫协作和对口支援工作,必须采取系统的政策和措施。过去的东西部扶贫协作,主要依赖于财政资金的投入,由于财政资金的有限性,合作内容和规模都受到了一定限制。金融可以为东西部扶贫协作提供可持续的资金来源,并推动财政扶贫资金发挥杠杆效应,聚合金融和社会资金形成合力。因此,新时期的东西部扶贫协作需要金融的支持,为搭建东西部之间的"连心桥"注入新的力量。

二、加大组织实施力度,开发性金融在行动

多年来,开发银行发挥开发性金融优势与作用,不断加大对东西部扶贫协作的支持力度。2016年10月,开发银行印发《关于加大东西部扶贫协作支持力度的意见》,结合自身职能,提出开发性金融支持东西部扶贫协作的指导思想、基本原则、支持重点、主要举措和职责分工。《中共中央办公厅 国务院办公厅关于进一步加强东西部扶贫协作工作的指导意见》印发后,开发银行加强政策学习和组织推动,采取有效措施,加大对东西部扶贫协作的支持力度。2017年6月,在习近平总书记主持召开东西部扶贫协作座谈会近一年之际,开发银行印发《关于开展东西部协作扶贫行动的方案》,全面推动东西部协作扶贫行动,大力支持西部贫困地区脱贫攻坚。开发银行江苏省分行成立扶贫开发暨东西部扶贫协作工作领导小组,定期召开专题会,部署推进东西部扶贫协作工作;陕西、江苏省分行指定专门处室负责对口沟通联系;青岛市分行制定《国家开发银行青岛市分行2017年对口支援和帮扶工作计划》,明确了分行工作目标与主要举措等;湖南扶贫金融专员积极推进济南市与湘西州的协作工作。

三、深化银政合作，开发性金融举措与地方政府方案有效衔接

开发银行主动加强与国务院扶贫办等主管部门的沟通合作，积极参与东西部扶贫协作的政策创设。东部有关分行主动与当地政府对接，积极参与相关规划和工作方案的制定，协助地方政府确立切实可行的对口帮扶思路，并在项目策划、政策制定和融资模式设计等方面积极提供融智服务。西部有关分行积极协助地方政府做好与东部省份的沟通对接，为促进产业承接、深化东西部协作出谋划策。目前，部分地区银政沟通机制已经建立，各分行拜访当地扶贫、发改、合作交流办、经济技术合作办等负责协作工作的部门，宣介开发银行关于东西部扶贫协作的思路和做法，推动建立协同工作机制。例如，与江苏省扶贫办、省发展改革委等部门共同梳理东西部协作扶贫项目融资需求；参加由天津市合作交流办牵头，市财政局等有关部门组成的调研组，赴甘肃省开展东西部扶贫协作对接工作；参加由大连市经济技术合作办公室组织的联合调研，为下一步合力开展工作打下了良好的基础；参与青岛市相关规划、扶贫思路和工作方案的研究，并在项目策划、政策制定和融资模式设计等方面积极提供融智服务。

四、强化内部协作，东西部分行扶贫协作紧密对接

为更好服务东西部地区协作扶贫，开发银行根据东西部扶贫协作结对关系，在内部建立起一一对应的工作对接和信息共享机制。在这一机制下，西部分行结合地方政府及企业客户的工作计划和融资需求，整理分析当地情况，向东部分行提出帮扶需求。东西部分行通过建立工作台账、定期开展座谈等方式，加强资源对接和信息方法共享。东西部有关分行积极加强交流沟通，充分发挥各自属地优势，共享业务信息，共同推动东西部扶贫协作项目开

发。目前，开发银行天津与甘肃、江苏与陕西、山东与重庆、苏州与贵州等多家分行已经建立了对接机制。其中，江苏省分行与陕西省分行整合信息资源，定期交流项目信息，加强了协同开发力度；苏州市分行已初步与贵州省分行达成一致意见，将在农村基础设施、校安工程、饮水安全、综合环境整治等项目开展内部银团合作。

五、加大信贷支持力度，为协作扶贫提供资金保障

开发银行加大对东西部扶贫协作的融资支持力度，对列入东西部扶贫协作规划的项目予以倾斜支持，最大限度满足其资金需求。在宁夏，开发银行融资支持闽宁合作示范区永宁县闽宁镇，累计发放贷款7.1亿元，支持了生态移民、棚户区改造和扶贫养殖等项目；与河北省发展改革委积极沟通对接北京市对口帮扶河北省相关贫困地区2016—2017年度帮扶项目申报情况，拟对帮扶清单项目重点跟踪开发；密切跟踪广东省对口支援甘孜藏区项目计划中的甘肃省甘孜州海螺沟景区旅游整体开发项目，密切跟踪项目进展和融资需求情况。目前，开发银行正在结合国家关于东西部扶贫协作的相关政策，研究探索财政资金与银行信贷资金结合使用的新机制，编制东西部扶贫协作评审指引，为推动东西部扶贫协作项目开发评审提供支持。

开发银行将把产业协作扶贫作为关键，把生态环境改造作为基础，把激发内生动力作为根本，大力促进东部地区和西部地区在省与省、市与市、县与县、村镇与村镇之间开展区域协作、精准对接，推动东西部协调发展、协同发展、共同发展，最终实现共同富裕、同步进入小康社会的目标。

融 资 篇

习近平总书记在中央扶贫工作会议上指出,特别要重视发挥好政策性金融和开发性金融在脱贫攻坚中的作用。贫困地区发展离不开金融的支持。作为金融扶贫主力军,开发银行探索形成了“易地扶贫搬迁到省、基础设施到县、产业发展到村(户)、教育资助到户(人)”的“四到”工作思路和方法,瞄准贫困地区的难点痛点,精准发力,精准信贷,开发性金融已成为破解脱贫攻坚融资瓶颈的利器。本篇主要介绍开发银行支持易地扶贫搬迁、基础设施建设、产业发展和助学贷款的做法及成效。

集中优势资源和力量
助力打赢脱贫攻坚首战

易地扶贫搬迁是“十三五”脱贫攻坚战的“头号工程”和“五个一批”精准扶贫工程中最难啃的“硬骨头”。党的十八大以来,特别是中央扶贫开发工作会议召开以后,开发银行坚决贯彻落实党中央、国务院决策部署,主动承担支持易地扶贫搬迁的重任,积极发挥开发性金融作用,通过健全工作机制、完善制度方法、创新思路模式,筑牢工作根基,推动落实“省负总责”工作机制,融资融智支持易地扶贫搬迁,助力脱贫攻坚战首战取得良好开局。2016 年以来,开发银行易地扶贫搬迁业务稳健发展,全国首笔省级统贷贷款、基金发放均由开发银行实现。截至 2017 年 12 月末,开发银行已完成全国有易地扶贫搬迁任务的全部 22 个省(自治区、直辖市)的贷款承诺 4483 亿元,惠及 911 万建档立卡贫困人口和 253 万同步搬迁人口,累计发放贷款 868 亿元,审批专项建设基金 216 亿元,投放 199 亿元。

一、坚决贯彻中央部署,主动作为服务国家战略

开发银行高度重视易地扶贫搬迁工作,把易地扶贫搬迁作为扶贫工作的

重中之重，把易地扶贫搬迁置于“四到”工作思路的首位。《“十三五”时期易地扶贫搬迁工作方案》（发改地区〔2015〕2769 号）印发后，开发银行第一时间研究制定了《关于支持易地扶贫搬迁工作的意见》，明确提出按中央要求加快实施易地扶贫搬迁工程，按照“省负总责”要求，建立完善省级扶贫开发投融资主体。2016 年 6 月，开发银行扶贫金融事业部成立后即召开全行扶贫开发工作会议，对易地扶贫搬迁工作进行了再动员再部署。2016 年 8 月，全国易地扶贫搬迁（贵州）现场会召开后，开发银行即印发贯彻落实意见，从强化脱贫导向、理顺工作机制、推进项目建设等方面对进一步推进易地扶贫搬迁工作作出部署。2017 年 5 月，开发银行召开推动部分分行易地扶贫搬迁工作会议，贯彻落实国务院部分省份易地扶贫搬迁工作推进会精神，做好排查整改，确保把好事办好。

二、创新融资模式，推动“省负总责”机制建立和运转

（一）坚持“省负总责”，推动省级投融资主体建设

坚决贯彻《中共中央　国务院关于打赢脱贫攻坚战的决定》关于“中央统筹、省负总责、市县抓落实”“建立完善省级扶贫投融资主体”“加大金融扶贫力度”的有关精神，坚守“省负总责”的底线原则，提出省级“统贷统采统还”，积极与全国人大、政协及中办、国办、国家发展改革委、财政部、人民银行、银监会、国务院扶贫办等有关单位沟通汇报，将开发性金融理念融入国家顶层设计。协助有易地扶贫搬迁任务的 22 个省（自治区、直辖市）完成省级扶贫投融资主体组建工作，主动就公司治理、主要职责、运作模式、资金整合以及设立方式为地方政府提出意见建议和咨询服务。充分发挥省级政府部门的统筹、协调、保障优势，以省级投融资主体为融资对象，省级“统贷统还”，做好易地扶贫搬迁贷款和专项基金工作。

（二）创新融资模式，理顺资金运作机制

针对易地扶贫搬迁的实际情况，开发银行积极研究探索支持思路和模式，按照《“十三五”时期易地扶贫搬迁工作方案》关于“采取政府购买市场服务的形式进行融资”有关要求，研究推广政府购买服务模式支持易地扶贫搬迁等项目建设，有效推动了工作开展。按照中央“理顺从中央到省、市（县）的资金运作机制，做到上下贯通”的精神，在国家发展改革委的组织下，开发银行研究提出省市政府、省级投融资主体、市县实施主体多方参与的易地扶贫搬迁资金管理机制，建立起省、市、县三级资金管理体系，理顺易地扶贫搬迁资金运行方式。承办“全国易地扶贫搬迁投融资工作专题培训班”，向22个省（自治区、直辖市）有关部门和省级投融资主体介绍政府购买服务流程、信贷资金管理以及专项基金运作机制，加深各地对投融资政策、资金运作机制和操作流程的把握，达成统一认识，推进工作开展。在开发银行的牵头推动下，全部22个省（自治区、直辖市）签订省级政府购买易地扶贫搬迁服务协议，并出台资金管理办法及有关合作协议，做实省级政府的资金责任，明确了省级主体统贷统还责任及各级政府间的还款分担机制，切实搭建起省级“统贷统采统还”机制。

（三）健全制度保障，出台一揽子配套政策

一是编制《省级资金管理办法（代拟稿）》，引导地方政府按照开发银行标准把好资金“借用管还”关；二是为贯彻中央精神、加快信贷资金投放，出台《关于易地扶贫搬迁贷款工作的指导意见》（开发银行规章〔2016〕78号），实事求是地提出业务风险边界，在授信核准、贷款发放、资金支付环节为易地扶贫搬迁量身打造信贷新标准；三是下发《关于开发银行中央贴息易地扶贫搬迁贷款定价政策的通知》（开发银行资金〔2016〕91号），确保最优惠利率，获得地方政府高度认可；四是出台《关于贯彻落实全国易地扶贫搬迁现场会精神　进一步做好易地扶贫搬迁工作的意见》（开发银行办〔2016〕57号），重申搬迁脱贫导向，大力支持搬迁群众后续产业发展，确保搬迁群众搬得出、稳得住、能致富。

三、强化脱贫导向，积极主动做好融资融智服务

开发银行在确保打好脱贫攻坚首战的同时，牢固树立“易地扶贫搬迁是脱贫搬迁”的理念，不断强化脱贫导向，在支持地方政府编制规划中统筹考虑搬迁群众就业、子女上学、社会保障等问题，把后续产业发展作为支持重点，与搬迁安置同步规划、同步推进，并制定专门的指导意见，对搬迁安置与后续产业发展进行同步授信、同步支持，积极主动做好融资融智服务。

（一）深化规划研究

参与编制全国“十三五”易地扶贫搬迁前期研究报告，积极支持省级易地扶贫搬迁“十三五”系统性融资规划编制。在甘肃、云南、宁夏、四川、新疆等地深入参与市县政府易地扶贫搬迁有关规划、实施方案及年度计划的制定，协助地方政府科学规划安置点，因地制宜确定安置方式，做好与土地利用、产业开发、基础设施等相关规划和省、市、县经济社会发展规划的衔接，研究提出建档立卡人口搬迁后的脱贫举措，统筹资源加大对搬迁群众后续脱贫的支持力度，防止搬迁群众“越搬越穷”等颠覆性错误。

（二）推进城乡统筹

将易地扶贫搬迁与城乡统筹发展有机结合，以县为单位，以安置区为基本单元，统筹村庄布局、基础设施、公共服务、产业发展、生态恢复等，促进要素、人口、产业空间聚集，促进一、二、三产业融合发展，发挥城镇的带动辐射功能。在贵州、湖北探索推动旅游特色基础设施建设项目，以旅游扶贫吸纳易地扶贫搬迁人口的安置，支持贫困群众就业增收，实现彻底脱贫。支持搬迁群众接受培训和职业教育，努力提高其融入城镇的素质和能力，促进就近转移就业。

（三）强化搬迁后续脱贫发展

将脱贫发展作为保障搬迁群众脱贫致富的关键。对于有农林资源的安置区，着力支持搬迁农户依托新型农业经营主体，发展设施农业、生态农业、特色种养业等。积极支持产业化龙头企业、农民专业合作社、农村合作企业发展，在河南、宁夏等地，探索农户小额贷款，促进搬迁群众创业就业，增收致富。在广西，开发银行依托广西国家储备林产业扶贫项目，建立易地扶贫搬迁贫困人口直接受益机制，通过资产收益、就业增收、生态补贴等方式惠及约12万易地扶贫搬迁贫困人口。在江西，开发银行因地制宜，选取赣州油茶作为产业扶贫的创新点，将政府主导与市场化运作相结合，建立“林权入股”“土地租金”“劳务收入”“林下种养殖”“油茶产业扶贫基金”等扶贫模式，最大限度地带动贫困户脱贫增收。

四、多措并举，加快推进易地扶贫搬迁信贷投放

（一）优化内部审批流程

针对易地扶贫搬迁业务特点，开发银行平衡好控制风险与简化贷款手续的关系，研究实施差异化支持方案，印发《关于易地扶贫搬迁贷款工作的指导意见》，对易地扶贫搬迁贷款授信评审、审批、合同签订、贷款发放及支付提出了明确要求，合理简化了流程。在后续开展项目授信核准、合同签订、资金投放各个环节开设绿色通道，根据地方政府实际需要，及时足额投放信贷资金。

（二）加强监管把关，严格控制住房建设面积

开发银行坚持牢牢守住建档立卡贫困人口人均住房建设面积不超过25平方米的红线，确保建档立卡贫困户的基本住房需求。在贷款合同签订前，严格核实省级“十三五”易地扶贫搬迁、易地扶贫搬迁实施工作方案、年度实

施计划符合建档立卡贫困人口人均住房建设标准；在贷款发放支付前，核实市（县）易地扶贫搬迁实施方案或年度计划符合建房标准；在贷款发放支付后，不断加强贷后监管，确保开工建设的住房建设标准与相关规划一致，不超标。

（三）加强多方合作，形成支持合力

坚持部行合作，与国家发展改革委、人民银行等部门定期沟通交流，每旬向人民银行、每月向国家发展改革委报送易地扶贫搬迁信息，形成“重要信息互通、重大问题互助”沟通机制。坚持总行各部门沟通协作，为易地扶贫搬迁提供“规划、评审、信贷、资金、宣传”全套金融服务和保障。深入基层一线和易地扶贫搬迁现场实地调研，宣介中央精神和易地扶贫搬迁相关政策，为地方政府谋思路、出主意、想办法，推动各地易地扶贫搬迁项目承诺和发放。坚持总分行联动，建立全行易地扶贫搬迁工作微信群，累计信息数量数万条，总分行实时交流一线情况、掌握一手信息、解决一线问题。

五、坚守底线，扎实做好资金监督管理工作

（一）以“绣花功”确保“零瑕疵”，以更高的精准要求做好金融扶贫工作

“天下大事，必作于细。”易地扶贫搬迁工作贵在精准，重在精准，成败之举在于精准。按照易地扶贫搬迁工作务求精准的要求，开发银行出台了多项政策，对易地扶贫搬迁的评审授信、合同签订、贷款发放支付及贷后管理作出明确的要求和规定。不断加大在项目识别、资金发放、支付等方面审查力度，不疏漏任何环节。为不断细化管理，推进易地扶贫搬迁差异化信贷管理，研究制定《关于易地扶贫搬迁和农村基础设施扶贫业务差异化信贷管理的指导意见》，在项目认定、资金发放、支付方面提出更精准、更严格的要求，进一步规范贷款资金使用，防范项目信贷风险，提高易地扶贫搬迁项目信贷管理的针对性和有效性。同时，不断加大对易地扶贫搬迁的调研核查力度，建立了

起全方位、多角度的动态精准管理体系，确保易地扶贫搬迁工作“零瑕疵”。

（二）“事至忧”不如“事先忧”，不断提高风险的前瞻性和敏感性

强化问题意识，紧绷合规这条弦，对于易地扶贫搬迁工作中出现的问题积极排查，时刻关注各项制度是否落到实处、资金投向是否合规、资金是否进行专户管理、资金是否及时拨付等问题。认真研究针对性的措施，及时告知地方政府并取得理解与支持。积极参与国家发展改革委组织的核查检查，结合核查检查成果，协助地方政府实施整改，确保易地扶贫搬迁工作始终沿着正确方向前进。

（三）“监督人”更是“补位人”，加强与政府的统筹协调

开发银行不断强化担当意识，切实履行监督职责，在建设标准核定、资金高效合规使用、建设项目跟踪评价等方面，发挥了金融应有的影响和作用。对于易地扶贫搬迁工作出现的问题，积极讲究方式方法，主动补位，与地方政府研究切实可行的整改措施，既保证了开发银行资金合规有效使用，又保证了地方易地扶贫搬迁工作持续稳步进行。同时未雨绸缪，主动作为，积极与地方政府加强协同，形成风险防范合力。如联合地方政府制定并完善易地扶贫搬迁资金监督考核管理办法，把资金用途是否合规、资金是否专户管理、资金滞留率等作为考核评价指标，明确考核办法、奖惩机制，使之成为推进易地扶贫搬迁工作的重要导向和约束。

易地扶贫搬迁作为脱贫攻坚的首战，对于加快扶贫开发进程、促进区域协调发展、全面建成小康社会具有十分重要的意义，必须稳扎稳打，打好打胜。在助力脱贫攻坚的关键时期，开发银行将认真贯彻落实党中央、国务院决策部署，勇于担当，敢于作为，继续开拓创新，为打好脱贫攻坚战作出更大的贡献。

整合财政涉农资金
大力支持贫困村提升工程

习近平总书记指出，要实施贫困村提升工程，培育壮大集体经济，完善基础设施，打通脱贫攻坚政策落实“最后一公里”。2017 年《政府工作报告》提出，“实施贫困村整体提升工程，增强贫困地区和贫困群众自我发展能力”。基础设施条件落后，是制约贫困村脱贫的主要障碍，也是扶贫开发中最迫切需要解决的问题。经过多年建设，许多地方的通村路已基本实现覆盖，但是村组道路建设仍然十分滞后，老百姓形容这些路“看到屋，走到哭”“晴天一身土，雨天一身泥”。一些地区吃水仍要靠肩挑背扛，乡村环境脏乱差，农村学校设施也十分简陋。目前，12.8 万个建档立卡贫困村大多基础设施落后，公共服务欠缺，产业发展滞后，是脱贫攻坚中最难啃的“硬骨头”。由于贫困地区经济实力弱，仅依靠自身财政开展贫困村提升工程难度很大。

2016 年以来，开发银行根据《关于支持贫困县开展统筹整合使用财政涉农资金试点的意见》精神，研究提出通过整合财政涉农资金撬动信贷资金的创新性举措，围绕农村基础设施建设工作中的难点和“短板”，在不增加地方财政负担的前提下，为贫困县建档立卡贫困村基础设施建设提供贷款支持。截至 2017 年 12 月末，开发银行已承诺贫困村基础设施贷款 3027 亿元，发放贷款 1393 亿元，惠及全国 23 个省份的 541 个贫困县的 3.99 万个建档立卡贫困村，建设村组道路 31 万公里、校安工程 4762 个、农村危旧房改造 8.9 万套，解决了 2316 万人的安全饮水问题，有效改善了贫困地区的人居环境。

一、深化银政合作，夯实工作基础

开发银行坚持发挥政府的统筹协调优势，先后与多个省（自治区、直辖市）签订了开发性金融支持脱贫攻坚协议，提出整体工作目标。其中，明确以“到县”的方式，为贫困县农村基础设施建设提供贷款支持，破解脱贫攻坚瓶颈制约，解决地方政府的燃眉之急。如在陕西省商洛市，开发银行将政府的统筹协调优势和开发性金融的融资融智优势相结合，直指村级基础设施，整市（县）、整村地围绕通村公路、安全饮水等民生问题发力。为确保扶贫项目选得准、资金落得实、贷款放得快、成效看得见，开发银行与商洛市委、市政府共同研究建立了开发性金融支持脱贫攻坚工作联席会议制度，并抽调精兵强将，在市县两级设立“开发性金融脱贫攻坚合作办公室”。脱贫攻坚合作办公室统一设在商洛市、县区财政部门，内设综合协调、项目指导和资金管理 3 个组，负责组织策划扶贫开发项目，出台扶贫项目和资金管理办法，推动项目实施和监督检查，并协调解决金融扶贫工作中的困难和问题。开发银行和商洛市财政局已经抽调 80 余名干部，召开各种座谈会、项目评审会和培训会 20 余场次，全方位推进开发性金融支持脱贫攻坚工作。截至 2017 年 12 月末，开发银行已向商洛市 7 个区县 701 个建档立卡贫困村的农村基础设施建设项目授信 35 亿元，发放贷款 22 亿元，项目建成后将直接惠及 46 万贫困人口。

二、结合财政涉农资金整合，创新贫困村基础设施融资模式

贫困村基础设施建设具有很强的公益性，社会资本不愿介入，只能依靠财政投入，由于贫困地区政府财政实力薄弱，难以在短时间内筹措资金，补齐

这一脱贫攻坚的最大短板。国务院文件要求通过政府和社会资本合作、政府购买服务等方式，充分发挥财政资金引导作用和杠杆作用，撬动更多金融资本参与脱贫攻坚。开发银行认真贯彻文件精神，创新提出统筹整合财政涉农资金撬动信贷资金的融资模式，通过“搭桥”提供建设资金，实现在短时间内完成项目建设的目标。

三、加快评审进度，实现农村基础设施建设新突破

开发银行根据贫困地区基础设施项目实际情况，研究制定评审指导意见，围绕村组道路、安全饮水等难点和“短板”，开展项目评审。通过建立扶贫项目绿色通道，优先安排贷款审议，切实加快审批进度，一年多时间里，开发银行已承诺贫困村基础设施贷款3027亿元，发放贷款1393亿元。此外，充分发挥集中、长期、大额的资金优势，继续支持贫困地区交通基础设施建设。如：在甘肃省陇南市，2016年5月30日，陇南市委常委会议审定了开发银行代为起草的《陇南市村社基础设施建设项目融资方案》，同日，开发银行工作组进驻陇南现场办公开展融资推动各项事宜；6月5日，陇南市召开该项目融资协调会；6月6日，市政府成立贫困村基础设施建设项目融资领导小组；6月7日，开发银行工作组与武都区政府对接，快速启动融资各项工作，开发银行以超常规工作方式，当天即完成信用评级、债项评级、定价测算等基础工作，当晚召开贷委会决策审议该项目，实现贷款承诺。

四、加大贷款投放力度，确保扶贫资金早见效

开发银行按照好事办好的原则，结合扶贫信贷资金的特点和实际，协助地方政府做实项目前期准备，加快合同签订及贷款发放，同时强化支付管理，避免资金滞留。随着开发银行贷款资金的到位，贫困地区的农村基础设施建

设迅速开展，部分卡内村的村组路、便民桥、村内巷道已经建成，并进行了安全饮水、改圈改厕、垃圾处理、河道整治、庭院美化等工程，村内面貌发生了巨大变化。

开发银行支持贫困村提升工程受到了地方政府和贫困群众的广泛欢迎和高度认可，取得了很好的成效。

一是改善农民生活，提升贫困村人居环境。开发银行通过为贫困村基础设施建设提供贷款支持，极大改善了村里的面貌，水泥路、安全水、垃圾处理、污水收集、围墙美化、房屋加固，这些变化让贫困群众有了直接获得感。甘肃省陇南市宁家山村村主任看到村里翻天覆地的变化，由衷地感叹："道路硬化了，环境卫生状况也发生了根本改变，群众脱贫致富奔向小康的决心更加坚定了。"

二是破解政府难题，提供稳定建设资金来源。贫困村基础设施建设资金来源问题一直困扰地方政府，每年财政拨款杯水车薪，常常出现"一条村组路，年年拨款年年修，修好这段坏上段"的无奈局面。开发银行通过以未来年度可整合的财政涉农资金作为还款来源，发放贫困村基础设施中长期贷款，有效破解了这一难题。青海省海西州委书记发表署名文章，表示要抓紧抓好开发银行农村基础设施贷款，推动海西农牧区发展实现质的跨越；安徽省宿州市委宣传部也发表文章，总结运用开发银行贷款建设全市农村安全饮水巩固提升工程确保贫困群众喝上安全水的成功实践。

三是激发内生动力，奠定产业发展坚实基础。产业发展滞后是多年来制约广大贫困群众脱贫致富的"痛点"，也是打赢脱贫攻坚战的关键。农村基础设施的建设，将切实改善贫困地区的生产条件，激发贫困群众内生动力，增强集体经济造血功能，从而为产业发展奠定坚实基础。贫困村基础设施项目中的通村路、村组路将有效解决农产品运输难、卖不出的问题；供水、排水、蓄水池等饮水工程将保障贫困群众的饮水安全，防止疾病传播，较大程度降低因病致贫的风险；垃圾污水处理等环境整治工程将带动乡村旅游发展，真正将绿水青山打造成金山银山；农村中小学校舍修缮、加固等校安工程，将保证贫困学生的基本受教育条件，助力教育扶贫，阻断贫困的代际传递。

开发银行在陕西省商洛市柞水县投入贷款资金 2500 万元，支持其对下梁镇西川流域内5个贫困村20个村民小组649户农户，按照“统一规划、分步推进、综合治理、全面升级”的原则，相继实施民居改造、院落绿化、道路拓宽、危桥重建、河堤修复、田园整治等项目，建成了“产业绿色化、乡村景区化、田园景观化”的美丽乡村，挽救了3家“僵尸企业”，引进投资企业5户；商州区北宽坪镇沿线12个贫困村依托开发银行贷款，建成全长30多公里的蟒岭绿道，目前已发展农家乐、农家旅社12家，吸收外地客商兴办龙头企业17个，带动3500多名贫困群众就地就业脱贫；地处豫陕两省交界的商南县富水镇黄土包村，原来由于路不通，村里每斤湿香菇才卖2元钱，路修通后群众卖到县上的香菇加工企业5元钱一斤，一条通村入户路实现了村民的致富梦。

四是突破脱贫瓶颈，促进社会和谐。通过加强农村基础设施建设，改善贫困户人居环境、提高了生活质量，改变了精神面貌。水、电、路全通了，晚上的路灯亮了，上学、看病、办事都不出村，农民基本生活设施都在逐步完善，一部分年轻人开始从城里返回农村创业，原来由妇女、儿童和老人组成的“386199部队”慢慢在改变，村里有了年轻人，有了歌声，有了生机，80后、90后新生代农民离土地越来越远的情况正在发生着悄然变化。

发挥先导引领作用
积极支持产业扶贫发展

贫困地区的产业发展是多年来阻碍广大贫困户脱贫致富的“痛点”，也是我国金融扶贫工作中的难点。《“十三五”脱贫攻坚规划》将产业发展作为精准脱贫八大重点工程之首，凸显了产业扶贫的重要意义。开发银行在深入推进农业供给侧结构性改革的新形势下，以提高贫困地区产业发展效率和质量为重点，在扶贫产业规划、产业培育、产业发展、市场销路上下功夫，增强贫困地区“造血”能力。2016 年以来，开发银行在大力实践和广泛调研的基础上，进一步明确了产业扶贫工作思路，即紧紧围绕精准扶贫、精准脱贫基本方略，突出龙头企业和“四台一会”两条主线，聚焦易地扶贫搬迁后续产业发展、集中连片特困地区、深度贫困地区三大重点领域。截至 2017 年 12 月末，累计发放产业扶贫贷款 929 亿元，助力 20 多万建档立卡贫困户走上增收脱贫之路。

一、“四台一会”破解融资难题

长久以来，我国农村金融始终被“融资难、融资贵”等问题困扰，资金长期“沉不下去”。尤其贫困农户和小微农企资产少、抵押物不足，很难获得传统的银行信贷。农户富不了,企业活不了,产业也发展不了。在深入研究后,开发银行借鉴国际普惠金融的理念与经验,深植我国国情,创新出“四台一会”贷款模式,通过与各级政府建立合作,广泛动员社会各方力量,共同解决贫困地区融资难题,为其产业发展提供了有力支持和保障。“四台一会”指管理平台、统贷平台、担保平台、公示平台和信用(行业)协会这五类合作机构,这一模式能够一方面发挥地方政府的组织协调优势,一方面由开发银行携手地方政府规划优势或主导产业,开启“脱得了、稳得住、能持续、可复制”的扶贫新路径,从而支持农村经济组织发展,壮大贫困村集体经济,以机制建设防范风险,实现精准扶贫。

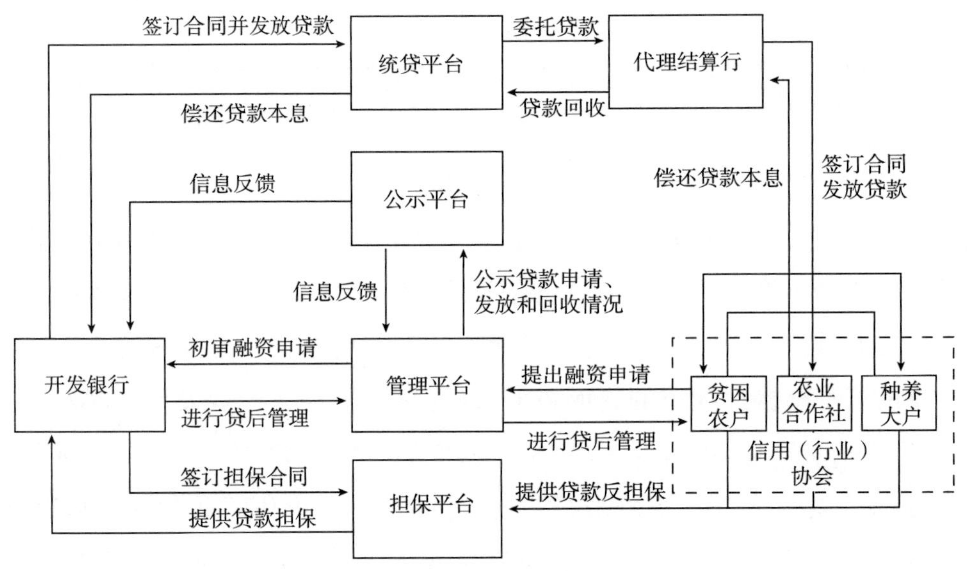

开发银行“四台一会”模式

正是“四台一会”的融资模式,让开发银行能更“接地气”。其特点包括三个方面:一是通过金融社会化组织动员社会资源,利用合作结构的地缘和专业优势,以一套制度安排、利益激励机制发动社会各方参与金融扶贫;二是采取批量的贷款申请、管理、发放模式,建设标准化的产品、流程,以批发的方式解决零售问题,大幅提高贷款效率;三是有效地将开发银行的服务触手更深、更广地延伸开来,实现了产业扶贫贷款到村、到户。由此,不但为贫困地区解决融资难、融资贵问题找到了思路,也打通了金融扶贫的“最后一公里”,让扶贫资金“沉”了下去。开发银行以“四台一会”模式为基础,已相继与多地政府合作,因地制宜地开发出一系列产业扶贫信贷产品,产生了良好的成效。

二、加大与龙头企业合作

引入和培育龙头企业是促进贫困地区产业发展的有效措施,开发银行积极与央企、国企、地方行业龙头企业沟通对接,并重点推进与北京首都农业集团、中化集团、中粮集团、中信国安、海尔租赁等龙头企业的扶贫合作,将龙头企业的市场优势、行业优势与贫困地区的资源优势有机结合。促进贫困地区产业发展,带动建档立卡贫困人口增收脱贫。

在陕西省,开发银行与省供销集团合作,依托供销集团点多、面广的市场体系(陕西省供销社现有 11 个市级供销社、103 个县级供销社、1220 个基层供销社、900 个独立核算企业、经营网点超过 2 万个),探索形成"政府 + 开发银行 + 供销集团 + 龙头企业(合作社) + 贫困户"的产业扶贫融资模式,发放贷款 6500 万元,首批支持商洛等 8 个贫困县的 9 家龙头企业,带动近 3000 个建档立卡贫困人口。

2017 年 3 月 21 日,开发银行扶贫金融事业部与北京首都农业集团有限公司签订《战略合作协议》,支持首农在全国贫困地区筹建养殖基地。上半年,开发银行北京市分行启动对首农子公司峪口禽业河北大名县养殖基地项目的评审工作,项目总投资 2. 5 亿元,资本金 5000 万元(峪口禽业出资 3000 万元、扶贫资金 2000 万元),在当地组建专业合作社参与生产,项目采用"公司 + 基地 + 贫困户"运行模式,与贫困户构建"入股 + 盈利分红"等利益联结机制,项目投产后可带动 20 个贫困村 3300 多建档立卡贫困人口。

三、创新扶贫转贷款业务模式

开发银行以"可批量、能复制、易推广"为工作思路,创新实践"扶贫转贷款"模式,助力破解产业扶贫"融资难、融资贵"问题,通过发挥开发性金融在

“薄弱领域、关键环节”的独特作用，有效整合地方政府、合作银行、新型经营主体等多方优势，着力构建开发性金融与商业性金融协调配合、共同参与、各司其责、优势互补的金融扶贫新格局。具体模式为开发银行向地方中小商业银行批发信贷资金，地方银行再将资金转贷至农民专业合作社、农业大户等经营主体，用以发展扶贫产业。

开发银行在与三门峡市政府、中原银行良好合作基础上，围绕产业精准扶贫目标，结合省内实际，研究形成了“整体授信，分批发放”的扶贫转贷款业务模式，并会同中原银行积极推动地方财政对用款人给予3%贴息、建立风偿补偿金等支持政策，间接降低中原银行扶贫转贷款的资金成本，确保最终用款企业和农户的融资成本可控，建档立卡贫困人口贷款利率原则上不高于6%。2016年，开发银行向中原银行授信8亿元、发放2000万元，支持了三门峡市4家农业龙头企业、12家个体工商户和养殖大户开展特色产业项目。截至2017年12月末，开发银行已在河南、青海、甘肃、云南等省陆续开展了转贷款试点，合计授信53亿元，发放31亿元，支持了882名建档立卡贫困人口。

四、助力易地搬迁后续产业持续脱贫

贫困人口主要分布在深度贫困地区，生存环境恶劣、致贫原因复杂，开发银行聚焦深度贫困地区及14个集中连片特困地区，重点支持易地扶贫搬迁后续产业发展，配合地方政府提前谋划搬迁群众的后续产业发展，推动构建形式多样的产业发展模式。在广西，开发银行将支持林业产业发展与易地扶贫搬迁群众安置相结合，依托省级平台信用，打造国家储备林基地建设林业精准扶贫贷款模式，支持广西国家储备林基地建设与林业上下游产业发展，探索形成利用土地出租流转、投工投劳等方式帮助易地搬迁群众提高收入，通过“租金+薪金+股金”实现易地搬迁群众收益最大化，助推广西“兴林富农”战略实施与贫困户增收脱贫，为金融支持林业可持续发展与林业扶贫开辟了一条新路径。截至2017年12月末，已签订合同32.6亿元，累计提供贷款资金22.9亿元，自2015年开始累计向包括易地扶贫搬迁群众在内的人员提供就业岗位4万个，实现林农劳务收入7.9亿元、林地租金收入1.3亿元，支持范围遍及广西72个县区，覆盖25个连片特困县区。

五、规划先行找准致富门路

开发银行支持产业扶贫，并不只是提供信贷融智支持，更能够因地制宜，充分发挥自身的行业和专家优势，协助地方政府科学合理规划产业，把握当地经济发展水平、产业结构、市场容量、上下游产业等方方面面的因素，根据县区、乡镇、村寨的资源禀赋特点，有针对性地做好产业布局，打造具备市场竞争力和较高经济效益的特色产业，避免盲目跟风生产导致供需不平衡而引起的市场波动，同时结合自身资源禀赋并积极为贫困地区在培育项目、选准市场、打通销路等方面提供规划和咨询服务，真正让产业发展成为脱贫的强大动力。

贵州省龙里县便是直接受益地区之一，龙里县是贵州省66个贫困县之一，自然风光优美，辖区内有龙架山国家森林公园和冠山两大自然、历史景观，还同时具备民族风情和观光农业等优质旅游资源。在得知龙里县政府多年来融资受困后，开发银行主动对接并深入实地考察，研究当地产业特征、比较优势和地理交通条件，提出了“旅游+产业扶贫”的规划，建议以核心景点为依托，打造“自然风光+民族风情”为主题的贵阳周边乡村旅游产业。在开发银行的协助下，龙里县还大力推进景区周边配套休闲设施建设，将贫困户现有房屋和农用地改造为商铺、农家乐和观光农业园等经营性休闲设施，提高资产附加值，增加就业机会。

六、利益联结机制带动农户致富

是否可以做到真扶贫、扶真贫，考验的就是是否建立有效的利益联结机制，扶贫项目与建档立卡贫困村集体、贫困户形成你中有我、我中有你、互利共赢的紧密型利益联结关系。习近平总书记张北调研时指出，做好扶贫工作，不能眉毛胡子一把抓，而要下好“精准”这盘棋，做到扶贫对象精准、扶贫产业精准、扶贫方式精准、扶贫成效精准。

开发银行在融资方案设计中，特别关注项目对建档立卡贫困户脱贫的带动作用，坚持利益联结与主观能动相结合，重点是推动农民专业合作社等新型农业经营主体发挥带动作用，通过吸纳就业、土地托管、牲畜托养、吸收农民土地经营权入股等多种途径与贫困户建立利益联结机制，拓展贫困户的收入来源，科学构建产业扶贫项目相关主体的利益联结机制，促进贫困村集体、贫困户公平分享收益，同时注重调动贫困人员的积极性和主动性，增强自我发展的意愿和能力。

在河南省，开发银行以滑县为试点，通过加强政府、开发银行、龙头企业、合作社、担保公司、保险公司 6 方合作，构建面向建档立卡贫困户的资产收益扶贫模式，已向滑县 735 户贫困户发放肉鸡养殖贷款 5450 万元，预计每户通过分红、劳务收入、土地流转等方式年均增收 3700 元以上。通过这种资产收益扶贫模式，促进贫困地区企业和贫困农户之间构建起了合理的利益分享机制，使贫困农户共享产业发展收益。更具有长远意义的是，这种模式引导农民专业合作社等新型经营主体加快发展，促进了农村集体经济的发展。集体经济实力的壮大将显著改善农业生产条件，提高规模化生产水平，可以进一步提升贫困地区生产发展能力，弥补一家一户小农经济技术落后、抗风险能力弱的不足，这对于可持续的脱贫致富具有长久价值。

好的利益联结机制不仅可以带动贫困人口脱贫，也可以促进区域经济发展。贫困地区产业发展落后的一个重要原因是缺少可以调动各方积极性并能良性运转的机制，资产收益扶贫则通过政府主导、市场化运作的设计，进一步强化了基层政府的组织、经营、管理的能力，从而充分整合贫困地区的资源、资产、资金，以折股量化、资产托管等多种形式分配到村、到户，最大限度地调动了当地群众的内生动力，促进地方特色产业发展。即通过将各类细碎、分散、沉睡的资源要素转化为资产，整合到优势产业项目上，扩大贫困人口的生产生存空间，在实现地方特色产业发展的同时，确保贫困户分享产业发展红利。

七、创新模式方法积极防范风险

产业项目，尤其是与贫困户利益联结较为紧密、带动能力强的特色种养加项目，普遍存在企业规模小散、投资额度大、周期持续长、见效不显著、市场波动大、抗风险能力弱、易受自然灾害影响等问题。对此，开发银行积极创新业务模式，有效防范金融风险，为产业扶贫提供持续融资服务。

开发银行将民主评议机制作为防范风险的重要手段给予高度重视。一方面，利用公示平台实行受理公开、发放公示、还款公告，充分利用社会力量共同监督开发银行贷款公开、公正、公平实施，共同防范风险。另一方面，加强与地方信用（行业）协会合作，依托当地中小微企业、个体工商户、农户等自发成立的社会团体，会员之间互相监督、评议后，推荐优秀会员申请贷款，用款人进行联保互保并向协会缴纳一定的保证金，用于分担贷款风险。具体实践中，开发银行通过推动政府建立风险补偿金、强化社会监督、引入涉农保险产品等多种渠道，加强风险缓释措施。

在宁夏盐池县，开发银行以农村贫困留守妇女为贷款对象，依托市场化合作主体宁夏惠民小额贷款公司，由其提供担保并实施管理，开展单户 5 万元以内的产业扶贫贷款。在这个模式中，盐池县每个自然村建立村组，将贫困申贷农户纳入信贷村组的组织管理体系，村民选举信贷组长。五户组成联保小组，以农户联保信用为基础，无须抵押每户贷款额度在 4000—50000 元之间，期限在一年以内。由此形成了“开发银行—东方惠民公司—信贷村组—信贷小组—农户”的高度社会化的组织链条。由于户均贷款额度较小、熟人圈子担保，该模式能够有效减小风险。截至 2017 年 12 月末，开发银行按照这一模式已累计发放贷款 9.71 亿元，贷款余额 2.38 亿元，惠及全区 5.68 万户贫困农户，本息回收率 100%；支持了盐池等六盘山集中连片特困地区 7 个国家级贫困县产业扶贫。

在产业扶贫方面，开发银行将持续在贫困地区探路子、建机制、寻方法，为实现精准扶贫出实招、下实功、求实效，探索银政企扶贫合作的有效模式和路径，有效帮助贫困地区、贫困人口脱贫致富。

加大助学贷款力度　阻断贫困代际传递

国家助学贷款是党中央、国务院运用金融手段完善我国普通高校资助政策体系，加大对普通高校家庭经济困难学生资助力度所采取的一项重大措施。自 2004 年以来，开发银行始终秉承开发性金融理念，践行"增强国力，改善民生"的使命，带着感情和爱心推动助学贷款不断前行，逐步形成了中国特色的、符合国情的、可持续发展的助学贷款模式，有力地落实了党中央、国务院"让贫困家庭子女都能接受公平有质量的教育，阻断贫困代际传递"的指示精神。截至 2017 年 12 月末，开发银行累计发放助学贷款 1360 亿元，覆盖了 26 个省（自治区、直辖市）2240 个县 2835 所高校，使 1039 万家庭经济困难学生圆梦大学，其中支持建档立卡贫困学生超过 100 万人。

一、雪中送炭：关键时刻显身手

开发银行与助学贷款的渊源可以追溯到十几年前。1999 年，国家助学贷款制度在全国 8 个城市的普通高等学校中试点，随后在全国范围内推行。但是由于助学贷款业务单笔金额小、收益低、风险大，经办银行参与积极性普遍不高。特别是 2000 年以后，随着助学贷款进入还款期，发生了较高的违约率，前期经办银行逐渐收紧甚至停办了助学贷款业务。截至 2003 年 12 月，全国累计审批贷款合同额65亿元，资助学生79万人，仅占在校大学生总数的4%。

2004年9月，在河南省高校国家助学贷款业务招标开标，11家收到招标邀请书的银行仅3家进行了投标，而且对高校提出了许多“附加条件”，令省财政和高校难以接受，最终这次招标以“流标”而告终。几乎同时，其他一些省份也出现了类似的助学贷款流标现象。在这样的背景下，开发银行主动介入，以河南为突破口，破解助学贷款难题，帮助近千万学子圆了大学梦。

开发银行是一家批发银行，长期致力于服务我国基础设施、基础产业、支柱产业的建设和发展，在助学贷款领域是一名“后来者”。说起初创时的艰辛，开发银行助学贷款业务工作人员感慨万千：“刚开始做助学贷款业务的时候，我们都不知道怎么干。开发银行的专长不在这个领域，没机构、缺网点……但是面对众多家庭贫困的孩子们上学需要助学贷款支持的现状，我们全行上下一条心，咬着牙也得把这项工作做好。”

当务之急是解决谁受理、怎么受理的问题。大家都认为，为助学贷款业务专门铺设机构网点不现实。经过反复论证，2004年开发银行首次提出“河南模式”。具体的做法是，高校资助中心承担起“服务窗口”责任，由学校老师负责审查每一位借款学生的申请资料并与学生签订《借款合同》；省级学生资助管理中心负责汇总全省所有高校的合同和申请材料；开发银行审批并放款。为调动各方积极性，开发银行把本应由银行得到的风险补偿金拿出来作为对学校的奖励基金，使高校全面参与国家助学贷款的管理，克服了银行在后续管理上存在的严重“脱节”的问题，有效防范和控制了风险。

试点的成果令人振奋。仅在2005年，开发银行就向河南省83所高校12.3万人次贫困生发放国家助学贷款5.7亿元，超过了其他银行历年在河南的发放总和，一举扭转了助学贷款业务的停滞局面，“河南模式”受到中央领导和社会各界的高度认可和肯定。经国务院批准，“河南模式”在全国推广，全国各地的家庭经济困难学子在进入高校后可以很方便地拿到助学贷款，安心完成学业。

二、足不出户：家门口的助学贷款

2007 年年初，一份关于甘肃省会宁县群众因教返贫问题的专报信息引起了国务院领导的高度重视。在银监会的带领下，开发银行立即赴当地进行调研。会宁县是甘肃省著名的“状元县”，也是著名的“贫困县”，虽然调研组早已有心理准备，但还是被当地学生刻苦的求学精神和艰苦的生活条件深深震撼。

以解决会宁贫困学子上大学为契机，开发银行创新开发了生源地信用助学贷款业务品种，让贫困学子在家门口就可以办理助学贷款，极大方便了广大受资助学生。与高校助学贷款不同的是，生源地助学贷款打破生源地和高校（就学地）的隔离，基于借款学生在不同阶段具有不同信用水平的特点，以省级、县级学生资助管理中心为实施主体，通过联责、联信、约束激励、风险分担等机制建设，明确了以学生为中心的“三段信用联结”业务理念，联系生源地、就学地和就业地，将学生家长、高校和就业单位等信用相关者结合成一道完整的风险防控链条，同时充分利用其他信用建设和补贴扶助手段，努力创造风险和收益相匹配、可持续发展的助学贷款新模式。

2007 年 8 月初，财政部、教育部和开发银行联合发布了《关于在部分地区开展生源地信用助学贷款试点的通知》，在江苏、湖北、重庆、甘肃、陕西 5 省（直辖市）启动生源地信用助学贷款试点。开发银行成立了联合工作组，集中总分行人力，加班加点，一周内完成了生源地信用助学贷款的运行机制和业务流程的设计，并印发了指导意见及 7 个配套文件。8 月中旬，开发银行又组织成立督导组分赴 5 个试点省市实地推动，加快工作进度，各个试点分行更是“全行参战”。截至 2008 年年底，开发银行生源地信用助学贷款业务覆盖了试点省市全部 416 个县区，当年新增发放生源地信用助学贷款 6 亿元，支持学生 11.2 万人次。

此后，开发银行助学贷款运作模式、管理机制不断完善，形成了以生源地助学贷款为主，高校助学贷款为辅的工作格局。学生们无论在家门口，还是在学校里，都能很方便地申请到开发银行助学贷款。

三、助学贷款:阻断贫困代际传递的重要举措

在打赢脱贫攻坚战中,如何阻断贫困代际传递,教育脱贫无疑是治本之举,而助学贷款正是教育扶贫的重要抓手,是阻断贫困代际传递的重要举措。开发银行把做好助学贷款当成助力打赢脱贫攻坚战的重点工作,把党中央、国务院的要求不折不扣落到实处,把好事办好,既资助贫困大学生圆了大学梦,又帮助学生家庭早日脱贫。

2015 年,财政部、教育部发布《关于完善国家助学贷款政策的若干意见》,开发银行高度重视,文件发布当天就组织完成了信贷政策和 IT 系统的调整,按照文件规定将本专科学生和研究生的贷款金额上限由 6000 元/人·年,分别调高至 8000 元/人·年和 12000 元/人·年;将贷款期限延长至 20 年(学制加 13 年,最长 20 年);还本宽限期延长至 3 年,实现了国家政策落实零偏差、零时滞。

对于受资助学生家庭来说,开发银行助学贷款发挥了资金替代作用。由于学生在校期间享受财政贴息,相当于向贫困家庭发放了一笔 3—4 年的免息免担保小额贷款,贫困家庭可以把本来用于供孩子上学的钱用于农业生产、创业就业和家庭生活,大大稳定了当地的生产、就业和消费,间接实现了金融扶贫的效果。

据统计,经济欠发达的甘肃、广西、青海、贵州等省区 2015 年 30% 以上考上大学的学生都获得了开发银行生源地信用助学贷款支持,大大缓解了因教致贫、因教返贫的情况。截至 2016 年年底,开发银行已在 829 个脱贫攻坚重点县中的 640 个县累计发放生源地信用助学贷款 441 亿元,支持学生 425 万人次,仅 2015 年就发放贷款 100 亿元,支持学生 149 万人次。

四、强化系统:增强业务可持续性

2009 年 12 月 19 日深夜,开发银行助学贷款业务有关负责人的电话突然

响起,里面传来了系统运行维护同志急促的声音:“今年贷款量上得太快,超出预期,系统计结息功能出现问题!”

如果系统崩溃,意味着 101.1 万笔助学贷款合同存在不能按时结息的可能性。所幸的是,经过开发银行工作人员的连夜奋战,系统补丁紧急上线,终于在 12 月 20 日清晨完成了所有合同的结息工作。经过这次“有惊无险”的意外,开发银行痛下决心,加大投入全面提升系统性能。

通过不懈努力,开发银行陆续开发建成了高中预申请系统、学生在线服务系统、信息管理系统和征信报送系统,“助学贷款业务系统群”基本建立。学生可以通过网络随时随地申办贷款,教育部门和银行可以通过网络完全共享贷款信息,实现了全流程电子化管理,为助学贷款快速发展和精细化管理提供了有力支撑。

“当年我们可是想了好多‘土’办法。”湖北麻城资助中心一位经办同志介绍说,“系统刚上线的时候,网速很慢,学生在资助中心门口排起了长队。天气那么热,情绪难免激动。我找了一面镜子,对好角度,让学生和家长能够看到电脑屏幕,知道我们在努力工作,这才取得了大家的谅解。现在开发银行的系统好用了,每个学生办理也就三五分钟的时间。”

这样的现象不是湖北独有的,贵州盘县资助中心刚开始办理开发银行助学贷款业务时,曾人工发扑克牌当排号机。如今,县里有了真的排号机,学生办理业务方便了许多。

五、风险防控:让助学贷款放得出、收得回

2011 年是高校助学贷款集中到期的第一年,也是生源地助学贷款集中进入自付利息的第一年。助学贷款产品设计是否合理,这项业务能否实现健康可持续发展?开发银行的助学贷款模式又迎来了考验。

开发银行将 2011 年定义为助学贷款加强贷后管理的“考验年”、机制建设的“检验年”,要求全行着力做好贷后管理工作,控制助学贷款违约风险。为了实现这一目标,开发银行领导带队赴 20 多家分行现场推动贷后管理和诚

信建设,要求分行会同资助中心一起加大回收力度,共同提高本息回收率。同时,开发银行先后编写了《助学贷款借款学生手册》,教会学生如何还款;设立了《助学贷款工作动态》,促进总分行信息交流;召开了各种形式的助学贷款培训会、动员会、座谈会、研讨会,组织甘肃、湖北、宁夏、内蒙古、广西、贵州等省份170名县级资助中心老师来京座谈,面对面交流贷后管理经验,了解一线工作中的问题;走访了93所在京高校,与2000多名借款学生座谈,宣传个人征信知识和助学贷款政策。

随着助学贷款规模的增加和期限的延长,县级学生资助中心的工作量不断增加,管理半径日益扩大,管理难度持续加大。开发银行多年的工作实践表明,必须坚持“政府主导”,由基层政府统筹协调“县、乡、村、校”各有关部门发挥各自优势齐抓共管,形成多级协同管理机制,才能使贷款管理事半功倍,在机制上保障贷款“放得出去、收得回来”。

2015年开始,开发银行在全国学生资助管理中心的指导下,会同各省级学生资助中心将工作重心转移到推动贷款管理的前移、下移工作上,尤其在办理贷款学生多、管理半径大或交通不便利的县区,指导县级学生资助中心将贷款管理下沉至乡镇,在乡镇一级设立贷款办理点,以开发银行助学贷款信息管理系统为媒介,推动乡镇政府、乡镇中心校、村居委会、高中等单位切实参与诚信教育、学生联络、本息催收和政策宣传等工作。甘肃、陕西、云南等省份已经实现了学生“家门口办贷款,家门口还贷款”。

六、以人为本:处处为学生着想

“啥? 国家开发银行是做啥的? 你们没有柜台啊,那我娃娃怎么还款?”

“老师,我忘记学生在线服务系统密码了,我年底要还多少钱啊?”

“老师,我考上研究生了,就读研究生期间还能享受财政贴息吗?”

面对学生和家长们咨询的各种各样关于还款流程、贷款申请、密码遗忘的问题,安徽岳西县资助中心老师无奈地说:“我电话都快被打爆了。”

为及时解答学生和家长的咨询,减轻县级资助中心老师的工作压力,

2012年，开发银行专门成立了“95593助学贷款呼叫中心”，随时随地为孩子们解答问题。目前，95593助学贷款呼叫中心已配备坐席客服近100人，累计解答咨询电话140余万个，在贷款办理高峰期平均每天为近4000名学生解答疑问，开发银行还同时开通了咨询邮箱和QQ群咨询渠道，通过官方微信发布助学贷款办理指南H5动画，构建了全方位的咨询服务体系。

“感谢开发银行的帮助。”来自江苏丰县的小徐成功申请助学贷款后，羞涩地向开发银行工作人员道谢。细心的工作人员发现，小徐下意识地揉搓着自己被红色印泥染红的手指。经过耐心询问，小徐表示签完借款合同还要“按手印”，心里有些许酸涩。考虑到孩子们的心理感受，经商法律部门同意，开发银行打破银行业惯例，取消了签合同“按手印”环节。不仅如此，为方便学生阅读理解，减轻档案管理压力，开发银行结合助学贷款业务标准化程度高的特点对合同文本进行了简化，把过去厚达14页的合同精简成1页A4纸，并通过系统实现合同电子化打印，无须手工填写，大大降低了差错率，提高了受理效率。

开发银行严格执行国家有关政策，为助学贷款设置三年宽限期，宽限期内学生只负担利息，不偿还本金。为进一步减轻学生负担，助学贷款是按年还款而不是按月还款。自2014年起，同学们可以根据自己的需要随时在网上申请提前偿还助学贷款。如果临时有别的用钱需要，即便已经提交了提前还款申请，未按时将款项存入个人账户，也不会造成违约，更不用承担额外的费用。

七、不忘初心：创新服务永远在路上

在助学贷款业务开办的头几年，借款学生需要借助代理行偿还开发银行助学贷款。因为各地代理行不一样，带来了许多不便和问题。为解决这一问题，开发银行将目光投向了新兴的互联网支付工具。经过与阿里巴巴集团探讨，双方共同合作开发了相关系统功能，申请开发银行助学贷款的学生在签订借款合同时，系统会自动为他们开通一个支付宝账户。贷款资金将通过这个账户划转至学生自行绑定的任意一家商业银行的账户里。而学生还款时只需在绑定的卡里存入相应金额，再上网操作即可还款。这样既节省了学生的开户成本，又加大了学生用款还款的自由度，还降低了异地还款的手续费，可谓一举多得。

不过，这还不是终点。“我本来觉得有支付宝还款就很方便了，后来发现有不少人还是习惯使用银行卡还款，大家觉得手里攥着刷卡回单比较安心。”一位开发银行科技部门的同志介绍说，“于是我们又引入了中国银联，同学们可以在离自己最近的县中心或高校使用有银联标志银行卡刷助学贷款专用 POS 机还款。”

对于面临毕业的受资助学子，开发银行还“扶上马送一程”，帮助贫困学生毕业后顺利就业，彻底摆脱贫困。自 2012 年起，开发银行充分利用自身融资优势和客户资源优势，通过召集客户举办专场招聘会、发放青年创业贷款、小微企业贷款等多项措施促进大学生就业。目前，已在四川、吉林和安徽等 11 个省份召开 20 余场助学贷款毕业生招聘会，6000 余家企业提供就业岗位近 10 万个，近 20 万人次学生参加招聘，共计达成就业意向 3.2 万个。

2016 年，开发银行还在银监会的指导下积极开展档案电子化试点工作。在试点地区，县级资助中心通过高拍仪和身份证读卡器帮助学生办理助学贷款，借款人仅需在电子签名版上签署姓名，就可以完成合同的签订工作，整个流程迅捷便利，赢得了学生和家长交口称赞。

又是一年开学季。金秋九月，数百万莘莘学子将在开发银行助学贷款资助下走进大学校园，开启人生的崭新旅程。十二年不懈探索，十二年砥砺奋进，开发银行从零开始，已经成为我国助学贷款业务的“领跑者”，实现了跨越式发展。展望未来，在“家国情怀、国际视野、专业高效、追求卓越”的开发银行精神指引下，开发银行将不忘初心，进一步发挥助学贷款精准扶贫的作用，保障广大家庭经济困难学子都能接受公平有质量的教育，照亮寒门学子精彩的人生道路。

融 智 篇

扶贫必扶智，治穷先治愚。只有让贫困地区和贫困群众充分掌握科学技术，用现代科技知识武装头脑，才能从根本上摆脱贫困。开发银行在融资的同时，发挥专家、行业优势大力提供融智服务。通过规划先行，帮助贫困地区科学谋划脱贫攻坚路径；通过派驻扶贫金融专员、“第一书记”和驻村干部，发挥“宣传员、规划员、联络员”作用，为贫困地区和贫困群众脱贫发展出思路、找出路；通过地方干部培训，帮助提高贫困地方干部的工作水平。本篇主要介绍开发银行通过规划合作、扶贫金融专员派驻和地方干部培训等方式，为贫困地区提供融智服务的有关情况。

坚持规划先行
科学谋划脱贫攻坚道路

规划先行是开发性金融理论重要理念和方法。开发银行从经济社会发展的全局出发,运用开发性金融方法,以规划先行为手段,整合各方资源,从源头上构建高效的市场、融资体系和风险防范网络,通过规划成批量成系统地策划开发项目,提升开发银行的影响力和发展的主动性、前瞻性和科学性,形成区别于其他商业银行独特的业务发展模式,充分发挥开发性金融的先锋、先导和先进作用。

2016 年以来,开发银行按照"积极配合、参与和支持有关部委和地方各级政府编制'十三五'脱贫攻坚规划,重点做好系统性融资规划的编制工作,针对薄弱环节和重点领域,设计融资方案和支持模式,确保扶贫开发落地实施"的思路,发挥规划先行独特优势,通过参与政府扶贫规划编制、配套编制系统性融资规划以及为贫困县编制脱贫攻坚规划咨询报告等多种方式,融智服务地方脱贫攻坚,有效推动开发银行扶贫业务发展。

一、积极参与和支持政府扶贫规划编制

积极推进与国家发展改革委、国务院扶贫办等部门及地方政府的规划合

作。如:与国家发展改革委合作开展《全国易地扶贫搬迁“十三五”规划前期研究报告》,在总结以往易地扶贫搬迁经验,分析“十三五”面临形势的基础上,重点就“十三五”易地扶贫搬迁范围、搬迁数量、安置方式、安置所需的基础设施及配套公共服务、投资及金融支持模式等方面进行研究,为科学编制《全国“十三五”易地扶贫搬迁规划》奠定基础。

积极与地方政府及相关部门对接,通过争取列入省政府脱贫攻坚领导小组、脱贫攻坚规划编制小组,建立联席会议机制或开展规划课题合作等方式,跟踪掌握政府扶贫规划编制工作进展及有关政策动向,围绕地方“十三五”脱贫攻坚规划编制中需要研究分析的重点领域扶贫政策、投融资体制机制建设、产业扶贫支持模式等方面积极开展专题研究,为地方政府献计献策,从参与规划编制入手凝聚各方共识,提升开发银行规划品牌影响力。

二、主动编制扶贫系统性融资规划

系统性融资规划是开发银行参与或编制各类规划的核心内容和独特产品,弥补了政府现有规划体系的不足,经过多年的实践和发展,已取得一定成绩,得到广泛认可。开发银行立足各地脱贫攻坚实际情况,围绕贫困地区易地扶贫搬迁、基础设施、特色产业发展、教育医疗卫生等重点领域,加强与国家和地方相关政府部门的扶贫规划合作,从融资规划入手凝聚合作共识,助推投融资主体建设,创新投融资模式和机制、研究配套政策建议,明确开发银行支持脱贫攻坚的主要任务、重点领域、支持方式和重大项目,有效发挥开发银行扶贫开发综合金融协调人的融资融智作用,从源头上成批量地构筑项目,从体制上破解经济社会发展的融资瓶颈约束,服务贫困地区经济社会发展。截至2017年年底,开发银行已完成20项省级“十三五”脱贫攻坚系统性融资规划(含易地扶贫搬迁专项规划)和6项市县级扶贫规划编制。同时,从中央和国家机关定点扶贫县中挑选了22个国家级贫困县作为试点,开展脱贫攻坚规划编制、融资规划研究、重点领域咨询建议等多种形式的规划合作,帮助贫困县找准脱贫发展路径,并针对“融资难、融资贵”等突出问题提出切实可行的解决方案。

专栏：大别山扶贫攻坚专项融资规划

2015 年 6 月，国务院批复同意了《大别山革命老区振兴发展规划》，提出到 2020 年老区的发展目标和重点任务。为落实《大别山革命老区振兴发展规划》，充分发挥开发银行的资金优势和开发性金融的先锋先导作用，2016 年 2 月，开发银行启动大别山片区专项融资规划编制工作，组织专门力量成立行融资规划编制小组，并到湖北、安徽、河南等地进行扶贫工作调研，了解地方政府对片区规划的落实情况、脱贫攻坚中的经验做法，以及存在的问题和困难。开发银行多次开展内部规划编制研讨，经过不断修改完善，形成了《大别山扶贫攻坚专项融资规划》。

在编制过程中，开发银行一是坚持问题导向，一切从实际出发；二是聚焦重点问题，创新思路破除难点，积极推动市场建设、搭建信用结构，从而实现项目落地实施；三是及时梳理当地脱贫攻坚有关问题与建议，重点研究贫困地区融资需求与融资能力不匹配、开发银行如何发挥好开发性金融作用支持地方脱贫攻坚等问题。

规划的作用主要体现在三个方面，一是提供融智服务，推动大别山片区规划落地实施；二是为开发银行在片区推动扶贫开发业务提供支持；三是为其他连片贫困地区以及省、市、县各级脱贫攻坚融资专项规划编制探索经验，提供借鉴。

三、创新开展脱贫攻坚规划咨询工作

脱贫攻坚规划咨询是结合脱贫攻坚工作新的形势需要的实践创新，是对开发银行扶贫规划工作体系的丰富和完善。通过规划咨询，帮助贫困地区研究脱贫攻坚的发展重点和思路方法，为地方政府脱贫攻坚提出有针对性的咨询意见，进一步明确开发银行对贫困县脱贫攻坚工作支持范围、支持重点、支持模式，加强开发银行对地方脱贫攻坚工作的支持作用。2017 年以来，开发银行以河南省卢氏县为试点，编制脱贫攻坚规划咨询报告，帮助贫困县谋划脱贫攻坚思路方法和对策建议，为支持全国其他地区脱贫攻坚积累经验和打造样板。

专栏：卢氏县脱贫攻坚规划咨询报告

在打赢脱贫攻坚战的关键时期，开发银行结合新的形势需要，进一步深化规划先行对扶贫工作的支持作用，创新融智服务方法，探索通过脱贫攻坚规划咨询方式帮助贫困县谋划脱贫思路、举措，支持地方脱贫攻坚工作。2017 年上半年，以卢氏县为试点，经过深入调研，认真研究，广泛征求意见以及反复修改完善，完成《卢氏县脱贫攻坚规划咨询报告》编制。这是开发银行首个自主完成的贫困县脱贫攻坚规划咨询报告。

河南省政府有关领导同志对规划咨询报告给予了高度评价，认为报告思路非常好，内容很丰富，规划咨询意见充分展现了开发银行的务实精神、创新精神和担当精神。卢氏县委领导同志表示，当前脱贫攻坚工作最缺乏的就是好的思路和方法，规划咨询报告对于地方谋划下一步工作思路和举措将起到很好的帮助作用。

为贫困地区开展脱贫攻坚规划咨询的主要目的在于帮助贫困地区更好谋划脱贫攻坚的思路和方法，助力贫困地区加快脱贫攻坚的步伐。卢氏县规划咨询报告的完成，标志着试点成功，为在全国推广脱贫攻坚规划咨询工作探索积累了经验，打造了样板范例。卢氏县规划咨询报告深入分析当地致贫原因、发展瓶颈的基础上，立足卢氏县自然条件、资源禀赋以及卢氏县脱贫攻坚相关规划，通过借鉴其他地区以及开发银行支持脱贫攻坚好的工作经验和做法，提出了易地扶贫搬迁、基础设施、公共服务、产业发展、“互联网＋”等五大脱贫攻坚领域，谋划了交通扶贫、水利扶贫、教育扶贫等十大扶贫工程，梳理了 34 个项目包 484 个项目，并有针对性地研究提出卢氏县脱贫攻坚举措方法和对策建议。

发挥扶贫金融专员作用
加大人才帮扶力度

打赢脱贫攻坚战,人才是不可或缺的最高战力。2015 年中央扶贫开发会议召开后,为进一步加大开发性金融支持脱贫攻坚的力度,解决贫困地区金融人才不足的问题,开发银行大力实施向贫困地区派驻扶贫金融专员(以下简称“扶贫专员”)的创新举措。经过精心选拔,183 名综合素质好、责任意识强、业务能力过硬的业务骨干作为开发银行首批扶贫专员,赴832 个国家级和集中连片特困地区贫困县所在的 174 个地市州专职开展扶贫工作,在政策宣传、规划编制、扶贫项目策划,融资模式设计,理顺资金运行机制等方面发挥了重要作用,被称为扶贫开发的“宣传员、规划员、联络员”。

一、完善机制体制,加大贫困地区金融人才支持

(一)打造过硬队伍,优中选优派驻业务骨干

开发银行高度重视选派扶贫专员工作,克服人员紧缺的困难,严格执行派驻规定,选拔工作经验丰富、业务能力过硬、派驻意愿坚定的业务骨干担任

扶贫专员。扶贫专员作为开发银行脱贫攻坚的“排头兵”“尖刀连”，体现出以下三个特征：党员占绝大多数，在183名扶贫专员中，党员比例占到79%，团员占到4%；工作经验丰富，处级干部比例高达36%，其中正处级干部6名，副处级干部59名，95%的干部具有三年以上工作经验；受教育水平高，本科学历及以上者占99%，其中拥有博士学位者占3%，硕士学位者占64%。此外，开发银行还直接向贫困村派驻了29名驻村干部和“第一书记”，常年驻村开展帮扶工作，带领贫困村民脱贫致富，真正做到了深入基层一线、帮扶到村到户。

（二）完善工作机制，强化对扶贫专员的支持保障

开发银行通过进一步完善扶贫专员工作机制，保障扶贫专员专心、专职、专业地深入派驻地开展扶贫工作。一是从业务培训、联系机制、后勤服务等方面强化和细化对扶贫专员的支持保障。内蒙古自治区分行协调人事、行政及业务处室共同落实扶贫专员服务保障机制，并制作《扶贫服务工作手册——专员版》。陕西省分行通过讲座培训、交流座谈、知识竞赛等多种形式加强对扶贫专员的业务指导。二是在派驻扶贫专员的基础上，通过组建专项工作组的方式，超常规配备人员全力支持脱贫攻坚。河北省分行抽调一半以上业务骨干组建23个专项工作组，分赴全省45个国定贫困县和6个省定贫困县专职开展驻县扶贫工作。新疆、贵州、黑龙江等分行也采取了类似做法加大对扶贫工作的人力支持。三是扶贫金融事业部为加强与扶贫金融专员的联系，及时掌握工作动态，改进服务作风，建立扶贫金融专员联系机制，开通专员微信群，密切沟通联系，加强对专员的支持和服务。事业部每位员工负责联系和服务两至三位专员，定期通过电话、微信等方式主动联系专员，了解实际情况，帮助解决问题。

（三）加强考核管理，确保扶贫专员工作取得实效

建立扶贫专员量化考核体系，严格规范扶贫专员工作，确保扶贫专员下得去、待得住、干得好。贵州、湖北、海南等分行通过“一把手”讲党课、组织专题学习、定期组织会议、加强联系沟通等方式，将“两学一做”学习教育与扶贫专员工作紧密结合起来，党建与脱贫攻坚特色活动收到显著效果。山西、江

西、黑龙江等分行明确要求扶贫专员在派驻期间建立工作台账，每月报告工作情况，每季度撰写工作总结，通过台账管理和信息报送强化对扶贫专员的跟踪考核。陕西省分行制定了《陕西分行扶贫金融服务专员管理考核实施细则(暂行)》，设置了业绩成效、党建工作、内外评价、纪律监督和考核调整的五维考核指标体系，并实行“目标清单制”管理。内蒙古自治区分行出台《内蒙古分行扶贫开发金融服务专员考核暂行办法》《分行扶贫专员费用开支实施细则》，明确扶贫专员费用开支管理和2016年扶贫工作考核任务。

二、践行职责使命，扶贫专员工作取得积极进展

(一)深入基层，加强宣介，切实发挥“宣传员”作用

一方面，扶贫专员发挥行业、专家优势，为贫困地区地方干部和相关从业人员举办政策宣讲和业务培训，并提供咨询服务，大力宣介开发性金融支持脱贫攻坚的思路举措。广西壮族自治区分行扶贫专员先后开展各类扶贫宣介、培训活动140余次，为顺利推进扶贫项目的开发和评审打下坚实基础。宁夏回族自治区分行扶贫专员累积开展座谈、宣介、培训等工作65次，并总结出“金扶工程，国开惠民”“开发银行普惠金融，诚助乡村脱贫”等通俗易懂、朗朗上口的宣传语，获得良好宣传效果。江西省分行为萍乡市举办银政对接会，组织市直机关、县区、融资主体200余人参加，为分行和地方干部交流金融扶贫经验做法、对接扶贫项目搭建平台。另一方面，扶贫专员发扬吃苦奉献精神，深入基层，用老百姓听得懂的语言宣传开发性金融扶贫做法，提升贫困户运用金融手段实现自力更生、摆脱贫困的能力。四川省分行驻凉山州扶贫专员累计下乡调研扶贫工作22次，行程1万余公里，徒步近300公里，走访了15个县市53个村68户贫困群众，全面了解基层情况和致贫原因，具体指导贫困户利用开发银行优惠政策实现增收脱贫。重庆市、吉林省分行扶贫专员主动承担干部帮扶任务，每周联系，每月探访，还采取自发捐款的模式资助3名建档立卡贫困学生高中、大学生活费用。

专栏：开发银行驻四川古蔺县麻柳滩村“第一书记”工作笔记

2015 年 9 月 17 日　星期四　小雨

终于到麻柳滩村了！县里组织部刘部长昨儿一早就从北京接上我，先飞机，再汽车，一路颠簸，又在县城辗转了一晚。此刻，坐在村活动室改造出来的宿舍，一张老式木床，一破桌，没有洗澡的地方，用的是旱厕……这比我想象的还艰苦。

2016 年 3 月 22 日　星期一　晴

今天中午的村委会真热闹，党员同志、各组组长、群众代表都齐了。公布修路账目，开发银行 225 万元，李书记 2000 元，赵支书 1000 元，吴村长 1000 元，老支书也出了 800 元，几个党员和各组组长是既出钱又出力，还有老王家、老李家的嫂子都出工了……大家听到环山路修通，光出行就省下 100 多万元，养的猪、种的果再不用抬着扛着运下来，都很兴奋，很踊跃，很有干劲。这群众会从大中午一直开到天摸黑。

2016 年 12 月 29 日　星期四　雨

今天收到同事的短信，说没想到古蔺的甜橙也这么好吃。我悬着的心终于放下了。甜橙众筹上线以来，领导同事们纷纷出手帮助，订单来了，物流却一直是块心病。一箱甜橙 128 块钱，如果用顺丰，光物流就要六七十元，这样，不仅赚不到钱，还可能亏本。干脆，我们自己干！从采摘、分拣，到套袋、装箱，20 多万个果子，80 多万次劳动，我们带着村民，一个一个装箱，一箱一箱装车，用卡车拉到北京，再用快递送到大家手里。一箱甜橙多赚 10 多块钱呢。这是走出大山的第一个产品，只要成了，苦点、累点，也值了！

2017 年 1 月 16 日　星期一　晴

所有的贫困户都搬进了新房，泸州市的易地扶贫搬迁现场会也选在我们村召开。大家能在青瓦白墙的新房过春节了，我心里特别兴奋。回想这半年多，各种意想不到的状况：土地征迁，因为其中一块没协调下来，不得不调整规划；建房价格谈不拢，拉着贫困户和施工队一轮一轮谈，一户一户说，磨了 40 多天。不管怎么样，靠着苦中作乐的这股劲，还是顺利地走过来了。

2017 年 6 月 26 日　星期一　阴

接到行里电话,“第一书记”任期将满,可以返回总行。同时也告诉我,如果愿意,可以再干一年！想起家里的妻儿老小,我真的挺想回家。但想到刚刚搞起来的羊肚菌试验园,想起通往四组的公路还没有硬化,我又放心不下。

2017 年 7 月 1 日　星期六　晴

今天,翻开一本崭新的日记本,我写下三个字:留下来!

留下来,继续做开行和古蔺的桥梁纽带,做开发性金融在中国最基层的践行者。

(二)科学谋划,因地制宜,积极履行“规划员”使命

扶贫专员充分结合派驻地区贫困县实际情况,协助当地政府做好扶贫开发规划和系统性融资规划。同时,帮助地方政府谋划扶贫项目,推动搭建扶贫开发融资主体,完善信用结构,设计融资方案。湖南省分行从项目规划和融资规划入手,形成了覆盖市县、行业的多层次融资规划架构,编制《湖南省“十三五”精准扶贫融资规划》《龙山县脱贫攻坚系统性融资规划》等扶贫规划 12 个,与十余个市州签订一揽子合作协议。广西壮族自治区分行调动相关处室联合组成工作队赴贫困县现场办公,为当地政府设计“统筹整合使用财政涉农资金 + 政府购买服务 + 扶贫基础设施”融资模式,形成自治区首个整合涉农财政资金支持农村基础设施建设的“凌云模式”,有效推进扶贫基础设施建设与产业帮扶工作。新疆维吾尔自治区分行派驻喀什扶贫专员协助地方政府推动《喀什地区“十三五”易地扶贫搬迁融资规划》和《喀什市“十三五”扶贫攻坚融资规划》编制工作,为喀什地市两级政府扶贫攻坚做好融资顶层设计,为当地政府谋划重大项目 34 个、融资需求 900 亿元。

(三)创新模式,深化合作,努力践行“联络员”职责

扶贫专员发挥连接开发银行和贫困地区的桥梁纽带作用,结合地方政府在金融扶贫中遇到的实际困难和问题,创新开发性金融支持脱贫攻坚的思路

与做法，确保扶贫开发项目落地，惠及贫困百姓。重庆分行扶贫专员利用挂职机遇和地方干部身份，促成双方主要领导互访，增进彼此了解，建立互信基础，共同推进扶贫工作。安徽分行主动联系证监会、国家粮食局、国家食药监总局、全国供销合作社等中央国家机关和单位派驻安徽定点扶贫县的挂职干部，建立定期协调沟通机制，利用定点扶贫资源，形成帮扶合力，共同推动定点扶贫工作。甘肃省分行扶贫专员在天水、陇南等地区大力开展产业扶贫，推广完善“四台一会”模式，按照精准扶贫进村入户的要求，利用以村互助资金协会为基础网络的管理体系，以县、市财政为最终风险缓释措施，开发扶贫互助协会扶贫贷款机制模式。目前，甘肃分行一次性向天水市承诺互助资金小额贷款20亿元，已发放10亿元贷款，覆盖天水市1034个建档立卡贫困村。河南分行扶贫专员在派驻周口市工作期间，大力推动银政合作机制建设，促成各县成立开发性金融支持脱贫攻坚工作组，下设融资部和项目部，融资部负责与分行以及市级统贷平台对接，项目部负责加快项目四项审批办理。推进河南省首个采用市级统贷模式支持扶贫基础设施项目落地，已实现发放贷款7.4亿元。云南分行发挥扶贫专员利用挂职普洱市发展改革委挂职副主任双重身份的优势，积极推动普洱市国家绿色经济试验示范区建设，由分行和当地政府联合设立全国首只绿色经济发展基金，总规模50亿元，第一批基金已投向景文高速公路项目（财政部第二批PPP示范项目），为当地脱贫攻坚破除了瓶颈制约。

三、进一步发挥扶贫专员作用，加快脱贫致富步伐

（一）加强组织领导，强化服务保障

开发银行将进一步加强对扶贫专员工作的重视程度，通过座谈会、工作信息等多种方式及时了解专员遇到的困难与问题，积极研究解决办法和支持政策。继续完善扶贫专员联系保障制度，加强对扶贫金融专员的业务指导和培训，提高扶贫专员的工作能力，确保这项工作取得更大成效。

（二）突出工作重点，紧抓项目落实

一是着眼于贫困地区长远可持续发展，协助地方政府完善脱贫攻坚规划，使扶贫工作有目标、有步骤、有措施。二是根据贫困地区资源禀赋，选择确定特色优势产业，同时结合基础实施和公共服务短板，谋划一批改善贫困群众生产生活条件的扶贫项目，为持久脱贫创造条件。三是根据所确定项目，设计融资模式和支持方案，创新思路方法，解决遇到的困难和问题，确保项目的落地实施。

（三）强化风险意识，确保好事办好

继续发挥扶贫专员双向挂职的优势，坚持实事求是，切实履行职责，协助地方政府把扶贫信贷资金使用好、监管好，确保资金精准、合规、高效使用。同时，强化纪律意识、规矩意识，把纪律挺在前面，自觉运用党章、党纪、党规约束言行，在扶贫工作中展现过硬的政治素质、扎实的工作作风和良好的精神风貌。

加大地方干部培训
融智支持脱贫攻坚

为贫困地区地方干部举办研讨班和培训,是开发银行贯彻党中央、国务院关于打赢脱贫攻坚战的决策部署,深化银政合作,推进脱贫攻坚的重要举措,也是开发银行融智服务的重要方式和内容。特别是2014年以来,开发银行围绕国家脱贫攻坚总体部署以及全行脱贫攻坚工作部署和安排,将地方干部培训工作聚焦到脱贫攻坚,以集中连片特困区为重点,大力开展贫困地区干部培训。截至2017年12月末,开发银行共举办脱贫攻坚培训21期、培训地方干部1883人,实现了对14个集中连片特困地区的全覆盖。

一、基本情况

开发银行脱贫攻坚地方干部培训班从武陵山片区开始,累计为14个集中连片特困区干部举办15期培训;配合全行定点扶贫工作安排,为开发银行4个定点扶贫县和1个对口支援县举办3期培训;与国家发展改革委联合举办"全国易地扶贫搬迁投融资工作专题培训",与中央国家机关工委联合举办"中央国家机关定点扶贫挂职干部培训",覆盖14个集中连片特困地区764个县。

二、主要做法

(一)紧紧围绕脱贫攻坚主题,开展专题培训研讨

一是在内容上,重点安排国家扶贫政策以及“三步走”战略、开发性金融扶贫政策、项目运作模式等。二是在方式上,安排实地观摩、交流研讨和项目对接等环节,组织参训人员调研开发银行支持的扶贫项目、交流扶贫经验,安排分行与参训人员对接,增强培训实效性。三是在人员选择上,与地方省委组织部联合招生,确保贫困县负责扶贫或经济金融工作的干部参加。

(二)围绕地方特点和干部需求,“一地一策”精准培训

一是根据片区特殊需求,精准安排课程。如滇桂黔石漠化片区培训,突出生态建设、水利建设、石漠化治理等内容;西藏和新疆南疆四地州培训,安排维稳、民族政策等专题;大别山、乌蒙山片区培训,安排片区规划专题解读等。二是根据地方干部的共性需求,安排危机管理、媒体沟通和舆情引导等内容。

(三)创新推进教育扶贫,形成培训合力

坚持一手抓地方干部培训,一手抓贫困群众素质和能力建设。与中国金融教育发展基金会密切合作,一是实施“关爱奖励金”项目,累计资助开发银行4个定点扶贫县和1个对口支援县坚守一线的贫困乡村教师1043名,促进贫困地区基层教育事业;二是实施“金惠工程武陵山片区项目”,向武陵山片区71个县区、开发银行定点扶贫县、对口支援县基层农民农户开展金融知识宣传和培训。

三、取得成效

（一）发挥桥梁作用，积极加强银政合作服务扶贫业务发展

开发银行脱贫攻坚干部培训不仅安排政策解读，还搭建沟通交流平台，组织相关分行与贫困县一对一对接，共同探索脱贫攻坚思路方法，挖掘合作方向和潜在项目。例如，滇桂黔石漠化片区培训后，广西多数贫困县与开发银行广西壮族自治区分行签订了合作协议。再如，中央国家机关定点扶贫挂职干部培训结束后，公安部、交通运输部、宋庆龄基金会等主动联系开发银行，沟通扶贫项目推动工作。

（二）深化认识理解，为进一步开展合作奠定基础

培训重点安排开发性金融扶贫政策措施、项目运作模式以及片区特色产业政策等，还安排调研开发银行支持的扶贫项目，促进地方干部加深对开发银行相关政策措施的了解，熟悉项目运作模式，增强运用金融手段推进脱贫攻坚的意识和能力。比如四省藏区班参训学员、云南省迪庆藏族自治州香格里拉市副市长在座谈中表示，“通过培训，坚定了与开发银行合作的信心和决心，会后争取第一时间到省分行继续对接，争取对我市产业扶贫、易地扶贫搬迁、旅游扶贫、基础设施建设等方面给予大力支持与帮助”。

（三）彰显责任担当，树立开发性金融融智扶贫特色品牌

培训受到国务院扶贫办、中央农办、国家民委、中央国家机关工委以及地方政府、参训学员的高度评价。比如，国务院扶贫办主任多次出席培训，并指出培训具有很强的创新性、示范性和政治性；国家民委副主任表示培训充分发挥了金融乘数和杠杆效应，对全国扶贫开发有示范作用；西藏自治区常务副书记指出，培训为西藏打赢脱贫攻坚战提供了强有力的智力支持。大别山

片区班参训学员、河南商城县县长表示,“开发银行的培训,不单就扶贫讲扶贫,而是把银行、政府、企业三方汇集到一起,既融资又融智,体现了责任担当,体现了与其他商业银行的不同”。人民日报、光明日报、人民网、新华网等主流媒体以及地方党报多次报道相关培训,取得了良好的社会效果。

融 情 篇

扶贫工作要有大情怀。开发银行通过加强与各类社会组织合作，不断创新捐赠资金使用方式，更好地为贫困地区和贫困群众提供支持及帮助。本篇主要介绍开发银行扶贫增信捐赠情况，以及与中国扶贫基金会、中国西部人才开发基金会、中国青少年发展基金会、中国人口福利基金会和中国金融教育发展基金会合作开展的系列帮扶项目情况。

开发银行扶贫增信捐赠项目

为进一步做好扶贫捐赠工作，助力打赢脱贫攻坚战，2016年，开发银行改革创新捐赠资金使用方式，在河北、吉林等18省份38个贫困县（含开发银行4个定点扶贫县和1个对口支援县）开展扶贫增信捐赠工作，共捐赠资金4900万元，用于注入贫困县扶贫贷款风险补偿金，缓解产业发展“融资难”问题。扶贫增信捐赠资金帮助地方政府转变发展理念，提高对产业扶贫风险补偿机制建设重要性的认识，加强信用建设，促进贫困地区发展产业脱贫致富。

一、发挥杠杆作用，撬动财政资金、信贷资金支持产业扶贫

扶贫增信捐赠工作促使试点县加大财政投入力度，不断壮大扶贫贷款风险补偿金规模，目前，38个县扶贫贷款风险补偿金总额度已达7.5亿元。开发银行捐赠资金有效发挥杠杆作用，撬动产业扶贫贷款，引导信贷资金精准支持贫困户。2017年开发银行捐赠资金直接撬动贷款2.88亿元，将近5900户建档立卡贫困户受益。

二、提供融智服务，完善试点县风险补偿金相关制度建设

开展扶贫增信捐赠工作，也是运用开发性金融理念和方法推动地方政府加强风险补偿金制度建设的过程。21个试点县中，赤城、安图、汪清等12个试点县按照扶贫增信捐赠工作要求，制定或修订相关制度，其余9个试点县也重新对制度进行了梳理，完善了流程。通过加强风险补偿金制度建设，试点县进一步完善信用体系，同时也为合规有效运用开发银行捐赠资金提供了制度保障。

三、打通融智瓶颈，改善贫困地区金融生态环境

开展扶贫增信捐赠，有利于缓解地方金融机构对产业扶贫贷款风险高的顾虑，帮助地方政府更好引导信贷资金支持脱贫攻坚，降低了贫困户的融资成本，使其比以往更加容易获得信贷资金发展产业，得到了试点县政府、合作金融机构和贫困户的好评。试点县普遍重视，并承诺继续用好开发银行捐赠资金。

四、增强“造血”功能，激发贫困地区脱贫致富的内生动力

扶贫增信捐赠将捐赠方式由传统的“点对点”支持转变为“点对面”支持，帮助试点县精准聚焦产业扶贫，引导信贷资金精准支持产业发展，坚定了贫困户自食其力发展产业脱贫的信心，变“输血”式扶贫为“造血”式扶贫，依托市场化方式支持贫困群众脱贫致富。

开发银行机关扶贫捐赠服务

打赢脱贫攻坚战，是确保实现全面建成小康社会的战略决策和现实行动，也是开发银行“十三五”期间的重点任务和中心工作。为切实贯彻中央精神和行党委决策部署，推动党建工作与脱贫攻坚工作有效融合，引导广大干部员工关心扶贫、参与扶贫，以公益捐赠的实际行动助力脱贫攻坚，在举手之劳、日常点滴中践行开行精神、弘扬家国情怀，在2016年纪念建党95周年之际，开发银行发起“扶贫捐赠——机关党员在行动”主题活动，建立了总行机关扶贫捐赠服务平台。

涓涓细流，日积月累汇成江海；拳拳之心，你我共筑大爱梦想。扶贫捐赠服务平台聚焦“扶贫公益”主题，通过机关爱心库、微信专属链接、爱心汇集专线和EP子站，持续受理广大干部员工的捐赠意向、筹措资金物资、提供爱心投放渠道、反馈爱心帮扶效果，从贡献一本书、一张纸、一件衣做起，让扶贫捐赠从一种责任、一种态度，成为一种习惯。

从2016年6月28日第一个“机关捐赠日”开始，一年多来，七大主题捐赠，5800余件物品、万余斤纸张，近400名青年志愿者轮值服务……2000余名机关干部员工将仁爱之心传递到6省（区）7地贫困人群，以实际行动投入打赢脱贫攻坚战的热潮之中。

一、爱心出发——千件物资送赤城

为把党员干部的爱心传递给渴望得到帮助的贫困人群，结合行内扶贫调研情况，首个捐赠活动定为“爱心出发”——物品捐赠，对接点是河北赤城海家窑村。海家窑村位于河北省西北部，属国家建档立卡贫困村。针对海家窑村地处山区、昼夜温差大、寒冷季节到来较早的特点，总行机关扶贫捐赠服务平台对接当地村民需求，发动大家贡献保暖御寒的衣物。开发银行行领导带头捐赠，各党支部（总支、党委）积极响应，很多员工还自费购买了棉大衣、厚棉被。2017 年 7 月 6 日，总行机关扶贫捐赠服务平台向张家口市赤城县马营乡海家窑村 136 户建档立卡贫困户捐赠爱心扶贫物资 200 箱，共计保暖御寒衣物 1082 件。

二、扶贫捐赠，吾心为爱

“千件物资送赤城”爱心行动后，机关爱心库又陆续收到 2000 余件衣物。为把大家的爱心及时传递给更多需要帮助的贫困人群，总行机关扶贫捐赠服务平台联合“吾心为爱”公益项目，发起向甘肃西和县等贫困地区的衣物捐赠行动。连续 4 周 9 个支部 40 余名青年志愿者轮值整理、清点、分装、打包……爱心库 1273 件秋装顺利启程。

三、“为了大山的孩子”——爱心包裹现场捐赠

2016 年 9 月 12—13 日，总行机关扶贫捐赠服务平台“为了大山的孩子”爱心包裹现场捐赠活动先后在四川省古蔺县麻柳小学和贵州省道真县大塘小学顺利举行，将 300 个爱心包裹送到学校，并设计开展了“圆梦美创课堂”

“圆梦开行童心画展”和“成长对话卡互换”三项特色活动,得到了150余名机关员工子女的积极参与和当地师生的热烈回应,收到了良好的活动效果。

四、冬衣送暖·心念赤峰

继河北赤城、甘肃西和之后,总行机关扶贫捐赠服务平台联合西城区金融街街道办事处,参加了北京市民政系统2016“冬衣送暖”捐助活动。5个支部18名青年志愿者利用休息时间辛苦付出,58袋880件整齐码放的御寒衣物载着机关员工满满的爱心即将发往内蒙古赤峰地区,为塞外寒冬时节的贫困乡亲们送去开发银行员工的温暖。

五、一份来自开发银行机关的特殊礼物——《圆梦开行童心画册》

2016年9月开学季,“为了大山的孩子”爱心书包现场捐赠活动中,开发银行机关的小朋友和大山里的同学们携手创造了属于自己的“童心画展”。2017年2月,新的开学季,扶贫捐赠服务平台为两所小学和全体参展的孩子们,准备了一份特殊的礼物——《圆梦开行童心画册》。画册分为“北京模样”“我的家乡”“童心祝福”“五彩梦想”“填涂美创”五个部分,收录了小开行人饱含情意的主题创作和大山里的孩子们“圆梦美创课堂”上的绘画成果。120余幅作品让同龄的孩子认识彼此的世界,架起友谊的桥梁!

六、让闲置变需要——助力甘孜爱心行动

春夏之交,“换季”成了不少同事不大不小的“难题”。整理出的衣物利用率不高,“躺”在衣柜里占空间,想送给有需要的人又苦于没有渠道……这个

问题怎么解决？接到热线，马上行动！总行机关扶贫捐赠服务平台再次牵手“吾心为爱”公益组织，发起环保生活倡议，让你我的“闲置”变为四川甘孜老乡们的需要！不到一周时间，平台就收到来自20家单位91袋近2100件爱心衣物！

七、一张纸献爱心、救助贫困患病儿童行动

为进一步推动党建工作与脱贫攻坚工作有效融合，弘扬扶贫公益精神，根据中央国家机关精神文明办有关通知精神，在总行机关扶贫捐赠服务平台运行一周年之际，开发银行启动“一张纸献爱心、救助贫困患病儿行动”。

“一张纸献爱心、救助贫困患病儿童行动”由中央国家机关精神文明办于2015年6月发起，倡导“慈善就在身边”“节俭从我做起”理念，主要通过售卖废旧纸张筹集善款专项救助少数民族贫困家庭患病儿童，两年来筹款20.95万元，8名患先心病新疆儿童和包虫病患者得到积极救治。

通知发出后，总行机关在京39家党支部（党委、总支）全部第一时间响应，短短2个小时，捐赠平台就收到废旧书报11082斤，折合金额3878.7元。中华慈善总会负责同志亲临现场见证开行人的爱心传递，对开发银行“一张纸献爱心行动”给予高度评价，对扶贫捐赠服务平台从点滴做起、从小事做起、凝聚广大员工爱心助力脱贫攻坚的积极努力给予充分肯定，并表示将通过中华慈善总会的平台和媒体积极宣介开发银行正能量。

开发银行开展的扶贫公益项目

一、“新长城”特困学生资助项目

中国扶贫基金会是由国务院扶贫办对口业务指导、以扶贫济困为宗旨的公益机构，现为我国扶贫公益领域最大的公益组织。开发银行自2003年起支持中国扶贫基金会“新长城”特困学生资助项目，累计捐赠资金1100万元，已成为开发银行履行社会责任的典型案例。14年来，通过“新长城”大学生、高中生资助项目以及员工自发组织的爱心包裹捐赠项目，开发银行累计资助贫困大学生、高中生以及小学生6223人次，为贫困学生提供了经济帮助和成才支持，为对口帮扶贫困县教育扶贫作出了突出贡献。

2016年，开发银行向该项目捐赠资金200万元，资助学生1000人。其中，在四川、贵州、重庆的5个县5所高中设立13个高中自强班，资助高中生650名；在北京外国语大学、中国人民大学、新疆大学、西藏大学等4所高校资助大学生350名。2016年3月，开发银行被中国扶贫基金会授予“扶贫大使”荣誉称号。

二、“彩烛工程”公益项目

中国西部人才开发基金会是经国务院批准，在民政部注册登记的全国性公募基金会，成立于2006年，目前业务主管是国家行政学院。开发银行自2011年12月起与中国西部人才开发基金会开展合作，累计捐赠资金1500万元，捐赠资金主要用于“彩烛工程”公益项目。

“彩烛工程”公益项目由开发银行会同中国西部人才开发基金会联合设立，自2012年启动以来，已先后在京举办17期校长培训班，累计培训重庆、四川、贵州、江西、甘肃等地的小学校长及教师805名；邀请国内知名教育专家3次深入定点扶贫县“送教”，以学校综合管理、班主任提升、阅读文化打造为主题，对约1500名校长及骨干教师进行培训；在古蔺县资助扶持了27所学校的90个留守儿童关爱活动，通过组织自强互助活动，为贫困地区留守儿童构建积极有效的心理支持环境，受益师生近1.2万人。对此，国务院领导给予了批示肯定。

2016年，开发银行向该项目捐赠资金200万元，主要实施情况：一是在北京师范大学举办3期心理健康教育专题培训班，来自四川古蔺、贵州务川、正安、道真、江西全南的148名教育工作者参训。受益教师普遍反映，“彩烛工程”课程设计好、老师水平高、组织管理严、收获提升大。回到学校后，能够将所学知识和技巧运用到教学管理实践中，受益匪浅。二是在四川古蔺资助扶持了25所学校的45个留守儿童关爱活动，深受社会各界的一致好评和赞誉。古蔺县双溪中学实施的“多彩园艺”活动，从地理、历史、人文、社会等方面使学生对家乡有一个清晰的认识，从环保参与、礼仪教育等方面提升学生的内在素养，通过打造校内花卉园提升学生的创新精神和动手能力；古蔺县黄荆学校实施的“裁缝与模特”活动通过让学生收集生活中的废旧物品、再生环保材料制作自己喜欢的衣服，充分提升孩子们的审美能力和想象力。2016年，“彩烛工程—相守计划”被人民网和公益时报分别评为“第十一届人民企业社会责任奖年度案例奖”和“2016年中国企业社会责任卓越项目奖”。

三、"快乐音乐教室"公益项目

中国青少年发展基金会成立于1989年,业务主管单位是共青团中央。该基金会自1989年发起设立"希望工程"以来,累计援建希望小学1.9万所,资助学生519万名,在改善贫困地区办学条件、促进教育公平方面取得了显著成效。为了促进偏远贫困地区小学音乐教育事业的发展,开发银行自2015年与中国青少年发展基金会开展合作,累计捐赠资金400万元。

2016年,开发银行会同中国青少年发展基金会在内蒙古、吉林、青海、新疆等13个省份的偏远贫困与少数民族地区资助50所学校建设"国开发银行·希望工程快乐音乐教室",通过为资助学校的音乐教室配置乐器、合唱器材、演出服装等物资,让贫困地区的孩子们也能获得更好的音乐教育资源与教学体验,当年直接受惠学生超过4.13万人。同年10月,中国青少年发展基金会邀请北京天使童声合唱团在京组织音乐教师培训班,为50所受助学校的音乐教师提供合唱教学与音乐方面的专业化培训,帮助提高"快乐音乐教室"的教学水平和教学质量。参训教师均表示此次来京收获非凡,返校后大家充分利用所学所得运用到自己的教学实践中,并将自己的教学心得与成果在微信互助群内进行分享。2016年,"快乐音乐教室"被共青团中央授予"2016年希望工程贡献奖"。

四、"黄手环行动"公益项目

中国人口福利基金会成立于1987年,业务主管单位为国家卫生和计划生育委员会。该基金会自成立以来,在关注弱势群体、增进人口福利与家庭幸福等方面发挥了积极作用,社会反响良好。1998—2015年,开发银行连续17年与该基金会开展合作,组织员工捐款共计200余万元,参与"幸福工程——救助贫困母亲行动"。为扶持患有阿尔兹海默症的老年人及家庭,开发银行自2015年与中国人口福利基金会开展合作，累计捐赠资金400万元支持其“黄手环行动”公益项目。

为了帮助有走失风险的老人安全回家，在开发银行支持下，基金会开发研制了具有实时定位、双向通话、SOS一键呼叫、安全围栏、历史轨迹查询等功能的第四代黄手环，使得家人可以实时查询老人的位置，变被动查找为主动看护。截至2017年6月末，项目累计发放3680只定位“黄手环”，帮助有走失倾向的老年人安全回家。领取黄手环的老人及家属反映，黄手环功能强大，定位准确，使用方便，解决了许多实际困难，赢得使用者及家属的好评，纷纷对“黄手环行动”公益项目表示感谢。

同时，为了进一步引导全社会加强对阿尔茨海默患病老人的关心。项目在北京、上海、山东济南、青岛等地举办6场“黄手环行动”专题科普讲座、义诊、医护人员培训，聘请专业义工为社区群众进行阿尔兹海默病的预防判断、就医治疗，对中重症患者的照护基础知识进行讲解；为基层医务工作者进行识别早期阿尔兹海默病患者的技能、掌握专业照护的技巧培训，受益群众近千人。2016年11月，国开发银行捐赠“黄手环行动”公益项目暨四代定位黄手环发放仪式在京举行，人民网、光明网、央广网等媒体对相关活动进行了报道。

五、设立“国家开发银行关爱奖励金”捐助贫困乡村教师

按照国家精准扶贫的要求以及开发银行扶贫工作的整体部署，自2014年起，开发银行联合中国金融教育发展基金会开展了面向开发银行定点扶贫县和对口支援县贫困乡村教师的“国家开发银行关爱奖励金”项目。通过向贫困乡村教师捐助一定金额的资金，帮助其缓解生活困难，激励其更好地投身乡村教育事业，同时促进贫困地区农村教育工作持续健康发展。2014年至2016年，开发银行共向中国金融教育发展基金会捐赠资金300余万元，定向用于开发银行定点扶贫县和对口支援县贫困乡村教师的捐助，共捐助贫困乡村教师1043名，每人3000元。

“国家开发银行关爱奖励金”项目开展以来，为开发银行定点扶贫县和对口支援县部分扎根乡村、爱岗敬业、家庭贫困的乡村教师解决了实际困难，反响较好，得到了贫困县教育部门和基层教师的好评和认可。同时，“关爱奖励金”精准面向乡村教师这一困难弱势群体，填补了开发银行教育扶贫对基层教师群体的空白，彰显了开发银行精准扶贫的理念。三年来该项目的实施对促进贫困县区基层教育事业，阻断贫困代际传递起到了积极的作用，得到广泛的社会赞誉。

地 区 篇

按照“中央统筹、省负总责、市县抓落实”的工作管理体制，脱贫攻坚工作由省负总责。为此，开发银行总行党委与有脱贫攻坚任务的25家省级分行签订了脱贫攻坚责任书，立下“军令状”，确保脱贫攻坚工作落到实处。本篇主要介绍开发银行发挥开发性金融作用，坚持“三融”扶贫策略和“四到”工作思路及方法，支持河北、山西等25个省（自治区、直辖市）脱贫攻坚的做法和成效。

开发性金融支持河北省脱贫攻坚发展报告

打赢脱贫攻坚战是实现京津冀协同发展战略、实现全面建成小康社会目标的重大任务。为贯彻习近平总书记扶贫开发战略思想和系列调研讲话精神，全面落实党中央、国务院关于脱贫攻坚的决策部署，开发银行以河北省10个深度贫困县为重点，以“规划先行融智、改革创新融制、市场运作融资”为依托，以强化外部合作沟通，理顺内部工作流程为抓手，结合河北省脱贫攻坚实际，精准施策、靶向发力，支持河北省脱贫攻坚工作取得显著成效。近年来，开发银行累计向河北省承诺扶贫贷款逾1000亿元，覆盖全省62个扶贫开发重点县中的57个；发放精准扶贫贷款673.1亿元，切实保障209个重点扶贫项目建设资金落实到位，助力逾200万建档立卡贫困群众彻底脱贫。

一、主要工作亮点和成效

（一）完善省负总责机制，确保易地扶贫搬迁首战告捷

根据《河北省“十三五”易地扶贫搬迁规划》，“十三五”期间，河北省拟完成7个区市38个县（区）合计42万人口的易地扶贫搬迁，任务十分艰巨。经多次深入调研了解，河北省经过前几年的易地扶贫搬迁，有条件、有能力搬迁的贫困人口多数已经迁出，目前尚未搬迁的，其生存环境和居住条件更为恶劣、贫困程度更深，属于经过多轮扶持仍未啃下来的“硬骨头”。为此，开发银行认真研究和领悟五部委印发的《“十三五”时期易地扶贫搬迁工作方案》，充分发挥专家银行优势，向河北省委、省政府递交了《关于支持扶贫开发工作有关情况的报告》，系统提出省级投融资主体组建新思路以及省级“统一贷款、统一采购、统一还款”和“建档立卡与同步搬迁人口一并纳入”的支持模式，并代为起草政府购买服务协议、资金管理办法、贷款资金使用三方协议、县级政府购买服务协议等全套政策和文件草本，初步构建起河北省易地扶贫搬迁投融资整体运作框架。2016年5月，在开发银行河北省分行和省发展改革委等4部门的共同推动下，省级投融资主体——河北易地扶贫搬迁开发投资有限公司正式成立。同年6月15日，开发银行率先完成项目整体授信，全额承诺长期贷款196.7亿元。开发银行累计向张家口沽源、承德丰宁等23个县（区）发放易地扶贫搬迁贷款42.4亿元，投放专项建设基金2.25亿元。

（二）借力涉农资金整合，破解基础设施瓶颈制约

1.农村基础设施领域。农村基础设施建设是脱贫攻坚的先行工程。河北省委、省政府明确的阜平、涞源等10个深度贫困县206个深度贫困村贫困发生率高、生产生活条件差，是我国东部沿海基础设施建设最为薄弱的地区之一。围绕这一重点区域，2016年，开发银行积极总结前期调研成果，结合国务院办公厅《关于支持贫困县开展统筹整合使用财政涉农资金试点的意见》

精神，向河北省委、省政府提出了以贫困县未来可以整合的部分财政涉农资金作为还款来源，以“县级直贷”方式支持贫困县农村基础设施的融资模式，并得到省领导肯定。

2016 年 8 月，在河北省“7·19”特大洪灾 10 天之后，开发银行河北省分行召开全行动员大会，号召紧抓入冬前的有效建设期，围绕村组道路、安全饮水、环境整治、美丽乡村等难点和“短板”，采取超常规举措，打一场扶贫开发集中攻坚战，最大限度地改善贫困群众生产生活条件。会后，分行领导亲自挂帅，抽调全行一半以上业务骨干组建了 23 个扶贫战斗小组，连夜奔赴扶贫一线。在相关市县政府的大力支持下，集中攻坚取得圆满成功。截至 2018 年 8 月末，开发银行累计向保定顺平、承德滦平等 52 个县(区)发放农村基础设施贷款 138 亿元，覆盖全省 3831 个建档立卡贫困村，受益建档立卡贫困人口超过 140 万人。

2. 重大基础设施领域。河北省太行山高速公路项目全长 680 公里，辐射面积 2.6 万平方公里，横跨太行山—燕山特困区域，覆盖贫困人口数百万人，建成后将有效带动太行山区城乡居民脱贫致富，对于促进沿线经济发展、推动京津冀交通一体化进程具有重大意义，是一条名副其实的“扶贫路、致富路、旅游路、发展路”，更是河北省首个重大扶贫工程。然而，随着政府债务负担加重，财税体制面临变革，太行山高速公路项目在融资领域遇到了前所未有的困难和挑战。

开发银行充分发挥融智服务作用，主动参与设计太行山高速公路项目 PPP 融资方案。在进行多轮模拟测算后，最终形成了全国首个“肥瘦搭配”以及打包进行“BOT + EPC + 政府补贴”的 PPP 运作模式，为太行山高速公路项目成功解决了融资难题。截至 2018 年 8 月末，由开发银行牵头组建的银团，已向太行山 9 条高速公路授信 575.8 亿元，投放信贷资金近 136.9 亿元，有力地支持了“扶贫大动脉”建设。此外，围绕南水北调、清洁能源发电等重点领域，开发银行累计支持跨区域重大基础设施项目 62 个，发放扶贫贷款 449.8 亿元，引领同业扶贫资金 46.8 亿元，受益范围几乎涵盖全省所有贫困地区。

(三)立足当地资源优势，构建产业帮扶长效机制

人们常说，一把钥匙开一把锁，找准“路子”，才能迈开“步子”。产业扶贫

要立足贫困地区资源禀赋和特色优势，才能做到对症下药、精准滴灌、靶向治疗。在国家级贫困县邢台威县，多年来当地政府一直在探索如何让贫困人口增收脱贫，但难题之一就是财政吃紧，缺乏启动资金。开发银行多次调研后发现，这里部分有劳动能力的贫困人口知识技术水平较低、信用意识较差，若采取传统扶贫贷款模式将贷款直接贷给贫困户，由农户承担市场风险，可能会出现贷款项目无法按期完工、市场低迷时农户还款意识不强等现象。在多次沟通协商后，威县政府与河北宏博牧业有限公司启动了产业扶贫“助威计划”，建设年加工5万吨肉鸡熟食制品生产线。该项目由开发银行提供1.3亿元长期贷款，威县政府整合扶贫资金，按每人4500元标准补贴贫困人口并入股分红。项目实施后，可使2988名贫困人口年均增收达到18621元。同时，开发银行主动让利，让项目享受基准利率优惠，从而拿出部分利息，而宏博牧业则承诺每出栏1只鸡，按照0.05元标准出资，共同设立“鸡基金”，用于威县扶贫事业的可持续发展，从而建立起一个具有自我“造血”功能的长效机制。

专栏：河北省“助威计划”产业扶贫案例

一、基本情况

河北宏博牧业有限公司（以下简称为“宏博牧业”）是全产业链的现代化白羽肉鸡一条龙企业。2015年3月15日，开发银行河北省河北分行通过了对河北宏博牧业有限公司年加工5万吨肉鸡熟食（一期）的A组授信，授信金额1.3亿元，贷款期限为8年（含2年宽限期），贷款利率执行中国人民银行公布的同期限同档次人民币贷款基准利率，用于建设年产2万吨熟调产品、年产1万吨生食调理品的生产线（一期）。

二、运作模式

（一）采用“政府＋银行＋龙头企业＋合作社＋贫困农户”五位一体的精准扶贫模式。有效整合政府、银行、龙头企业的资源，充分发挥政府的组织协调优势、银行的资金优势、龙头企业的经营优势，将扶贫资金补贴到户，再将扶贫资金整合运作，让企业承担经营风险，使农民摆脱了市场风险，走出了一条企业增效、财政增长、农民增收的现实之路，实现了由输血式扶贫向造血式扶贫的转变，具有重要示范意义。

（二）“鸡基金”补充扶贫资金，体现银企社会责任。由宏博牧业主动投入、开发银行让利构成的“鸡基金”，定向用于支持建档立卡贫困村的主导产业、基础设施、公益事业，贫困村脱贫后可用于低收入家庭产业发展、养老保险、养老院建设等。据测算，每年“鸡基金”收入为170万元，形成了扶贫资金的第二来源，充分体现了龙头企业、开发银行的社会责任，形成扶贫事业的良性循环。

（三）构建完善信用结构，坚守风险底线。企业提供足值房产、土地抵押，威县人民政府提供1000万元风险补偿资金。

三、扶贫效果

该项目实施后，通过“扶贫资金入股获得资本收益、土地承包经营获得租赁收益、贫困人口就业获得薪资收益”，可使69个贫困村的1592个贫困户，共计2988名贫困人口每人年均增收18630元，贷款期内总共可使贫困户增收2.99亿元，实现建档立卡户的稳定脱贫、精准脱贫。

（四）开展生源地信用助学贷款，“应贷尽贷”助寒门学子圆梦大学

助学贷款是由政府主导、教育主办、金融支持的一项政策性贷款业务，同时也是斩断贫困代际传递的一项重要国策。开发银行很早就开始承担河北省高校助学贷款任务，但由于种种原因，生源地信用助学贷款业务一直未在河北省开展。2016年7月，在多次实地调研之后，开发银行选择在阳原、怀来两县先行试点。仅一个多月时间，两县申请生源地信用助学贷款的学生就已将近1400人，申请金额合计超过1000万元。2017年，依托省财政厅及各县（区）资助中心，开发银行生源地信用助学贷款业务扩大至9市48县（区），当年发放助学贷权1.55亿元，资助20369各贫困学子圆梦大学。2018年，开发银行生源地助学贷权业务又新增35个县（区），全面推行全流程电子化管理。目前，全省已有不少于83个县受理开展生源地信用助学贷款业务，预计申贷金额不低于1亿元。未来，生源地信用助学贷款业务将扩大至全省所有县

（区），帮助数以百万计的贫困孩子走进大学校园，不让一个学子因家庭经济困难而失学。

开发银行精准扎实的扶贫工作，得到了河北省委、省政府领导的充分肯定。河北省多位负责同志对开发银行支持河北脱贫攻坚工作作出批示："开发银行在支持我省扶贫攻坚中主动而为，急项目所急，体现了高度的政治自觉和政策性银行的重要作用。""开发银行心系大局，作风务实，扶贫工作卓有成效！"

二、经验做法

（一）加强外部宣介，做好融智服务

一是先后多次就扶贫融资工作向省委、省政府建言献策，协助省直部门设计制定符合河北实际的扶贫政策和融资模式，其中多项建议得到省领导肯定批示，部分写入省级政策文件。二是编制配套系统性融资规划，全面梳理地方扶贫重点项目，科学设计融资模式，确保施策精准、扶贫精准。三是选取阳原、赤城、临城3个中央国家机关对口县开展规划合作试点，立足当地资源禀赋，深入谋划脱贫产业，提供切实可行的融智服务。

（二）依托银政合作，推动融制建设

一方面，向9个有扶贫任务的地市派驻9名业务能力突出、经验丰富的扶贫金融专员，分别挂职市政府副秘书长专职开展扶贫工作，协助各地市完善扶贫顶层设计。另一方面，在积极总结集中攻坚经验的基础上，全面完善地区工作组工作开展机制，通过与贫困县政府建立动态协调、常态沟通、信息共享等多项机制，千方百计延伸服务网络、下沉服务重心，以完善的制度建设，推动脱贫攻坚工作顺利开展。

（三）谋划重点项目，加大融资支持

重点项目谋划是金融扶贫工作的生命线。依托融智服务与融制建设，着力发挥政府组织协调优势与开发性金融综合服务优势，加大项目谋划力度。在易地扶贫搬迁领域，开发培育了张家口沽源、康保等重点大县搬迁项目；在农村基础设施领域，开发培育了阜平县农村基础设施（村组道路）、灵寿县改善农村人居环境建设、滦平县农村公路"三年攻坚"等重点项目；在重大基础设施领域，开发培育了太行山高速、南水北调配套工程、察哈尔风电场等重点项目；在产业发展领域，开发培育了宏博牧业年加工 5 万吨肉鸡熟食制品生产线、魏县科技创业孵化基地、太行山生态绿化等重点项目。开发银行以超常规的评审力度、授信效率和强有力的资金保障，为河北省脱贫攻坚提供了有力支持。

开发银行将以务求实效为目标，继续深入落实党中央、国务院关于脱贫攻坚的决策部署，遵循"四到"工作思路和"三融"扶贫策略，围绕"易地扶贫搬迁、基础设施、产业发展、教育资助"四大板块，以"绣花"的功夫和更大的力度推进脱贫攻坚各项工作，助力河北省打赢脱贫攻坚战。

一是提高自觉，树立扶贫开发"大情怀"。贫穷不是社会主义。习近平总书记曾语重心长地说："我现在看到贫困地区的老百姓，确实发自内心地牵挂他们，作为共产党人一定要把他们放在心上，真正为他们办实事，否则我们的良知在哪里啊？"开发银行将始终从国家战略和全局出发，带着责任和感情，真情付出、用心探索、务实苦干，不断提高服务脱贫攻坚的行动自觉，切实肩负起开发性金融支持脱贫攻坚的社会责任与历史使命。

二是发挥优势，体现扶贫开发"大智慧"。河北省脱贫攻坚工作时间紧迫、任务艰巨、情况复杂。开发银行将始终坚持可持续性和包容性原则，发挥"融智""融制"双重优势，以发展普惠特惠金融、增加贫困地区金融供给为着力点，完善扶贫金融专员机制建设，积极研究创新支持模式，引领社会资本流入扶贫领域，不断加强政策性、开发性和商业性资金良性互动，形成加快贫困地区经济社会发展的强大合力。

三是务实推进，理顺扶贫开发"大思路"。针对易地扶贫搬迁，加强调研

推动，协调各县（区）政府加快新增项目前期审批，鼓励加快存量资金支付，挖掘重点县资金需求。针对基础设施，研究领会《关于进一步规范地方政府举债融资行为的通知》的精神，围绕政府与社会资本合作（PPP），探索创新支持模式。针对特色产业，探索依托省属国有企业、上市企业及中小城商行，以“转贷款”等方式支持扶贫产业发展。针对生源地信用助学贷款业务，推进各县（区）教育部门落实协议要求和电子设备配置，最大程度扩大覆盖范围。

“衙斋卧听萧萧竹，疑是民间疾苦声。些小吾曹州县吏，一枝一叶总关情。”作为服务国家战略的开发性金融机构，开发银行将进一步发挥好开发性金融功能和作用，坚定信心，乘势而上，精准发力，主动作为，以脱贫攻坚的“大情怀、大智慧、大思路”肩负起服务国家战略和建设“经济强省、美丽河北”的“大责任、大使命、大担当”，用开发性金融的有力笔杆书写一段扶贫济困的不朽诗篇！

开发性金融支持山西省脱贫攻坚发展报告

山西省是全国扶贫开发工作重点省份，近一半县市区是贫困县，贫困面积大、贫困人口多、贫困程度深。2017 年 6 月下旬，习近平总书记视察山西，要求山西省“扎实推进脱贫攻坚和民生保障”。考察期间，习近平总书记在太原市召开深度贫困地区脱贫攻坚座谈会，对解决深度贫困作出战略部署，为山西省攻克深度贫困堡垒增添了强大动力。2016 年以来，开发银行深入贯彻党中央、国务院决策部署，加强与山西省委、省政府及各市县地方政府合作，结合山西省情和脱贫攻坚实际，运用开发性金融理念，创新扶贫开发投融资模式，不断深化融制、融资、融智服务，大力实施“四到”工作思路，取得积极成效。

一、坚持融制、融资、融智相结合，服务山西脱贫攻坚

（一）融资情况

截至 2017 年年底，开发银行共向山西省贫困地区投放扶贫信贷资金 324 亿元，覆盖全省 58 个贫困县，惠及建档立卡贫困人口约 76 万人，贷款领域涵盖易

地扶贫搬迁、农村基础设施、助学贷款、产业扶贫、区域重大基础设施等。

（二）融智情况

1. 高层融智、顶层设计。2016 年 4 月，开发银行山西省分行向山西省省长提交《关于开发性金融支持山西棚户区改造、脱贫攻坚的工作建议》，就融资模式设计、易地扶贫搬迁操作方案等提出意见建议；2016 年 5 月，向山西省委书记提交《开发性金融支持山西脱贫攻坚与生态建设工作建议》，均获得高度肯定。2017 年以来，开发银行山西省分行通过多个场合向省委省、政府主要负责同志和分管领导汇报对脱贫攻坚的工作建议，获得肯定和支持。

2. 规划先行、系统推进。开发银行山西省分行多次与省发展改革委、省扶贫办、省财政厅对接，对全省脱贫攻坚“十三五”规划、全省易地扶贫搬迁“十三五”规划提出意见建议；制定《国家开发银行山西省分行“十三五”金融扶贫规划》，明确扶贫工作路径；选择吕梁市临县作为试点，完成扶贫融资规划编制，获得临县政府高度赞赏。

3. 谋划策划、批量落地。开发银行山西省分行先后就林业、水利、交通、采煤沉陷区治理等领域起草扶贫方案，向有关部门献计献策；坚持评审前移，帮助项目实施单位编制可研报告，完善项目实施条件，推动项目批量落地。

（三）融制情况

1. 包片推动，完善机制。开发银行山西省分行出台《山西分行扶贫业务集中攻坚实施方案》《山西分行 2017 年扶贫业务工作计划》等文件，实施分行领导包片推动制度，成立 58 个工作组，集中开展了对 10 个地市、58 个贫困县的走访调研，推动组建市县开发性金融合作办公室，帮助市县政府理清扶贫业务合作需出台的文件、方案等必备文件，推动地方政府高效融资、有效融资。

2. 深度参与，积极融制。开发银行派员协助山西扶贫开发投资有限公司完善内部管理一系列基础制度；配合财政、扶贫等部门起草相关文件，推动山西省政府及有关部门出台《山西省易地扶贫搬迁资金管理办法》《易地扶贫搬迁长期政策性贷款管理办法（试行）》；在全国范围内，较早地全面完成了项目政府购买服务的全部流程，推动省扶贫公司与省财政厅、扶贫办共同签署了

《易地扶贫搬迁项目政府购买服务协议》。

3. 签署协议，凝聚合力。2016 年 5 月 30 日，开发银行山西省分行与省扶贫办签署《开发性金融支持山西省脱贫攻坚合作协议》，协议明确了双方合作目标、重点合作领域、合作模式、建立联系和信息共享机制等重要事项，决定就完成“十三五”期间山西省脱贫攻坚任务，发挥开发性金融优势，加强对山西省脱贫攻坚的融资和融智支持力度而共同努力。2016 年 5 月 20 日，与吕梁市政府签署《开发性金融支持吕梁市脱贫攻坚合作协议》，双方决定将重点推动吕梁山集中连片特困地区的金融扶贫工作。

4. 派遣专员，落实合作。2016 年以来，开发银行先后派遣 2 批共计 18 名扶贫金融专员赴地方交流挂职，专项推动扶贫开发。扶贫专员作为扶贫政策宣传员、脱贫攻坚规划员以及政府和开发银行之间的联络员，实现在扶贫领域的深度合作，为完善地方与开发性金融合作机制发挥了巨大作用。

二、坚持“四到”工作思路，助力山西脱贫攻坚战略部署落地

（一）以易地扶贫搬迁项目为切入点，推进扶贫融资工作

开发银行派员协助省扶贫公司组建，积极开展易地扶贫搬迁项目评审授信工作。2016 年 5 月，对山西省易地扶贫搬迁项目贷款授信承诺 300 亿元。2016 年 8 月 17 日，开发银行山西省分行与山西省扶贫公司签订了全省首笔易地扶贫搬迁借款合同，并发放贷款 1300 万元。2016 年 10 月 13 日，开发银行山西省分行率先投放全省首笔易地扶贫搬迁专项建设基金 11.25 亿元。

专栏：开发银行支持山西省易地扶贫搬迁情况

2016 年 5 月，开发银行实现向山西省易地扶贫搬迁项目整体承诺贷款 300 亿元，对“十三五”期间山西省 45 万建档立卡搬迁人口及 11 万同步搬迁

人口易地扶贫搬迁提供贷款支持。2016年8月，率先发放山西省易地扶贫搬迁项目首笔贷款1300万元。

一、构建省级投融资机制

1. 协助搭建省级扶贫投融资主体。2015年12月，开发银行山西省分行抽调业务骨干赴省扶贫公司挂职交流，参与公司的组建和运作，帮助公司建章立制，完善内控制度，规范工作流程，夯实借款人的管理基础。

2. 完善省级制度建设，规范资金使用。配合省财政、扶贫办制定易地扶贫搬迁资金管理办法等制度文件，规范全省易地扶贫搬迁项目资金使用管理，明确各方职责，为保障全省易地扶贫搬迁项目顺利实施提供了制度保证。

3. 完善还款机制，确保真扶贫、扶真贫。推动省级出台制度明确，在建档立卡贫困人口搬迁享受中央专项贴息贷款额度内，本息偿还时，国定贫困县全部由省级承担，省定贫困县由省级承担70%，非贫困县由省级承担50%，省级整体承担本息比例约90%，切实减轻贫困县区的还款负担。

二、构建、做实市级统筹职能

1. 推动组建市级扶贫投融资主体。推动省扶贫公司主要出资、市级政府按比例配套，在山西省11个地市设立市级扶贫公司，专项承接省扶贫公司下达的包括贷款在内的各类资金，统筹县级易地扶贫搬迁项目的贷款申报、资金使用管理等。

2. 派驻扶贫金融专员，加强与地方政府的沟通协调。开发银行山西省分行向各市扶贫办派出扶贫金融服务专员挂职交流，加强与地方扶贫、财政等部门的协调联系，帮助市级完善易地扶贫搬迁管理机制，第一时间掌握融资需求，做好对各县项目建设、资金使用的统筹管理。

（二）以农村基础设施建设为着力点，改善贫困村落后面貌

开发银行积极支持山西省贫困村的村组道路、安全饮水、环境整治、校舍安全等农村基础设施建设。创新融资思路，按照政府购买服务框架下的“市级统贷”和直贷两种模式，向运城市闻喜县、临汾市浮山县、太原市阳曲县、大同市浑源县、忻州市岢岚县承诺农村基础设施贷款23.5亿元，累计发放贷款

9 亿元，惠及 307 个贫困村、17.9 万个建档立卡贫困人口。

（三）以行业、产业扶贫为发力点，破解脱贫攻坚瓶颈制约

开发银行高度重视林业、水利、交通等重点行业扶贫工作，派驻业务骨干赴山西省林业厅、省水投集团、省交通厅挂职，加强银政企合作交流。积极配合和推动《山西省林业精准扶贫总体规划》的编制以及林业扶贫投融资主体的组建；与省水利厅签署《推进山西水利建设开发性金融合作备忘录》，研究金融支持兴水富民工作方案；与省交通厅对接交通扶贫规划，重点支持跨区域、连接贫困地区的交通骨干通道项目建设，累计向建档立卡贫困人口占比超过 10% 的贫困地区交通基础设施项目投放贷款 137.6 亿元。

（四）以教育扶贫为根本点，有效阻断贫困代继传递

2016 年以来，开发银行在山西发放近 35 万人次助学贷款，金额合计 44.9 亿元，助学贷款基本覆盖全省建档立卡贫困户高校就读子女。自 2005 年以来，开发银行已累计向山西发放助学贷款 107 亿元，支持家庭经济困难学生 184 万人次，覆盖省内 122 个县区和 81 所高校。

三、发挥开发性金融作用，进一步加大山西省脱贫攻坚支持力度

（一）做好金融扶贫机制建设，积极推动成立省级开发性金融合作领导小组

推动山西省政府和开发银行建立常态化的高层沟通联络机制，做好金融扶贫机制的细化落实，形成脱贫攻坚工作合力。积极推动成立省级层面的开发性金融合作领导小组，由省级扶贫、财政、发改、开发银行山西省分行等部门共同参加，下设合作办，作为协助组织、推动、协调开发性金融扶贫业务的合作平台。最大限度地把政府的组织优势与开发银行的融资、融智优势结合

起来，打通扶贫融资“借用管还”路径，建立扶贫开发长效机制。

（二）以编制“两山”脱贫攻坚暨生态修复系统性融资规划为切入点，积极参与“两山”生态扶贫

深化与山西省林业厅、扶贫办的合作，围绕太行山、吕梁山脱贫攻坚工作，发挥规划先行作用，编制“两山”脱贫攻坚暨生态修复系统性融资规划。通过提供融资咨询，共同推动规划的项目化，并按照整体合作、分批推动的思路，实现项目融资落地。

（三）做好贫困村基础设施提升工程、农村人居环境改善工程二期项目的推进工作

围绕贫困村退出标准要求，特别是贫困人口生活生产基础设施短板，配合省扶贫办等部门做好项目规划和融资方案设计，为农村危旧房改造、垃圾污水治理、村级公路建设、安全饮水改造、村卫生室和薄弱小学提标工程等提供一揽子金融支持。

（四）创新融资模式，加大水利扶贫工程支持力度

积极与山西省水利厅、水投集团等部门对接水利扶贫融资需求，创新模式，支持永定河水系治理工程、“七河”生态修复治理工程、“大水网”四大骨干工程、黄河古贤水利枢纽工程等重大项目，以及纳入省“十三五”水利扶贫专项规划的其他水利基本建设。

（五）加大金融支持力度，助力攻克产业扶贫短板

2017 年以来，山西省委、省政府多次要求加大产业扶贫工作力度，开发银行将积极与省扶贫办、省农业厅等部门加强协作，继续完善产业扶贫金融支持举措，重点支持由政府发挥引导作用，通过机制建设，协调各类资源形成合力，促进贫困人口增收的产业项目，带动贫困群众参与产业链、分享价值链，实现增收脱贫。

(六)继续发挥全省教育扶贫主力金融机构作用

将贷款支持教育扶贫作为阻断贫穷代际传递的重要举措,继续做好生源地助学贷款工作。同时,积极支持贫困地区中小学校舍安全改造等教育基础设施建设。

开发性金融支持内蒙古自治区脱贫攻坚发展报告

内蒙古自治区位于我国正北方边疆，是我国少数民族区域自治的发祥地，五十多个不同民族人口和谐共居、繁荣发展。从1947年成立至今，在党中央、国务院的亲切关怀下，内蒙古经济社会迅猛发展，人民生活水平不断提高，自治区农村牧区贫困人口由600万减少至37.8万。党中央、国务院作出打赢脱贫攻坚战的决定以来，开发银行积极响应、认真贯彻落实中央关于打赢脱贫攻坚战的一系列工作部署，按照开发性金融支持脱贫攻坚“易地扶贫搬迁到省、基础设施到县、产业发展到村（户）、教育资助到户（人）”的工作思路，在脱贫攻坚中探路子、建机制、寻方法，在精准扶贫里出实招、下实功、求实效，发挥开发性金融“规划先行融智、改革创新融制、市场运作融资”作用，助力边疆少数民族地区加快脱贫攻坚进程，确保到2020年内蒙古自治区31个国家级贫困旗县全部摘帽、7.8万贫困人口全部稳定脱贫，如期实现全面建成小康社会的宏伟目标。

一、工作整体情况

截至2017年年末，开发银行共向内蒙古自治区承诺精准扶贫项目贷款

236亿元,发放223亿元,承诺项目覆盖全区31个国贫县和26个区贫县,受益建档立卡贫困人口达34万人。

一是主动出击,全力推进易地扶贫搬迁工程。内蒙古有相当一部分贫困农牧民长期居住在生存条件恶劣、生态环境脆弱、自然灾害频发的偏远山区、牧区、林区和垦区,“一方水土养不了一方人”的现象比较严重。为了帮助贫困地区挪穷窝、拔穷根,开发银行着力解决自治区易地扶贫搬迁工程这块精准扶贫“五个一批”工程最难啃的“硬骨头”。开发银行内蒙古自治区分行与自治区扶贫办、自治区发展改革委、自治区财政厅、内蒙古扶贫开发投资管理有限公司(以下简称“自治区扶投公司”)多次沟通对接,参与制定业务实施意见、政府购买服务协议、资金管理办法等文件,并先后完成自治区易地扶贫搬迁工程28亿元贴息贷款和4亿元专项建设基金评审承诺,以及49个旗县的贴息贷款和专项建设基金的授信核准,于第一时间签订合同实现贷款发放,给贫困地区送去脱贫攻坚战的第一场“及时雨”,帮助贫困老百姓实现安居与乐业并重、搬迁与脱贫同行。为了发挥扶贫贷款“精准扶贫、精准脱贫”作用,开发银行内蒙古自治区分行与自治区扶贫办、自治区扶投公司联合赴10个盟市开展项目及资金使用监管检查。在阿拉善的茫茫戈壁滩,在锡林郭勒的辽阔草原,在奔腾的黄河岸边,在巍峨的大兴安岭脚下,开发银行带去了让内蒙古人民脱贫致富的决心。开发银行根据易地扶贫搬迁项目涉及面广、链条长、关联方多的特点,研究建立了“一本制度文件汇编、两张流程图、三本业务手册”的“规范化、精准化、标准化”扶贫信贷管理模式,得到各方的认可。

专栏:精准施策推动边疆民族地区易地扶贫搬迁

内蒙古自治区幅员辽阔,地处大兴安岭南麓、燕山—太行山区两个集中连片特困地区,全区共有31个国定或集中连片特困地区贫困县和26个区贫困县,一半以上的旗县都是贫困县,共有建档立卡贫困总人口80多万人(2015年年底数据),其中“十三五”期间需搬迁建档立卡6.9万户20万人次。开发银行积极研究易地扶贫搬迁政策,主动设计资金借用管还工作机制,积极推动自治区政府于2016年4月21日召开关于研究易地扶贫搬迁有关事宜的专题会议，明确由自治区扶投公司作为全区易地扶贫搬迁投融资主体，确定贷款规模28亿元，专项建设基金4亿元。开发银行抓紧开展评审承诺工作，分别于2016年6月和8月承诺全区易地扶贫搬迁贷款28亿元和专项建设基金4亿元。此后，开发银行内蒙古自治区分行成立工作组赴开发银行所辖全区10个盟市47个旗县开展项目调研，落实贷款核准、签约、发放条件。2016年10月20日，开发银行内蒙古自治区分行与自治区政府签订《“十三五”开发性金融合作备忘录》。2016年11月18日，开发银行内蒙古自治区分行与自治区扶投公司一次性签订44个旗县7.58亿元借款合同和4亿元专项建设基金投资合同，之后仅用3个工作日便实现了4个旗县0.88亿元的贷款发放，10个工作日实现4亿元专项建设基金一次性全部投放，是自治区首批到位的易地扶贫搬迁贷款资金，内蒙古日报、内蒙古电视台对此进行了专题报道。截至2017年年末，累计发放易地扶贫搬迁贷款40个旗县13亿元，并全部支付到旗县实施主体共管账户。

开发银行内蒙古自治区分行通过高层推动、规划引领、机制搭建、精准管理等方式，发挥融资融智优势，从体制机制建设方面寻求思路，在服务客户精准和信贷管理精准上下功夫，提出了“一本制度文件汇编、两张流程图、三本业务手册”的信贷管理精准模式。在精准的工作机制和信贷管理模式下，有效地保障了自治区易地扶贫搬迁资金需求，为支持自治区打好脱贫攻坚战“当头炮”作出了积极贡献。

二是创新思路，着力改善农村基础设施。内蒙古多数贫困地区交通、水利、电力、能源、生态环境建设等基础设施和文化、医疗、卫生等基本公共服务项目基础依然比较薄弱、历史欠账较多，成为制约自治区经济社会发展的最大短板。脱贫攻坚时间紧、任务重，内蒙古分行坚持“精准发力”的原则，以改善贫困地区基础设施和贫困人口生产生活条件为重点，围绕村组道路、安全饮水、环境整治、校安工程等贫困地区基础设施难点和短板，加快改善建档立卡贫困地区的基础设施落后面貌。为全力配合自治区贫困旗县如期摘帽，开发银行积极创新融资模式，整合贫困县资金和资源，推动完善涉农财政资金使用机制，采取盟市扶贫投融资主体统贷和旗县扶贫投融资主体直贷的政府

购买服务模式，以“到县”方式为农村基础设施提供贷款支持，先后向喀喇沁旗、奈曼旗等 24 个国家级贫困县承诺贷款 147.6 亿元、发放 93 亿元，覆盖建档立卡贫困村 1517 个，占全部国贫县建档立卡贫困村 72%，惠及建档立卡贫困人口 25 万人。解决了“路不平、水不畅、电不通”等贫困老百姓切实关心的“家门口”问题，为脱贫攻坚打牢坚实基础。

三是因地制宜，助力产业扶贫促进贫困户就业增收。“小康不小康，关键看老乡。”开发银行提出根据贫困地区不同资源禀赋和产业特色，因地制宜、因困施策地发展绿色生态种养业、森林草原旅游、休闲农业、传统手工业、乡村旅游、农村电商等特色产业，积极发挥产业扶贫在吸收贫困人口就业、带动贫困人口增收方面的巨大作用。开发银行推动完善“四台一会”融资模式，累计发放产业扶贫贷款 18 亿元，大力支持扶贫产业化龙头企业、农村专业合作组织和农村集体经济，发展特色优势产业，带动贫困农户全面融入产业发展，帮助企业吸纳 1100 名建档立卡贫困人口实现稳定就业，增强贫困地区“造血”能力。分行以乌海市作为试点，创新提出“帮扶就业、托养医疗、教育帮扶”三位一体扶贫方式，针对贫困人口不同致贫原因，建立因户、因人施策的金融精准扶贫体系，发放产业扶贫贷款 2 亿元，直接带动每人每年平均增收 3000 元，覆盖当地 1515 名建档立卡贫困人口。分行还结合乌兰察布市马铃薯产业发展特色，按照“政府统贷平台 + 政策性担保公司 + 龙头薯业企业 + 农户”的运作模式，创新“惠农薯业贷款”，着力解决产业链融资短板，发放贷款 2.96 亿元以激活“薯都”乌兰察布的特色优势产业。

专栏：内蒙古巴彦淖尔市五原县农畜产品流通链产业精准扶贫案例

五原县位于内蒙古自治区西部、河套平原腹地，隶属巴彦淖尔市，属于自治区级贫困县，有建档立卡贫困户数 3370 户，人口 6271 人，这部分贫困人口贫困程度深、自身脱贫难度大，亟须依托产业发展带动可持续增收。

开发银行多次赴五原县现场调研，反复论证，最终确立了先市场后商户、先点后链的融资模式助力产业扶贫。先期支持市场基础设施建设，后期推动当地政府、鸿鼎农贸公司、鸿鼎担保公司搭建中小企业贷款合作机制，扩展至下游商户，打造流通链融资支持模式。2007 年，为解决当地农副产品销售难的问题，鸿鼎农贸公司投资建设鸿鼎农贸市场。开发银行主动介入，贷款 3000 万元支持市场基础设施建设，市场建成后，以鸿鼎农贸市场为核心，延长支持链条，与五原县政府达成共识，由其承担管理平台职责，选择鸿鼎农贸公司作为统贷平台，同时推动成立内蒙古五原县鸿鼎担保有限责任公司，并将其作为担保平台，联合市场专业协会等机构作为信用协会，向鸿鼎市场内商户提供贷款支持，用于商户向当地农民收购农副产品，取得了良好的经济和社会效益。鸿鼎农贸市场已发展成为我国最大的葵花子、黑白红瓜子以及绒毛等农畜产品集散地。为进一步利用好当地扶贫政策，开发银行积极发挥融资、融智作用，会同五原县政府和鸿鼎农贸共同研究设计了农畜产品流通链产业精准扶贫模式，取得良好成效。2017 年以来，开发银行累计向鸿鼎农贸公司发放 3 批次中小企业贷款 9820 万元，用于支持鸿鼎市场内 68 户商户向当地农民收购农副产品，直接带动 9 户建档立卡贫困户增收，预计实现收入 34.2 万元，户均 3.8 万元。

开发银行将开发性金融原理与五原县产业扶贫相结合，围绕内蒙古鸿鼎农贸市场上下游流通链，搭建“四台一会”，以机制建设为核心，从支持固定资产建设到提供流动资金支持，从支持市场建设到市场交易，从贷“点”到贷“链”，探索出了“公司 + 商户（用款人）+ 农户（含建档立卡贫困农户）”的流通链融资服务模式，促进了农产品的流通和农产品价格的稳定，保证了农业生产和农民增收的稳定性，极大提高了当地特别是建档立卡的贫困农民收入，为助力五原县扶贫攻坚提供了有力的金融支持。

四是坚持“应贷尽贷”，以助学贷款力推教育扶贫。贫困地区农牧业人口较多、教育水平落后、人口素质较低，受教育程度所限，大多数人缺乏增收技能，自我发展能力不足，生产手段落后，劳动生产率低。因此，“扶贫先扶智、治贫先治愚”，脱贫不返贫的前提是思想脱贫、智力脱贫。多年来，开发银行始终坚持“应贷尽贷”原则，按照“政府主导、教育厅主办、开发性金融支持”模式不断提高内蒙古自治区助学贷款的支持力度、广度和深度，确保家庭经济贫困学生公平地接受高等教育，切实阻断贫困人口代际传递。开发银行为确

保建档立卡贫困学生信息准确,创新提出“需求摸底、信息搜集、受理申请”的三项工作前移制度。全面启动高中预申请,需求提前摸底;与扶贫部门对接,建档立卡学生信息提前掌握;设立乡镇(苏木)办理点,申请受理前移。在此制度下,2017年实现发放助学贷款9.03亿元,涉及建档立卡贫困学生1.2万人,均创历年之最。为了不让一名大学生因贫困失学,开发银行自2006年以来累计发放助学贷款57亿元、支持贫困学生85万人次,成为自治区开展助学贷款业务持续时间最长、支持人数最多、贷款市场占比最大、覆盖旗县和高校最广的金融机构,也是自治区目前仍在开展助学贷款业务的唯一金融机构。

二、主要做法与经验

一是坚持银政合作,加强高层宣介。开发银行坚持政府主导脱贫攻坚工作的思路,与各级政府部门、行业主管单位积极沟通,成为全区脱贫攻坚工作推进组成员单位。并主动向自治区主要领导同志汇报开发性金融支持脱贫攻坚工作、宣介金融扶贫工作经验,帮助设计融资模式、提出工作建议,得到自治区领导的肯定,为推进脱贫攻坚项目争取到有力的政策支持。

二是坚持规划引领,注重顶层设计。开发银行内蒙古自治区分行积极发挥作为自治区“十三五”规划编制领导小组成员单位优势,与自治区发展改革委、扶贫办建立规划工作对接机制,参与《内蒙古自治区“十三五”时期易地扶贫搬迁工作实施方案》《内蒙古“十三五”易地扶贫搬迁规划》《内蒙古“十三五”扶贫攻坚规划》等扶贫规划编制,并联合自治区政府政研室、扶贫办等部门共同编制《内蒙古自治区“十三五”脱贫攻坚融资规划》,有效引领脱贫攻坚项目融资。

三是坚持“省级统贷”,完善相关制度。按照党中央、国务院打赢脱贫攻坚战决定中关于“省负总责”的要求,为充分发挥分行与自治区政府在省级统贷平台方面已有的合作优势,开发银行积极协调、推动自治区成立易地扶贫搬迁项目省级投融资主体,协助完善公司法人治理结构,建立资金使用管理制度。

四是加强人才支持，强化智力扶贫。开发银行先后派出两批14名扶贫金融专员奔赴国贫旗县所在的7个盟市，作为扶贫政策的宣传员、脱贫攻坚的规划员以及政府和开发银行之间的联络员，负责所在盟市开发性金融扶贫的统筹协调、沟通联络和组织推动工作，融情于开发性金融脱贫攻坚事业之中，为贫困地区提供融资融智服务。

五是配合开展中央国家机关和单位定点帮扶工作。按照中央国家机关和单位定点帮扶的有关要求，开发银行积极与13个中央国家机关部门涉及的15个国贫县定点扶贫派驻干部进行对接，将中央国家机关和单位的组织协调、政策保障和行业管理优势与开发性金融融资融智优势相结合，积极发挥扶贫金融专员作用优势，建立合作关系和日常沟通机制，共同开展融资推动工作。

“骏马奔腾七十载”。从中国地图上看，内蒙古自治区势如一匹昂首奔腾的骏马，在祖国北部边疆、在民族区域自治的光辉道路上驰骋。开发银行将继续坚持“精准扶贫、精准脱贫”基本方略，坚持发挥开发性金融功能和作用，按照“四到”工作思路和方法，以服务供给侧结构性改革为着力点，聚焦精准、突出脱贫、注重实效，围绕脱贫攻坚四大领域精准发力、持续用力，以开发性金融助力边疆少数民族地区脱贫攻坚，以优异的成绩迎接党的十九大胜利召开和庆祝内蒙古自治区成立70周年。

一是大力推进易地扶贫搬迁，做好后续产业发展融资支持。围绕自治区易地扶贫搬迁任务，继续做好筹资和贷款支持。同时，积极协助各级政府制定搬迁人口脱贫方案，将易地扶贫搬迁与新型城镇化、农牧业现代化、新农村建设和特色产业发展相结合，统筹谋划、同步推进，提出脱贫举措和资金计划，着力做好搬迁脱贫的扶智建制工作。坚持“产业扶贫到村到户”的工作思路，将解决易地扶贫搬迁贫困户的产业发展问题作为重中之重，坚持“挪穷窝”与“扶穷业”并举、安居与乐业并重，发挥地方政府的组织协调优势，因地制宜地选择迁入地具有发展前景的产业，科学设计方案，整合易地扶贫搬迁剩余财政资金和涉农财政资金，支持产业发展及相关配套设施建设，促进搬迁贫困户“搬得出、稳得住、能致富”，从根本上解决生存和发展问题。

二是聚焦贫困村提升工程，加快改善贫困群众的生产生活条件。围绕自治区农村牧区发展的突出短板，通过扩大整合涉农财政资金的支持范围，大力支持基础设施建设、公共服务改善和特色产业发展，全面提升贫困地区生产生活条件和产业“造血”能力。与各级政府共同将自治区农村牧区改造提升工程与特色小镇、交通“双百”工程、水利、光伏等基础设施建设相结合，围绕通村公路、安全饮水、农村电网、教育医疗等乡村基础设施建设全力推进融资合作，集中资源，予以支持，真正破解贫困地区“难在路上、困在水上、缺在电上”等瓶颈制约，增强贫困农牧民的获得感和幸福感。

三是加大特色产业支持力度，助力实现稳定脱贫。按照“立足改善民生，聚焦薄弱领域，深化金融创新，推进普惠建设”的指导思想，以“三农”和贫困人口为重点，继续深化与地方政府合作，完善和运用“四台一会”融资模式，开展扶贫开发转贷款业务试点，积极推进普惠金融的发展，增加建档立卡贫困户的信贷投入，把因地制宜、突出特色、培育产业作为推动脱贫攻坚的根本出路，促使贫困村、贫困户因地制宜发展特色优势产业，形成开发性金融支持脱贫攻坚可复制、易推广的经验和模式，实现贫困人口脱贫致富。

四是坚持应贷尽贷原则，持续把助学贷款好事办好。把助学贷款作为金融助力教育扶贫的主要抓手，通过电视、广播、报纸、网络等各种媒体持续做好助学贷款政策的宣传工作，确保建档立卡贫困学生充分了解助学贷款政策。切实做好人员保障，提升对建档立卡贫困学生的服务水平。切实保障助学贷款信贷规模，提前做好资金安排，确保实现“应贷尽贷、好事办好”，聚焦精准，确保不让一个建档立卡贫困学生因经济困难而失学，有效避免贫困人口“因教返贫、代际传播”。

五是建立联系保障制度，发挥好扶贫金融专员作用。发挥扶贫金融专员作为开发银行支持脱贫攻坚“排头兵”的积极作用，做到真派驻、严管理、起作用。经常听取专员汇报，动态询问工作进展，研究解决遇到的困难与问题，完善支持和服务保障机制，确保扶贫金融专员深入派驻地，专心、安心、静心开展扶贫工作。支持扶贫金融专员发扬不畏艰苦、勇于奉献的精神，立足农业、服务农民、根植农村，与中央国家机关和单位定点帮扶人员加强沟通联系，共同为贫困村整村脱贫发挥更大的作用。

开发性金融支持辽宁省脱贫攻坚发展报告

党的十八大以来,辽宁省认真贯彻落实新时期国家扶贫开发纲要,以"六个精准""四个一批"为主线,以改革创新为动力,着力构建专项扶贫、行业扶贫、社会扶贫"三位一体"的大扶贫格局,采取更加有力的政策措施,努力解决好制约贫困地区经济社会发展的突出问题,增强内生动力和发展活力,确保全省贫困人口到2020年如期脱贫,为辽宁省全面建成小康社会提供基础支撑。近年来,开发银行坚决贯彻落实党中央、国务院关于打赢脱贫攻坚战的决策部署,立足辽宁省脱贫攻坚实际,推动融制、融资、融智"三融"扶贫策略和"四到"工作思路在辽宁地区的实施,取得了良好的社会成效。

一、强化工作机制保障

(一)加强保障,在行内建立扶贫业务组织领导机制

扶贫工作开展以来,开发银行辽宁省分行第一时间成立扶贫开发领导小组,强化组织、明确责任。分行行长任组长,各副行长任副组长,领导小组成

员包括办公室、规划处、经管处、风险处、评审处、贷委办、各客户处，领导小组办公室设在客户三处。

（二）充分衔接，与省扶贫办建立联合工作推进机制

一是建立日常工作联系机制，确保日常工作有序推进；二是建立重点工作推动机制，保证扶贫重点工作推动有力；三是建立信息共享机制，实现省级扶贫政策与开发银行扶贫政策的无缝对接。

（三）深入宣介，与各地市建立扶贫业务开发合作机制

开发银行根据辽宁省贫困县所在的不同片区、不同县域、不同村镇的经济社会发展水平、产业特点和资源禀赋，结合不同对象的融资需求，积极向所辖地市宣介开发银行扶贫贷款政策，结合当地扶贫工作特点，因县施策，创造性地开展工作，明确重点合作内容。

二、加大融资支持力度

（一）以基础设施到县为手段，改善贫困地区生产生活条件

扶贫工作开展以来，开发银行向辽宁省内贫困地区基础设施项目发放精准扶贫贷款 23.95 亿元，其中，重大基础设施 21.8 亿元、农村基础设施 2.15 亿元，支持了省内贫困地区发展建设，提升了贫困地区的生产生活条件。

一是重点支持贫困村村组道路建设，完善贫困地区路网体系。开发银行在省级贫困县北票地区开展的农村村组扶贫路项目，新建农村公路路面道路 1262.16 公里，其中乡级公路 78.43 公里，村级公路 568.33 公里，路网外 615.40 公里，共需配套桥梁 2174.62 延米/70 座，覆盖北票地区 23 个建档立卡贫困村，通过村组道路建设、路网体系建设，对实施精准扶贫、加快农业和农村经济发展提供了交通运输支持。加快农村公路建设能够有效地促进城

乡区域间的交流,带动贫穷落后地区的经济发展,社会意义重大。

二是通过加强贫困地区重大基础设施建设,优先布局建设能源工程。2016 年 12 月,国务院印发《全国“十三五”脱贫攻坚规划》(以下简称《规划》),明确指出贫困问题依然是我国经济社会发展中最突出的“短板”,脱贫攻坚形势复杂严峻。《规划》指出,要加强贫困地区重大基础设施建设,优先布局建设能源工程,积极推动风电等新能源项目。

开发银行融资支持的辽宁省康平县辛屯风电场(50MW)工程项目位于辽宁省康平县西关屯乡罗家屯村,康平县为辽宁省省级贫困县,罗家屯村为辽宁省建档立卡贫困村。根据借款人与康平县西关屯乡政府签订的本项目征用地补偿协议,借款人将按照 2.4 万元/亩的补偿标准给予村民征用地补偿,共补偿村民 152.4 万元,预计罗家屯村建档立卡贫困人口能够获得人均 5000 元征用地补偿。项目未来正式运行后,预计对增加当地税收、拉动就业、改善落后面貌等将发挥更为积极的作用。

专栏:辽宁省北票市农村村组扶贫路项目

北票市位于辽宁省西部,南临渤海,北接内蒙古自治区,早在 5500 年以前,这里就留下了人类活动的印迹,红山文化、三燕文明、契丹古迹闻名遐迩,因最早的鸟类化石和最早的开花类植物化石在这里出土,北票被誉为“世界上第一只鸟飞起、第一朵花盛开的地方”。目前,北票市所辖区域内现有建档立卡贫困人口 31115 人,建档立卡贫困村 86 个,是辽宁省 15 个省定扶贫工作重点县之一。

长期以来,北票市 28 个乡镇及管辖区内道路多为自然路和砂石路,抗灾能力弱,多年弃养,形成坑坑洼洼的路况。一到雨季道路泥泞,全是积水,由于路况坑洼,雨水无法自然排出,长时间囤积导致道路不畅,给居民的生活和出行带来极大不便,形成安全隐患。同时,由于道路条件所限,北票市丰富的特产资源对外运输不便,成为制约北票市广大农村贫困人口脱贫致富的瓶颈。

开发银行辽宁省分行获悉信息后,第一时间组织有关部门赴北票市进行实地调研,了解项目情况,帮助政府设计融资模式,并在最短的时间向该项目授信 3 亿元,建设农村公路 1262.16 公里,其中:乡级公路 78.43 公里,村级公路568.33公里，路网外615.40公里，配套桥梁2174.62延米/70座。本项目辐射北票市28个乡镇及辖内行政村，涉及总人口139695人，其中建档立卡贫困人口14069人。

截至2017年6月末，开发银行已向该项目发放贷款2亿元，满足了项目的实际需求，解决了地方政府的燃眉之急。项目的实施促了北票市路网结构优化，提升了路网整体功能，为实现北票交通新的跨越式发展奠定了坚实的基础，对北票市农村经济发展以及脱贫工作有极大的推动作用。

（二）以产业扶贫到户为手段，增强贫困人口自我发展能力

开发银行将产业扶贫作为支持辽宁省脱贫攻坚的重点工作加以推动，收到了很好的工作成效，累计发放产业扶贫贷款26.2亿元，带动165名建档立卡贫困户脱贫致富，在融资支持企业发展的过程中，也实现了对建档立卡贫困户的支持帮扶，提升了贫困人口的自我发展能力。

（三）以助学贷款到人为手段，有效阻断贫困代际传递

开发银行自2011年至辽宁省开办助学贷款业务以来，始终坚持“应贷尽贷，好事办好”的指导思想，将政府的组织优势和开发银行的融资优势相结合，与教育部门共同推进助学贷款的良性发展，现已实现省内除大连市以外全覆盖。截至2017年年末，开发银行在辽宁省累计发放助学贷款9.81亿元，惠及贫困学生7.16万人，15.93万人次，产生了良好的社会效益。

三、抓好定点帮扶推动

（一）积极响应号召，扎根基层，服务群众

按照辽宁省省委、省政府的统一部署，开发银行辽宁省分行自2014年6

月开始，在铁岭市西丰县明德乡尚文村开展驻村工作，分行领导高度重视，要求把扶贫工作作为政治任务和社会责任，鼓励驻村工作队队员要坚持不懈地把扶贫工作做好、做实。驻村工作开展以来，开发银行驻西丰县明德乡尚文村工作队将坚持以实际调查为基础，以乡村两级政府为依托，以解决村民关心的急难问题为重点工作方向，采用转输血为造血的方式，积极做好相关工作。

一是发挥开发银行的银政合作优势，积极争取各类帮扶项目、帮扶资金，加强与项目涉及部门的对接协调，推动解决好项目实施中的困难和问题。

二是结合“三严三实”专题教育、“两学一做”学习教育，把精准帮扶与基层组织建设结合起来，切实加强以村党支部为核心的基层组织建设，让基层组织建设成为发展生产、减贫“摘帽”的主力军，让基层组织在群众中充分发挥自身的作用，让群众在村党支部的领导下脱贫致富。

三是以驻村帮扶为契机，开展教育帮扶活动。工作队组织分行青年员工赴巨英小学开展“爱心课堂助成长活动”，该活动成为开发银行辽宁省分行有特色的常态化活动。活动的开展，既为贫困家庭的孩子提供了学习必要的书籍、文具，更重要的是帮助孩子们了解祖国，丰富内心世界，开阔视野，鼓励他们认真学习，带来了改善生活的美好希望。

（二）彰显社会责任，扶贫捐赠，奉献爱心

2016 年，开发银行向省级贫困县康平县捐赠 50 万元，用于修建“东一棵树村村民文化活动中心”，项目建设规模约 3000 平方米，主要建设入口广场区、舞台表演区、游园区、健身区、运动区等。建设内容包括院墙、活动广场、舞台、影壁墙、游园路、篮球场、凉亭、建设器械、绿化种植等。目前，该活动中心已投入使用，达到预期效果。

开发银行将深入落实党中央、国务院关于脱贫攻坚的决策部署，发挥开发性金融在脱贫攻坚等领域大额、长期、低成本的资金优势，在与辽宁各界较高的合作起点上继续充实合作内容，深化合作关系，尤其是大力加强与辽宁省相关部门及各地市政府的扶贫合作机制建设，进一步密切与辽宁省扶贫办等专业对口部门的沟通联系，创新扶贫融资模式，完善金融扶贫路径，遵循

“四到”工作思路和“三融”扶贫策略，围绕“基础设施、产业发展、教育资助”三个板块，主动出击，寻求突破，求真务实，重点做好以下几个方面的工作：

一是继续保持与省扶贫办的工作联系，时刻关注省内扶贫开发工作的新动态、新情况，择机开展相关工作。

二是继续加强与地市政府的沟通，加强宣介，密切跟踪，如果各地市有扶贫贷款需求，分行将全力支持。

三是加大市场化运作的产业扶贫项目支持力度，结合辽宁省产业扶贫政策及产业发展特点，实现“输血”式扶贫向“造血”式扶贫转变。

四是结合新型城镇化建设，通过融资改善县域基础设施条件，为贫困人口脱贫创造良好的外部条件。

“安得广厦千万间，大庇天下寒士俱欢颜”，消除贫困，自古以来就是人类梦寐以求的理想。作为服务国家战略的开发性金融机构，开发银行将充分发挥开发性金融在重点领域、薄弱环节、关键时期的功能与作用，坚定信念，精准发力，脚踏实地，主动作为，狠抓各项政策措施落实，推动扶贫攻坚工作不断取得新成效，为辽沈大地振兴发展、为东北老工业基地再创辉煌、为全面建成小康社会作出新的更大贡献！

开发性金融支持吉林省脱贫攻坚发展报告

“齐心协力打赢脱贫攻坚战”是我国在“十三五”时期一项重要的民生工程，是国家改革发展的重大举措。截至2015年年末，吉林省尚有一个集中连片特困地区，8个国家级扶贫开发重点县，1500个贫困村，70.07万农村建档立卡贫困人口，脱贫攻坚的总体任务较为艰巨。中央扶贫开发工作会议以来，开发银行进一步加大对吉林省脱贫攻坚扶持力度，截至2017年6月末，累计向吉林省投放精准扶贫贷款91.52亿元，其中易地扶贫搬迁按省级“统贷统采统还”模式高效实现贷款、基金双发放；整合财政资金投放基础设施扶贫贷款推广全省贫困县；产业扶贫创新办法，探索了扶贫开发与产业发展深度融合的新模式；助学贷款业务应贷尽贷，覆盖了吉林省全部60个县（市、区）和42所省属高校，充分发挥了开发性金融在重点领域、关键时期、薄弱环节的作用，彰显了开发性金融机构“增强国力、改善民生”的责任与担当。

一、以银政合作为支撑点，巩固和完善扶贫开发机制建设，夯实脱贫攻坚工作基础

贫困不除愧对历史，群众不富寝食难安。深入银政合作，加强自上而下

的顶层设计是把准贫困脉搏、确立脱贫攻坚路线蓝图的重要基础。开发银行按照“政府主导、财政支持、金融服务、市场运作”的原则，主动谋划，创新服务，全力支持吉林省打赢脱贫攻坚战。第一时间，开发银行吉林省分行主动向省委、省政府领导呈报函件，就开发银行支持扶贫的有关信贷政策进行专题汇报，并就省级平台设立和项目包装提出大量切实有效的建议，得到了省政府的大力支持和回应。时任吉林省省长收到分行函件后立刻做出批示：“开发银行提出全年拨放扶贫贷款1500亿元的计划，意义十分重大，我省应抓住机遇，借鉴外省的经验和做法，积极创新推动我省扶贫贷款的发放。此事宜抓紧抓好，要以创新的办法来办。”在对省情深入认识的基础上，开发银行吉林省分行协同政府绘蓝图、明责任、定路径、聚合力、建机制，与省发展改革委签订了《开发性金融扶贫合作协议》。双方就充分发挥开发性金融扶贫攻坚作用，进一步创新金融扶贫机制，增强贫困地区内生动力和发展活力，加快贫困群众脱贫致富、贫困地区全面建成小康社会的步伐达成了广泛共识。省发展改革委明确开发银行作为全省扶贫开发和易地扶贫搬迁项目的重点合作银行，同时建立共同研究扶贫贷款评审授信方法创新，探讨扶贫贷款、专项基金、中央和地方预算资金捆绑使用的途径等协同机制，提出将突出发挥好财政资金、信贷资金以及专项建设基金的组合优势，多渠道多途径提升扶贫项目的可融资性，为吉林省在全国率先实现全面脱贫目标奠定扎实基础。

二、以发挥融智优势为突破点，加强规划编制和信息服务，助力贫困地区科学发展

规划先行是开发银行业务发展的基本模式，也是区别于一般商业银行的核心品牌。开发银行吉林省分行正是通过规划先行，与省内各级政府共谋宏观发展思路，形成了对地方经济社会发展的融智支持。在全省层面，分行积极对接、持续推动并参与《吉林省“十三五”脱贫攻坚规划》的有关编制工作，与省委、省政府协力构建脱贫支撑体系，全力保障脱贫攻坚。延边朝鲜族自

治州汪清县作为吉林省内的8个国家级贫困县之一，被开发银行确定为规划合作试点县。2016年10月12日，分行与汪清县人民政府签订了《"十三五"脱贫攻坚规划合作备忘录》，以编制"有用的规划"为原则，按照汪清县人民政府提出的规划服务需求，组织编制了《开发性金融支持汪清县"十三五"脱贫攻坚系统性融资规划》，针对汪清县"十三五"脱贫攻坚重点领域，测算资金需求，设计融资模式，提出提升脱贫攻坚融资能力、拓宽融资渠道、改善融资环境、实现政府组织优势与银行融资优势相结合等方面的政策建议，成为开发银行融资模式创新的宣介窗口。在加强人才支持，强化智力扶持方面，分行在2016年、2017、2018年三年共选派了10名政治素质强、专业水平高、作风能力过硬的业务骨干，其中5名为处级干部，到吉林省扶贫办及国家级贫困县所在的白城、白山、延边三个市州，专门从事扶贫开发工作，参与地方扶贫规划编制，协助政府谋划符合开发银行扶贫信贷政策的项目，从项目源头控制风险。专员到位后不忘初心，作为开发性金融在贫困地区的重要使者、传播者和代言人，真正肩负起开发性金融扶贫的统筹协调、沟通联络和组织推动等重要职责，协助地方政府解决了遇到的实际困难，受到了地方各界的高度评价。

三、以易地扶贫搬迁为切入点，采取"到省"的方式，统筹推进有关工作

作为脱贫攻坚工作中矛盾最集中、领域最综合、工作链条最长的工程，易地扶贫搬迁是所有扶贫措施中最难啃的一块"硬骨头"。吉林省"十三五"时期易地扶贫搬迁建档立卡人口15219人，共涉及14个县（市、区），虽然搬迁总量不大，但涉及县市多，具体搬迁情况极为复杂。开发银行积极与省政府对接沟通，协调省级发改、财政、扶贫办等有关部门，推动建立了省级扶贫投融资主体，自上而下解决了运作机制和借款平台的问题。随后，开发银行协助省政府按照省级"统贷统采统还"模式设计融资方案，研究制定资金管理办法，确定了政府购买服务协议内容，以最快速度完成项目的尽职调查、统一授信、分县核准、合同签订以及贷款发放的整个流程，于2016年7月底前实现中

长期贷款评审承诺2.665亿元，截至2017年6月末，已发放额度6282万元。2016年实现专项建设基金3058.25万元的承诺和发放工作。为此，省政府对开发银行的工作效率和工作方法给予了高度评价。

四、以基础设施建设为发力点，采取“到县”的方式，破解脱贫攻坚瓶颈制约

对于大多数贫困地区来说，基础设施落后是共有的“穷根”，是扶贫开发中最迫切需要解决的问题。开发银行围绕村组道路、安全饮水、环境整治等难点和“短板”，整合贫困县资金、资源，推动完善财政涉农资金使用机制，创新融资方式，积极为贫困县农村基础设施建设提供贷款支持，加快改善建档立卡贫困村基础设施的落后面貌。开发银行吉林省分行领导分赴贫困县全面开展调研，了解地方扶贫举措，融资需求，提供融资建议，并向省财政厅呈报了《关于利用整合财政涉农资金支持我省贫困县基础设施建设的建议》等专题函件。在各方努力下，《吉林省人民政府办公厅关于支持贫困县开展统筹整合使用财政涉农资金试点的实施意见》于2016年7月末在全省正式发布。以此为契机，开发银行选取西部偏远的镇赉县作为试点，大力推进8个国家级贫困县基础设施扶贫建设项目开发工作。截至2017年6月末，已对镇赉县、通榆县、安图县基础设施扶贫建设项目合计授信14.7亿元，实现贷款发放4.5亿元，共解决192个贫困村的1188.54公里村组道路，37个贫困村21215人的安全饮水及222个贫困村的环境整治问题。其中在延边州，开发银行根据少数民族地区区域自治的特点，设计了“州级扶贫投融资主体统贷，县级政府采购，州政府增信的统贷分采模式”。在增强国家级贫困县融资能力的同时，通过州级增信，强化扶贫贷款的风险防控机制。而在重大基础设施扶贫方面，开发银行积极开发省内农村公路与农村环境治理等扶贫项目，实现项目开发入库68亿元，发放3.4亿元。2016年8月末，延边州受“狮子山”台风影响，图们江流域遭受百年一遇的洪水，开发银行利用2天时间完成3亿元应急贷款的授信审查和贷款审批发放程序，在最短时间内提供贷款资金，全力

支持延边州及有关贫困县受灾群众。2016 年以来，开发银行合计发放基础设施类扶贫贷款 10.9 亿元。

五、以产业发展为着力点，采取“到村（户）”的方式，精准支持贫困人口增收脱贫

给钱给物，只能解一时之困，合理安排扶贫项目和扶贫资金，由“输血”式扶贫变为“造血”式扶贫才是巩固脱贫成果、增强贫困地区发展内生动力的治本之举。在产业扶贫创新方面，开发银行吉林省分行重点开发、设计了东辽县“一村一场”蛋鸡标准化养殖扶贫建设项目，创立了“政府主导、民营资本参与、龙头企业运作、财政购买服务、产业收益分红、贫困户受益”的“东辽模式”，真正实现“产业发展到村”的基本理念。该项目由当地政府牵头，开发银行设计贷款模式，政府扶贫资金折股量化控股扶贫公司，通过实现了扶贫开发与产业发展的深度融合，保障了 5806 名建档立卡贫困人口增收、脱贫，目前已实现 2 亿元发放。除此之外，开发银行坚持因地制宜、因困施策的原则，发挥政府引导作用，推广和完善“四台一会”贷款模式，通过支持的地方产业企业与当地扶贫办及建档立卡贫困人口签订三方“帮扶协议”的形式促进贫困户就业、增收，发放中小企业扶贫贷款 1.92 亿元，更打造了以林业工程带动贫困人口就业脱贫模式和以特色资源为基础的林下经济带动扶贫模式，通过有实力的大型国企助力产业脱贫攻坚，发放吉林森工（湖南）刨花板有限公司湖南国家储备林基地项目 18 亿元。在国家提出加快推进光伏扶贫工程的有关背景下，开发并发放吉林省舒兰市光伏扶贫建设项目一期发放贷款 3 亿元，以利润补贴方式实现 124 个行政村中 3175 户，合计 4829 名无劳动能力贫困人口脱贫。2016 年以来，开发银行向吉林省合计发放产业扶贫贷款 24.9 亿元。

专栏:支持吉林省东辽县开展资产收益扶贫案例

开发银行发挥龙头企业带动作用,支持东辽县政府与龙头企业合资成立的项目公司,实施蛋鸡标准化养殖项目,实现精准到人的资产收益扶贫。一是由东辽县国有资产经营有限责任公司(东辽县财政局出资成立)代持3000万元扶贫资金(折股量化给丧失劳动能力建档立卡贫困人口)入股项目公司,融资建设养殖基础设施并委托龙头企业运营,确保每人获得不低于3080元/年的分红收益。二是引入龙头企业利用其上下游产业链优势,开展市场化运营,防范市场波动风险。三是通过社会公示、锁定分红资金支付路径等方式,确保分红资金长期足额有效支付。该项目总投资2.51亿元,建设栏量300万只/年的蛋鸡养殖场三座,可达到年存栏蛋鸡300万只,年产鲜蛋量5.28万吨,营收4亿元/年,净利润不低于2000万元/年。目前,开发银行已承诺并发放贷款金额2亿元,期限10年,可带动当地5806名建档立卡贫困人口(占东辽县总贫困人口的34%)脱贫致富。

该模式是开发性金融支持产业扶贫的有益探索和实践。一是突出了龙头企业带动作用。实现地方产业发展与脱贫攻坚同步推进,特别是发挥龙头企业的市场、技术、管理优势,熨平市场波动风险。二是经济和社会综合效益明显。通过项目公司10年运营,可实现贫困户分红2亿元;项目公司可向该县政府交纳利税约2600万元/年;龙头企业减少负债的同时扩大产能、获得稳定的原材料供应,提升企业发展潜力。三是项目公司的现金流来源包括政府购买服务协议下的支付款、龙头企业保底分红款和争取分红款。既遵循了市场和产业发展的特点,又体现了政府支持和增信的作用,充分调动了政府、龙头企业和金融力量参与产业扶贫的积极性,实现了由输血式扶贫向造血式扶贫的转变。

该项目被评为中国银行业协会2016年度全国“送金融知识下乡”优秀项目、吉林金融青年“金点子”创新创效大赛获奖方案一等奖。

六、以教育扶贫为根本点，通过教育资助“到户（人）”的方式，有效阻断贫困代际传递

在打赢脱贫攻坚战中，教育脱贫无疑是治本之举，而国家助学贷款正是教育扶贫的重要抓手。一直以来，开发银行在吉林省累计发放助学贷款18.7亿元，支持贫困学生34万人次。生源地助学贷款业务覆盖吉林省全部60个县（市、区），高校助学贷款覆盖全部42所省属高校，为吉林省教育扶贫工作奠定了坚实基础，有效缓解了因学致贫现象。2017年，开发银行在吉林省受理生源地和高校助学贷款共计31825笔，发放贷款2.5亿元。此外，开发银行联合政府、市场多方力量和资源，帮助解决家庭经济困难大学生的就业问题，自2012年起，连续6年举办助学贷款高校毕业生就业、创业专场招聘会，共有超过3万名学生参加招聘会，一半以上达成签约意向，最终近万名学生签订劳动合同。通过招聘会，开发银行将助学贷款金融服务延伸到学生的就业环节，为学生提供就业平台的同时进行诚信宣传教育，增强了贷款学生的还款能力，取得了良好的社会效益。

“利民之事，丝发必兴；厉民之事，毫末必去”。过去的一年多来，在政府、开发银行、社会各界的一道努力下，吉林省已完成51.7万建档立卡贫困人口脱贫，初步实现了务实前行、攻坚拔寨的良好开局。未来一段期间更将是吉林省脱贫攻坚的关键时期，开发银行将继续坚持精准扶贫、精准脱贫基本方略，坚持发挥开发性金融的功能和作用，坚持“四到”的工作思路和方法，聚焦精准，突出脱贫，注重实效，着眼关键部位与薄弱环节，创新产品服务和工作机制，为打赢吉林省脱贫攻坚战作出新贡献。相信在开发性金融的大力支持下，吉林省脱贫攻坚战役必将迎来暖意融融的“春天”。

开发性金融支持黑龙江省脱贫攻坚发展报告

黑龙江省位于我国东北部边陲，地处偏远，交通发展落后，产业结构单一，人力资本匮乏，脱贫任务非常艰巨。开发银行根据党中央、国务院决策部署，遵循集中资源、精准发力原则，针对黑龙江省贫困县所在的不同片区、不同县域、不同村镇的经济社会发展水平、产业特点和资源禀赋，结合不同对象的融资需求，因地制宜提出差异化发展思路和融资支持方案，确保扶贫信贷资金的精准配置，真正做到精准扶贫。截至2017年年末，开发银行向黑龙江省实现精准扶贫贷款承诺150.05亿元，累计签订合同金额125.45亿元，累计发放贷款114.8亿元，2017年上半年实现发放59.73亿元，余额94亿元。

一、多方联动宣介，助推全省项目落地

开发银行黑龙江省分行就推动搭建省级扶贫开发投融资主体一事，多次与省领导和各部门对接，积极向省政府报送《关于黑龙江省扶贫开发投融资平台组建方案建议》，最终省政府原则同意利用原有省级平台“黑龙江省龙财资产经营有限公司”作为扶贫投融资主体。开发银行黑龙江省分行于2016

年年末完成与省扶贫办《开发性金融扶贫合作协议》签署工作后，相继向省委、省政府相关领导及省扶贫办、金融办等部门报送了《国家开发银行黑龙江省分行关于金融扶贫相关工作的报告》《开发性金融支持全省脱贫攻坚工作方案》及《关于支持光伏扶贫项目融资工作方案》等报告。通过多方宣介开发银行扶贫融资政策、工作思路和想法，建立联席协调机制，秉承开发银行“政府热点，雪中送炭”的开发性金融合作理念，形成金融系统合力，共同推动省内扶贫攻坚项目尽早实施落地。

二、“四到”指导实践，脱贫攻坚初显成效

一是在重大基础设施领域，截至2017年年末，开发银行向黑龙江省累计承诺79.57亿元，累计发放60.25亿元，2017年实现发放28.08亿元。其中，国道宝泉至克拜段及绥滨至名山段公路被列入“十三五”百项交通扶贫骨干通道工程，2017年发放贷款7.1亿元。二是在农村基础设施领域，通过整合财政涉农资金，以“市带县”模式支持了兰西、青冈两个县内村屯道路建设，贷款金额共计1.38亿元，已全部发放。项目建设公路覆盖了两个贫困县内57个建档立卡贫困村，服务建档立卡贫困人口46961人。三是在产业扶贫领域，支持了泉林生态农业有限公司、龙煤矿业集团股份有限公司、象屿农业物产有限公司等省内龙头企业，累计发放产业扶贫贷款44.42亿元。

三、贯彻服务理念，提供融资融智支持

开发银行选派7名扶贫专员到省内20个国家级贫困县和集中连片特困县，积极履行社会责任，宣传国家扶贫相关政策和开发银行金融扶贫举措，协助做好当地扶贫开发规划，特别是系统性融资规划的编制工作，了解地方政府和贫困群众的融资需求，研究解决金融扶贫中遇到的困难和问题，真正发挥好扶贫金融专员宣传员、规划员和联络员的作用。定期深入贫困村第一

线，深化扶贫工作实效，实地走访贫困户，看真贫、查实情，针对各贫困县不同的特点，撰写了《桦南县大八浪乡东安村脱贫攻坚调研报告》《延寿县光伏扶贫方案》《大庆市林甸县宏伟乡宏伟村调研报告》《饶河县大通河乡镇江村脱贫攻坚调研报告》等7篇调研报告，全面分析了贫困村在脱贫攻坚中遇到的瓶颈问题和老百姓的迫切需求，找准贫困病根，研究开发性金融支持脱贫攻坚工作方向和工作思路，为探索金融扶贫有效路径和方法奠定基础。

2017年5月末，开发银行黑龙江省分行积极响应省委、省政府关于派驻定点扶贫驻村工作队的工作部署，向齐齐哈尔市富裕县忠厚乡蓬生村长期派驻扶贫驻村工作队，专职落实精准扶贫、精准脱贫政策，发展经济带动村民脱贫致富，为困难群众办实事解难题，抓党建促脱贫。工作队派驻期间：累计入户造访4400余次，记录工作民情日志300余篇，接待来访群众600余次，对群众反映问题多、矛盾突出的对象进行重点排查180余次，化解突出矛盾60余个，得到中央财政部农业司、省委督导组及市县乡等各极查检部门后认可。

四、立足规划先行，明确扶贫工作方案

结合黑龙江省脱贫“摘帽”任务和全省“十三五”扶贫规划工作整体布局，根据省内贫困县所在的不同片区、不同县域、不同村镇的经济社会发展水平、产业特点和资源禀赋，结合不同对象的融资需求，开发银行先后编写了《黑龙江省“十三五”时期脱贫攻坚系统性融资规划》《黑龙江分行产业扶贫贷款业务工作方案》《黑龙江分行统筹运用财政涉农资金支持农村基础设施扶贫业务工作方案》及《国家开发银行黑龙江省分行支持全省扶贫攻坚实施规划》，因地制宜地提出差异化发展思路和融资支持方案，确保扶贫信贷资金的精准配置，做到精准扶贫。

五、创建扶贫样板，提高扶贫精准度

开发银行黑龙江省分行与绥化市签订了《开发性金融支持绥化市“十三五”经济和社会发展合作备忘录》，以推动银政合作为契机，将绥化市青冈县作为“四台一会”模式开展产业扶贫工作试点县，并成立分行首家开发性金融脱贫攻坚合作办公室，因地制宜设计产业扶贫模式，并分别梳理了在开发银行支持范围内有需求的产业项目，力争年内完成项目筛选，试点成功后将在全市进行推广。通过创建精准扶贫样板，构建具有开发性金融特色的良性运作模式，发挥开发银行“投、贷、债、租、证”综合金融服务优势，为金融助力全省脱贫攻坚提供示范，提高信贷投放精准度。

六、强化组织领导，增强社会责任意识

开发银行黑龙江省分行成立脱贫工作领导小组及扶贫工作办公室，由分行行长担任组长，分行副行长担任副组长，统筹推进扶贫工作。2016 年年末，开发银行参加了由省扶贫办举办的“全省金融精准扶贫和金融扶贫业务信息化培训班”，对省、市及 65 个县扶贫办相关工作人员进行了主题为“加强银政合作，助力脱贫攻坚”的业务培训，与各市、县扶贫工作人员初步建立了沟通机制，为全面推开扶贫合作奠定基础。2017 年 2 月末，开发银行组织大兴安岭南麓集中连片特困区 11 个贫困县县长或扶贫相关人员进行为期 3 天的培训与座谈，进一步提升了开发性金融支持脱贫攻坚的社会影响力。

七、增强金融合力，多方突破短板业务

2016 年以来，开发银行多次走访省教育厅，表达了想参与黑龙江省助学

贷款领域，从而帮助更多的家庭贫困学生解决“上学难”问题的意愿。目前已向省银监局、审计署驻哈办等部门报送了《关于助学贷款业务相关情况的报告》，详细介绍了开发银行助学贷款的业务模式，操作特点和比较优势，共同探讨与省教育厅开展生源地助学贷款的可行性及需具体推进、落实的相关工作。

开发银行将根据脱贫攻坚实际和贫困群众主要致贫原因，结合开发银行扶贫支持领域和贷款模式，加强机制建设和模式创新，集中力量攻克薄弱环节。重点将抓好以下几方面工作

一是签订合作协议。积极推动与省政府签订《开发性金融支持黑龙江省“十三五”脱贫攻坚合作备忘录》，深化扶贫领域银政合作，明确开发性金融支持脱贫攻坚的领域、范围和具体形式，推动建立联席协调机制，加强高层联动和对接，做好顶层设计，共同推动全省脱贫攻坚工作。

二是坚持规划先行。充分发挥专家、行业优势，结合黑龙江省“十三五”扶贫规划编制和地方政府扶贫工作要求，通过编制融资规划、制定综合金融服务方案等方式，协助贫困市县做好投融资规划设计。并根据规划出的重点支持领域，筛选出具有良好示范效应、可操作性强的扶贫项目，构建扶贫项目储备库，重点跟踪和协调推进。

三是建立完善扶贫机制。①推动省级扶贫开发投融资主体建设。充分发挥省级扶贫开发投融资主体作用。通过省级平台统筹整合全省扶贫项目，不论在覆盖领域、推进效率还是扶贫成效等方面均优于市县直贷。向省委、省政府建议进一步确定省级统贷扶贫项目主管部门，建立联合工作机制，明确职责分工，统筹推进统贷项目尽快实施落地。并推动地方政府组建或夯实市县扶贫投融资主体，从省级投融资主体承接资金并实施项目。②建立开发性金融扶贫合作机构。设立省、市、县三级合作办公室，对当地扶贫开发项目进行摸查初审、推荐和监督管理。③完善担保体系。选择有实力、信用好、政府主导的省级担保公司作为增信机构，缓释贷款风险。市、县政府加大资本金投入，增强地方担保公司担保能力，提供增信支持。④建立风险补偿分担机制。推动各级政府建立贷款风险补偿金，增强金融投资和社会资本投入的积极性、安全性。

四是分领域重点推进。在重大基础设施领域：按照集中资源，精准发力原则，深化与省交通厅、水利厅等行业主管部门合作，通盘考虑以省级统贷模式支持贫困地区重大基础设施建设。积极跟进交通“双百”工程、铁路、道路、航空、内河航道运输业、电力生产和供应等重大基础设施项目，做到应贷尽贷。

在农村基础设施领域：加强与各市县的工作对接，对各贫困县农村基础设施需求进行深度调查摸底，根据精准扶贫和精准脱贫的要求，以“市带县”模式为主，围绕支持乡级及以下道路（包括具有扶贫功能的旅游道路等有利于改善贫困地区域交通条件、打通贫困地区域交通阻隔的道路项目）、安全饮水、环境整治、农田基本建设、旅游基础设施、基本医疗和农村危旧房改造等有助于推进“两不愁、三保障”目标任务完成的基础设施项目以及其他符合黑龙江省统筹整合财政涉农资金相关政策要求、有助于改善贫困地区基础设施条件、加快贫困地区发展的基础设施等项目，以整合贫困县资金、资源为契机，推动完善财政涉农资金使用机制，为贫困县农村基础设施建设提供贷款支持，以贫困县基础设施项目为基点，聚焦贫困村提升工程。

在产业扶贫领域：通过龙头企业带动和“四台一会”两条路径做实产业扶贫，以政府合作为基础，发挥龙头企业带动作用，运用市场化方式，构建与贫困户紧密联结的多种利益机制，推动贫困地区形成市场稳定、带动作用明显、长期可持续发展的产业体系，促进有劳动能力和劳动意愿的建档立卡贫困户增强自我发展能力和意愿，通过生产、经营或资本收益等多种形式参与产业发展，形成较为稳定、持续的收入，实现增收脱贫。一是发挥北大荒、森工集团等省内“大龙头”带动作用及抓住象屿集团等省外龙头企业或优质企业在黑龙江省投资的契机，在企业发展布局中注入扶贫因素，在贫困人口集中的县、区形成一批扶贫项目，体现出黑龙江区域和产业特色。二是充分挖掘各市县里“小龙头”潜力，提高其招商引资能力，发挥产业发展带动基础设施建设项目发展的联动效应，增强贫困地区发展内生动力。三是积极支持借款人或用款人为农民合作社、家庭农场或农业专业大户的项目，采用“四台一会”统贷模式支持产业扶贫。四是试点开展扶贫转贷款业务，在有效防控风险的基础上，选择经营规范、资信状况好、合作意愿积极的中小商业银行开展扶贫转贷款业务。

专栏：支持农业龙头企业带动脱贫案例

开发银行黑龙江省分行充分利用黑龙江省涉农企业密集的优势，在企业发展布局中注入扶贫因素，按照龙头企业带动脱贫的思路，与黑龙江象屿农业物产有限公司（以下简称“象屿农业”）开展融资合作，以就业协议的方式直接带动建档立卡贫困户脱贫。针对粮食供应链相关业务资金需求量大、周期性强，对经营周转性流动资金短期贷款需求强烈的特点，2016 年对象屿农业新增 B 组授信 2 亿元，2017 年发放 1.5 亿元，用于满足其日常生产经营周转需要，主要为收购粮食以及购买种子和化肥、购买燃料、支付物流费用等。象屿农业通过全产业链运营促进农业相关上下游产业发展，辐射带动龙江县、泰来县、甘南县、富裕县、克东县、拜泉县等 10 余个国家级和省级贫困县的经济发展。

（一）背景情况。象屿农业主要从事农业全产业链运营，扎根于黑龙江，业务范围涉及上游合作种植、种子、化肥、合作联社，中游粮食收购与仓储、物流服务，下游贸易及深加工，是一家“粮食全产业链综合服务提供商”。

（二）信用结构。项目授信 2 亿元，期限 1 年，利率按照中国人民银行同期贷款基准利率下浮 8% 执行。借款人象屿农业控股股东为上市公司厦门象屿股份有限公司。厦门象屿股份有限公司为本次 2 亿元流动资金贷款本息提供连带责任保证担保。

（三）脱贫效应。一是直接脱贫。象屿农业按《中国人民银行关于建立金融精准扶贫贷款专项统计制度的通知》（银发〔2016〕185 号）、《国家开发银行扶贫贷款专项统计制度》（开行发〔2016〕488 号）有关要求，直接带动一定数量的建档立卡贫困户就业。二是促进了区域经济发展。象屿农业通过粮食收储、种子化肥、物流等粮食全产业链业务运营，依托公司技术、资源和管理等优势，有效带动了周边 10 余个贫困县的区域经济发展，从而辐射带动了区域内 14.7 万建档立卡贫困人口通过劳动脱贫致富。

在教育、健康扶贫领域：继续多方宣介生源地助学贷款业务，“两后生”教育助学贷款、农村寄宿制学校、中等职业学校建设以及贫困人口职业培训等领域贷款业务，争取尽快实现突破；继续推动县、乡、村三级卫生医疗机构基础设施建设和医疗设备提档升级项目贷款业务的开展。

开发性金融支持安徽省脱贫攻坚发展报告

安徽是农业大省，也是全国脱贫任务较重的省份之一。2016 年 4 月，习近平总书记在安徽考察期间，专程到金寨县花石乡大湾村、凤阳县小岗村考察脱贫攻坚工作情况，强调要咬定青山不放松，苦干实干加巧干，确保到 2020 年全面实现“人脱贫、村出列、县摘帽”。开发银行以习近平总书记视察安徽重要讲话精神为指引，以大别山片区和皖北地区为主战场，把助力安徽脱贫攻坚战作为重大政治任务和首要工作目标，坚持精准扶贫、精准脱贫基本方略，结合《安徽省“十三五”脱贫攻坚规划》“脱贫攻坚十大工程”和实际省情，探索形成了开发性金融支持安徽省脱贫攻坚“两扶”（即“扶贫、扶志”）、“三融”“四到”的精准扶贫工作思路。截至 2017 年年末，已累计向安徽省贫困地区精准扶贫项目授信近 410 亿元，投放各类精准扶贫资金 187 亿元，覆盖全省所有扶贫开发工作重点县，支持脱贫攻坚取得积极成效，较好地发挥了开发性金融支持脱贫攻坚的融资主力作用。

一、主要扶贫工作成效

自 1998 年开发银行与安徽省政府在全国范围内率先签订首个银行与省级

政府间合作协议以来，双方先后签署了6轮开发性金融合作协议，累计向安徽提供“投贷债租证”各项融资超过8000亿元，在重大基础设施建设，新型城镇化、棚改、扶贫等民生事业，实体经济发展等领域开展了卓有成效的合作。

2016年8月，开发银行和安徽省政府签署了《全面深化开发性金融合作备忘录》，将扶贫开发纳入双方“十三五”重点合作领域，约定未来五年将向全省众多扶贫领域提供不低于300亿元的融资总量支持。开发银行安徽省分行以扶贫重大项目为工作抓手，以“两不愁三保障”“一接近”为工作目标，助力全省经济社会发展和贫困地区脱贫攻坚，实现“四到”“五大领域”的精准覆盖。

（一）省负总责、融资推动，支持全省易地扶贫搬迁工程

通过省级投融资主体“统一贷款、统一还款”的模式，实现易地扶贫搬迁贷款承诺140亿元，承诺专项建设基金1.7亿元，授信覆盖全省8.3万建档立卡易地扶贫搬迁人口和29.2万随迁人口，并推动签署省级政府购买服务协议，完成1.39亿元贷款、0.53亿元基金投放。

（二）区域推进、立梁架柱，加大重大基础设施支持力度

向交通扶贫“双百”工程郑阜铁路、六安大别山区振兴发展道路、大别山旅游扶贫快速通道等重大基础设施项目授信115.1亿元，投放8.63亿元（其中贷款6.47亿元，专项建设基金2.16亿元），构建贫困地区基础设施主干架构。

（三）补齐短板、填平空白，鼎力支持农村基础设施建设

一是支持贫困地区农村道路畅通工程建设。向利辛、涡阳、临泉、颍上、裕安区、金安区6个贫困县（区）农村公路畅通工程项目承诺贷款42.48亿元，发放贷款35.69亿元，助力贫困地区193.97万农村人口（含27.98万建档立卡贫困人口）实现“进得来、出得去、走得通、行得畅”。二是支持贫困地区农村饮水安全工程建设。向阜阳、宿州、亳州、六安等16个贫困县（区）农村安全饮水巩固提升工程项目承诺贷款31.4亿元，发放贷款17.6亿元，助力贫

困地区破解 429.35 万农村人口(含 46.2 万建档立卡贫困人口)饮水安全难题。三是支持贫困地区水利工程建设。向国家 172 项重大水利工程江巷水库承诺贷款 7.9 亿元。四是支持贫困地区灾后重建和环境整治。针对灾害频发、因灾返贫、因灾致贫的情况,向金寨县“6·30”特大洪灾水毁建设等 3 个项目授信 12.3 亿元,实现金额发放,支持贫困地区灾后重建;向金寨县农村环境整治项目授信 20 亿元,实现全额发放。

(四)分类施策、投贷联动,支持贫困地区产业发展

一是联结收益,光伏助力稳定增收。向利辛县光伏扶贫项目授信4 亿元,投放贷款 5.36 亿元,通过建立项目与贫困村、贫困户的资产收益联结机制,既直接带动“无力脱贫”建档立卡贫困户增收,又填补了村集体经济空白。二是因地制宜,促进旅游产业发展。承诺旅游扶贫项目“美丽岳西”旅游扶贫工程项目 10 亿元,实现贷款发放 12 亿元,整合全县优质旅游资源,提高地区旅游基础设施承载能力,有效地实现了绿水青山和金山银山的有机结合,让贫困人口从生态保护和生态建设中得到更多实惠。三是支持贫困地区产业园区发展。贷款 2 亿元支持金寨县金梧桐产业园项目,建设标准化厂房 19 栋,吸引 40 家企业进驻,带动投资约 20.23 亿元,解决当地就业逾 2000 人,其中建档立卡贫困人口约 400 人。四是充分发挥国开发展专项建设基金带动作用。向贫困地区“三农”建设、企业搬迁改造、产业转型升级等项目投放专项建设基金 11.4 亿元,作为项目资本金撬动近百亿元社会、金融资本投入。

(五)应贷尽贷、不离不弃,教育资助和就业帮扶阻断贫困代际传递

一是进一步加大助学贷款支持力度。2016 年发放生源地助学贷款 11.74 亿元,惠及贫困学生 15.1 万人次,占全省助学贷款份额的 80% 以上。二是搭建就业平台,为借款学生提供就业保障。联合省教育厅、省国资委举办专场招聘会,为借款学生搭建就业平台,举办安徽省“双困”高校毕业生专场招聘会,累计吸引招聘企业超过 1200 家,提供就业岗位近 4 万个。

（六）填平补齐、改薄推均，助力实现公共服务均等化

一是填平补齐，提升贫困地区医疗服务能力。以宿州泗县为试点，推动全省县乡村三级医疗卫生体系建设。向泗县县乡村三级医疗卫生体系服务能力项目新增授信9.5亿元，发放贷款6亿元，有效地提升了地区医疗基础设施水平，解决贫困人口“因病致贫、因病返贫”的问题。

专栏：探索支持安徽省泗县县乡村三级医疗卫生服务能力提升工程

安徽省因病致贫的比例达56.9%，高于全国平均水平，安徽省委、省政府高度重视健康扶贫工作，将健康脱贫工程列入安徽省“脱贫攻坚十大工程”，提出“实施贫困县医疗卫生服务机构标准化建设”，包括县级医疗机构、乡镇卫生院、村卫生室等三级医疗卫生服务体系建设。开发银行重点聚焦贫困地区县乡村三级医疗卫生服务体系硬件短板，按照“先试点，再推广”的原则，选择与开发银行合作基础良好的泗县作为首个试点地区，启动实施了泗县县乡村三级医疗卫生服务能力提升工程项目。

（一）规划引领，系统谋划，找准试点区域。为在全省范围内率先突破健康扶贫工作，开发银行安徽省分行与省卫计委签署了《开发性金融支持安徽省县乡村三级医疗卫生体系建设战略合作协议》，协议约定到2020年，为安徽省三级医疗卫生领域提供融资总量400亿元。开发银行按照“统分结合”的工作思路，一方面，积极推动安徽全省三级医疗卫生服务能力提升统贷项目，形成了《关于支持安徽省贫困地区县乡村三级医疗卫生体系建设的工作思路报告》上报省领导；另一方面，深入解读全省医疗卫生服务体系规划，以合作需求强烈、建设意义重大、发展现状短板突出、项目成熟度高的泗县作为启动试点。

（二）“条条谋划”“块块推动”，寻求最大公约数。开发银行按照“条条谋划、块块推动”的网络化业务推动机制要求，一方面，多次走访省卫计委和市县区卫计委，了解健康扶贫规划、短板、政策，摸清健康扶贫的任务、路径、进度；另一方面，加强“块块上的推动”，选派扶贫金融专员到贫困县区挂职，深

入宣介、谋划和推动业务,精准宣介健康扶贫融资政策,加强对接沟通。

(三)因地制宜,创新模式,推动项目承诺。开发银行坚持因地制宜,创新融资模式和产品采用“县借县采”融资模式,选择已经完成市场化转型的泗县投融资主体作为本项目借款人,针对医疗卫生项目准公益性的特点,采取政府购买服务模式推进。开发银行高效专业的工作能力得到了宿州市委和泗县县委领导的高度肯定。宿州市委要求在全市范围内推广泗县医疗卫生项目合作经验,积极争取开发银行资金。

(四)工作成效。该项目的实施可直接覆盖建档立卡贫困村47个,惠及建档立卡贫困人口约4.1万人,建档立卡贫困人口受益率10.25%,实现了泗县基层医疗卫生服务“三级(县乡村)、两大领域(医疗卫生、公共卫生)”补短板的全覆盖。该项目取得了良好的示范效应,也为后续安徽省三级医疗卫生服务能力提升统贷项目探索了试点经验。

二是改薄推均,促进贫困地区教育基础设施均衡发展。向太湖县农村义务教育学校提升改造项目、泗县教育均衡发展项目、霍邱县教育均衡发展项目新增授信13.9亿元,发放贷款9.72亿元,新建、改建校舍623所。改善贫困地区义务教育基本办学条件,推动教育资源向农村、贫困地区倾斜。

二、主要做法

(一)坚持组织保障与制度建设相结合

一是开发银行安徽省分行成立以行长为组长的开发性金融助力安徽精准扶贫、精准脱贫领导小组,及时研究重要方向、重要政策、重大问题和关键环节。二是分行领导带队,深入贫困县区宣介、谋划和推动业务,实现安徽省20个国家级贫困县及集中连片特困地区县调研走访全覆盖。三是派驻7名副处级业务骨干赴阜阳市宿州市、亳州市、六安市、安庆市、池州市、岳西县交流挂职，派驻舒城县凡坛村扶贫工作队驻村帮扶，为地方政府出谋划策，融资融智推动项目。四是切实做好扶贫合作机制建设，已成立合作领导小组与合作办建设28个，合作办机制运用成效初步显现，开发性金融融制扶贫作用进一步凸显。五是增强扶贫统筹工作，梳理扶贫政策依据，加强扶贫工作预研预判。六是定期召开扶贫专员述职会，密切前后方联系，增进经验分享，增强了工作的针对性、时效性和协调性。

（二）坚持顶层设计与“摸着石头过河”相结合

一是提前谋划，主动布局。制定开发银行安徽省分行《扶贫工作方案》和《扶贫宣传工作方案》，在《扶贫工作方案》的指导下，扶贫各项工作推进井井有条、蹄疾步稳。谋定而后动，增强了工作的预见性和主动性。二是深入调研，找准方向。结合安徽省贫困情况和致贫原因，明确在支持贫困地区基础设施、产业发展、灾后重建的基础上，积极推动安徽全省三级医疗卫生服务能力提升统贷项目，形成了《关于支持安徽省贫困地区县乡村三级医疗卫生体系建设的工作思路报告》上报省领导，提供破解“因病致贫”的开发银行方案；同时，大力推广教育均衡发展项目，促进贫困地区教育发展，改善贫困地区办学条件，助力阻断贫困传递。

（三）坚持条线谋划与区域推动相结合

开发银行按照“条条谋划、块块推动”的网络化业务推动机制要求，强化沟通、宣介、开发，摸清政策、了解需求，寻求客户与开发银行的最大公约数。以三级医疗体系建设项目为例，一方面加强“条条上的谋划”，多次走访省卫计委和市县区卫计委，了解健康扶贫规划、短板、政策，摸清健康扶贫的任务、路径、进度，组织业务部门深入学习各级健康扶贫系列文件；另一方面，加强“块块上的推动”，精心选派政治过硬、业务精通的处级干部作为扶贫金融专员，到贫困县区挂职，深入宣介、谋划和推动业务，精准宣介健康扶贫融资政策，加强对接沟通。结合医疗健康发展的“五个规划、两个意见、两个标准”，摸清融资需求，做好项目开发储备。在开发银行的大力推动下，宿州市在全市范围内部署推进三级医疗卫生体系建设工作，六安市下发了《关于加强基层医疗卫生机构基础设施建设的通知》。

（四）坚持模式创新与推广复制相结合

一是泗县乡村三级医疗卫生服务能力提升工程项目成为系统内首个健康扶贫项目，在省内带动了宿州、六安全市及阜阳部分县区的同类项目复制，并进一步带动了以蚌埠为代表的非贫困地区医疗卫生项目的开发。2016 年承诺的太湖教育均衡发展项目，在六安、宿州、阜阳等地实现了复制。二是构建了有效的项目资源池，为支持安徽地区脱贫攻坚可持续性发展提供了保障。

（五）坚持扶贫与扶志相结合

一是融资推动，培养脱贫内生动力。推动岳西县政府印发《关于美丽岳西旅游扶贫项目有关事项的通知》，通过依托项目资源加强对建档立卡贫困户就业技能培训，加大涉旅企业对贫困户的招工政策倾斜，增强贫困地区群众自力更生意愿和能力，从思想上淡化“贫困意识”。二是定点帮扶，发挥能人带头作用。开发银行派驻凡坛村工作组结合凡坛村自身资源禀赋优势和产业基础，结合能人大户现状和青年回乡创业机遇，找准产业定位，帮助村集体成立公司，搭建平台，充分发挥能人大户带头作用，增强贫困户主观能动性，带动村民增收，带动集体经济增长。

（六）坚持党建统领和业务发展相结合

一是紧密围绕“两学一做”学习教育和地方政府脱贫攻坚任务，由开发银行安徽省分行分管行长带队，组织分行党支部、分行团委深入贫困地区开展支部共建和捐助活动，开展“五个一”特色扶贫行动，向村办小学及幼儿园捐赠“亲情交流室”，增强分行员工助力脱贫攻坚的使命感和责任感。二是进一步加大党建促扶贫工作力度，联合省委组织部将分行清理收缴的 150 万元党费捐赠支持金寨、舒城、岳西、太湖、泗县 5 个国家级贫困县，用于修缮当地基层党组织活动场所、更新党员教育设施、配置党员教育设备和书籍、开展扶贫培训等方面。三是加大扶贫工作宣传力度。定期编发《扶贫工作简报》并抄送省委、省政府有关部门，省扶贫办还在全省范围内转发了分行首期《扶贫工作简报》。开发性金融支持安徽脱贫攻坚在省市县和相关媒体、平台都有身影，在安徽日报、新华网、江淮时报等省内主流媒体上发表新闻稿近十篇。

开发银行将进一步加大工作力度，支持安徽省脱贫攻坚。

一是积极适应政策变化，创新扶贫业务融资模式。围绕国家近期下发的新文件、新政策，及时开展文件的解读和培训工作，同时做好银政合作模式创新工作，推进医疗卫生服务和教育服务能力提升工程特许经营试点，探索扶贫开发工作的多元融资模式，及时总结经验、发布案例，并力争在年内实现在各领域的推广复制。

二是持续强化项目谋划、推动与开发。一是全力落实开发银行安徽省分行与省卫计委签署战略合作协议，结合“三医”改革和市域医联体、推动全省三级医疗卫生体系建设。二是持续做好引江济淮、省道307一级公路PPP项目等重大扶贫项目的开发评审工作。三是深入谋划产业扶贫项目，在继续推进政府投资的旅游扶贫、光伏扶贫、易地扶贫搬迁配套产业扶贫的同时，积极探索园区扶贫、大企业带动就业扶贫。四是积极推动贫困地区产、城、人、文四位一体的特色小城镇建设示范，把贫困村提升与特色小城镇建设结合起来推进。五是进一步推动扶贫开发业务区域和结构均衡发展，实现贫困地区和“五大类”两个全覆盖的工作目标。

三是切实用好扶贫开发业务合作机构和合作组织管理体系。一是融资推动成立省、市、县三级“开发性金融脱贫攻坚合作领导小组”和“开发性金融脱贫攻坚合作办公室”。二是进一步发挥合作机构和合作组织管理体系务实、长效的全周期作用。

四是扎实做好金寨县开发性金融精准扶贫示范点工作。安徽省金寨县从832个国家扶贫开发工作重点县和集中连片特困地区县中脱颖而出，被确定为8个开发性金融精准扶贫示范点之一。开发银行将继续发挥好开发性金融优势，在融资模式、支持领域、产品服务等领域求实创新，加强示范点的培育和建设，把金寨县打造成开发性金融支持精准扶贫“叫得响、立得住”的样板和典范。

开发性金融支持福建省脱贫攻坚发展报告

“十三五”时期，是福建深化改革开放、加快转变经济发展方式的关键时期，是全面建成小康社会的决胜期，也是扶贫开发的攻坚克难期。解决贫困人口的脱贫致富问题，对加快推进福建省经济建设，实现全面建成小康社会的目标具有重要战略意义。为贯彻落实党中央、国务院决策部署，支持福建省脱贫攻坚战，开发银行发挥开发性金融优势和作用，主动作为、深入调研、了解民生需求，抢抓时机、宣介政策、设计方案、积极建言献策，切实做好开发性金融服务福建省“十三五”脱贫攻坚工作，助力福建省如期实现全面建成小康社会的目标。

一、福建省贫困现状及脱贫攻坚总体目标

福建简称“闽”，地处中国东南沿海，毗邻浙江、江西、广东，与台湾隔海相望。现辖福州、厦门等9个设区市和平潭综合实验区，全省常住人口3839万人，地理特点是“依山傍海”，九成陆地面积为山地丘陵地带，被称为“八山一水一分田”。“十二五”期间，福建省在扎实推进经济社会全面发展的同时，坚

持把扶贫开发作为一项重要工作，持续加大政策扶持力度和工作推动力度，促进贫困地区加快发展，贫困人口增收脱贫。截至2015年年底，福建省贫困人口从2010年的140万人减少到45.2万人，农村贫困发生率从5.42%下降到1.65%。福建省贫困地区因病致贫返贫、因灾返贫、劳动力短缺等现象突出，产业竞争力弱、基础薄、政府财力有限等短板明显，截至2017年年末，福建省仍有23个省级扶贫开发重点县，2201个贫困村，4286人次贫困人口尚未脱贫“摘帽”。

二、支持福建脱贫攻坚情况

开发银行充分发挥开发性金融作用，坚持“三融”扶贫策略和“四到”工作思路，大力支持福建省打赢脱贫攻坚战，促进福建省经济社会健康、协调、快速发展。2016年，开发银行福建省分行荣获福建省银行业重点扶贫金融机构支持扶贫开发工作考核第一名。

（一）积极建言献策，主动提供融智服务

开发银行发挥规划先行优势，积极研究和推动“省负总责”模式。2015年9月30日，开发银行福建省分行向福建省政府递交《开发性金融支持福建省扶贫开发的工作意见》。此后，积极协助、扎实推动省级扶贫开发投融资主体建设。2015年12月，开发银行向省政府递交《关于成立省级扶贫开发投融资主体建议方案及有关事项的报告》；同月，再次向省政府递送《关于福建省扶贫开发投融资主体及项目融资的建议方案》，同时积极与省财政厅、省发展改革委、省农业厅等省直相关部门沟通联系，推动福建省出台《福建省易地扶贫搬迁资金管理办法》，明确易地扶贫搬迁省级政府购买服务的采购主体等关键事项，理顺省、县工作机制，共谋贫困地区科学发展新格局。此外，开发银行福建省分行还主动深化与省发改委、省农业厅等单位的合作，开展脱贫攻坚系统性融资规划编制，完成《福建省“十三五”脱贫攻坚系统性融资规划》，是福建银行业机构中首个针对脱贫攻坚的“系统性融资规划”。

（二）密切银政沟通，凝聚合作共识

2016年5月，在福建省委、省政府主要负责同志的见证下，开发银行福建省分行与省扶贫办签署《支持福建省脱贫攻坚合作备忘录》，与三明市签订《支持三明市国家扶贫改革试验区建设合作备忘录》。2017年上半年，开发银行福建省分行先后与省旅游局、省发展改革委等部门联合发文《关于印发福建省乡村旅游扶贫工程行动方案的通知》，与省林业厅联合转发《关于进一步利用开发性和政策性金融推进林业生态建设的工作通知》（发改农经〔2017〕140号），探索旅游扶贫、生态林业扶贫新模式，不断凝聚合作共识。

（三）发挥先锋作用，助力易地扶贫搬迁

2016年6月，开发银行对福建省扶贫公司授信29.75亿元，用于福建省"十三五"易地扶贫搬迁项目，率先实现对福建省"十三五"易地扶贫搬迁资金兜底保障。截至2017年年末，开发银行投放1.39465亿元专项建设基金，发放5.31亿元易地扶贫搬迁专项（贴息）贷款，顺利完成福建省2016年和2017年易地扶贫搬迁贴息贷款计划，专项基金及专项（贴息）贷款覆盖全省54个县，惠及国定贫困人口超过2.9万人，助力打赢易地扶贫搬迁战。同时，积极支持易地扶贫搬迁同步搬迁项目，对福鼎市造福工程项目承诺2.77亿元，惠及同步搬迁人口0.85万人，解决省定贫困人口与国定贫困人口同搬迁、同脱贫问题。

专栏：聚焦后续产业发展　助力搬迁户家门口就业

漳平市位于福建省西南部，土地总面积2975平方公里，目前全市人口约28万人，辖区设8镇6乡2个街道办事处174个行政村25个居委会。漳平市是原中央苏区县，木竹产业是漳平市经济发展的支柱产业，也是推进脱贫攻坚的重要抓手。

2016年以来，开发银行在服务福建省打赢脱贫攻坚战过程中，始终把发

展生产扶贫作为主攻方向，积极研究支持产业扶贫的具体举措，尤其是把易地扶贫搬迁后产业发展作为支持重点，在与地方政府充分对接的基础上，在全省率先开发培育了漳平市木竹产业园助力易地扶贫搬迁群众就业项目。该项目周围为吾祠、灵地、南洋、官田等乡镇易地扶贫搬迁集中安置点，涉及国定标准贫困户及省定标准贫困户共计726户2216人。项目资本金15600万元，申请开发银行贷款17700万元，项目建成后，预计将吸引入驻企业约15家，年加工木材19.8万立方米，加工毛竹2万吨，总产值将达到28亿元，年利润总额4.2亿元，将带来500个直接就业岗位和1500个间接就业岗位。项目建成后，产业园管委会将与附近易地扶贫搬迁集中安置点的部分贫困群众签订就业协议，同时，当地政府要求木竹产业园入园企业也要通过签订帮扶协议或就业劳动合同等方式，让搬迁群众获得就业岗位和收入，实现周边贫困人口的增收脱贫，促进贫困村的建设和发展。该项目的实施还将拉动周边乡村手工业、农业、旅游业等产业的融合发展，形成关联度高、集聚力强的产业发展态势，有利于促进当地县域经济发展和带动百姓脱贫致富。

开发银行创新性探索了一条“特色产业＋生态建设”的产业园区建设模式，采取“产业园管委会＋入园企业＋搬迁群众”的带动方式，支持漳平市发展木竹产业，确保搬迁群众“搬得出、稳得住、能致富”，做到“以产定搬、以搬促城、产城融合”的搬迁思路，把产业发展放在更加突出的位置，真正意义上实现稳定脱贫。

（四）倾斜信贷支持，增强贫困地区发展动力

截至2017年年底，开发银行累计向23个省级扶贫开发重点县发放表内贷款295.97亿元，累计发放专项建设基金33.38亿元，其中2017年发放贷款36.2亿元，贷款余额174.76亿元，重点支持了通村道路、安全饮水、教育卫生、现代农业等项目，助力贫困地区加快脱贫致富，增强贫困地区内生发展动力。

（五）紧抓特色产业，积极创新融资模式

开发银行紧密结合福建省自身资源禀赋，以易地扶贫搬迁后续产业发展、旅游产业扶贫等为重点，探索产业扶贫新途径，支持“输血”式扶贫向“造血”式扶贫转变。自2016年起，累计发放产业精准扶贫贷款21.43亿元，通过产业项目实现对建档立卡贫困人口帮扶和就业。此外，主动服务福建省生态文明建设，积极探索开展林业生态扶贫，向省政府报送开发性金融支持林业生态建设工作方案并获省领导批示，联合省发展改革委等单位转发《关于进一步利用开发性和政策性金融推进林业生态建设的工作通知》；会同省林业厅深入现场，创新模式支持储备林扶贫项目建设，通过“PPP＋市级风险准备金机制＋保险”的模式推动南平储备林生态示范扶贫项目，授信金额170亿元，预计可为贫困林农提供就业岗位超过千个，助力贫困林农脱贫增收。

专栏：开发性金融支持福建省脱贫攻坚情况之林业生态扶贫

2016年5月12日，开发银行与福建省举行高层联席会并签署《“十三五”全面深化开发性金融合作备忘录》。联席会上，围绕脱贫攻坚、实施生态省战略加快生态文明建设、国家扶贫改革试验区建设等战略，开发银行福建省分行分别与省扶贫办、省金融办、三明市政府签订了支持脱贫攻坚、绿色金融发展、三明国家扶贫改革试验区建设等合作备忘录，明确深化银政合作，发挥开发性金融作用，实现相互融合和共同发展。

2017年5月，习近平总书记对福建集体林权制度改革作出重要批示，要求福建要以国家生态文明试验区为契机，继续深化集体林权制度改革，更好实现生态美、百姓富的有机统一，在推动绿色发展、建设生态文明上取得更大成绩。开发银行积极落实习近平总书记对福建省林权制度改革的批示精神，主动服务福建省生态文明建设，深入推进林业金融的发展，创新模式开展林业生态扶贫。一是高层推动，大力支持福建国家储备林和林业生态扶贫重点领域建设。福建省是全国首个国家生态文明试验区，推动深化集体林权制度改革走在全国前列，为发挥开发性金融先锋先导作用，创新林业投融资机制，

帮助福建打造林业产业供给侧结构性改革和林业生态脱贫示范省，7月11日，国家林业局、福建省政府和开发银行三方签署《共同推进深化福建省集体林权制度改革合作协议》，明确意向融资金额600亿元。二是项目带动，助力集体林权制度深化改革。开发银行充分研究开发性金融在生态文明试验区建设中的作用，向省政府报送《关于进一步利用开发性金融推进林业生态建设的报告》，联合省发展改革委等单位转发《关于进一步利用开发性和政策性金融推进林业生态建设的工作通知》，会同省林业厅深入林业项目现场，推动通过“PPP＋风险准备金＋保险”的模式开展南平市储备林生态扶贫示范项目的评审，与南平市政府签署《共同推进南平市生态文明试验区——国家储备林建设项目合作协议》，意向融资金额170亿元，预计可为贫困林农提供就业岗位超过千个，助力贫困林农脱贫增收。此外，开发银行联合省林业厅等单位，积极开发培育三明、龙岩等地林业生态建设项目，服务福建省继续推动林业生态扶贫不断取得新成效。

（六）拓展生源地助学贷款，助力寒门学子圆大学梦

开发银行福建省分行自2014年试点开办生源地助学贷款业务，截至2017年年末，已与全省35个县区签订助学贷款合作协议，在17个县区（含7个省级贫困县）开办助学贷款业务，累计发放生源地助学贷款1.33亿元，共支持18433人次家庭贫困学生实现大学梦，有效地阻隔了贫困的代际传递，进一步提高福建省助学贷款获贷率，在促进教育公正公平、支持教育脱贫等方面起到压舱石作用。

（七）加强人才支持，强化智力扶持

开发银行采取“走出去、请进来”的方式，完善扶贫开发长效机制，派出5名干部到地方政府部门挂职，接收4名地方干部来分行交流，选派23名干部到23个省级扶贫开发重点县挂职交流，发挥宣传员、规划员和联络员作用，特别是通过规划编制和咨询服务等方式，帮助地方政府理清发展思路，明确发

展目标,不断发挥开发银行与地方政府间的桥梁和纽带作用。开发银行福建省分行积极参与2017年福建省“青春扶贫”项目与计划大赛,在全省989个参赛项目中,分行推选的“漳平市木竹产业园项目”“扶贫金融专员计划”分别获得产业扶贫计划组、人才扶贫计划组一等奖,在省内金融系统中获奖个数最多,获奖名次最高。

开发银行将始终把支持脱贫攻坚作为当前和今后一个时期的重点任务,强沟通、促对接、抓落实,服务福建省系统推进脱贫攻坚工作,助力福建省巩固和发展脱贫成效。

一是着力巩固脱贫成效,加快易地扶贫搬迁。开发银行福建省分行将继续加强与省财政厅、省扶贫办、省发展改革委的协调,沟通落实2017年易地扶贫搬迁专项贷款计划,加快推动符合用款条件的县(市、区)使用专项贴息贷款。支持地方政府强化实施集中安置,并使用贷款资金支持建设集中安置区基础设施及配套公共服务设施建设,改善搬迁群众的生产生活环境。此外,在巩固福鼎市易地扶贫搬迁同步搬迁贷款合作成效的基础上,继续支持和推动其他县(市、区)的同步搬迁建设及拆旧复垦建设,推进易地扶贫搬迁工作取得新实效。

二是着力抓住稳定脱贫,大力支持产业扶贫项目。第一,全力支持林业生态扶贫,增强产业扶贫带动力。2017年7月11日,开发银行与国家林业局、福建省政府签订《共同推进深化福建省集体林权制度改革合作协议》,加快与各地政府对接,重点推动南平市储备林项目的评审承诺,打造示范项目,形成可复制可推广的模式,助力福建省脱贫攻坚、助力绿色金融发展。同时实现三明、龙岩、永定的林业生态扶贫项目开发评审取得新突破,构建科学扶贫带动机制,鼓励和支持龙头企业通过安排建档立卡贫困人口就业或与建档立卡贫困人口签订帮扶协议等途径,带动建档立卡贫困人口增收,提升对扶贫开发、经济发展和生态建设的贡献度。第二,大力支持旅游扶贫,提升产业扶贫精准度。用好“加法”,增强内外部联动合力。加强与省旅游发展委员会等部门的沟通对接,宣介开发银行支持旅游扶贫项目的相关政策,深化双方的规划合作及项目策划的联动。强化与地方政府的互动,善于挖掘各地资源,主动构建景区依托型、乡村旅游型、基础设施提升型等各类旅游扶贫项目。用好“乘法”，扩大旅游扶贫项目的覆盖面。首先，积极探索推动以县为单位，策划一条或几条乡村旅游精品路线项目，助力实现“旅游 + 扶贫”让风景变钱景。项目策划中突出乡村自然资源优势，助力打造以农家乐、渔家乐、牧家乐、休闲农庄、森林人家等为主题的乡村度假产品，助推建成一批依托自然风光、美丽乡村、传统民居为特色的乡村旅游景区。其次，积极促进农业与旅游业紧密结合，形成种、销、游一体化的特色农业产业化体系，让旅游精准扶贫“转型升级”。最后，针对乡村旅游项目“小、散”的特点，重点开发“旅游基础设施 + 产业 + 贫困户”的旅游产业扶贫项目，支持新建景区或改造原有景区、完善特色小镇基础设施和公共服务设施、提升旅游扶贫重点路线重点村基础设施等旅游项目，助力补齐旅游发展的短板，也带动旅游产业发展和贫困户脱贫增收。

三是着力金融创新发力点，继续补齐贫困地区短板。第一，围绕《关于支持贫困县开展统筹整合使用财政涉农资金试点的意见》有关要求，探索建立以财政涉农资金作为还款来源的融资创新机制，重点开发建档立卡贫困人口较为集中的贫困村通村公路、村组公路、安全饮水、环境整治等基础设施建设项目、公共服务改善项目。第二，积极宣介 PPP 模式，特别是对福建省 23 个省级扶贫开发重点县加强政策宣介，积极支持各地公益性、准公益性 PPP 项目建设，探讨以 TBOT、ROT 模式盘活存量经营性资产，减轻地方政府的债务压力，腾出资金用于重点民生项目建设，全面改善贫困地区的生产生活条件。

四是着力抓住脱贫根本点，扩大教育扶贫覆盖面。联合省教育厅和省学生资助中心共同推广助学贷款业务。以省级贫困县和原中央苏区县为重点，进一步扩大助学贷款业务惠及面，特别是加强对建档立卡贫困学生宣传教育、预申请的覆盖，确保每一个贫困学生都公平享有获得助学贷款的机会，力争推动助学贷款业务在 23 个省级扶贫开发重点县实现“全覆盖”，力求 2018 年实现助学贷款业务县区全覆盖，大力推动已签订县级合作协议的县区尽快开办助学贷款业务，通过教育资助“到（户）人”的方式，有效阻断贫困代际传递。

开发性金融支持江西省脱贫攻坚发展报告

2016 年以来,开发银行始终将脱贫攻坚使命记在心上,扛在肩上,抓在手上,不断研究新情况、新问题,谋划新思路、新方法,助力江西开创脱贫攻坚新局面。开发银行立足江西省情和开发银行特点,深化认识,落实目标,强化担当,围绕"三融""四到"扶贫策略和工作思路,充分发挥开发性金融促进脱贫攻坚作用,累计向江西省承诺扶贫开发贷款 962 亿元,发放 346 亿元。开发银行创新模式,在脱贫攻坚战中主动作为,得到江西省委、省政府的高度认同。省委副书记在江西分行呈报的相关报告中批示:开发银行江西省分行"政治站位高、大局意识强,特别主动呼应、服务我省绿色崛起、兴赣富民的精神可嘉,境界感人",省农工部、省扶贫办"用足用好开发银行的金融信贷优势,服务我省经济社会发展、'三农'事业、脱贫攻坚大局"。时任省政府副省长批示:"开发银行江西省分行在我省扶贫工作中做了大量卓有成效探索,取得显著成绩,作出积极贡献。"

一、强化融智服务,营造科学发展新局面

(一)深入贫困一线,共谋脱贫大计

开发银行以罗霄山脉集中连片、原中央苏区贫困县为重点,开发银行江西省分行领导带队下基层,访真贫、察实情,累计走访调研近50个国家级和省级贫困县。分行主要负责人用周末时间遍访全省24个国家级贫困县,走访70余个贫困村,先后11次赴赣南原中央苏区贫困地区调研。通过与县乡村各级干部同志座谈,了解当地贫困现状、致贫原因及问题困难,共同研究中央金融扶贫政策,谋划脱贫攻坚方法路径。

(二)派驻扶贫专员,提供人才支持

向赣州、吉安、抚州、上饶、宜春和九江6个地市先后选派8名思想作风过硬、业务素质突出的业务骨干作为扶贫金融专员,发挥宣传员、规划员、联络员和战斗员作用,宣介扶贫政策,推动扶贫规划,推进扶贫项目,取得了良好成效,得到地方政府肯定和欢迎。

(三)坚持规划引领,创新融资模式

2016年12月扶贫开发工作动员会后,开发银行江西省分行第一时间向江西省委、省政府呈报《关于全面助推江西脱贫攻坚的报告》《全省扶贫开发融资主体组建及融资方案建议》和《全省“十三五”时期易地扶贫搬迁项目融资方案建议》等报告,得到省领导批示肯定。围绕江西脱贫攻坚领域薄弱环节,分行主动请缨,向省政府提出利用易地扶贫搬迁富余授信资金用于全省贫困村基础设施建设融资方案,得到省政府领导积极响应。开展《全省“十三五”脱贫攻坚融资规划》《赣州市油茶产业发展规划》等规划编制工作,通过科学规划引领精准扶贫脱贫。配合相关部门做好具体融资方案设计,充分依托

省级投融资主体信用优势,创新全省易地扶贫搬迁、全省供水一体化、全省污水管网、全省国省道改造等项目融资模式,批量支持全省扶贫开发项目。

(四)开展业务培训,提升能力水平

与省扶贫办联合组织召开全省28个贫困县领导参加的开发性金融支持扶贫开发融资培训会,与人民银行南昌中心支行联合组织召开开发性金融精准扶贫座谈会,召开9个中央机关、国家部委驻江西15个国家级贫困县干部座谈会,宣传扶贫开发政策,介绍开发性金融致力脱贫攻坚的方法和举措,提升贫困地区地方政府领导对脱贫攻坚政策的精准把握。

二、着力融制合作,突出扶贫开发新优势

(一)对接政府需求,达成合作共识

开发银行加强与省、市、县各级政府的沟通和联系,对接融资需求,构建合作机制。与江西省政府签订“十三五”全面深化合作备忘录,涉及脱贫攻坚项目融资1266亿元;主动与全省11个地市签订“十三五”全面合作协议,明确与各地市脱贫攻坚合作方向,实现地市协议签订全覆盖;与省交通厅、省扶贫办、省水利厅等部门签订开发性金融合作协议,重点突出脱贫攻坚合作,合力推进贫困地区基础设施、扶贫产业、易地扶贫搬迁、水利、教育等领域重大、重点项目建设。

(二)共建合作办公室,夯实政银合作基础

开发银行与地方政府共同建立省、市、县三级“开发性金融脱贫攻坚合作办公室”,实现与省级、6个地市以及24个国家级贫困县政府共建开发性金融脱贫攻坚合作办公室全覆盖,构建开发性金融扶贫开发的工作机制和合作平台,完善扶贫项目运作和资金运行管理。通过合作办建设,成立联合工作小

组，发挥政府组织优势和开发银行融资优势，合力高效推动项目落地和组织实施。通过合作机构建设，仅用24天即完成抚州市农村基础设施建设提升工程7个项目的开发评审工作，承诺贷款42亿元，实现“市、县、村”三级全覆盖。

（三）强化党建统领，创新联络机制

充分发挥党支部战斗堡垒和党员先锋模范作用，在先后向6个地市派驻8名扶贫专员的基础上，进一步建立分行15个党支部、87名党员对口联系全省87个国家和省级贫困县的扶贫联络员机制，实现党建与扶贫全面对接，加快推进扶贫工作。

三、加大融资支持，实现金融扶贫新作为

（一）易地扶贫搬迁加快落地

开发银行以省级统贷模式向省行政资产集团承诺全省易地扶贫搬迁项目贷款260亿元、专项建设基金4亿元。截至2017年年末，开发银行向赣州、上饶、吉安、抚州等9个地市中的28个县（市、区）发放贷款16亿元、专项建设基金8839万元，惠及贫困人口4.57万人。“十三五”期间，将支持全省6.97万左右的贫困人口实现“搬得出、稳得住”。

（二）农村基础设施全面提升

根据国务院出台的《关于支持贫困县开展统筹整合使用财政涉农资金试点的意见》，通过整合财政涉农资金撬动信贷资金的创新性举措，围绕村组道路、安全饮水、环境整治、校安工程等难点和“短板”，在不增加地方财政负担的前提下，为贫困县建档立卡贫困村基础设施提供贷款支持。截至2017年年末，已承诺219亿元、发放贷款205亿元，已覆盖24个国家级贫困县、35个省

级贫困县，占全省87个贫困县的67.8%，全面提升贫困县农村村组道路、安全饮水、环境整治、校安工程、基本医疗等基础设施水平，助推江西“整洁美丽、和谐宜居”乡村建设，惠及建档立卡贫困人口107万人，占全省贫困人口的53.8%。

（三）重大基础设施成效显著

以贫困地区交通、水利、能源领域为重点，解决贫困地区“缺在电上、困在水上”等瓶颈。承诺贷款416亿元、发放157亿元支持贫困地区公路、污水处理、安全饮水、电力等基础设施建设，破解贫困地区基础设施瓶颈。其中，充分发挥省级统贷融资经验优势，推进全省污水管网融资工作，项目授信总金额41.9亿元，投放28.29亿元，支持12个贫困县区污水管网建设。创新“城乡一体化”运作模式，统筹全省城乡供水资源，支持江西省城乡一体化供水建设项目，融资90亿元、投放贷款26.8亿元，惠及41个县（区）1529万人。

（四）特色产业发展有序推进

按照“一市一品”及“一个产业、一个规划、一个平台、一个项目”模式，统筹支持各地扶贫产业发展。创新“五统一”+“四台一会”模式支持赣州油茶，承诺60亿元支持赣州市100万亩高产油茶产业发展，发放3.2亿元，并建立“就业扶贫”“油茶产业扶贫基金”“提前分红”“林权入股”“合作造林”等利益联结机制，帮助近10万贫困人口融入油茶产业发展，实现增收脱贫。开展吉安储备林项目评审工作，计划贷款65亿元支持吉安16万公顷储备林建设。

专栏：定南县油茶产业精准扶贫高产生态示范基地建设项目

为实现“统一规划、统筹资源、统一授信、统借统还、统一管理”，批发式支持赣州市18个县（市、区）油茶产业发展，开发银行与赣州市合作，搭建市级统贷平台，采用政府购买服务融资模式，通过各级政府组织增信，以“市带县”模式进行项目统贷，并在各县（市、区）创新“四台一会”机制建设，完善制度建设,按照“统一规划、统一整地、统一购苗、统一种植、统一抚育、分户收益”实施赣州市油茶产业精准扶贫项目建设,并授信承诺60亿元。

模式一:“林场+贫困户”模式

定南县选取县级国有林场开展油茶种植,国有林场发展在获得合理利润的基础上,按照每户贫困户3亩的标准,将1500亩油茶股权分给贫困户,贫困户股权县扶贫和移民办代持股权。国有林场每年将1500亩油茶所产生的收益分红统一归集至县扶贫和移民办,县扶贫和移民办按照每年每户5000元标准的固定收益补贴给贫困户,帮扶贫困户脱贫。收益期为20年,确保所带动的贫困户2018年前脱贫。2018年以后的收益实行定期核查、动态管理,由县扶贫和移民办统筹调度使用。国有林场将贫困户固定收益汇入县扶贫和移民办专户,由县财政局、县扶贫和移民办审核后发放至贫困户一卡通账户。同时,就近带动一批贫困人口实现就业脱贫。

模式二:“公司(大户)+贫困户”模式

种植公司(大户)与县国资公司、县扶贫和移民办签订购买扶贫服务协议,并通过县国资公司平台进行贷款融资。种植公司(大户)采取“100+1+1”的利益联结方式,即每发展100亩油茶林须联结带动1户贫困户脱贫,并雇用1个以上有劳动能力的贫困人口就业。种植公司(大户)按每年每户5000元的标准给予贫困户固定收益,收益期为20年,确保所带动的贫困户2018年前脱贫。2018年以后实行定期核查、动态管理,种植公司(大户)所缴交的固定收益由县扶贫和移民办统筹调度使用。贫困户固定收益资金由种植公司(大户)汇入县扶贫和移民办专户,通过县财政局、县扶贫和移民办审核后发放至贫困户一卡通账户。

(五)教育医疗扶贫力度加大

坚持应助尽助,推广助学贷款预申请,提高覆盖率和申请效率,累计发放22.9亿元,2016年发放5.3亿元支持南昌、新余、赣州、宜春、抚州等5个地市50个县(市、区)34.1万贫困学生实现大学梦,占全省份额60%以上。以健康扶贫作为改善贫困人口医疗条件的重要举措,积极推进县级医院、乡镇卫生院医疗体系建设及能力提升。

“脱贫攻坚，任重道远；造福老区，时不我待”，在当前脱贫攻坚进入啃硬骨头、攻坚拔寨冲刺阶段的关键时期，开发银行将继续按照党中央、国务院决策部署，与各级政府和部门一道，不忘初心，马上干、努力干、认真干、自觉干、自信干、继续干，展现新担当、实现新作为。进一步认清形势要求、强化责任担当、创新机制举措，围绕“十三五”时期投放852亿元以上扶贫开发贷款目标，用真情、出实招、求实效，全力支持江西24个国家级贫困县、63个省级贫困县，2900个贫困村脱贫摘帽和200万贫困人口致富奔小康。

一是提高思想认识，强化责任担当。进一步深入学习党中央、国务院关于脱贫攻坚的重要精神，坚定打赢脱贫攻坚战的信心和决心，切实履行开发性金融服务国家战略的职责和使命，全力以赴做好开发性金融支持扶贫开发工作。

二是强化党建引领，提供政治保障。创新党建活动，将脱贫攻坚作为开展“两学一做”学习教育的重要内容，充分发挥党支部战斗堡垒作用和党员先锋模范作用。进一步发挥15个党支部87名党员的扶贫联络机制，把扶贫开发工作与加强党的建设紧密结合，抓好党建促扶贫。

三是夯实合作机制，深化政银合作。进一步发挥融智融制优势，以扶智建制为重点，积极开展规划编制、融资模式设计、制度建设等，与地方政府共同探索支持脱贫攻坚的新思路新举措。进一步将开发性金融脱贫攻坚合作办公室建设落到实处，完善合作办工作机制和制度建设，切实推动政银合作，合力促进脱贫攻坚取得实效。

四是做好融资服务，保障易地扶贫搬迁。继续支持全省易地扶贫搬迁，加快项目核准和资金投放，保障28个县6.97万建档立卡贫困人口的搬迁资金需求。与江西省发展改革委、省扶贫办及地方政府一道，共同保障资金高效合规使用，配合国家有关部门做好对地方政府的监督检查和考核评价工作，确保把好事办好。

五是聚焦基础设施，破解发展瓶颈。进一步支持贫困地区交通扶贫“双百”工程以及水利、能源等基础设施建设，着力破解“难在路上、困在水上、缺在电上”的难题。按照江西“整洁美丽、和谐宜居”新农村建设行动要求，加大资金投放力度，提高资金使用效率，全面提升贫困村基础设施水平，为打赢脱贫攻坚战筑牢基础。围绕党中央、国务院提出的保障搬迁人口稳得住、能致富要求，结合立足农业供给侧改革和江西省委、省政府提出的建设“百县百园”工作部署，研究推进融资支持全省现代农业示范园区建设，探索园区发展建设与建档立卡搬迁人口增收脱贫的科学利益联结机制。

六是突出产业支撑，拓宽脱贫举措。在赣州油茶成功落地的基础上，与地方政府合作探索，因地制宜支持各地旅游、储备林、中药等扶贫产业发展路径。深化“四台一会”贷款模式，发挥政府组织协调优势，支持返乡创业贷款，促进地方产业发展。创新融资模式，与地方商业银行合作，采用商业银行转贷款模式支持贫困人口发展产业，支持贫困群众实现永续脱贫致富。

七是推进教育医疗，改善民生保障。继续坚持应助尽助，计划“十三五”期间每年发放助学贷款不低于5亿元、每年惠及贫困学生不少于6万人，保障贫困人口受教育权利。研究推动“两后生”助学贷款，支持贫困地区提升基础教育水平、发展现代职业教育和开展职业技能培训等教育扶贫项目，增进贫困人口就业创业能力，加快实现贫困人口教育有保障。推动落实健康扶贫新增长点，与江西省卫计委合作，在全省范围支持县级医院、乡镇卫生院、村卫生室等基层医疗卫生机构建设，加快实现贫困人口基本医疗有保障。

开发性金融支持山东省脱贫攻坚发展报告

开发银行明确工作目标，认清重点任务，制定实施方案，采取有效措施，充分发挥开发性金融作用，不断加大对山东省脱贫攻坚的支持力度，截至2017年年底，向山东省累计发放精准扶贫贷款249.99亿元，取得了较好的工作成效。

一、政策背景

在国家脱贫攻坚工作启动伊始，山东省委、省政府即出台《中共山东省委山东省人民政府关于贯彻落实中央扶贫开发工作部署坚决打赢脱贫攻坚战的意见》（鲁发〔2015〕22号），对全省脱贫攻坚工作作出了明确要求，计划2016—2017年两年基本完成脱贫任务，第三年全部兜底完成，后两年巩固提升脱贫攻坚成果，建立长效机制；制定出台了《山东省“十三五”易地扶贫搬迁规划》（鲁政字〔2016〕83号）等重要文件，编制了《山东省“十三五”脱贫攻坚规划》；同时，省有关部门配套出台了多项专项实施方案，组成“1＋N”精准脱贫方案，为强化金融扶贫服务，优化金融扶贫环境，人行济南分行会同各相关职能部门印发了《关于金融助推脱贫攻坚的实施意见》,进一步明确了金融助推山东脱贫攻坚的目标和任务。

山东省现有31个省定贫困县,没有国家级贫困县。2015年年末,全省有省定贫困户121.1万户,省定贫困人口242.4万人,贫困人口分布不均衡,呈"插花式"特点,因病因残致贫的占66.2%,因缺劳动力致贫的占13.1%。经过一年多的不懈努力,2016年山东省脱贫攻坚首战告捷,超额完成年度减贫任务,全省仍有贫困人口89.6万人,从群体构成上看,大都是无劳动能力的特困群体。

二、工作措施

(一)坚持党建统领,建立联动机制

打赢脱贫攻坚战是一项重大政治任务,开发银行始终坚持党建在脱贫攻坚业务中的统领作用,认识统一、信心坚定。作为全省扶贫开发领导小组成员单位,开发银行山东省分行多次参加全省扶贫工作会议、金融扶贫工作会议和易地扶贫搬迁工作会议,积极宣介政策措施,汇报进展情况,提出工作建议。组织开展扶贫攻坚爱心捐赠,赴省内革命老区、贫困地区开展基层党组织结对共建特色活动,实地调研扶贫项目,对接融资需求,解决贫困群众实际困难。与省扶贫办、省发展改革委、省财政厅、省金融办、人行济南分行等部门加强联系,建立高层沟通和日常联络机制,及时掌握扶贫政策信息,明确工作思路要求,为开展金融支持脱贫攻坚工作打下坚实基础。

(二)明确工作目标,认清重点任务

开发银行结合山东省脱贫攻坚工作实际,进一步明确开发性金融支持山东省扶贫重点范畴,全力保障资金需求,增强贫困群众内生动力和发展活力。一是易地扶贫搬迁和库区移民搬迁。二是贫困地区农村基础设施建设。三是建档立卡贫困村和贫困户特色产业发展。四是巩固开展生源地助学贷款。

(三)制定工作方案,加强措施保障

开发银行山东省分行建立了以“一把手”为第一责任人的扶贫工作机制,成立了脱贫攻坚工作领导小组,制定了脱贫攻坚工作实施方案,将任务指标分解至各责任处室,运用量化考核等手段调动各部门扶贫工作积极性。连续两年制定推动脱贫攻坚业务实施意见,多次召开扶贫工作专题办公会议,梳理项目进展情况,分析存在问题,加大资金投放力度,引导脱贫攻坚业务科学有序开展。

(四)签订合作协议,加大资金投放

2015 年 10 月,开发银行与山东省政府召开高层联席会议,签署了三年 3000 亿元融资总量的战略合作协议,重点支持山东基础设施建设和扶贫开发等民生领域发展。2016 年 4 月,在全省金融扶贫工作会议上,开发银行山东省分行与省扶贫办签署了《开发性金融扶贫合作协议》,围绕易地搬迁、贫困地区农村基础设施建设、建档立卡贫困村和贫困户特色产业、助学贷款和教育等重点领域推进全省金融扶贫工作,力争脱贫攻坚期间投入融资总量 300 亿元。

(五)坚持规划先行,科学有序推进

积极编写《山东省“十三五”脱贫攻坚融资规划》,围绕贫困地区基础设施、易地扶贫搬迁、特色产业发展、教育卫生改善等重点领域,理顺投融资模式和机制,研究配套政策建议,科学有序推进扶贫业务开展。研究制定支持山东《产业扶贫贷款工作方案》,进一步理顺产业扶贫融资工作机制,梳理贷款投向领域和重点项目,加大对贫困地区产业发展支持力度,拓宽贫困群众增收渠道。

(六)完善机制建设,深化银政合作

为充分运用开发性金融理论和金融社会化理念,制定加快推进山东革命

老区金融精准扶贫工作方案，加大对省内48个重点革命老区县(市、区)脱贫攻坚的金融支持力度，改善老区人民生产生活环境，促进特色产业发展，尽快实现脱贫致富。结合山东实际，研究制定推动成立开发性金融脱贫攻坚合作办公室实施方案，不断深化银政合作，构建覆盖到县的扶贫开发合作机构和组织管理体系，扶智建制，先行在菏泽市和鄄城县、东平县、五莲县试点成立开发性金融脱贫攻坚合作领导小组和合作办公室，积极推动当地脱贫攻坚、教育医疗、农田水利和棚户区改造等重点领域融资合作。

三、工作成效

(一)发挥融资优势，大力支持移民搬迁

1. 东平库区移民项目。2015年12月，开发银行山东省分行与省财政厅、泰安市政府共同签署《支持东平县库区移民扶贫搬迁项目合作协议》，签订10亿元借款合同，用于支持近4000户1.2万名库区移民搬迁和社区建设。截至2017年6月末，已发放贷款3.5亿元，投放专项建设基金1亿元。

2. 鄄城、五莲易地扶贫搬迁项目。在国家正式下达易地扶贫搬迁工作任务后，开发银行与山东省发展改革委、省扶贫办和省丝路投资公司等部门主动对接，广泛宣介配套政策，研究具体融资方案，开展项目评审工作。按照《山东省“十三五”易地扶贫搬迁规划》要求，积极开展鄄城县和五莲县易地扶贫搬迁项目融资工作，研究制定融资资金管理办法和专项建设基金监督管理实施细则，推动签署省级和县级政府购买服务协议。截至2017年年末，向鄄城、五莲两地承诺授信3.7亿元，已发放贷款3.7亿元，投放专项建设基金1500万元，惠及两县建档立卡贫困人口6144人，同步搬迁人口6806人。为加快推动工程建设进度，进一步提高贷款资金和专项建设基金资金使用效率，开发银行会同山东省扶贫办、省发展改革委、省国土资源厅和省丝路投资公司等部门多次赴项目现场开展效果评估，督促加快易地扶贫搬迁资金支用，并针对存在的问题研究提出有效解决方案。

3. 黄河滩区脱贫迁建项目。山东省委、省政府将黄河滩区迁建作为脱贫攻坚的重大举措，纳入了山东省“十三五”脱贫攻坚规划，并列为全省新旧动能转换重大工程。

（二）破解融资难题，打通基础设施建设“最后一公里”

融资支持贫困地区棚户区改造、农饮安全、教育医疗、健康养老等基础设施建设，有效解决贫困地区基础设施建设融资难题。向沂南、莒南等贫困地区发放农村危旧房改造扶贫贷款8.65亿元，大力改善贫困居民居住条件。向菏泽、滨州、曹县、郓城、泗水、沂南、平邑、沂源、庆云等贫困地区发放教育扶贫贷款33.78亿元，着力改善贫困地区办学条件。向巨野、曹县、郓城、鄄城、东明等贫困地区发放水利扶贫贷款8.90亿元，用于解决贫困地区农饮安全问题。向曹县、单县、鄄城等贫困地区发放养老扶贫贷款7.51亿元，用于解决贫困人口养老问题。

（三）搭建融资机制，帮扶贫困人口劳动就业

根据“四台一会”贷款模式，充分发挥统贷平台、担保平台、组织平台、公示平台及信用协会作用，将开发性金融的融资优势与扶贫部门的组织优势、市场化担保公司的信息优势、统贷平台的管理优势、公示平台的社会监督优势等相结合，向沂源县累计发放机制扶贫贷款1.04亿元，支持了10家龙头企业、2家专业合作社及9家农村扶贫互助社，惠及贫困户约1000户，将生产企业、专业合作社和农村互助社等模式有机结合，“因户施策”开展精准扶贫。

专栏：开发银行支持山东省沂源县扶贫贷款新模式

为将开发银行大额、长期信贷资金与县域扶贫主体小额、流动的融资需求相结合，用统一的标准模式解决千家万户的共性问题，用批发的方式解决零售问题，开发银行以支持山东省沂源县扶贫开发为试点，探索形成推进贫

困地区“精准识别、平台搭建、信用建设”的开发性金融扶贫新模式。

一、精准识别，确定扶贫贷款对象

为精准识别扶贫贷款对象，开发银行推动沂源县制定了《金融扶贫贷款对象参与扶贫开发考核办法》，规定贷款主体根据带动脱贫致富效果，可申请不同额度的金融扶贫贷款，由县财政局、扶贫办、借款平台成立审查委员会对金融扶贫贷款对象进行识别、确定和考核。

二、搭建平台，推动资金有效下沉

沂源县扶贫办作为组织平台，负责与开发银行对接，组织、协调政府其他部门完善机制建设及扶贫贷款性质认定；淄博市安信融资担保有限公司为担保平台，发挥民营担保企业的属地优势和运营经验，通过实地走访审查确定金融扶贫对象；沂源宏鼎资产经营有限公司为融资主体，负责批量承接开发银行贷款在政府网站开辟社会公示板块，作为社会公示平台，调动社会力量共同监督扶贫贷款公开、公正、公平实施并共同防控风险。

三、信用建设，防范信贷资金风险

由担保平台提供连带责任保证担保，并按贷款项目全部担保余额的10%提供保证金，开立存单后质押给开发银行。由用款人向担保平台提供抵、质押担保或者其他担保平台认可的反担保方式。沂源县政府按照贷款金额的10%设立金融扶贫风险补偿金，发生信贷风险时启动风险分担及补偿机制，由统贷平台、担保平台归集资金还款。沂源县监察局、审计局联合对该模式进行持续监督、检查。

该项目通过专业合作社模式、扶贫互助社模式和龙头企业模式等多种方式“因户施策”开展精准扶贫。截至2017年年末，已累计发放贷款1.02亿元，累计支持2个农业专业合作社、10家农业产业化龙头企业、9个扶贫互助社，惠及贫困户1000余户。

（四）重视教育发展，倾力支持教育扶贫

与山东省各级教育部门密切合作，大力开展助学贷款业务。截至2017年年末，累计发放生源地信用助学贷款83.26亿元，惠及全省16个地市144个

县(市、区)56.31万名家庭经济困难学生,占比95%以上,实现了“应贷尽贷、全面覆盖”的目标。

(五)推进产业扶贫,全力支持地方发展

开发银行山东省分行会同省发展改革委、省扶贫办、农发行山东省分行联合下发《关于加快推动全省光伏扶贫工作的通知》(鲁发改能源〔2016〕638号),大力推动光伏扶贫工作。同时与地方政府积极对接,开发鄄城县光伏、微山县光伏、郓城光伏、安丘光伏、邹城市旅游和山东航天绿园现代农业科技园等一批特色产业扶贫项目,项目总投资合计30.03亿元,拟申请贷款20.4亿元。向山东凤祥股份有限公司发放扶贫流动资金贷款2亿元,用于支持产业精准扶贫,吸纳近300户贫困人口劳动就业。

开发银行将以高度的政治责任感,担当有为,攻坚克难,持续加大对山东省20个脱贫任务较重的县(市、区)和48个重点革命老区县(市、区)的扶贫资金投入力度,切实把金融精准扶贫、精准脱贫落到实处。重点抓好以下几方面工作:

一是不断加强与省扶贫办、省发展改革委、省财政厅、省金融办、人行济南分行等省扶贫开发领导小组成员单位的联系配合,及时掌握脱贫攻坚政策信息,合力推动扶贫工作。深化省、市、县各级扶贫银政合作基础,大力推动开发性金融脱贫攻坚合作办公室建设,因地制宜,扶智建制,将政府部门的统筹协调优势和开发性金融的长期大额融资优势有效结合,不断深化地方脱贫攻坚等民生领域融资合作。

二是积极推动黄河滩区脱贫迁建项目融资,争取总行相关部门政策支持,为推动山东省新旧动能转换,解决60万滩区居民防洪安全和安居问题提供充足的融资保障。

三是大力推动易地扶贫搬迁项目实施,加强与地方政府沟通,研究提出有效方案,科学有效安排贷款发放,加快资金支用进度,做好资金监管,确保专款专用。

四是研究推广“四台一会”贷款模式,加强与产业龙头合作,加大对光伏、旅游、现代农业等特色产业扶贫项目支持力度,带动贫困人口劳动致富。

五是稳步开展教育扶贫工作,加大对省内重点贫困地区和革命老区助学贷款投放力度,落实风险补偿金奖励返还和特困学生救助政策,有效阻断贫困代际传递。

六是积极探索融资模式创新,推动 PPP 模式在基础设施建设类扶贫项目的推广和应用,合理使用专项建设基金,引导社会资本投入,有效解决贫困地区基础设施建设融资难题。

开发性金融支持河南省脱贫攻坚发展报告

河南省贫困人口总量较大,深度贫困地区和群众脱贫挑战较大。2017年年底,河南省仍有50个贫困县,其中国家级贫困县35个,3723个贫困村,221.4万农村贫困人口。全省贫困人口总量居第4位,是扶贫开发任务最为艰巨的省份之一。党的十八大以来,河南省委、省政府高度重视脱贫攻坚工作,多次召开脱贫攻坚推进会议,要求全面贯彻落实习近平总书记扶贫开发战略思想,牢固树立"四个意识",切实履行好脱贫攻坚的政治责任,不折不扣落实中央决策部署,坚决打赢脱贫攻坚战。开发银行高度重视河南省脱贫攻坚工作,加强规划引领、模式创新、贷款发放,以实际行动支持河南省脱贫攻坚发展。截至2017年年末,开发银行累计向河南省发放精准扶贫贷款295.5亿元,其中2017年发放精准扶贫贷款221.63亿元,惠及建档立卡人口近223万人。

一、积极贯彻扶贫政策,加强银政扶贫合作

一是与省级部门加强合作,形成银政扶贫合力。开发银行河南省分行加

强与河南省省级各部门的对接与合作，向人民银行郑州中心支行、省金融办等相关部门定期报送开发银行脱贫攻坚工作进展，与省农业厅、省扶贫办就产业扶贫联合发文建立融资推动机制；与省发展改革委联合推进特色小（城）镇建设扶贫，与省委政研室联合开展扶贫调研和开发性金融扶贫案例总结，与省畜牧局围绕“双百万千亿工程”开展业务对接，与省教育厅围绕教育扶贫签订合作协议，各项工作有序开展，为下一阶段自上而下推动相关工作提供政策支持。二是推动成立省、市、县开发性金融脱贫攻坚办公室。着力将合作办建设成为组织、推动、协调开发性金融扶贫开发业务的合作平台，2017 年年初，开发银行河南省分行与河南省扶贫办联合成立开发性金融支持脱贫攻坚合作办公室，并与 27 个贫困县合作建立了县级脱贫攻坚合作办公室。

二、建立扶贫业务推动机制，下沉金融扶贫服务

一是建立脱贫攻坚工作领导小组、派驻扶贫专员。开发银行河南省分行 2016 年即成立脱贫攻坚领导小组和办公室，并克服人员少、任务重、无市县分支机构的困难，联合省委组织部选派分行 12 名副处级业务骨干作为市县扶贫金融专员，同时抽调专人成立 18 个地市工作组，构建“工作组 + 扶贫专员”双重工作梯队。扶贫工作组常驻当地每年不少于 200 天，确保市县政府的融资需求能够第一时间得到支持。二是成立脱贫攻坚专项工作小组。针对年度脱帽的贫困县，成立兰考、滑县、光山、卢氏等专项小组，形成分行支持脱贫攻坚突击队，围绕国家重点贫困县的重点和瓶颈问题专项攻坚、专题突破，实现扶贫项目早投入、早见效。

三、积极发挥规划先行融智优势，助力贫困地区科学发展

一是积极发挥开发性金融融智优势。开发银行河南省分行作为当地政府的金融规划专家，帮助地方政府谋划、规划重大项目，推进信用建设、市场

建设和制度建设。先后参与编制《河南省"十三五"扶贫开发系统性融资规划》《河南省"十三五"特色产业扶贫融资规划》《大别山革命老区振兴发展融资规划》《光山县"十三五"扶贫开发融资规划》《卢氏县"十三五"扶贫开发融资规划》等多部规划,服务于贫困地区科学发展。二是用足用活分行特有的规划合作贷款业务品种。针对贫困县政府在项目前期规划、可研编制、初步设计等方面遇到的资金难题,主动给予贫困地区规划合作贷款支持,例如分别给予兰考4600万元、卢氏3000万元、光山3100万元规划贷款,大大加快了各地的项目进度并提高了融资便利度。

四、围绕扶贫重点领域,加强扶贫资金精准投放

一是争取规模、重点支持贫困县城区基础设施建设提质。向兰考、卢氏等29个贫困县百城提质项目发放贷款77.77亿元,重点支持了城区生态水系、道路交通、医疗教育等项目,有力地提升了贫困县市政基础设施、公共服务水平和市容城貌。二是加快推进易地扶贫搬迁工作。在2016年发放12.3亿元专项贷款、投放3.74亿元专项建设基金的基础上,2017年继续发放专项贷款19.67亿元,并向省国土中心发放土地复垦券收储贷款4.86亿元,积极推动2017年35亿元年度贷款合同签订工作。三是加大贫困县农村基础设施建设资金投放力度。按照"基础设施建设到县"的思路,紧抓涉农资金整合机遇,强力支持贫困县农村基础设施建设。截至2017年年末,累计承诺农村基础设施贷款141.87亿元,实现贷款发放75.27亿元。助力河南省乡村旅游扶贫行动计划,向栾川县乡村游精准扶贫项目承诺贷款6亿元,发放贷款1亿元。支持精准扶贫就业基地项目,助力贫困群众村头就业,在桐柏县支持15个乡镇64个建档立卡村建设就业基地41个,惠及3000名建档立卡贫困户,实现发放1.8亿元。四是创新模式支持产业扶贫。在产业扶贫领域,按照"产业发展到村(户)"的思路,创新模式支持贫困人口增收脱贫。2016年以来,累计发放产业扶贫贷款121.14亿元,其中2017年发放贷款90.43亿元。创新实施"政府+开发银行+省级担保公司+省级保险公司+省级协会"产

业扶贫五位一体省级统贷模式。截至2017年年末，已完成首批10亿元贷款承诺，并向潢川、光山等地新型农业经营主体发放贷款近3亿元。实施龙头企业带动扶贫模式。向永达集团上游肉鸡养殖合作社项目发放贷款3.5亿元，带动滑县728名贫困人口、鹤壁淇县625名贫困人口增收；向牧原股份上游生猪养殖合作社授信15亿元，发放贷款9.7亿元，带动3296名贫困人口脱贫；并与中鹤集团、雏鹰农牧签订扶贫合作协议。支持光伏扶贫初具规模。发放光伏扶贫贷款19.11亿元，惠及建档立卡贫困人口14.03万人。落地产业扶贫县级统贷模式。在固始、内黄、周口等县市开展试点合作，并拟向全省53个贫困县推广。五是全力推进教育扶贫。加大助学贷款推广力度，争取实现对全省建档立卡贫困户全覆盖，确保没有一个贫困学子因贫失学，坚决阻断贫困代际传递。2017年发放助学贷款30.5亿元。

专栏：河南省产业扶贫五位一体省级统贷模式

支持贫困地区产业发展是服务供给侧结构性改革的重要内容，也是贫困地区脱贫“摘帽”的根本。开发银行针对产业发展“融资难、融资贵”等问题，坚持规划先行和机制建设理念，经过不懈努力，在河南省创新实施以“省统贷平台＋政策性担保＋政策性保险＋风险补偿（准备）金＋新型经营主体”为要点的开发性金融产业扶贫五位一体省级统贷模式，以批发化、标准化方式成功支持了贫困地区法人产业发展和贫困户脱贫增收，实现了政府、开发银行、企业及建档立卡贫困户各方多赢。截至2017年年末，开发银行已完成该模式项下机制评审工作，授信额度10亿元；推动河南省级财政设立了1亿元风险补偿金；协助全省10多个贫困县建立了县级扶贫协会或现代农业发展促进会及县扶贫领导小组，并出资1.3亿元设立风险补偿金。已实现贷款发放3亿元，可带动近百万建档立卡贫困户增收脱贫。

该模式通过发挥政府的组织协调和政策资金优势、省级平台的统贷统还优势、开发银行的规划先行和机制创新优势，为贫困地区产业发展提供了一套完整的制度办法和可复制、可推广的标准化业务模式，有效解决了开发银行机构网点和人员不足、贫困地区产业发展融资难和融资贵、项目风险高以及贫困户可持续增收能力差等难题,为开发银行产业扶贫探索了新思路、新方法,是开发性金融支持产业扶贫的典型案例。

专栏:开发银行与中原银行合作扶贫转贷款案例

为进一步加大脱贫攻坚支持力度,开发银行加大与中小金融机构的沟通,合作开展扶贫转贷款业务。2016 年年初,开发银行与中原银行、洛阳银行等地方中小金融机构就扶贫转贷款合作事项达成一致意见,由开发银行向地方中小金融机构批发资金,中小金融机构再将资金转贷至建档立卡贫困村上的农民专业合作社等经济主体,用以发展扶贫产业,促进贫困户脱贫致富。2016 年年底,开发银行率先在全国创新落地中原银行扶贫转贷款模式,10 月 8 日,开发银行河南省分行与中原银行签订《扶贫转贷款合作协议》,协议额度 8 亿元,截至 2017 年年末,已实现贷款发放 10000 万元。

扶贫转贷款业务合作机制发挥了开发银行的资金优势、综合金融协调人优势以及商业银行的人员网点优势,实现了互利互惠、合作共赢。该模式探索了开发性金融扶贫的新思路、新方式,也构建了金融机构间协调配合、共同参与、各司其职、优势互补的金融扶贫新格局。

开发银行结合河南省脱贫攻坚实际,主动与各级地方政府对接融资需求,充分发挥开发性金融融制、融资、融智功能和作用,为河南省脱贫攻坚各个重点领域提供针对性的金融服务。一是用好涉农资金整合政策,拓宽贫困县基础设施建设支持领域,切实提升贫困地区通村通组道路、饮水安全、环境整治等基础设施水平。进一步拓宽扶贫思路,将河南省农村垃圾处理、医疗卫生、养老等领域纳入扶贫开发重点领域给予融资支持。推动符合精准扶贫标准的"三山"地区医疗、基层教育设施、交通、水利、旅游、能源等重大基础设施工程建设。二是发挥产业扶贫带动作用,推进项目落地。加强与央企、国企、上市公司等龙头企业的合作,引导各企业参与河南省产业扶贫工作,推动"龙头企业+建档立卡贫困户"形成可持续的造血式产业扶贫带动模式。加快产业扶贫统贷模式在周口、内黄落地,加快"两牛"和中药材全产业链带动的精准扶贫模式落地。积极支持适合当地的“种养加”、储备林、油茶等产业发展，通过土地流转、入股分红、务工投劳等方式带动贫困户增收脱贫。三是以教育扶贫激发贫困群众脱贫的内生动力。按照“应贷尽贷”原则，力争将助学贷款覆盖至全部贫困学生。

开发性金融支持湖北省脱贫攻坚发展报告

湖北省脱贫攻坚面临区域广、人口多、时间紧等形势，涉及秦巴山区、武陵山区、大别山区 3 个国家集中连片特困地区和幕阜山区 1 个省定集中连片特困地区，共有 37 个贫困县（国家级贫困县 25 个、省级贫困县 4 个、享受片区政策贫困县 8 个）4613 个贫困村 582 万建档立卡贫困人口。开发银行坚持以高度的政治自觉主动服务国家脱贫攻坚战略，积极创新扶贫贷款模式和机制支持湖北脱贫攻坚。中央扶贫开发工作会议召开以来，开发银行累计向湖北省脱贫攻坚领域投放信贷资金 266 亿元，实现扶贫贷款评审承诺 338 亿元，贷款余额达 659 亿元，有力地支持了湖北省易地扶贫搬迁、贫困地区基础设施、特色产业、教育医疗卫生等脱贫攻坚重点领域发展，取得了积极成效。

一、高度重视，全力推进，筑牢组织保障

2016 年 12 月 7 日，开发银行与湖北省政府签署了《开发性金融支持湖北省脱贫攻坚战略合作协议》，开发银行湖北省分行与省扶贫办签署了《“十三五”时期开发性金融扶贫合作协议》。双方高层达成共识，为开发银行支持湖

北脱贫攻坚提供了坚实的组织保障。结合湖北省脱贫攻坚实际，开发银行湖北省分行制定了关于支持脱贫攻坚工作的实施意见，成立了由分行行长任组长、全体班子成员参加的脱贫攻坚领导小组。同时，组建了跨处室的脱贫攻坚工作创新小组和工作专班，举全行之力支持湖北脱贫攻坚。

二、深入调研，因地施策，全面对接银政合作

为详细了解贫困地区及贫困群众需求，切实发挥开发性金融优势真扶贫、扶真贫，开发银行定期深入集连片特困地区和贫困村开展实地调研和集中宣介。重点了解贫困地区易地扶贫搬迁、基础设施建设、产业发展等方面融资需求和存在的问题，介绍开发性金融支持脱贫攻坚有关信贷政策。同时，抽调处级干部和业务骨干，向湖北省37个贫困县所在市（州）派驻了8名扶贫金融专员，着重发挥宣传员、规划员和联络员作用，深入贫困地区推动扶贫工作，从深化银政扶贫合作、推动脱贫攻坚业务发展、抓党建促脱贫等方面积极推动脱贫攻坚各项工作。

三、“四到”覆盖，大额融资，助力脱贫攻坚

中央扶贫工作会议召开以来，开发银行按照“四到”工作思路，发挥大额融资优势支持湖北省贫困地区发展，向湖北省脱贫攻坚领域投放信贷资金266亿元，其中，易地扶贫搬迁投放资金104.7亿元，产业扶贫贷款发放26亿元，重大基础设施扶贫贷款发放109.2亿元，农村基础设施扶贫贷款发放12.2亿元，生源地助学贷款发放13.5亿元。

（一）易地扶贫搬迁“到省”，融资融智融制促搬迁

易地扶贫搬迁作为打赢脱贫攻坚战的“头号工程”，湖北省委、省政府高度重视，坚定决心，要求首战必胜。开发银行主动作为，积极提供融资融智融

制支持，切实助力湖北解决居住在“一方水土养不起一方人”地方建档立卡贫困户的生存与发展问题。

1. 融智融制，完善体制机制。开发银行湖北省分行多次向省委、省政府建言献策，建议搭建省级扶贫投融资主体，并积极推动落实国家有关要求，坚持按“省负总责”和省级“统贷统采统还”方式推进易地扶贫搬迁贷款。湖北省政府明确按照政府购买服务模式开展易地扶贫搬迁融资，易地扶贫搬迁贷款和专项建设基金的有关协议分别于 2016 年 8 月 26 日和 12 月 9 日完成签订。同时，开发银行充分发挥融智优势，安排专人交流至省易迁办，全面参与湖北易地扶贫搬迁各类制度文件拟定和项目现场调研。开发银行湖北省分行会同相关部门草拟了《易地扶贫搬迁贷款资金管理办法》、政府购买服务协议书等文件，研究制定了《国家开发银行湖北省分行易地扶贫搬迁贷款资金支付管理指导意见》，为开展易地扶贫搬迁融资和信贷管理夯实制度基础。

2. 大额融资，保障搬迁需要。湖北省“十三五”期间计划搬迁建档立卡贫困人口 89.08 万人。按照省政府关于易地扶贫搬迁划片分工的意见，开发银行支持易地扶贫搬迁业务的地域范围为十堰市全域 9 个县(市、区)和阳新县、崇阳县共 11 个县(市、区)，“十三五”期间搬迁计划为 37.33 万人。为保障搬迁资金所需，助力建档立卡贫困户及时得到搬迁安置，开发银行积极行动，高效组织授信评审和签约发放，2016 年即实现“十三五”易地扶贫搬迁 146.2 亿元表内贷款和 20 亿元专项建设基金评审承诺。截至 2017 年年底，已向湖北省累计发放易地扶贫搬迁贷款 84.7 亿元，投放专项建设基金 20 亿元，可支持 26.7 万建档立卡贫困人口实施搬迁。

专栏：开发银行助力易地扶贫搬迁“十堰模式”

十堰市地处全国 14 个集中连片特困地区之一的秦巴山区，全域 9 个县(市、区)共有 35.56 万建档立卡贫困人口需要搬迁，占全省搬迁人口的 40%以上。开发银行将十堰市作为推进湖北易地扶贫搬迁的主战场。

一是以规划为引领，共同编制地区扶贫规划，努力提升脱贫攻坚的精准度，切实做到因人因地施策，因贫因类型施策。开发银行全程参与了贫困户档案的审核工作，推动十堰市在湖北省率先完成易地搬迁对象精准识别工作。同时，协助十堰市完成了“十三五”易地扶贫搬迁总体规划、2016年实施计划等规划编制工作。

二是以宣介培训为桥梁，开发银行扶贫专员足迹覆盖全域，着力培育并改善贫困地区金融生态，推动脱贫攻坚实现永续发展。开发银行组织十堰市各贫困区县政府“一把手”参加开发性金融支持秦巴山区脱贫攻坚地方干部培训班，将金融扶贫的理念深入传导到地方政府；与十堰市政府联合成立易地搬迁工作领导小组，积极参与多次现场会和研讨会。

三是以机制建设为抓手，发挥开发性金融的融智优势和综合服务功能优势，全力配合十堰市政府构建“坚持领导上阵、坚持对象精准、坚持规划引领、坚持科学安置、坚持脱贫同步、坚持细化节点”的十堰模式。积极贯彻资金、项目、招投标、管理、责任“五到县”原则，在合规的前提下尽最大可能简化流程，推动贷款资金发挥实际效益。

在开发银行的大力支持和全面参与下，易地扶贫搬迁“十堰模式”得到了国务院领导的高度肯定。2016年10月11日，国家发展改革委将《湖北十堰市以“六个坚持”创新打造易地扶贫搬迁“十堰模式”》全文印发全国各有关省、自治区、直辖市人民政府，要求各地认真学习借鉴。

（二）农村基础设施“到县”，探索创新“巴东模式”

为充分用好国务院关于统筹整合财政涉农资金支持扶贫的有关政策，开发银行积极探索，深入巴东县组织模式研究和现场评审，探索出按“县直贷”方式整合财政涉农资金支持农村基础设施建设的“巴东模式”。截至2017年年底，开发银行累计向湖北省13个贫困县承诺农村基础设施贷款78.55亿元。针对贫困地区普遍地处偏远，交通不畅，制约着当地经济发展和脱贫进程的实际，开发银行还积极推进交通扶贫，大力支持扶贫高速公路等重大项目建设，累计发放交通扶贫贷款109.2亿元，推动贫困地区基础设施条件逐步改善。

专栏:统筹财政涉农资金支持巴东县农村基础设施建设

巴东县隶属湖北省恩施市土家族苗族自治州,位于武陵山集中连片特困地区,为国家级贫困县。全县仍有2100公里的农村公路属于晴通雨不通、夏通冬不通的“泥巴路”和“报废路”。多年以来,受自身“财力弱、融资难”等原因限制,巴东县农村道路设施始终未能改善。开发银行积极探索整合财政涉农资金,创新融资模式支持巴东县农村基础设施建设。

一是推动巴东县城市建设投资有限公司作为借款人向开发银行申请贷款,完善公司治理结构和制度建设;推动巴东县政府成立专班,出台有关政策,出具审批文件。

二是按照《国务院办公厅关于支持贫困县开展统筹整合使用财政涉农资金试点的意见》及开发银行相关政策,推动巴东县政府先后出台《县人民政府办公室关于印发巴东县统筹使用财政涉农资金管理办法的通知》和《巴东县农村公路建设项目资金管理办法》,明确部门分工、统筹范围、资金用途、操作程序、资金管理和监管措施等内容,并上报省级扶贫开发领导小组进行备案。

三是根据巴东县政府近四年21项中央财政涉农资金以及县财政安排的扶贫专项资金收入、支出和结余情况,对巴东县可支配涉农资金进行测算摸底,确定项目融资限额。同时联合政府有关部门、实施主体共同形成完善的项目用款机制,严格管理项目资金,确保贷款专款专用,把好事办好。

通过统筹整合巴东县21项中央和地方财政涉农资金,一方面有效破解了贫困县公共财政预算收入少、获得融资难的困境;另一方面通过支持全县12个乡镇、322个行政村、2577公里的乡村道路建设,打通巴东县城乡间“毛细血管”,极大改善了当地百姓的出行环境,促进和带动了当地产业发展。

(三)产业发展“到村(户)”,支持贫困户增收脱贫

一方面,开发银行发挥开发性金融资金优势,积极引导各类产业客户加大对贫困地区产业支持和援助力度,支持建档立卡贫困户增收脱贫。在黄冈

市罗田县、恩施州等地,通过支持央企、龙头企业建设罗田县贫困村绿色蔬菜基地、恩施大峡谷旅游景区等项目,构建大型企业与贫困人口之间的利益联结机制,推动其吸纳贫困人口就业、与贫困户签订帮扶协议等方式,带动罗田县、恩施州等地贫困人口增收脱贫。如在恩施大峡谷旅游景区建设中,多措并举加大产业带动脱贫的力度:一是景区、酒店、演出人员优先录用当地居民,直接增加居民就业653人,其中建档立卡贫困人口51人;二是在景区周边投资建设商铺,以低廉租金提供给当地居民经营,促进本地居民依托景区创业;三是在景区开发过程中结合实际对当地居民的荒山荒坡进行林地流转,共流转326户,平均每户补偿收入达20万元;四是充分发挥景区的带动效应,推动当地住宿、农家乐、餐饮等配套服务设施及特色农林产业基地建设,带动贫困户就业创业。

在随州市和十堰市,推动开展光伏扶贫。其中,结合随州市较好的光伏自然条件和具备光伏全产业链的发展优势,开发银行因地制宜,探索采用"项目收益+政府采购"融资模式,支持了随州光伏发电扶贫项目。该项目对6.5万户贫困户按每户5KW装机容量建设,涉及261个建设地点。项目创造性地将产业发展优势与精准扶贫相结合,将光伏发电收益合理分配到贫困户,可使6.5万贫困户每年每户增收3000元以上,切实帮助贫困户走上稳定、持续脱贫的道路。在十堰市郧县,开发银行积极推动国内最大的新能源集团中广核投资建设40兆瓦高效农业光伏发电项目。项目借款人租赁农业大棚棚顶建设光伏发电,每年发电收入达到4000万元,通过土地流转、吸纳农户就业等方式带动周边贫困户增收。项目共流转使用周边贫困户土地1000余亩,按年租金1200元/亩计算,每年可带动农户增收120余万元。同时,利用光伏组架下土地种植喜阴花卉、蔬菜等经济作物,还可吸纳周边50多名农户实现季节性就业。

另一方面,开发银行不断深化银政合作,探索通过"四台一会"模式支持贫困县产业发展,带动贫困户增收。多次赴恩施州巴东县开展现场调研,深入县乡企业、走访贫困村,了解当地产业发展和扶贫需求,会同巴东县委、县政府探讨构建"四台一会"模式支持产业扶贫。在开发银行持续推动和帮助下,巴东县成立了开发性金融脱贫攻坚合作办公室,并确定其作为组织平台,选择巴东城投、巴东恒信担保公司分别作为统贷平台和担保平台。开发银行按照“四台一会”模式对巴东县域内中小微企业、农民合作社、农业专业大户提供贷款支持，通过吸纳贫困人口就业、与贫困人口签订帮扶协议等方式，带动贫困户增收。

(四)教育资助“到户(人)”，阻断贫困代际传递。

开发银行充分发挥助学贷款主力军作用，不断加大对贫困学生支持力度，坚持按照“应贷尽贷”的原则，及时向贫困学生提供助学贷款，为阻断贫困代际传递贡献力量。截至2017年年末，开发银行累计向湖北省发放生源地信用助学贷款56.2亿元，惠及湖北省家庭经济困难学生90万人。

(五)加大向贫困地区捐助力度，实现帮扶脱贫。

开发银行先后向竹溪县、房县、阳新县三个国家级贫困县各捐助扶贫专项资金50万元，并推动贫困县政府配套相应资金，引导贫困县本地银行、贷款企业等注资设立1000万元以上的“中小企业发展专项资金”，专项用于贫困县与贷款银行开展产业扶贫合作的贷款贴息、风险补偿等用途。开发银行湖北省分行在随州市随县的东方村、梅子沟村等贫困村开展定点扶贫，通过捐赠50万元农村基础设施建设资金、捐建“爱心图书室”、开展“七彩课堂”等方式，支助贫困村改善环境，帮助贫困村留守儿童启蒙知识、拓宽视野等，实现帮扶脱贫。

开发银行结合湖北省委、省政府脱贫攻坚战略部署，按照“四到”工作思路，大力支持湖北省脱贫攻坚。重点抓好以下几方面工作：

一是做好易地扶贫搬迁贷款发放，即时保障各地搬迁资金需求，确保贷款资金精准用于脱贫搬迁。加强对贷款资金合规使用监管，继续推动完善易地扶贫搬迁省级“统贷统采统还”体制机制，积极担当作为，努力构建易地扶贫搬迁统贷资金“借、用、管、还”良性运作机制，确保好事办好。把后续产业发展作为重点，支持地方政府在搬迁规划中统筹考虑搬迁群众就业、社会保障等问题，与搬迁安置同步规划、同步推进。

二是加大对贫困地区重大基础设施建设，以及纳入长江经济带生态保护和绿色发展合作项下水利、林业等建设支持力度，带动贫困地区经济发展和贫困户增收。继续推动完善财政涉农资金使用机制，积极研究创新对基础设施、公共服务、贫困村提升工程等领域支持方式。结合农村基础设施建设贷款特点，探索差异化的信贷管理方式，助力打通脱贫攻坚政策落实“最后一公里”。

三是加大产业扶贫支持力度。继续引导大型产业企业加大在贫困地区的投资力度，构建大型企业与贫困人口之间的利益联结机制，带动贫困人口增收脱贫。完善“四台一会”模式，在具备条件的贫困地区推广，优先选择当地龙头企业以“公司+基地+农户”等方式带动贫困户脱贫。结合湖北省实际，探索开发光伏、旅游等能带动建档立卡贫困户实现可持续增收和就业的产业模式。

四是发挥助学贷款主力银行作用，坚持按照“应贷尽贷”原则发放助学贷款，为阻断贫困代际传递继续作出应有的贡献。同时，进一步加大对定点扶贫村的捐助和帮扶力度，履行社会责任，支持贫困户增收脱贫，帮助贫困村脱贫“摘帽”。

开发性金融支持湖南省脱贫攻坚发展报告

2011 年 11 月国务院启动武陵山片区区域发展与扶贫攻坚试点以来，开发银行就一直在湖南探索开发性金融支持贫困地区发展和贫困人口脱贫的路径和模式。从集中连片特困地区扶贫开发到支持精准扶贫，从规划融智、机制建设到搭建主体、设计项目，从交通、电力、城市道路等重大基础项目到农村基础设施、乡镇公共服务设施等公共设施“最后一公里”，开发银行始终坚持从贫困地区和贫困人口的实际需求出发，围绕银政合作这一核心，充分发挥政府的组织优势、信用优势和开发银行的融资优势，最大化资金的扶贫效益和经济社会效益。截至 2017 年年末，开发银行在湖南省共承诺授信精准扶贫项目 1038 亿元，发放扶贫贷款 548 亿元，有效服务了湖南省脱贫攻坚战略部署。

一、因地制宜、精准施策，推动扶贫工作“全覆盖”

开发银行认真贯彻中央扶贫开发工作会议精神，将扶贫开发作为服务国家战略的重中之重，取得了较好效果，也产生了一定的社会影响。湖南省委、省政府主要领导多次肯定开发银行扶贫工作，开发银行湖南省分行先后荣获国务院授予的“全国民族团结进步模范集体”“湖南省脱贫攻坚领导小组考核优秀”“湖南省扶贫专项竞赛先进单位”等荣誉。

一是融资规划全覆盖。与湖南省有关部门联合编制了《湖南省“十三五”精准脱贫系统性融资规划》《武陵山片区区域发展与扶贫攻坚系统性融资规划》《大湘西文化旅游融合发展系统性融资规划》《大湘西中小企业发展系统性融资规划》等12部融资规划，形成了覆盖跨省连片特困区、省、市、县、行业的多层次融资规划架构，策划了易地扶贫搬迁、农村基础设施、乡镇公共服务设施、精品旅游线路、特色产业发展、特色小镇建设、教育扶贫等精准扶贫领域，协助各级政府厘清了扶贫思路、投融资模式和重点建设项目。

二是政策宣介全覆盖。2015年以来开发银行为湖南贫困县先后组织召开9次全省扶贫开发工作对接会、项目策划培训会、融资平台转型会，编制了《开发性金融支持湖南脱贫攻坚工作手册》《开发性金融支持精准扶贫的湖南模式》等一系列宣传材料和案例集，传达解释中央、开发银行的最新扶贫政策，总结各类脱贫攻坚案例和模式，帮助贫困地区了解开发性金融支持脱贫攻坚的理念和做法。同时，开发银行高度重视开发性金融扶贫的总结宣传，中央电视台、人民日报、金融时报等中央媒体和湖南日报等省内媒体多次对开发性金融扶贫工作进行正面报道，新华社《内参》、湖南省委《内参》等对开发银行扶贫工作进行了总结汇报。

三是金融扶贫专员全覆盖。开发银行湖南省分行成立“一把手”任组长的扶贫开发工作领导小组，统筹推进全行扶贫工作；与贫困地区各地市政府联合设立开发性金融合作办公室，完善银政合作扶贫工作机制；成立专门处室作为扶贫开发业务牵头抓总处室，选派13位扶贫金融专员，分赴湘西等多个市州对口扶贫，派驻时间1—3年；选派一名同志赴芷江县新庄村担任“第一书记”，做好驻村帮扶，帮助新庄村建立了精准脱贫良性机制。

四是易地扶贫搬迁全覆盖。按照“易地扶贫搬迁到省”的思路，积极推动成立省扶贫投资公司，作为省级投融资主体，承担全省易地扶贫搬迁投融资任务，实现贷款统贷统还、业务独立运作、资金封闭运行，实现了全省贫困县易地扶贫搬迁资金全覆盖。截至2017年年末，开发银行在湖南省实现易地扶贫搬迁贷款授信 141 亿元,已发放贷款 74 亿元,投放专项建设基金 20 亿元。

五是农村基础设施项目全覆盖。开发银行积极发挥农村基础设施项目贷款这一产品优势,全力支持湖南贫困县农村基础设施“最后一公里”建设,集中解决贫困县贫困村道路、饮水、居住环境及校安工程等薄弱环节。截至 2017 年年末,开发银行通过整合涉农资金模式支持全省贫困县农村基础设施项目 275 亿元,已覆盖全省所有国贫县,惠及 4914 个建档立卡贫困村 210 万建档立卡贫困人口。

六是农村综合服务平台全覆盖。为了支持农村基层组织建设,开发银行与湖南省发展改革委、省委组织部联合提出了集“便民服务、文体活动、农业服务、医疗养老、党建服务”五项功能于一体的农村综合服务平台,组织编制了全省农村综合服务平台建设规划,明确了投资标准、建设内容、统一设计。2016 年 5 月,三方遵循“省级统筹、分县实施、自愿建设、市场化运作”的原则,采取“省预算内专项投资资金 + 开发银行中长期贷款”的投资模式,支持各地项目建设。截至 2017 年年末,开发银行已完成授信 105 亿元,支持全省 80 多个县 1 万多个农村综合服务平台建设,大大改善了贫困农村的公共服务水平。武冈市等地基于农村综合服务平台试点的“新医改”受到老百姓的热烈欢迎,获人民日报、中央电视台等中央媒体多次报道。

七是旅游精品线路全覆盖。开发银行根据湖南省旅游资源的特点,联合湖南省发展改革委、省委宣传部、省旅游局等部门,提出了“以知名景点为支点,以旅游精品线路为经脉,构建全省精品旅游网”的思路并制定了系统性的融资方案,明确了支持沿线镇、村游客服务中心、交通标识牌、旅游氛围、旅游基础设施等项目建设内容,在通道、靖州、石门等地试点,推动“精品旅游网 + 互联网 + 民生服务 + 特色产业”集合发展,得到当地政府和群众的欢迎。截至 2017 年年末,开发银行已完成对试点地区大湘西旅游精品线路项目授信 20 亿元,形成了良好的模式和效益。依托大湘西精品旅游网,开发银行正与沿线市县政府联合打造一批宜居、宜业、宜游的特色小镇,实现“产镇融合、以镇带村”,带动周边乡村特色产业发展和脱贫致富,截至 2017 年末,已完成贷款授信 25 亿元。

专栏：支持湖南省湘西地区旅游精品线路扶贫模式

湖南湘西地区拥有悠久的历史、独特的苗侗文化以及大量的自然景观和丰富的文化旅游资源。针对湘西地区基础设施较差、产业基础薄弱、贫困群众收入来源缺乏的情况，2015年，湖南省发展改革委、开发银行等多个部门联合编制了《大湘西文化旅游融合发展系统性融资规划》，充分利用湘西地区得天独厚的自然人文条件，并将周边怀化市、张家界市的旅游资源与湘西地区进行联动结合，以旅游精品线路建设带动沿线贫困群众脱贫增收。

为充分利用武陵山、罗霄山等连片特困地区山水、民俗等旅游资源，带动周边贫困群众脱贫致富，2015年，湖南省发展改革委、省旅游局、省委宣传部等多个部门联合策划打造大湘西生态精品旅游线路，开发银行全程参与实施方案的设计，并编制了《大湘西文化旅游融合发展系统性融资规划》。根据湖南省旅游资源的特点，开发银行提出了“以知名景点为支点，以精品旅游线路为经脉，构建全省精品旅游网”的思路并制定了系统性的融资方案，明确了支持沿线镇、村游客服务中心、交通标识牌、旅游氛围、旅游基础设施等项目建设内容，在通道县、会同县、石门县等地试点，推动“精品旅游网＋互联网＋民生服务＋特色产业”集合发展，得到当地政府和群众的欢迎。如开发银行支持的会同县巫水河流域若水至高椅段旅游基础设施建设项目，位于精品旅游线路上的重要节点高椅，高椅是以古建筑群、非物质文化遗产、少数民族特色、民俗文化为核心资源的国家级传统村落。由于该村群山掩映，交通闭塞，发展受到限制，经济落后，整体发展相对滞后。村落原居民，生产经营发展模式单一，以传统农业为主，缺少对农业附加值的挖掘，旅游产业处于初级阶段，人均收入低于全县平均水平。高椅的交通及开发利用等各项基础设施仍较为匮乏和落后，与不断升格的景区地位越来越不相适应。精品旅游线以文化生态融合为核心，串点成线、连线成廊、延廊成环，将散落的旅游资源联结在一起。项目重点围绕核心节点（高椅古镇），完善旅游公共服务设施，促进了会同地区民俗文化产业、特色农业、商贸等相关产业发展，加快旅游产业转型升级，推进本地区文化生态旅游特色化、规模化、品牌化、休闲化发展。

八是支持社会公共事业全覆盖。围绕贫困地区公共服务均等化要求，开发银行全力支持贫困县镇村三级公共服务体系建设。截至2017年末，开发银行贷款40.74亿元支持医疗卫生、健康养老、农贸市场、政务中心、文化中心、安全饮水等公共服务设施建设，项目建成后将极大完善全省农村公共服务体系。

九是教育扶贫贷款全覆盖。截至2017年年底，开发银行累计向湖南省发放助学贷款36.33亿元，支持家庭经济困难学生28.10万人次。其中，2016年发放生源地助学贷款6.4亿元，省内占比100%。同时，开发银行还积极支持贫困地区县基础教育和职业教育事业发展，2016年新增贷款授信24亿元，有效阻断贫困代际传递。

十是实现扶贫融资模式全覆盖。开发银行因地制宜、积极创新“省级统贷”“市级统贷”“县域直贷”“产业贷款”“农户贷款”“助学贷款”等多层次融资模式，如融资18.5亿元的张家界“市统贷模式”，融资12.5亿元的花垣“精准脱贫模式”，融资14.59亿元的芷江“整村推进模式”，融资21亿元的慈利“整县推进模式”，融资12.75亿元的武冈“薄改扶贫模式”等，得到各级政府、社会各界的广泛认可和大力推广。

二、以人为本、整县推进，推广开发性金融扶贫模式

开发银行以人为本选项目、围绕“整”字做文章、“县”为基础建机制、项目“推”上下功夫、举起“进”字做标准，在花垣、武冈、芷江、平江等地探索形成“融资支持扶贫搬迁，搬下穷人；融资支持农村设施，方便农人；融资支持基础教育，培养后人；融资支持职业教育，培训工人；融资支持医疗卫生，服务病人；融资支持养老产业，照顾老人；融资支持集市建设，聚集商人；融资支持精品旅游，吸引游人；融资支持特色产业，招揽能人；融资支持基层党建，带动一群人”的“整县推进”扶贫模式，受到贫困地区干部群众广泛欢迎。

一是融资支持扶贫搬迁，搬下穷人。截至2017年年末，已完成易地扶贫搬迁贷款授信141亿元，已发放贷款74亿元，投放专项基金20亿元。二是融

资支持农村基础设施，方便农人。集中解决道路、饮水、人居环境等农村“最后一公里”。三是融资支持基础教育，培养后人。重点支持了农村、乡镇薄弱学校改造，支持义务教育和高中教育设施新建、迁建和改扩建。四是融资支持职业教育，培训工人。支持职业教育和实训基地建设，提升贫困地区年轻人务工技能，接受职业教育后平均收入能实现翻番。五是融资支持医疗卫生，服务病人。支持贫困地区县、乡、村三级诊疗体系建设，实现“小病不出乡、大病不出县、长病就近养”。六是融资支持养老产业，照顾老人。发挥贫困地区良好的环境资源，支持养老床位建设，支持养老康复中心等医养结合项目建设。七是融资支持集市建设，聚集商人。支持中心镇、易地搬迁安置区农贸市场、电商中心、物流中心等建设，通过扶贫挂钩，安排一定摊位给扶贫对象，使老百姓生意就近做。八是融资支持精品旅游，吸引游人。与湖南省直部门签订《大湘西地区文化生态旅游融合发展精品线路建设战略合作协议》，“以大景点为支点，以精品线路为经脉，构建精品旅游网”，截至 2017 年年末，已实现授信 20 亿元。九是融资支持特色产业，招揽能人。按照“穷人跟着能人走，能人跟着项目走”的思路，探索支持农业龙头企业、种养大户、农村合作社带动贫困户增收致富的模式，目前通过“公司 + 基地 + 农户”模式支持油茶产业脱贫工程、万亩冰糖橙基地、万亩茶园标准化工程等。十是融资支持基层党建，带动一群人。与湖南省发展改革委、省委组织部合作，通过“财政奖补 + 开发银行贷款”支持建设集基层党建、便民服务、文体设施、农业服务、医疗卫生等于一体的农村综合服务平台，充分发挥基层党建在脱贫攻坚中的战斗堡垒作用。

专栏：支持湖南省芷江侗族自治县新庄村“整村脱贫”情况

新庄村是芷江侗族自治县最偏远的村庄之一，建档立卡贫困户 52 户，贫困人口 174 人，2015 年全村人均收入仅有 2972 元。2015 年 4 月，开发银行湖南省分行成为新庄村的后盾单位，向新庄村派驻村帮扶工作队，以及业务骨干担任“第一书记”。开发银行驻村干部以村为家，急村民之所急，狠抓贫困薄弱环节建设。修建 7200 米村组道路，实现全村“道路入户”；农村饮水安全覆盖全村，村民都喝上了“放心水”；500 平方米的农村综合服务平台投入使用；120KW 的光伏电站开始发电，村集体收入每年增加 12 万元；传统葡萄产业升级改造，每亩增收 5000 余元。按照“五个一批”要求，对全村 52 户贫困户实行精准帮扶。

在党和政府的领导下，后盾单位的支持下，新庄村探索了一条“整村脱贫”与“精准脱贫”相结合的扶贫路径，概括起来有“十二个一”。第一个是“一条道路”，帮助全村一共修建了 12 公里村组公路，实现户户通路。第二个是“一口清水”，工作队帮村民建设了农村安全饮水工程。第三个是“一条灌渠”，工作队帮助老百姓整改了小水库，修建 4 公里的防洪堤，2 公里的灌溉水渠，灌溉面积达到 400 亩。第四个是“一盏明灯”，完成了农村电网改造。第五个是“一座新房”，工作队帮助全村 160 栋房屋进行了房屋风貌改造，旧房变新房。第六个是“一个支部”，帮助新庄村修建新的基层公共服务中心，有便民服务、群众活动、医疗卫生、农业服务、基层党建五大功能。第七个是“一本图书”，捐建了一座“开新图书馆”，方便村民读书学习，并定期请老师过来给学生辅导功课。第八个是“一个医生”，新建了一个村级卫生室，医生每周定期到村里来坐诊。第九个是“一个集体经济”，捐建了一座 190KW 的光伏电站，每年发电收入达到 18 万元。第十个是“一个电商平台”，通过电商平台帮助村民把自己的土特产卖到城里去，提高老百姓的收入。还有“一村一品”，引进避雨栽培技术，对全村 800 亩葡萄进行培育，提升葡萄品质，提高村民收入。最后是“一个精神”，为了更好地巩固扶贫成果，提出了“自立、绿色、感恩、传承”的“新庄精神”，把精神扶贫作为扶贫攻坚的重要工作。

三、聚焦精准、加大力度，确保脱贫攻坚再上新台阶

开发银行将全面贯彻落实中央扶贫开发工作会议精神，坚持精准扶贫、精准脱贫基本方略，对标湖南精准脱贫实际需求，聚焦“十类人”，为湖南打赢脱贫攻坚战作出新贡献。重点做好以下几个方面工作：

一是加快推进重点项目。以贫困地区交通、水利、能源等脱贫行动为重点，加快推进辐射贫困地区的重大基础设施建设。以贫困村提升工程为重点，支持村组道路、安全饮水、农村电网改造、人居环境整治等领域，加快贫困县、贫困村农村基础设施项目全覆盖。以精品旅游线路、乡村旅游、全域旅游为重点，加大文化旅游扶贫力度。以湘江保护与治理、洞庭湖水环境综合整治为重点，加强“一湖四水”的治理和保护，大力实施生态扶贫。

二是加快推进扶贫创新。把健康、教育扶贫作为新增长点、新突破口，加快模式创新和项目开发。将贫困村提升工程与“特色小镇”“镇带村”工作相结合，增强贫困群众获得感和幸福感。将易地扶贫搬迁后续产业发展作为支持重点，使贫困人口搬得出、留得住、能致富。创新产业扶贫方式，研究以资产收益扶贫为主的产业发展方式，使贫困地区资金、资产、资源资本化、股权化。继续做好助学贷款工作，支持开展中职教育助学贷款试点，支持职业学校和农民工培训基地建设。

三是加快推进机制建设。坚持“扶贫建制”，将规划编制、教育培训、人才交流相结合，发挥好扶贫专员作用，做强做实开发性金融扶贫办公室。围绕易地扶贫搬迁、教育扶贫、医疗救助等全省“七大扶贫行动”，发挥政府和市场之间的桥梁作用，推动政府信用向扶贫领域倾斜，为湖南省政府扶贫措施落地创造有利条件。创新扶贫贷款支付监管机制，充分发挥政府组织优势和同业网点优势，做好扶贫资金借、用、管、还的节点控制，提升扶贫贷款评审承诺向发放支付的转化率，确保贷款取得最大的社会效益。

四是加快培育扶贫主体。推进省、市、县三级扶贫投融资主体建设，形成层层推进、分工协调的高效体系。与地方政府合作，整合实力较弱的扶贫主体，充实优质资产，提升扶贫主体信用等级。深化“四台一会”贷款模式，探索扶贫转贷款业务试点，支持农业龙头企业和新型农合组织。

开发性金融支持广西壮族自治区脱贫攻坚发展报告

广西是集“老、少、边、山、穷”为一体的少数民族自治区，属于全国14个特困连片区之一（滇桂黔石漠化区），是全国脱贫攻坚的主战场之一。截至2015年年末，广西壮族自治区有贫困人口452万人，28个国家扶贫开发重点县，33个滇黔桂石漠化片区县。

开发银行按照“四到”工作思路，发挥开发性金融“融资、融制、融智”的“三融”优势，快速推动精准扶贫工作。截至2017年年末，累计向广西壮族自治区贫困地区发放贷款1146亿元，撬动社会融资364亿元，扶贫贷款余额超过916亿元，全区占比约40%，位居同业第一，业务遍及广西54个脱贫攻坚重点县，惠及超过300万建档立卡贫困人口。

一、积极作为，坚决贯彻中央脱贫攻坚部署

开发银行认真学习落实习近平总书记关于脱贫攻坚的系列重要讲话精神，按照党中央、国务院战略部署和“四个全面”战略布局要求，积极推动金融支持广西壮族自治区脱贫攻坚。一是加强组织保障，成立由开发银行广西壮

族自治区分行行长任组长、副行长任副组长的扶贫攻坚领导小组，成员包括所有前中台处室负责人，并指定统筹扶贫工作的专门处室，加强对分行扶贫攻坚工作的组织领导；二是坚持党建统领业务，分行行长各处室负责人分别签订脱贫攻坚责任书，层层严格落实负责人责任制，落实“一岗双责”，不断加强领导干部积极投身扶贫的责任意识、担当意识；三是推动扶贫服务下基层，累计选派15名政治素质好、业务能力强的扶贫金融专员赴百色、河池、桂林、崇左等八个重点艰苦贫困地区驻点工作1—3年，先后选派3名业务骨干赴定点贫困村担任“第一书记”，实现全区国家扶贫工作重点县全面覆盖，充分引导党员发挥先锋模范作用，积极宣传金融知识、协助规划编制、设计融资方案、组织项目开发，用机制把金融扶贫政策快速传导到地方。

二、主动作为，对接地方扶贫融资需求

2015年11月中央扶贫开发工作会议召开后，开发银行主动与自治区党委、政府沟通扶贫工作思路和重要工作进展，赴全区重点市县开展宣介交流学习，对接落实中央会议精神。一是开发银行胡怀邦董事长与自治区党委书记会谈，共商“十三五”开发性金融支持广西脱贫攻坚战略计划，明确广西壮族自治区分行“十三五”扶贫工作具体目标；二是在自治区政府主席和胡怀邦董事长见证下签订省级扶贫合作协议，进一步把握精准扶贫方向，加大开发性金融融资支持力度；三是深入全区80多个县区开展扶贫调研与服务工作，实地了解地方扶贫资金需求和具体困难，建立畅通的扶贫金融服务沟通机制。

三、科学作为，构建开发性金融支持脱贫攻坚机制

开发银行以“四到”工作思路谋全局，建立了横向到边、纵向到底的责任体系，在扶贫多个领域取得了突破性的进展。

（一）创新模式，统筹推动易地扶贫搬迁工作

易地扶贫搬迁是打赢脱贫攻坚战的“头号工程”，也是“五个一批”精准扶贫工程中最难啃的“硬骨头”，按照国务院扶贫办下达的计划，“十三五”时期，广西搬迁建档立卡贫困人口100万人，其中2016年搬迁30万人，2017年搬迁48.4万人，2018年搬迁21.6万人，2019年、2020年进行搬迁扫尾、巩固工作。

在时间紧、任务重、压力大的情况下，开发银行打通易地扶贫搬迁项目融资的道路，形成了“能复制、可推广”的运作模式。一是发挥银政合作的丰富经验，积极对接自治区扶贫办、自治区发展改革委、自治区国资委等部门，全程协助自治区政府成立了省级脱贫攻坚投融资主体——广西农村投资集团有限公司；二是发挥总分行联动协同效应，依托现场办公，快速实现580亿元贷款授信评审承诺，其中承诺为广西“十三五”期间易地扶贫搬迁提供省级统贷融资资金533.08亿元；三是协助广西壮族自治区政府起草出台《广西易地扶贫搬迁工程建设专项融资资金管理办法》《广西易地扶贫搬迁工程建设项目专项融资资金使用六方协议》和《易地扶贫搬迁项目专项融资资金监管协议》，使资金承接、资金转借、资金使用、资金偿还、购买服务、监督管理有章可循；四是发挥首创精神迎难而上，于2016年5月30日实现全国首笔省级精准易地扶贫搬迁贷款（南宁市隆安县）2亿元发放，得到国家发展改革委、中央财办、中央农办、财政部、国务院扶贫办等多个部委领导的高度评价。截至2017年年末，开发银行向广西累计发放易地扶贫搬迁贷款112.49亿元，投放专项建设基金19.62亿元。

（二）深入乡村，大力支持基础设施建设

根据《国务院办公厅关于支持贫困县开展统筹整合使用财政涉农资金试点的意见》和自治区政府办公厅《支持贫困县开展统筹整合使用财政涉农资金试点实施方案》相关要求，为促进形成“多个渠道引水、一个龙头放水”的扶贫投入新格局，解决贫困地区急迫的基础设施建设难题，开发银行会同广西组织开展实地调研，选择扶贫任务较重的百色市凌云县作为试点，派驻业务骨

干组成工作组驻凌云现场办公，协助县扶贫办、县发展改革委、县财政局、县交通局、县水利局、县教育局等各部门梳理项目清单，起草相关政策文件，快速完成了广西首个采用“整合财政涉农资金＋县级政府购买服务”融资模式的项目评审承诺3.57亿元，支持凌云县村组道路、农村环境整治、安全饮水及校安工程项目建设，涉及约15个乡镇40个建档立卡贫困村1.2万户4.83万人。

通过总结在凌云县的成功经验，开发银行在广西逐步建立了县域（区）、农村基础设施和扶贫产业项目开发的模式，于2016年8月出台了《开发银行广西壮族自治区分行关于县域（区）、农村基础设施和产业扶贫项目开发评审操作细则》，为政府和相关企业提供易地扶贫搬迁和农村基础设施项目贷款所需的全套扶贫融资材料的参考格式文本，实现了对扶贫项目的支持领域框架化、项目识别精准化、项目流程规范化、资料收集目录化、报告撰写格式化、进度安排节点化、工作机制联动化，为快速推进农村基础设施扶贫项目融资奠定了坚实基础。

（三）拓宽思路，积极探索特色产业扶贫

产业扶贫是贫困群众增收的基础和关键，是实施“五个一批”中排在首位的问题，是贫困群众最迫切的期盼。开发银行在立足广西贫困地区资源的基础上，积极开展新模式、新方法研究，引导和支持建档立卡贫困户通过就业或资产性收益实现增收脱贫。

一是支持“造血”式产业扶贫。开发银行创新思路，将广西新能源战略与脱贫攻坚战略相结合，设计和支持广西第一个“农光互补”光伏发电扶贫项目落地，打造出“农业种养＋清洁能源＋休闲旅游＋扶贫工程”的特色产业扶贫模式。在各方的共同努力下，项目于2017年6月成功并网发电，作为中国华南第一个大型“农光互补”跟踪系统光伏发电站，预计每年发电量达7000万千瓦时，相当于每年节省约21000吨标煤，相应可减少二氧化碳、二氧化硫及氮氧化物排放量约54000吨，减排效果显著。同时，预计项目可带动周边至少3个贫困村建档立卡贫困户人均收入增加5000—35000元/年。桂平光伏发电项目的成功运作，探索出了一条绿色高效可持续发展的产业发展道路，以“农光互补”扶贫模式，将企业主导的市场化运作与政府负责的脱贫攻坚相结

合、将集中式光伏发电与大规模现代化农业旅游扶贫开发相结合，在返还地租租金的同时带动当地建档立卡贫困户通过参与农业开发和旅游开发稳步提高收入，由“输血”式扶贫转变为“造血”式扶贫，实现脱贫攻坚战略的可持续性，真正确保贫困人口不返贫。

二是支持林业生态扶贫。广西作为国家储备林项目首批试点省份之一，率先开展储备林建设。开发银行与林业主管部门共同研究林业产业与扶贫工作相结合的模式，积极推进林业扶贫工作，探索利用林地租用、林木养护等方式帮助贫困人口提高收入。通过采用“统一评级、统一授信、统贷统还”的“三统一”模式，于 2015 年推动全国首个储备林基地项目 100 亿元融资落地广西，并创新建立林业风险准备金、林业保险等风险补偿机制，最大化降低贷款风险。同时持续推动广西国家储备林二期项目评审，并于 2017 年 4 月完成 200 亿元授信。储备林项目的顺利实施不仅带来了显著的经济、生态和社会效益，也支持了易地扶贫搬迁人口后续产业发展，更为广西脱贫攻坚提供了强有力的支撑保障。

专栏：开发银行创新国家储备林精准扶贫贷款模式

广西林业资源丰富，是全国人工林面积最大和木材产量最高的省份，也是国家储备林基地建设任务最重的省份，规划建设国家储备林 2800 万亩，占全国总规模的 13.3%；同时，广西林区多分布在贫困人口密集地区和易地扶贫搬迁地区。为此，开发银行创新储备林建设的投融资机制，成功开展广西国家储备林一期项目，为全国储备林建设探索了有益的路子和经验。

一、模式简介

该模式围绕当前林业扶贫重点，将支持林业产业与扶贫工作相结合，依托省级平台信用，支持广西国家储备林基地建设与林业扶贫工作，探索形成利用土地出租流转、投工投劳等方式帮助贫困人口提高收入，通过租金、薪金等方式实现贫困户收益最大化，助推广西“兴林富农”战略实施与贫困户增收脱贫。

二、模式亮点

项目采用“三统一”模式（即自治区政府指定广西林业集团作为融资主

体，开发银行对其进行统一评级、统一授信，统贷平台统借统还），对广西国家储备林建设一期项目承诺贷款100亿元，贷款期限27年，信用结构为林权抵押，同时建立风险准备金、林业保险等风险补偿机制。自治区直属国有林场作为用款人，负责储备林项目实施和资金使用。

贫困户增收途径：与林场签订林地租用合同，获得租金收入；作为造林员、护林员参与项目建设，获得薪金收入。

三、模式成效

开发银行储备林项目的开展受到了中央农办、国家发展改革委等有关部门的高度关注，它创新了林业建设投融资机制，改变了广西林业生态建设一直以公共财政投入为主的做法，解决了林业建设资金短缺的问题，为广西带来了显著的经济、生态和社会效益。截至2017年年末，该项目已实现资金投放42.8亿元，累计提供就业岗位约5万个，实现林农劳务收入约9亿元、林地租金收入约1.5亿元，支持范围遍及广西全部14个地市中72个县区，覆盖25个连片特困县区。

（四）扶贫扶智，全面推进教育扶贫

古人云："地瘦栽松柏，家贫子读书。"要有效阻断贫困的代际传递，最重要的就是要在贫困地区大力发展教育事业，提升贫困地区人力资源水平。作为广西唯一一家办理生源地助学贷款的机构，开发银行有效落实中央治贫先治愚、扶贫先扶智的精神，建立保障农村和贫困地区学生上重点高校的长效机制，加强与自治区教育厅、扶贫办等部门合作，强化对建档立卡贫困学生的贷款支持，每年按时完成广西生源地助学贷款工作，承诺不让任何一个贫困学生因为贫困失去升学机会。截至2017年年末，开发银行向广西累计发放助学贷款136.4亿元，贷款金额位居全国第一，惠及全区90万人，实现了广西生源地信用助学贷款100%全覆盖。

开发银行将继续坚持"政府主导、规划先行、财政支持、市场运作"的原则，结合广西地方特色，创新思路和方式，加大对易地扶贫搬迁、基础设施建设、特色产业发展、教育卫生改善等领域的支持力度：

一是以易地扶贫搬迁为切入点，统筹推进有关工作。易地扶贫搬迁作为

脱贫攻坚的首战具有十分重要的意义，必须稳扎稳打，保持积极的工作势头。开发银行将继续准确把握易地扶贫搬迁的支持政策，坚持“省负总责”的要求，与广西壮族自治区发展改革委（移民局）、区财政厅、区扶贫办、农投公司通力配合，做好易地扶贫搬迁贷款和专项基金投放工作。

二是以基础设施为着力点，破解脱贫攻坚瓶颈制约。围绕村组道路、安全饮水、环境整治、校安工程等难点和“短板”，抓住 2017 年统筹整合涉农财政资金试点全面推开的契机，推动剩余县区农村基础设施贷款评审承诺，积极为贫困县农村基础设施建设提供贷款支持，加快改善建档立卡贫困村基础设施的落后面貌。

三是以产业发展为突破点，精准支持增收脱贫。牢固树立和切实贯彻创新、协调、绿色、开放、共享的新发展理念，坚持因地制宜、因困施策的原则，推广和完善“四台一会”等贷款模式，大力支持龙头企业、农村专业合作组织和农村集体经济发展特色优势产业，带动贫困农户全面融入产业发展，更多分享发展成果。

四是以教育扶贫为根本点，有效阻断贫困代际传递。继续发挥助学贷款主力银行的作用，加强与教育厅等部门合作，研究扩大生源地助学贷款支持范围，强化对建档立卡贫困学生的贷款支持，并且探索开展贫困“两后生”职业教育助学贷款，使贫困家庭学生掌握一技之长，实现稳定就业，促进增收脱贫。同时，加强对农民工培训基地和职业学校建设的支持，大力推进贫困农户就业技能培训，提高贫困农户专业知识和生产技能，促进贫困地区劳动力创业就业。

开发性金融支持海南省脱贫攻坚发展报告

为助力海南省打赢脱贫攻坚战、全面建成小康社会，开发银行紧紧围绕海南省委、省政府“三年脱贫攻坚，两年巩固提升”的工作部署，按照融制、融资、融智“三融”的扶贫策略和“四到”的工作思路，为全省脱贫攻坚工作提供全面金融支持。

一、以生态扶贫移民搬迁为切入点，推动成立省级扶贫开发投融资主体

根据《海南省“十三五”生态扶贫移民搬迁规划》，全省有5个市县11个自然村547户2228人被纳入生态扶贫移民搬迁范畴，其中建档立卡贫困户194户823人，项目总投资3.2亿元。面对搬迁人口基数小，投资规模少，政府融资意愿不积极，且缺乏省级扶贫开发投融资主体的不利现状，开发银行克服困难，主动作为。一是夯实顶层设计。坚持“省负总责”原则，形成开发性金融支持海南省脱贫攻坚工作思路与方案，提出组建省级扶贫开发投融资主体，发挥“一台多用”的战略设想，获得省政府的大力支持和推动。二是强

化融智融制。克服人员少、管理项目多等困难，根据省财政厅要求，派驻金融扶贫专员，协助完成省级扶贫开发投融资主体章程、内部规章制度及外部协议的制定，全程参与组建全省首个省级扶贫开发投融资主体——海南省扶贫开发投资有限公司。三是高效融资服务。开发银行主动配合有关部门赴市县策划包装项目，同时克服本省生态扶贫移民搬迁未能享受中央优惠政策支持的不利局面，积极沟通总行争取优惠利率，率先向全省首个生态扶贫移民搬迁项目授信2.4亿元，并在省扶贫开发投资有限公司正式揭牌的9天后即完成首笔900万元贷款发放，惠及3个自然村90户409人，其中建档立卡贫困户46户共213人。目前该项目累计签订借款合同6000万元，发放贷款4100万元，惠及农户121户517人，其中建档立卡贫困户44户共197人，受益搬迁群众占海南省“十三五”生态移民搬迁规划的23.2%

专栏：助力海南省“十三五”易地扶贫搬迁

“十三五”期初，海南省共有2228名群众居住在中部深山区，交通不便、不通水电、物资匮乏、产业落后，且对当地生态环境、饮用水源造成较大破坏。中央扶贫开发工作会议召开以来，开发银行积极发挥开发性金融优势与作用，通过“融制、融资、融智”，推动海南省“十三五”易地扶贫搬迁工作，助力贫困群众“搬得出、稳得住、能致富”。

一是发挥融智作用，积极建言献策，推动组建省级扶贫开发投融资主体。开发银行海南省分行向省政府报送《关于开发性金融支持海南打赢脱贫攻坚战全面实现小康有关建议的请示》，得到了省委、省政府充分肯定与支持，省政府要求省财政厅落实省级扶贫开发投融资主体组建事宜。2016年8月29日，海南省扶贫开发投资有限责任公司注册成立。

二是发挥融制作用，创新工作机制，推动完善公司规章制度。积极派驻挂职干部，协助海南省财政厅起草并印发《海南省易地扶贫搬迁工程建设项目专项融资资金管理办法》《资金监管六方协议》系列规章制度，明确了省直有关部门、省级平台、贫困市县与银行的权利、责任与义务，为后续业务开展提供了制度保障和运作规范。

三是发挥融资作用，主动策划项目，保障全省“十三五”易地扶贫搬迁项目融资需求。积极协助海南省省级平台、贫困市县策划推动易地扶贫搬迁项目，率先就全省“十三五”易地扶贫搬迁项目授信2.4亿元，率先发放全省首笔易地扶贫搬迁贷款，有效保障了白沙黎族自治县道银村、坡告村、高石老村、翁村三队等贫困村易地扶贫搬迁项目资金需求。

开发银行积极主动作为，助力海南省脱贫攻坚首战告捷，得到了海南省委省政府、社会各界以及新闻媒体的高度肯定。2016年10月27日，《海南日报》报道了开发银行就全省“十三五”易地扶贫搬迁项目提供授信及首笔贷款发放事宜；2017年2月3日，中央电视台《新闻联播》以“海南扶贫搬迁让百姓挪出穷窝”为题报道了开发银行支持的海南省易地扶贫搬迁工作情况。

二、以基础设施建设为发力点，破除贫困市县发展瓶颈制约

2006—2015年，开发银行累计向海南省贫困地区发放中长期贷款108亿元，有效支持贫困地区基础设施建设，与有关市县建立起良好合作关系。自2016年实施脱贫攻坚以来，面对财政新规下市县政府融资平台受限的情况：一是加强高层沟通。开发银行多次深入贫困地区调研，因地制宜拟定融资方案。二是成立市县工作组。成立以开发银行海南省分行行领导为组长，主要处室骨干为成员的对口市县工作组，并在市县试点成立开发性金融扶贫领导小组及办公室，梳理项目储备，策划项目包装，加快项目开发。在省政府办公厅《关于支持贫困县开展统筹整合使用财政涉农资金工作的实施意见》出台后，开发银行工作组迅速跟进，仅用时1个月即完成了对保亭县整村推进基础设施扶贫一期项目授信审批。截至2017年年末，开发银行累计对海南省贫困地区农村基础设施项目承诺授信3.16亿元，发放贷款7100万元，惠及39248人，其中建档立卡贫困人口5118人。

三、以产业发展为着力点，打好特色产业扶贫攻坚战

一是支持热带特色现代农业。开发银行推广“四台一会”和“龙头企业+合作社+贫困农户”模式，扶持“乐东香蕉”“琼中绿橙”“澄迈福橙”“屯昌黑猪”“无核荔枝”“富硒地瓜”等一批热带高效农业品牌，培育春蕾实业、高明农业、乐东大丰裕等一批农业龙头企业，把热带特色现代农业打造成海南富足农民、服务全国的王牌产业，直接或间接带动了15万贫困人口脱贫。二是试点资产收益扶贫。开发银行创新“大区小镇”旅游扶贫模式，支持北京春光集团对国家级贫困县保亭县三道湾什进村进行旅游综合化改造，引导农户以土地入股、提供劳务等形式与企业形成稳定的利益联结机制，把社会主义新农村建设和乡村休闲度假旅游相结合，带动全村48户203人脱贫致富。三是探索带动帮扶新模式。累计发放产业扶贫贷款19.05亿元，积极向海航、金海浆等大客户宣介扶贫政策与社会责任，引导大客户与贫困户签订帮扶协议，带动59户281个建档立卡贫困人口发展生产。

专栏：打造“大区小镇新村”新农村模式助力打赢脱贫攻坚战

保亭县是国家级贫困县，三道镇什进村是保亭县较为贫困的黎族村庄之一，生活生产条件差、经济收入水平低下，是海南省委的“联村进企”重点扶贫联系对象。开发银行坚持规划先行，依托三道镇优越的地理位置及得天独厚的自然条件，创新“大区小镇新村”模式支持企业帮扶农户发展，截至2017年6月末，累计发放贷款18亿元，通过企业带动帮扶村内48户203人脱贫致富。

一、研究规划“大区小镇新村”新理念。“大区”是具有吸引力的较大规模的复合型的旅游景区和旅游度假区；“小镇”是延伸大景区主题文化，并将其扩展为多种消费形式的休闲性原居型旅游小镇，同时小镇还为周边旅游村提

供旅游公共服务的基地；“新村”是政府支持、企业具体投资和组织运营，农民带土地参股并在本村就业和经营的旅游村庄。

二、探索土地流转制度及村民安置制度新模式，保障农户权益及收益。积极推动县政府完成村庄农村集体土地所有权、宅基地使用权、集体建设用地使用权的确权，在保证基本农田不变性、土地权属不变的情况下，盘活存量土地资源，采取农民土地入股方式，对村庄进行改造建设。由村小组提供旅游项目开发土地，企业提供开发建设资金按照规划进行开发建设经营，并向村小组及农户支付土地合作分红，提供安置房、商铺和就业机会，带动当地农民深度参与旅游开发，真正做到使农民不离乡、不失地、不失业、不失居，就地保增收，走上持续发展之路。

三、解决资金瓶颈，创新“大区小镇新村”融资模式。通过“银行＋公司＋村集体/村民”模式，由企业运用自有资金和分信贷资金，加上周边文化旅游景区的营运收入“反哺”小镇新村，开展旅游基础设施和酒店、客栈等经营性项目建设，同时什进村提供集体土地作价入股，避免了企业在征地拆迁环节需要付出的大量资金，大大减轻了企业的前期投资压力，将更多的资金用在项目开发及改善农户基本生活条件建设上，形成了企业与农户“双赢”局面。

四、以教育扶贫为根本点，有效阻断贫困代际传递

开发银行作为海南省唯一开展助学贷款的银行，一是按照“政府主导、教育主办、金融支持”运作思路，不断理顺政府、教育部门和银行关系，逐步构建各方协同管理、权责分明、风险共担的助学贷款模式。二是本着“应贷尽贷、应帮尽帮”的原则，加大对贫困学生信贷支持力度，完善贫困学生信息录入，简化建档立卡贫困学生的办贷审批流程，确保建档立卡贫困学生上大学助学贷款满足率100%。三是联合有关部门举办助贷学生专场毕业招聘会，为毕业生搭建就业平台，提供多方位就业渠道，有效缓解就业压力。四是加强信

用体系建设，举办诚信教育专题讲座，试点建立“市（县）政府—乡（镇）政府—村（居）委会”和“县教育局—中心学校”的本息回收工作机制，促进助学贷款业务可持续发展。截至2017年末，开发银行向海南省累计发放生源地助学贷款超过20亿元，帮助全省13万名家庭经济困难学生圆了大学梦，惠及1.29万名来自建档立卡贫困家庭的学子。

五、以定点扶贫为创新点，助力屯昌县更丰村脱贫攻坚

更丰村是省级贫困村，全村共有贫困户59户共281人（其中巩固提升户45户214人），贫困发生率23%。开发银行海南省分行作为该村定点帮扶单位，一是坚持党建统领推动，成立以开发银行海南省分行党委书记为组长，全体班子成员为副组长，全体党支部参加的定点帮扶工作小组，研究制定定点帮扶工作实施方案，多次深入帮扶对象调研，构建“省—县—镇—村”帮扶合力。二是加强帮扶机制建设，成立14个结对帮扶小组，对口14户建档立卡贫困户和45户巩固提升户，并派驻驻村扶贫专员。三是提供资金保障支持，累计落实资金335.6万元，已到位246.6万元，创新模式发展村集体经济，以黑山羊养殖作为发展方向带动全村脱贫增收。四是开展教育帮扶，先后举办“七彩课堂”“体验城市”等特色活动，既为贫困学子提供物质帮助，又丰富贫困学子精神生活，帮助他们拓宽眼界，激发青少年努力学习，改善生活的美好愿望。五是推动普惠金融，引导屯昌县长江村镇银行向更丰村6户农户（其中5户贫困户）提供贷款15万元，其中单户最低额度2万元，用于支持其完成危房改造。六是捐赠物资改善生活，心系更丰村困难群众生活，通过员工募捐形式，累计募集资金或物资11.2万元，支持困难群众改善生活条件。

六、以捐赠资金为撬动点，践行开发性金融社会责任

开发银行将历年海南省政府奖励海南省分行的各类奖励资金共计3000万元全额无偿捐赠给海南省财政厅,由省财政厅参照财政资金管理,统筹安排用于支持贫困地区设立政府出资的融资担保机构、基础设施建设、教育资助、创业帮扶、医疗救助等扶贫事项支出,发挥捐赠资金与开发性、政策性和商业性贷款及其他社会资金的协同效应,为全省脱贫攻坚提供全面金融支持。

开发银行将聚焦易地扶贫搬迁、贫困村基础设施、公共服务改善、特色产业发展等重点领域,进一步加大工作推动力度,助力海南省早日实现脱贫攻坚目标。

一是推动全省生态扶贫移民搬迁项目。按照《海南省生态扶贫移民搬迁“十三五”规划》于2018年完成五个市县生态移民搬迁的目标,推动五指山市新春村生态扶贫移民搬迁项目、乐东县试验场村生态扶贫移民搬迁项目落地,为项目提供长期低息贷款,保障项目建设资金需求。重点关注未纳入规划但仍居住在南渡江、昌化江、万泉河源头等生态核心区、水源保护区的8000名农村贫困人口,推动政府借鉴生态扶贫移民搬迁项目的成功经验,对上述人口开展整体搬迁。

二是支持贫困地区基础设施建设。在政府融资渠道受限,融资积极性降低的形势下,创新研究“新常态”的政银合作方式,以全省美丽海南百镇千村工程为契机,以开发银行参与发起设立的总规模为200亿元的海南省特色产业小镇基金为发力点,以整合贫困地区资金和资源为突破口,围绕村组道路、安全饮水、环境整治、危旧房改造等难点和“短板”,探索政府与社会资本合作等方式,为贫困地区农村基础设施建设提供一揽子综合金融解决方案,加快改善贫困地区基础设施的落后面貌。

三是探索产业扶贫融资新模式。继续完善“四台一会”和“龙头企业+合

作社＋贫困农户”模式，深化与海南农垦合作，支持热带特色现代农业。以保亭县南梗村扶贫型“共享农庄”试点为契机，加强与省扶贫开发公司合作，发挥开发性金融优势与作用，因地制宜提供“投、贷、债、租、证”一揽子综合金融，支持试点项目的规划、建设、运营，探索旅游扶贫新路径。发挥省内主力银行地位，深化与信用社、村镇银行等农村金融机构合作，通过扶贫转贷款、银团贷款等形式开展产业扶贫。进一步深挖大客户潜力，引导大客户参与带动帮扶，构建稳定且可持续的贫困户与企业利益联结机制，研究资产收益扶贫新举措。

四是完善生源地助学贷款工作机制。继续优化生源地助学贷款办贷流程，提高市县资助中心工作效率，便利贫困学子申请贷款。进一步理顺政府、教育部门和银行关系，协调市县政府推动市县资助中心建立多级联动催收体系，推动市县资助管理中心向管理平台转变。运用报纸、电视等传统媒介和微信、微博等新媒体平台，加大对助学贷款和诚信教育的宣传普及，使广大贫困学子知晓助学贷款，用好助学贷款。充分发挥开发银行资源优势，为贫困学生搭建就业平台，降低学生就业成本，提高毕业生就业率，帮助贷款学子就业缓解还款压力。会同省教育厅开展助学贷款毕业学生还款救助，及时扶助符合条件的死亡、失踪、重病、建档立卡贫困户等学生。

开发性金融支持重庆市脱贫攻坚发展报告

为打赢重庆脱贫攻坚战,开发银行认真学习贯彻习近平总书记关于脱贫攻坚系列重要讲话精神和党中央、国务院关于打赢脱贫攻坚战的战略部署,发挥党建引领业务重要作用,加强银政合作体制机制建设,结合自身定位与业务特点,聚焦精准扶贫,加大融资投资力度,扶贫效果显著。

一、完善机制,合力助推脱贫攻坚

(一)深化银政扶贫合作机制

开发银行不断深化与重庆市扶贫开发办公室(以下简称“市扶贫办”)的沟通联系与合作,一是 2015 年 12 月,开发银行重庆市分行与市扶贫办签署《开发性金融扶贫合作协议》,确立了“坚持政府主导与金融参与结合、坚持财政资金与信贷资金相结合、坚持区域发展与精准扶贫相结合”的开发性金融扶贫“三合作”原则,以及合作目标、合作内容、合作机制等要点。二是与市扶贫办合作开展《重庆市“十三五”金融精准扶贫规划》。三是巩固区县级银政合作机制，与黔江区、武隆县、丰都县、忠县、巫山县、城口6个区县签订了开发性金融支持脱贫攻坚工作合作备忘录，完成武隆、丰都、巫溪、城口的扶贫融资规划。四是开展培训，邀请国家部委和科研院所领导专家，在北京为秦巴山区县领导干部进行扶贫培训。

2017年4月，开发银行胡怀邦董事长来渝与市政府主要领导会谈，双方签署了《开发性金融支持重庆市脱贫攻坚合作备忘录》。根据重庆市脱贫攻坚目标要求，双方在高山生态扶贫搬迁、交通基础设施、重点水利项目、农村基础设施、特色产业、教育等脱贫攻坚重点领域加强合作。备忘录的签订，为开发银行助力重庆市脱贫攻坚奠定了更加坚实的基础。

（二）选派扶贫金融专员

2016年以来，开发银行每年选派4—5名优秀青年干部作为扶贫金融专员到重庆市贫困区县挂职，每名专员对口服务3—4个贫困区县。扶贫专员是开发银行的宣传员、规划员、联络员，及时向政府、向客户宣传开发银行的扶贫政策，配合政府谋划扶贫开发项目，帮助客户设计融资方案，及时解决项目融资遇到的问题，确保项目落地实施。扶贫金融专员有效弥补了开发银行的机构短板，为融资总量大幅提高发挥重要作用，2016年开发银行对重庆市贫困区县融资总量较2015年增长49%。

二、积极担当，融资支持发挥特色

在“扶贫专员+客户经理+中后台处室”的共同合作下，开发银行围绕中央“五个一批”要求，按照“易地扶贫搬迁到省、基础设施到县、产业发展到村、教育资助到人”的“四到”工作思路，聚焦精准，敢于担当，积极作为。截至2017年年末，开发银行累计承诺精准扶贫贷款283亿元，累计发放244亿元，投放专项建设基金21亿元，总计实现融资265亿元，贷款余额199亿元，不仅实现精准扶贫贷款品种全落地，18个扶贫开发工作重点区县贷款全覆盖，并始终保持贫困区县贷款余额正增长。

(一)易地扶贫搬迁

开发银行积极跟踪重庆市易地扶贫搬迁工作安排,参与重庆市易地扶贫搬迁制度出台,每季度与市扶贫办、国家发展改革委、财政局、兴农资产公司召开协调会,研究工作难点,推动项目落实。开发银行已实现专项建设基金5.05亿元和贷款87.5亿元承诺,支持全市10万建卡贫困人口搬迁,截至2017年年末,投放专项建设基金4.855亿元,发放易地扶贫搬迁贷款19.5亿元。

(二)基础设施

一是发挥传统优势,大力支持跨贫困区县的高速公路等重大基础设施项目建设,拉动地方经济社会发展。累计发放79亿元支持酉阳至贵州沿河高速公路、万州至利川高速公路、石柱到黔江高速公路等跨区县高速公路项目。二是以财政涉农资金整合为契机,围绕“两不愁、三保障”以及建档立卡贫困村村组道路、安全饮水、校安工程、农村环境等难点和“短板”,为贫困区县农村基础设施建设提供贷款支持。累计发放63亿元支持秀山村组道路、秀山农村饮水、城口村组道路、乌江白马电航枢纽工程武隆县城段防护工程(南岸)、丰都县人民医院、忠县社会福利中心工程等建设,覆盖了380个建档立卡贫困村共19万建档立卡贫困人口。

(三)特色产业

一方面,充分发掘渝东南片区旅游资源丰富有特色等优势,集中连片开发,打造旅游走廊。累计发放25亿元支持酉阳桃花源、酉阳龙潭古镇、秀山川河盖、秀山西街民俗文化旅游等项目。另一方面,按照“管理平台、统贷平台、担保平台、公示平台、信用协会”的“四台一会”模式推动小额扶贫贷款、特色产业贷款,支持乡村旅游、特色效益农业和小微企业发展。开发银行已向武隆、黔江、秀山三个机制授信3.8亿元,其中与武隆县合作开展小额农贷,支持乡村旅游和特色产业;与秀山县合作,支持秀山土鸡产业链带动建卡贫困户增收;与黔江区合作,支持园区小微企业吸纳建卡贫困户就业。目前实现贷款秀山土鸡产业项目贷款发放0.1亿元和黔江物流公司发放0.15亿元。

专栏:搭建产业扶贫机制支持秀山土鸡养殖户脱贫及产业发展

秀山地处渝东南,是土家族、苗族聚居地。当地人民常年养鸡,自繁自育形成秀山土鸡品系。秀山土鸡,在自然环境中采食五谷杂粮,运动量大,肌肉纤维细长,肌肉间脂肪丰富,入口细腻耐嚼,风味独特。秀山土鸡因广泛养殖,市场前景好,已成为秀山特色优势产业。

秀山渝鲁禽业有限公司成立于2004年,是秀山土鸡种苗繁育、养殖、禽蛋销售龙头企业,年可孵化商品土鸡苗1200万羽以上,具有规模化种植养殖社8栋,配备国内一流养殖设备,可存栏种鸡8万套。鲁渝禽业公司采用“公司+合作社+农户”的模式,与广大养殖户建立起种苗供应、技术服务、培训、饲料生产配送、土鸡回收、加工销售等一整套完整产业链。

秀山县政府对与开发银行开展产业扶贫工作高度重视。连续3年派相关副县长带队前往遵义、古蔺、恩施等地参加开发银行主办的开发性金融扶贫讲座;于2015年从县金融办、重点国有企业抽派人员组成学习团队,前往成都双流县专题学习双流县聚源融资投资管理服务有限公司与四川分行的合作模式;并于2016年邀请双流县聚源融资投资管理服务有限公司高层到秀山现场教学。2016年8月,在开发银行与秀山县政府共同推动下,以秀山县华瑞实业有限公司为统贷平台、秀山华信国有资产经营有限公司为担保平台、秀山县金融办、扶贫办和农委为管理平台的“四台一会”产业扶贫机制搭建成功,并获得开发银行授信承诺5000万元。

2016年11月,通过该机制开发银行向渝鲁禽业公司发放1年期流动资金贷款1000万元。通过稳定可靠的利益联结机制,公司能带动1万多户养殖户致富增收,其中含300余户建档立卡贫困户,户均增收5000元左右。

(四)助学贷款

开发银行将生源地信用助学贷款作为教育扶贫的重要抓手,坚持应贷尽贷，强化精准，为实现“不让一个孩子因贫困而失学”的目标不懈努力，全年发放生源地助学贷款 10 亿元，惠及 13.4 万家庭经济困难学生。一是做好存量贷款的精准识别。开发银行将助学贷款数据与市教委、市扶贫办数据进行比对，精准识别助学贷款学生中的建卡贫困户 5.1 万人，占全部贷款学生的 16.4%。二是新增受理全面覆盖。2016 年年初，开发银行重庆市分行将全市建卡贫困户学生数据导入系统，预申请阶段对建档立卡贫困户学生全覆盖。贷款受理时，为建档立卡贫困户学生开辟绿色通道，免除出具家庭经济情况证明材料，直接认定贷款资格，直接为其办理贷款手续。2016 年向建卡贫困户学生 1.9 万人发放生源地助学贷款 1.5 亿元。三是开办补充助学贷款。开发银行在重庆开办生源地补充助学贷款，针对部分学校、专业收费超过国家助学贷款限额，困难家庭依然压力巨大的问题，对建卡贫困户和城乡低保户家庭学生除生源地助学贷款以外，再给予 1000—8000 元贷款额度。

（五）扶贫增信捐赠

2017 年年初开发银行向城口、巫溪、丰都、武隆四区县无偿捐赠 400 万元，用于区县政府设立风险补偿金，已累计撬动 728 万元产业扶贫贷款，惠及约 130 户建档立卡贫困户，有效支持了贫困户生产生活的改善。

三、发挥作用，进一步加大支持

（一）推动易地扶贫搬迁融资全面落地

根据重庆市发展改革委安排，开发银行负责 17 个有易地扶贫搬迁任务区县中的 7 个区县，占全市易地扶贫搬迁任务的 40%。开发银行已完成易地扶贫搬迁总体授信，下一步将积极与市扶贫办、市发展改革委、市财政局、市农委、兴农资产及区县政府合作，做好制度建设和项目策划，实现贷款全面落地。

(二)全力支持贫困县基础设施建设

开发银行将围绕重庆市"十三五"规划,继续大力支持跨贫困区县的高速公路、铁路、棚改、健康养老等重大基础设施项目建设,拉动地方经济社会发展;创新投融资方式,积极支持贫困区县"十三五"规划重点项目建设,通过大额融资支持改变贫困区县落后面貌;以财政涉农资金整合为契机,全力支持贫困区县基础设施建设等贫困村提升工程。

(三)加大产业扶贫贷款力度

通过加大产业扶贫融资支持力度,进一步推动贫困地区企业和农村新型经营主体发展特色产业,加大对贫困人口的就业和帮扶带动作用。

(四)进一步发挥好助学贷款教育精准扶贫作用

继续加大对国家级贫困县、集中连片特困地区的支持,确保助学贷款对这些地域的全覆盖,强化在贷款各阶段对建档立卡贫困户学生细致服务,在全面助学贷款档案电子化试点基础上,在预申请确保建档立卡贫困户学生全覆盖,在贷款阶段,指定受理专人,开辟快速通道,主动宣传,积极帮助,有针对性地为其简化贷款办理手续,保障其助学贷款需求。

(五)继续发挥好扶贫金融专员作用

继续选派责任心强、素质高、业务能力过硬的干部作为扶贫金融专员到贫困区县,当好宣传员、规划员、联络员,密切与区县政府合作,推动项目。

开发性金融支持四川省脱贫攻坚发展报告

开发银行认真贯彻落实党中央、国务院关于打赢脱贫攻坚战的决策部署，充分发挥集中、大额、长期的融资优势，全力贯彻“易地扶贫搬迁到省、基础设施到县、产业扶贫到村（户），教育资助到户（人）”的脱贫攻坚“四到”工作思路，全方位多层次推进四川省脱贫攻坚工作。

一、开发性金融支持四川省脱贫攻坚的意义

（一）四川省贫困情况

进入“十三五”时期，贫困问题仍然是四川省经济社会发展中的突出“短板”，致贫因素多元叠加，发展制约因素多，主要体现在以下几个方面：一是贫困面广。全国14个集中连片特殊困难地区有3个（秦巴山区、乌蒙山区、高原藏区）涉及四川省，此外四川省还有1个大小凉山彝区也需要国家予以扶持。二是贫困县数量大、分布不均。全国国家级贫困县有832个，四川省有66个，居全国第三位，同时四川是全国第二大藏区和第一大彝区，贫困县分布

不均，少数民族地区国家级贫困县达45个，占全省国贫县总数的68%。此外，四川省还有22个省级贫困县。三是贫困人口多。四川省建档立卡贫困村11501个，是全国唯一的贫困村数量过万的省。截至2017年年底，全省建档立卡贫困人口171万人。四川省“十三五”建档立卡易地扶贫搬迁人口116万人，占全国1000万建档立卡易地搬迁的10%以上，搬迁任务量居全国第三位。

（二）开发性金融助推四川省脱贫攻坚

开发银行从健全机制、完善制度、创新模式等方面入手，设计出符合四川等西部地区特点的模式和方法，将开发性金融期限长、利率低、风控严的金融特点与脱贫攻坚有效结合。截至2017年年末，开发银行已累计向四川省投放各类精准扶贫资金531亿元，覆盖了全省88个贫困县，80余万贫困人口直接受益。开发银行支持四川脱贫攻坚工作得到社会各界的充分肯定，开发银行四川省分行被省委、省政府评为四川省2016年脱贫攻坚“五个一”驻村帮扶先进集体，被省银监局评为2016年度和2017年度金融助力脱贫攻坚考核先进单位，荣获四川省银行业协会“2016年度最具社会责任金融机构奖”和“2017年最佳扶贫先进机构奖”，多名员工荣获“扶贫先进个人”“坚守扶贫岗位典型人物”等荣誉称号。

二、开发性金融支持四川省脱贫攻坚具体措施

（一）完善顶层设计，争取支持政策落实到位

一是机制建设到位。开发银行四川省分行主动申请加入全省脱贫攻坚领导小组，全面参与全省脱贫攻坚工作；成立脱贫攻坚领导小组及工作推动小组，构建行领导统管、规划发展处牵头、各客户处抓落实、扶贫专员“打前锋”的专项工作机制。二是人员派驻到位。选派1名局级干部挂职省扶贫移民局副局长，加强金融资源统筹和省级部门联动；选派13名扶贫金融专员实

挂有国贫县的市州“一线”，发挥金融专长，做好政策宣传员、扶贫规划员、银政联络员、信息收集员；开发银行支持脱贫攻坚实现“省—市—县—村”全覆盖，一竿子插到底。三是定点帮扶到位。开发银行是全省帮扶88个贫困县牵头单位中唯一的银行机构。开发银行按照需求优先满足、业务优先推动、创新优先试点的原则，为古蔺县、兴文县累计授信43.19亿元、发放贷款17.13亿元，近一年来开展帮扶活动20余次，努力打造金融扶贫样板县。四是措施支持到位。开发银行四川省分行专门印发《脱贫攻坚工作实施方案》《扶贫业务开发评审工作方案》《产业扶贫工作方案》《东西部扶贫协作工作方案》《支持易地扶贫搬迁后续产业工作方案》等系列脱贫攻坚制度，有序推进各专项领域扶贫工作。

（二）搭建四川模式，全力支持易地扶贫搬迁

一是坚持省负总责。与省级有关部门理思路建机制搭平台，出台省级易地扶贫搬迁资金支付管理办法，确保专项贷款在严格贯彻落实中央精神的前提下，放得到位、用得到位、管得到位。二是拓展融资渠道。牵头推动“基金+贷款+债券”三位一体的融资模式，授信485亿元，投放专项基金25亿元、累计发放贷款104亿元，惠及52个县58万建档立卡贫困人口。特别是在债券扶贫方面进行重点创新，开发银行与国开证券协同，为泸州市发行全国首只易地扶贫搬迁债——“2016泸州市易地扶贫搬迁项目收益债”，注册金额20亿元，期限10年，开创了以债券形式支持扶贫开发的先例。三是优化易地扶贫搬迁贷款模式。2017年全省计划搬迁人口33万人，总投资198亿元，对开发银行融资需求约50亿元。开发银行优化易地扶贫搬迁的授信核准方式，由“分县核准”调整为“统一核准”。合同签订方式由“分县签订”调整为“统一签订”。2017年，开发银行在四川发放易地扶贫搬迁贷款58亿元，支付等工作也在加快推进中。

开发银行支持四川省易地扶贫搬迁工作取得的成效获得省委、省政府高度肯定。省政府《关于表扬2016年落实有关重大政策措施、真抓实干成效明显地方和部门的通报》对开发银行支持全省易地扶贫搬迁工作积极主动、成效明显给予通报表彰。

（三）深入推进基础设施扶贫

一是夯实交通扶贫基础。与省交通厅、市州政府、贫困县建立三级合作机制，以四川省交通“双百”工程为重点，推动贫困地区的高速公路、铁路、机场项目贷款落地，以市级政府购买服务的模式推进国省干道、农村公路项目融资。2016年以来累计投放交通扶贫资金163亿元，助力16个贫困县破解交通瓶颈。二是加大能源扶贫。在能源扶贫领域，加大对贫困地区水电项目的支持，抓住贫困地区水电矿产资源开发资产收益扶贫改革试点契机，争取融资优先权。向水电、风电、水利等能源领域发放贷款93亿元，助力贫困地区基础设施提档升级。三是创新涉农资金整合贷款。向古蔺县、马边县等承诺贷款42亿元，支持村组道路、校安工程、安全饮水、环境整治等基础设施建设，覆盖贫困村896个、贫困人口39.8万人。按照“因地制宜、因城施策”的工作思路，利用涉农资金整合政策范围拓宽的契机，扩大支持贫困地区的通村及村组道路、安全饮水、环境整理、校安工程、医疗卫生项目。

（四）多措并举，举全行之力推进产业扶贫

一是易地扶贫搬迁后续产业扶贫试点成功落地。在达州市启动易地扶贫搬迁后续产业扶贫试点工作，运用多年运行较成熟的“四台一会”模式，贷款1100万元支持3家当地扶贫带动效果显著的特色产业企业，用款企业通过签订帮扶协议、捐赠养殖种苗、提供饲料、培训技术等一系列方式精准帮扶22户建档立卡贫困户脱贫致富。二是开展施工企业产业扶贫试点。创造性地试点并大力推广施工企业贷款带动贫困户增收的产业扶贫贷款模式。通过合理搭建信用结构、设计资金封闭运行方案等有效措施，向成都华川集团等3家建筑施工企业发放产业扶贫贷款12亿元，有效带动贫困户增收致富。三是推进林业扶贫。与林业厅签署了林业“十三五”脱贫攻坚合作备忘录，研究通过省级统筹和市县直贷方式推进全省林业融资工作，通过林业扶贫带动实施产业扶贫。四是开展旅游扶贫。支持旅游扶贫重点村的基础设施和公共服务设施、景区及旅游特色小城镇建设。

专栏:运用“四台一会”模式探索开展“易地扶贫搬迁+产业扶贫”贷款

达州市位于秦巴山集中连片贫困地区,全域两区五县都是国家级或者省级贫困县,全市人口多、经济发展相对滞后。开发银行先后向达州市授信330亿元、贷款余额157亿元支持其开展基础设施建设、发展支柱产业、提升区域发展水平。近年来,开发银行在支持达州市易地扶贫搬迁、农村公路建设等方面开展了大量的工作,通过改善贫困地区房屋、道路等硬件设施,为贫困户脱贫致富奔小康创造了条件。开发银行支持脱贫攻坚工作过程中深刻认识到,产业扶贫是帮助贫困户脱贫致富的根本手段,驻点推动易地扶贫搬迁后续产业扶贫工作。按照“易地扶贫搬迁+产业扶贫”的工作思路,依托“四台一会”模式,于2017年5月26日向达州市国家级贫困县万源市、宣汉县的3家企业发放产业扶贫贷款1100万元,成功探索出一条支持易地扶贫搬迁后续产业扶贫的新路径。

2017年3月,开发银行在四川省达州市启动易地扶贫搬迁后续产业扶贫试点工作,在短短3个月的时间完成了现场调研、项目筛选、评审授信和贷款发放全部工作。运用多年运行较成熟的“四台一会”模式,经过政府推荐、机制审查、分行评审,最终从达州市15家企业中筛选出万源市二郎坪旧院黑鸡生态养殖专业合作社等3家当地扶贫带动效果显著的特色产业企业。5月26日,开发银行向3家企业发放产业扶贫贷款1100万元,用款企业通过签订帮扶协议、捐赠养殖种苗、提供饲料、培训技术等一系列方式精准帮扶22户建档立卡贫困户脱贫致富。

(五)突出教育扶贫特色

开发银行着力构建覆盖自学前教育入口至高等教育出口“全学龄”阶段的融资工作机制,实现学前教育、义务教育、中职教育、高等教育“四箭齐发”。一是学前教育阶段,向凉山彝区授信23.5亿元贷款,建设450所幼儿园及幼师学院,解决9万多名学龄前儿童学前教育及师资来源问题。二是义务教育阶段，在广安市前锋区等贫困县开展中小学校安工程，新增授信2.9亿元。三是职业教育阶段，2016年在古蔺县首创中职教育助学贷款试点，首批支持学生150人，着力解决“两后生”入学难题，推动受惠学生掌握一技之长，实现稳定就业。2017年将继续在古蔺县推进中职助学贷款工作，同时努力进一步扩大中职助学贷款覆盖面，正与阿坝州沟通在市级层面开展中职助学贷款的相关工作。四是高等教育阶段，与教育厅联合建立“到省、到市、到县、到校、到班、到人”的生源地助学贷款六级宣传发动机制，2017年发放助学贷款20.7亿元，同比增长83%，覆盖26.5万家庭困难学生。

四川省委、省政府对开发银行教育扶贫工作给予充分肯定，主要领导给予高度评价，并希望开发银行进一步加大金融扶贫支持力度。中央人民广播电台、人民日报、四川日报、金融时报、中国金融家杂志、中国新闻网等媒体多次对开发银行深度参与四川省脱贫攻坚情况、易地扶贫搬迁项目收益债、教育扶贫等事迹进行报道，充分展示开发性金融在脱贫攻坚中的重要作用。省脱贫领导小组办公室《脱贫攻坚简报》等刊物刊发开发银行支持脱贫攻坚、支持教育脱贫的案例。人民银行成都分行、省银监局等5家单位对开发银行四川省分行金融扶贫工作进行专题介绍。

开发银行将坚持精准扶贫、精准脱贫基本方略，发挥开发性金融功能和作用，聚焦精准，突出脱贫，注重实效，进一步加大对四川省脱贫攻坚的支持力度。重点做好以下几方面工作：

一是大力推进易地扶贫搬迁。围绕全省33万建档立卡人口的易地扶贫搬迁任务和提前实施批次任务，开发银行将继续做好筹资和贷款支持工作。进一步优化贷款模式，简化手续流程，提高资金使用效率。不断完善搬迁后续支持政策，在搬迁安置、产业发展、城镇建设、生态改善等各个方面，为实施易地扶贫搬迁提供全方位金融服务。

二是全力支持扶贫重大基础设施建设。支持贫困地区公路、铁路、机场、水利、能源等重大基础设施建设，积极开展金融扶贫模式创新试点，确定多品种支持方案，着力破解“难在路上、困在水上、缺在电上”的难题。大力推动交通扶贫“双百”工程，支持贫困地区水电项目，探索光伏扶贫和水电矿产资源开发资产收益扶贫试点，推动172项重大水利项目使用PSL优惠政策。

三是重点推动农村基础设施项目。围绕贫困地区发展的突出短板，通过整合财政涉农资金，支持村组道路、安全饮水、农村环境治理、校安工程等农村基础设施项目，支持公共服务改善，加快改善贫困地区落后面貌，全面提升贫困地区生产生活条件，进一步扩大扶贫工作的覆盖面。继续推进古蔺县、兴文县定点扶贫工作，用好、用活、用足政策，打造扶贫样板县。

四是突出教育扶贫特色。完善“全学龄”教育扶贫融资机制，实现学前教育、义务教育、高等教育融资全覆盖。以推动凉山州“一村一幼”项目实施为抓手，加大教育基础设施项目支持力度，加快贫困人口教育保障。发挥生源地助学贷款主力军作用，按照“应贷尽贷”原则，力争每一位学生都不会因家庭经济困难而失学，复制推广古蔺中职教育助学贷款模式。

五是积极支持医疗卫生扶贫。加强与卫生部门合作，共同做好开发性金融支持贫困地区医疗卫生事业发展的机制设计，创新融资模式，支持贫困地区县级医院、乡镇卫生院、村卫生室等基层医疗卫生机构建设，医疗设备更新配置以及远程医疗建设，加快实现贫困人口基本医疗有保障。

六是精准支持贫困地区产业发展。以供给侧结构性改革为指导，积极为贫困地区在培育项目、选准市场、打通销路等方面提供规划和咨询服务，确保产业项目选得准、有实效。加强与地方政府合作，深化“四台一会”贷款模式，整合各方资源，因地制宜探索建立产业扶贫融资机制和模式。加大与龙头企业和新型农村合作组织的合作力度，支持规模化特色种养业、农产品精深加工业、农村服务业、乡村生态旅游业等发展，着力培育壮大贫困村集体经济，带动贫困群众实现永续脱贫致富。

开发性金融支持贵州省脱贫攻坚发展报告

贵州省是我国贫困人口最多、贫困面积最大、脱贫攻坚任务最重的省份。近年来，开发银行始终把贵州省脱贫攻坚摆在突出重要位置予以支持。截至2017年年底，对贵州省66个贫困县实现了贷款全覆盖，累计发放精准扶贫贷款1151亿元，贷款余额1056亿元，专项建设基金投放154亿元，取得“十三五”支持贵州脱贫攻坚良好开局。

一、融智推动，强化银政合作

2016年6月，开发银行与贵州省人民政府签署《“十三五”深化开发性金融合作备忘录》，将脱贫攻坚确立为“十三五”期间双方银政合作重点内容，为银政双方合力推进脱贫攻坚奠定了坚实基础。开发银行贵州省分行与有扶贫任务的8个市州签订了“十三五”开发性金融合作备忘录，将党建扶贫、脱贫攻坚重点领域作为合作重点内容；通过编制《贵州省“十三五”脱贫攻坚融资规划》《黔西南州山地旅游扶贫发展研究》《剑河县“十三五”生态脱贫融资规划》等规划以及参与各县脱贫攻坚规划编制，帮助当地做好扶贫融资机制设计，引导地方政府聚焦合力，快速发展。开发银行协助编制《剑河县“十三五”生态脱贫融资规划》获省委政研室简报头条及《中央财办定点帮扶剑河县联络联系工作简报》（第 9 期）刊登，并呈报中央财办和省委主要领导。

二、党委抓总，分片推进

开发银行贵州省分行研究制定了《开发银行贵州省分行党委关于支持脱贫攻坚的工作意见》和《开发银行贵州省分行 2016 年支持脱贫攻坚工作实施方案》，实现党建与脱贫攻坚工作相互促进、相互推动。通过党委会、中心组学习会、行长专题办公会等形式，研究解决各地金融扶贫工作重点难点问题，对照时间和任务要求，一级抓一级，层层抓落实；分行党委班子成员分别对口贵州省 8 个市（州），与各市（州）主要领导工作会谈均以推进脱贫攻坚为主要议题，先后赴贫困县开展扶贫实地调研 30 余次；对口贫困地区客户处与中后台处室党支部联动，分片对口 66 个贫困县所在的 8 个市（州），开展以脱贫攻坚为主题的党建活动 40 余次，共同研究金融扶贫工作措施，并结合“两学一做”学习研讨，强化党员干部责任担当意识。

三、规范职责，做好“五员”

开发银行向贵州省贫困县所在各市（州）统一派驻 8 名金融扶贫专员，并在派驻地区选择一个县作为金融扶贫对口县。同时另行选拔 58 名开发银行金融扶贫专员，派驻到省内其他贫困县，实现对贵州省 66 个贫困县的金融扶贫专员全覆盖。制定了《扶贫金融服务专员工作规则》，对金融扶贫专员的工作性质、选派要求、工作职责、联系沟通机制和工作纪律等方面加以规范，为金融扶贫专员在基层发挥好“党建工作员、宣传员、联络员、规划员和信贷员”作用，踏实有效地开展工作提供了全面的制度保障。

以黔东南州榕江县为例，扶贫金融专员到县工作后，一是做好“党建工作员”。协助与地方党组织的党建交流，推动与该县党委开展以脱贫攻坚为主题的党建活动，共同探索基层党组织在脱贫攻坚工作中充分发挥战斗堡垒作用的方法途径。二是做好“宣传员”。对该县党政干部开展金融讲座，介绍开发性金融理论知识与扶贫开发案例。三是做好“联络员”。作为榕江县与开发银行之间的沟通纽带，及时反馈协调解决贫困县脱贫攻坚中存在问题和需求。四是做好“规划员”。参与榕江县“十三五”脱贫攻坚规划编制，推动将农村基础设施及旅游扶贫项目纳入开发银行项目开发储备。五是做好“信贷员”。指导地方策划项目，帮助解决项目申报、贷款发放和支付过程中遇到的具体问题。2016 年 9 月，榕江县 2016 年农村基础设施项目获得开发银行授信 10 亿元。短短几个月时间，榕江县与开发银行合作从无到有、迈上了一个新的台阶。

四、易地搬迁到省，助力率先打响脱贫攻坚“当头炮”

易地扶贫搬迁是脱贫攻坚战的“首仗”，贵州省“十三五”时期五年拟实施搬迁人口 162.5 万人，是过去十余年的 4 倍，总投资近 1000 亿元，资金缺口大。在开发银行的大力推动下，按照国家《“十三五”易地扶贫搬迁工作方案》明确的“中央统筹、省负总责、县抓落实”的原则，贵州省组建了省级易地扶贫搬迁投融资主体——贵州扶贫开发投资公司。开发银行主动帮助贵州扶贫开发投资公司完善融资各项机制建设，并积极推动省政府授权财政厅与省扶贫开发投资公司签订政府购买服务协议，为贵州省易地扶贫搬迁资金落地提供保障。截至 2017 年年末，实现“十三五”易地扶贫搬迁专项建设基金 34 亿元全部投放，惠及 65 个贫困县 31 万建档立卡贫困人口；累计承诺贷款 556 亿元，签订合同 184 亿元，发放贷款 83 亿元，惠及 45 个贫困县 32 万建档立卡贫困人口。

五、创新方式方法，全力推进农村基础设施脱贫

近年来，随着国家财政支农资金的投入逐年加大，资金多头下达、使用分散、效益不显著的矛盾凸显，整合各条线资金，发挥拳头效应日益成为共识。2016 年 4 月，国务院办公厅印发《关于支持贫困县开展统筹整合使用财政涉农资金试点的意见》，开发银行随即落实文件精神，明确通过该方式重点支持“农村公路、农村综合环境整治、农村饮水安全、校园安全工程”四类贫困地区发展“短板”领域，有效解决了各贫困县因财力薄弱、信用等级低造成的农村基础设施融资困难问题。截至 2017 年年末，开发银行整合涉农资金支持农村基础设施项目政策覆盖贵州省 65 个贫困县，新增贷款承诺 457 亿元，发放 219 亿元。项目惠及建档立卡贫困人口 282 万人，4700 余个建档立卡贫困村，拟建 5.6 万公里通村通组公路，改善 540 个建档立卡贫困村综合环境，建设 41 个校安工程和新增 12 万立方农村安全饮水工程。

六、围绕地方特色，积极推进产业脱贫

创新机制，打造产业扶贫“贵州模式”。2012 年至今，开发银行与贵州省扶贫办合作，创新推出“四台一会”机制下“开发银行小额农贷”融资模式，形成了由地方政府确定扶贫重点农产化项目，搭建或选择管理平台、统贷平台、担保平台、公示平台和信用协会。开发银行作为贷款人向融资主体授信，融资主体再以委托贷款方式，向农户、合作社或农业产业链上的中小企业、龙头企业（用款人）提供资金；省扶贫办则为贷款项目提供贴息支持的融资机制。该模式得到国务院扶贫办的高度评价，称其为金融扶贫的“贵州模式”。截至 2017 年 6 月末，“开发银行小额农贷”累计授信 43.50 亿元，累计发放 20.13 亿元，金融产品覆盖 22 个贫困县，重点支持了茶叶、生态畜牧、中药材、果蔬等扶贫产业，惠及 1.2 万农户、165 家合作社和 138 家中小企业，带动超过 30 万

农民走上增收脱贫道路。

产融结合，探索“基础设施 + 产业 + 贫困户”融资模式。坚持因地制宜、因困施策，以龙里县乡村旅游基础设施建设项目为试点，通过统筹景区内及周边配套休闲设施，将贫困户现有房屋和农用地改造为商铺、农家乐和观光农业园等经营性休闲设施，提高资产附加值，为贫困户脱贫创造了多样化的脱贫方式。该项目的实施，可直接解决莲花村 51 户贫困户就业问题，每人实现月收入 2500 元，年收入约 30000 元，仅一人的工资就能超过原整个家庭的经济收入；村庄风貌改造后大方整洁，与自然景色相得益彰，村民可将房屋改造成特色休闲娱乐设施，可为游客提供下地耕种、砍柴做饭、采摘、酿酒和学唱布依族歌曲等乡村生活体验，可间接带动景区周边村寨 85 户贫困户 259 人从事旅游相关的服务，促进贫困户脱贫增收；农户可将家中空置房屋交由政府统一包装、管理、出租，获得的租金收入扣除相关成本和费用后全额返还房屋所有者，预计房屋租金可达 6 万元/年。此外，还可利用乡村独特的自然生态条件和山水景观，发展休闲农业特色生态旅游，将原有的传统果蔬农田逐步改造为农业观光、农事体验、特色农庄、农情民舍等附加值高的乡村旅游项目，带动当地贫困户持续增收脱贫。截至 2017 年 6 月末，开发银行在贵州承诺“旅游扶贫 +”项目贷款 14 亿元，发放贷款 9.45 亿元，项目惠及建档立卡贫困人口 1.3 万余人。

专栏：开发性金融支持龙里县乡村旅游基础设施项目带动产业扶贫案例

龙里县位于贵州省黔南州布依族苗族自治州。龙里县区位交通、生态资源、民族文化、乡村旅游等优势明显。开发银行贵州省分行充分发挥开发性金融的融资融智优势，与贵州省旅游资源优势相结合，以完善贫困地区乡村旅游基础设施为切入点，以贫困户增收脱贫为落脚点，主动服务地方政府支持脱贫攻坚。

一是坚持规划引领，建立“造血”式扶贫机制。2016 年 4 月 15 日，开发银行贵州省分行与黔南州政府签订“十三五脱贫攻坚合作备忘录”，并与州属各县开展扶贫规划合作。积极参与龙里县扶贫规划编制，提出的融资、旅游、基础设施扶贫等方面意见被县政府采纳。

二是依托政府采购模式，探索创新了“基础设施+产业+贫困户”的扶贫模式。龙里县莲花村乡村旅游基础设施建设项目总投资2.8亿元，开发银行贷款2亿元，主要用于景区内基础设施的建设与整治。项目采用政府购买服务模式，龙里县文化和旅游局作为采购主体、贵州腾龙实业集团有限公司作为服务提供方（项目借款人）组织实施。该项目的实施，可直接解决约51户贫困户脱贫问题，间接带动景区周边村寨85户贫困户259人从事旅游相关的服务，促进贫困户增收脱贫。此外，农户可将家中空置房屋交由政府统一包装、管理、出租，通过开展观光农业园经营、出租增收。

2017年，龙里县旅游接待人数434.26万人次，同比增长73.2%，实现旅游总收入40亿元，同比增长78.9%。实现了“造血”式扶贫。

七、坚持应贷尽贷，持续推进生源地助学贷款工作

多年来，开发银行与贵州省教育厅合作，推动建立省级高校学贷中心、县级资助中心，联合开展考核监督和诚信宣传，财政等部门建立风险补偿金和财政贴息制度，实现财政的资助政策、教育的组织体系、银行融资模式的协调统一，切实做到了“全覆盖”和“应贷尽贷”。2017年开发银行向贵州省发放生源地助学贷款22.98亿元，同比增长21%，创历史新高，惠及35万家庭经济困难学生。截至2017年年末，累计发放生源地助学贷款101亿元，帮助贵州省74余万贫困学子平等接受高等教育，同时将违约率控制在较低水平，得到了全国学生资助中心的充分肯定。

八、多措并举，助推定点扶贫县脱贫攻坚

国务院确定的中央国家机关和单位定点扶贫县中，开发银行4个定点扶

贫县有3个在贵州,分别是位于武陵山连片特困地区的务川、正安和道真县。开发银行秉承开发性金融理念,为三县提供发展顾问咨询和扶贫项目融资规划报告;并将支持三县发展生产与改善民生相结合,加大信贷投放,构建形成“融资融智并举、大小项目搭配、中长短期资金配合”的金融扶贫格局。截至2017年年末,累计向三县承诺贷款115亿元,发放84亿元,落实捐赠扶贫资金3477万元,为正安、务川、道真实现省级减贫“摘帽”发挥了积极作用。

开发银行将紧密结合贵州省脱贫实际和发展需要,抓重点、抓关键、抓落实、抓成效,积极做好金融扶贫工作,支持贵州加快经济社会发展、如期实现脱贫攻坚目标。

一是坚持“四到”和“三融”,完善体制机制。以易地搬迁资金专项基金和长期贷款的投放为契机,帮助各级部门进一步完善资金使用管理各项制度,确保各类资金合规高效使用。同时,积极配合国家和省有关部门做好对各地易地扶贫搬迁资金的监督检查和考核评价工作,防止一搬了之、一放了之。协助各地完善整合财政涉农资金方案和资金使用办法,确保资金及时投入项目建设;尽早将开发银行政策惠及16个连片特困地区贫困县,实现66个贫困县农村基础设施项目全覆盖;大力支持交通扶贫“双百”工程以及水利、能源等基础设施建设,破解贫困地区“难在路上、困在水上、缺在电上”的难题;继续推进“开发银行小额农贷”模式,在完善“四台一会”机制基础上,将贷款惠及更多贫困县;按照“应贷尽贷”原则,继续做好生源地助学贷款工作。

二是不断创新融资模式,扩大支持范围。探索“省带县、市带县”模式支持教育、医疗脱贫。教育扶贫方面重点探索支持中等职业学校建设,医疗扶贫重点支持贫困地区县级医院、乡镇卫生院、村卫生室等基层卫生机构及医疗卫生设备更新;以“旅游扶贫+”模式,将“四在农家、美丽乡村”等贫困村提升工程、旅游基础设施与特色小镇建设等项目结合起来大力推进;结合贵州“三变”经验,探索转贷款模式支持农业产业化扶贫;以易地扶贫搬迁后续产业发展和资产收益扶贫为重点,支持搬迁贫困群众发展产业脱贫。

三是加强组织保障,继续完善融资融智模式。继续探索通过党建合作促进和推动扶贫工作的工作方法。扶贫金融专员继续深入基层,发挥好“五员”作用,特别是要发挥好“融智”作用,积极为贫困县融资发展出谋划策;定点扶贫县挂职干部做好地方和开发银行联络工作，继续加大定点扶贫力度；完善相关考核制度和服务保障机制，确保扶贫金融专员能够深入基层专心开展扶贫工作；积极反映和交流工作中的新思路、新做法、新亮点。

四是强化风险管控，确保将好事办好。进一步加强各类扶贫贷款的自查和监管，坚持合规操作，坚决防止信贷资金滞留和被挪用等现象发生；把好项目准入关，完善融资方案，搭建好信用结构，加强扶贫业务全流程风险防控；积极做好与监管部门的沟通协调，保障扶贫业务可持续发展。

开发性金融支持云南省脱贫攻坚发展报告

云南省作为全国脱贫攻坚的主战场之一，贫困面大、贫困人口多、贫困程度深，打赢脱贫攻坚战事关全面建成小康社会，事关人民福祉，事关边疆繁荣稳定和民族团结进步。开发银行一直以来将支持云南省脱贫攻坚作为重点，充分发挥开发性金融在服务云南脱贫攻坚的重要作用，坚持大情怀大思路全力支持脱贫攻坚，因地制宜、开拓思路、创新方法、精准发力，为云南省脱贫攻坚作出积极贡献。截至2017年年末，开发银行在云南省中长期人民币贷款余额、外汇贷款余额、本外币贷款余额新增等十项指标位居全省金融机构第一，累计已发放精准扶贫贷款1021亿元，贷款余额831亿元。

一、加强银政合作，形成脱贫攻坚合力

2016年5月，开发银行与云南省委、省政府主要领导举行高层会谈，双方签署了《开发性金融支持云南省脱贫攻坚合作备忘录》（以下简称《备忘录》）。根据《备忘录》，未来五年，开发银行将切实加大对云南省贫困地区和脱贫攻坚领域的融资规模力度，在规划发展、重大基础设施建设、易地扶贫搬

迁、整村整乡推进、产业扶贫、生态保护脱贫、教育扶贫、民族团结进步示范区、兴边富民、“直过民族”聚居区、人口较少民族聚居区建设等方面，提供全面融资、融智支持。同时，开发银行云南省分行分别与省内有关厅局签订了交通建设、水利建设、职教、医疗扶贫补短板四个专项合作协议，支持云南省综合交通、水利、职教、医疗事业发展。进一步深化了双方银政战略合作关系，尤其是从顶层设计上进一步加大了开发银行对云南脱贫攻坚工作的支持力度。

二、稳打稳扎支持云南交通建设，破解云南脱贫攻坚瓶颈制约

云南省山区面积占全省国土面积的94%，行路难、出行难是阻碍贫困地区发展的最主要制约因素。开发银行始终将解决云南省交通问题作为工作的重点，开拓思路、勇于创新，研究金融支持交通扶贫的工作方案，解决项目融资中存在的难题，不断加大对交通建设，尤其是贫困地区交通建设的投入力度。截至2017年年末，对全省交通基础设施建设累计投放资金近2000亿元，同业占比超过1/3，解决了92个区县对外交通难题，帮助52个贫困区县完善对外通达，支持建成了全省65%以上的高速公路、25%以上的二级公路以及80%以上的铁路。

三、真抓实干破解云南缺水难题，深入推进“兴水强滇”战略实施

长期以来，云南省工程性缺水问题一直比较严重，群众因水受困、因水致贫现象突出。开发银行积极参与重点水源建设规划编制，提早介入设计筹资方案及融资模式，并按照统筹规划、政府指导、整合资源的原则，建议省政府遴选对解决缺水问题见效快、意义重大、短期内具备开工条件的水源工程统

一规划、统一审批、统一授信、统一设计还款来源以及信用结构，加快工作进程，实现水利项目的尽快落地。截至 2017 年年末，开发银行向云南省贫困地区发放水利贷款 120 亿元，惠及贫困地区建档立卡贫困人口 336 万人。

四、积极提供农村危房改造基础设施贷款，改善贫困村民居住环境

农危改项目有利于推进贫困村庄基础设施、公共服务和乡村环境的全面提升，实现农村生产生活方式的根本转变，是与贫困农民自身利益密切相关的扶贫之举。开发银行结合地方实际，按照“省级统贷、整体承诺、分县核准、分笔签约”模式，先期对云南省 2015—2019 年农村危房改造和抗震安居工程省级统贷项目（基础设施部分）承诺贷款 50 亿元，分 5 年实施，每年 10 亿元贷款支持全省 500 个省级示范村的污水处理、生活垃圾收运及处理、公厕建设、道路硬化、供水及农村道路照明 6 项基础设施建设。截至 2017 年年末，共实现贷款发放 21.48 亿元，支持了全省 16 个州（市）126 个县（区）974 个示范村的基础设施建设，使惠及的 55.82 万群众有了实实在在的获得感，受到广大贫困地区农户的高度好评。

五、只争朝夕率先完成易地扶贫搬迁专项建设基金及贷款双投放，为打赢脱贫攻坚首仗提供坚实保障

2016 年 4 月，开发银行按照“省负总责”要求，采用“省级统贷、整体承诺、分县核准、分笔签约”的模式，向云南省扶贫开发投资公司承诺贷款 227.5 亿元（中央贴息贷款），截至 2017 年年末，实现贷款发放 61.25 万元，惠及云南所有涉及易地扶贫搬迁的 122 个县（市、区），支持全省 65 万建档立卡贫困人口易地扶贫搬迁，有力支持了云南省做好易地扶贫搬迁工作。

六、真抓实干推进农村基础设施建设，改变贫困地区基础设施落后面貌

农村基础设施是贫困地区经济社会发展的重要基础，是扶贫开发中最迫切需要解决的问题。为积极支持和响应国家有关支持贫困县开展统筹整合使用财政涉农资金试点的精神，进一步提高资金使用效益，形成“多个渠道引水、一个龙头放水”的扶贫投入新格局，保障云南省贫困县集中资源打赢脱贫攻坚战，开发银行围绕贫困县农村基础设施等难点和“短板”，创新融资方式，积极为贫困县贫困户集中连片乡村道路、安全饮水、校安工程、农村环境整治等精准扶贫项目建设提供贷款支持，彻底破解当地脱贫攻坚的关键瓶颈，加快改善建档立卡贫困村基础设施的落后面貌。截至2017年年末，开发银行已通过整合财政涉农资金贷款模式，对云南省9个州市58个国家级贫困县2669个贫困村的乡村道路、安全饮水、校安工程、农村环境整治等农村基础设施项目，共计承诺贷款367亿元，实现发放211.6亿元。

专栏：补齐深层致贫的云南省职业教育、医疗卫生短板

为深入贯彻落实中央坚决打赢脱贫攻坚战的精神，提高云南省贫困人口的职业技能和就业能力，改善对云南省贫困人口的医疗服务能力和提升贫困人口健康水平，开发银行将此项工作作为重中之重抓紧推进，创新融资模式，按照“省级统贷、整体承诺、分项核准、分笔签约”的原则，为全省职教扶贫和医疗卫生扶贫领域积极争取522亿元授信支持，用于全省104个职教学校（园区）及107个县级公立医院和妇女儿童医院的建设。

职教、医疗扶贫专项贷款是对云南省脱贫攻坚补短板采取的针对性措施，是省委、省政府确定的全省脱贫攻坚重点和特色工作。该专项贷款符合中央有关精神，金额大、期限长、利率低，对云南这样的欠发达省份是十分宝贵的优质金融资源。2016年年底实现了第一期项目202亿元的整体授信承

诺,截至2017年年末,已实现贷款发放96.29亿元。开发银行攻坚克难,补齐职教、医疗卫生短板的工作取得了实在成效,切实改善了贫困群众教育、医疗等公共服务质量,得到了云南省委、省政府的高度认可。

七、坚持不懈独家开展生源地助学贷款,助力贫困学子圆大学梦,阻断贫困代际传递

治贫先治愚,扶贫先扶智。教育特别是高等教育是阻断贫困代际传递的治本之策。多年来,开发银行作为开展生源地助学贷款的主力金融机构,按照“应贷尽贷”的要求,与各级教育部门共同努力,助力贫困学子圆梦求学。截至2017年6月末,开发银行已向云南省累计发放助学贷款64亿元,年均增长近30%。支持贫困大学生80.95万人次,实现100%覆盖全省16个州(市)129个县区及71所高校。特别是2015年以来,每年助学贷款发放量均在10亿元以上。其中85%的资金支持云南藏区、乌蒙山区、滇桂黔石漠化区和滇西边境山区等连片特困地区,重点满足少数民族、少小民族、建档立卡贫困户家庭学生用款需求,精确瞄准教育最薄弱领域和最贫困群体。开发银行助学贷款已全面惠及云南每年高校录取学生中的贫困生源。

八、因地制宜依托龙头企业支持产业扶贫,推动“造血”型扶贫

贫困地区没有产业,扶贫开发就缺少支撑。开发银行努力创新服务“三农”融资模式,并采取“产业扶贫到村(户)”的方式,对祥云飞龙、遮放贡米、保山石斛等扶贫龙头企业给予中长期信贷投放11亿元,充分发挥现代农业在贫困群众增收中的基础作用。通过龙头企业带动农户种植、产品深加工和销

售等从第一产业到第三产业的全面融合发展，引入电商推动“互联网＋”与特色农业深度融合发展，打通云南地方特色农产品的销售渠道。切实实现“五个一批”工程中“发展生产脱贫一批”在脱贫攻坚工作中的关键作用。

九、满怀深情做好“挂包帮”“转走访”工作，举全行之力派驻扶贫金融服务专员为贫困地区提供融智服务

开发银行云南省分行与昭通市彝良县柳溪乡白虾村挂钩结对，会同地方政府集中人力、财力、物力为所驻村办实事、办好事，全力扶助白虾村年内脱贫出列：一是深入白虾村调研扶贫工作，为该村贫困户捐款6.9万元，为65户贫困户每户送上了1000—2000元的产业发展资金；二是协调300万元资金为该村修建进村道路，提供200万元贷款完善村内基础设施；三是驻村工作队自发在行内筹集捐款2万余元，为特困户献上开发银行员工的大爱真情；四是积极探索产业扶贫融资机制及模式，支持该村规模化特色养殖、种植。目前，白虾村已有62户建档立卡贫困户顺利脱贫，近三分之二的村民实现易地扶贫搬迁，昔日贫困落后的村庄如今换了新颜。同时，注重加强对贫困村基层党支部的帮扶，从党费中安排55万元用于昭通市彝良县柳溪乡、镇雄县芒部镇基层党组织活动场所修缮及设施更新，筑牢扶贫攻坚的微观基础，激发贫困地区群众脱贫致富的主体意识。开发银行还累计优选近40名处级干部、业务骨干分赴各州市交流挂职，担任金融扶贫服务专员，直接帮助基层单位申请和精准使用扶贫贷款、专项建设基金，发挥金融的力量，有效推动扶贫工作开展。

开发银行将围绕云南省脱贫攻坚实际，发挥开发性金融优势和作用，进一步加大融资融智支持力度，为云南如期全面完成脱贫攻坚任务、与全国同步全面建成小康社会作出积极努力和更大贡献。重点抓好以下几方面工作：一是创新融资模式，着力加强对贫困地区基础设施项目的支持。围绕《云南省五大基础设施网络建设规划（2016—2020）》，继续将改善贫困地区基础设

施作为扶贫工作重点，加强与地方政府合作，充分发挥投、贷、债、租、证等多种方式，创新金融产品，丰富融资模式，促进云南路网、水网、能源保障网、航空网、互联网五大基础设施网络建设，着力破解“难在路上、困在水上、缺在电上”的难题，改善贫困地区生产生活条件，为实现云南省全面脱贫打下基础。二是优化资金使用程序，提高脱贫攻坚项目资金使用效率。配合省级相关部门、各级地方政府加快落实农村危房改造、易地扶贫搬迁、职业教育扶贫、医疗卫生扶贫、贫困村基础设施等已承诺扶贫项目贷款发放、支付条件，理顺工作机制，简化、优化资金使用程序，加快信贷供给速度，提高资金使用效率，减少资金沉淀，降低资金使用成本，最大化发挥贷款资金的扶贫杠杆作用，为项目建设提供资金支持，保障项目建设进度。三是突出地方特色，积极推动贫困地区产业扶贫项目开发。加强与地方政府合作，强化“四台一会”建设，形成“政府主导、机制建设、统一借款、社会共建、农户受益”的批发式扶贫融资模式。加大与龙头企业和新型农村合作组织合作力度，结合各地资源禀赋，以供给侧结构性改革为指导，积极协助有关部门做好项目策划和融资方案设计，为贫困地区在培育项目、选准市场、打通销路等方面提供规划咨询服务，确保产业项目选得准、有实效，着力培育壮大贫困村集体经济，带动贫困农户脱贫致富。

开发性金融支持陕西省脱贫攻坚发展报告

陕西省属于贫困人口较多的省份。截至2015年年底,全省有国家级贫困县56个,建档立卡贫困人口为105.7万户316.7万人。贫困人口规模在全国排第9位,贫困发生率排第7位。2016年以来,开发银行充分发挥开发性金融扶贫主力军作用,按照“易地扶贫搬迁到省、基础设施到县、产业发展到村(户)、教育资助到户(人)”的工作思路,积极支持全省打赢脱贫攻坚战。截至2017年年末,累计投放精准扶贫资金401亿元,其中2017年发放241亿元。在产业扶贫、基础设施扶贫等方面积极创新,形成开发性金融扶贫“商洛模式”“开发银行+政府+省供销集团+农业龙头企业+贫困户”产业扶贫模式,并取得积极成效。陕西省委书记和省长都对开发银行支持陕西省脱贫攻坚工作作出批示。省委书记批示:“开发银行一直大力支持和保障我省的发展和民生工作,一定要坚持良好的合作。”省长批示:“开发银行对我省脱贫工作支持力度很大,我们要做好相关工作,使资金尽早到位、尽快发挥效益。”开发银行的工作同时也得到各级政府部门的认可和广大贫困群众的拥护。

一、统一思想认识，凝聚发展共识

一是顶层设计，开发银行陕西省分行成立脱贫攻坚专项工作小组，组建了脱贫攻坚强有力的战斗团队，发挥统筹推动作用。二是组织领导，开发银行陕西省分行及时召开扶贫开发工作会议，统一思想认识、强化责任担当、明确“四到”的工作思路、确定阶段性目标任务。三是落实考核，开发银行陕西省分行党委与各客户处签订目标考核责任书，强化扶贫工作考核管理。四是党建统领，把脱贫攻坚作为开展“两学一做”学习教育的重要实践，为脱贫攻坚提供坚强政治保障。

二、加强银政合作，夯实工作机制

一是构建合作框架。开发银行陕西省分行在全省率先与省发展改革委、省扶贫办签订了《易地扶贫搬迁合作协议》，与省供销集团签订了《产业扶贫开发合作协议》，与省移民集团签订了《易地扶贫搬迁贷款合作协议》和《易地扶贫搬迁专项建设基金合作协议》，与咸阳、宝鸡、商洛、安康、汉中、铜川、榆林、渭南等地市政府签署扶贫开发合作协议或“十三五”合作备忘录，构建省、市、县基本合作框架。二是加强内外部制度建设。首先理顺外部机制，与省移民办、移民集团、省农发行建立联席会议制度，推动全省易地扶贫搬迁工作建章立制，配合省级投融资主体组建，帮助集团完善治理结构，理顺融资机制；其次建设内部制度，建立易地扶贫搬迁项目开发、评审、授信审议绿通道，对扶贫项目随开发、随评审、随审议。起草编制易地扶贫搬迁规划、融资方案、项目管理办法、资金管理办法。三是探索新模式，在商洛市率先创建开发性金融支持脱贫攻坚新模式，将开发银行的资金优势、地方党委和政府的组织协调优势以及财政部门的就近监管优势紧密结合，为打开全省扶贫工作局面蹚出了新路。利用“四台一会”模式推进产业扶贫，搭建省级“四台一会”省供销集团扶贫模式，引入省再担保公司，以洛南县为试点搭建县级“四台一会”扶贫模式取得了积极成效。

三、坚持“四到”思路，创新模式精准施策

（一）易地扶贫搬迁“到省”，打好脱贫攻坚揭幕战

一是领导干部身先士卒，打开工作局面。开发银行陕西省分行领导先后20余次向省委、省政府领导汇报宣介开发银行信贷政策，灵活做好融资模式与陕西实际情况的衔接，取得了省政府和相关部门对开发银行工作的认可。二是积极参与顶层制度设计。协助全省易地扶贫搬迁工作建章立制，参与搬迁规划、实施方案、融资方案、项目资金管理办法、《政府购买服务协议》等文件的起草工作。配合省级投融资主体组建，帮助公司完善治理结构，理顺融资机制。推动省移民办、移民集团、省农发行与开发银行建立了四方联席会议制度，搭建工作平台。三是实现大额资金投放。按照省级投融资主体“统一贷款、统一采购、统一还款”的融资模式，向全省“十三五”易地扶贫搬迁授信437.5亿元，实现资金投放77.9亿元。

（二）基础设施“到县”，多措并举改善贫困地区人居环境

一是整合财政涉农资金，支持贫困村基础设施建设。不到半年时间向全省51个贫困县承诺贫困村基础设施贷款195.39亿元，已发放111亿元，惠及4295个贫困村510万人，能够建设2.3万公里村组道路、1537个校安工程项目，解决了251万人的安全饮水和3566个贫困村的环境整治问题。二是稳定支持重大基础设施建设。向省交建集团发放25亿元流动资金贷款，用于贫困地区高速公路维护改造；向省交通投资公司承诺农村公路项目贷款112.85亿元；积极开发交通“双百”工程项目，开展西银铁路等项目评审授信工作。

（三）产业“到户到村”，探索贫困群众长效增收致富新路径

立足陕西资源产业优势，突出贫困人口直接受益，因地因产业因项目制宜创新模式，“抓住重点、建立条线、全面推开”点、线、面结合。2016 年以来累计向中小企业、农村合作社、旅游、煤化工等扶贫项目发放贷款94.5 亿元。一是抓住重“点”，推动多个行业的产业项目，向旅游、电力、化工等重点特色产业发放扶贫贷款 85.8 亿元。二是建立条“线”，搭建以省供销集团为龙头的省级产业扶贫机制，充分发挥陕西省供销社体系机制作用，确定合作额度 30 亿元，已发放贷款 0.43 亿元，支持 8 个贫困县 9 家龙头企业带动建档立卡贫困户 3000 户。该模式得到国务院领导的批示肯定。三是全“面”推开，运用“四台一会”机制促进产业扶贫，批量支持贫困地区对脱贫具有较大带动作用的中小企业，发放中小微企业贷款 8.23 亿元。

专栏：“政府 + 供销集团 + 金融 + 龙头企业（合作社）+ 贫困户”模式

陕西省充分发挥供销社体系机制作用推进产业精准扶贫，探索“政府 + 供销集团 + 金融 + 龙头企业（合作社）+ 贫困户”模式，开发银行与陕西省供销系统合作建设金融产业扶贫省级“四台一会”模式。向省供销集团投入 0.2 亿元国家专项建设基金，截至 2017 年 6 月末，对省供销集团的首批 1 亿元流贷授信承诺已完成，贷款发放 0.43 亿元，该笔资金用于支持涉及 8 个贫困县的 9 家龙头企业，可直接或间接带动近 3000 户建档立卡贫困户脱贫。

该模式主要有以下几个特点：一是把开发银行的融资融智优势与省供销社的组织体系优势、农业行业资源优势相结合，把开发性金融信用资源嵌入供销社产供销体系，以组织化、社会化、批发化方式，系统性地解决千家万户的融资约束。二是以财政扶贫资金为杠杆，以金融为支撑，以契约形式建立“五位一体”利益共同体。贫困户融入企业全产业链条，得到多种收益，有效规避市场波动风险；供销集团扩大了资本，拓展了业务，与龙头企业形成了利益捆绑，可共同打造农产品品牌，共同建设销售渠道，共同承担市场风险；龙头企业（合作社）得到了土地、项目、资金等多方面支持，推动做大做强；政府

找到了精准扶贫新的载体，助推了地方特色主导产业发展。开发性金融“四台一会”模式打通了资金“借用管还”路径，保障了资产安全。三是可有效整合各项扶贫资金，提高资金投放的针对性，提升扶贫资源利用率。政府财政系统将扶贫资金由“撒胡椒面”转变为贫困户股金，集中投向龙头企业，企业带动发展产业，使财政扶贫资金变成资本，用于扩大再生产，扶贫更有针对性。通过“四台一会”机制将开发性金融扶贫资金与财政资金、企业资金相结合，有效放大财政资金使用效率，也增加了企业资本。四是提升了金融精准扶贫的可持续性。通过政府推动、市场运作、龙头带动，搭建平台聚集资源要素，加快发展当地优势特色产业，增强了“造血”能力；贫困户通过股份收益、土地流转、就地打工等方式，获得工资性、经营性、投资性等多种收入；带动一家一户与大市场有效对接，帮助贫困户规避市场风险。五是充分发挥政治和制度优势，政府强力推动，政策配套带动，各方联合行动，形成产业精准扶贫“组合拳”。统筹金融扶贫与财政扶贫、专项扶贫、行业扶贫、社会扶贫等资源，系统推动产业精准扶贫。

（四）教育扶贫“到户”，推动阻断贫困代际传递

截至2017年年末，开发银行已向陕西省发放生源地助学贷款82.5亿元，支持135万人次的贫困家庭大学生，其中2017年发放贷款7.37亿元，惠及10.9万名贫困大学生。

四、发挥融智优势，提供智力支持和人才保障

一是规划先行。积极参与省“十三五”易地扶贫搬迁规划和省“十三五”脱贫攻坚系统性融资规划的编制工作；为安康市宁陕县、铜川市宜君县、印台区三个国家级贫困县编制《“十三五”脱贫攻坚融资规划》，帮助制定差异化脱贫路径。二是选派交流干部。向全省选派了10名金融服务专员，向南郑县选

派了2名驻村联户扶贫干部，向省委组织部推荐了4名挂职副县（区）长。三是与地方政府联合举办扶贫开发融资业务培训。联合省移民办、移民集团对10个地市97个县区500余名干部进行易地扶贫搬迁财务管理培训，在商洛、渭南等地市对扶贫资金使用、易地扶贫搬迁可研报告编制及四项审批手续办理进行专题培训，帮助贫困地区干部更好地掌握扶贫融资政策，了解开发性金融支持脱贫攻坚的理念和做法。四是加强政策宣传与典型推介。总结扶贫开发融资案例和模式，参加省金融团工委第一届双提升活动，“五位一体”产业精准扶贫等六个典型模式获“金点子”方案。在金融时报、陕西日报等媒体，宣传介绍开发银行支持脱贫攻坚的方法和经验，总结脱贫攻坚的好做法好思路。

开发银行将以习近平总书记关于脱贫攻坚的系列重要讲话精神为指引，全面贯彻落实中央经济工作会议、全国扶贫开发工作会议和全行年度工作会议精神，坚持精准扶贫、精准脱贫基本方略，坚持发挥开发性金融的功能和作用，坚持“四到”的工作思路和方法，以服务供给侧结构性改革为着力点，聚焦精准，突出脱贫，注重实效，为陕西省决胜脱贫攻坚战提供全力支持和服务。

开发性金融支持甘肃省脱贫攻坚发展报告

2016年以来，开发银行围绕甘肃省“1+17”精准扶贫工作方案，着力构建到省到市到县扶贫工作机制，保障信贷资金到村到户到人，在易地扶贫搬迁、村社基础设施、特色富民产业、助学贷款等重点领域统筹发力、积极试点，探索通过区域经济发展带动农户脱贫增收的路子，发挥好金融扶贫排头兵作用，累计发放各项扶贫贷款442亿元。

一、助力“易地扶贫搬迁脱贫一批”

牢牢把握“省负总责”原则，按照国家有关政策要求，密切财政、发改等主要部门常态化沟通，参与全省方案编制，建立省级平台和政策框架，理顺全省“借、用、管、还”机制。2016年2月19日，开发银行甘肃省分行与甘肃省财政厅签订《易地扶贫搬迁贷款合作协议》，约定向甘肃省“十三五”易地扶贫搬迁提供全额融资支持。根据国家确定的全省“十三五”搬迁任务，落实285亿元正式贷款承诺。截至2017年年末，已按各县（区）项目审批进度完成核准115亿元，其中2016年项目已核准53亿元，2017年计划项目核准62亿元，累计投放贷款113.4亿元,覆盖全部有搬迁任务的县(区)。后续还将全面考虑“稳得住、能致富”问题,在做好建档立卡户搬迁全额融资保障的同时,努力破解同步搬迁融资模式和后续产业扶持两大课题,支持甘肃省完成好“十三五”易地扶贫搬迁任务。

二、支持“发展生产脱贫一批”

经过近几年的探索,开发银行在甘肃省已经形成分层施策的产业扶贫思路和模式,坚持普惠金融与特惠金融相结合,针对不同类型用款人,分别建立批发统贷机制,分层次解决资金需求。对普通农户,主要通过村级互助资金解决贷款难题;对小微加工企业、农业合作组织,推动建立政府增信措施,通过“四台一会”模式予以支持;对农业龙头企业,实施产业扶贫专项贷款工程或开展扶贫转贷款业务。2016年以来,试点向两当、徽县、积石山、临洮、通渭5个县区2000多户农户承诺互助资金小额信用贷款7400万元、发放2768万元,并在18个贫困县继续推广;2016年以来共向天水市一次性承诺互助资金贷款20亿元、发放13亿元,实现全市1034个建档立卡贫困村全覆盖。与甘肃银行合作,在陇南完成省内首笔5000万元扶贫转贷款落地,支持电商扶贫带动农户发展。在通渭实现省内首个光伏扶贫村级电站项目贷款承诺。未来将进一步发挥批发业务优势,创新产业扶贫融资机制,与省财政厅共同探索推进产业扶贫专项贷款工程,促进特色产业培育和县域经济提升,充分发挥龙头企业、农业合作组织脱贫带动作用。

三、推进“生态补偿脱贫一批”

2016年一季度,结合内外部各项支持政策,针对甘南州生态文明小康村项目提出“统一规划,分年实施”的思路,协助甘南州就成熟度较高的2015—2016年实施部分统一编制实施方案,整合项目,克服长期以来项目“小而散”

的问题，同时探索整合财政资金，保障项目资本金和还款资金来源，为大额融资创造条件。2016 年 4 月，实现 18 亿元贷款承诺，目前已实现 18 亿元贷款发放，成为甘南州建州以来一次性获得的最大额度贷款支持，将惠及建档立卡贫困人口约 5800 户 25000 人。

四、落实“发展教育脱贫一批”的要求

截至 2017 年年末，累计向甘肃省发放生源地信用助学贷款 93.43 亿元，资助 65.71 个县区 57 万贫困学生，其中对建档立卡贫困家庭实现全覆盖，2017 年建档立卡贫困家庭学生贷款占比 60% 以上，2018 年预计发放贷款 16 亿元以上。同时，在全国打赢教育脱贫攻坚战现场会上与省教育厅、教育部中国教学仪器设备有限公司签署《助力教育脱贫协议》。后续三方将按照省级统筹、地市承接、县区实施的模式，通过 PPP 方式，在未来 5 年分 3 批滚动实施甘肃省贫困地区教育扶贫项目，融资总额 100 亿—120 亿元，用于贫困县（区）教育教学仪器购买及相关配套基础设施建设，其中 2017—2020 年项目一期融资 30 亿元，力争 2017 年选择 1—2 个积极性高的地区实现项目落地。

专栏：开发银行支持甘肃省生源地助学贷款情况

2007 年，开发银行探索建立以学生资助中心建设为基础、以政府统筹协调为手段、以推动信用建设为保障的运行机制，在甘肃会宁县成功启动全国生源地信用助学贷款，助力破解民生瓶颈、发展普惠金融。会宁试点以来，开发银行坚持走社会化、组织化、具有开发性金融特色的助学贷款发展之路，以省学生资助中心为管理平台，以各县区学生资助中心和基层政府为操作平台，不断巩固完善业务机制。

目前，开发银行在甘肃省累计发放贷款 79 亿元，实现了 86 个县区全覆盖，累计资助 57 万贫困学生、144 万人次，累计本息回收率 98.6%。以此为基础，开发银行也逐步确立民生业务“用批发的方式解决零售的问题，用统一的

标准模式解决千家万户的共性问题”的核心理念。

贷款政策：利率执行基准（目前4.9%），额度研究生每年不超过12000元，其他学生（本科、大专高职等）每年不超过8000元，期限一般不超过20年（3年宽限期），主要用于学生学费、住宿费，学生在校期间由财政全额贴息，毕业后自付本息。

五、融资保障贫困地区基础设施改善提升，夯实脱贫发展基础

在省级合作层面，与省财政厅、省交通厅、省水利厅做好对接，继续全额落实通村道路、安全饮水项目资金保障。2017年发放通村道路贷款40亿元，累计向全省通村道路、农村饮水安全工程提供68亿元贷款，支持建设通村路近4万公里，解决了145万人口饮水安全问题。在市县合作层面，紧抓整合财政涉农资金政策机遇，因地制宜、因县施策，采取市带县、直对县两种模式加快推进贫困村基础设施项目落地。2015年年末以来，即先后在革命老区、藏区等扶贫重点区域先行探索县级、州级财政资金整合，支持贫困村基础设施建设，以甘肃省“整村推进”扶贫机制为基础，通过整合县级财政资金，向革命老区华池县提供资金5500万元，解决6个核心村基础设施建设资金难题。2016年国办22号文发布后，开发银行以陇南市为试点，力争实现重点突破，形成示范效应，两个月就完成整合财政涉农资金支持贫困村基础设施项目60亿元贷款承诺、34.4亿元贷款发放。创新融资模式，在张掖、武威统筹推进祁连山自然保护区农村基础设施和生态环境综合整治，完成11亿元贷款承诺，2017年实现发放6000万元；在甘州实现整区（县）高标准农田项目合作，发放贷款2亿元。

开发银行对甘肃脱贫攻坚的金融支持，不仅体现在大额资金的及时到位，更体现在其聚焦战略方向、瞄准政府热点、创新模式、建设机制的主动担当。从省级统筹通村道路、安全饮水、易地扶贫搬迁，到贫困村基础设施到

县，从产业扶贫互助资金到村、到户，到助学贷款资助到人，无不体现开发性金融规划先行、雪中送炭的作用。这当中，开发银行通过干部挂职、业务培训等方式，向市县政府提供融智支持。连续2年派出10名扶贫开发金融服务专员，赴集中连片贫困地区所在10市（州）挂职交流，专职从事开发性金融扶贫工作。先后在北京举办3次开发性金融支持秦巴山区、六盘山区、四省藏区脱贫攻坚干部培训班，累计参训干部65人。

开发银行将全面贯彻落实中央经济工作会议、全国扶贫开发工作会议和全行年度工作会议、扶贫开发工作会议精神，深刻理解习近平总书记有关脱贫攻坚重要指示精神，坚持开发性金融功能作用，按照“三融”脱贫策略、“四到”工作思路和方法，进一步深化完善开发性金融支持甘肃脱贫攻坚的框架和体系，在打赢脱贫攻坚战和全面建成小康社会进程中展现新担当、实现新作为。

易地扶贫搬迁方面。围绕“搬得出、稳得住、能致富”目标，构建“产业与搬迁同步谋划”的支持体系，做好建档立卡户、同步搬迁户融资保障，实施搬迁人口稳定脱贫，利用各类产业扶贫业务，重点在发展产业、解决就业、壮大集体经济上下功夫。一是足额保障建档立卡户专项贷款需求。充分利用额定范围和开发银行各类产业配套扶持政策，有效对接各县区易地扶贫搬迁实施方案，方案中充分考虑搬迁后产业发展事宜，特别是谋划好剩余资金的产业安排，摸清各地组织方式，强化各地政府和发改部门协调沟通，做好长期贴息贷款发放，全力加快资金支付，提高资金使用效率，用足用好3.5万元/人长期贴息贷款政策。二是全力支持搬迁后产业发展。区分实施方案内、外两部分，分类施策。方案内，即3.5万元/人的专项贷款方案内，在满足建房、基础设施及公共服务等硬件的基础上，与各地实时推进产业发展谋划，优先结合开发银行熟悉的领域或正在推进的领域，将剩余专项贷款资金用于后续产业发展，如注入村集体光伏电站、形成分红收入，或建设厂房、物流园或商铺、形成租赁收入，保障搬迁群众有稳定增收来源。同时，与互助资金小额信贷相结合，将剩余资金注入集中安置区村级互助资金协会，作为搬迁群众生产启动资金。此外，各地可结合实际，多渠道增加群众经济收入，全面探索“易地扶贫搬迁+”的新模式。方案外，即3.5万元/人的易地扶贫搬迁专项贷款无剩余资金，对此类搬迁群众的后续产业发展，可以按照开发银行产业扶贫的多种方式给予支持。三是针对同步搬迁户，按照“省级统贷＋分县自愿采购”的模式，破解同步搬迁户融资瓶颈。

农村基础设施方面。构建“贫困县涉农基础设施＋非贫困县农村基础设施＋重大专项基础设施”的分领域支持体系。一是以贫困村脱贫退出为首要目标，统筹支持路、水、电、房、网、幼儿园、卫生室、文化中心、村容村貌等基础设施建设达到贫困村退出验收标准。二是以美丽乡村、现代农业提升工程为载体，按照脱贫退出、政策不变的要求，统筹推进贫困村基础设施提升和非贫困村基础设施建设，在防控风险的前提下，协助财政部门做好政府负债限额管理，合理测算需求。三是探索 PPP 模式实施农村人居环境综合整治项目。具体实施中，由县（区）政府指定一家平台公司代表政府出资，通过公开方式优先选择市级平台公司或县（区）其他国有公司作为社会资本方，共同组建项目公司，承担项目建设、运营、维护等责任，并承接开发银行信贷资金。

产业扶贫方面。以产业发展为着力点，构建“全产业链扶持＋分层授信”的支持体系，充分利用特色产品开展特定产业扶贫，努力推动贫困地区形成市场稳定、带动作用明显、长期可持续发展的产业体系，促进有劳动能力和劳动意愿的建档立卡贫困户增强自我发展能力和意愿，通过生产、经营或资本收益等多种形式参与产业发展，形成较为稳定、持续的收入。一是重点支持千万级及以上需求的龙头企业。结合农业供给侧结构性改革，以产业扶贫专项贷款工程为重点，以扶贫转贷款、省级农业信贷担保等手段为补充，发挥企业引导作用，建立贷款企业带动农户致富的机制，构建农村富民产业体系，保障农民持续稳定增收，切实增强县域经济实力。灵活运用“四台一会”模式，解决好几十万至百万级的小微企业和农业合作组织融资难题。二是继续做好村级互助资金小额信贷。有效解决 1—3 万元需求的贫困户、与贫困户条件相近的非贫困户融资难题和贫困户脱贫后发展产业资金需求。三是充分探索特色产业支持。积极探索光伏扶贫等资产收益扶贫。在张掖、酒泉等河西地区积极探索高标准农田产业扶贫方式。在完善乡村旅游基础设施基础上，在旅游资源较为丰富的地区，积极开展乡村旅游相关产业扶贫。

教育资助方面。按照“应贷尽贷”要求，继续加大生源地助学贷款支持力度；在此基础上，寻求"两后生"职业培训模式在甘肃新突破，积极探索职教基础设施、中教仪集团教育扶贫等试点，寻求更多资源支持教育扶贫。

健康扶贫领域。探索县域健康扶贫融资模式，支持基层医疗卫生机构建设。利用好现有涉农基础设施评审政策，支持好贫困县基层医疗；支持贫困地区县级医院、乡镇卫生院、村卫生室等基层医疗卫生机构建设以及医疗设备更新配置、远程医疗建设等。

此外，主动做好政策、资源整合，全力支持甘肃省内深度贫困地区脱贫发展。以甘肃省"两州两市"4 个深度贫困市州 23 个深度贫困县为金融扶贫主战场，坚持以区域发展为基础，以发展促脱贫，通过易地扶贫搬迁、农村基础设施、产业扶贫专项贷款、生源地助学贷款及交通、水利等各领域、全产品的结合，集中发力打好"组合拳"，提高深度贫困地区贫困人口受益水平，增强贫困地区、贫困群众的自我发展能力。

开发性金融支持新疆维吾尔自治区脱贫攻坚发展报告

党的十八大以来,以习近平同志为核心的党中央将脱贫攻坚纳入"四个全面"战略布局,把贫困人口脱贫作为全面建成小康社会的底线任务和标志性指标,在全国全面打响了脱贫攻坚战。2017 年 3 月,习近平总书记在参加十二届全国人大五次会议新疆代表团会议时强调,新疆要全面落实精准扶贫、精准脱贫,把南疆贫困地区作为脱贫攻坚主战场。2017 年 6 月,自治区党委书记要求,要深入贯彻落实习近平总书记系列重要讲话精神特别是关于扶贫开发的重要指示精神,"啃硬骨头""打攻坚战",确保如期完成脱贫目标,与全国一道全面建成小康社会。一直以来,开发银行坚持以开发性金融落实中央治疆方略、服务国家战略重点,以中长期投融资为手段,以南疆四地州和贫困县特别是深度贫困地区为重点,全力以赴、精准发力支持新疆打赢脱贫攻坚战,努力发挥金融支持新疆稳定发展的重要支撑作用。

一、深刻认识脱贫攻坚事关全面建成小康社会的重大战略意义

（一）打赢脱贫攻坚战是党中央全面建成小康社会的重大战略布局

习近平总书记指出，要把扶贫攻坚抓紧抓准抓到位，坚持精准扶贫，决不让一个少数民族、一个地区掉队。到2020年实现农村贫困人口如期脱贫、贫困县全部"摘帽"、解决区域性贫困问题，打赢脱贫攻坚战，事关全面建成小康社会，是党对全国人民作出的庄严承诺。

（二）打赢脱贫攻坚战是新疆社会稳定和长治久安的重要基础

新疆作为特殊的边疆民族地区，贫困人口多、贫困程度深，脱贫攻坚任务繁重。特别是南疆四地州是新疆反恐维稳和脱贫攻坚的主战场，是全国14个集中连片特困地区之一，打赢南疆脱贫攻坚战，是新疆稳定发展的压舱石，事关新疆与全国同步建成小康。

（三）打赢脱贫攻坚战是开发性金融机构肩负的政治使命

《中共中央　国务院关于打赢脱贫攻坚战的决定》要求，开发银行成立扶贫金融事业部，发挥开发性金融的优势和作用。开发性金融以服务国家战略为宗旨，将政府的组织协调优势、市场的资源配置作用、开发性金融的中长期投融资紧密结合，探索构建市场化、可持续的扶贫开发融资机制，为打赢脱贫攻坚战提供持续的内生动力。

二、积极推进开发性金融支持新疆脱贫攻坚的实践探索

一直以来，开发银行紧密围绕社会稳定和长治久安的总目标，将支持新疆稳定发展作为崇高使命和政治责任，精准发力支持新疆脱贫攻坚。截至2017年年末，累计发放精准扶贫贷款436亿元，贷款余额309亿元，支持了易地扶贫搬迁、农村基础设施、重大基础设施、社会综合治理设施、教育设施、新型城镇化建设以及产业扶贫等重点领域和薄弱环节，实现对全疆35个贫困县综合金融服务全覆盖，努力担当金融扶贫的先行者、生力军。

（一）以顶层设计为统领，引领金融扶贫工作

2014年，习近平总书记在第二次中央新疆工作座谈会上提出，要加大扶贫资金投入力度，对南疆发展，要从国家层面进行顶层设计，实行特殊政策。按照中央部署，开发银行立即行动，积极研究在喀什设立二级分行。2015年，喀什分行在南疆重镇喀什正式营业，业务覆盖南疆三地州，新疆分行至此成为开发银行系统内首家具有"1+2"管理架构（含伊犁分行）的省级分行。自成立以来，喀什分行已累计发放贷款145.52亿元，全口径管理资产172亿元，并积极支持《喀什地区"十三五"易地扶贫搬迁融资规划》《喀什市"十三五"发展融资规划》《喀什市"十三五"扶贫攻坚融资规划》等编制工作，有力促进了南疆开发建设。

围绕自治区党委将南疆四地州作为脱贫攻坚主战场，加大资金、项目向南疆倾斜的战略部署，开发银行积极推动深化扶贫开发与新型城镇化建设的紧密结合。2016年12月，在新疆维吾尔自治区党委和开发银行主要负责同志的见证下，自治区与开发银行签署脱贫攻坚融资合作协议并召开双方高层联席会。2017年4月，开发银行完成有关项目整体授信工作，6月底向首批4个项目发放贷款8亿元，推进产城融合，促进农村人口向城市聚集，就近实现贫困人口转移就业。

（二）以社会综合组织设施为抓手，助力新疆社会稳定和长治久安

稳定是扶贫的前提和基础，扶贫是稳定的途径和保障。开发银行坚决落实自治区党委战略部署，优先确保对有关项目的信贷投放，累计支持全疆33个社会综合治理设施项目建设，承诺贷款123.5亿元、发放贷款69亿元，积极保障项目早日开工和顺利建设，全力促进自治区党委部署的项目早建成、早见效。

围绕推进边境地区贫困人口脱贫，开发银行创新模式，通过统筹整合财政涉农资金构建融资模式，向克州"一市三县"36个抵边村"九通九有"①农村基础设施扶贫项目已发放贷款3.52亿元，覆盖建档立卡贫困村20个，受益人口近2万人，对促进边境扶贫、边防巩固、社会稳定起到了积极探索作用。

专栏：统筹整合财政涉农资金支持克州抵边村兴牧固边案例

克州位于全国14个集中连片特困地区——新疆南疆四地州之内，辖区内"1市3县"为边境县、国家级贫困县、扶贫开发重点县，贫困发生率居全疆第2位，贫困人口数量居全疆第3位，脱贫固边任务繁重，特别是20个建档立卡贫困村尤为突出。开发银行秉持"政府热点、雪中送炭、规划先行、信用建设、融资推动"的开发性金融理念，多次主动与克州政府对接，积极探索整合财政涉农资金，创新融资模式支持克州抵边村兴牧固边。

一是兴牧固边，紧扣政府战略重点发挥开发银行资金引领作用。克州边境村沿边境散布高山中，面临自然环境恶劣、灾害频发、基础设施落后的问题，自治区和克州党委政府深入研究后，提出边境村"九通九有"全覆盖的兴牧固边战略。开发银行紧扣地方需求，结合统筹整合财政涉农资金的有关政策，积极支持边境村"九通九有"等农村基础设施建设。

二是精准扶贫，系统性一体化补基建短板兴牧业乐安居。该项目建设内

① 注："九通"是指通路、通水、通电、通电话、通广播电视、通信息、通暖气、通邮、通客运班车。"九有"是指有办公议事场所、有强有力领导班子、有稳定增收产业、有垃圾投放点、有文化室、有卫生室、有双语学前教育场所、有文化体育活动场所、有惠农超市。

容为“九通九有”，建设内容系统全面，既实现系统性全覆盖补齐抵边村短板，又实现精准发展产业兴牧固边。特别是项目建设内容涵盖农村棚圈建设、林果种植、草料基地等富民兴牧设施建设以及购买育肥子畜、生产母畜，处处精准发力，对于促进当地牧民提升生产能力、提高生产效率、精准脱贫、改善生产生活条件具有重要现实意义。

三是连片覆盖，政银企协力共助1市3县36村整体推进。该项目通过统筹整合财政涉农资金，将20个建档立卡贫困村和16个非建档立卡贫困村，分别按一期、二期项目同步授信，一次性解决了克州所辖1市3县全部36个抵边村的融资需求，实现对克州延绵1130公里边境线抵边村的全覆盖；充分发挥政府主导作用，实现银政企协力脱贫攻坚，创新和丰富克州投融资体系；将最新的财政新规与开发银行信贷政策结合，一次性大额授信4.2亿元，既解决项目资金缺口，又搭桥解决项目各专项资金时滞影响集中施工的问题，充分发挥了开发性金融的引领作用。

（三）以南疆喀什地区为重点，协同推进易地扶贫搬迁

易地扶贫搬迁是脱贫攻坚的“头号工程”。2016年以来，开发银行认真贯彻国家五部委《“十三五”易地扶贫搬迁工作方案》要求，协同配合自治区发展改革委、财政厅、扶贫办等有关部门，圆满完成自治区易地扶贫搬迁项目评审承诺，两年来已累计投放贷款19.8亿元，共涉及4个地州、16个县市，惠及建档立卡贫困人口56557人，其中：2017年发放贷款16.2亿元，惠及建档立卡贫困人口46231人，支持了喀什地区11个县市的易地扶贫搬迁项目建设。

与此同时，注重推进搬迁与新型城镇化、新农村建设、旅游开发、产业发展、促进就业“五个结合”，累计发放贷款233亿元，重点支持了富民安居、定居兴牧“两居”工程和棚户区改造等保障性安居工程，以及公共设施、教育、卫生、文化等城市基础设施项目，助力贫困地区加强公共服务能力建设，优化并提升对贫困人口的公共服务。

（四）以基础设施建设为载体，促进贫困地区经济加快发展

新疆贫困地区基础设施欠账较多。开发银行充分发挥在“两基一支”领域的传统业务优势，强化基础设施“先行官”的扶贫效应，累计发放贷款240亿元，支持了以阿尔塔什水利枢纽、三岔口至莎车高速公路、库车机场、喀什热电厂等项目为代表的重大基础设施建设，助力贫困地区加快促投资稳增长。

围绕打通贫困地区基础设施建设“最后一公里”，通过统筹整合财政涉农资金等多种模式，积极探索促进贫困农村提升工程，发放贷款118亿元，重点支持了农村道路、安全饮水、人居环境整治、校安工程等农村基础设施项目建设，积极促进城乡公共服务一体化和协调发展。

（五）以产业及教育扶贫为长效机制，深入推进脱贫可持续

产业扶贫是脱贫成果可持续的重要手段。围绕自治区支持纺织产业发展的战略部署，开发银行向江苏金昇利泰丝路、富丽震纶等重大纺织项目发放贷款27亿元，带动南疆3500多名各族群众就业，并积极支持南疆农产品深加工、中小企业等劳动密集型产业发展，助力贫困地区群众就业增收。此外，积极推动南疆超大型“火烧云”铅锌矿资产收益扶贫项目前期工作，探索构建进一步助力南疆产业扶贫的重大项目。

教育是长效脱贫的基础。开发银行向新疆发放贷款31亿元，支持1837个双语幼儿园建设；发放助学贷款944万元，支持新疆高校家庭经济困难学生1945人次；举办“开发性金融支持南疆四地州脱贫攻坚地方干部研讨班”等培训50余次，向全疆35个贫困县所在的8个地州派遣扶贫金融服务专员，加强金融扶贫知识的宣介、培训，融资融智融制推进金融扶贫各项工作。

三、以第六次全国对口支援新疆工作会议召开为契机，继续深入推进金融扶贫重点工作

金融是有效配置资源的重要手段，金融扶贫对贫困地区的市场建设、信用建设以及贫困人口的信用意识培养具有十分重要的意义。作为服务国家战略的开发性金融机构，开发银行将继续为脱贫攻坚提供可持续的资金来源，通过市场建设、信用建设，聚集财政资金、信贷资金、社会资金的投入，有效增加扶贫资金总量和来源，扩大扶贫开发工作成效。同时，通过开发性金融的市场建设、信用建设，积极帮助贫困人口逐步增强金融意识、信用意识，激发贫困人群发展生产、脱贫增收的内生动力，用辛勤劳动创造财富和美好幸福生活，走上全面建成小康社会的康庄大道。

脱贫攻坚贵在坚持、难在可持续。开发银行将继续紧紧围绕社会稳定和长治久安总目标，以服务供给侧结构性改革为主线，以南疆四地州特别是深度贫困县为重点，展现促进新疆稳定发展的新担当、新作为。

开发性金融支持青海省脱贫攻坚发展报告

青海省集高原地区、西部地区、贫困地区于一身，贫困覆盖面广，贫困发生率高，扶贫成本高，脱贫难度大。省内连片特困地区主要位于四省藏区和六盘山片区，全省43个市县中，除西宁市市辖区外，其余42个市县全部在全国832个国家级贫困县和集中连片特困地区县名单内，现有建档立卡贫困人口53万人，贫困发生率13.2%。2016年以来，开发银行按照“党建统领、高层推动、一线开发、二线跟进、三线保障”的思路，开展“脱贫攻坚百日大会战”，开发性金融助力青海省脱贫攻坚取得了积极进展。

一、“投贷结合”给予易地扶贫搬迁大额融资

根据《青海省“十三五”易地扶贫搬迁规划》，“十三五”期间，青海省易地扶贫搬迁任务为20万人，其中建档立卡户11.89万人，总投资为66.88亿元。2016年，开发银行给予该项目一次性承诺68亿元。同时，积极推动青海省扶贫局与省扶贫开发投资公司签订《政府购买服务协议》，按照协议条款，开发银行已完成25.4亿元授信核准工作，2016年实现发放300万元。另外，开发

银行积极与省扶贫局、省扶贫开发公司积极沟通，于2016年6月12日实现全国首笔“省负总责”易地扶贫搬迁项目5亿元专项建设基金的发放。

二、整合财政涉农资金，创新支持贫困县农村基础设施建设

紧抓国家支持贫困县开展统筹整合使用财政涉农资金试点的政策机遇，开发银行青海省分行抽调27名党员业务骨干，组成8个扶贫开发工作组，按照“党建统领、高层推动、一线开发、二线跟进、三线保障”的思路，全力开展“脱贫攻坚百日大会战”。各工作组努力克服高寒缺氧、路途艰险等多重困难，深入全省42个贫困县开展工作，现场谋划项目，现场推动开发，现场宣介金融扶贫，以贫困村基础设施建设为重点，提升地区经济发展能力，“脱贫攻坚百日大会战”取得丰硕战果：截至2017年6月末，共开发储备基础设施到县项目贷款需求394.7亿元，承诺贷款325.35亿元，签订合同270.22亿元，累计发放142.66亿元。

专栏：开展“脱贫攻坚百日大会战”

2016年，开发银行青海省分行开展“脱贫攻坚百日大会战”，选拔党员业务骨干“上战场”，发挥党建对脱贫攻坚工作的统领作用，把脱贫攻坚作为“大浪淘沙”的“试金石”和“淬炼场”，锤炼了党性，砥砺了品格，增强了本领，也为下一步发展凝聚了宝贵的精神财富。各工作组努力克服高寒缺氧、路途艰险等多重困难，深入全省42个贫困县开展工作，现场谋划项目，现场推动开发，现场宣介金融扶贫，以贫困村基础设施建设为重点，提升地区经济发展能力，“脱贫攻坚百日大会战”取得丰硕战果。

“大会战”的重大意义体现在：通过“会战”，有力落实了“基础设施到县”的总体布局，实现了助力青海打赢脱贫攻坚战的良好开局，同时也进一步密切了银政合作，为发挥开发性金融在青海的作用奠定了基础。

“大会战”的重大意义还体现在：通过此次“会战”，总结出了开发性金融扶贫的青海经验，即：坚持党的领导这“一个根本”，突出围绕中央、青海以及总行党委战略决策部署以及金融服务供给侧结构性改革的大局这“两点围绕”，创造性运用“机制创新、深入基层、统筹推进”这“三项方针”，践行“易地扶贫搬迁到省、基础设施到县、产业发展到村（户）、教育资助到户（人）”的“四到”工作思路，发挥“银政合作基础好、大额中长期资金足、规划先行融智强、综合金融服务优、人才队伍素质高”五种优势。这“12345”青海新经验，是我们进一步扩大战果，取得决定性胜利的“法宝”。

“大会战”的重大意义更体现在：通过“会战”，锤炼了队伍、凝聚了士气、增强了信心。大浪淘沙，留下的都是闪闪发光的金子；千锤百炼，炼出的都是熠熠生辉的精钢。我们可喜地看到，“脱贫攻坚百日大会战”中，一线处室员工努力克服高寒缺氧带来的身体不适，披星戴月、加班加点开发项目，深入前线、俯下身子足迹遍布全省贫困地区。二线处室积极跟进，主动对接一线工作组实际需求，认真做好政策研究、评审承诺、发放支付等后续工作。三线处室倾力保障工作组后勤需求，宣传鼓劲，为一线开发营造良好舆论氛围。

三、创新机制建设，放大产业扶贫到村（户）“批发式”效应

截至2017年年末，分行共发放产业扶贫贷款18.33亿元。一是加大龙头带动。对青海杞珍生物、三江一力、大宋农业等企业采用“公司+合作社+贫困户”模式的项目给予融资支持，助推农业专业合作社、龙头企业、特色优势产业发展，带动贫困户增收脱贫，以批发式模式放大精准扶贫效果，发放贷款3.9亿元。二是加强“四台一会”。在海南州搭建“四台一会”贷款模式，合作额度1亿元，主要支持海南州农牧业小微企业。与格尔木市政府合作打造“国开—格尔木精准扶贫贷”，首批合作额度5亿元，已发放1.67亿元。同时，加大“国开微贷”“国开农贷”等产业扶贫贷款融资力度，2016年实现发放

6.48 亿元。三是与青海银行、大通国开村镇银行等青海省地方金融机构互相发挥优势，共同开展产业扶贫工作，2017 年开发银行向青海银行和大通国开村镇银行分别提供 8 亿元和 3 亿元的优惠贷款，共同支持各地产业扶贫项目。四是发放青海省首笔光伏扶贫贷款，创新模式为循化县光伏扶贫项目提供融资支持 1.7 亿元，帮助 800 个建档立卡贫困户每年增收不少于 3000 元。

四、践行社会责任，实现教育资助到人"应贷尽贷"

作为青海省内唯一一家开展助学贷款业务的银行，开发银行继续加大助学贷款融资力度，累计发放助学贷款 13.78 亿元，惠及贫困学子 26.6 万人次，其中支持建档立卡户学生 4.18 万人次，涉及资金 2.21 亿元。2017 年发放助学贷款 2.23 亿元，惠及贫困学子 3.95 万人次，其中建档立卡贫困学生 0.61 万人次，以教育扶贫有效阻断贫困的代际传递。

五、发挥融智优势，实现"造血"式扶贫

一是编制《青海省"十三五"脱贫攻坚系统性融资规划》，为青海省扶贫融资提供了重要参考。二是会同省委组织部，组织青海省 18 个县主管扶贫负责人和省扶贫开发局业务负责人，参加开发性金融支持六盘山片区脱贫攻坚地方干部研讨班，有效提升了基层扶贫干部的金融素养和精准扶贫能力。开发银行将进一步加大对青海省脱贫攻坚的工作力度。

（一）发挥融智优势，选择重点地区做好融资规划工作

重点积极支持并参与片区相关综合规划及产业、行业专项规划的编制工作，重点做好系统性融资规划和融资顾问工作，选择海东地区（六盘山地区）和青海青南地区（黄南州、果洛州、玉树州）等贫困人口集中地区的重点市县，推动相关规划的落实与实施。

(二)整合资源,全力开展扶贫农村基础设施项目贷款工作

一是对尚未实现贷款覆盖的海北州、玉树州、果洛州,由行领导带队,组成专门工作小组驻点推动,深入掌握各地扶贫基础设施现状及资金需求,协调政府各部门编制完成农村基础设施扶贫工作方案,制定四项审批及政府购买服务制式文本供政府参考使用。推动政府各部门与工作小组联合办公,力争2017年实现青海省全省县域农村基础设施贷款全覆盖。二是积极推动各级政府加快项目前期工作,尽快开工,是金融扶贫资金能够尽快发挥效益,为全面改善提升青海省农牧区基础设施条件创造条件。

(三)加大对其他扶贫重大基础设施的支持力度

加快对交通厅贫困地区公路项目的开发、评审和贷款发放进度,确保尽快有大额具备贷款发放条件的项目储备。继续支持贫困地区水利项目建设,结合新型城镇化建设和易地扶贫搬迁项目,各处室重点开发供水、污水、防洪工程等重大水利建设项目。

(四)创新金融产品和融资模式,支持特色优势产业发展

一是充分发挥政府组织协调力度,做好"四台一会"统贷模式的推广应用。在西宁市、海东市、海西州、海南州、黄南州等与开发银行合作基础较好的地区,利用已有平台或新搭建平台,根据各地实际情况,合理运用"四台一会"模式开展产业扶贫工作。二是对中小微企业发挥扶贫政策引导作用,继续扩大对扶贫政策落实较好的"国开农贷""国开微贷"成熟模式的支持规模。合理引导"国开农贷""国开微贷"机制小的中小微企业自觉落实扶贫帮扶政策。对于扶贫带动作用明显、辐射贫困人口较多的"国开农贷""国开微贷"项目,适度增加其合作空间,加大支持力度。三是探索州(或市县)平台统贷支持村级资金互助社模式。由政府授权州(或市县)平台作为统贷平台,村级资金互助社为用款人,按照"平台统贷、政府增信、农户偿还、财政贴息"的方式,对各建档立卡贫困村资金互助社给予贷款支持,将现有的每个村级资金互助社20万—50万元不等的互助资金增加至100万—150万元。青海省目前拥

有4143个行政村,其中建档立卡贫困村1622个,该项工作如能覆盖1000个行政村(含建档立卡贫困村),每村贷款50万元,总贷款金额将达到5亿元。四是产业扶贫专项贷款机制。依托省级(或州级)财政增信和地方政府组织协调优势,建立省(或州市)、县(市、区)两级管理机制和风险防控机制,采用县级平台"统贷统还"的模式支持产业扶贫。五是充分调动"龙头企业+"的带动作用,择优选择龙头企业进行直贷。"一州一企",选择优势农牧业产业化龙头企业、扶贫产业化龙头企业等,采取"龙头企业+合作社+农户""龙头企业+协会+农户""龙头企业+农户"等多种方式,支持青海省特色产业链延伸发展,带动贫困户脱贫。六是加强与地方农村金融机构的同业合作,优势互补,试行扶贫转贷款模式。与村镇银行、各地农信社、农商行加强合作力度,选择经营水平较好、资产质量稳定的金融机构先行试点开展扶贫转贷款业务合作。

(五)发挥教育在扶贫开发中的重要作用,加强贫困地区人才培养和智力支持

一是继续加大生源地助学贷款的支持力度,做到应贷尽贷的同时,积极推广"助学贷款—创业贷款—中小企业贷款"系列化金融产品。二是加强与贫困地区的干部双向挂职交流力度,把扶贫开发作为培养锻炼干部的制度性平台,发挥挂职干部牵线搭桥,引智、引资的作用,缓解贫困地区缺人才、缺资金等突出问题。同时,组织重点扶贫区县的干部到开发银行挂职锻炼,以开阔眼界、转变观念、提升能力。

开发性金融支持宁夏回族自治区脱贫攻坚发展报告

宁夏回族自治区是中国五个少数民族自治区之一，目前有贫困人口23.89万人，贫困发生率6%。中南部地区9个扶贫开发工作重点县（区）贫困人口占全区贫困人口的83%，大部分贫困县处于六盘山集中连片特殊困难地区，2016年以来，开发银行以六盘山集中连片特困地区（宁夏）为重点，以产业扶贫为突破口，以机制建设为先导，有效整合各类资金，发挥开发性金融的融制、融资、融智和资金集中、大额、长期、低息的优势，不断增强开发性金融扶贫供给能力，实现对宁夏全部贫困县金融服务全覆盖。按照人民银行统计口径，截至2018年6月末，开发银行在宁夏累计发放精准扶贫贷款439.17亿元，余额306.78亿元，占全区精准扶贫贷款余额的43%。

一、扶贫先扶智，切实加大融智服务力度

（一）发挥专家银行规划优势

积极协助宁夏贫困地区政府编制扶贫发展规划和配套融资规划，明确发

展重点和发展规模，并根据地域特点设计金融产品和融资方案。完成《宁夏"十三五"易地扶贫搬迁系统性融资规划》《宁夏脱贫攻坚"十三五"系统性融资规划》，先后参与《宁夏内陆开放型经济试验区规划》《呼包银榆经济区发展规划》等规划的编制工作，并积极开展《宁夏肉牛饲养产业发展及融资研究》。

（二）为脱贫攻坚提供一线战力

2018年选派3名综合素质好、责任意识强、业务能力过硬的业务骨干到六盘山集中连片特困地区专职开展扶贫工作，作为开发银行和贫困地区的桥梁纽带，在政策宣传、规划编制、扶贫项目策划、融资模式设计、理顺资金运行机制等方面发挥了重要作用，成为开发银行扶贫开发一线的"宣传员、规划员、联络员"。通过走村入户，与贫困群众交朋友、拉家常、谋发展，帮贫困地区摸情况、找思路、出主意。有的专员结合当地实际，创新产业扶贫融资模式，通过互助托养肉牛的融资方式，对建档立卡贫困户进行资产收益式分红；有的专员帮助农户建立特色产业合作社，引入龙头企业收购，帮助贫困农户解决了销路。他们运用开发性金融原理和方法，深入田间地头，积极探索开发性金融支持脱贫攻坚的新思路，为贫困地区打赢脱贫攻坚战提供融智支持。

（三）创新开展定点扶贫

在开发银行推动下，固原市南坪村被确定为中央国家机关青年教育实践基地，开展垄上行—开发银行青年农村金融服务行动三十余次，累计派出35岁以下员工200多人次在该村开展"三同"锻炼；2015年起连续派驻干部担任该村第一书记，2018年派驻三名员工在南坪村组建驻村工作队，带领当地村民脱贫致富。指导该村建立肉牛养殖合作社和集中交易市场，走村串户的帮助贫困户申请开发银行贷款，打造"南坪肉牛"特色品牌，帮助其走上了以特色养殖带动整村脱贫之路，真正实现了变"输血"为"造血"，发挥了良好的帮扶效果。

二、创新工作机制，开拓业务模式

（一）采取新举措，创新工作机制

2016 年 6 月，开发银行宁夏回族自治区分行成立了“扶贫开发领导小组”，确定了“十三五”期间发放精准扶贫贷款 200 亿元以上的目标，建立了分行领导分片带队赴贫困县调研宣介，扶贫专班跟进、驻县现场办公的工作机制，举全行之力支持脱贫攻坚。与 7 个贫困县签订了开发性金融扶贫合作协议，与彭阳、同心、原州、盐池、红寺堡等县区建立扶贫开发合作机制，为下一步实现脱贫富民战略目标打下坚实基础。

（二）建立新机制，创新业务模式

瞄准宁夏脱贫攻坚的薄弱环节，加强组织产业扶贫的推动与调查研究，坚持因地制宜，精准施策，在宁夏地区探索创新开发性金融支持脱贫攻坚的思路和方法。新的业务模式、新的业务机制已形成规模，如在宁夏七个贫困县开展的盐池惠民微贷款模式，累计发放 13.02 亿元，支持贫困农户 6.99 万户；在深度贫困县红寺堡区开展产业扶贫“四台一会”模式及互助托养模式，已累计发放产业扶贫贷款 2.27 亿元，直接支持建档立卡贫困户 2665 户。目前模式已复制推广至六盘山集中连片贫困地区（宁夏）、盐池县等地区，覆盖宁夏 80% 的贫困县，累计发放贷款 4.48 亿元，累计支持建档立卡贫困户 4994 户。

三、加大投入力度，破解融资瓶颈

（一）全力以赴，做好易地扶贫搬迁

按照国家对易地扶贫搬迁工作的统一安排，积极参与全区易地扶贫搬迁工作规划、实施、融资、制度建设。帮助区级扶贫投融资主体完善公司治理，推动与区扶贫办、区发展改革委、区财政厅、区审计厅、区农发行建立联合督查制度。同时，把搬迁群众就业、子女上学、社会保障和后续产业发展作为支持重点，与搬迁安置同步推进。截至2018年6月末，开发银行已向宁夏承诺易地扶贫搬迁贷款14亿元，专项建设基金1亿元，惠及8.2万建档立卡贫困人口；已发放贷款8.9亿元，投放专项建设基金1亿元。

（二）聚焦重点，做好基础设施到县

打通脱贫攻坚政策落实“最后一公里”。贫困地区特别是贫困村交通基础设施滞后是制约脱贫攻坚的重要因素。开发银行在发挥中长期信贷优势大力支持交通、水利、电力等大型基础设施建设的同时，紧密围绕村组道路、安全饮水、环境整治、校安工程等难点和“短板”，以统筹整合贫困县扶贫涉农财政资金为契机，推动完善财政涉农资金使用机制，创新融资支持方式，在不增加财政负担的基础上，切实加大对贫困村基础设施建设和提升工程的金融支持力度。截至2018年6月末，已对彭阳、同心、原州等县区承诺基础设施贷款9.53亿元，发放9.08亿元，惠及6个贫困县785个贫困村、27.6万贫困人口，极大改善了贫困地区的生产生活条件，增强了贫困群众的获得感，为产业发展奠定了基础，为持久脱贫创造了条件。

（三）精准定位、做好产业扶贫到村

把产业扶贫作为脱贫攻坚的根本途径，坚持扶贫模式创新，加大支持力度。紧密围绕宁夏区内特色优势产业，推动整合各类资源，创新产业扶贫融

资机制，做好项目谋划的融智服务，加强银政合作、加强各类合作机构建设与管理，充分发挥了开发性金融支持区内产业扶贫示范引领作用。截至2018年6月末，开发银行向宁夏累计发放产业扶贫贷款101.91亿元，贷款余额35.31亿元，当年新增发放产业扶贫贷款21.8亿元，惠及建档立卡贫困户1.38万，发挥了较好的示范引领作用。

专栏：宁夏盐池惠民微贷款模式

借鉴诺贝尔经济学奖获得者尤努斯在孟加拉国的贫困小额贷款模式，将开发银行批发优势和市场化小贷公司零售优势有机结合，以农村贫困妇女为贷款对象，依托宁夏惠民小额贷款公司，利用先进的小额贷款管理理念，开展单户5万元以内的产业扶贫微贷款，以批发贷款方式解决农户多、额度小、手续杂等问题，形成“开发银行—东方惠民公司—协调员—推广员—信贷村组—信贷小组—农户”高度社会化的组织链条。截至2017年6月末，开发银行已在全区7个贫困县（区）开展业务，累计发放13.02亿元，支持贫困农户6.99万户，其中建档立卡贫困户4896户，户均年增收近6000元，目前余额2.89亿元。2018全年预计发放3亿元，支持贫困农户12000户。下一步，将推动东方惠民小贷公司改制重组，创建融资模式，把该公司打造成具有一定实力、市场竞争较强的现代企业，扩大授信规模，到2020年，继续再持贫困农户将达3.8万户，其中，建档立卡贫困户不少于3800户3万人。

该模式除了帮助农民脱贫致富效果显著外，还通过技术培训、文化活动等多种形式促进了社会主义新农村文明建设。2015年，国务院扶贫办将该模式确定为金融扶贫“盐池模式”之一，2016年1月，国务院常务会议对金融扶贫“盐池模式”给予表扬；2016年11月，自治区党委农办、财政厅、农牧厅、扶贫办、金融局、人行、银监局7部门联合发文在宁夏全区推广该模式。

专栏：宁夏互助托管模式

肉牛养殖是宁夏具有区域独特优势的产业，开发银行针对农户散养肉牛风险大收益低,龙头养殖企业资金短缺的问题,创新思路,充分发挥政府组织优势,按照"政府主导,开行融资、平台统贷、专业担保、市场运作"原则,构建政府、贫困户、龙头养殖企业、担保公司共同参与、互利共赢的"互助担保模式"。由建档立卡贫困户现金入股,在每个行政村组建新型农村经营主体(一般以合作社、合作联社、家庭农场等为主),政府部门派专人进行财务监管,开发银行向农户提供信贷资金,统一购买肉牛进入政府建立的肉牛养殖基地,集中饲养、统一防疫、政府派驻监管公司全程监管,龙头企业负责养殖技术及饲料等支持,兜底收购并通过龙头企业的销售渠道进行销售。该模式能够将资源有效整合,节约养殖成本,将单打独斗的养殖方式锐变成集约化、规模化的养殖方式,平均500头牛仅需2.5个劳动力,大大释放了农村的劳动力,确保了贫困农户利益最大化,推动了脱贫攻坚。模式在一定程度上促进了产业培育、贫困农民稳定增收与建设生态宜居乡村齐头并进。

截至2018年6月末,开发银行已在海原、彭阳古城等地授信6210万元,发放3400万元,带动1284户建档立卡贫困户脱贫;已将模式推广至深度贫困地区红寺堡区,对150户建档立卡贫困户投放1500万元贷款,预计到2018年年末可形成1亿元的贷款发放,直接支持建档立卡贫困户1000户。

(四)立足学情,做好教育扶贫到人

开发银行是全区唯一一家开展生源地助学贷款的银行。按照"应贷尽贷"原则,开发银行累计向宁夏发放助学贷款18.3亿元,余额13.2亿元,使14.4万家庭经济困难学生圆了大学梦,其中,向9个贫困县区发放助学贷款13.4亿元,惠及贫困学生10.44万人,其中建档立卡贫困学生1.01万人。

开发银行将继续坚持政府主导、规划先行、机制建设、市场运作,以六盘山集中连片特困地区(宁夏)、易地扶贫搬迁、东西部扶贫协作、贫困村基础提升工程、重大扶贫基础设施、产业扶贫、教育扶贫等项目为重点,继续加大开发性金融支持力度,助力宁夏地区脱贫攻坚和如期全面建成小康社会。

开发性金融支持西藏自治区脱贫攻坚发展报告

西藏自治区位于祖国的西南边陲，是重要的国家安全和生态安全屏障，对祖国的长久稳定发展起着重要的作用。习近平同志一直心系西藏的稳定与发展，1998 年和 2011 年两次赴藏考察调研，在总结和继承我党建设和发展西藏思想理论的基础上，于 2013 年十二届全国人大会议上明确提出“治国必治边，治边先稳藏”的战略思想，并在 2015 年中央第六次西藏工作座谈会上更加系统全面地阐述了这一新的“治藏方略”，要求加快推进西藏跨越式发展和长治久安，确保西藏到 2020 年与全国一道全面建成小康社会。开发银行服务国家“治边稳藏”战略、认真践行习近平总书记新时期扶贫开发战略思想，全面贯彻落实党中央、国务院决策部署，将支持西藏自治区脱贫攻坚作为重中之重，发挥开发性金融在重点领域、薄弱环节、关键时期的功能和作用，积极投身脱贫攻坚，克难奋进，苦干实干，取得了积极成效。

一、开发性金融精准扶贫，助力脱贫攻坚

（一）党建统领，明确发展思路和目标

思路决定出路，目标鼓舞斗志。开发银行始终坚持把抓党建作为最大的政绩，把金融助力脱贫作为主战场，着力建设一支忠于党、忠于“治边稳藏”、忠于开发性金融事业的高素质干部队伍。开发银行西藏自治区分行党委深入讨论，研究制定了“1458”发展战略：“明确一个目标”即“争先进位，担当主力”；“紧抓四项任务”即“抓党建、带队伍、夯基础、促发展”；“发挥五个优势”即规划先行、银政合作、融资融智、差异化政策、综合金融服务；“推出八条措施”即业务发展坚持“四重四优”。这一发展战略统一了全行的思想认识，坚定了干部员工服务“治边稳藏”战略的信心和决心。

（二）倾斜支持，及时出台对藏差异化支持政策

开发银行对西藏地区业务给予高度政策倾斜，2010 年以来先后出台了 8 个文件明确在藏业务差异化政策。2016 年 7 月，开发银行与西藏自治区政府召开高层联席会。随后，开发银行专门研究提出了开发性金融支持西藏经济社会发展的思路和措施，并制定了《关于开发性金融支持西藏“十三五”发展的指导意见》，明确将西藏地区作为开发银行支持的战略重点，予以倾斜支持。

（三）深入调研，因地制宜开展脱贫攻坚工作

西藏地处边疆，高寒缺氧、地广人稀，尽管近年来经济发展较快，但与内地相比整体发展水平差距较大。面对这一现状，开发银行西藏自治区分行一方面深入调研，广泛听取意见，同时先后向自治区党委书记、主席等当面或书面汇报工作 20 余次，与自治区各地市、各部门主动对接，主动上门服务，共同

研究开发银行如何更好地服务西藏脱贫攻坚工作。开发银行不仅提供融资支持，还免费提供规划合作、咨询顾问、人才交流等融智服务，如围绕金融助力西藏供给侧结构性改革、完善投融资体制机制、创新产业扶贫模式、推行PPP、产业基金等提出政策建议，最终都转化为政府实实在在的政策安排。

（四）多措并举，全力支持精准脱贫

开发银行积极落实中央及自治区扶贫工作要求，真正将脱贫攻坚放在心上、扛在肩上、抓在手上。一是西藏自治区分行成立脱贫攻坚领导小组，与自治区扶贫办签订500亿元战略合作协议，建立双方扶贫合作机制，选派骨干直接参与自治区脱贫攻坚指挥部政策、规划、资金、易地扶贫搬迁等工作组，选派扶贫金融专员到全区各地市挂职工作，宣传和推进扶贫政策。二是扶贫先扶智，在拉萨组织“西藏金融扶贫干部培训班”，邀请国务院扶贫办等单位专家对全区74个县101名县处级干部进行培训，宣讲扶贫政策、融资模式等。三是思路精准，积极探索贷款模式。形成了支持西藏自治区扶贫工作基本思路：以建档立卡贫困村和贫困人口为重点，坚持精准扶贫、精准脱贫，“三融”，即将融制、融资、融智相结合，立体、全面支持扶贫工作；“四到”，即易地扶贫搬迁到区、基础设施扶贫到县、产业扶贫到村（户）、教育扶贫到人；“五模式”，即针对产业扶贫提出五种主要模式：“公司＋农户”传统模式、“龙头企业＋基地＋产业工人”援藏资金搭桥模式、“地市统贷＋农户”投贷组合模式、“地市统贷＋政府购买服务”模式、“省级统贷＋专业公司”模式。

（五）无私奉献，坚持奋战高寒缺氧

开发银行员工们克服身体不适深入海拔4700米的阿里等边远地区调研和慰问困难群众，与当地县乡政府深入探讨帮扶困难群众脱贫致富的路径和方法。自2011年以来先后选派33人次骨干党员常年驻守在高海拔阿里地区革吉县雄巴乡加吾村，宣传党的政策，配合村官及村“两委”班子推动精准扶贫工作。累计捐款200余万元助力该村39户111人精准脱贫，得到了自治区党委、政府高度认可。开发银行驻村工作队多次获得全区“强基惠民工作优秀组织单位”称号，5名同志先后获得全区“优秀驻村工作队员”称号。

(六)成绩斐然,金融深度扶贫志更坚

开发银行以"规划先行融智、改革创新融制、市场运作融资"方式积极主动开展工作,与自治区以及拉萨、日喀则、山南、林芝各级政府签订"十三五"战略合作协议,协议合作额度5100亿元。截至2017年年末,开发银行累计向西藏自治区发放贷款358亿元,占全区扶贫拨款的1/3,主要是投向了易地扶贫搬迁、交通扶贫、产业扶贫、教育扶贫、旅游扶贫、医疗卫生扶贫等多个领域。贷款份额在自治区金融同业中的排名由一年前的第7位上升至第4位。

开发银行服务全区脱贫攻坚工作得到了自治区党委、政府及地市政府的充分肯定。自治区党委书记批示,感谢开发银行对西藏工作的大力支持。自治区主席批示,感谢开发银行全体员工的努力及奉献。林芝、日喀则等地市专门致信感谢开发银行为地方脱贫攻坚所作出的成绩。开发银行西藏自治区分行荣获2016年"西藏金融五一劳动奖状",荣获2015年"西藏金融先锋号"称号。

二、脱贫攻坚支持重点领域

(一)易地扶贫搬迁

西藏是全国最大和唯一的省级集中连片特困区。2016年4月13日,开发银行对国家已经认定中的拉萨市0.5万人易地扶贫搬迁项目发放了区内首笔贷款1.75亿元,随后发放了专项建设基金0.5亿元。在此基础上,积极对接同步搬迁和高海拔地区搬迁工作,主动参与自治区同步搬迁规划编制工作。

(二)产业扶贫

开发银行积极推动产业扶贫,保障脱贫不返贫、永续脱贫。结合西藏区

情，研究提出多种产业扶贫模式，主要有："龙头企业 + 基地 + 产业工人"援藏资金搭桥模式、"地市统贷 + 农户"投贷组合模式、"地市统贷 + 政府购买服务"模式、"省级统贷 + 专业公司"模式等，先后向拉萨市曲水农业产业示范基地、日喀则市首批精准扶贫重点产业项目等产业扶贫领域贷款60余亿元，确保贫困人口搬得出、稳得住、能致富。其中日喀则市首批精准扶贫重点产业项目包括文化旅游、农产品加工、中草药种植、畜禽养殖、商贸物流等12个子项目，能够通过发展生产、技能培训、带动就业等方式，促进当地重点龙头企业增强其自我造血功能，并解决2269个就业岗位，帮助约406户1922名建档立卡贫困人口实现稳定脱贫，对支持藏区农牧民脱贫致富、服务国家"治边稳藏"的战略发挥了积极作用。

（三）交通扶贫

开发银行坚信"交通是脱贫攻坚的生命线"，主动按照西藏自治区人民政府与开发银行签订的新一轮开发性金融合作备忘录，以及交通运输部和开发银行发布的《发挥开发性金融作用推进交通扶贫脱贫攻坚的意见》（交规划发〔2016〕158号）等文件精神，积极对接自治区交通运输"十三五"发展目标，全力支持西藏列入自治区"十三五"与"十四五"公路交通发展规划内的九大类项目。截至2017年年末，共承诺交通项目贷款261.8亿元，累计发放贷款148亿元。其中G109那曲至拉萨段公路改建工程项目，总投资超300亿元，开发银行承诺贷款248亿元，发放贷款9.5亿元。涉及建档立卡贫困户37953户146564人。项目途经的色尼区、当雄县、堆龙德庆县均为国家级贫困县，色尼区还是西藏44个国家级深度贫困县之一。开发银行向交通运输厅建议：项目建设期，主动吸纳当地居民参与，将常规性的土建施工承包给当地的乡村施工队、砂石料的运输工作聘请当地有运输车辆的居民等。项目建成后，吸纳贫困群众对其进行技能培训，作为护路员参与公路养护管理。预计本项目可直接为当地贫困户创收5000万元左右，帮助贫苦户脱贫人数约4200人。

（四）医疗扶贫

藏区医疗基础薄弱，开发银行主动上门，承诺和发放贷款2亿元，支持日喀则市人民医院等医疗设施建设，满足广大人民群众的医疗需求，保障健康。

（五）基础设施扶贫

为保障农村贫困人口享受均等的公共服务，提升脱贫攻坚的外部条件，开发银行累计发放贷款144余亿元支持农村“水电路讯网”等基础设施建设，提升农村通行条件和生活便利性。

（六）生态扶贫

为支持全区国土绿化、“两江四河”生态环境综合治理，开发银行先后承诺和发放贷款39亿元，有力地支持了中央确定的“西藏是国家重要的生态安全屏障”战略定位。

（七）教育扶贫

作为全区唯一一个助学贷款银行，开发银行在西藏自治区累计发放助学贷款2443万元，保证不让任何大学生因贫辍学，受益学生5289人次。

（八）旅游扶贫

开发银行贷款4.1亿元支持西藏旅游、昌都特色小城镇等，农户通过“农家乐”“家庭旅馆”等方式增收致富。

（九）驻村扶贫

2011年，开发银行西藏自治区分行积极响应自治区深入开展“创先争优强基础惠民生”活动号召，以高度的政治责任感和历史使命感，派驻骨干员工33余人次，赴阿里革吉县雄巴乡加吾村全面开展驻村工作，全面推进强基富民工作，2015年以来更全力推进脱贫攻坚工作，成效显著，村民人均收入大幅提升。

专栏:开发银行西藏自治区驻村六年强基惠民谱新篇

加吾村位于阿里地区中部,平均海拔4800米以上,面积2460平方公里,全村共298户(1202人),气候干燥、寒冷,自然条件差,属于灾害多发村。六年来,全体队员围绕驻村工作“五项任务”,克服高寒缺氧、交通不便、物资缺乏、身体不适等困难,以缺氧不缺精神、艰苦不降标准的作风,深入基层,扎实工作,积极推进强基惠民和开发性金融服务基层进村到户。

1. 注重党性教育,引导农牧民知党恩、跟党走。集中宣讲党的重要会议精神和重大决策,受教育群众近千人次。

2. 注重增收致富,推动落实政策,带领群众通过创业增收真脱贫、脱真贫。在各项政策和援助的合力推动下,村民人均年收入从不到3000元增长到2017年的11000元。

3. 注重教育支持,改善乡小学办学条件。六年来,累计向乡小学捐款捐物50余万元,切实改善了办学条件。

4. 注重维护稳定,健全社会管理机制。确保了全村维护稳定工作“三不出”,群众自觉维护祖国统一和民族团结的意识不断增强。

由于驻村工作成效显著,开发银行西藏自治区分行获评2013—2017年度“强基惠民活动自治区优秀组织单位”称号,分行工作队获评2012年度、2015年度“自治区优秀工作队”称号,5名队员先后获评“自治区优秀工作队员”称号。

三、开发性金融支持西藏发展永远在路上

(一)发挥集中、大额、长期的融资优势,加大对贫困地区重点领域和薄弱环节的支持力度

一是以易地扶贫搬迁为切入点,打好脱贫攻坚战的第一仗。主动加强与

自治区发展改革委、区扶贫办等部门对接，按照“省负总责”的原则，帮助自治区政府建立和完善省级投融资主体，积极配合和支持自治区各级政府“十三五”易地扶贫搬迁规划，根据搬迁任务合理制定年度筹资方案和资金安排。二是以基础设施建设为着力点，加快破除发展瓶颈制约。发挥开发银行“两基一支”业务优势，加大对重大基础设施的支持力度。同时，研究探索以整村推进为重点，打通贫困地区基础设施建设的“最后一公里”。三是以产业发展为突破口，增强贫困地区发展内生动力。继续完善和推广开发银行支持地方产业发展的“四台一会”模式，促进贫困地区金融生态环境改善。融资支持各类产业园区建设、特色产业和文化旅游产业发展，建立产业发展与农民利益紧密结合的可持续增收脱贫机制。

（二）发挥融智优势，将规划编制、人才支持和教育培训相结合，助力贫困地区科学发展

一是以规划为引领，提升脱贫攻坚的精准度。围绕“五个一批”脱贫攻坚行动计划，积极配合、参与和支持自治区各级政府编制好脱贫攻坚规划，因人因地施策，精准滴灌、靶向治疗。二是加大教育扶贫力度。发挥开发银行助学贷款主力银行作用，按照“应贷尽贷”原则，确保每一位家庭经济困难学生都不失学。

（三）发挥创新优势，加强体制机制创新，以超常规的举措和市场化的方式推进脱贫攻坚

一是推动建立社会化脱贫攻坚合作机制。通过建立开发性金融扶贫开发合作机制，协调解决脱贫攻坚过程中遇到的困难和问题。二是将融资主体建设与模式创新相结合，积极推动完善脱贫攻坚的思路方法。按照自治区负总责的要求，协助自治区政府完善西藏扶贫投资开发公司的运行机制。三是探索形成多元化、可持续的扶贫开发体制机制。发挥政府和市场之间的桥梁作用，把政府信用与市场化、商业化运作相结合，推动贫困地区建立吸引社会资金持续进入、实现良性循环的市场、信用、规则和制度，弥补市场空白和制度缺损。

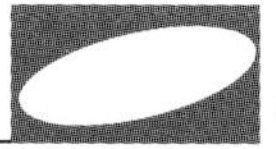

示 范 篇

根据习近平总书记关于脱贫攻坚要重视发挥典型引路作用的指示精神，为树立开发性金融精准扶贫的样板与典范，加强成功经验和模式的宣传推介，加快推进贫困地区脱贫攻坚工作，开发银行经过对一年来开发性金融精准扶贫实践的总结评定，确定了 8 个开发性金融精准扶贫示范点，分别为陕西省商洛市（含商州区、洛南县、丹凤县、山阳县、商南县、镇安县、柞水县）、甘肃省陇南市（含武都区、宕昌县、文县、康县、成县、徽县、礼县、西和县、两当县）和安徽省金寨县、江西省定南县、河南省卢氏县、四川省古蔺县、贵州省德江县、云南省武定县，共 8 个市县。本篇主要介绍 8 个开发性金融精准扶贫示范点有关情况。

陕西省商洛市开发性金融精准扶贫示范点

商洛市位于陕西省东南部，全市辖1区6县98个镇办，总面积1.93万平方公里，人口251万人。全市7县（区）均属秦巴山区集中连片特困片区县、国家扶贫开发工作重点县和革命老区县，也是全国少有的所辖县区，全部是贫困县的地级市。截至2016年年底，全市仍有贫困人口39.88万人，占总人口的15.89%，脱贫任务十分艰巨。农村基础设施条件差是商洛市各县（区）脱贫“摘帽”的最大制约。由于商洛市经济总量小，财政资金投入十分有限，有限的资金投入同巨大的农村基础设施需求是一对矛盾，多年来困扰着商洛，制约着农村工作的开展。村民有需求，政府有想法、有规划、有项目，但由于缺乏资金使需求得不到满足、想法不能实现、规划不能落地、项目无法实施。而社会资本、商业金融因得不到高额回报，没有进入农村支持脱贫的意愿和动力。为此，开发银行围绕农村基础设施这一难题，创新模式方法，创造开发性金融支持贫困村脱贫攻坚的“商洛模式”，全力助推商洛打赢脱贫攻坚战。

一、聚焦脱贫攻坚，与商洛市合作取得新突破

2016年4月，国务院办公厅《关于支持贫困县开展统筹整合使用财政涉

农资金试点的意见》下发后,开发银行积极探索,创新出整合财政涉农资金支持贷款的新模式,并出台专门信贷政策。积极和商洛市对接宣介政策、设计模式、包装项目,讲解操作要点。2016年6月,开发银行与商洛市政府密切协作,仅用了半个月的时间,通过财政涉农资金整合,以"市带县"模式向商洛7个县区701个建档立卡贫困村基础设施建设项目授信35亿元,主要用于贫困村道路、安全饮水、环境整治和校安工程等建设。为加强管理,开发银行和商洛市政府以项目、资金管理机制建设为重点,依托财政建立市、县两级"开发性金融脱贫攻坚合作办公室",构建组织、推动、协调金融扶贫的工作机制和合作平台,将开发银行的资金优势、地方党委和政府的组织协调优势以及财政部门的就近监管优势紧密结合,创新出开发性金融支持脱贫攻坚的"商洛模式",取得了良好的成效。

二、探索管理新方式,助力打赢脱贫攻坚战

开发银行与商洛市紧紧围绕项目资金"贷得出、用得准、管得好"的目标,不断探索管理新方式。

(一)合作模式

1. 贷得出——整合财政涉农资金。双方确定以整合财政涉农资金的20%为还款来源,以市、县区城投公司为承贷主体,用政府购买服务的方式,取得期限15年、总额度70亿元的贷款资金,第一批贷款35亿元,集中用于支持全市701个建档立卡贫困村的基础设施建设。截至2017年年末,商洛市已筹措项目资本金9.68亿元,开发银行贷款到位20.25亿元,集中解决建档立卡贫困村群众最关心、最急迫、最基本的生产生活条件,从而解决了长期以来贫困地区群众翘首期盼已久、地方政府想解决而无力解决的问题。

2. 用得准——资金精准到村到项目。资金短缺是商洛市最大的瓶颈,开发银行的资金支持对商洛而言,无异于是雪中送炭。围绕精准脱贫,开发银行和商洛市先行试点,为用好资金、做好项目、造福百姓、摆脱贫困探索经验。

商洛市政府制定印发了《商洛市开发性金融支持脱贫攻坚试点工作方案》，在7县区选择34个村先行试点。结合试点经验，坚持规划先行、精准靶向的原则，聘请有资质的设计单位，对701个贫困村分类编制了《商洛市建档立卡贫困村国开发银行基础设施贷款项目建设规划》。对区位优势明显、有发展潜力的贫困村，加大项目投入力度，使其成为脱贫攻坚的领头羊；对位置相对偏远，可能自然消亡的村庄，则以整治和保护环境为主，重点抓好改水、改路、改厕、垃圾处理等，避免重复建设，切实提高资金使用效益。

3. 管得好——确保资金运行安全。农村基础设施建设是重要的民生工程、公益事业。为了把这一“功在当代、利在千秋”的好事办好，双方坚持利用制度管好资金的原则，制定了项目管理、资金管理、县级报账支付制度、资金整合和监督检查制度等15项制度办法，并坚持财政、银行、城投三方共同监管，形成了完整的资金管理体系，确保资金安全。

（二）合作特点

开发银行和商洛市在试点过程中，总结出了可复制、可操作的开发性金融支持脱贫攻坚工作“商洛模式”，并将“商洛模式”简单概括为：共建“一个平台”，破解“两个难题”，发挥“三方优势”，建立“四项机制”，落实“五方职责”，调动“六个积极性”。

——共建“一个平台”：瞄准2019年商洛全市脱贫摘帽，实现精准扶贫新作为，与商洛市市委、市政府联合建立市县两级开发性金融支持脱贫攻坚合作办公室（简称合作办），合作办由市、县财政、发改、扶贫、城投公司及开发银行相关处室人员组成，办公室设立在财政局，设立综合协调、项目管理和资金管理三个组，分别负责业务协调、项目审查和资金报账管理三方面业务，80余人在市县两级合作办开展工作，做到了“人人能管事、事事有人管”。

——破解“两个难题”：制定县级报账支付办法和项目管理办法，利用财政部门的管理体系，解决了资金监管和项目管理难题。

——发挥“三方优势”：积极发挥开发银行金融政策和资金的优势；地方党委、政府综合组织协调的优势；财政部门就近监管的优势。

——建立“四项机制”：建立了涉农资金整合机制、开发性金融支持脱贫攻坚投融资机制、项目管理机制和县级联合审核报账支付机制。

——落实“五方职责”：积极落实财政部门、项目主管部门、乡镇政府、项目实施单位和代理银行五方职责。

——调动“六个积极性”：充分调动了贫困群众、村组干部、行业部门、乡政政府、银监部门、社会力量共同参与的积极性。

三、瞄准脱贫摘帽，实现开发性金融决战商洛脱贫攻坚新作为

2016 年以来，开发银行和商洛市共合作实施建档立卡贫困村基础设施大小项目 14000 多个，用于建档立卡贫困村摘帽考核指标，农村道路、桥涵建设、安全饮水、危旧房改造、校安工程、河堤、护坡等基础设施建设和环境整治项目。截至 2017 年年末，已发放贷款 20.25 亿元，涉及建档立卡贫困户 3.5 万户 10.75 万人。其中包括通村通组道路 530 条，共计 7150 公里；便民桥 60 座；安全饮水及生态文明工程 4620 处；危旧房改造 3650 户；修建河提 315 公里、护坡 180 处；污水处理、垃圾池及配套 100 余处；美化亮化工程 40 处；便民广场 30 处。在开发银行的大力支持下，商洛市贫困地区基础设施得到有效改善，群众生产生活条件得到较大改观，赢得了社会广泛好评。

同时，创新产业扶贫机制，向全市 8 家产业扶贫龙头企业及 20 余家农业合作社提供近 2 亿元贷款，带动建档立卡贫困人口 4500 余人脱贫；落实易地扶贫搬迁贷款 25.4 亿元；向 2.3 万人次学生提供助学贷款 1.75 亿元。这些贷款的注入，带动和感动了当地干部群众，积极投身到项目建设中，激发了贫困地区贫困群众内生动力，掀起了脱贫攻坚工作热潮。双方的密切合作取得了以下成效。

（一）建好基础设施，催生集聚效应

“栽下梧桐树，引得金凤凰”，随着贫困村基础设施建设一次性到位，到贫困村兴业创业的人明显增多。例如商洛市商州区北宽坪镇沿线的 12 个贫困

村，随着开发银行贷款支持的蟒岭绿道建设完工，目前已发展农家乐和农家旅社120家，外地客商兴办农头企业17个，旅游人数明显增多，2016年带动1000多贫困户3500多人就业脱贫，既改善了贫困村生产生活条件，也助推了乡村产业发展，集聚效应凸显。

（二）板块整体推进，产生规模效应

贷款以贫困村为单位，集中资金、整体推进，避免了过去的零敲碎打、单打独斗。在开发性金融的支持下，商洛市柞水县下梁镇西川流域不断完善基础设施建设和环境综合治理，投入贷款资金2500万元，对流域内5个贫困村20个村民小组649户民居和建筑，统一标准进行改造提升，通村路、危旧桥梁改造，河堤、绿化、田园整治综合治理，“产业绿色化、乡村景区化、田园景观化”的美丽乡村面貌呈现，西川流域已成为了全县的亮点、全市的样板、全省的范例。

（三）坚持统筹思维，增强溢出效应

在用好用足开发银行贷款资金的同时，商洛市整合扶贫开发、美丽乡村、村级社会事业及“五个一批”等项目资金，增强开发银行贷款资金的正面溢出效应，积极提高贫困户人居环境、生活质量，为培育骨干增收产业创造条件。例如，商洛市丹凤县龙驹寨街办赵沟村，一年前在村民眼里还是一个“泥巴路通车难，河沟涨水就毁田，露天茅侧臭熏天”的穷村子，在开发银行资金支持后，道路通组入户、房舍粉刷一新、太阳能路灯沿路而立，生态河堤里碧水清澈，就连群众的旱厕也变成城里人才能享受的洁净厕所。基础设施好了，当地龙头企业也入驻该村，在核桃林下搞起了土鸡散养。老百姓逢人都露出笑脸说：“这样实实在在的扶贫，要不了几年就富起来了。”地处两省三县交界的商南县富水镇黄土凸村，引进开发银行项目后数月，村里就有了第一条通村连省的水泥路，黄土凸村群众苦守多年的传统产业香菇产业，开始销往外地，每斤湿香菇从2元钱升值到5元钱，仅此一项该村贫困群众每年可以多赚几十万元。

甘肃省陇南市开发性金融精准扶贫示范点

陇南市位于甘陕川三省交界之处，是甘肃省唯一的长江流域地区，整体属秦巴山集中连片特殊困难地区，辖8县1区，195个乡镇，3201个行政村，283万人。8县1区均为国家重点扶贫县，全市建档立卡贫困村1365个，2016年年底贫困人口41万人，贫困发生率16.5%，均居全省第一，一直是全省乃至全国扶贫开发的主战场之一。

陇南贫困程度深、脱贫成本高，全市1365个建档立卡贫困村中，仍有900个未实施整村推进;3100多个自然村不通公路，86万人未解决过河难问题，近4万户农村危旧房需要改造，36万农村人口存在饮水安全问题，7万群众需要实施易地搬迁，行路难、过河难、饮水难、用电难等问题还未彻底解决，基础设施建设成本高，脱贫难度非常大。

陇南致贫原因复杂、扶贫难度大。既有条件性贫困，60%以上的贫困人口分布在深山林缘、高寒阴湿、半山干旱、自然保护区等地区，自然条件严酷，生存环境恶劣，冰雹、干旱、霜冻等极端气候灾害较多，“5·12”地震后到陇南援助的国家部委领导曾说陇南的贫困大于灾情。也有资源性贫困，陇南七山二水一分田，土地瘠薄不平，70%以上为坡耕地，且人均只有1.2亩。还有素质性贫困，群众受教育程度不高，缺乏脱贫所需技能，部分群众身体素质较差。可以说,陇南条件性贫困与素质性贫困并存,整体性相对贫困与区域性绝对贫困交织,贫困成因具有多样性、复杂性、反复性特征,是全省整体脱贫和小康社会建设重点中的难点、短板中的短板。

精准扶贫、精准脱贫,是打赢脱贫攻坚战的基本方略——资金更是这场战役最需破解的瓶颈。陇南市委、市政府把脱贫攻坚作为“一号工程”,提出了创建“全国扶贫开发示范区”的奋斗目标,探索出了精准扶贫精准脱贫的“陇南模式”,特别是创立了金融扶贫、片区扶贫、电商扶贫等六大品牌。近两年来,开发银行按照“四到”的工作思路和方法,以“规划先行融智、改革创新融制、市场运作融资”的“三融”方式积极主动开展工作,充分发挥金融扶贫先锋和排头兵的作用,成为陇南金融扶贫的绝对主力。截至2017年6月末,累计向陇南投放精准扶贫贷款45亿元,取得了显著成效,在实践中创造了多项第一:

——全国首个整合财政涉农资金“基础设施到县”项目在陇南落地;

——甘肃省首笔电商产业扶贫转贷款在陇南落地;

——甘肃省首笔开发性金融支持村级互助资金小额信用贷款在陇南落地。

如今,开发性金融扶贫“三融”“四到”在陇南深入人心,收效巨大,成为助力陇南扶贫攻坚的民心福祉工程。2017年,陇南市被开发银行确立为全国8个“开发性金融精准扶贫示范点”之一。

一、易地扶贫搬迁到省

围绕“搬得出、稳得住、能致富”目标,积极推进省级融资主体和机制建设,构建产业与搬迁同步谋划的支持体系,实施搬迁人口稳定脱贫。积极落实甘肃省“十三五”易地搬迁285亿元贷款承诺,累计向陇南9县(区)发放国家全额贴息易地扶贫搬迁贷款9.45亿元,期限20年,宽限期5年,为陇南市7万易地搬迁群众脱贫致富提供了强有力的资金保障,给贫困群众吃了“定心丸”。例如,开发银行支持武都区坪垭藏族乡8个行政村1165户5573人实施易地搬迁，其中：建档立卡户 438 户 2054 人，同自然村（同居住地）非建档立卡户 727 户 3519 人，安置方式为集中安置，建安置区 1 个。截至 2017 年年末，开发银行已按照人均 3.5 万元给予建档立卡户低成本长期贷款 1.6 亿元支持，主要用于安置区建房、基础设施及公共服务建设。

二、基础设施到县

基础设施严重落后，是脱贫攻坚中最需弥补的“短板”。在开发银行支持下，陇南市以加快推进贫困村社基础设施建设为突破口，重点围绕 1365 个建档立卡贫困村，各县区统一开展贫困村社基础设施建设，力争用 2—3 年时间完成贫困村的农村道路、安全饮水、危旧房改造、环境整治、配套公共服务等与精准脱贫最为密切的相关指标，提前两年实现重点贫困村脱贫，补齐贫困村基础设施短板，彻底破解陇南市“十三五”脱贫攻坚的最大瓶颈。

2016 年 6—7 月，在开发银行与陇南市的深度协作、共同努力下，实现了陇南贫困村社基础设施项目贷款承诺 59.75 亿元，现已完成 45.4 亿元贷款投放，武都区项目更成为开发银行在全国范围内首个整合财政涉农资金项目，创造了融资规模、融资速度、融资模式“三个第一”，成为陇南历史上一次性获得的最大额度贷款支持，惠及贫困人口约 38 万人，被陇南人民称为“第二次灾后重建”。具体的做法如下：

一是超前谋划，抢抓政策机遇。在《关于支持贫困县开展统筹整合使用财政涉农资金试点的意见》出台前，早在 2015 年，开发银行就围绕陇南市武都区整村推进建设需求，先行先试，积极探索支持农村基础设施的有效方式，为后续顺畅推进整合财政涉农资金支持全市农村基础设施建设提供了较为扎实的项目基础。文件出台后，开发银行迅速形成了利用整合使用财政涉农资金支持贫困村基础设施建设的实施方案，得到陇南市主要领导的高度认可，方案提交三天后陇南市委常委会即审议通过，开发银行随即派驻工作组正式开展工作，实现了全行首例整合财政涉农资金支持贫困村基础设施项目贷款承诺，并在系统内实现了全国首个“基础设施到县”项目贷款投放——陇南市武都区首批农村基础设施建设贷款3亿元投放。

二是扶贫精准，针对贫困村突出补短板。在一期项目推进中，结合中央要求和当地财力状况，不盲目将支持领域扩大到非贫困村和奔小康的阶段，而是立足于解决贫困群众最迫切、最现实的需求问题，对照贫困县和贫困村退出指标，统筹规划水、电、路、网、房等基础设施和活动室、文化室、卫生室、幼儿园等公共服务设施，在保留村庄原有格局的基础上，最大限度地保留项目村原有风貌、乡土气息和历史文化。

三是强化管理，以机制建设保障项目顺畅实施。加大机制建设力度，超常规工作措施是保障。开发银行和陇南市政府成立开发性金融脱贫攻坚合作办公室，派驻金融扶贫专员，组建工作专业团队，建立微信群，每天通报各县区进展，在可研编制、项目审批和政府采购等多个环节积极配合衔接。在快速推进的同时，严格按照国家法定程序，制定融资操作手册和有关项目实施、资金管理等配套文件，先后制定出台《贫困村基础设施建设项目政府购买公共服务方案》《关于利用开发银行中长期贷款加快全市贫困村基础设施建设的实施意见》《贫困村基础设施建设项目资金管理办法》等文件，明确项目融资模式和实施方式。各县区政府先后出台《财政涉农资金整合使用试点实施方案》《关于政府向社会力量购买服务的实施意见》和《农村基础设施建设项目资金实施细则》等文件，进一步细化项目实施与资金监管责任。此外，建立项目资金公告公示制度，在政府门户网站和主要媒体公开统筹整合使用涉农资金来源、用途和项目建设等情况，提高资金使用透明度。

专栏：开发性金融支持陇南贫困村社基础设施建设项目成效

（一）成为整合财政涉农资金撬动金融支持农村基础设施的全国首例。创新农村基础设施投融资体制机制，破解贫困地区农村基础设施建设资金瓶颈，将农村基础设施作为公共产品，通过开发性金融“搭桥”，使用统筹整合的财政涉农资金作为采购资金来源，既提高了财政涉农资金使用效果，又在不增加政府债务的前提下为脱贫攻坚提供了资金保障。截至2017年6月末，开发银行向陇南投放资金34.4亿元，完成投资约23亿元，涉及项目约5300个，惠及陇南市

1278个建档立卡贫困村，受益总人口约87.7万人，其中贫困人口约37.8万人。

（二）改善贫困群众生产条件，夯实产业发展基础。农村基础设施项目的有效实施，将切实改善贫困群众生产条件，增强集体经济组织造血功能，为产业扶贫打下坚实基础。农村基础设施项目投资将形成供水、垃圾污水处理、乡村旅游等带有经营性的集体资产，对健全村级集体经济增收机制，提升村级组织服务能力都具有重要作用。特别是通村路、村组路及打通交通阻隔的旅游路、隧道等，将有效解决农产品卖出难的问题。

（三）改善贫困地区生活条件，增强贫困群众内生动力和能力。通过对1209个贫困村的农村环境进行整治，包括安全饮水、垃圾污水处理、护坡和谷坊、美化亮化等，将切实改善贫困地区整体生活环境，有效防治地质灾害隐患，解决农村"脏、乱、差"的问题，为构建美丽乡村奠定坚实基础。

以开发银行支持陇南市西和县贫困村社基础设施建设项目为例，该项目总投资10.4亿元，开发银行贷款授信承诺8亿元，目前贷款余额6亿元。项目涉及177个建档立卡贫困村，涉及498个自然村2.9321万户14.9万人，贫困发生率56.2%。此次项目实施后，将直接惠及贫困户1.9045万户8.3746万人，分别占西和县总贫困户和贫困人口的57%、54.5%。

三、产业扶贫到村（户）

将产业发展作为促进持久脱贫的主攻方向，开发银行以产业发展为着力点，努力构建"全产业链扶持+分层授信"的支持体系。

——对于千万级及以上需求的龙头企业，结合农业供给侧结构性改革，以产业扶贫专项贷款工程为重点，建立贷款企业带动农户致富的机制，构建农村富民产业体系，切实增强县域经济实力。

——对于百万级需求的合作社，以产业扶贫专项贷款工程、扶贫转贷款等为重点，有效结合开发银行资金成本优势、政府组织增信优势、商业银行网点风控优势，支持农村电商、农产品加工、乡村旅游等新产业新业态，着力改善贫困人口生产条件、促进增收致富。

——对于万元级的农户，以村级互助资金小额信用贷款为依托，有效解决1万—3万元需求的贫困户、与贫困户条件相近的非贫困户的融资难题及后续产业资金需求。

目前，开发银行在陇南徽县、两当县累计承诺贷款3900万元，贷款期限3—5年，利率执行国家基准利率，不到过去的一半，已实现1527万元贷款发放，支持超过500户贫困农户发展产业，开发性金融支持互助资金小额信用贷款真正成了农户发展产业的“资金加油站”。

专栏：开发性金融支持陇南电商产业扶贫转贷款业务

开发银行通过电商产业扶贫转贷款方式支持陇南市礼县良源果业发展苹果电商。开发银行向良源公司投放了500万元开发银行扶贫转贷款，用于苹果等电商土特产收购，贷款投放后，企业以收购土特产形式为礼县盐官镇新合村带动当地建档立卡贫困户123户，合计574人，其中未脱贫61户287人，预脱贫62户287人。

四、教育资助到人

自2007年生源地助学贷款启动以来，开发银行累计向甘肃投放助学贷款93.43亿元，支持贫困学生超过65万人，真正落实“发展教育脱贫一批”的要求。在陇南，开发银行累计发放生源地助学贷款5.88亿元，覆盖了全市所有县区，惠及4.12万贫困家庭学生，已成为陇南涉及群众最多、力度最大的惠民政策之一，被群众形象地称为“圆梦工程”。

五、融资又融智

“四到”之外，开发银行充分发挥大额、批发、长期的资金优势，通过省市上下联动，支持了陇南辖内重大工程实施。向兰渝铁路陇南车站站前广场项目贷款5.1亿元，保障了重大铁路项目按时建成通车，结束了陇南不通火车的历史；全力做好渭武高速、成州机场、武九高速、徽两高速等重大项目资金保障，打通交通瓶颈。

融资的同时，更加注重融智工作。开发银行始终以“规划先行融智、改革创新融制、市场运作融资”的“三融”方式积极主动开展工作，对陇南脱贫攻坚的金融支持，不仅体现在大额资金的及时到位，更体现在聚焦战略方向、瞄准政府热点、创新模式、建设机制的主动担当。从统筹易地扶贫搬迁到省，到贫困村基础设施到县，从产业扶贫互助资金到村、到户，到助学贷款资助到人，无不体现开发性金融规划先行、雪中送炭的理念。2016年4月，开发银行又向陇南市派驻开发评审工作组和扶贫金融专员，帮助地方提升金融运用能力和意识。开发银行将融资与融智相结合，推进各地编制扶贫开发规划和系统性融资规划，创新财政扶贫资金的使用方式。

脱贫攻坚，党心所向，民心所依。决战贫困、决胜小康的主旋律已在陇南大地奏响，开发性金融正在以前所未有的力度助力陇南打赢精准扶贫、精准脱贫攻坚战，为实现与全省全国同步小康目标而努力奋斗！

安徽省金寨县开发性金融精准扶贫示范点

一、金寨县基本情况

金寨是中国革命的重要策源地，人民军队的重要发源地。总面积3814平方公里，辖23个乡镇、1个现代产业园区，224个行政村，总人口68万人。金寨是红色奉献的土地。战争时期，是红四方面军的主要发源地、鄂豫皖革命根据地的核心区，10万儿女参军参战，走出了59位开国将军，被誉为“红军摇篮、将军故乡”。建设时期，修建了治淮骨干工程——梅山、响洪甸两大水库，总蓄水量50亿立方米，淹没10万亩良田、14万亩经济林和3大经济重镇，移民10万人。金寨是亟待发展的土地。是国家级首批重点贫困县，2011年被确定为大别山片区扶贫攻坚重点县，当时贫困人口19.3万人，贫困发生率33.3%。到2016年年底，全县贫困人口6.6万人，贫困发生率11.2%，发展任务十分繁重。金寨是充满希望的土地。党和国家领导人历来十分关怀、关注金寨。1990年，李克强同志到金寨考察并选址建设全国第一所希望小学；2003年以来，习近平、吴邦国、温家宝、曾庆红等领导同志先后视察，中央部委和省、市都对金寨发展给予大力支持。2012 年 6 月 19—20 日，吴邦国同志亲临视察，为金寨量身定做了“5 + 1”帮扶项目，并确定全国人大机关对口帮扶，安徽省委、省政府作出“抓金寨促全省”扶贫开发战略。尤其是 2016 年 4 月 24—25 日，习近平总书记亲临金寨考察，就传承红色基因、推进脱贫攻坚等作出一系列重要指示，让老区人民倍加振奋、备受鼓舞、倍感荣耀，金寨进入了最好的发展时期。金寨是开发性金融播种示范的土地。近年来，金寨县牢固树立创新、协调、绿色、开放、共享发展理念，在开发性金融的大力支持下，坚持以脱贫攻坚统揽工作全局，坚持“生态立县、工业强县、招商兴县、旅游富县、民生为要”的发展战略，大力推进人口向城镇、土地向大户、工业向园区“三集中”，探索出了一条具有大别山区特色的脱贫攻坚、绿色发展新路径。2013 年以来，先后获得全国文明县城、科技进步先进县、国土资源节约集约模范县等 15 项全国性荣誉，列入全国农村综合改革、光伏扶贫、金融改革、土地制度改革、全域旅游等 34 项国家级、省级试点示范，成为开发性金融精准扶贫示范点。2017 年，全县实现生产总值 108 亿元，增长 8.7%；财政收入 115 亿元，贫困人口由 2015 年的 8.43 万人减少到 3.86 万人，贫困发生率首次降到个位，为 6.6%。

二、开发银行支持金寨县的基本情况

金寨县是开发银行在安徽省内扶贫领域最广、投放量最大、合作最紧密的县域主体之一。“十二五”时期，开发银行即与金寨县建立了并肩作战摆脱贫困的深厚合作关系，融资逾 20 亿元支持全县发展。一是鼎力支持金寨县做好扶贫脱贫的城镇化建设基础性工作，对金寨县经济开发区路网、县城污水管网建设、县医院搬迁改造、农村校舍危房改造等领域进行投放。二是全力支持金寨县做好棚户区改造工作，棚户区改造贷款涉及搬迁 6010 户，拆迁面积 81.76 万平方米，为金寨全县民生改善和县貌换新发挥出积极作用。三是大力支持金寨县做好产业扶贫的园区孵化工作，投入贷款资金用于金寨县建设金梧桐产业园建设，项目建设标准化厂房 19 栋，吸引 40 家企业进驻，带动投资约20.23亿元,解决当地就业逾2000人,其中建档立卡贫困人口约400人。开发性金融助力金寨"增强县力、改善民生"为"十三五"时期金寨县举全县之力打赢脱贫攻坚战的整体工作推进积累了经验、奠定了基础、丰厚了力量、坚强了后盾。

2016年以来,按照新时期脱贫攻坚各项工作要求,开发银行积极主动开展对金寨县精准扶贫工作的科学谋划、机制建设及高效推动有关政策与项目对接落地等,金寨县亦在整合财政资金支持脱贫攻坚方面切实做到"集中财力保攻坚、统筹资金强投入、创新机制促发展、强化监管出效益"。近两年来,开发银行对金寨县精准扶贫领域承诺贷款38.5亿元,发放扶贫贷款32亿元,主要支持易地扶贫搬迁、农村环境整治、农村安全饮水、主干河道修复提升和水毁道路修复提升等领域。截至2017年年末,开发性金融支持金寨县发展的资金投入余额已近60亿元。

三、主要做法

一是建好精准扶贫工作机制。建机制、建好机制,前提是有建立合作机制的基础和共识,2016年以来,金寨县委、县政府以脱贫攻坚统揽经济社会发展全局,按照"确立一个目标、压实两项责任、突出十二项重点、完善三项保障"的工作思路,统筹整合资金资源,深入实施"3115"脱贫攻坚计划,全县动员,全力以赴,全面发力,确保全面打赢精准脱贫攻坚战,奠定了合作机制的良好思想基础和工作保障。开发银行率先在六安市及所辖四县三区全部建立了市县两级开发性金融脱贫攻坚合作领导小组和合作办公室,其中,金寨县委、县政府高度重视开发性金融合作,在六安市县两级七个合作办中首个发文成立金寨县合作办并切实做实,合作机制在谋划项目、推动工作和源头控制风险等环节迅速发挥出积极高效有力的作用和示范引领带头作用。在金寨县率先建设合作机制的理念和行动也与安徽省委、省政府和六安市委、市政府在脱贫攻坚工作上分别提出的"抓金寨、促全省"和"抓金寨、带全市"的精神和工作要求高度一致。开发银行和金寨县在脱贫攻坚工作中在"保持定力做‘加法’，政府做大政策扶贫增量，开发银行做大金融扶贫增量”“盯紧问题做‘减法’，政府消减困难群体存量，开发银行消减融资短板障碍”“科学统筹做‘乘法’，政府激活金融扶贫变量，开发银行激活金融群体力量”“督查考核做‘除法’，政府保证脱贫攻坚质量，开发银行保证扶贫资金流量”上保持了步调上的高度一致。

二是创新精准扶贫工作思路。2016 年 6 月底，金寨县遭受百年一遇的特大洪涝灾害，开发银行第一时间与县里沟通，并以最短时间高效启动应急贷款，从项目入库到贷款发放，仅一个工作日，不仅发挥出开发性金融对受灾贫困县雪中送炭的作用，更发挥出开发性金融示范引领作用，带动其他金融机构迅速对全县乃至全市应对灾情施以力所能及的援手，赢得了市县政府的一致认可。在此基础上，开发银行创新思路，主动献策、积极跟进，将金寨县的救灾应急工作与灾后重建工作和灾前着手谋划的精准扶贫工作统筹考虑，即确立“应急抢险 + 灾后重建 + 扶贫脱贫 + 振兴发展”的新思路，综合灾情引发的农村安全饮水需求、农村道路畅通需求及统筹整合使用财政涉农资金等政策，开发、指导金寨县规划农村安全饮水、主干河道修复并提升和水毁道路修复并提升等项目，并为未来的红色旅游扶贫、道路畅通扶贫等先期打好规划基础，项目惠及金寨县 71 万人，其中建档立卡贫困人口约 8.4 万人，基本实现贫困人口全覆盖。创新精准扶贫开发工作思路的同时，开发银行结合实际，在扶贫开发地区债务空间有限、扶贫开发项目小多散广等方面创新精准扶贫风险防控思路，从压实还款来源、落实还款措施、做实还款管理着手开展工作，金寨县相关项目成为开发银行安徽省分行首批使用财政整合涉农资金作为还款来源的县级项目、首个落实动态还款机制的县级项目、首个与地方政府共同研究制定资金管理办法的县级项目、首个集职能部门、融资主体之力共同开展贷后检查和管理的县级项目。

三是发挥精准扶贫工作效应。作为地方精准扶贫工作重要组成部分的农村土地制度改革试点工作启动以来，金寨县委、县政府在各方支持下，坚守改革底线，大胆创新，统筹推进农村土地制度三项改革，积极探索土地改革与精准脱贫协调发展的新路子，形成了一系列制度性成果，较好地完成了阶段性改革目标任务，受到广大群众的支持和拥护，在这个重要的、具有划时代意义的改革过程中,宅基地试点工作取得了突出的扶贫成效,通过多重措施确保了宅基地改革与脱贫攻坚有机结合、保障有力。金寨县整合叠加宅基地改革、易地扶贫搬迁、水库移民解困、农村危房改造等多项扶持政策,引导"两户三房"即"贫困户、移民户"和居住在"土坯房、砖瓦房、砖木房"的农户自愿搬迁,有效解决了"两不愁三保障"中的住房保障难题,极大地推动了贫困人口的脱贫解困。同时,金寨将改革试点政策与国家扶贫政策有效衔接,探索宅基地复垦腾退的建设用地指标在省域范围内有偿调剂使用,已成功交易10857亩宅基地腾退节余建设用地指标,成交金额有效缓解了改革资金压力,增强了发展内生动力,促进了打赢脱贫攻坚战的必胜信心。这其中,开发性金融发挥了至关重要的作用,开发银行配合金寨县宅基地改革试点,在宅改范围内积极稳妥地融资推动以农村环境整治为切入点的宅基地农村基础设施建设,投放的扶贫贷款惠及人口35127人,其中建档立卡贫困人口15572人,贫困人口所占比例达44.33%。金寨县的宅改试点推动了脱贫攻坚战略化、加快了山区农村城镇化、提升了土地利用集约化、落实了耕地保护增量化、实现了群众利益最大化,开发性金融精准扶贫的效应得以充分发挥。

2016年4月24日,习近平总书记视察金寨时强调,"全面建成小康社会,一个不能少,特别是不能忘了老区",给了老区人民莫大的鼓励和动力!按照习近平总书记指出的要坚持精准扶贫、精准脱贫,要提高脱贫攻坚成效,要找准路子、构建好体制机制,真正在精准施策上出实招、在精准推进上用实功、在精准落地上见实效的要求,金寨县精准锁定贫困人口,大力实施了"3115"脱贫计划和35个专项方案,创新建立扶贫大数据平台,实现脱贫攻坚精准化、精细化管理,确保如期实现"人脱贫,村出列,县摘帽"目标,与全省、全国同步全面建成小康社会。

开发性金融将继续精准聚焦金寨脱贫计划,精细对接金寨脱贫方案,精心保障金寨脱贫目标,精诚推进金寨小康之路。目前,开发银行正在积极推进包括金寨县健康扶贫、交通运输扶贫和旅游扶贫等在内的精准扶贫融资融智工作,其中健康扶贫项目主要针对金寨县3个县级医院、23个乡镇卫生院、209个村卫生室的整体医疗卫生体系效能提升开展融资支持,为医共体建设和全县人民百姓的身体健康及卫生计生工作阵地建设奠定基础;交通运输扶贫主要针对金寨县境内县、乡、村部分现有道路进行硬化、黑化、加宽和桥梁、管涵的加固、维修，以及安防、边坡防护等相应的配套设施建设，项目建设将切实改善金寨县农村地区交通条件，更好地助推金寨县精准扶贫，加快脱贫致富步伐；旅游扶贫将结合红色旅游发展的新趋势，高位谋划、深度融合金寨县的红色精神、红色文化与绿色旅游、绿色产业，使红色文化和绿色旅游共同催生激发出贫困县更多的生产力，带动全县脱贫攻坚和经济发展。

金寨县作为安徽省六安市脱贫攻坚主战场，具有与开发性金融长期合作的历史积淀，金寨县委、县政府对开发性金融在支持全县顺利完成脱贫攻坚任务过程中将发挥巨大作用有着坚定信心，金寨县自身具备独特的革命精神、创新精神、持恒精神、必胜精神也给予了开发性金融更大的鼓舞，开发银行与金寨县委、县政府更加紧密地团结在一起，用强大合力，下绣花功夫，做好各项精准扶贫工作，主动参与、积极谋划、科学安排、用好机制、做实项目、严格管理、防范风险、发挥作用。未来在各方共同努力下，开发性金融在金寨县的脱贫攻坚融资融智示范引领作用将更加凸显，开发性金融在金寨县的精准扶贫效果也将更加充分地体现和进一步的深化，在开发性金融支持下，金寨县必将打赢脱贫攻坚战并将坚韧地保持脱贫攻坚的战果。

江西省定南县开发性金融精准扶贫示范点

根据《中共中央　国务院关于打赢脱贫攻坚战的决定》，开发银行在定南县积极发挥开发性金融功能和作用，坚持精准扶贫、精准脱贫基本方略，加强融资模式创新，在农村基础设施、产业扶贫、教育扶贫等精准扶贫领域加大贷款支持力度，累计向定南县承诺精准扶贫贷款 9.42 亿元，发放精准扶贫贷款 6.81 亿元，预计可惠及建档立卡贫困户 1300 户，并与定南县在合作机制、合作模式创新方面形成了一些好做法、好模式、好经验。

一、顶层设计，高位推动

开发银行高度重视定南县脱贫攻坚合作，2017 年上半年开发银行先后多次赴定南县开展脱贫攻坚调研，与定南县在脱贫攻坚领域合作达成共识，双方将深入贯彻落实中央关于金融扶贫工作要求，探索合作模式，共同着力解决脱贫攻坚、项目建设等融资问题，通过抓培训、抓产业、抓实干、抓党建，探索产业扶贫模式，推动扶贫模式创新，培育经济持续发展能力，确保贫困户实现精准脱贫，助力定南脱贫攻坚和改革发展。

二、建立机制，统筹协调

（一）建立合作机制

为充分运用开发性金融理论和金融社会化理念，深化银政合作机制，构建扶贫开发业务合作机构和组织管理体系，定南县组建成立县级“开发性金融脱贫攻坚合作办公室”，并从紧缺的财政全额拨款事业编制中调剂出了3名编制给合作办，专职协调、对接脱贫攻坚金融合作工作。合作办是开发银行与定南县政府共同完成扶贫开发机制顶层设计的标志，在规划编制、项目开发、融资方案设计等方面将政府对扶贫开发工作的组织管理优势和开发银行的融资、融智优势有机结合，有利于共建和完善扶贫项目运作、资金运行管理和项目实施评价等方面制度，助力打通扶贫开发贷款“借用管还”路径，推动建立扶贫开发长效机制。

（二）发挥合作办作用

在深化双方合作中，定南县开发性金融脱贫攻坚合作办公室积极发挥“五员”作用，并逐渐形成“三套”机制。“五员”包括：联络员，通过与开发银行建立微信群等工作沟通方式，加强了项目开发和管理全流程的常态化沟通对接；宣传员，充分利用定南县政府网站和定南电视台等县级媒体宣传开发银行驻点推动金融精准扶贫工作和开发银行企业文化理念等，让全县人民进一步了解开发银行，推动双方深度融合；代办员，为使双方合作项目更加高效、便捷、规范的实施，合作办负责组织协调县相关单位对每个贷款对象进行初审、上户调查、联审；管理员，联合投融资主体、代理银行一起做好项目贷后管理工作；参谋员，紧密联系定南县经济社会发展实际，充分了解、掌握开发银行支持的发展方向、吃透上情、了解外情、把握县情、掌握下情的基础上，深入调研，科学制定项目，为定南县委、县政府当好参谋和助手。“三套”机制包括：快捷高效的对接机制，及时解读开发银行重点支持方向，从政策走向、项目筛选、评审组织、项目落地、贷后管理等每个环节进行常态化的日常沟通对接,让定南县每个项目从筛选申报到贷后管理都能更加高效地得到开发银行支持。专业化的工作运行机制,理顺相关部门的关系,让各部门各司其职、协调配合,围绕与开发银行合作项目开展工作,打造一支专业化的队伍,每一个项目均有“分管县领导 + 合作办 + 责任单位”负责跟踪实施;多维立体的保障机制,由县委、县政府统一调度协调、投融资主体和县财政为项目提供资金保障,相关部门做好具体工作、新闻媒体引导舆论的保障体系,确保部门之间职责明确、衔接顺畅。

(三)加大产业扶贫力度

为更好地实现以定南县主导产业、特色产业、优势产业为支撑,以龙头企业为依托,结合农业经营主体、合作社,有效推动产业发展与脱贫攻坚的深度融合,共建产业扶贫开发性金融合作机制,开发银行和定南县共同签订《产业扶贫贷款合作协议》。双方遵循“助力扶贫、风险可控、监管合规、信用建设”的基本原则,立足于市场融资的共识和政府信用的基础,推动定南县产业扶贫开发融资体系建设,通过政府组织增信下市场化运作,培育支持符合定南县产业发展规划并对建档立卡贫困户有扶贫带动效果的优势中小企业,逐步实现企业多渠道融资、贫困户脱贫增收。

三、多措并举,融资支持

(一)建农基,补短板

农村基础设施是贫困地区经济社会发展的重要基础,是扶贫开发中最迫切需要解决的问题。开发银行与定南县政府合作,整合资金、资源,推动完善财政涉农资金使用机制,发挥财政资金的杠杆作用,创新市级平台统贷统还融资模式,围绕村组道路、安全饮水、环境整治、校安工程等难点和“短板”,助力定南县破解农村基础设施建设资金难题,授信 4.6 亿元支持定南县农村基础设施建设，惠及定南县 119 个行政村。

(二)强产业，促扶贫

一是坚持因地制宜、因困施策的原则，完善“四台一会”贷款模式，对定南县具有明显扶贫带动作用的中小企业授信 2000 万元，通过就业务工、合作经营等形式带动近百户贫困户脱贫增收。二是在前期制度建设、市场建设、信用建设的工作基础上，开发银行推动的“赣州市油茶产业精准扶贫高产生态示范基地建设项目”率先在定南实现授信 4 亿元，发放 2 亿元，预计将带动 1200 户贫困人口通过就业务工、收益分红、合作经营等方式参与油茶产业发展，持续稳定增加收入，增强自我发展能力，定南县油茶产业精准扶贫发展模式在赣州其他区县中起到了示范引领作用。

专栏：定南县产业扶贫“四台一会”合作机制专栏

为更好地融合地方政府的组织协调优势和开发银行的融资融智优势，开发银行和定南县政府共同搭建“四台一会”产业扶贫合作机制，并构建全流程风险防控机制，系统化、组织化、持续化、专业化地推进产业扶贫业务开发，定南县出台《定南县国家开发银行产业扶贫贷款资金管理办法》《定南县国家开发银行产业扶贫贷款项目项目审议工作办法》等文件，旨在通过建章立制，明确金融合作流程和“四台一会”各方职责。

一是确定了以“开发性金融脱贫攻坚合作办公室”为管理平台具体组织协调定南县产业扶贫贷款的申贷、评议、推荐以及贷款资金的借、用、还等具体工作，向开发银行推荐贷款项目。二是确定定南县国有资产经营管理公司为统贷平台负责对当地符合定南县产业发展规划并对建档立卡贫困户有扶贫带动效果的优势中小企业、能够带动建档立卡贫困户脱贫致富的农业经营主体和合作社等用款人贷款资金统借统还。三是选取江西省信用担保股份有限公司为担保平台向开发银行提供足额有效担保。四是确定定南县政务公开网为公示平台定期公示企业的申贷信息、扶贫带动情况和还本付息情况，监督企业的生产经营和贷款资金使用。五是定南县中小企业局正在筹备成立中小企业信用协会，通过加强会员企业互保联保审核、平台公示、民主决策、组织生产管理等，培养会员企业契约精神与信用意识。

最后是定南县创新性构建“一站式”申报流程，符合产业扶持条件的实际用款人只需向定南县金融服务中心提交借款申请，定南县金融服务中心实行“一站式”服务。对实际用款人贷款申请及资料完整性初审，初审后资料报县合作办，定南县合作办组织借款人对实际用款人贷款情况进行评估、贷前调查、出具调查报告提交定南县评审委员会审议，审议通过后，由定南县开发性金融脱贫攻坚合作办公室上报开发银行江西省分行审批。

“四台一会”机制的建立，集中了各方资源优势，强化了扶贫开发业务基层管理，为与金融机构合作奠定了坚实基础。2017 年 7 月 13 日，开发银行向该机制授信 3 亿元。

（三）惠教育，断贫根

为了履行“增强国力、改善民生”的宗旨，保障家庭经济困难学生顺利入学，开发银行整合各方资源、创新贷款机制，走出了一条独特的行助学贷款业务模式，通过与省教育部门合作，以江西省学生资助管理中心为管理平台，以各县级资助中心为经办平台，承担助学贷款的申请和回收工作；同时在省财政部门的支持下建立了财政贴息和风险补偿金政策，保障助学贷款业务顺利运行。开办助学贷款业务以来，在定南累积向困难家庭学生发放国家助学贷款 9145 人次，6168 万元，其中 2016 年度发放 1812 人次，1389 万元，有效支持了困难家庭通过教育阻断贫困的代际传递。

四、夯实基础，融智支持

金融是现代经济的核心和实体经济的血脉，为使定南县干部更好地了解熟悉金融的运行手段和流程，开发银行充分发挥专家银行的优势，提供融智支持。一是组织四川省成都市“四台一会”骨干人员在“定南大讲堂”为全体县乡主要领导开展金融知识培训，为定南县“四台一会”相关委办局人员开展“四台一会”工作培训，增强定南县干部运用金融手段开展经济工作的意识和能力。二是开展干部挂职交流，弥补知识盲区。定南县选派人员分期分批到开发银行江西省分行进行短期挂职学习，学习开发银行业务流程，系统地学习开发银行业务的着重点，帮助增强定南县干部运用金融手段开展经济工作的意识和能力。

五、党建引领，银政共建

开发银行以党建活动为纽带，以机制建设、能力培养、教育资助等方法为抓手，提升贫困村自身发展内生动力。合作办、开发银行脱贫攻坚定南县驻点办公室与贫困村建立党建共建制度。定期深入贫困村开展党建活动，与贫困村党支部开展党建交流，激发贫困村党组织的先锋模范作用，通过政策宣传、理念灌输等方式，改变贫困地区和贫困人群的发展理念，增强“造血”功能。推动党建工作与脱贫攻坚深度融合，实现党建带扶贫、扶贫促党建“双赢”目标。

一是采取联学共建的形式共同开展党建工作。双方通过交流支部工作经验方法、学习脱贫攻坚政策等形式，推动联学共建工作，使定南县党员干部进一步认识开发银行脱贫攻坚的工作思路和做法，达到互学互助、共同进步的目的。

二是开展“抓党建促脱贫攻坚”党建活动。双方共同深入省级贫困村老城镇黄砂口村开展“抓党建促脱贫攻坚”党建活动，围绕“抓党建促脱贫攻坚”与贫困村党支部开展党建交流和献言献策，进一步激发贫困村党组织的先锋模范作用，通过政策宣传、理念灌输等方式，改变贫困地区和贫困人群的发展理念，增强“造血”功能。

三是通过党建引领示范。深入省级贫困村老城镇黄砂口村，考察调研该地特色农业发展和美丽乡村的建设情况，根据当地的地理优势，提出解决贫困户增收致富的思路和方法，推动该村产业发展取得积极成效。

河南省卢氏县开发性金融精准扶贫示范点

一、卢氏县贫困背景

卢氏县位于河南省西部，地处秦巴山集中连片特困地区，是国家扶贫开发工作重点县和河南省“三山一滩”扶贫工作重点县，“八山一水一分田”是当地的重要特点。“十二五”至今，卢氏县扶贫工作取得明显成效，截至2017年年底，全县贫困人口由9.62万人减少到4万人，贫困发生率由28.9%下降到12.03%。但是脱贫攻坚任务仍然十分艰巨。卢氏县贫困户主要致贫原因是基础设施条件和医疗条件落后，如超过38%贫困户致贫原因是交通落后，超过33%贫困户致贫原因是因病致贫，其他占比较高的致贫原因还包括因学致贫、因残致贫等。

目前，卢氏县扶贫开发面临以下问题：一是贫困人口分布广，贫困程度深。二是地处河南西部深山区，特殊的地质地貌导致自然灾害频发，基础设施条件较差。三是主导产业发展不突出，资源禀赋优势发挥不够。产业链不健全，特色化、产业化水平不高。四是城镇化水平相对较低，建制镇数量少、规模小，城乡差距较大。五是“十三五”期间脱贫攻坚规划项目投资额度大，而政府综合财力有限，需要创新思路、方法。

二、开发性金融支持卢氏县主要理念

（一）规划先行，科学发展

坚持规划引领发展。根据新的发展形势要求和卢氏县实际情况，及时助力卢氏县编制脱贫攻坚规划，确保本级规划与国家、省级脱贫攻坚规划的有效衔接，规划项目合理有序安排。明确发展目标、支持重点和融资方案，确保规划项目如期落地实施。

（二）政府主导，市场运作

坚持政府主导，充分发挥卢氏县各级党委、政府在宏观规划、组织协调等方面的职能优势，加强对脱贫攻坚工作的领导，整合财政资金和各类资源，发挥财政资金的杠杆放大效能，撬动信贷资金，引领社会资本，聚合各类社会资源，以市场化方式，共同推进脱贫攻坚。

（三）因地制宜，精准施策

坚持以“六个精准”统领卢氏县脱贫攻坚工作，精确瞄准、因地制宜、分类施策，大力实施精准扶贫脱贫工程，变“大水漫灌”为“精准滴灌”，做到“真扶贫、扶真贫、真脱贫”。结合不同领域、不同对象的融资需求，提出切实可行的扶贫方案，确保扶贫资金精准配置，做到精准扶贫。

（四）创新机制，合力攻坚

创新体制机制、创新思维方式、创新发展思路、创新工作方法，不断完善资金筹措、资源整合、利益联结、监督考评等机制，盘活各类资产，聚集各类资金，形成有利于发挥各方面优势、全社会协同推进的大扶贫开发格局。特别是要注重提高贫困地区和贫困群众的自我发展能力,增强依靠自身努力改变贫困落后面貌,实现光荣脱贫。

三、开发性金融支持卢氏县脱贫攻坚主要举措

为贯彻落实党中央、国务院关于脱贫攻坚的决策部署,开发银行结合开发性金融的"融资融智、雪中送炭"的办行理念,充分发挥在重点领域、关键时期、薄弱环节的先锋先导作用,实现卢氏县脱贫攻坚贷款项目授信37.16亿元,实现贷款发放18.86亿元,其中"易地扶贫搬迁到省"2亿元,"基础设施到县"17.66亿元,"产业扶贫到户"1.2亿元,"教育扶贫到人"0.57亿元。项目涉及全县全部352个行政村,实现了全县贫困村精准扶贫全覆盖,全县建档立卡贫困人口63806人因此受益,惠及99%建档立卡贫困户。

(一)总分行联动,深入推进精准扶贫

开发银行扶贫金融事业部联合河南省分行以"精准扶贫、精准脱贫"为中心目标,在卢氏县创新了"扶贫转贷款"模式,因地制宜谋划脱贫攻坚融资规划,同时推动卢氏县开发性金融扶贫工作机制建立。在总分行共同努力下,2017年5月10日,开发银行河南省分行与三门峡市人民政府签订《开发性金融助力脱贫攻坚合作协议》,进一步完善合作机制,形成了健全的组织领导体制和扶贫工作机制。

(二)深化银政合作,夯实工作机制

2016年4月,开发银行河南省分行成立卢氏贫困县专项工作组,专项工作推动小组由规划处、市场处、评审处、风险处、客户处等相关部门共同参与,全面对接卢氏县脱贫攻坚重点项目,了解融资需求,设计融资方案,争取最优惠的政策支持,工作小组定期向县委、县政府报送工作进展情况。卢氏县政府对应也成立了开发性金融支持脱贫攻坚领导小组,互为呼应,针对卢氏县扶贫业务推动中的重点、难点和瓶颈问题进行专项攻坚、专题突破,"一县一

策、因县施策”抓好特色扶贫项目落地。

为对接开发银行助推卢氏县脱贫攻坚相关政策有效落实，卢氏县于 2017 年 4 月成立了开发性金融支持卢氏县脱贫攻坚领导小组，并下设开发性金融合作办公室，具体负责项目开发及管理。开发性金融合作办公室相继出台了精准扶贫项目管理办法以及资金支付管理办法。

（三）规划先行，做好脱贫攻坚工作部署

卢氏县作为全省脱贫攻坚的前沿阵地，面临贫困人口多、积贫时间长、贫困程度深、脱贫难度大等挑战。为体现规划引领在卢氏县脱贫攻坚领域的推动作用，一是向卢氏县发放脱贫攻坚规划贷款 0.3 亿元。二是总分行联合开展调研，完成了卢氏脱贫攻坚规划咨询报告编制工作。2017 年 7 月 25 日，开发银行召开卢氏县脱贫攻坚规划咨询报告递交暨开发性金融精准扶贫示范点授牌仪式。河南省政府、河南省扶贫办、三门峡市委、卢氏县委等地方政府负责同志和卢氏县定点扶贫单位海关总署有关同志参加仪式。会上，开发银行向卢氏县递交了规划咨询报告并授予卢氏县“开发性金融精准扶贫示范点”。

（四）整合涉农资金，成系列开发贫困村基础设施

目前来看，基础设施仍是卢氏县脱贫攻坚的短板，整村推进进展较慢，任务较重，“难在路上，困在水上、缺在电上”的问题依然突出，基础设施建设水平依然较低。开发银行从卢氏基础性教育缺失，水利及生态基础设施落后等现状出发，利用卢氏涉农整合资金，开发评审了一系列农村基础设施项目，包括全县农村基础设施项目、全县中小学教育扶贫项目、全县基础性卫生医疗项目等，累计承诺贷款 16.6 亿元，发放贷款 11.7 亿元，有效解决了卢氏县贫困地区落后基础设施的瓶颈问题。未来，根据卢氏县基础设施建设实际和相关规划，为充分发挥基础设施建设在脱贫攻坚中的先导性和基础性作用，开发银行还将继续以交通、水利、电力等作为卢氏县基础设施扶贫建设重点，对卢氏县脱贫攻坚加大投资力度。

(五)创新产业扶贫融资模式,支持贫困人口增收脱贫

卢氏县生态环境优越,特色农产品品质较高,是河南省地理标志保护产品最多的一个县(共拥有卢氏连翘、卢氏黑木耳、卢氏核桃、卢氏鸡、雏牧香畜产品、卢氏蜂蜜6个地理标志保护产品)。农户普遍存在种植食用菌、中药材等特色农产品的传统,且熟练掌握相关的种植技能。生态旅游资源丰富,乡村旅游发展条件好,农村电商发展迅速,且已初具规模。这些都为卢氏产业扶贫奠定了很好的基础。2016年开发银行创新给予中原银行8亿元扶贫转贷款授信,并于当年落实转贷款资金2000万元用于支持对建档立卡人口具有扶贫带动作用的产业,通过整合地方政府、合作银行、新型经营主体等多方优势,合力支持贫困地区特色产业发展和贫困人口脱贫,同时有效解决了大资金进入小项目的通道问题,构建了开发性金融与商业性金融协调配合、共同参与、各司其职、优势互补的金融扶贫新格局。

(六)支持教育发展

针对"十三五"期间卢氏县教育基础设施薄弱的现状,开发银行着力降低贫困家庭学生就学负担,改善办学条件,加强教育基础设施建设,向卢氏县基础教育扶贫项目承诺贷款7.2亿元,实现贷款发放3.4亿元。按照"应贷尽贷"原则,帮助每位贫困大学生办理生源地贷款,坚决不让一位大学生因家庭贫困而失学。

(七)将卢氏县脱贫攻坚与新型城镇化建设同步推进

开发银行积极支持卢氏县以新型城镇化建设带动扶贫开发,通过逐步改善贫困地区的基础设施和公共服务条件,加快缩小城乡差距,改变二元结构矛盾,实现城乡统筹发展一体化,促进产业发展和企业聚集,有效带动贫困人口脱贫致富,在卢氏县投放基础设施提质升级贷款17.66亿元。

(八)注重多部门协同联动,形成合力支持卢氏县发展

开发银行加强与海关总署、河南省能化集团、中国黄金等对接卢氏的中

央机关有关部门、央企、地方大型国有企业等相关机构联络，共同谋划扶贫项目，形成合力，支持卢氏县脱贫攻坚。

开发银行将坚持贯彻中央脱贫攻坚精神，结合开发性金融“融资融智、雪中送炭”的理念，开展更扎实的工作，采取更有效的举措，积极支持卢氏县脱贫攻坚，重点做好以下几方面工作。

一是强化卢氏脱贫攻坚专项工作小组，落地卢氏脱贫攻坚规划。开发银行在成立卢氏县脱贫攻坚专项工作小组基础上，进一步强化工作小组，由分管行领导担任组长，各部门形成合力，快速反应，推动卢氏脱贫攻坚。卢氏脱贫攻坚规划已正式提交卢氏县政府，总分行将携手共同推动规划落地。

二是加快易地扶贫搬迁进度。卢氏县“十三五”期间搬迁贫困人口10353户36741人，占全县贫困人口总数的58.2%，同步搬迁2335户8432人。2016年已规划建设14个搬迁安置点，完成搬迁人口2335户9268人；2017年卢氏县完成3138户11254人搬迁，同时新开工18个搬迁安置点。开发银行将联合省扶贫搬迁投资有限公司做好项目资金支持，确保卢氏易地扶贫搬迁工程顺利推进。

三是支持基础设施建设。2017年，卢氏县计划在18个乡镇112个行政村实施贫困村基础设施建设项目，同时开展县域内教育系统脱贫攻坚中小学校校舍建设等工程。通过对全县112个贫困村基础设施全面提升，以及全县60个中小学校升级改造，带动10083个贫困户33661名贫困人口脱贫致富。两项目总投资21亿元，申请开发银行贷款16.6亿元，目前已实现贷款发放11.7亿元，下一步开发银行将帮助卢氏县建立资金支付管理办法，确保资金安全使用。

四是加大产业扶贫力度。2016年开发银行与中原银行合作的产业扶贫转贷款获得成功后，得到了政府、同业的广泛关注，通过联合政府、同业合作银行各自资源优势，引导金融资源向贫困地区聚焦。开发银行将进一步拓展转贷款的范围，引导资金向卢氏特色产业聚集，真正做到产业扶贫到户。

五是继续发力教育扶贫。开发银行2017年在卢氏县发放助学贷款1987万元，共支持3181人，累计支持7873人，贷款余额5085万元，对全县贫困生做到了“应贷尽贷”。开发银行将一如既往加大助学贷款支持力度，根据卢氏县贫困生需求做好贷款支持工作。

开发银行将继续认真贯彻习近平总书记关于脱贫攻坚的系列重要讲话精神,牢固树立和贯彻落实创新、协调、绿色、开放、共享的新发展理念,坚持精准扶贫、精准脱贫基本方略,不断创新体制机制,充分发挥政府投入的主体和主导作用,发挥金融资金的引导和协同作用,充分调动贫困地区干部群众的内生动力,大力推进实施易地扶贫搬迁、基础设施、公共服务、产业发展等,加快破解贫困地区区域发展瓶颈制约,不断增强贫困地区和贫困人口自我发展能力,确保卢氏县与全国同步进入全面小康社会。

四川省古蔺县开发性
金融精准扶贫示范点

古蔺县是国家级贫困县,也是开发银行定点扶贫县。2012 年以来,开发银行通过“投资 + 贷款 + 债券 + 捐助 + 智力”的“五位一体”综合金融服务方式全力支持古蔺县脱贫攻坚,双方在“易地扶贫搬迁、农村基础设施、产业扶贫、教育资助”四个方面开展了卓有成效的合作并取得了显著成效,受惠贫困人口达到 7.4 万人。

一、古蔺县基本情况

(一)概况

古蔺县地处川黔交界、乌蒙山系大娄山西段北侧,属乌蒙山集中连片特困地区,距成都 427 公里,距泸州 164 公里,全县辖区面积 3184 平方公里,辖 26 个乡镇,87 万人,居住有汉、苗、彝等 26 个民族,是国家扶贫开发工作重点县。

(二)经济运行情况

2017 年,古蔺县地区生产总值完成 152.7 亿元,增长 9.2%;规模以上工业增加值增长 11%;全社会固定资产投资完成 237.6 亿元,增长 18%;社会消费品零售总额完成 70.7 亿元,增长 13.6%;地方公共财政收入 16.95 亿元,增长 5%(见表 1);城镇居民人均可支配收入 26077 元,农村居民人均可支配收入 11568 元。截至 2017 年年末,全县常住人口 69 万,常住人口城镇化率为 30.15%。2017 年,古蔺县完成退出 45 个贫困村,减贫 14419 名贫困人口的减贫任务。

表 1　近三年古蔺县主要经济指标情况表

(单位:亿元,%)

指标名称	2015 年		2016 年		2017 年	
	公布值	增长率	公布值	增长率	公布值	增长率
地区生产总值	128.1	9.1%	140.1	8.1%	152.7	9.2%
地方公共财政总收入	15.65	—	16.2	5.1%	16.95	5.0%
全社会固定资产投资	170.69	34.3%	201.4	23.9%	237.6	18%
社会消费品零售总额	54.79	13.6%	62.3	13.6%	70.7	13.6%

(三)古蔺县"十三五"规划目标及重点工作

古蔺县"十三五"规划目标为:"率先摆脱贫困,同步全面小康"。具体来说,就是到 2018 年,全面完成全县 117 个贫困村和 7.4 万贫困人口的减贫任务,达到四川省制定的贫困户脱贫标准、贫困村和贫困县"摘帽"标准,城乡居民人均可支配收入与全国、全省差距大幅缩小;到 2020 年,地区生产总值年均增长 11% 以上,经济总量超过 230 亿元,人均地区生产总值突破 3.28 万元,经济总量力争进入全省县域经济前 75 强。

工作重点为:一是全力推进脱贫攻坚。确保 2017 年完成退出 45 个贫困村、减贫 14395 人,2018 年完成退出 50 个贫困村、减贫 40483 人的省市下达脱贫任务。二是打好易地扶贫搬迁攻坚战。按照"两年攻坚"任务,锁定 9829

户38335人搬迁对象。三是抓牢抓好“五大百亿产业”建设。创建郎酒百亿旗舰、水口百亿酱酒园、百亿生态肉牛产业、百亿中药材产业、百亿黄荆旅游扶贫示范项目。四是抓好以交通建设为先的基础设施建设。2017年开工古金高速、国道352、省道442,2018年开工古仁高速等公路建设。五是围绕“撤县设市”目标,着力抓好城乡提升。从2017年起,通过3—5年时间,城镇建成区面积达到35平方公里,城镇常住人口达到35万人,常住人口城镇化率达到48%以上。

二、开发银行支持古蔺县脱贫攻坚情况

2012年,国务院扶贫办、中组部等八部门将古蔺县确定为开发银行的六个定点扶贫县之一。2013年4月,开发银行四川省分行与古蔺县政府在京签署了扶贫攻坚合作协议,意向提供融资20亿元。此后,开发银行综合运用投、贷、债、捐、智“五位一体”综合金融服务方式,积极在古蔺县探索金融扶贫新路径,有效改善了古蔺贫困地区交通、教育、住房、就业等状况,增强了其自我造血、自我发展能力。截至2018年6月末,开发银行累计向古蔺县承诺贷款42.79亿元,发放贷款29.65亿元,投放专项建设基金2.2亿元,捐款1617.6万元。特别是2016年11月11日,开发银行胡怀邦董事长赴古蔺调研,要求“继续加大对古蔺对口帮扶,按照‘四到’思路,着力把古蔺打造为扶贫开发样板县”,为进一步做好古蔺县定点扶贫工作指明了方向。

（一）投——专项建设基金解决项目资本金问题

专项建设基金是稳增长的重要举措,对缓解项目资本金不足具有非常重要的作用。开发银行将专项建设基金作为支持地方脱贫攻坚的一项重要举措,特别是对古蔺县在专项建设基金从项目申报、评审授信、合同签订、基金投放等方面提供全流程的金融服务,明确专人随时解答其疑问。截至2018年6月末,开发银行共向古蔺县易地扶贫搬迁、古蔺县水源工程等领域投放专项建设基金2.2亿元,支持了2个项目建设。

(二)贷——长期优惠贷款保障项目资金需求

开发银行将长期、大额、低成本的信贷资金向古蔺县倾斜,支持其农村基础设施、棚户区改造、水利设施、交通扶贫等领域发展。截至目前,开发银行累计向古蔺县承诺贷款42.79亿元,发放贷款29.65亿元。

一是基础设施建设领域。贫困村提升工程方面,开发银行大力支持古蔺县校安工程和村组道路建设,通过整合涉农资金,承诺贷款13亿元。水利设施方面,开发银行向石梁子水库发放贷款1.6亿元。交通方面,开发银行向古蔺县授信农村公路改善工程贷款5356万元,用于支持乡道老油路破损修复改造项目。特色小镇方面,开发银行发挥开发性金融优势,帮助古蔺县做好二郎镇的发展规划、项目规划、融资规划等相关规划,推动二郎镇特色小镇项目进入评审程序。

二是易地扶贫搬迁领域。主动优化易地扶贫搬迁贷款模式,与省扶贫移民局、省发展改革委按照"控制风险、完善手续、加快实施"的原则,最大限度地优化易地扶贫搬迁授信核准方式,由"分散核准、分别签订合同"调整为"年度核准,统一签订合同",向古蔺县投放易地扶贫搬迁贷款资金8.12亿元,涉及建档立卡贫困户1.8万人。

三是生源地助学贷款领域。古蔺县学生资助管理中心是开发银行四川省分行生源地助学贷款合作先进单位。2012以来,开发银行向古蔺县累计发放助学贷款2.16亿元,支持2.926万人次。另外,2016年,古蔺中职教育助学贷款在全国率先试点成功,发放金额516.85万元,支持914人,着力解决"两后生"(初、高中毕业未能继续升学的贫困家庭学生)入学难题。

四是产业领域。在完善中小企业"四台一会"的基础上,创新增信方式,把使用开发银行优惠信贷资金同吸纳贫困家庭劳动力挂钩,搭建古蔺县中小企业统贷业务借款平台和担保平台,累计发放中小企业贷款3750万元,累计增加就业岗位312个,在支持当地中小微企业发展、促进就业等方面作出了积极贡献。

（三）债——专项债券拓宽脱贫资金来源

一是与泸州市合作启动了全国首支扶贫项目收益债试点工作。2016 年 3 月，“2016 年泸州市易地扶贫搬迁项目收益债”正式获得国家发展改革委批复，总额 20 亿元，涉及古蔺县项目 10 亿元。9 月 12 日，该债券正式成功发行。首期发行 5 亿元，发行期限 10 年。发债资金主要用于支持泸州市古蔺县、叙永县两个国家扶贫开发工作重点县的易地扶贫搬迁项目，涉及搬迁贫困人口 28623 户，共计 112101 人。其中古蔺县 2.5 亿元，占比达 50%。债券的成功发行创新了易地扶贫搬迁融资模式。二是由开发银行协助、国开证券主承销的古蔺县国资公司城市停车场建设专项债券成功完成簿记建档，规模 6.4 亿元，利率 5.96%，期限 7 年。本次专项债是开发银行定点帮扶古蔺、拓展金融扶贫的又一重要举措，是对“四到”工作思路的进一步落实。该项目对优化县城停车环境、改善城区基本面貌具有良好的促进作用。

（四）捐——捐助资金为产业扶贫开辟新路

开发银行将捐助作为支持古蔺县脱贫攻坚不可或缺的重要一环，区别于传统的给钱给物一次性扶贫，将捐赠资金重点用于支持古蔺县扶贫产业发展，实现扶贫从“输血”到“造血”的转变。目前已累计捐赠资金 1617.6 万元，近一年来开展定点扶贫帮扶活动 10 余次。捐赠资金大部分用于古蔺县蔬菜种植、马头羊养殖、茶叶种植等地方特色农业发展，支持全县百亿肉牛产业扶贫项目等，以及为建档立卡贫困户获取产业贷款提供增信服务。

表 2　开发银行向古蔺捐赠情况

序号	性质	项目内容	资金（万元）
合计资金捐赠			1617.6
一	开发银行总行捐赠情况		1593.2
1	开发银行总行资金捐赠		1035
1.1	2012 年总行捐赠资金	产业发展 3 个项目：美人椒种植、马头羊养殖、茶叶种植	160

续表

序号	性质	项目内容	资金(万元)
1.2	2013 年总行捐赠资金	产业发展 5 个项目:核桃种植 2 个、蔬菜种植、马头羊养殖、脆红李种植	150
1.3	2014 年总行捐赠资金	产业发展 3 个项目:蔬菜种植、马头羊养殖、茶叶种植;留守儿童之家 1 个项目(10 所学校)	160
1.4	2015 年总行捐赠资金	农村基础设施项目 1 个:麻柳滩村村组道路	245
1.5	2016 年总行捐赠资金	用于古蔺县小额扶贫贷款风险补偿金	160
1.6	2017 年总行捐赠资金	用于古蔺县小额扶贫贷款风险补偿金	160
2	开发银行总行专项活动		558.2
2.1	“启明行动”白内障康复项目	开发银行与中国残疾人福利基金会合作,“启明行动”白内障康复项目,2012—2015 年期间为近千名患者提供手术资金支持	133
2.2	“新长城”特困高中自强班	“新长城”特困高中自强班,2013—2015 年共资助 9 个班,每班 10 万元,资助了 450 名贫困学生	90
2.3	“西部彩烛工程”	总行“西部彩烛工程”2012—2015 年无偿组织古蔺县 206 名小学校长赴北京师范大学培训	314
2.4	“彩烛工程”相守计划	资助古蔺 20 所学校,开展 20 个关爱留守儿童特色项目,2014 年起每学年资助 20 万元	20
2.5	规划局捐赠物资	规划局党支部、于“六一”前夕赴古蔺县永乐镇麻柳小学开展志愿服务活动,组织员工自愿捐赠人民币 10207 元、图书 151 册、学生用品(平板电脑、电子相册、光盘、文具)若干	1.2

续表

序号	性质	项目内容	资金(万元)
二	开发银行四川省分行捐赠情况		24.4
1	开发银行四川省分行捐赠物资	2014年"六一"儿童节,开发银行四川省分行团委组织青年员工赴黄荆乡开展关爱留守儿童活动,捐赠学习用品等物资1.2万元	1.2
2	2014年开发银行四川省分行捐赠资金	古蔺教育助学公益项目	10
3	2015年开发银行四川省分行捐赠资金	古蔺马蹄乡小学教学设备与"暖冬行动"	13.2

(五)智——智力帮扶为脱贫攻坚插上腾飞的翅膀

治贫先治愚,智力扶贫是开发银行参与脱贫攻坚的最显著特征,开发银行创造了金融智力扶贫的典型模式。

一是规划先行。古蔺县是开发银行首批22个国家级贫困县规划合作试点之一。2014—2015年,开发银行积极参与《古蔺县扶贫开发规划》及《"十二五"第三批农村饮水安全项目实施方案》等规划方案编写,并以发展顾问等形式帮助古蔺县做强政府投融资主体,推动项目融资和法人建设工作。2016年,开发银行以推进"两学一做"学习教育为契机,深入调研古蔺县扶贫规划、产业发展、金融支持情况,自主编写了《古蔺县脱贫攻坚重点领域融资规划》,组织行内外专家编写了《古蔺县能源、旅游、农特产业发展建议》。两份规划报告已成为全行开展县级扶贫规划的范例。

二是智力扶贫。大力推进古蔺县生源地助学贷款业务,本着"应贷尽贷"的原则,阻断贫困代际传递;举办小额信贷扶贫现场培训观摩会等活动,多途径传递扶贫新理念、融资新方式。

三是人才交流。与古蔺县政府建立了人才双向交流机制,双方互派人员挂职,开展人才交流,取得良好效果。

贵州省德江县开发性金融精准扶贫示范点

开发银行按照“以规划先行为引导，以机制机构建设为手段，坚持项目建设与信用建设相结合，资金扶贫与智力扶贫相结合，发展生产与改善民生相结合，不断加大‘融制、融资、融智’支持力度，实现资源开发可持续、生态环境可保护、扶贫开发科学化”，积极探索和实践贵州省50个国家级贫困县金融扶贫工作。开发银行根据地方政府财力情况、金融生态环境、脱贫攻坚规划，选取德江县作为开发银行精准扶贫合作县试点，系统推进开发性金融扶贫工作。

一、开发银行与德江县银政合作情况

德江县位于贵州高原的东北部，武陵山与大娄山的汇接处，距离贵州省会城市贵阳约3个半小时车程；全县总人口55万人，超6成为土家族、苗族、仡佬族等少数民族；其是国家新阶段扶贫开发重点县，拥有贫困村174个，贫困户21711户73752人，贫困发生率达20.23%。2017年该县完成地方生产总值110亿元，增长22%，城镇、农村居民人均可支配收入分别达26130元、

8050 元，增长 9% 和 10.5%。截至 2017 年年末，开发银行累计与德江签订各类信贷合同 39.48 亿元（见表 3），投放信贷资金 31.33 亿元（含农村基础设施、棚改、水利、易地扶贫搬迁、开发银行小额农贷、中小企业、助学贷款、专项基金等）。初步形成了易地扶贫搬迁到省、基础设施到县、产业发展到村、教育资助到人的立体化融资构架。

表 3　开发银行在德江县合作情况

（单位：亿元）

类　别	累计授信	累计发放	贷款余额
农村基础设施	10.00	10	10
棚改	23.99	15.85	15.62
易地扶贫搬迁（含扶贫基金）	2.43	2.43	2.43
小额农贷	2.12	2.12	0.64
助学贷款	0.64	0.64	0.45
其他基础设施	0.3	0.3	0
合计	39.48	21.34	29.13

二、开发银行精准扶贫主要工作

（一）规划先行，派驻金融扶贫专员担当县域精准扶贫金融顾问

2016 年年初，开发银行向贵州全省 66 个贫困县派驻金融扶贫专员，德江金融扶贫专员由派驻铜仁市的金融扶贫专员兼任。“但愿苍生俱保暖，不辞辛苦出山林。”两年来，开发银行金融专员每月奔波在开发银行与德江之间，既走访县委、县政府主要领导，掌握当地“十三五”发展规划和近期脱贫攻坚目标，提出开发性金融支持该县经济发展与脱贫攻坚系统性融资规划建议；又不辞辛劳、风餐露宿、走村入户，深入德江县贫困乡村山寨，为具体项目资金的使用进行监督和提供建议。

(二)"安居乐业",全力支持城镇棚户区改造和易地扶贫搬迁工程

德江县是长期"欠发达、欠开发、欠账多"特征明显的地区,部分城乡群众生活比较困难,水利水电工程库区、移民安置区、工矿区和棚户区、城中村的居民生产生活条件急需进一步改善。为摆脱"一方水土养不活一方人"的困境,开发银行配合德江县委、县政府全力实施城镇棚户区改造和易地扶贫搬迁。为解决德江县财力不足和授信空间较小因素,开发银行积极争取省级、市级公司统一授信,利用省级、市级资源为德江县发展提供支撑;同时在县级财力评估基础上,适度开展棚户区改造直接授信。截至 2017 年年末,开发银行已累计发放城市棚改区改造贷款 15.85 亿元,发放易地扶贫搬迁贷款 2.43 亿元。

(三)"要致富,先修路",加大对通村通组路等重要扶贫基础设施的融资支持

蜀道难,黔路更甚,贵州省是全国唯一没有平原支撑的省份,德江县位于武陵山与大娄山交汇处,多山多丘陵,这些崇山峻岭给德江带来得天独厚自然资源的同时,也阻挡了德江发展的步伐。开发银行针对德江交通瓶颈,提出利用财政涉农资金整合融资支持德江县通村通组路的建议。该方案与县委、县政府交通规划和交通扶贫思路不谋而合。2016 年,开发银行对德江县授信 10 亿元,支持德江县 21 个乡镇 240 个行政村(社区)修建通村通组路 1643.11 公里,覆盖人口 550342 人次,覆盖贫困村 133 个,覆盖扶贫农户 93780 人次。同时,开发银行在支持德江中学搬迁工程、煎茶镇卫生院项目的基础上,继续探索教育、医疗扶贫在德江县的实践。

(四)推动"输血"式扶贫向"造血"式扶贫转变,"开发银行小额农贷"助力农户增收

开发银行根据德江县自然资源禀赋,创新"开发银行小额农贷"针对性支持德江连片贫困地区优势农牧产品。"开发银行小额农贷"是深受贵州广大农户欢迎的金融扶贫产品。通过推动机制建设、平台建设和信用建设先行,

解决了农民无抵押物、农业生产相对分散、涉农贷款金额较小，管理难度大等难题，形成了“政府指导入口、农民参与发展、开发银行资金孵化、龙头企业保障市场效益”的农业产业化发展模式和融资模式。同时“开发银行小额农贷”增强了农民依靠资源优势，主动参与市场的发展意识和能力，使其由传统的被动接受扶贫捐赠资金，转变成为主动参与农业产业化的市场主体，实现了扶贫工作由“输血”式向“造血”式的转变，极大地改变贫困地区人民群众的精神面貌，提升了贫困地区人民群众的发展自信。截至2017年年末，开发银行已累计向德江县发放“开发银行小额农贷”2.12亿元，投向天麻、茶叶种植和肉牛养殖产业，支持农户623户和33家中小企业（合作社）。

（五）播种希望，全力支持贫困学子求学成才

“不让一个学生因为家庭经济困难而失学”是党和国家的庄严承诺。开发银行与省教育厅紧密合作，以“应贷尽贷”为宗旨，全力推广生源地助学贷款工作。德江作为贵州省人口基数较大县域，其贫困学生人数较多，扶贫专员和客户经理为保证当地贫困学子知晓政策、安心学习，在助学贷款申办高峰期，积极联系德江县金融办、德江县教育局做好政策普及宣传，多次与相关县领导同志共同走访助学贷款申办现场；在助学贷款空闲期，督促德江相关部门做好助学贷款诚信教育，确保生源地助学贷款在德江的可持续发展。截至2017年年末，开发银行已累计发放生源地助学贷款6442万元，累计支持5735名学子就学。

开发银行将认真研究学习扶贫开发工作的新形势、新变化，以“精准扶贫”为目标，深化与德江县的合作，继续在农村基础设施、农业产业化、旅游扶贫、教育扶贫等方面贡献开发性金融精准扶贫力量。

云南省武定县开发性金融精准扶贫示范点

一、武定案例背景

云南是全国脱贫攻坚的主战场之一，是全国农村贫困面最大、贫困人口最多、贫困程度最深的省份之一。云南省楚雄州武定县共有6.55万农村贫困人口、7个贫困乡镇和59个贫困村，是一个集“山区、民族、宗教、贫困”四位一体的国家级贫困县和少数民族聚居县，同时也是乌蒙山片区区域发展与脱贫攻坚县和革命老区县，是云南贫困县的典型代表之一。

近年来，开发银行坚持大情怀、大智慧、大思路，以踏石留印、抓铁有痕的坚定意志深耕云岭，以“党建统领，规划搭台，业务唱戏”创新模式，从执行和操作的角度，最大限度地发挥好开发性金融优势，将中央的决策部署内化为实实在在的金融福祉，以行动践行使命，用业绩篆刻担当，谱写云岭大地金融扶贫的新篇章。

二、武定县2016年扶贫工作情况

2016年，按照武定县委确定的“脱贫攻坚冲锋年”总体要求，开发银行对武定县扶贫工作给予积极支持。武定县始终坚持脱贫攻坚统揽全县经济社会发展全局，紧紧围绕“白路镇脱贫摘帽、8个贫困行政村脱贫出列、1.24万建档立卡贫困人口脱贫退出”年度目标任务，部门苦抓、干部苦帮、群众苦干，全县脱贫攻坚工作取得阶段性成效。

一是争取扶贫项目资金创历史新高。全年争取各类扶贫项目资金9.8亿元，超额完成年初计划数2.4亿元的408%，相当于前30年财政专项扶贫资金总和。

二是提前完成易地扶贫搬迁任务。实施了7224户易地扶贫搬迁安居房建设，提前完成近三年的任务。

三是极大改善贫困地区农村基础设施。积极向上争取融资，全年投入11个乡镇5.4亿元项目建设资金，重点解决了安全饮水、道路交通和人居环境等一批贫困户关注的困难问题。

四是极大增强脱贫致富后续产业。按户均5000元的标准，投入产业扶贫资金6447万元，圆满完成13807户建档立卡贫困户产业扶贫项目。

五是如期实现年度脱贫退出目标。按照“6985”脱贫标准和“三率一度”考核要求，2016年12月15—21日，圆满完成楚雄州贫困退出考核验收组对武定县开展的2015年度整乡推进项目验收和2016年度脱贫攻坚任务评估验收，白路镇脱贫摘帽、8个贫困行政村脱贫出列、1.24万建档立卡贫困人口脱贫退出达到验收标准。

六是扎实推进“挂包帮”“转走访”工作。通过131家省州县部门联动、5549名帮扶干部和585名驻村扶贫工作队员真帮实扶，共精准识别剔除“四类”人员2244户8871人，对新纳入贫困户及时结对帮扶。

七是积极营造浓厚的大扶贫格局。紧跟县委、县政府工作思路，基本上做到了“电视有图像、广播有声音、网站有板块、手机报有更新”，基本形成了从干部到群众重视扶贫、议论扶贫、关注扶贫、推动扶贫的浓厚氛围。

八是圆满完成年度考核指标任务。对照州脱贫攻坚考核实施细则的4个大项18个小项考核指标，经综合绩效考核，各项指标均已达标，获得云南省“十二五”扶贫开发先进集体。

三、主要做法和经验

（一）党建统领，建制融情，将党建与金融扶贫有机结合

习近平总书记曾指出，“抓好党建促扶贫，是贫困地区脱贫致富的重要经验”。开发银行将金融扶贫工作与党建工作紧密结合起来，始终坚持“党建带扶贫，扶贫促党建”：一是加强融情建制。多次赴楚雄州、武定县深入调研，通过与楚雄州、县党委充分协商，在规划合作、项目合作、机制建立等方面，达成了目标融合、责任融合、机制融合的目标，为后续工作奠定了良好的基础。二是加强组织保障。在任务繁重、人手紧缺的情况下，精选一名优秀的副处长作为扶贫金融专员赴楚雄州交流挂职，从州市级层面不断协调相关政策资源、金融资源帮助武定县脱贫攻坚。三是加强总分行联动。总分行赴楚雄州开展联合调研，了解基层政府融资需求、融资困难，切实帮助贫困群众脱贫致富。

（二）规划搭台，凝心聚智，以规划为载体提供融智服务

在脱贫攻坚战中，融智服务是开发银行区别于其他金融机构的突出特点。开发银行提出“做好金融扶贫工作，要针对各地情况，精准解读各项扶贫政策，深入梳理业务线索，构建系统化开发策略，使金融扶贫工作有目标、有步骤、有措施”。将编制系统性融资规划实化为凝聚银政双方共识、深化业务合作重要融智载体，旨在科学测定财政支出与负债发展的最优平衡点的基础上，为武定量身定制分年的风险可控、操作性强的系统性融资方案，从而使项目推进“有米下锅”，从规划变成现实，提升金融扶贫的精准性、科学性和系统

性。会同云南大学、省委党校经过近半年的研究，编制形成了《楚雄州武定县脱贫攻坚系统性融资规划》，并于4月将成果正式递交武定县政府，供决策参考。这是云南省内首份贫困县脱贫攻坚系统性融资规划，获得了各级政府高度肯定。规划对武定县提出：一是发挥好财政金融协同作用，运用项目收益与金融工具期限错配原理，以有限的可支配财力撬动适度的金融资源。二是区分脱贫攻坚项目属性，按照公益性、准公益性、市场化三类项目，明晰政府支出范畴，重点以政府购买服务、PPP模式推动重大脱贫攻坚项目建设。三是积极争取国内、省内大型企业增信，提高融资能力，促进项目落地。

（三）业务唱戏，狠抓实效，融资支持脱贫攻坚项目建设

截至2017年年末，开发银行对武定县辖区内的项目授信121.42亿元，累计发放72.06亿元，运用专项建设基金、中长期贷款等金融工具加速武定脱贫攻坚进程：一是全额投放专项建设基金9.69亿元，有效撬动项目投融资。二是实现武定县贫困村基础设施项目评审承诺9亿元，发放贷款3.42亿元，支持农村道路、安全饮水、校安工程、环境整治4个领域建设。三是通过易地扶贫搬迁省级统贷项目，对武定县承诺贷款2.56亿元，发放贷款0.68亿元。四是用好农危改省级统贷资源，倾斜支持了武定县10个示范村，发放贷款0.2亿元。五是运用生源地助学贷款、应急贷款等特色金融产品向武定县投放资金0.45亿元。六是筑牢武定脱贫攻坚发展基底，对武定县域内的交通扶贫、水利扶贫等项目实现贷款承诺80.81亿元，发放贷款52.62亿元。七是在楚雄州设立开发性金融脱贫攻坚合作办公室，参照“四台一会”模式，重点依托龙头企业对全产业链进行系统性融资支持。

四、主要成效

开发银行以点带面，融情、融智、融资支持脱贫攻坚工作成绩得到省委主要领导的充分肯定。开发银行将《楚雄州武定县脱贫攻坚系统性融资规划（2016—2020）》正式递交武定县政府，获得县委、县政府高度肯定，为双方进

一步深化脱贫攻坚领域的务实合作奠定了良好基础

此外，国务院扶贫开发领导小组办公室官网、云南日报等主流媒体给予积极评价。一是国务院扶贫开发领导小组办公室官方网站登载《开发银行云南省分行倾情助力武定县脱贫　做好金融扶贫大文章》，对“武定样本”进行全国推广。二是云南日报以要闻头版形式发表文章报道开发银行依托系统性融资规划助力武定县脱贫相关典型。三是云南网报道了《云南首个县级脱贫攻坚系统性融资规划出炉》。

开发银行将结合武定县实际情况，深化银政合作，聚焦重点领域，进一步加大融资融智支持力度。一是结合楚雄州林业生态优势，通过PPP等创新模式，支持武定县储备林项目建设，推动优化农村经济结构，促进贫困百姓增收脱贫，积极开展林业扶贫。二是继续推进贫困村提升工程，支持武定县农危改项目，把实施农村危房改造和抗震安居工程与实施新农村建设相结合，全面推进新农村建设，帮助贫困户实现“拥有好环境、住上好房子、过上好日子”的目标。三是支持武定县特色小城镇建设，开发生态、旅游等资源，促进产业聚集和集体经济发展，探索以特色小城镇建设促进脱贫攻坚的新路子。

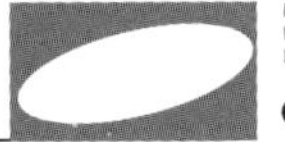

附　　录

开发银行脱贫攻坚项目图片

一、易地扶贫搬迁项目

开发银行支持的山西省方山县峪口镇扶贫移民安置房(一期)项目

开发银行支持的内蒙古自治区磴口县渡口镇北柳子村易地扶贫搬迁居住环境前后对比图

开发银行支持的安徽省安庆市太湖县小池镇易地扶贫搬迁项目

开发银行支持的河南省卢氏县易地扶贫搬迁前后对比图

开发银行技持建成后的湖北省咸宁市崇阳县路口镇宜民佳苑集中安置点

开发银行支持的广西壮族自治区武鸣县伏唐屯片区易地扶贫搬迁安置项目

开发银行支持建成后的海南省白沙县南开乡银坡村

开发银行支持的云南省昭通市白虾村建档立卡户搬迁前后住房对比

开发银行支持建成后的甘肃省武威市天祝县松山滩德吉新村易地扶贫搬迁集中安置点

二、农村基础设施项目

开发银行支持的河北省魏县农村基础设施村组道路建设前后对比图

开发银行支持的黑龙江省青冈县村屯道路建设项目前后对比图

开发银行支持的辽宁省北票市三宝乡瓦匠沟村组道路建设前后对比图

开发银行支持的安徽省金寨县农村环境整治项目新建安置房

开发银行支持的河南省镇平县老庄镇果营村贫困村提升工程项目前后对比图

开发银行支持的湖南省湘西边城风情小镇建设

开发银行支持的海南省保亭县三道镇什进村新貌

开发银行支持的贵州省德江县共和镇上坪村大墙背至张仙界公路建设前后对比图

开发银行支持建成后的甘肃省陇南市徽县嘉陵镇银杏树村文化广场

新旧水磨坊

新旧河堤

新旧便民文化广场和村民服务中心

开发银行支持的甘肃省陇南市西和县庞沟村基础设施建设项目新旧对比图

开发银行支持的新疆维吾尔自治区克州抵边村桥梁建设墨玉县农村基础设施建设

开发银行支持的宁夏回族自治区彭阳县农村饮水巩固提升工程

开发银行支持的西藏自治区拉萨至林芝高等级公路项目

三、产业扶贫项目

开发银行支持的吉林省东辽县"一村一场"蛋鸡扶贫项目

开发银行支持的山东省沂源县中药材种植加工项目

开发银行扶贫转贷款支持的河南省卢氏菜源卢氏鸡生态养殖项目

开发银行支持的河南省卢氏县电商创业园项目

开发银行支持的湖南省芷江县新庄村葡萄种植大棚

开发银行支持的广西壮族自治区首个“农光互补”光伏扶贫项目成功并网发电

开发银行支持的广西壮族自治区国家储备林基地——林改后种植的桉树林

开发银行支持的重庆市秀山县土鸡养殖扶贫项目

开发银行支持的四川省达州市“易地扶贫搬迁+产业扶贫”项目

开发银行支持贵州省印江土家族苗族自治县茶产业发展

开发银行小额农贷支持的贵州省德江县高标准肉牛养殖

开发银行支持的陕西省安康阳晨牧业科技有限公司种猪场全貌

开发银行支持的甘肃省清水县白沙镇产业扶贫项目大棚(改造前后对比图)

开发银行扶贫转贷款支持的甘肃省陇南市礼县良源果业扶贫

开发银行支持的青海省海南藏族自治州龙羊峡水光互补 32 万千瓦并网光伏发电项目

开发银行支持宁夏回族自治区盐池县贫困农户发展特色产业

开发银行支持的西藏自治区曲水现代化农业产业园

四、教育扶贫项目

95593 助学贷款呼叫中心接听大厅

河北省开发银行助学贷款办理现场

山东省开发银行生源地助学贷款受理现场

广西壮族自治区都安县开发银行生源地信用助学贷款受理现场

云南省丘北县资助中心老师为贫困学生提供咨询服务

重庆忠县开发银行生源地助学贷款宣传

开发银行支持的新疆维吾尔自治区喀什双语幼儿园建设中和投入使用图

五、扶贫公益项目

开发银行“为了大山的孩子”爱心包裹现场捐赠——背上新书包的孩子们

开发银行“圆梦开行童心画册”活动——用绘画架起友谊的桥梁

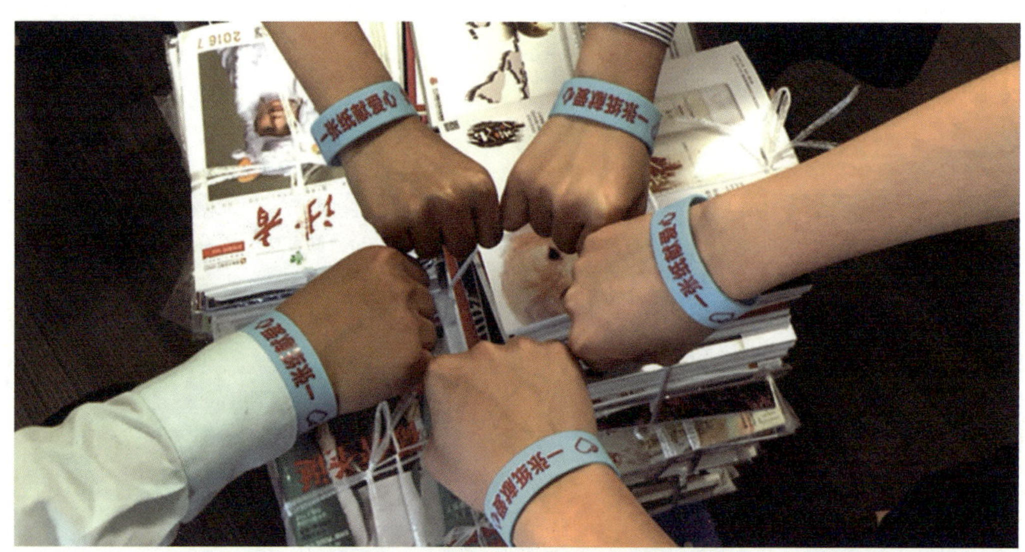

开发银行开展“一张纸献爱心行动”

开发银行“彩烛工程”公益项目——学生们开心地展示他们的作品

开发银行捐赠“黄手环行动”公益项目暨四代定位黄手环发放仪式

开发银行“新长城”特困学生资助项目

开发银行“快乐音乐教室”公益项目
——新疆阿克苏市玉尔其乡中心小学

开发银行“快乐音乐教室”公益项目
——青海省海晏县西海民族寄宿制学校

开发银行关爱奖励金项目——受助老师给学生上课

开发银行河南省分行“关爱贫困天使　书香陪伴成长”帮扶活动

开发银行湖北省分行捐建的梅子沟村爱心图书室“七彩课堂”

Contents

Knowledge Transfer and Technical Assistance

Full Consideration of People's Livelihood

Regions

Demonstration

Appendixes

Foreword

It is the essential requirement of socialism and an important mission of the Communist Party of China (CPC) to eliminatepoverty, improve people's livelihood and gradually achieve the common prosperity. Since the 18th National Congress of CPC, the CPC Central Committee has set it as the primary task and a tokenfor realizing the first centennial goal for Chinese nation to lift the poor people out of poverty, and launched a nationwide battle against poverty with unprecedented, efforts, range and influence. In November 2015, on the Central Poverty Alleviation and Development Work Conference, it was proposed that Chinese government should ensure the effective implementation of financial poverty alleviation, reinforce the financial support for poverty alleviation and, in particular, give full play to the roles of policy – based finance and development finance in the fight against poverty. In the *Decision of the CPC Central Committee and the State Council on Winning the Fight against Poverty* (*Zhong Fa [2015] No.* 34), it was made clear that China Development Bank (CDB) would establish the Poverty Relief Program Finance Unit. In November 2016, the State Council reviewed and approved the *Articles of Association of China Development Bank*, according to which the CDB should give priority to support for poverty alleviation and development, and other initiatives aiming at improving the welfare of Chinese people.

From 2016 onward, according to the decisions and plans made by CPC Central Committee and the State Council, CDB has taken a series of extraordinary measures to promote the development finance, so as to win the decisive fight against poverty. Firstly, CDB has innovated in the mechanism to push the implementation of responsibilities for poverty alleviation. CDB has established the Poverty Relief Program Finance Unit to bring into full play the advantages of the entire group, and further enhanced the cooperation with national ministries and commissions to jointly study the new thoughts and methods for poverty alleviation through the coordination between government agenciesand the Bank. In cooperation with local governments, CDB has set up the cooperation offices for the battle against poverty through development finance at provincial, municipal and county levels, thus building up an important platform for the fight against poverty through the coordination between government agencies and the Bank. In addition, CDB has had the letters of responsibility signed for the fight against poverty to specify the responsibilities at all levels. Secondly, CDB has focused on the bottlenecks of poverty alleviation, and granted the loans in a targeted manner. While centering on the key and difficult tasks for the fight against poverty, CDB has developed the poverty alleviation solutions that combine sound rules and systems, funding, and knowledge transfer and technical assistance, and the working concept of "Four Programs", namely "financing provincial programs for relocating poor populations, county programs for infrastructure development, and village programs for nurturing industrial development, and giving financial support for poor students to pursue their studies". By the end of 2017, CDB has cumulatively grantedloans of RMB 1.36 trillion Yuan for targeted poverty alleviation, which benefited 983 ones out of the 1,247 national and provincial poor counties across China, thus making positive progress in the fight against poverty. Thirdly, CDB has intensified the efforts of "knowledge transfer and technical assistance". CDB has assisted 20 provinces in formulating the provincial planning for the fight against poverty and, at the same time, cooperated with 22 pilot national poor counties in formulating the financing plans, and completed 49 advisory reports on planning the fight against poverty for Lushi County, Henan Province and other 48 poor counties. Moreover, CDB has designated 183 poverty alleviation financial specialists to the poor areas, and helped the local governments to work out the plans for poverty alleviation. So far, CDB has held special training programs for 14 concentrated contiguous destitute areas for over 1,400 cadres from 721 poor counties. CDB's support for the fight against poverty has been highly praised by the CPC Central Committee, the State Council, local governments at various levels, and people from the poor areas.

Today, the fight against poverty has come to the decisive point. On June 23, 2017, on the seminar on the fight against poverty for extremely poorareas, which was held in Taiyuan, Shanxi Province, President Xi Jinping pointed out that we should give full play to the leading and coordinating roles of funds, and forge a resultant force to promote poverty alleviation in extremely poor areas. In the future, CDB will hold fast to the basic strategy for targeted poverty alleviation and reduction, implement the concept of development finance, focusing onsupporting registeredpoor villages and population, and place primary emphasis on poverty alleviation of extremely poor areas, so as to win every campaign against poverty by delivering "alleviation solutions that combine sound rules and systems, funding, and knowledge transfer and technical assistance", and "financing provincial programs for relocating poor populations, county programs for infrastructure development, and village programs for nurturing industrial development, and giving financial support for poor students to pursue their studies", and help the poor people and poor areas will enter the moderately prosperous society in all respects together with the rest of the country.

In order to fully depict the effect of measures taken by CDB in implementing the decisions and plans made by CPC Central Committee and the State Council, CDB compiled the *Report on the Progress of Fight Against Poverty through Development Finance* (2017) to promote the concept and practice of fight against poverty through development finance, thus offering useful experience and assistance to win the battle against poverty and achieve the goal of building a moderately prosperous society in all respects for China.

Overview

In the Decision *of the CPC Central Committee and the State Council on Winning the Fight against Poverty*, it was set down that the Chinese government should give full play to the roles of policy-based finance and development finance in the fight against poverty, and it was made clear that China Development Bank ("CDB" for short) should establish the Poverty Relief Program Finance Unit. Over the years, CDB has, while faithfully implementing the decisions and plans made by the CPC Central Committee and the State Council, brought into full play the role of development finance, kept reinforcing the development and innovation of institutional mechanism, and taken extraordinary measures and efforts to support the fight against poverty. This report explicates the main practices and achievements of CDB in drawing up the "roadmap", establishing the "taskforce", making the "pledge", and implementing the poverty alleviation solutions that combine sound rules and systems, funding, and knowledge transfer and technical assistance to promote the battle against poverty.

Giving Full Play to Development Finance to Win the Fight Against Poverty

On the Central Poverty Alleviation and Development Work Conference, President Xin Jinping pointed out that that we should pay special attention to the roles of policy-based finance and development finance in the fight against poverty. In the *Decision of the CPC Central Committee and the State Council on Winning the Fight against Poverty*, it was set downthat the Chinese government should give full play to the roles of policy-based finance and development finance in the battle against poverty, and it was made clear that CDB should establish the Poverty Relief Program Finance Unit. Since 2016, CDB has, while faithfully implementing the decisions and plans made by the CPC Central Committee and the State Council, promoted poverty alleviation through Party building; focused on education improvement; made great efforts to develop the related concepts, methods and systems; kept reinforcing the construction and innovation of related mechanisms; enhanced the study on related concepts and methods, and; enhanced the support for funding and knowledge transfer and technical assistance by drawing up the "roadmap", establishing the "taskforce", and making the "pledge" for poverty alleviation. By the end of 2017, CDB has cumulatively granted the loans of RMB 1.36 trillion Yuan for targeted poverty alleviation, which mainly financed the relocation of poor population, poor village improvement program, distinctive industries, education, health care, student loans, and other sectors relating to the fight against poverty. Such loans cover 983 poor countries, efficiently lift the restraint on funding, and greatly promote the social and economic development as well as the working and living conditions of people in poor areas, thus winning favorable comments from the CPC Central Committee, the State Council, local governments at various levels, and people from the poor areas.

I. Establishing the New Poverty Relief Program Finance Unit to Enhance the Organizational Guarantee

In 2015, soon after the Central Poverty Alleviation and Development Work Conference,

CDB established a Poverty Alleviation Leading Group, which was headed by Senior Management of CDB, so as to enhance the organizational leadership for the fight against poverty in an all-around way. From 2016 onward, CDB has held several Party committee meetings and special bankwide meetings to arrange for and promote the works for poverty alleviation. Especially, as it was required by the *Decision of the CPC Central Committee and the State Council on*

Winning the Fight against Poverty, CDB efficiently accomplished the works relating to the planning, staffing, institutional development, organizational setup, and report for approval for the Poverty Relief Program Finance Unit. On May 31, 2016, with approval from China Banking Regulatory Commission, CDB officially established the Poverty Relief Program Finance Unit, which comprises the Comprehensive Business Division, Infrastructure Division, and Regional Development Division at the head office level, thus realizing the independent accounting and operation for the financial businesses relating to poverty alleviation. Hence, with a "group army" composed of special organizations, teams and experts, CDB is capable to offer strong support for Winning the Fight against Poverty.

On June 13, 2016, CDB held a bankwide work conference on poverty alleviation and development to study and implement the decisions and plans of the CPC Central Committee and the State Council and, at the same time, study and enforce the measures for poverty alleviation and development. To further assign the responsibilities, the secretaries for the CPC committees of CDB branches have served as the first persons responsible for supporting the local initiatives in the battle against poverty, signed the letter of responsibility with CDB Head Office, and made pledges to CDB to specify the responsibilities at all levels.

II. Enhancing the Coordination between Bank and Government to Build a New Working Mechanism for the Fight against Poverty

Firstly, CDB has actively taken part in the policy study. CDB has enhanced communication with and the reporting to the Office of Central Rural Work Leading Group, National Development and Reform Commission, and the State Council Leading Group Office of Poverty Alleviation and Development, so as to actively take part in the policy study for poverty alleviation. Moreover, CDB has cooperated with related national ministries and commissions to jointly push forward the poverty alleviation initiatives in diversified sectors including water conservancy, transport, education, and health care. For instance, CDB and National Development and Reform Commission jointly promulgated the *Opinions on Supporting the Development of Beautiful and Distinctive Small Towns (Cities) to Promote the Poverty Alleviation*, so as to actively explore the practices for poverty alleviation, and promote the complementary and balanced progress of poverty alleviation and construction of beautiful and distinctive small towns (cities). Secondly, CDB has reinforced the cooperation with local government in the battle against poverty. So far, CDB has signed the cooperation agreements with the local governments of 21 provinces (and autonomous regions and municipalities directly under the central government), including Guizhou Province, Gansu Province and Yunnan Province, on the fight against poverty with the support of development finance, so as to specify the related tasks, focal points of support, and cooperation mechanism, thus laying solid foundation for promoting the poverty alleviation. Thirdly, CDB has set up the cooperation mechanism and platform for the fight against poverty through development finance. To date, CDB has cooperated with the local governments to establish the "cooperation offices for the fight against poverty through development finance" at the county, municipal and provincial levels, set up the working mechanism and cooperation platform for organizing, promoting and coordinating the works relating to poverty alleviation through development finance, and improved the operation and fund management of poverty alleviation project with satisfactory achievements.

III. Winning the First Battle for Relocating the Poor Populations to Make New Breakthroughs for Targeted Poverty Alleviation

According to the instructions from the leaders of the State Council that "it's necessary to rationalize the fund operation mechanism from national level to provincial and city (county) level", CDB has taken multiple measures to win the first battle for relocating the poor population. Firstly, CDB has built up an efficient channel for fund operation. So far, CDB has helped the local government of 22 provinces (and autonomous regions and municipalities) to build up the provincial poverty alleviation investment and funding entities. Under the guidance of the National Development and Reform Commission, CDB has taken initiative to study and design the fund management systems at county, municipal and provincial levels, regulate the borrowing, utilization and management of fund, and hold national special training on works relating to the investment and financing works for relocating the poor population for the local government. Secondly, CDB has efficiently raised the fund for poverty alleviation. CDB has successfully issued 17 special financial policies, and raised the credit funds of RMB 75.1 billion Yuan for relocating the poor population. Thirdly, CDB has accelerated the project review and granting of loans. In line with the mode of"unified loan, unified procurement, and unified repayment" for provincial poverty alleviation investment and financing entities, CDB has set up the green channel to optimize the loan procedures, and promised to grant the loan of RMB 448.3 billion Yuan to 22 provinces (and autonomous regions and municipalities directly under the central government), which benefits 9.11 million poor people and 2.53 million poor people for relocation. By the end of 2017, CDB has cumulatively granted the loan of RMB 86.8 billion Yuan, approved the special construction funds of RMB 21.6 billion Yuan, and allocated the special construction funds of RMB 19.9 billion Yuan, thus guaranteeing sufficient funds for relocating the poor populations.

IV. Integrating the Financial Funds for Rural Development, and Exploring New Measures to Solve the Bottlenecks of Funds for the Poor Village Upgrading Program

According to the *Opinions on Supporting the Poor Counties to Implement the Pilot Program for Integrating the Financial Funds for Rural Development* (*Guo Ban Fa* [*2016*] *No.* 22), which was promulgated by the General

Office of the State Council in 2016, CDB proposed to, in an innovative way, increase the credit funds by integrating the Financial Funds for Rural Development. Moreover, while focusing on the key issues relating to rural roads, drinking water safety, environmental improvement, and school safety program, CDB proposed to, on the precondition of not increasing the local fiscal burden, grant loans for the infrastructural construction of poor villages in poor counties. By the end of 2017, CDB has promised to grant the loans of RMB 302.7 billion Yuan for development of rural infrastructure in 23 provinces, and extended the loans of RMB 139.3 billion Yuan, benefiting 39,900 poor villages in 541 poor counties. With the loans, they can construct the rural roads of 310,000 km, accomplish 4,762 school building safety projects, reconstruct 89,000 old and dilapidated rural houses, and solve the problem of drinking water safety for 23.16 million people, thus greatly improving the working and living conditions in poor areas, enhancing the direct sense of gain among the poor people, exciting the internal driving forces for development, laying a solid foundation for industrial development, and creating favorable conditions for sustainable poverty alleviation.

V. Focusing on Distinctive industries to Explore the New Pathway for Poverty Alleviation through Finance

CDB has attached great importance to the poverty alleviation though industrial development, which functions as the key link in the fight against poverty, so as to promote the self-improvement capability of poor areas. Since 2016, CDB has granted the loan of RMB 92. 9 billion Yuan for poverty alleviation through industrial development, relieving hundreds of thousands of poor households from poverty, and playing the demonstration and leading role in supporting the industrial development of poor areas. Firstly, CDB has taken initiatives to cooperate with central enterprises, SOEs, and local leading enterprises to integrate their market and industrial advantages with the resource advantages of poor areas. In addition, CDB has, by means of signing the purchase contracts, creating the job opportunities, implementing the land transfer, and distributing the dividends, built up an interest alignment mechanism between the leading enterprises and poor populations, thus boosting the income and promoting the poverty alleviation for the poor people. Secondly, CDB has improved and promoted the load mode featuring the "Four Platforms + Agencies" model (a model combining the management platform, the financing platform, the guarantee platform, the public information platform and the credit enhancement agencies), and efficiently combined the financing mechanism of "Four Platforms + Agencies" model with the village-level mutual funding association.

So far, CDB has granted the micro-credit loans (with the limit of each loan not exceeding RMB 30,000 Yuan) totaling RMB 1. 02 billion Yuan to the 34,000 poor farming households in Gansu Province, supporting them to develop the distinctive industries. Thirdly, CDB has, by learning from the loan mode of KFW Development Bank (KFW Bankengruppe), integrated our advantages in wholesale with the retailing advantages of small and medium commercial banks and, through the cooperation with such small and medium commercial banks, granted the poverty alleviation loans of over RMB 70 million Yuan in Henan Province and Gansu Province, so as to support the small and micro-size enterprises and farming households in poor areas to develop the distinctive industries. Fourthly, CDB has firmly established the concept that the relocation of poor population is intended to promote the poverty alleviation. When supporting the local government to formulate the development planning, CDB has: taken into consideration the employment, schooling of children, and social security for the relocated households; guaranteed the synchronic planning and implementation of relocation and subsequent industrial development, and; formulated specific guidelines to ensure synchronic granting of credit loan and support for relocation and subsequent industrial development. In addition, CDB has innovated the utilization of donation funds. So far, CDB has donated the funds of RMB 24 million Yuan to 21 poor counties across China. Such funds are utilized to supplement the risk compensation payment, and provide strong support for the industrial development of such poor counties.

VI. Forging Ahead Actively to Enhance the Infrastructure Construction for Education and Health Care

With respect to the acute problems of education and health care in poor areas, CDB has kept exploring new ideas for poverty alleviation and development, and enhanced the related support. In terms of the education poverty alleviation, CDB, as a main bank for granting loans to students, has granted the loans for all qualified applicants. By the end of December 2017, CDB has cumulatively granted the student loans of RMB 136 billion Yuan, covering 10.39 million poor students (including more than one million recorded poor students) from 2,240 counties for 2,835 universities in 26 provinces (and autonomous regions and municipalities). CDB has carried out the pilot student loan program for secondary vocational education in Gulin County, Sichuan Province, and granted loans to students from poor families, so as to solve the shortage of accommodation expenses, support the poor students to receive the secondary vocational education, and lay solid foundation for promoting the employment and income of students from poor families. Meanwhile, CDB has supported the construction of training bases for vocational schools and migrant workers, so as to improve the vocational skills of poor people, enhance their capability for employment and business pioneering, and thoroughly relive them from poverty. In terms of poverty alleviation for health care, CDB has taken initiative to enhance the cooperation with the National Health and Family Planning Commission to jointly study and implement the guidelines and work plans for supporting the health care in poor areas through development finance, explore and reform the mode of financing support, and place much emphasis on the construction of county-level hospitals, township health centers, and village clinics in poor areas. In Yunnan Province, CDB has, by means of unified loans, supported the poverty alleviation programs for vocational schools and county-level hospitals. So far, CDB has promised to grant the loan of RMB 20.15 billion Yuan, and actually granted the loan of RMB 1 billion Yuan to support the development of 38 vocational schools and 30 county-level public hospitals and women and children hospitals, thus speeding up the infrastructural construction for education and health care in poor areas.

VII. Enhancing the Service of Knowledge Transfer and Technical Assistance to Provide Intellectual Support to Win the Fight Against Poverty

To promote the poverty alleviation, it needs to first of all enhance the intellectual support. While increasing the fund support for poverty alleviation, CDB has, by giving full play to its expertise advantages, kept innovating the support mode, and enhanced the support for knowledge transfer and technical assistance. Firstly, CDB has enhanced the talent support. CDB has designated 183 backbone employees, who have high comprehensive quality, strong sense of responsibility and excellent professional proficiency, to 832 national poor counties in 174 cities and prefectures as full-time personnel. They are required to assist the local government to formulate the planning, plan for the poverty alleviation program, and accomplish the financing design. Secondly, CDB has enhanced related planning. By starting from the planning, CDB has assisted the local governments to make rational plan for poverty alleviation works, helped the local government of 20 provinces to formulate the provincial plan for the battle against poverty, carried out pilot cooperation with 22 national poor counties in formulating the financing plans, and formulated the advisory report on poverty alleviation planning for 49 national poor counties, including Lushi County, Henan Province. Thirdly, CDB has held training programs on poverty alleviation and development among local cadres. So far, CDB has held special training for 14 contiguous destitute areas, covering more than 1,400 person/times for cadres from 721 poor counties. Fourthly, CDB has adopted innovative mode for fixed-point poverty alleviation. In addition to the efficient implementation of works for fixed-point poverty alleviation in Zhengan County, Wuchuan County and Daozhen County of Guizhou Province, and Gulin County of Sichuan Province, CDB has combined its advantages in financing, knowledge transfer. , and technical assistance with the advantages of central state organs in organization in organization, coordination, policy guarantee, and management of industries, so as to explore and push forward the new methods for fixed-point poverty alleviation. At present, CDB has established partnership with nine central state organs, successively participated in the formulation of poverty alleviation planning for 84 poor counties and financing plans for 129 poor counties, and granted the loans of more than RMB 100 billion Yuan to 230 poor counties. In May 2017, CDB and State Organs Work Committee of CPC Central Committee jointly held the training for 160 cadres designated by

89 central state organs for county-level fixed-point poverty alleviation.

CDB is obligated to support the local government to win the battle against poverty. CDB will efficiently implement the guiding principles proposed in a series of speeches delivered by President Xi Jinping, firmly uphold the "awareness in four aspects", find its accurate positioning in rendering services for national strategy, realize excellent performance in implementing the decisions and plans made by central government, and demonstrate its sense of responsibility in the fight against poverty. To achieve the aforesaid goals, CDB will fulfill the tasks in following aspects:

Firstly, CDB will offer sufficient support for poor village upgrading program. By focusing on 128,000 recorded poor villages across China, CDB will enhance the capital investment and policy support for village roads, drinking water safety, power network transformation, improvement of living environment, elementary education, vocational education, health care, and other fields of public service for destitute areas, so as to upgrade the working and living conditions of destitute areas and poor villages, and complete the last stage for the battle against poverty. What's more, CDB will enhance the financial support for infrastructure and public services in Tibet, Tibetan areas in four provinces, four prefectures in southern Xinjiang, Liangshan Prefecture of Sichuan Province, Nujiang Prefecture of Yunnan Province, and Linxia Prefecture of Gansu Province, so as to help the destitute areas to win the fight against poverty.

Secondly, CDB will enhance the support for the relocation of poor populations. CDB will continue to enhance the allocation of funds for the relocation of poor population, and provide financial support for the relocation of 10 million recorded poor population across China. In the meantime, CDB will take initiative to innovate the investment and financing mode; reinforce the tracking and support for relocated population and relocation communities, explore the poverty alleviation, investment, and financing plans suitable for regional characteristics, and; provide all-around financial services for the relocated households to get more job opportunities, increase their income, and fit in the new environment.

Thirdly, CDB will push forward the poverty alleviation through industrial development. By focusing on the subsequent industrial development after relocation, CDB will give top priority to the employment and business pioneering of relocated population. Moreover, CDB will deepen the cooperation between government and bank, improve and promote the load mode featuring "Four Platforms + Agencies" model, explore the innovative mode of poverty alleviation through assets income, offer key support for development of rural economic organizations, and promote the collective economy of poor villages. In addition, CDB will actively cooperate with leading enterprises to cultivate a host of industrial projects for poverty alleviation, so as to jointly support the industrial development in poor areas, and help the poor population to get rid of poverty and become better off.

Fourthly, CDB will greatly support the poverty alleviation for health care and education. CDB will greatly support the poverty alleviation for health care. Under the guidance of National Health and Family Planning Commission, CDB will launch the capability standardization program for county-level hospitals, so as to improve the medical conditions for rural area, in particular the rural poor population, and boost the level of service for health care. Meanwhile, CDB will continue to expand the coverage of student loans; carry out the pilot operation of student loans for secondary vocational education; enhance the support for the construction of educational infrastructural facilities, and; support the establishment of a host of secondary vocational schools that have distinct specialties and adapt to the market needs.

Fifthly, CDB will push forward "three major operations". Poverty alleviation operation for destitute areas: CDB will, according to the requirements of President Xi Jinping that "we should allocate new fund for poverty alleviation, launch new poverty alleviation programs, and adopt new measures for poverty alleviation in destitute areas", offer preferential policies for credit loans to be granted to destitute areas, and further explore the innovative and extraordinary measures, thus helping the people of destitute areas to enjoy the benefits of moderately prosperous society. Fixed-point poverty alleviation operation: CDB will further enhance its cooperation with the State-owned Assets Supervision and Administration Commission and the State Organs Work Committee of CPC Central Committee, and integrate the advantages of national ministries and commissions in organization, coordination and guidance with the advantages of CDB in development finance, so as to efficiently integrate the resources for poverty alleviation, and create great resultant force for the fixed-point poverty alleviation of poor counties. Operation for poverty alleviation coordination between West China and East China: CDB will implement the decisions and plans made by the CPC Central Committee and the State Council for the poverty alleviation coordination between West China and East China, establish the working mechanism for such coordination, and give full play to its advantages in development finance, thus guaranteeing efficient support and service for such coordination.

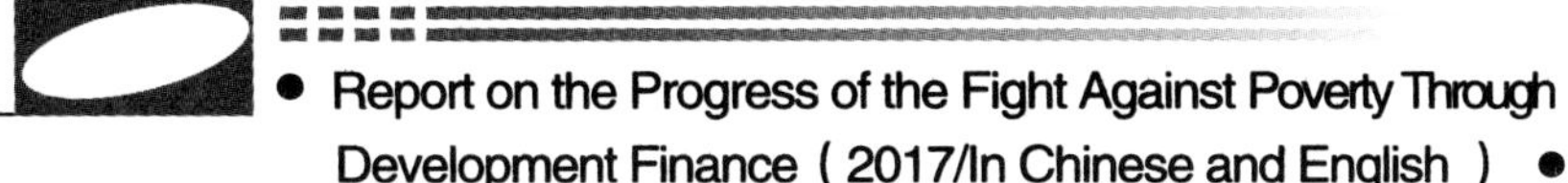

Sound Rules and Systems

"Winning the fight against poverty relies on the right path and a good system." Apparently, the slow development of poor areas is attributable to the lack of resources and capital, but the underlying reason is the lack of rules and systems through which resources and capital can be injected in a sustainable way and be used efficiently. CDB has always given priority to system development, combined the organizational advantages of governments and its own advantages in funding and knowledge transfer and technical assistance, gathered a resultant force of all parties through the innovation in system and mechanism, and developed the pattern of poverty alleviation involving government, bank, and enterprises. This chapter is devoted to introducing the development of bank-government cooperation mechanism, innovative systems and methods, and the practice and effect of the "three moves": fixed-point poverty alleviation, the fight against poverty in extremely poor areas, and poverty alleviation cooperation between the east and west regions.

Creating the New Mechanism of Cooperation between the Bank and Government and Erecting a New Platform for the Fight Against Poverty Through Resultant Forces

In the past years, CDB has consistently taken deepening the cooperation with governments as the key operation for consolidating and developing systems of the fight against poverty, continuously reinforced the cooperation with governments at all levels, and strengthened the development of poverty alleviation mechanisms, thus offering the powerful support for better exerting the role of development finance and winning the fight against poverty.

On the one hand, CDB has vigorously pushed forward the cooperation with all ministries and commissions, reinforces the communication with relevant competent departments, and discusses the ideas and methods of poverty alleviation and development in all fields with state organs such as China Central Policy Research Office, Office of the Central Rural Work Leading Group, National Development & Reform Commission, Ministry of Education, Ministry of Finance, Ministry of Transport, Ministry of Water Resources, National Health Commission, People's Bank of China, China Banking Regulatory Commission, National Energy Administration, State Council Leading Group Office for Poverty Alleviation and Development, etc.

—Actively participating in the compilation of policies. Since March 2015, CDB has communicated with organs such as Office of the Central Rural Work Leading Group for five times, actively took part in drafting the "*Decision of the CPC Central Committee and the State Council on Winning the Tough Battle against Poverty*", explored unconventional measures for poverty alleviation through financial support, and came up with suggestions from the aspects establishment of poverty alleviation funding entity, financing mode innovation, and financial capital integration. It signed the cooperative agreement on poverty alleviation through development finance with the State Council Leading Group Office for Poverty Alleviation and Development, jointly exploring the methods and modes of targeted poverty alleviation such as supporting poor villages to develop distinctive industries, micro-credit loans for poverty alleviation, assets income for poverty alleviation, etc. It cooperated with National Development & Reform Commission to carry out the early research on the "13th Five-Year Planning" for relocating poor populations, which laid the favorable foundation for planning compilation. Both parties jointly released the "*Opinions on Supporting the Development of Distinctive (City) Towns to Promote Winning the Fight Against Poverty*", supporting the mutual promotion and coordinated development of the fight against poverty and the development of distinctive (city) towns.

—Focusing on key fields. Through the cooperation with the Ministry of Water Resources, CDB gave full play to the important boosting role of development finance to poverty alleviation through water conservation, reinforcing infrastructure facilities of water conservation in poor areas, and accelerating the reform and development of water conservation. It signed the cooperative agreement with the Ministry of Transport to jointly press ahead with the development of system, credit, and market in the transport poverty alleviation field, offering the financing support of RMB 700 billion Yuan to solve the financing difficulty as the guarantee to win the fight against poverty. Together with the State Forestry Administration, the Ministry of Finance, and the State Council Leading Group Office for Poverty Alleviation and Development, it issued the instructions on integrating and coordinating capitals to support the industrial development of woody oil plants such as tea-oil tree and walnut in poor areas, thus creating the new mode of poverty alleviation through forestry. After the joint research with the State Ethnic Affairs Commission, it brought forth the suggestion on supporting the development of Wuling Mountain region and also the implementation scheme, and signed the "*Cooperative Agreement on Pushing Poverty Reduction through Tourism and Coordinated Development of Wuling Mountain Region*" and relevant instructions with State Ethnic Affairs Commission, National Tourism Administration, All-China Federation of Industry and Commerce, and governments of Hubei, Hunan, Chongqing and Guizhou to facilitate the development of the tourism industry of the area and finally promote poverty alleviation and development. In addition, it reinforced the cooperation with National Health Commission and the Ministry of Education to work out instructions and schemes for pushing forward poverty alleviation through medical treatment and education.

—Jointly pressing ahead with fixed-point poverty alleviation. CDB deepened the cooperation with the State Organs Work Committee of CPC Central Committee, jointly exploring the new methods of supporting fixed-point poverty alleviation counties to get rid of poverty with central state organs and institutions. It has established the partnership with 89 central state organs, participated in compiling poverty alleviation planning for 84 poor counties and financing schemes for 129 poor counties, and extended loans of over RMB 100 billion Yuan to 230 poverty counties. In May 2017, CDB and State Organs Work Committee of CPC Central Committee jointly held the training class for poverty alleviation temporary cadres from central state organs, offering trainings to 160 cadres of 89 organs taking temporary jobs in fixed-point counties.

Special Column: CDB and State Ethnic Affairs Commission Jointly Pushing forward the fight against poverty and regional development of Wuling Mountain Region

Wuling Mountain region is important for maintaining national unity and facilitating national progress, and pushing forward the fight against poverty and regional development of the area is of the demonstrative significance for the economic and social developments of regions inhabited by ethnic groups. Since 2013, CDB and State Ethnic Affairs Commission have carried out the great exploration and practice in pushing forward the fight against poverty in Wuling Mountain region together with governments of Hubei, Hunan, Guizhou and Chongqing, and found the new path of propelling the development of areas through finance.

In 2013, through the in-depth investigation and survey, CDB and State Ethnic Affairs Commission jointly worked out the "*Opinions on Supporting the Development and Fight Against Poverty of Wuling Mountain as the Pilot Project*" and the implementation scheme, and signed the six-party cooperative agreement with governments of Hubei, Hunan, Chongqing and Guizhou, thus creating the new mechanism of pressing ahead with the poverty alleviation and development of Wuling Mountain Region through bank-government cooperation. In January 2016, CDB attended the meeting concerning the regional development and fight against poverty of Wuling Mountain region held in Chongqing, and signed the "*Cooperative Agreement on Pushing Forward Poverty Reduction through Tourism and Coordinated Development of Wuling Mountain Region*" with State Ethnic Affairs Commission, National Tourism Administration, All-China Federation of Industry and Commerce, and governments of the four provinces (municipalities directly under the Central Government). In June 2016, CDB, State Ethnic Affairs Commission, National Tourism Administration, and All-China Federation of Industry and Commerce jointly issued the "*Opinion on Pushing Forward Poverty Reduction through Tourism and Coordinated Development of*

Wuling Mountain Region", developing new mode and mechanisms for poverty alleviation and development of Wuling Mountain Area, and seeking for new ways for the area to achieve the goal of building a moderately prosperous society in all respects as scheduled.

In addition, CDB branches of Hubei, Hunan, Chongqing and Guizhou actively reinforced cooperation with governmental organs at all levels to comprehensively increase the support to local poverty alleviation and development. For instance, CDB and Hunan Provincial Development & Reform Commission jointly studied and worked out the scheme of poverty alleviation through tourism, offering financial support to the development of node tourist communication signs and tourism public service facilities in the Great West Hunan in the mode of "small special project + loan". It signed the "*Memorandum of Understanding Jointly Pushing Forward the Fight Against Poverty and Central City Development of Southeast Chongqing Area through Development Finance*" and "*Cooperative Agreement on Pushing Forward the Poverty Alleviation and Development Strategy through Bank-government Cooperation*" with the Qianjiang District Government of Chongqing Municipality. Through bank-government cooperation, CDB consolidated the foundation of supporting the development of Wuling Mountain region through development finance.

On the other hand, CDB has continuously deepened the cooperation with local governments at all levels on the fight against poverty, and places the focus on establishing cooperation office of the fight against poverty through development finance (cooperation office for short). Since 2016, CDB has fully utilized the ideas of development finance and finance socialization, continuously deepened the mechanism of cooperation between bank and government, constructed poverty alleviation and development cooperative institutions and organization and management system extending to counties, combined local governments' organizational advantage and advantages of CDB in financing, knowledge transfer and technical assistance, and merchant attraction to the maximum extent, and converted the advantages into management advantages of daily coordination and project development so as to give play to the capital guidance effect of development finance.

—Establishment of cooperation offices: The cooperation offices have been established under the organization of provincial (city, county) governments, led by cooperative leading groups of the fight against poverty through development finance, and subordinated to provincial (city, county) governments or financial and development and reform departments. Directors of cooperation offices were appointed by cooperative leading groups. Cooperation offices should have fixed offices and corresponding workers, and can absorb business backbones from departments such as finance, development and reform, and also recruit full-time personnel if local conditions allow.

—Important significance: Establishment of cooperation offices is the effective means to accelerate pushing forward the fight against poverty through financial support, the important content of consolidating and improving the development of poverty alleviation and development mechanisms, the way of CDB to support local governments to win the fight against poverty, and the bridge of cooperation between CDB and local governments. The establishment of cooperation offices also indicates that CDB and local governments jointly complete the top-level design of poverty alleviation and development mechanisms, and conduces to exerting the organization and management advantages of governments in planning compilation, project development, and financing scheme design, establishing and improving systems concerning project operation, capital management, and project implementation evaluation, ensuring the timely repayment of loans for poverty alleviation and development, and establishing the long-term mechanisms of poverty alleviation and development.

—Major responsibilities: Cooperation offices, as the cooperative platform helping organize, push forward, and coordinate the fight against poverty through development finance, are responsible for the daily communication and coordination between local governments and CDB, and organizing daily works concerning local fight against poverty. Its major responsibilities include but not limited to: pressing ahead with and participating in the formulation and implementation of various plans concerning local fight against poverty, and cooperating with CDB in financing services; compiling concrete schemes of local fight against poverty through development finance, determining supporting fields, and studying supporting policies; organizing and implementing project applications, selecting key supporting projects, designing financing modes, and studying and compiling financing schemes; urging grassroots governments and relevant departments to well organize project implementation and supervision, and coordinating difficulties and problems encountered in poverty alleviation and development; assisting CDB in loan examination, democratic evaluation, contract signing, capital payment, after-loan management, and recovery of principal and interest; fulfilling policies pertinent to loan risk compensation, improving project democratic evaluation and social publicity mechanism, and facilitating the development of risk control network of poverty alleviation and development; organizing and guiding all social strengths to get involved in CDB's financing service system of poverty alleviation and development and finally win the fight against poverty.

Practice proves that the establishment of cooperation offices is of the great significance for accelerating the fight against poverty. By the end of December 2017, CDB had established totally 154 cooperation offices at the levels of county, city, and province together with local governments, including professional cooperation offices in Jiangxi, Hubei, Ningxia, Guizhou, and Henan, 36 city-level cooperation offices and 112 county-level cooperation offices in poor areas, laying the solid foundation for comprehensively supporting and serving the fight against poverty.

Special Column: Remarkable Effect of Cooperation Office of the Fight Against Poverty through Development Finance in Shangluo City, Shaanxi Province

CDB and the CPC Shangluo Municipal Committee and Shangluo Municipal Government, Shaanxi Province signed the "Memorandum of Cooperation on Supporting Shangluo City to Win the Fight Against Poverty through Development Finance during the '13th Five-Year Plan' Period", established the joint meeting system, and set up leading groups of the fight against poverty through development finance at the levels of city and county separately, which were led by the leaders of the city and counties, and composed of major directors of functional departments such as finance, development and reform, and poverty alleviation. Meanwhile, CDB set up cooperation offices at the two levels of city and county, and offices were arranged at finance bureaus of the city and county. The directors of finance bureaus hold the concurrent post of office director, and the deputy director of finance bureaus in charge of poverty alleviation and a deputy director of Shaanxi CDB branch hold the concurrent post of deputy director. Offices are composed of three teams, namely comprehensive coordination team, project instruction team, and capital management team, which are responsible for issuing poverty alleviation projects and capital management methods, clarifying subjects to liabilities, and coordinating the implementation of poverty alleviation through financial support. At present, city-level and county-level offices are established and working normally, and have a total staff of 80, forming the cooperative working mechanism of being managed by both government and bank and checked by finance, bank, and urban investment companies.

In the past one year, the cooperation offices of development finance have compiled and issued a dozen of systems and measures such as project management, capital management, county-level expense payment, agriculture-related capital integration, report system, joint check acceptance, working responsibility, file management, and pilot project scheme, established the "five-unification" mechanism of unified plan, unified pricing, unified supervision, unified final settlement, and unified acceptance, thus offering the strong system guarantee for the standard implementation of projects and safe operation of capital. Meanwhile, the cooperation offices effectively enhanced the capability of workers through business trainings, offering the strong talent guarantee for supporting winning the fight against poverty. The establishment of the cooperation offices is crucial for Shangluo City to achieve the practical effect in the fight against poverty through development finance. By the end of December 2017, CDB had extended loans of RMB 24.6 billion Yuan to Shangluo City accumulatively, and injected special development fund of RMB 1.144 billion Yuan. In 2016, it extended credits of RMB 3.5 billion Yuan to support the improving projects of 701 poor villages, which helped improve the production and living conditions of these villages noticeably, and create the favorable conditions for industrial development. In 2017, poor population of Shangluo City was reduced from 490,000 in 2015 to 340,000, a decline by 15,000, accounting for 11.2% of the poverty reduction population of Shaanxi Province in the year. 206 poor villages in the city got rid of poverty in the year.

Fulfilling Social Responsibilities to Reinforce Fixed-point Poverty Alleviation

Fixed-point poverty alleviation is the important decision made by the CPC Central Committee and the State Council, and also the important part and indispensable strength of the poverty alleviation undertaking with Chinese characteristics. CDB seriously implements the decisions of the CPC Central Committee and the State Council concerning fixed-point poverty alleviation, exerts the role of development finance, supports the fight against poverty of four fixed-point counties: Zheng'an, Daozhen, and Wuchuan of Guizhou Province, and Gulin of Sichuan Province, and cooperates with central state organs to integrate advantageous resources to jointly press ahead with fixed-point poverty alleviation, creating the new mode and new experience of bank-government cooperation on poverty alleviation.

I. Adopting Multiple Measures to Support the Four Fixed-point Poverty Alleviation Counties to Win the Fight Against Poverty

(I) Adhering to mechanism development and reinforcing organizational leadership

CDB always takes fixed-point poverty alleviation as an important political task and fulfills its mission earnestly. After the holding of the fixed-point poverty alleviation meeting of the central state organs, CDB established the fixed-point poverty alleviation leading team with Senior Management as the leader, nailing down objectives and tasks, and clarifying responsibilities level by level. In the light of the actual situations of fixed-point poverty alleviation counties, CDB especially issued the "*Opinion on Further Facilitating Fixed-point Poverty Alleviation*", clearing up assistance ideas, refining supporting measures, and offering adequate capital and policy guarantees. Meanwhile, CDB also established the cooperation office of the fight against poverty through development finance at Gulin County, reinforcing the top-level design, establishing the cooperative platform, and forming the fixed-point poverty alleviation pattern of the close cooperation and active interaction among the government, CDB, and enterprises.

(II) Adhering to the working concept of "Four Programs" and increasing funding support

In terms of relocating poor populations, CDB extended loans of RMB 3.76 billion Yuan to the four fixed-point poverty alleviation counties through provincial investment and financing subjects, injecting special development fund of RMB 190 million Yuan and benefiting the relocated population of 232,000. Innovating financing modes and financial products, CDB supported Gulin County to issue the special bonds of relocating poor populations, successfully raising capital of RMB 500 million Yuan from society. In terms of improving projects of poor villages, CDB promised loans of RMB 4.17 billion Yuan for the construction of rural infrastructure facilities in the four fixed-point poverty alleviation counties, and extended RMB 3.83 billion Yuan, which would benefit the population of 222,000 in 225 poor villages. In terms of poverty alleviation through industrial development, CDB accumulatively extended "micro-agricultural loans" of RMB 415 million Yuan to the three counties Zheng'an, Daozhen, and Wuchuan, directly supporting 3,295 famer families, 37 small and medium-sized enterprises, and 19 cooperatives, and building the three regional advantageous products of Zhang'an white team, Daozhen Chinese herbal medicine, and Wuchuan sheep. Through the "Four Platforms + Agencies" mode, CDB extended loans of RMB 38 million Yuan to support small and medium-sized enterprises in Gulin County to develop production, which created 312 new jobs. In terms of poverty alleviation through education, CDB extended student loans of RMB 610 million Yuan in the four fixed-point poverty alleviation counties, benefiting 45,000 students from poor families, and took the lead in extending loans to students in secondary vocational schools in Gulin County for trial. 192 poor students received secondary vocational education with the support of CDB, acquired the skills necessary for getting employed.

(III) Adhering to planning in advance and make the top-level design meticulously

Giving full play to the advantages in expert and industry, CDB proposed the differentiated development idea and financing supporting system according to local conditions through compiling planning and consultation report to increase the precision and reasonability of poverty alleviation through development finance. It compiled the "*Financing Planning for Key Fields of the Fight against Poverty of Gulin County*", and organized experts to complete the "*Suggestions on the Industrial Development of Energy, Tourism, and Agriculture of Gulin County*", helping the county to reinforce the development investment and financing subjects in the form of development consultant, and promoting project financing, planning and development. It worked out the "*Research on Financing Planning for the Fight against Poverty*" for Wuchuan, Zheng'an and Daozhen, making suggestions on financing policies for the three counties.

(IV) Adhering to intellectual assistance, and focusing on talent support

CDB and fixed-point poverty alleviation counties established the bidirectional exchange mechanism of talent, dispatched five temporary cadres to the four fixed-point poverty alleviation counties to carry out full-time poverty alleviation and development, and absorbed three local cadres to have exchange in CDB, which effectively solved the problem that fixed-point poverty alleviation counties and assistance counties were lagging behind in financial ecological development and deficient in financial talents. Temporary cadres of CDB were dedicated to their works at grassroots, helped villages work out ideas and methods, and attract projects, and won the favorable appraisal from local governments and the warm welcome from poor people. Meanwhile, CDB also reinforced the training of local cadres. In July 2017, it held the "Local Cadre Training Program for Poverty Alleviation and Development" in Daozhen County of Guizhou Province. By the end of December 2017, it organized four training classes for the four counties, trained local cadres of 188 person times, and increased their awareness and capability of carrying out poverty alleviation and development through financial means.

(V) Adhering to mode innovation and strengthening donation support

CDB combines poverty alleviation through development with poverty alleviation through assistance, continuously innovates the methods, and makes efforts to enhance fixed-point poverty alleviation counties' self-developing capability. On the one hand, it makes innovation to the using ways of donated capital. In 2016, CDB arranged donated capital of RMB 1.6 million Yuan for the four fixed-point poverty alleviation counties separately, which was used for supplementing risk compensation for industrial loans so as to boost the confidence of poor families with cards in poverty alleviation through industrial development, and attract more credit capital to support poor farmers to support industries, effectively enhance the financing capability of poverty alleviation through industrial development, and facilitate the prosperity of distinctive industries of fixed-point counties. In addition, CDB continuously makes education donation. It carried out the "Colorful Candle Project" public welfare training, injecting the donated capital of RMB 2 million Yuan, and holding three training programs for 137 principals of elementary schools from the four fixed-point counties through the cooperation with Beijing Normal University. It held the "Happy Music Classroom" with the donated capital of RMB 2 million Yuan, setting up six music classrooms for three counties Wuchuan, Zheng'an and Daozhen, and invited Angels Chorus to offer professional chorus trainings to local music teacher. It carried out the "New Great Wall" subsidy activity for poor senior high school students, and donated RMB 1.2 million Yuan to offer support and guarantee in living and learning to 600 students from self-improvement classes in senior high schools of the fixed-point counties.

II. Innovating Mechanisms and Pushing forward Fixed-point Alleviation through the Cooperation with Central State Organs

(I) Reinforcing communication and nailing down working mechanisms

After the conference on fixed-point poverty alleviation presided by Vice Premier Wang Yang in December 2015, CDB proposed the well-received strategy of promoting the implementation of fixed-point poverty alleviation policy by integrating the strength of ministries and commissions in policy-making and organization and that of CDB in funding, knowledge transfer and technical assistance to expedite the process of poverty alleviation. To enhance the cooperation in facilitating targeted poverty alleviation, CDB has initiated the Proposal on Cooperation in Fixed-point Poverty Alleviation, aiming to seek cooperation with the Ministry of Water Resources, the Ministry of Agriculture and the State Organs Work Committee of CPC Central Committee who have built an all-round cooperation relationship with CDB. To be more specific, 171 counties under fixed-point poverty alleviation assisted by 9 Central Government departments have witnessed notable changes in the course of poverty alleviation under the support of the cooperation mechanism, indicating a success in the shift of poverty-relief mode from one-to-one assistance to cooperation in a holistic manner. Thus the cooperation mechanism has been indeed well-liked together with the strategy of poverty alleviation through development finance as the State Council Leading Group Office of Poverty Alleviation and Development stating that "the Development Bank as the pioneer in propelling poverty alleviation through financial support provides efficient financial services which are essential for fixed-point poverty alleviation" and the Work Committee of Central Government Departments holding "we're prompted to pursue a huge success of fixed-point poverty alleviation with greater determination and confidence through the support offered by CDB".

With the aim of forming a sound cooperation mechanism, the Development Bank endeavored to get itself well connected with officials of central government departments of poverty alleviation by sending poverty-relief groups and commissioners for financial poverty alleviation to the targeted counties. 56 officials of 15 central government departments in

Shanxi Province have been taken as cooperation partners of CDB Shanxi Branch with the assistance from the local department of poverty alleviation. In September, 2016, *Cooperation Agreement on Supporting Forestry-Assisted Targeted Poor Counties Through Development Financing* was signed between CDB Guangxi Zhuang Autonomous Region Branch and two forestry-assisted counties, Longsheng County and Luocheng County, with the goal of speeding up the expansion of reserve forests to sustain the efforts made in poverty relief through forestry development. By the end of December in 2017, cooperative relationships between 21 branches of CDB and officials from 89 central state organs have covered 135 counties, and cooperation agreements have been signed between 12 branches and 49 targeted counties assisted by 37 central state organs.

(II) Compiling poverty alleviation planning and financing schemes and increasing the precision of poverty alleviation

Focusing on the key point of education improvement and system development, CDB actively offers various knowledge transfer and technical assistance services to fixed-point poverty alleviation counties of central state organs, such as planning and financing scheme. In 2016, CDB selected 18 fixed-point poverty alleviation counties to kick off the planning cooperation, offering RMB 200,000 Yuan as the planning expense to each county, and providing these poor counties with services through the expert and industrial advantages of itself and central state organs, such as poverty alleviation planning and supporting financing planning compilation, research on poverty alleviation through industrial development, etc. So far, it has finished all of the 18 planning reports. In 2017, CDB established the planning consultation report compilation team of Lushi County on the fight against poverty, which visited six towns, six poor villages with cards, proposed ten major projects and 34 project packages in the five fields through in-depth investigation, and sorted out 484 key projects, with the total investment being about RMB 20 billion Yuan. In July of the same year, CDB, together with General Administration of Customs, submitted the planning consultation report to the government of Lushi County. Relevant branches of CDB helped 63 counties compile poverty alleviation planning, conducted spot investigation and survey according to the overall deployment of poverty alleviation planning and financing needs of the key poverty alleviation projects, and offered financing schemes to 129 fixed-point poverty alleviation counties of 88 central state organs in succession. All of these moves greatly facilitated the fulfillment of poverty alleviation projects.

(III) Serving local cadre trainings and offering methods of poverty alleviation through financial support

Since the "13th Five-Year Plan", CDB organized 14 "Local Cadre Training Classes for Poverty Alleviation and Development", covering 14 contiguous destitute areas and 721 poor counties, and attended by cadres from all fixed-point counties of central state organs in the areas. In May 2017, CDB and State Organs Work Committee of CPC Central Committee jointly held the "Temporary Cadre Training Class of Fixed-point Poverty Alleviation of Central State Organs for Poverty Alleviation through Development Finance", which involved over 160 temporary cadres of fixed-point poverty alleviation from 84 central state organs. The training was highly regarded by leaders of all organs. Comrade Yang Jing, a state councilor, examined and approved the training scheme in person. Those attending the training also included major directors of State Organs Work Committee of CPC Central Committee and State Council Leading Group Office for Poverty Alleviation and Development. Meanwhile, CDB assisted State Organs Work Committee of CPC Central Committee to create the fixed-point poverty alleviation cadre WeChat group, compiled the collection of poverty alleviation policies, and continuously shared poverty alleviation policies and typical cases with fixed point poverty alleviation temporary cadres of central state organs. In addition, relevant branches of CDB actively carried out various training activities. In October 2016, for instance, CDB Henan Branch held three "local cadre seminars on the fight against poverty through development finance", covering 38 national poor counties in the whole province, explaining poverty alleviation policies and financing modes to county leaders and departments such as development and reform, finance, poverty relief office, financial office, and urban investment companies, improving local cadres' awareness and capability of carrying out poverty alleviation and development through financial means.

(IV) Adhering to the "Four Programs" policy and increasing the financial support to fixed-point poverty alleviation counties

In the idea of "finance provincial programs for relocating poor populations, county programs for infrastructure development, and village programs for nurturing industrial development, and give financial support for poor students to pursue their studies", CDB increased credits and loans to fixed-point poverty alleviation counties of central state organs. By the end of December 2017, CDB had extended loans of RMB 141.7 billion Yuan for poverty alleviation to those fixed-point counties, including RMB 86.5 billion Yuan since 2016, and injected special development fund of RMB 5.8 billion Yuan. In terms of programs for relocating poor populations, CDB granted loans of RMB 73.4 billion Yuan and extended RMB 11.5 billion Yuan to 158 fixed-point counties according to the mode of "provincial unified loan extension, overall commitment, approval county by county, signing contracts loan by loan, and extension batch by batch", benefiting 410,000 poor population with cards in 32,000 poor villages with cards. In terms of rural infrastructure facilities, CDB granted loans of RMB 82.5 billion Yuan and extended RMB 28.8 billion Yuan to 132 fixed-point counties, benefiting 4.78 million poor population with cards in 9,696 poor villages with cards, with the focuses on those villages' roads, water safety, rural environment treatment, and school dormitory safety, for accelerating the construction of rural infrastructure facilities. In terms of poverty alleviation through industrial development, CDB, based on the leading role of bellwethers and the bank-government cooperative mechanism of "Four Platforms + Agencies", CDB granted loans of RMB 4 billion Yuan for industrial development and extended RMB 2.7 billion Yuan to 34 fixed-point poverty alleviation counties to support new-type agricultural operating subjects to develop their distinctive advantageous industries, benefiting 88,000 poor population with cards. In terms of student loan, CDB extended student loans of RMB 12.5 billion Yuan to 192 fixed-point poverty alleviation counties, and helped 580,000 students from poor families fulfill their college dream.

(V) Creating new service ways and improving local poverty alleviation conditions

CDB created the new idea of poverty alleviation, taking donated capital as risk compensation of poor counties, enhancing the credit of financing assurance for the development of local distinctive industries, and attracting credit capitals to help local poor population with cards shake off poverty. Since 2016, CDB has donated RMB 49 million Yuan in total to 38 fixed-point poverty alleviation counties of central state organs, which could attract credit capital of RMB 490 million Yuan if estimated according to the lever amplification effect of 1:10. If each family applies for a loan of RMB 50,000 Yuan, the capital is adequate for supporting 9,800 poor families with cards. Meanwhile, CDB and National Development & Reform Commission jointly printed the "*Notice on Supporting Returning Home to Start Business to Facilitate the Fight against Poverty through Development Finance*" (FGJY [2017], No. 1274), bringing 23 fixed-point counties of central state organs into the pilot projects for support.

Adopting Unconventional Measures for Poverty Alleviation through Financial Support and Winning the Fight Against Poverty in Extremely Poor Areas

At the forum on the fight against poverty for extremely poor areas in Shanxi Province, President Xi Jinping said that most of poor areas were located in extremely poor areas, which were generally old revolutionary base areas, national regions, and border areas, with backward infrastructure facilities, slow social development, and weak collective economy, and accordingly high cost and difficulty of poverty alleviation. The fight against poverty is tough itself, and even tougher in extremely poor areas, so winning the fight requires stronger support, more effective measures, and greater efforts. After the meeting, CPC CDB Committee immediately organized staff to learn the important speech of President Xi, fulfill the spirits of the meeting earnestly, comprehensively understand the arduousness and importance of winning the fight against poverty in extremely poor areas, and practically enhance the senses of responsibility and mission to win the fight against poverty. CDB worked out the "*Opinion on Supporting Extremely Poor Areas to Win the Fight against Poverty through Development Finance*", gave full play to the advantage and effect of development finance, focused on extremely poor areas such as Tibet, south Xinjiang, Tibetan regions of the four provinces, Nujiang of Yunnan Province, Liangshan of Sichuan Province, and Linxia of Gansu Province, and strived to win the toughest fight so as to help extremely poor areas and poor people to build a moderately prosperous society in all respects together with people across the country.

I. Reinforcing the Development of Poverty Alleviation and Development Systems with Cooperation on Sound Rules and Systems as the Basis

CDB takes the initiative in communicating and cooperating with local governments of extremely poor areas, and combines its advantage in funding and knowledge transfer and technical assistance with governments' advantages in organizational coordination and policy guarantee so as to step up the development of systems and mechanisms and consolidate the working foundation. Firstly, it signs cooperative agreements on the fight against poverty. CDB signed the cooperative agreement on the fight against poverty with Tibet Autonomous Region, and brought forth the goal of financing RMB 50 billion Yuan for Tibet to win the fight against poverty during the "13th Five-Year Plan" period; it signed with the cooperative agreement with local governments of Xinjiang Uygur Autonomous Region, and Tibetan areas such as Diqing of Yunnan Province, Aba and Ganzi of Sichuan Province, Nujiang of Yunnan Province, and Linxia of Gansu Province, clarifying their working goals, supporting focus, working measures, and cooperative mechanisms, and laying the solid foundation for accelerating the fight against poverty in extremely poor areas. Secondly, it improves the setup of institutions. To better serve the fight against poverty in South Xinjiang, and facilitate economic development and social stability, CDB additionally set up a secondary branch in Kashgar in 2015, further supporting the livelihood improvement and the development of important projects in infrastructure facilities, water conservation, and transportation. Thirdly, it formulated special supporting policies. In accordance with national preferential policies assisting Xinjiang and Tibet, CDB especially worked out a variety of system documents such as "*Instructions on Deepening the Partner Assistance to Xinjiang*" (CDBF[2012]No. 457), "*Instructions on Supporting the Development of Tibet through Development Finance during the '13th Five-Year Plan' Period*" (CDBGZ [2016] No. 96), and so on, which offered the differentiated policy support for the social development and the lasting political stability of regions like Tibet, South Xinjiang, etc.

II. Reinforcing Knowledge Transfer & Technical Assistance Services to Increase the Soundness and Accuracy of the Development of Extremely Poor Areas

(1) Increasing talent support: CDB dispatched 26 business backbones with high comprehensive quality, strong responsibility awareness, and excellent business capability to extremely poor areas to carry out full-time poverty alleviation. It had dispatched 16 employees to villages in South Xinjiang for four consecutive years to help local governments figure out ideas in planning compilation, poverty alleviation scheming, and financing mode design. (2) Strengthening planning compilation: CDB sticks to starting from planning and urges local governments to scientifically plan the fight against poverty. Based on the local

tourism endowment and governments' policy of giving priority to tourism development, CDB combined industrial planning with poverty alleviation, and helped Liangshan Prefecture of Sichuan Province compile the "13th Five-Year" planning for poverty alleviation through tourism. It also helped Kashgar compile documents such as "*Financing Planning of Kashgar for Relocating Poor Populations during the '13th Five-Year Plan' Period*", "*Financing Planning of Kashgar for the Fight against Poverty during the '13th Five-Year Plan' Period*", and "*Planning of Kumul for Poverty Alleviation and Development during the '13th Five-Year Plan' Period*", which were welcomed and accepted by local governments.

(3) Holding the "local cadre training class for poverty alleviation and development": CDB has held special training classes for local cadres in extremely poor areas such as Tibet, Sidi State of South Xinjiang, Tibetan regions of the four provinces, covering 204 poor counties in extremely poor areas, training local cadres of 246 person times, helping poverty alleviation cadres have a better understanding of national poverty alleviation policies and the practice of supporting the fight against poverty through development finance, and enhancing their awareness and capability of poverty alleviation and development through financial means.

III. Vigorously Supporting the Construction of Infrastructure Facilities and Speeding up Changing the Backwardness of Extremely Poor Areas

Weak transportation foundation, backward water conservation, and poor rural infrastructure facilities in extremely poor areas are the difficulties and "shortcomings" of hindering the fight against poverty. With the advantage in long-term credit, CDB strongly supports the construction of large-scale infrastructure facilities such as transportation, water conservation, and electric power, and effectively breaks the bottleneck restraining the development of extremely poor areas. In South Xinjiang, it supported the construction of important infrastructure facilities such as Aertashi key water control project, Sanchakou-Shache Expressway, Kuqa Airport, and Kashgar thermal power plant, extending loans of RMB 26 billion Yuan accumulatively. In Nujiang of Yunnan Province, CDB injected RMB 1.6 billion Yuan into Baolu Expressway Project, Dahuaqiao Hydropower Project, and Huangdeng Thermal Power Plant in the way of special development fund. In Tibetan regions of the four projects, CDB supported the development of water conservation and hydropower by relying on the unique water resources, and extended loans of RMB 15.2 billion Yuan for key hydropower projects such as Lianghekou, Maoergai River, and Lantsang River Lidi hydropower station, involving the installed capacity of over 15 million

KW. It injected special development funds of RMB 640 million Yuan into projects such as Lixiang Expressway and Lixiang Railway, and extended loans of RMB 2.7 billion Yuan for key projects such as Jiuhuang Airport, Yakang Expressway, and Wenma Expressway, which helped remarkably improve traffic conditions of tourism areas such as Jiuzhaigou, Ya'an, and Kangding, and offered the favorable conditions for poverty alleviation through distinctive industries like tourism.

Revolving around fields closely related to poor people's production and living, such as village road, water safety, environment treatment, and school dormitory safety, CDB coordinates pertinent policies concerning agriculture-related financial capital of poor counties for poverty alleviation, improves the using mechanism of agriculture-related financial capital, innovates the financing supporting ways, increases the support for the development of infrastructure facilities in rural villages without adding financial burdens. CDB also supports the development of well-off villages at border regions of Tibet such as Nyingchi, Ngari, Shigatse, and Lhoka. It promised loans of RMB 2.4 billion Yuan to Nyingchi, Ngari, and so on, and extended RMB 400 million Yuan, benefiting 28,513 poor people with cards. By the end of December 2017, CDB had extended loans of RMB 423.3 billion Yuan accumulatively for rural infrastructure facilities in extremely poor areas, which helped improve these areas' production and living conditions, enhance poor people's sense of acquisition, inspire their endogenous power, lay the foundation for the industrial development, and create conditions for shaking off poverty forever.

IV. Actively Pushing forward Poverty Alleviation through Industrial Development and Helping Realize the Stable Poverty Alleviation

CDB takes poverty alleviation through industrial development as the ultimate approach of winning the fight against poverty, exerts the guiding role, innovates the financing mode, and increasing the support strength. Firstly, it actively carries out cooperation with central enterprises, state-owned enterprises, and local industrial leading enterprises, combines leading enterprises' market and industrial advantages with poor areas' resource advantage, constructs the interest linkage mechanism between leading enterprises and poor population through signing purchase and sales contracts, absorbing employment, land circulation, and dividend so as to increase incomes of poor population. In South Xinjiang, CDB extended loans of RMB 2.4 billion Yuan to important textile projects such as Zhongtai Chemical Holding Co., Ltd. to support the extension of the textile industrial chain, which created over 3,500 jobs for local people of different nationalities. Secondly, it improves and promotes the loan mode of" Four Platforms + Agencies" (management platform, financing platform, guarantee platform, public information platform and credit enhancement agencies). In Linxia of Gansu, through combining the " Four Platforms + Agencies" financing mechanism and village-level mutual assistance capital association operating mechanism, CDB promised mutual assistance capital micro-credit loans of RMB 74 million Yuan to 2,000 farmer families in five counties, and extended RMB 27.68 million Yuan, promised mutual assistance loans of RMB 5.8 million Yuan to Jishi Mountain to support small and micro businesses and farmers to develop distinctive industries, and made promotion in 18 poor counties in the province; thirdly, it helps local governments develop distinctive industries by relying on distinctive resources. In Tibet, CDB supported the development of the agricultural industrialization demonstration base in Qushui County, Lhasa City, which generated the high economic benefit through cultivating a dozen of economic crops such as Maca, Codonopsis pilosula, and so on, and helped over 1,800 people from 390 local poor families get rid of poverty. In the Tibetan regions of the four provinces, CDB extended loans of RMB 1.538 billion Yuan to support photovoltaic power generation projects of 80 megawatts in Hainan Prefecture of Qinghai Province, Golmud of Haixi Prefecture, etc.

V. Laying Emphasis on Poverty Alleviation through Education and Medical Treatment, and Pushing forward the Development of the Two Major Guarantees for the Fight Against Poverty

To make up the striking shortcomings of education and health in poor areas, CDB continuously broadens the idea of poverty alleviation and development and earnestly increase the support for poverty alleviation. In terms of poverty alleviation through education, CDB has extended student loans of RMB 24.1 billion Yuan accumulatively in extremely poor regions, helping students of 1.78 million person times from poor families fulfill their college dream. Meanwhile, through supporting the development of vocational schools and farmer graining bases, CDB attempts to enhance production skills of poor population, increases their ability to get employed and start their own businesses, and helps them thoroughly get rid of poverty. In South Xinjiang, CDB extended loans of RMB 62.5 million Yuan to Kashgar Technician College, which was expected to turn out nearly 10,000 technicians of minority nationalities each year, thus achieving the double effects of poverty alleviation through education and employment promotion. In terms of poverty alleviation through health improvement, CDB actively reinforced the cooperation with the health and family planning commission to carry out joint investigation, studying the instructions and working schemes for supporting the health development of poor areas with development finance, exploring the new ways of financing support, and supporting the development of county-level hospitals, town hospitals, and village clinics in poor areas. In Yunnan Province, CDB supported the development of vocational schools and county-level hospitals in the mode of unified loans, promising loans of RMB 20.15 billion Yuan and extending RMB 1 billion Yuan for the development of 38 vocational schools and 30 county-level public hospitals and woman and child hospitals in the whole province, including two hospitals and one vocational school in Nujiang Prefecture, thus practically accelerating the progress of education and health guarantees in poor areas. In Tibet, it supported the development of the new Shigatse People's Hospital according to the standard of "Grade III Class A hospital" with a loan of RMB 200 million Yuan, which noticeably improved the medical treatment and infrastructure facilities of Shigatse region and western Tibetan areas, and reinforced the medical service guarantee for poor people.

VI. Creating New Methods and Exploring the New Ideas for the Fight Against Poverty in Extremely Poor Areas

Based on different types of poverty and different reasons for poverty in extremely poor areas, CDB continuously creates new supporting measures to realize the targeted poverty alleviation. CDB and National Development & Reform Commission jointly released the "*Opinion on Facilitating the Fight against Poverty through the Development of Beautiful Distinctive Small (Urban) Towns*" to achieve the mutual facilitation and coordinated development of the fight against poverty and development of beautiful distinctive small (urban) towns in the way of unified planning, unified credit granting, and overall development. It made the breakthrough in South Xinjiang first, promising medium and long-term loans of RMB 50 billion Yuan to support the development of 50 distinctive small towns. By the end of December 2017, it had extended loans of RMB 800 million Yuan to support speed up the development of Hongqi Town and Aqiale Distinctive Town in Shaya County. It combines the fight against poverty with ecological protection, explores the financing mode of ecological progress, and supports the ecological progress. In Linxia of Gansu Province, CDB reinforced the building of well-off villages of ecological progress in poor areas according to the idea of "unified planning and year-by-year implementation", and especially supported industrial cultivation, village appearance improvement, public service, and social guarantee, promising loans of RMB 1.8 billion Yuan and extending

RMB 1.2 billion Yuan.

CDB will earnestly learn and implement the spirits of President Xi's important speech concerning the fight against poverty in extremely poor areas, place the focus on poverty alleviation in extremely poor areas, and strive to achieve the targeted poverty alleviation. CDB will focus on the following aspects:

Firstly, further reinforcing cooperation on sound rules and systems in extremely poor areas: CDB adheres to regarding cooperation with governments and sound rules and systems as the important means, supports extremely poor areas to continuously explore new system arrangement and mechanism design concerning the fight against poverty, promotes the establishment of cooperation offices on poverty alleviation through development finance in extremely poor areas, actively presses ahead with the development of credit system in extremely poor areas, and makes efforts to construct the systems, market and credit that can attract capital and resources in a sustainable way, and helps extremely poor areas to break the bottleneck of the fight against poverty in extremely poor areas.

Secondly, fulfilling the requirements of "four increases" and further stepping up the financial support. In the light of the working concept of "Four Programs" (financing provincial programs for relocating poor populations, county programs for infrastructure development, and village programs for nurturing industrial development, and giving financial support for poor students to pursue their studies), CDB practically increases the financial support to the fight against poverty in extremely poor areas, and strives to solve problems such as improving public services, constructing infrastructure facilities, and developing industries. CDB further increased the financial support for medical treatment, public health, and education in poor areas of Yunnan Province, especially extremely poor areas such as Nujiang, and it vigorously supported the construction of infrastructure facilities in Tibet so as to break the bottleneck of development. The Bank accelerated the extension of RMB 50 billion Yuan for the development of the 50 distinctive small town projects in South Xinjiang, exploring the new mode of facilitating the fight against poverty through the development of distinctive small towns.

Thirdly, strengthening planning guidance and talent support and further expanding knowledge transfer and technical assistance. CDB gives full play to the expert and industrial advantage, supports the compilation of planning for the fight against poverty in extremely poor areas, helps compile the supporting systematic financing planning, and offers planning consultation in extremely poor areas; it continuous to play the role of financial specialist of poverty alleviation, and dispatches more working teams and "first secretaries" in poor villages; in addition, it strengthens the training on local cadres of extremely poor areas so as to increase their policy level and ability to carry out the fight against poverty through financial means.

Fourthly, breaking the bottleneck of development and further increasing the differentiation of supporting policies. In the light of characteristics of extremely poor areas, CDB opens green channels at speed up project acceptance and evaluation, comes up with differentiated credit supporting policies on the basis of the existing ones, and offers preferential conditions in the aspects of loan scale, project capital, loan term, debt-paying ability, and credit structure, and accelerates the fulfillment of poverty alleviation projects in extremely poor areas.

Fifthly, innovating in the ideas and methods and further pushing forward the "three major actions". CDB takes poverty alleviation cooperation between eastern and western regions, fixed-point poverty alleviation, and fight against poverty in extremely poor areas as the "three major actions" of the fight against poverty, combining the advantages of eastern region and fixed-point poverty alleviation departments and the advantage of CDB, integrating resources, and gathering resultant forces to increase the support of extremely poor areas.

Sixthly, increasing the awareness of responsibility. CDB establishes the examination and evaluation mechanisms of the fight against poverty in extremely poor areas, clarifies tasks and objectives, and urges local governments to take actions consciously; reinforces the supervision and check of poverty alleviation in extremely poor areas, exerts the influence and role of finance in development standard verification, effective and legal use of capital, and development project tracking and evaluation, and strictly avoids phenomena such as detention and appropriation of credit capital. Through holding on-the-spot meetings on the fight against poverty in extremely poor areas, constructing demonstration stations of targeted poverty alleviation through development finance, and so on, CDB summarizes and promotes the successful experience, exerts the guiding and demonstrating roles, and increases the effect of the fight against poverty.

Building the Bridge of Poverty Alleviation Cooperation between Eastern and Western Regions Through Development Finance

◇•

President Xi Jinping stressed that poverty alleviation cooperation between eastern and western regions and partner assistance were the grand strategies of pushing forward coordinated development, collaborative development, and common development among different regions, the grand layout of reinforcing regional cooperation, optimizing industrial distribution, and expanding the new spaces of opening both to the inside and outside, and the grand move that those becoming rich earlier help the others so as to achieve the objective of common prosperity. Guided by the spirit of the central poverty alleviation and development working meeting, and instructed by the important speeches of President Xi, CDB utilizes the method of development finance, increases resource integration and capital support, and vigorously carries out the poverty alleviation cooperation between eastern and western regions.

I. Poverty Alleviation Cooperation Between Eastern and Western Regions Calls for the Support of Finance in the Face of New Situation and Challenges

In the past 20 years since organizing Eastern Region to assist Western Region, the CPC Central Committee continuously increases the working strength, forms the multi-level, multi-form, and comprehensive poverty alleviation cooperation partner assistance pattern, makes the gap of regional development smaller and smaller gradually, and achieves the significant progress in the poverty alleviation and development of western poor areas and old revolutionary base areas. Practice proves that the strategies that Eastern Regions helps the Western Region, and let some people get rich first help create the favorable situation of complementary advantages, long-term cooperation, focus on poverty alleviation, and win-win result. Poverty alleviation cooperation between eastern and western regions fully manifests the Party's political and organizational advantages as well as the system advantage of the socialism with Chinese characteristics. President Xi Jinping brought forth four requirements on the fight against poverty at the eastern and western poverty alleviation cooperation forum held in Yinchuan of Ningxia Province in July 2016. In the new era, poverty alleviation cooperation between eastern and western regions is faced with the new situation and new challenges. At present, most of poor areas in Western Region have got rid of poverty, and the rest are characterized by extreme poverty, high cost of poverty alleviation, and difficult poverty alleviation. President Xi said that systematic tactics and measures should be adopted for poverty alleviation cooperation between eastern and western regions and partner assistance. In the past, the cooperation mainly depended on the injection of financial capital, but due to the limitation of financial capital, both content and scale of the cooperation are restricted. Finance can offer the sustainable capital for poverty alleviation cooperation between eastern and western regions, propels financial poverty alleviation capital to play the leverage effect, and combines financial and social capitals to form the resultant force. Therefore, the cooperation in the new era requires financial support, and accordingly serves as the "bridge" between eastern and western regions.

II. Increasing the Implementation Strength and Taking Actions Concerning Development Finance

In the past several years, CDB has exerted the advantage and effect of development finance, and continuously increased the support for poverty alleviation cooperation between eastern and western regions. In October 2016, CDB printed and issued the "*Opinion on Increasing the Support for Poverty Alleviation Cooperation between Eastern and Western Regions*", and brought forth the guiding ideas, basic principles, supporting focus, major measures, and assignment of responsibility of development finance supporting poverty alleviation cooperation between eastern and western regions. After the issuing of the "*Instructions of General Office of the CPC Central Committee and General Office of the State Council on Further StrengtheningPoverty Alleviation Cooperation between Eastern and Western Regions*", CDB organized policy learning and adopted effective measures to increase the support for the cooperation. In June 2017, one year after the eastern and western poverty alleviation cooperation forum presided over by President Xi, CDB printed and issued the "*Scheme for Actions of Poverty Alleviation Cooperation between Eastern and*

Western Regions", comprehensively pressing ahead with poverty alleviation cooperation between eastern and western regions and supporting western poor areas to win the fight against poverty. CDB Jiangsu Branch established the poverty alleviation & eastern and western poverty alleviation cooperation leading group, which held thematic meetings regularly to push forward poverty alleviation cooperation; CDB Shaanxi Branch and Jiangsu Branch designated special departments to be responsible for communication and contact; CDB Qingdao Branch formulated the "2017 Working Plan of CDB Qingdao Branch for Partner Assistance", clarifying its major objectives and measures; financial specialists of CDB Hunan Branch actively pushed forward the poverty alleviation cooperation between Jinan City and Xiangxi Prefecture.

III. Deepening Bank-government Cooperation for the Effective Linkage between Development Finance Measures and Local Government Schemes

CDB actively reinforces the communication and cooperation with administrative departments such as the State Council Leading Group Office for Poverty Alleviation and Development, and actively compiles policies for poverty alleviation cooperation between eastern and western regions. Relevant branches of eastern and western regions cooperate with local governments to participate in the formulation of relevant planning and working schemes, help local governments work out feasible partner assistance ideas, and offer knowledge transfer and technical assistance in the aspects of project planning, policy formulation, and financing mode design. Relevant branches of Western Region vigorously help local governments communicate with eastern provinces, and offer advice on industrial undertaking and deepening the cooperation between eastern and western regions. So far, branches of CDB have established the bank-government communication mechanism at some regions, and visited pertinent departments such as poverty alleviation, development and reform, cooperation and communication office, and economic and technological cooperation office, introducing the ideas and practice of CDB on poverty alleviation cooperation between eastern and western regions and facilitating the development of the cooperative working mechanism. For instance, CDB analyzed the financing need of poverty alleviation cooperation between eastern and western regions together with departments such as Jiangsu Provincial Leading Group Office for Poverty Alleviation and Development and Jiangsu Provincial Development & Reform Commission; took part in the investigation team initiated by Tianjin Cooperation & Exchange Office and composed of relevant departments such as municipal finance bureau to go to Gansu Province for poverty alleviation cooperation between eastern and western regions; participated in the joint investigation and survey organized by Dalian Economic & Technological Cooperation Office to lay the solid foundation for cooperation in the next step; and participated in the research of relevant planning, poverty alleviation ideas, and working schemes of Qingdao City, and offered knowledge transfer and technical assistance services in project planning, policy formulation, and financing mode design.

IV. Reinforcing the Close Poverty Alleviation Cooperation between Branches of Eastern and Western Regions

To better serve poverty alleviation cooperation between eastern and western regions, CDB established the internal working cooperation and information sharing mechanism according to the partner relationship of poverty alleviation cooperation between eastern and western regions. In the system western branches collect and analyze local conditions and propose assistance needs to western banks in the light of working plans and financing needs of local governments and enterprises. Eastern and western branches reinforce resource exchange and information sharing in the ways of working ledger, regular discussion, etc. Relevant branches actively reinforce communication, bring into full play their advantages, share business information, and jointly push forward project development of poverty alleviation between eastern and western regions. So far, the docking mechanism has been established between CDB Tianjin Branch and CDB Gansu Branch, CDB Jiangsu Branch and CDB Shaanxi Branch, CDB Shandong Branch and CDB Chongqing Branch, CDB Suzhou Branch and CDB Guizhou Branch. Branches of Jiangsu and Shaanxi integrate information resources, and exchange project information regularly to reinforce the coordinated development. CDB Suzhou Branch has reached the preliminary agreement with CDB Guizhou Branch on carrying out internal bank consortium cooperation in the aspects of rural infrastructure facilities, school dormitory safety, water safety, and comprehensive environment treatment.

V. Increasing Credit Support to Offer Capital Guarantee for Cooperative Poverty Alleviation

CDB increases the financing support for poverty alleviation cooperation between eastern and western regions, and does its utmost to meet capital needs of projects listed under the cooperation. In Ningxia, CDB has extended loans of RMB 710 million Yuan to support projects of ecological migration, shanty town transformation, and breeding for poverty alleviation in Minning Cooperative and Demonstrative Zone located at Minning Town, Yongning County; actively communicated with Hebei Provincial Development & Reform Commission on the applications of 2016-2017 assistance projects in relevant poor areas of Hebei Province, and planned to track the development of projects on the assistance list; kept a close eye on the overall tourism development project of Ganzi Prefecture Hailuogou Scenic Area of Gansu Province that is on the plan of Ganzi Tibetan region projects assisted by Guangdong Province, tracking the progress and financing need of the project. Presently, CDB studies and explores the new mechanism of financial capital and credit capital combination according to national policies concerning poverty alleviation cooperation between eastern and western regions, and compiles the evaluation guidance on the cooperation so as to offer support for the evaluation of project development.

CDB will take poverty alleviation through industrial cooperation as the key, ecological environment renovation as the foundation, and endogenous power as the base, vigorously promote province-province, city-city, county-county, and town-town regional cooperation and accurate docking between Eastern Region and Western Region, and push forward the coordinated development, collaborative development, and common development between eastern and western regions, and finally achieve the goals of common prosperity and synchronously stepping into a moderately prosperous society.

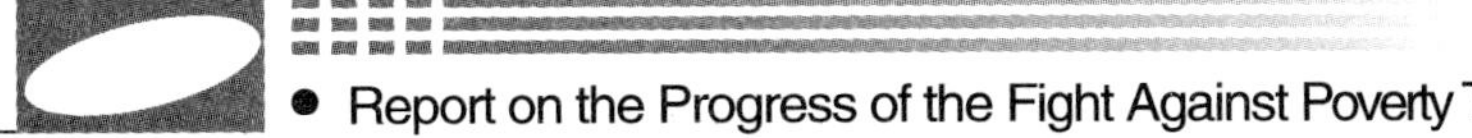

Funding

At the Central Poverty Alleviation and Development Work Conference, General Secretary Xi Jinping stressed that particular importance should be attached to the role of policy finance and development finance in the fight against poverty. Financial support is indispensable to the development of poor areas. As a main force in poverty alleviation through finance, CDB formed the working concept of "Four Programs" (financing provincial programs for relocating poor populations, county programs for infrastructure development, and village programs for nurturing industrial development, and giving financial support for poor students to pursue their studies), extending credits and loans accurately in the expectation of solving difficulties in poor areas. Development finance has become an effective way to break the funding bottleneck of the fight against poverty. This chapter mainly introduces the practice and effect of CDB's supports in finance programs for relocating poor populations, infrastructure construction, industrial development, and student loan.

Integrating Superior Resources to Help Win the First Battle Against Poverty

Relocating poor populations is listed as the "project of top priority" in the fight against poverty of the "13th Five-year Plan" and considered the "toughest task" in the targeted poverty alleviation project of "five batches". Since the 18th National Congress of the CPC, especially the Central Poverty Alleviation and Development Work Conference, CDB has resolutely carried out and fulfilled the decisions of the CPC Central Committee and the State Council, actively assumed the task of relocating poor populations for poverty alleviation, and given full play to the role of development finance. Through improving working mechanisms and systems, and innovating working ideas, CDB pushed ahead with the mechanism that "provincial governments take the overall responsibility", and supported relocating poor populations through funding and knowledge transfer and technical assistance, which represented a good start in the battle against poverty. Since 2016, CDB has developed stably with programs for relocating poor populations, extending the first provincial unified loan and fund of the nation. Ended by December 2017, it had completed loan commitments of RMB 448.3 billion Yuan in all of the 22 provinces (autonomous regions and municipalities directly under the central government) with the task of relocating poor populations, benefiting the populations of 9.11 million registered poor people and 2.53 million that were relocated synchronously, extending loans of RMB 86.8 billion Yuan accumulatively, approving of special construction funds of RMB 21.6 billion Yuan, and injecting RMB 19.9 billion Yuan.

I. Resolutely Carrying Out Central Deployments and Actively Serving National Strategies

CDB attaches great importance to programs for relocating poor populations, and takes the task as the top priority of the working concept of "Four Programs" (financing provincial programs for relocating poorpopulations, county programs for infrastructure development, and village programs for nurturing industrial development, and givingfinancial support for poor students to pursue their studies). After the promulgation of the "*Scheme of Programs for Relocating Poor Populations during the '13th Five-year Plan' Period*" (F. G. D. Q. (2015) No. 2769), CDB studied and worked out the "*Opinions on Supporting Programs for Relocating Poor Populations*" immediately, clearly stating the determination to implement programs for relocating poor populations in accordance with requirements of the Central Government and establishing the provincial anti-poverty development, investment, and financing body in accordance with requirements of "provincial governments taking the overall responsibility". In June 2016, the Poverty Alleviation Program Finance Unit of CDB, shortly after its establishment, held the poverty alleviation and development meeting, carrying out remobilization and redeployment of programs for relocating poor populations. Shortly after the national conference on programs for relocating poor populations was held in Guizhou in August 2016, CDB printed and implemented opinions formed at the conference, making further deployments for the tasks from the aspects of strengthening anti-poverty guidance, improving working mechanism, and promoting project construction. In May 2017, CDB held the conference to urge its branches in some provinces to carry out programs for relocating poor populations in the light of the spirits of relevant conferences held by the State Council.

II. Innovating in Funding Modes and Facilitating the Establishment and Operation of the Mechanism of "Provincial Governments Taking the Overall Responsibility"

(I) Adhering to the mechanism of "provincial governments taking the overall responsibility" and pushing ahead with the construction of provincial investment and financing bodies

CDB resolutely implemented relevant spirits of "*The Decision of the CPC Central Committee and the State Council on Winning the Fight against Poverty*", such as "the central government making overall plans, provincial-level governments taking overall responsibility, and city and county governments ensuring implementation", "establishing and improving provincial anti-poverty investment and financing bodies", and "strengthening poverty alleviation through finance"; stuck to the bottom-line principle of "provincial governments taking the overall responsibility", brought forth the provincial "unified loan borrowing, purchase, and repayment", and actively communicated with relevant organs so as to incorporate the development finance idea into the national top-level design, including the National People's Congress, the People's Political Consultative Conference, the General Office of the CPC Central Committee, the General Office of the State Council, National Development and Reform Commission, the Ministry of Finance, the People's Bank of China, China Banking Regulatory Commission, the State Council Leading Group Office for Poverty Alleviation and Development, etc. ; CDB has helped the 22 provinces (autonomous regions, municipalities directly under the central government) with the task of relocating poor populations finish the construction of provincial anti-poverty investment and financing bodies, and offered local governments with suggestions and consultations on corporate governance, main responsibilities, operating modes, capital integration, and setting ways; and brought into full play provincial governmental organs' advantages in overall planning, coordination, and guarantee, took provincial investment and financing bodies as the financing objects for "unified loan borrowing and repayment", and granted loans and provided special funds for relocating poor populations.

(II) Innovating in funding mode and streamlining capital operating mechanism

Based on the actual situation of programs for relocating poor populations, CDB actively explored the supporting idea and mode, and promoted the construction of projects such as supporting programs for relocating poor populations through governmental purchase in the light of requirements of "Financing in the way of governments purchasing market services" in the "*Scheme of Programs for Relocating Poor Populations during the '13th Five-year Plan' Period*". According to the guiding principle of the Central Government on "streamlining the capital operating mechanism from the Central Government to provincial and municipal (county-level) governments", CDB, under the organization of National Development and Reform Commission, suggested the capital management mechanism of programs for relocating poor populations involving provincial and municipal governments, provincial investment and financing bodies, and municipal (county-level) executing bodies, established the three-tier capital management system of county, city, and province, and clarified the capital operating mode of programs for relocating poor populations. CDB undertook the "Special Training Program about Investment and Funding concerning National Programs for Relocating Poor Populations", introducing governmental purchase service procedure, credit capital management, and special fund operating mechanism to pertinent organs and provincial investment and financing bodies in 22 provinces (autonomous regions, municipalities directly under the central government) so as to make them have a better understanding of investment and financing policies, capital operating mechanism, and operating procedures. Under the coordination of CDB, all of the 22 provinces (autonomous regions, municipalities directly under the central government) signed agreements on provincial governments purchasing services concerning programs for relocating poor populations, and worked out capital management measures and relevant cooperative agreements, thus nailing down capital responsibilities of provincial governments, clarifying provincial bodies' responsibilities of unified loan borrowing and repayment and also repayment sharing mechanism among local governments, and practically establishing the provincial mechanism of "unified load borrowing, unified purchase, and unified repayment".

(III) Improving system guarantee and issuing the one package supporting policy

Firstly, compiled the "*Provincial Capital Management Measures* (*draft*)" to guide local governments to strictly control capital "borrowing, management, and repayment" in accordance with standards of CDB; secondly, issued the "*Instruction on Loans for Relocating Poor Populations*" (CDB Regulation[2016] No. 78), faithfully brought forth the business risk boundary, and tailored the new standard of credits for relocating poor populations in the aspects of credit granting approval, loan extension, and capital payment; thirdly, issued the "*Circular of China Development Bank on the Loan Pricing Policy of the Central Interest Subsidy for Relocating Poor Populations*" (CDB Capital[2016] No. 91) to ensure the most preferential interest rate, which was highly appreciated by local governments; lastly, issued the "*Opinion on Better Completing Programs for Relocating Poor Populations in Accordance with the Spirit of the National Site Conference*" (CDB Ban[2016] No. 57), stressing the guidance of poverty alleviation through relocation, and supporting the development of subsequent industries after relocation so as to ensure that relocated people could lead a stable and happy life.

III. Stressing the Guidance of Poverty Alleviation and Actively Offering Services Concerning Financing and Knowledge Transfer and Technical Assistance

While striving to win the first battle against poverty, CDB established the philosophy that "programs for relocating poor populations are to get rid of poverty", continuously reinforcing the orientation of poverty alleviation, taking into consideration problems such as employment of relocated people, education of their children, and social guarantee in the planning for supporting local governments, regarding the subsequent industrial development as the focus of support, planning and carrying out such industries at the same time with relocation, formulating special guiding opinions, extending loans for relocation and subsequent industrial development simultaneously, and actively offering services concerning funding and knowledge transfer and technical assistance.

(I) Deepening planning research

Participate in the formulation of the early national research report on programs for relocating poor populations during the "13th Five-year Plan" period, and actively support the formulation of the systematic financing planning for provincial programs. In provinces like Gansu, Yunnan, Ningxia, Sichuan, and Xinjiang, CDB took part in formulating municipal and county governments' planning, implementing schemes, and annual plans of programs, helped local governments arrange relocating sites scientifically and determine relocating ways according to local conditions, guaranteed the linkage with plans of land utilization, industrial development and infrastructure construction, and local plans of social and economic developments, proposed poverty-relief measures after relocation of poor populations, and planned resources as a whole to reinforce the support for poverty alleviation after relocation so as to prevent people from becoming poorer because of resettlement.

(II) Pushing forward overall urban-rural development

Organically combine relocating poor populations and overall urban-rural development, coordinate village arrangement, infrastructure construction, public services, industrial development, and ecological restoration resettlement area as basic unit, promote the spatial agglomeration of factor, population and industry, facilitate the integrative development of the first, second, and tertiary industries, and bring into full play the radiating function of towns. In provinces like Guizhou and Hubei, CDB explored infrastructure construction projects with unique characteristics to drive the development of tourism, trying to facilitate the resettlement of poor populations and increase their incomes through tourism. It also helped relocated people receive training and vocational education so as to lift their quality and ability to live in cities.

(III) Reinforcing the subsequent development of poverty alleviation after relocation

Take development as the key to guaranteeing poverty alleviation after relocation. As for resettlement areas with agriculture and forestry resources, CDB supported relocated people to develop facility agriculture, ecological agriculture, featured breeding, etc. It offered active supports for the development of leading enterprises, farmers' professional cooperatives, and rural cooperative enterprises. In provinces like Henan and Ningxia, CDB extended micro-credits to farmers to help relocated people start their own businesses. In Guangxi Province, CDB, relying on the national reserve forestry industry poverty alleviation project, established the direct beneficiary mechanism, which benefited about 120,000 relocated people in the ways of return on assets, employment, ecological subsidy, etc. Based on local resources, it selected fried flour of Ganzhou as the innovation point of poverty alleviation through industrial development in Jiangxi Province, combined governmental dominance with market operating, and established poverty alleviation modes such as "forest right as share", "land rent", "labor income", "breeding in forestry", and "poverty alleviation fund of the fried flour industry" in the hope of helping poor populations get rid of poverty.

IV. Speeding up Granting Credits for Relocating Poor Populations Through Varied Measures

(I) Optimizing internal examination and approval procedures

In the light of features of programs for relocating poor populations, CDB well-balanced the relationship between risk control and loan procedure simplification, studied and implemented differentiated support schemes, and printed and issued the "*Instructions on Loans for Relocating Poor Populations*", which specified requirements on loan evaluation and approval, contract signing, and loan extension and repayment, and simplified the procedures reasonably. It also established green channels for subsequent operations such as project credit granting, contract signing, and capital release, and offered adequate credit capital in the actual needs of local governments.

(II) Reinforcing supervision and strictly controlling house construction areas

CDB stuck to the red line that house area of registered poor populations should not exceed $25m^2$ per capita so as to ensure their basic housing needs. Before the signing of loan contracts, it rigorously verified the house construction standard per capita in the implementation scheme and annual implementation plan of provincial programs for relocating poor populations during the "13th Five-year Plan" period; before the extension of loans, it verified the house construction standard per capita in the implementation scheme and annual implementation plan of municipal (county) programs for relocating poor populations; and after the extension of loans, it continuously reinforced loan supervision to ensure that the standard of houses started was consistent with relevant planning.

(III) Reinforcing multi-party cooperation to form resultant force

Stick to the cooperation with ministries, carry out regular communication with National Development & Reform Commission and People's Bank of China, make reports on relocating poor populations to the People's Bank of China quarterly and to National Development & Reform Commission monthly, and form the mechanism of "mutual communication on important information and mutual assistance on important issues"; stick to the communication with all departments of the Head Office, and offer the whole package of financial services and guarantees for relocating poor populations, such as "planning, evaluation, credit, capital, and propaganda"; carry out site survey, give publicity to central spirits and relevant policies, and come up with ideas for local governments, and promote the fulfillment of commitments concerning programs for relocating poor populations and extension of loans; establish the WeChat group on relocating poor populations, and sent over tens of thousands of messages so as to get firsthand information and solve problems at the first time.

V. Holding Fast to the Bottom Line and Supervising Capital Management Strictly

(I) Being careful to ensure "zero flaw", and carrying out financial poverty alleviation accurately

Accuracy is of the extreme importance for relocating poor populations. Based on the requirement, CDB promulgated a number of policies to specify credit evaluation, contract signing, loan extension, and management after loan extension. It consistently reinforced the examination in the aspects of project identification, capital granting, and payment so as to avoid any negligence. To continuously refine management and push ahead with differentiated loan management, CDB worked out the "*Instructions on Differentiated Credit Management of Programs for Relocating Poor Populations and Rural Infrastructure Poverty Alleviation Programs*", raising more accurate and rigorous requirements on project recognition, capital granting, and payment, further standardizing loan utilization, preventing credit risks, and increasing the pertinence and effectiveness of credit management of programs for relocating poor populations. Meanwhile, it also stepped up the survey on such programs, and established the all-round dynamic accurate management system so as to ensure "zero flaws" in programs for relocating poor populations.

(Ⅱ) Worrying in advance and continuously lifting the foresight and sensitivity to risks

Reinforce the awareness of legality, and actively check problems discovered in programs for relocating poor populations, pay close attention to whether various systems are fulfilled, and capital is released legally, managed in special accounts, and allocated in time; seriously study specific measures, and notify such measures to local governments to obtain their understanding and supports; actively take part in checks organized by National Development & Reform Commission, and help local governments carry out rectifications according to results of checks so as to ensure that programs for relocating poor populations are implemented along the right direction.

(Ⅲ) Acting as the supervisor and reinforcing the coordination with governments

CDB continuously reinforces the awareness of responsibility, fulfils the duty of supervision earnestly, and plays the due role in construction standard verification, legal and effective utilization of capital, and tracking and evaluation of construction projects. As for problems discovered encountered in programs for relocating poor populations, it actively worked out corrective measures along with local governments, thus ensuring not only the legal and effective utilization of capitals, but also the stable implementation of these programs. Meanwhile, it also takes the initiative to coordinate with local governments to form the resultant force of risk prevention. For instance, it, together with local governments, formulated and improved the measures for supervising and managing capitals for relocating poor populations, taking legal utilization of capital, management of capital in special accounts, and capital retention rate as the indexes of examination and evaluation, clarifying examination ways and rewarding/punishing mechanism, and making them the important guidance and restraints of programs for relocating poor populations.

As the first battle against poverty, relocating poor populations is of great significance for accelerating anti-poverty development process, facilitating coordinated development of different regions, and building the moderately prosperous society. In the key period of poverty alleviation, CDB will earnestly fulfill the deployments of the central government and the State Council, continue to blaze new trails in a pioneering spirit, and make greater contribution to the fight against poverty.

Integrating Financial Funds for Rural Development to Lend Vigorous Support to of Poor Village Improvement Project

General Secretary Xi Jinping required implementing improving projects of poor villages, prospering the collective economy, constructing infrastructure facilities, and fulfilling"the last mile" of poverty alleviation policies. "Government Work Report 2017" suggested "implementing improving projects of poor villages, and enhancing the self-development capability of poor areas and people". Backward infrastructure conditions are the major obstacle hindering poverty alleviation of poor villages, and also the problem waiting to be solved urgently. After years of construction, roads leading to villages are basically hardened, but those in villages remain to be paved, dusty in sunny days and muddy in rainy days. In some regions, people still need to fetch water from wells, and the rural environment is dirty. Facilities in rural schools are shabby. At present, most of the 128,000 registeredpoor villages are backward in infrastructure facilities, deficient in public services, and lagging behind in industrial development, so they are the greatest difficulty in the fight against poverty. Due to the weak economic strength of poverty-stricken regions, it is difficult to carry out improving projects just relying on their own finance.

In the light of the spirit of the "*Opinions on Supporting Poverty-stricken Counties to Integrate and Use Financial Funds for Rural Development for Trial*" in 2016, CDB brought forth the innovative measure of utilizing credit funds through integrating financial funds for rural development, and granted loans for registered poor villages to construct infrastructure facilities without increasing local financial burden. Ended by the end of December 2017, CDB had promised loans of RMB 302.7 billion Yuan for the construction of infrastructure facilities in poor villages, extended loans of RMB 139.3 billion Yuan, benefiting 39,900 poor villages in 541 poverty-stricken counties of 23 provinces nationwide, paved village roads of 310,000 km, finished 4,762 school building safety projects, rebuilt 90,000 dangerous and dilapidated houses, and offered clean water to 23.16 million people. All of these remarkably improved the living environment of poor areas.

I. Deepening the Cooperation between Bank and Government and Laying the Solid Working Foundation

By resorting to the advantage of coordination with governments, CDB signed the agreement on supporting poverty alleviation through development finance with a good many provinces (autonomous regions, municipalities directly under the central government) in succession, and brought forth the overall working objective. It offered loan support for the construction of rural infrastructure facilities in poverty-stricken counties to meet the crying needs of local governments. For instance, CDB combined the coordinating advantage of governments with the funding advantage of development finance in Shangluo City of Shaanxi Province to build infrastructure facilities for villages, aiming to solve livelihood issues such as roads leading to villages, water safety, etc. To guarantee the accurate selection of poverty alleviation projects, fulfillment of capital, quick extension of loans, and obvious effect, CDB and the Shangluo Municipal Government established the joint meeting system on poverty alleviation through development finance, and set up the "Development Finance Poverty Alleviation Cooperation Office" at the two levels of county and city. Arranged at the financial organs of Shangluo City and counties uniformly, the Office consists of three departments: comprehensive coordination, project instruction, and capital management, which are responsible for planning poverty alleviation and development projects, granting poverty alleviation projects, and issuing capital management measures, promoting project implementation, supervision and check, and solving difficulties and problems of poverty alleviation through finance. CDB and Shangluo Finance Bureau designated over 80 leaders to hold about 20 forums, project examination meetings, and training. By the end of December 2017, CDB had granted credits of RMB 3.5 billion Yuan for rural infrastructure facility construction projects in 701 poor villages in 7 counties of Shangluo City, and extended loans of RMB 2.2 billion Yuan. After their completion, these projects will benefit poor population of 460,000 directly.

II. Innovating Financing Modes of Facilities in Poor villages Based on the Integration of Financial Funds for Rural Development

Construction of infrastructure facilities in poor villages is of public welfare property, not attractive to social capitals, so governmental finance becomes the only source of capital. Due to the weak financial strength of governments of poverty-stricken regions, it is rather hard to raise adequate capital in a short time, which becomes the biggest obstacle of capital alleviation. Documents of the State Council require bringing into full play the guiding and levering roles of financial funds to attract more capitals to participate in the fight against poverty in the ways of cooperation between governments and social capitals, governments' purchase of services, etc. Adhering to the spirit of documents, CDB innovatively brought forth the financing mode that integrates financial funds for rural developments to attract credit funds so as to finish the goal of project construction in a short time through "bridge building".

III. Accelerating the Evaluation Process and Making New Breakthroughs in the Construction of Rural Infrastructure Facilities

In the light of actual situations of infrastructure projects in poor areas, CDB worked out evaluation instructions and carried out project evaluation in the light of difficulties and "shortcomings" such as village road, water safety, etc. Through opening green channels for poverty alleviation projects, CDB gave priority to loan evaluation to speed up the process of approval. In just about one year, it has promised loans of RMB 302.7 billion Yuan for infrastructure facilities in poor villages, and extended loans of RMB 139.3 billion Yuan. In addition, via the centralized, long-term, and large-amount capital advantages, it continued to support the construction of transportation infrastructure facilities in poor areas. For instance, on May 30, 2016, the CPC Longnan Municipal Committee examined and approved the "*Funding Scheme for the Construction of Infrastructure Facilities in Villages of Longnan City*" drafted by CDB. On the same day, the working team of CDB arrived at Longnan to start matters concerning financing; on June 5, Longnan City held the project financing coordination meeting; on June 6, the municipal government established the financing leader team for the project; on June 7, the working team of CDB and the district government of Wudu started relevant financing works quickly. In an extraordinary way, CDB finished fundamental works such as credit rating, debt rating, and pricing estimation on the day, held the meeting to deliberate the project at night.

IV. Increasing the Amount of Loans and Guaranteeing the Early Effect of Poverty Alleviation Capital

In the light of the features and actual situations of credit funds for poverty alleviation,

CDB helped local governments make early preparations, speeded up the processes of contract signing and loan extension, and reinforced payment management to avoid capital retention. With the availability of loans from CDB, poor areas started the construction of infrastructure facilities quickly. Some registeredpoor villages have completed village roads, small bridges, and village lanes, and carried out projects such as water safety, toilet rebuilding, garbage treatment, rivercourse improvement, and yard beautification. All of these brought tremendous changes to poor villages.

Improving projects of poor villages with the support of CDB are widely welcomed and accepted by local governments and poor people, and generated the noticeable effect.

Firstly, improving farmers' living standard and enhancing the inhabitation environment of poor villages. Through offering loan support for the construction of infrastructure facilities in poor villages, CDB made great changes to villages, such as cement pavement, safe water, garbage treatment, sewage collection, fencing wall beautification, and house reinforcement. Seeing these earthshaking changes, the director of Ningjiashan Village, Longnan City, Gansu Province exclaimed: "With hardened roads and improved environment and health, people are more resolute in getting rid of poverty."

Secondly, solving difficulties for governments, and offering stable capital sources for construction. Local governments have been plagued by sources of capital for infrastructure construction of poor villages. Annual fiscal appropriation is far from enough. It is a common but depressing phenomenon that a village road is damaged before completed due to the lack of enough capital. With financial funds for rural development that can be integrated in the coming year as the source of repayment, CDB granted medium- and long-term loans for infrastructure construction, which effectively solved the difficulty of capital shortage. In an onymous article, the secretary of CPC Haixi Prefecture Committee of Qinghai Province stressed the effective utilization of loans for infrastructure construction from CDB so as to promote the great-leap-forward development of the farming and stockbreeding area. The Publicity Department of the CPC Suzhou Municipal Committee, Anhui Province published an article summarizing the successful practice of using CDB loans to construct improving projects in the whole city to ensure that people can drink safe water.

Thirdly, stimulating the endogenous power to lay the solid foundation for industrial development. The slow industrial development is the "pain spot" that restrains the poverty alleviation of poor people, and also the key to Winning the Fight against Poverty. The construction of rural infrastructure facilities will practically help improve production conditions of poor areas, stimulate the endogenous power of poor people, and reinforce the hematopoietic function of collective economy, thus laying the solid foundation for industrial development. Roads leading to villages and inside villages will function as the effective channel for the transportation of agricultural products; drinking water projects such as water supply, water drainage, and reservoir will guarantee water safety for poor people, prevent the spreading of diseases, and lower the risk of poverty caused by diseases; environment renovation projects such as garbage and sewage treatment will facilitate the development of rural tourism, making green hills and clear waters the sources of people's income; dormitory safety projects of rural middle and primary schools will create the basic conditions for the education of poor students, offer assistance in educational poverty alleviation, and stop the intergenerational transmission of poverty.

CDB granted loans of RMB 25 million Yuan to Zhashui County, Shangluo City, Shaanxi Province, supporting the county to carry out projects such as house rebuilding, yard greening, road widening, dangerous bridge rebuilding, river bank repair, and pastoral improvement in the principle of "uniform planning, step-by-step implementation, comprehensive treatment, and overall upgrading", which involved 649 farmer households of 20 teams in five poor villages of Xichuan basin of Xialiang Town. With the loans, the county built the beautiful villages, saved three "enterprises on the verge of bankruptcy", and introduced five investing enterprises; the 12 poor villages in Beikuanping Town of Shangzhou District, relying on the loans from CDB, built a green channel in the mountain, with the total length being over 30 km. So far, the villages have developed 12 farm restaurants and hotels, attracted investors to establish 17 leading enterprises, and helped 3,500 poor people shake off poverty through employment; at Huangtubao Village, Fushui Town, Shangnan County at the boundary of Henan Province and Shaanxi Province, wet mushroom was sold only RMB 2 Yuan per kilogram due to the poor transportation condition. After the road leading to the county was paved, farmers sell their mushrooms to mushroom processing enterprises for RMB 5 Yuan per kilogram. A road helped villagers realize their dream of poverty alleviation.

Fourthly, breaking the bottleneck of poverty alleviation to promote the social harmony. Through the construction of rural infrastructure facilities, poor areas improved people's living environment, enhanced their living quality, and changed their spiritual outlook. After the connection of water, electricity, and road, there are streetlamps at night, and people can go to school and see doctors at their own villages. Farmers' basic living facilities are being improved gradually. Some young people start to return from cities to villages to start their own businesses. The population composition of women, children and old people is being changed as well. Villages are filled with vigor again due to the return of young people. The new generations of farmers born after 1980 and 1990 are going back to lands from cities quietly.

Playing the Role of Forerunner to Actively Supportthe Poverty Alleviation Through Industrial Development

The industrial development of poor areas has been the "pain spot" that hinders the poverty alleviation of poverty-stricken families, and also the difficulty of poverty alleviation through financial support in our country. In the "*Poverty Alleviation Plan for the 13th Five-year Plan Period*", the Central government prioritized industrial development among the eight key projects of targeted poverty alleviation, which highlighted the significance of poverty alleviation through industrial development. Under the new situation of deepening supply-side structural reform in agriculture, CDB places the focus on increasing the efficiency and quality of the industrial development in poor areas, and tries to enhance the "hematopoietic" ability of such areas from the aspects of industrial planning, industrial cultivation, industrial development, and marketing channels. On the basis of vigorous practice and extensive survey, CDB has further clarified the working idea of poverty alleviation through industrial development since 2016, namely closely revolving around basic strategies of targeted poverty alleviation, stressing the two main lines of leading enterprises and "Four Platforms + Agencies", and focusing on the three key fields of subsequent industrial development after relocating the poor, contiguous destitute areas, and especially poor areas. By the end of December 2017, CDB had accumulatively granted loans of RMB 92. 9 billion Yuan for poverty alleviation, and helped over 200, 000 registered poor families throw off poverty.

I. Solving the Financing Difficulty through "Four Platforms + Agencies"

For the long time, rural finance of our country has been perplexed with the problems such as difficult financing and high cost. Poverty-stricken families and small and micro-agricultural enterprises cannot obtain traditional bank credits for the few assets and insufficient guarantees. Without adequate capital, enterprises are unable to develop continuously, and accordingly people are unable to become rich. After the in-depth study, CDB referred to the philosophy and experience of international inclusive finance, and created the loan mode of "Four Platforms + Agencies" according to the national condition of our country. Through the cooperation with governments at all levels, it mobilized strengths of all walks of life to solve the financing difficulty in poor areas, which offered the strong support and guarantee for the industrial development. "Four Platforms + Agencies" refer to the five cooperative institutions: management platform, the financing platform, the guarantee platform, the public information platform and the credit enhancement agencies. On the one hand, the mode can give full play to the organizational and coordinating advantages of local governments; on the other hand, CDB cooperated with local governments to plan advantageous or dominant industries, and pioneered the new path of poverty alleviation to support the development of rural economic organizations, expand collective economies, guard against risks through mechanism, and finally realize targeted poverty alleviation.

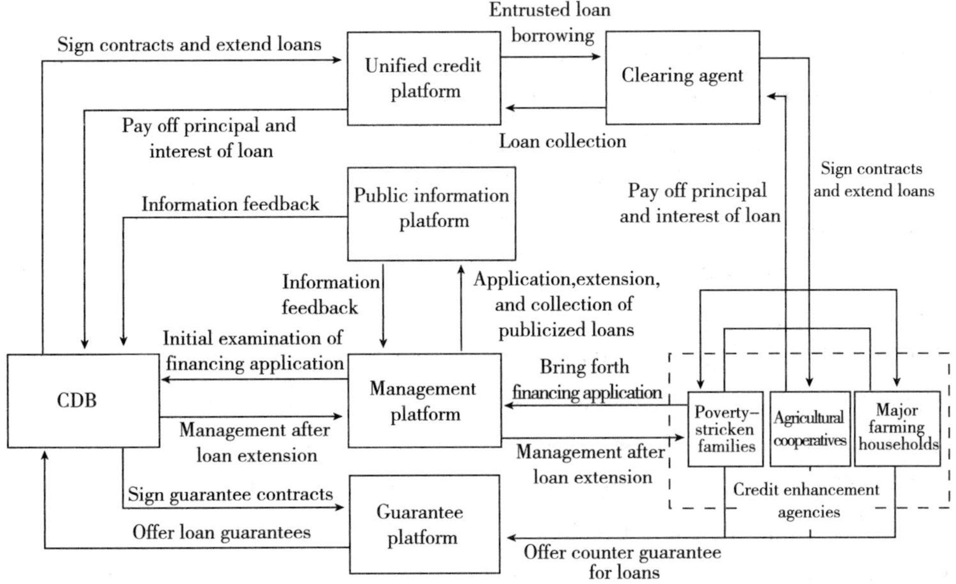

"Four Platforms + Agencies" Model of China Development Bank

Making CDB more "practical", the financing mode has the following three features: 1. motivating all walks of life to take part in poverty alleviation through financial support with system arrangement and interest incentive mechanism on the basis of geographical and professional advantages of partners; 2. Adopting the mode of applying, managing, and extending loans in batch, establishing standard products and flows, solving retailing problems in the way of wholesale so as to lift loan efficiency; and 3. Effectively extending the reach of CDB's services and making loans for poverty alleviation available for poor villages and families. Therefore, the mode not only solved the problem of difficult and expensive financing, but also offered a solution to the "last mile" of poverty alleviation through financial support. Based on the mode of "Four Platforms + Agencies", CDB has cooperated with several local governments in succession, and developed a series of credit products of poverty alleviation through industrial development according to local conditions, which generated the favorable effect.

II. Reinforcing the Cooperation with Leading Enterprises

Introducing and cultivating leading enterprises is the effective measure to promote the industrial development of poor areas. CDB actively communicates with central enterprises, state-owned enterprises, and local industrial leading enterprises, and especially establishes the cooperative relationship with those such as Beijing Capital Agribusiness Group, Sinochem Group, COFCO, CITIC Guoan, and Haier Financial Services in poverty alleviation, thus organically combining market and industrial advantages of enterprises with resource advantage of poor areas so as to facilitate the industrial development of such areas and help registered poor populations get rid of poverty.

In Shaanxi Province, CDB cooperates with Shaanxi Provincial Supply and Marketing Group, and forms the poverty alleviation through industrial development mode of "government + development + Supply and Marketing Group + leading enterprise (cooperative) + poverty-stricken families" by relying on the extensive market system of the Group (Shaanxi Supply & Market Cooperative now has 11 municipal supply and marketing cooperatives, 103 county-level cooperatives, 1,220 grassroots cooperatives, 900 independently accounting enterprises, and over 20,000 outlets). It has granted loans of RMB 65 million Yuan, supported nine leading enterprises in eight poverty-stricken counties such as Shangluo, and benefited nearly 3,000 registered poor people.

On March 21, 2017, Poverty Relief Program Finance Unit of CDB and Beijing Capital Agribusiness Group signed the "*Strategic Cooperation Agreement*", supporting the latter to establish breeding bases in poor areas nationwide. In the first half of the year, CDB Beijing Branch started the evaluation of the breading base in Daming County, Hebei Province, which was initiated by Yukou Poultry, a subsidiary of Beijing Capital Agribusiness Group. With a total investment of RMB 250 million Yuan, and capital fund of RMB 50 million Yuan (including RMB 30 million Yuan from Yukou Poultry and RMB 20 million from poverty alleviation capital), the project attracts local professional cooperatives to participate in production, adopts the operating mode of "enterprise + base + poverty-stricken families", and establishes the interest sharing mechanisms with poverty-stricken families such as "share + bonus". After its completion, the project will benefit about 3,300 registered poor people in 20 poor villages.

III. Creating the Business Mode of Sub-loans for Poverty Alleviation

Based on the idea of "batch, duplication, and promotion", CDB creates the mode of "sub-loans for poverty alleviation" to help solve the problem of "difficult and expensive financing" in poverty alleviation through industrial development. Through giving play to the unique role of development finance in "weak fields and key links", CDB effectively integrates advantages of local governments, cooperative banks, and new-type operating subjects, and strives to construct the new pattern of poverty alleviation through financial support where development finance and commerce finance coordinate with each other, participate in projects together, perform their own functions, and complement each other's advantages. To be specific, CDB wholesales credit funds to local small and medium-sized commercial banks, which then transfer the funds to operating subjects such as farmers' professional cooperatives and large farmer households for poverty alleviation through industrial development.

On the basis of the favorable cooperation with the Sanmenxia Municipal Government and Zhongyuan Bank, CDB formed the sub-loan mode of "overall credit granting and extending batch by batch" according to the goal of targeted poverty alleviation and the actual situation of the province. In addition, together with Zhongyuan Bank, it urged the local government to issue policies such as offering 3% interest subsidy to loan borrowers and establishing compensatory payment, thus indirectly lowering the capital cost of Zhongyuan Bank's sub-loans for poverty alleviation, and ensuring the controllability of financing cost for loan-borrowing enterprises and farmers. In principle, the interest rate of loans to registered poor population is not higher than 6%. In 2016, CDB offered credits of RMB 800 million Yuan to Zhongyuan Bank, and extended RMB 20 million Yuan to support four leading agricultural enterprises, 12 individual businesses, and breeding farmers to carry out characteristic projects. By the end of December 2017, CDB had implemented sub-loan business for trial in provinces such as Henan, Qinghai, Gansu, and Yunnan, granting credits of RMB 5.3 billion Yuan in total, extending RMB 3.1 billion Yuan, and supporting 882 registered poor people.

IV. Contributing to the Sustainable Poverty Alleviation through the Industrial Development after Relocating the Poor Populations

Poverty-stricken population is mainly distributed in especially poor areas where the living environment is harsh, and reasons for poverty are varied and complicated. With focus on especially poor areas and 14 contiguous destitute areas, CDB emphatically supports the development of subsequent industries after relocating the poor, and constructs different modes of industrial development. In Guangxi Province, CDB combined the development of the forestry industry with the relocation of poor populations, created the targeted poverty alleviation loan mode of the national reserved forest base by relying on the provincial platform credit, supported the construction of Guangxi national reserved forest base and the development of the upstream and downstream industries of forest, attempted to help relocated people increase their incomes in the ways of land leasing and circulation, labor injection, and so on and maximize their earnings through "rent + salary + share capital", and propelled the implementation of the strategy that makes farmers get rid of poverty through forest development, thus pioneering a new path of supporting the sustainable development of the forest industry through finance and poverty alleviation through the development of the forest industry. By the end of December 2017, CDB had signed contracts worthy of RMB 3.26 billion Yuan, and extended loans of RMB 2.29 billion Yuan accumulatively. Since 2015, it has created about 40,000 jobs for poor people including those relocated, and realized incomes of RMB 790 million Yuan through labor and RMB 130 million Yuan through forest rent. The support spreads throughout 73 counties of Guangxi Province, and covers 25 contiguous destitute counties.

V. Making Planning in Advance and Finding the Way to Become Rich

By supporting poverty alleviation through industrial development, CDB not only offers the support of knowledge transfer and technical assistance, but also helps local governments scientifically plan industries via its industrial and expertise advantages according to local conditions. Based on factors such as local economic development, industrial structure, market capacity, and upstream and downstream industries, and also according to resource endowment features of villages, towns, and counties, CDB helps local governments develop distinctive industries with market competitiveness and generating high economic benefits, thus avoiding market fluctuation caused by imbalanced supply and demand attributable to blind follow suit. Meanwhile, it also offers planning and consultation services in the aspects of project cultivation, market selection, and marketing, making industrial development the genuine impetus for poverty alleviation.

Longli County of Guizhou Province is one of the directly benefited counties. As one of the 66 poverty-stricken counties in Guizhou Province, the county boasts the beautiful natural scenery, including the two natural, historic scenic spots Longjia Mountain National Forest Park and Guanshan Mountain, and also high-quality tourism resources featuring national customs and sightseeing agriculture. After learning that Longli County Government had been plagued by difficult financing, CDB actively contacted the government, conducted the on-the-spot investigation into local industrial characteristics, comparative advantages, and geological traffic conditions, and created the tourism industry with "natural scenery + national customs" as the theme for villages around Guiyang City. With the assistance of CDB, Longli County also pushed ahead with the construction of supporting recreational facilities around scenic spots, changing the current houses and farmlands of poverty-stricken families into recreational facilities such as shops, agritainment, and sightseeing agricultural parks so as to increase added value of assets and create jobs for local people.

VI. Making Farmers Rich through the Interest Coupling Mechanism

The effect of poverty alleviation depends on constructing the effective interest coupling mechanism. Poverty alleviation projects form the mutually beneficial and win-win interest coupling mechanism with registered poor villages and farmers. During the survey in Zhang Bei, General Secretary Xi Jinping pointed out that poverty alleviation should be targeted, including targeted objects, targeted industries, targeted ways, and targeted effect.

In the design of financing schemes, CDB paid special attention to the driving role of projects in poverty alleviation, and insisted combining interest coupling with subjective initiative. It placed focus on the new-type agricultural operating subjects such as professional cooperative, established the interest coupling mechanism with poverty-stricken families through a variety of ways such as creating jobs, land trust, livestock raising, and pooling of farmers' land management right, expanded income sources of poverty-stricken farmers. The scientific interest coupling mechanism among relevant subjects for projects of poverty alleviation through industrial development facilitated the fair interest sharing between poverty-stricken collectives and farmers, mobilized the initiative of poverty-stricken farmers, and lifted their will and capability of self-development.

With Hua County of Henan Province as the pilot project, CDB, through reinforcing the cooperation with the government, leading enterprises, cooperatives, guarantee firms, and insurance firms, constructed the mode of poverty alleviation through return on assets for registered poor families. So far, it has extended loans of RMB 54.5 million Yuan to 735 poverty-stricken families for chicken breeding, and it is expected that each family would increase annual income by RMB 3,700 Yuan through ways such as dividend, labor income, land circulation, etc. The alleviation mode promoted the construction of the reasonable interest sharing mechanism between enterprises and farmers, and made them share the benefit of the industrial development. In the long run, the mode guides the new-type operating subjects such as professional cooperative to accelerate their development, and facilitates the development of the rural collective economy. The prosperity of the collective economy will remarkably improve agricultural production conditions, increase the scale production level, further enhance the development capability of poor areas, and make up for small-scale farmer economy's shortcomings such as backward technology and low risk resistance capability. This is of the lasting value for the sustainable poverty alleviation.

A good interest coupling mechanism can not only bring along poverty alleviation of poor population, but also boost the regional economic development. An important reason for the backward industrial development of poor areas is the lack of the well-functioning mechanism that can mobilize the enthusiasm of all parties. Poverty alleviation through return on assets, based on the design of governmental dominance and market operation, further reinforced the organizing, operating, and managing capabilities of grassroots governments, thoroughly integrated resources, assets, and capitals of poor areas, greatly mobilized local people's endogenous power through ways such as share quantification and asset trusteeship, and boosted the development of local distinctive industries. Via converting various scattered and hibernated resources into assets, the mode incorporates such assets into projects of competitive industries, expands the production space of poor population, and ensures that poverty-stricken farmers share the benefit of industrial development.

VII. Actively Guarding against Risks through the Innovative Mode

Industrial projects, especially characteristic breeding ones that are closely related to interests of poor families, are perplexed by problems such as small scale, high investment, long period, insignificant effect, high market fluctuation, weak resistance to risks, and vulnerability to natural disasters. Therefore, CDB actively explores new business modes to effectively guard against financial risks and offer sustainable financing services for poverty alleviation through industrial development.

CDB regards democratic appraisal mechanism as the important means of guarding against risks, and attaches the great importance to it. On the one hand, it announces loan application, extension, and repayment on the publicity platform for the joint supervision of social strengths so as to ensure the open, fair, and equal loan extension and guard against risks together; on the other hand, it consolidates the cooperation with the local credit (industrial) association and social organs spontaneously established by local micro-sized, small, and medium-sized enterprises, privately or individually-owned businesses, and farmers. After their mutual supervision and appraisal, the association recommends loan applications from outstanding members, and loan borrowers should offer joint guarantee and mutual guarantee to each other, and pay a given amount of cash deposit to the association for sharing loan risks. In concrete practice, CDB tries to mitigate risks through a variety of channels such as urging governments to establish risk compensation, reinforcing social supervision, introducing agriculture-related insurance products, etc.

In Yanchi County of Ningxia Province, CDB relied on the market cooperative agent Ningxia Dongfang Huimin Microfinance Co. , Ltd. to offer loans of no more than RMB 50,000 Yuan to rural poverty-stricken women staying home. The latter offered guarantee for such loans. In the mode, each natural village of Yanchi County established credit groups, and brought loan-applying families into such groups. Five families constituted a joint guarantee group, and the head of each group was elected by villagers. Based on the joint guarantee of farmers, CDB extended loans of RMB 40,000 Yuan to RMB 50,000 Yuan for a period of 1 year to each loan applicant without any mortgage, thus forming the highly socialized organization chain of "CDB - Dongfang Huimin—credit village—credit group—farmer". Due to the small amount of loans per family and mutual guarantee, the mode can effectively reduce risks. By the end of December 2017, CDB had extended loans of RMB 971 million Yuan accumulatively through the mode, and outstanding loans of RMB 238 million Yuan, benefiting 56,800 poverty-stricken families in the county, with the return of principal and interest being 100%. Through the mode, CDB supported the poverty alleviation through industrial development in seven national poverty-stricken counties in Liupanshan contiguous destitute area such as Yanchi County.

CDB will continue to explore new paths, mechanisms and methods for poverty alleviation through industrial development so as to genuinely realize targeted poverty alleviation, and establish the effective modes of cooperation among bank, government and enterprises so as to effectively help poor populations get rid of poverty and become rich.

Stepping up Student Loans to Stop Intergenerational Transmission of Poverty

National student loan is a vital measure adopted by the CPC Central Committee and the State Council to improve the financial aid policy system of regular institutions of higher learning through financial means and to increase subsidies to students from poverty-stricken families. Since 2004, CDB has unswervingly adhered to the idea of development finance, practiced the mission of "enhancing the national power and improve the livelihood of people", pushed ahead with student loan with love, gradually formed the student loan mode that has the Chinese characteristics, conforms to national conditions, and is able to develop in a sustainable way, and practically fulfilled the spirit of the CPC Central Committee and the State Council that "children of all poverty-stricken families can receive fair and high-quality education to stop intergenerational transmission of poverty". By the end of December 2017, CDB had extended student loans of RMB 136 billion Yuan accumulatively, covering 2, 835 universities in 2, 240 counties of 26 provinces (autonomous regions and municipalities directly under the central government), and making students from 10. 39 million poor families able to go to universities, including 1 million registered poor students.

I. Providing Timely Help

CDB started to offer loans to students a dozen of years again. In 1999, national student loan system was carried out in regular institutions of higher learning in eight cities nationwide for trial, and then put into practice all over the country. However, banks were generally not enthusiastic about student loan due to the small amount of a single loan, low earning, and high risk. Especially after 2000, student loans entered the repayment period, but a high proportion of students refused to repay their loans. Therefore, early banks involved in the business gradually tightened and even stopped extending loans to students. Ended by December 2003, loan contracts of RMB 6. 5 billion Yuan had been approved in total nationwide, subsidizing 790,000 students, only accounting for 4% of all students in colleges and universities.

In September 2004, 11 banks were invited to offer bids for extending loans to students in colleges and universities in Henan Province, but only three submitted their offers, and with too many "additional conditions", which were acceptable to the provincial finance and universities. Finally, the bid invitation ended up with failure. Almost at the same time, the failure of bids for student loan also appeared in other provinces. In the case, CDB made the active presence, solved the difficulty of student loans with Henan Province as the breakthrough, and finally helped tens of millions of students fulfill their college dream.

CDB is a wholesale bank long devoted to the construction and development of infrastructure facilities, basic industries, and backbone industries, so it is a "latecomer" in the student loan field. Talking about the initial hardship, student loan handlers of CDB had a lot to say: "At the very beginning, we knew nothing about student loan, and this was not our expertise, without institution, outlet…. However, we were determined to do it well after learning that a legion of students from poor families were in urgent need of loans for finishing their universities."

The urgent task was to decide on the business handling department. It was concluded that it was unrealistic to set up special outlets for student loan business. After the repeated argumentation, CDB brought forth the "Henan mode" for the first time in 2004. The concrete practice was that subsidy centers of universities assumed the duty of "service window", and teachers were responsible for examining application materials of each student and signing the "*Loan Contract*" with students; the provincial student subsidy management center was responsible for collecting applications and contracts of all universities in the province; and CDB examined such contracts and extended loans. To mobilize the enthusiasm of all parties, CDB used the risk compensation for itself as the rewarding fund to universities in the hope of encouraging them to participate in the management of national student loan, thus overcoming the serious "disjunction" problem in the subsequent management and effectively guarding against risks.

The effect of the trial in Henan Province was inspiring. Just in 2005, CDB extended national student loans of RMB 570 million Yuan to poor students of 123,000 person times in 83 colleges and universities of Henan Province, exceeding the total amount of loans offered by other banks in the past years. The "Henan mode" was highly praised and recognized by leaders of the central government and all walks of life. With the approval of the State Council, the "Henan mode" was practiced nationwide. Students from poor families are hence able to get national loans easily after entering universities, and finish their study without worrying about financial problem.

II. Door-to-door Student Loans

In early 2007, a special report aroused the great concern of the leaders of the State Council on farmers' return to poverty due to education in Huining County of Gansu Province. Led by China Banking Regulatory Commission, CDB immediately went to the county for investigation and survey. Huining County is famous for both "education" and "poverty" in Gansu Province. Although mentally prepared, the investigation group was still shocked by local students' diligence in learning and tough living conditions.

CDB innovatively developed the credit student loan business at the origins of students, which made poverty-stricken students able to apply for loans at their homes conveniently. Different from student loans at universities, the business eliminated the isolation between origin of students and universities (learning place). Based on different credit levels of students at different stages, the business determined the provincial and county-level student aid management centers as the executive subjects, constructed mechanisms such as joint responsibility, joint credit, incentive and restraint, and risk sharing, and clarified the "three-stage credit binding" concept with students as the center, namely binding the credits of stakeholders such as students' parents, universities, and employers to form the complete risk control and prevention chain. Meanwhile, CDB made the full use of other credit construction and subsidy means, and strived to create the new mode of student loan that matches risk and earning and is able to develop in a sustainable way.

In August 2007, the Ministry of Finance, the Ministry of Education, and CDB jointly released the "*Notice on Carrying out the Pilot Projects of Credit Student Loans at Origins of Students in Some Areas*", and started credit student loans at origins of students for trial in Jiangsu Province, Hubei Province, Chongqing, Gansu, and Shaanxi Province. CDB established the joint working group, which, consisting of personnel from both the Head Office and branches, worked overtime, finished the design of operating mechanism and business flow within a week, and printed and issued instructions and seven supporting documents. In middle August, CDB established the supervision groups, and dispatched them to the five pilot provinces separately to urge and accelerate the progress of the business. By the end of 2008, the business of CDB covered all 416 counties of the five pilot provinces, with loans of RMB 600 million Yuan extended to 112,000 students at their origins.

Later on, CDB has continuously improved its operating mode and managing mechanism of student loan, forming the working pattern of student loans at origins supplemented by student loans at universities. Students, no matter where they are, are able to apply for aid loans from CDB conveniently.

III. Student Loans Functioning as the Important Measure to Stop Intergenerational Transmission of Poverty

In the fight against poverty, student loan is crucial for poverty alleviation through education, and also functions as the important measure to stop intergenerational transmission of poverty. CDB took student loan as the key work in the fight against poverty, and fulfilled the requirements of the CPC Central Committee and the State Council faithfully, helping not only poverty-stricken students realize their college dream, but also their families shake off poverty.

Ministry of Finance and Ministry of Education released the "*Several Opinions on Improving National Student Loan Policies*" in 2015. CDB attached the great importance to the document, and finished the adjustments to credit policies and IT systems on the day of the release, increasing the highest amounts of loans for undergraduates and graduates from RMB 6,000 Yuan/person per year to RMB 12,000 Yuan/person per year respectively; extending the loan period to 20 years (length of schooling plus 13 years, 20 years at maximum); and prolonging the period of grace to three years.

As for families of aided students, loans from CDB play the role of capital substitution. Students enjoy finance discount at school, which is equal to a 3-4-year interest-free, guarantee-free microloan for their families. Therefore, families can use the money originally saved for supporting their students to go to school for agricultural production, starting businesses, and family life, thus greatly stabilizing local production, employment, and consumption, and indirectly achieving the effect of poverty alleviation through financial support.

Statistics show that in less developed provinces such as Gansu, Guangxi, Qinghai, and Guizhou, over 30% of students admitted by universities in 2015 received student loans at their origins from CDB, which significantly mitigated the situation of poverty caused by education. By the end of 2016, CDB had extended student loans of RMB 44.1 billion Yuan accumulatively in 640 counties among the 829 key counties of the fight against poverty, and supported students of 4.25 million person times. In 2015, it extended loans of RMB 10 billion Yuan, and supported students of 1.49 million person times.

IV. Reinforcing the Sustainable Development of Business

Late at night of December 19, 2009, the director of student loan business of CDB received an urgent call from a colleague in charge of system operation and maintenance: "The amount of loans this year is rising too fast, and beyond the expectation, so there are some problems with interest settlement function of the system!"

System crash means that the interest of 1.011 student loans could not be settled on time possibly. It was fortunate that after the efforts of workers overnight, system patches were online finally, and interest settlement of all contracts was finished in the early morning of December 20. After the "scary" accident, CDB resolved to increase investment in enhancing system performance.

Thanks to the persistent efforts, CDB successively developed high-school pre-application system, student online service system, information management system, and credit report system, basically completing the construction of the "student loan system cluster". Students are able to apply for loans anytime and anywhere through the network, and educational organs and banks are able to share loan information through the network as well. The system cluster realizes the electronic management of student loans, and offers the strong support for the rapid development and refined management of student loans.

"We tried a lot of 'traditional' ways that year," said a worker at Hubei Macheng Subsidy Center, "When the system was just online, the network speed was rather slow. Therefore, students lined up in front of the Subsidy Center, and became agitated due to the hot weather. I found a mirror, and adjusted the angle to enable students and their parents to see our computer screens, making them know that we were working hard. Presently, the systems are running fast, and it just takes about three to five minutes to finish each student's application."

The phenomenon in Hubei Province was not unique. When Guizhou Pan County Subsidy Center just started handling student loans, some workers distributed poker cards to students for queuing up. At present, there are numbering machines in the subsidy center of the county, which make it much convenient for students to apply for loans.

V. Preventing and Controlling Risks of Student Loans

2011 was the first year of the maturity of most student loans, and also the first year of students paying interest by themselves. Are student loan products reasonably designed? Will the business develop in a healthy and sustainable way? CDB experienced the new test in student loan business.

CDB defined 2011 as the "test year" of management after loan extension and the "check year" of mechanism construction, requiring all branches to work hard in management after loan extension and control the default risk of student loans. To realize the goal, CDB leaders went to about 20 branches to supervise management after loan extension and credit construction, urging branches to increase the collection of loans and lift the recovery rate of principal and interest together with subsidy centers. Meanwhile, CDB prepared the "*Student Loan Instruction*" to teach students how to repay their loans; set up the "Student Loan Dynamics" to promote information exchange among branches; held various student loan training, mobilization meetings, forums, and seminars, organized 170 teachers from county-level subsidy centers in Gansu, Hubei, Ningxia, Inner Mongolia, Guangxi, and Guizhou to have discussions in Beijing, exchanging their experience in management after loan extension and reporting problems encountered in daily works; and visited 93 universities in Beijing, had discussions with over 2,000 students borrowing loans, and gave publicity to personal credit knowledge and student loan policies.

With the rise of student loans and the extension of repayment deadline, county-level student subsidy centers began to assume ever-increasing workload and face much more difficult management. The practice of CDB in the past years that all parties involved should adhere to the "governmental dominance", and grassroots should coordinate relevant organs of "government, town, village, and school" to exert their own advantages so as to form the multi-level coordinated management mechanism. This is the only way to make loan management efficient and guarantee the collection of loans.

Under the instruction of China National Center for Student Financial Aid, CDB, together with each provincial student subsidy center, shifted the focus of work to pushing loan management to moving forward and downward. In counties with the large number of students borrowing loans, big management radius, or inconvenient transportation, CDB instructed county-level student subsidy centers to sub-loan to villages, establishing loan application outlets at the level of towns. With student loan information management system as the medium, CDB mobilized organs such as town government, town central school, village neighborhood committee, and senior high school to participate in works such as credit education, student contact, collection of principal and interest, and policy propaganda. Door-to-door loan extension and repayment have been realized in provinces such as Gansu, Shaanxi, Yunnan, etc.

VI. Being Considerate about Students

"What? What is the major business of CDB? How can my child repay the loan now that you do not have counters?"

"Teacher, I forget my password of online service system. How much money should I repay before the end of the year?"

"Teacher, I am admitted to a graduate school, and can I still enjoy financial discount at the school?"

Faced with various questions of students and their parents such as repayment flow, loan application, password forgetting, the teacher from the subsidy center of Yuexi County, Anhui Province said: "I was bombarded by phone calls."

To answer consultations of students and their parents in time, and also to relieve working pressure of students at county-level subsidy centers, CDB set up the "95593 student loan call center" in 2012 to answer students questions at any moment. At present, the center has employed nearly 100 customer service representatives, and received over 1.4 million phone calls in total, answering questions of nearly 4,000 students every day on average during the peak period of loan application. Meanwhile, CDB also opened emails and QQ groups for consultation, and released H5 animation of student loan instruction through the official WeChat account, thus forming the comprehensive consultation service system.

"Thank for your help," timidly said Xiao Xu, a student from Feng County, Jiangsu Province, after the successful application of student loan. The careful worker discovered that Xiao Xu consciously rubbed his fingers, which became red because of inkpad. After the patient inquiry, Xiao Xu disclosed that he felt a little sad about "leaving fingerprint" after signing the loan contract. Considering the mental feelings of children, CDB broke the convention of the banking industry, and canceled the link of "leaving fingerprint" with the approval of commercial and legal organs. To make it convenient for students to read and reduce file management pressure, CDB simplified the contract text in the light of the high standardization of student loan business, condensing the 14-page contract into one A4 page, which is then printed electronically through the system, rather than filled out manually, thus greatly lowering the rate of errors and lifting the handling efficiency.

CDB strictly complies with national policies, offering the three-year period of grace for student loans. During the period, students just need to pay interest. To further reduce students' burden, student loans are repaid year by year rather than month by month. After

2014, students are allowed to apply for repaying their loans in advance online. If needing to use the money for other purposes, students can withdraw advance repayment applications as long as they have not deposited the money into their individual accounts. Such a behavior will not constitute any default, or incur any additional expense.

VII. Innovating Services Continuously

In the early years of student loans, students needed to repay their loans to CDB through agent banks, which caused many inconveniences and problems. To solve these problems, CDB shifted attention to the fledging Internet payment tools. After the discussion with Alibaba Group, both parties cooperated with each other to develop relevant system functions. When students sign their loan contracts, the system will open an Alipay account for them. Loans will be transferred to the account of any commercial bank that is bundled with the Alipay account by the student. When making repayments, students just need to deposit the corresponding amount into the bundled cards, and then make online operations. Such a move not only saved students' account-opening cost, but also increased the freedom of loan borrowing and repayment, and lowered the service charge of cross-region repayment.

This is not the end. "At the very beginning, I felt that it was very convenient to repay loans through Alipay. But later I discovered that many people were still accustomed to making repayments through cards. Perhaps they feel much more assured after getting receipts," said a clerk from the scientific and technological development department of CDB, "Therefore, We established the partnership with China UnionPay. Students are able to make repayments by punching their cards with the sign of China UnionPay on special POS machines of student loans at the nearest county centers or universities."

As for students going to graduate, CDB also helps them to find out jobs after graduation and get rid of poverty thoroughly. Via its financing advantage and client resource, CDB has adopted different measures to facilitate the employment of students since 2012, such as convening clients to hold special recruitment fairs, granting loans for entrepreneurship, and extending loans to small and micro-enterprises. So far, it has organized over 20 recruit fairs for student borrowing loans in 11 provinces such as Sichuan, Jilin, and Anhui. About 6,000 enterprises offered nearly 100,000 jobs at these fairs. Nearly 200,000 students attended these fairs, signing 32,000 employment intentions in total.

In 2016, CDB also actively carried out file electronization for trial under the instruction of China Banking Regulatory Commission. In pilot areas, county-level subsidy centers help students apply for loans through high-speed photographic apparatus and ID card reader. Borrowers just need to sign their names on electronic signature screens. Students and their parents showered praise on the measure for its great convenience.

It's back-to-school season again. In the golden September, millions of students will walk into universities and start their new journey of life with the loans from CDB. After the 12-year unremitting effort and exploration, CDB has become the "bellwether" in the field of student loans from scratch, and realized the great-leap-forward development. Under the instruction of the spirits of "Loving home and nation, international view, professional and efficient, and pursuing excellence", CDB will stay true to the original mission, continue to achieve targeted poverty alleviation through student loans, ensure students of all poverty-stricken families could receive the equal and high-quality education, and light up their wonderful life path.

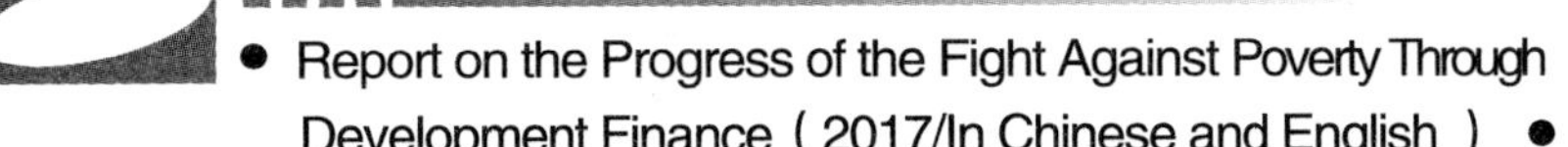

Knowledge Transfer and Technical Assistance

Knowledge transfer and technical assistance is the prerequisite for poverty alleviation. Only by mastering science and technology and arming their brain with modern knowledge, can poor people in poor areas get rid of poverty thoroughly. While raising capital, CDB offers knowledge transfer and technical assistance via its expert and industrial advantages, helping poor areas scientifically find the way to win the fight against poverty through planning in advance; bringing into full play the role of "publicist, planner, and liaison man" through dispatching financial specialists of poverty alleviation, "the first secretary", and cadres staying in villages; and helping enhance the working level of cadres in poor areas through local cadre training. The chapter mainly introduces that CDB offer knowledge transfer and technical assistance to poor areas in the ways of planning and cooperation, dispatching financial specialists, local cadre training, etc.

Adhering to Planning in Advance and Scientifically Finding the Way to Win the Fight against Poverty

Planning in advance is the important idea and method of the development finance theory. From the comprehensive angle of economic and social developments, via the method of development finance, and through the means of planning in advance, CDB integrates resources of all parties, constructs the efficient market financing system, and risk prevention network, enhances its influence and initiative in scientific development based on systematic planning of projects, forms the unique business development modes distinguished from those of other commercial banks, and gives full play to the pioneering, guiding, and leading roles of development finance.

In accordance with the idea of "actively participating in and supporting relevant ministries and local governments to compile the planning for the fight against poverty during the 13th Five-year Plan period, focusing on the compilation of systematic financing planning, and designing financing schemes and supporting modes for vulnerable links and key fields so as to ensure the implementation of poverty alleviation through", CDB has exerted the unique advantage of planning in advance and helped local governments shake off poverty through knowledge transfer and technical assistance in the ways of taking part in compiling governments' poverty alleviation planning and financing planning, and preparing consultation reports on the fight against poverty for poverty-stricken counties.

I. Actively Participating in and Supporting Governments' Compilation of Planning for Poverty Alleviation

CDB has actively pushed ahead with the planning cooperation with ministries such as National Development & Reform Commission and the State Council Leading Group Office of Poverty Alleviation and Development, and also local governments. For instance, it compiled the "*Early Research Report on the National Programs for Relocating the Poor Populations during the '13th Five-year Plan' Period*" together with National Development & Reform Commission, which, on the basis of summarizing the past relocating experience and analyzing the situation during the 13th Five-year Plan period, made the special research in the relocating scope, relocating quantity, settling way, infrastructure facilities and supporting public services necessary for resettlement, investment and financing support mode, thus laying the foundation for scientifically compiling the "*National Planning forRelocating the Poor Populations during the* '13th *Five-year Plan' Period*".

Through the active contact with relevant ministries and local governments, CDB tries to track and learn about the progress of governmental poverty alleviation planning compilation and the trend of relevant policies in the ways of becoming a member of provincial governments' poverty alleviation leading team and poverty alleviation planning compilation team, establishing the joint meeting mechanism, or carrying out cooperation on planned subjects. It conducts special research on supporting policies in the key fields, investment and financing mechanism construction, and supporting modes of poverty alleviation through industrial development so as to come up with new ideas and methods for local governments, reach agreements with other parties, and finally enhance the influence of its planning brand.

II. Actively Compiling Systematic Financing Planning for Poverty Alleviation

Systematic financing planning refers to the fact that CDB participates in compiling or compiles core contents and unique products of various planning, which make up for the shortcomings of the current planning system of governments. After years of practice and development, CDB has made some achievements in the aspect and has been accepted extensively. Based on the actual situation of the fight against poverty in different areas, and revolving around key fields such as relocating poor populations, infrastructure facilities, development of distinctive industries, and education, medical treatment and sanitation, CDB reinforces the cooperation with relevant organs of the Central and local governments, reaching agreement with such organs from financing planning, promoting the construction of investment and financing bodies, innovating the mode and mechanism of investment and financing, bringing forth suggestions on supporting policies, clarifying its main tasks, key fields, supporting ways, and significant projects in the fight against poverty, effectively giving play to the roles of funding and knowledge transfer and technical assistance, developing projects of large batches, solving the financing bottleneck of social and economic developments from the aspect of system, and serving the economic and social developments of poor areas. By the end of 2017, CDB had finished the compilation of 20 provincial "13th Five-year Plan" systematic financing planning for the fight against poverty (including special planning for relocating poor populations) and six municipal and county-level poverty alleviation planning. Meanwhile, it selected 22 national poverty-stricken counties as pilot projects from the fixed-point poverty-stricken counties assisted by the Central and national organs, carried out planning cooperation in a variety of forms such as compiling poverty alleviation planning, studying financing planning, offering consultation and suggestions in the key fields, helped poverty-stricken counties find out the path of poverty alleviation, and came up with the feasible solutions to prominent problems such as "difficult financing and high cost of financing".

Special Column: Special Financing Planning for the Fight against Poverty in Dabie Mountain

In June 2015, the State Council approved of the "*Planning for the Revitalization and Development of the Old Revolutionary Base Area Dabie Mountain*", and suggested the development goals and key tasks of the Area by 2020. To fulfill the "*Planning*", and bringing into full play its capital advantage and pioneering role of development finance, CDB started compiling the special financing planning for Dabie Mountain area in February 2016, and organized special personnel to establish the financing planning compilation group, which visited poor areas in Hubei, Anhui and Henan to find out local governments' fulfillment of district planning, their experience in the fight against poverty, and also problems and difficulties encountered in the fight. CDB carried out several internal planning compilation discussions, and formed the "*Special Funding Planning for the Fight Against Poverty in Dabie Mountain*" after repeated modifications.

In the process of compilation, CDB adhered to the following principles: 1. being problem-oriented, and proceeding from actual conditions all the time; 2. Focusing on key problems, being creative in solving difficulties, and actively pushing forward market construction and credit structure construction so as to realize the fulfillment of projects; 3. Collect problems and suggestions on the fight against poverty, and emphatically studying the imbalance between financing demand and financing ability of poor areas, and how to support local fight against poverty with development finance.

The role of planning is mainly manifested in the following three aspects: 1. Offering knowledge transfer and technical assistance to propel the implementation of the district planning of Dabie Mountain; 2. Offering support in poverty alleviation in the area; and 3. Exploring experience for the compilation of special financing planning of other contiguous destitute areas at the levels of county, city, and province.

III. Innovatively Offering Consultation on the Planning for the Fight against Poverty

Based on the new trend of the fight against poverty, poverty alleviation planning consultation is the improvement of the working system of poverty alleviation planning. Through planning consultation, CDB helps poor areas study the development focus and ideas of the fight against poverty, provides local governments with targeted suggestions, further clarifies CDB's supporting scope, supporting focus, and supporting mode, and reinforces the supporting role of CDB in the fight against poverty. With Lushi County of Henan Province as the pilot project, CDB has compiled the consultation report on planning for the fight against poverty since 2017, helping poverty-stricken counties to explore the methods and countermeasures on the fight against poverty, and accumulating experience and creating a model for the fight against poverty in other regions across the country.

Special Column: Consultation Report on the Fight against Poverty of Lushi County

In the key period of wining the fight against poverty, CDB, based on the need of the new trend, further deepens the supporting role of planning in advance in poverty alleviation, innovates the method of knowledge transfer and technical assistance, and explores the ideas and measures of helping poverty-stricken counties through poverty alleviation planning consultation so as to support local governments in the fight against poverty. In the first half of 2017, CDB finished the compilation of "*Consultation Report on the Fight Against Poverty of Lushi County*" after in-depth investigation, serious study, extensive solicitation of suggestions, and repeated modifications. This is the first consultation report on the fight against poverty for poverty-stricken counties finished by CDB independently.

Relevant leaders of Henan Provincial Government highly spoke of the planning consultation report, considering that the report was well-organized and rich in content, fully manifesting CDB's spirits of practice, innovation, and responsibility. The leader of the CPC Lushi County Committee said that what was deficient in the fight against poverty were good ideas and methods, and the planning consultation report would help local governments explore working ideas and measures in the next step.

The major purpose of offering planning consultation on the fight against poverty is to help poor areas find out better ideas and methods and shorten the process of poverty alleviation. The completion of the planning consultation report for Lushi County indicates the success of the pilot project, accumulates the experience for promoting planning consultation nationwide, and creates a sample case. On the basis of deeply analyzing the reasons for local poverty and the bottleneck of development, in accordance with local natural conditions, resource endowment, and relevant plans concerning the fight against poverty, and through referring the favorable working experience and practice of other regions and CDB's support in the fight against poverty, the planning consultation report for the County proposed the five poverty alleviation fields including programs for relocating poor populations, infrastructure facilities, public service, industrial development and "Internet + ", and suggested the ten poverty alleviation projects such as transportation, water conservation, and education, developed 484 projects in 34 packages, and came up with the targeted measures and countermeasures for Lushi County to fight against poverty.

Bringing into Full Play the Role of Financial Specialists to Reinforce the Assistance to Talents

Talent is indispensable for winning the fight against poverty. After the poverty alleviation and development meeting held by the Central Government in 2015, CDB innovatively dispatched financial specialists of poverty alleviation ("financial specialists" for short) to dwell in poor areas to further reinforce the support the fight against poverty through development finance and solve the problem of financial talent deficiency in poor areas. 183 business backbones with the high comprehensive quality, strong responsibility awareness, and high business capability were selected as CDB's first batch of financial specialists, and went to 174 counties in 832 national and contiguous destitute areas for full-time poverty alleviation. They play the important role in policy propaganda, planning compilation, poverty alleviation project scheming, financing mode design, and capital operating mechanism improvement, and are called the "publicist, planner, and liaison man" of poverty alleviation.

I. Improving Mechanism and System and Reinforcing the Support in Financial Talent in Poor Areas

(I) Building a competent team and selecting business backbones

CDB has attached the great importance to the selection of financial specialists, overcoming the difficulty of deficient personnel, selecting business backbones who were experienced, competent in their work, and willing to dwell in poverty-stricken counties as financial specialists. Financial specialists, as the "bellwethers" in the fight against poverty, should possess the following three qualities: among the 183 financial specialists, 79% were Party members, and 4% League members; 36% were experienced cadres of division level, including six division-level cadres and 59 deputy-division-level cadres; 95% of them possessed the working experience of over three years; 99% received the education of undergraduate and above, including 3% with doctoral degree and 64% with master's degree. In addition, CDB also dispatched 29 cadres and "first secretaries" to poor villages, who dwelled in these villages for offering assistance in poverty alleviation and leading poor villagers to get rid of poverty.

(II) Improving the working mechanism, and reinforcing the support guarantee for financial specialists

CDB makes financial specialists dwell in poor areas and devoted to poverty alleviation through improving their working mechanism in the following three aspects: 1. Reinforcing and segmenting the supporting guarantee for financial specialists in business training, contact mechanism, logistic service, etc. The CDB Inner Mongolia Branch coordinated the departments of human resource, administration and business to fulfill the mechanism of guarantee for financial specialists, and worked out the "*Poverty Alleviation Service Manual—Commissioner Edition*". CDB Shaanxi Branch reinforced the business instruction on specialists through lecture, discussion, and knowledge contest. 2. On the basis of dispatching financial specialists, configuring extra personnel to fully support the fight against poverty through establishing the special working team. CDB Hebei Branch transferred over half of its business backbones to established 23 special working teams, and dispatched the teams to 45 national poverty-stricken counties and six provincial poverty-stricken counties in the whole province for full-time poverty alleviation. CDB Xinjiang Branch, CDB Guizhou Branch and CDB Heilongjiang Branch also adopted the similar practice to step up the support in human resources; 3. To strengthen the contact with financial specialists, learn about working dynamics, and improve service quality, the Poverty Relief Program Finance Unit established the financial commissioner contact mechanism, opened the WeChat group for specialists so as to reinforce the support to them. Each employee of the Unit is responsible for contacting and serving two to three specialists, contacting specialists regularly through phone call and WeChat to learn about their actual situation and help them solve problems.

(III) Reinforcing appraisal management to ensure the practical effect of financial specialists' works

CDB establishes the commissioner quantitative assessment system to strictly standardize their works and ensure their efficiency. CDB Guizhou Branch, CDB Hubei Branch, and CDB Hainan Branch closely combined the "Two Studies, One Action" with works of specialists through ways such as giving Party lecture, organizing special learning, organizing regular meetings, and reinforcing contact, which produced the remarkable effect both in Party building and poverty alleviation. CDB Shanxi Branch, CDB Jiangxi Branch, and CDB Heilongjiang Branch clearly required that financial specialists should establish working ledgers to submit monthly report and quarterly summary, thus reinforcing the tracking examination of specialists through ledger management and information submission. CDBShaanxi Branch worked out the "*Detailed Rules for the Management and Examination of Poverty Alleviation Financial Specialists of CDB Shaanxi Branch (for trial)*", setting up the examination index system from five dimensions: performance, Party building, internal and external evaluation, discipline supervision, and examination adjustment, and carrying out the management of "goal list system". CDB Inner Mongolia Branch issued the "*Interim Procedure for the Examination of Poverty Alleviation Financial Specialists of CDB Inner Mongolia Branch*" and "*Detailed Rules for the Implementation of Expenditures of Poverty Alleviation Financial Specialists of CDB Inner Mongolia Branch*", clarifying commissioner expenditure management and 2016 poverty alleviation examination task.

II. Financial Specialists Fulfilling Missions and Achieving the Active Progress in Poverty Alleviation

(I) Going deep into the grassroots, reinforcing the propaganda, and earnestly playing the role of "publicist"

On the one hand, financial specialists, based on their industrial and expert advantages, hold policy propaganda and business training for local cadres and relevant personnel in poor areas, offer consultation services, and introduce the ideas and measures of poverty alleviation through development finance. Financial specialists from CDB Guangxi Branch carried out over 140 poverty alleviation propagandas and training in succession, laying the solid foundation for the development and assessment of poverty alleviation projects. Financial specialists from CDB Ningxia Branch organized 65 discussions, propagandas, and training in total, and summarized some slogans popular and easy to understand, which generated the favorable effect of publicity. CDB Jiangxi Branch held the contact meeting of bank and government for Pingxiang City, involving over 200 people from organs of counties and districts, and also financing bodies, thus erecting a platform for the branch and local cadres to exchange their experience in poverty alleviation through financial support and match poverty alleviation projects. On the other hand, financial specialists carry forward the spirit of devotion, give publicity to poverty alleviation through development finance with the language that can be easily understood by people, and enhance poor people's ability to be self-dependent and get rid of poverty through financial means. Specialists of CDB Sichuan Branch dwelling in Liangshan Prefecture went to the countryside for 22 times accumulatively, with the journey being over 10,000 km, nearly 300 km on foot, visited 68 poor families in 53 villages of 15 counties, learned about the grassroots situation and reasons for their poverty, and instructed poor families to make use of CDB's preferential policies to increase their incomes. Specialists of CDB Chongqing Branch and CDB Jilin Branch actively assumed the cadres' task of assistance, contacting poor people each week and visiting them each month. They also subsidized three registered poor students for their living expenses in high school and university in the mode of spontaneous donation.

Special Column: Working Note of CDB "First Secretary" of Maliutan Village, Gulin County, Sichuan Province

September 17, 2015, Thursday, light rain

I finally arrived at Maliutan Village. Minister Liu from the Organization Department of Gulin County picked me up in Beijing in the early morning of yesterday, and we first took the plane and then bus, and stayed one night at the county, a really bumpy trip. At the moment, I sit in the dormitory rebuilt from a village activity room, with an old wood bed and a shabby table inside. There is no place to have shower and no flush toilet as well. The life here is much harder than expected.

March 22, 2016, Monday, clear

It was really busy at the village committee today. Party members, team leaders, and people representatives were all present. Items of the account for road building were announced, with RMB 2.25 million Yuan contributed by CDB, RMB 2,000 Yuan by Secretary Li, RMB 1,000 Yuan by Party branch secretary Zhao, RMB 1,000 Yuan by Village head Wu, and also RMB 800 Yuan by the former Party branch secretary. Several Party members and team leaders contributed both money and labor, including women from Wang family and Li family. Hearing that they can save RMB 1 million Yuan from travel after the road is paved, and do not need to carry pigs and fruits to go down the mountain, villagers are indeed excited and enthusiastic. The meeting lasted from noon to the setting of the sun.

December 29, 2016, Thursday, rainy

I received messages from my colleagues, saying that the taste of sweet orange produced in Gulin was beyond their expectation. I instantly felt relieved. After the crow-funding of sweet orange, leaders and colleagues made orders one after another, but logistics remained a big problem. A box of sweet oranges is worthy of RMB 128 Yuan, and the logistics by S. F. Express would cost about RMB 60-70 Yuan. If so, farmers would lose money rather than make money. Why don't we do it by ourselves? We led villagers to pick up, sort out, bag, and pack 20,000 oranges in about 800,000 labors, which were transported to Beijing through trucks, and then delivered to my colleagues through express delivery. The cost of a box can be reduced by over RMB 10 Yuan. This is the first product delivered out of the mountain, and our effort is worthwhile.

January 16, 2017, Monday, clear

All poverty-stricken families moved into new houses, and the site meeting of Luzhou City for relocating poor populations was held in our village as well. I feel particularly happy that villagers can spend the Spring Festival in their new houses. I cannot forget what we encountered in the past half a year: the planning had to be adjusted since a piece of land was not well coordinated in land requisitioning; and it took over 40 days to reach an agreement on house price between poverty-stricken families and the construction team. No matter what, we finally overcame these difficulties.

June 26, 2017, Monday, cloudy

I learned from the phone call that I could return to the Head Office after the end of my tenure as the "first secretary". Meanwhile, I was also told that I could stay here for another year if I was willing to. I really miss my family, my wife, child, and parents. However, thinking of the fledging toadstool experimental orchard and the unhardened road leading to the fourth team, I hesitated.

July 1, 2017, Saturday, clear

Today, I opened a new notebook, and wrote down: stay here! I will continue to stay here as the bridge between CDB and Gulin and as the grassroots practitioner of development finance in China.

(II) Carrying out scientific planning according to local conditions, and actively fulfilling the mission of "planner"

Financial specialists of poverty alleviation help local governments in poverty alleviation and development planning and systematic financing planning in the light of actual conditions of poverty-stricken counties. Meanwhile, they help local governments plan poverty alleviation projects, establish financial bodies for poverty alleviation and development, improve credit structure, and design financing schemes. Starting with project planning and financing planning, CDB Hunan Branch formed the multi-level financing planning framework covering different industries, counties, and cities, compiled 13 poverty alleviation planning such as "*Targeted Poverty Alleviation Financing Planning of Hunan Province during the '13th Five-year Plan' Period*", "*Systematic Financing Planning of Longshan County for the Fight Against Poverty*", and so on, and signed one-package cooperation agreements with a dozen of cities and prefectures. CDB Guangxi Branch mobilized relevant departments and offices to establish the working team, which was dispatched to the poverty-stricken county for working on the spot, designing the financing mode of "planning and integrating financial funds for rural development + governmental purchase + infrastructure facilities for poverty alleviation" for the local government, and forming the autonomous region's first "Lingyun Mode" that integrates financial funds for rural development to support the construction of rural infrastructure facilities, thus effectively pushing forward the construction of infrastructure facilities for poverty alleviation and industrial assistance. The CDB Xinjiang Branch sent financial specialists dwelling in Kashgar to help the local government compile the "*Financing Planning of Kashgar for Relocating Poor Populations during the '13th Five-year Plan' Period*" and "*Financing Planning of Kashgar for the Fight Against Poverty during the '13th Five-year Plan' Period*", offering the top-level financing design of the fight against poverty for the governments of Kashgar at two levels, developing 34 significant projects for local governments, and generating financing demand of RMB 90 billion Yuan.

(Ⅲ) Innovating the mode, deepening the cooperation, and fulfilling the responsibility of "liaison man"

Financial specialists play the role of bridge between CDB and poor areas, and come up with the new idea of the fight against poverty through development finance in the light of the actual difficulties and problems that local governments encounter in poverty alleviation through financial support so as to ensure the fulfillment of poverty alleviation and development projects and bring benefit to poor people. The financial specialist of CDB Chongqing Branch, via the opportunity of taking the temporary post and the identity of local cadre, promoted the mutual visit of both parties' major leaders to enhance mutual understanding, establish mutual trust, and finally boost poverty alleviation together. CDB Anhui Branchactively contacted cadres taking temporary posts in fixed-point poverty-stricken counties of Anhui Province dispatched by central national organs and units such as China Securities Regulatory Commission, State Grain Administration, China Food and Drug Administration, and All China Federation of Supply and Marketing Cooperatives, established the regular coordination and communication mechanism, made use of fixed-point poverty alleviation resources to form the resultant force of assistance and jointly push forward fixed-point poverty alleviation. Financial specialists of CDB Gansu Branch actively carried out poverty alleviation through industrial development in regions such as Tianshui and Longnan, promoted the model of "Four Platforms + Agencies", and developed the poverty alleviation loan mechanism with the management system based on mutual assistance capital associations as the basic network and county and municipal finance as the final risk mitigation measures. Presently, CDB Gansu Branch promised mutual assistance microloans of RMB 2 billion Yuan to Tianshui City, and has extended loans of RMB 1 billion Yuan, covering 1,034 registered poor villages in the city. During the work in Zhoukou City, financial specialists of CDB Henan Branch promoted the construction of bank-government cooperation mechanism, and propelled each county to establish the working team of the fight against poverty through development finance, which was composed of Financing Department and Project Department. Financing Department is responsible for the contact between the branch and the municipal unified loan platform, and Project Department for accelerating the examination and approval of four certificates. They carried out the first poverty alleviation infrastructure project supported with in the municipal unified loan mode in Henan Province, with loans of RMB 740 million Yuan being extended. Financial specialists of CDB Yunnan Branch, via the advantage of double identities at Pu'er Development & Reform Commission, pressed ahead with the construction of Pu'er National Green Economic Experiment Demonstration Zone. The branch and the local government jointly set up the first green economic development fund of RMB 5 billion Yuan in total in our country. The first batch of fund has been injected into the construction of the Jingwen Expressway Project (one of the second batch of PPP demonstrative projects of the Ministry of Finance) to offer assistance in the fight against poverty.

III. Further Exerting the Role of Financial Specialists of Poverty Alleviation, and Speeding up the Step of Poverty Reduction

(I) Reinforcing organization and strengthening service guarantee

CDB will continue to attach importance to works of financial specialists, finding out their difficulties and problems in a variety of ways such as discussion and working information, and actively working out solutions and supporting policies. It will continue to improve the guarantee system of contact with financial specialists, and reinforce business instruction and training on financial specialists so as to enhance their working ability and ensure the greater effect of their works.

(II) Focusing on key works and attaching importance to project fulfillment

1. With a view to the long-term and sustainable development of poor areas, help local governments improve the planning for the fight against poverty, and work out the goals, procedures, and measures of poverty alleviation; 2. Select and determine distinctive advantageous industries according to the resource endowment of poor areas, and develop a batch of poverty alleviation projects improving poor people's production and living conditions based on the shortcomings of infrastructure facilities and public services; and 3. Design financing modes and supporting schemes according to the selected projects, innovate ideas and methods, and solve actual difficulties and problems to ensure the fulfillment of projects.

(III) Enhancing risk awareness and ensure satisfactory effect

Financing specialist should continue to exert their advantage of bidirectional attachment, be practical and realistic, fulfill their responsibilities earnestly, and help local governments properly use credit capital for poverty alleviation so as to ensure the targeted, legal, and efficient utilization of capital; meanwhile, they should reinforce their discipline awareness, restrain their behaviors with Party constitution, Party disciplines, and Party rules, and reveal the high political quality, steady working style, and good mental outlook in poverty alleviation.

Increasing Training of Local Cadres to Support the Fight Against Poverty with Knowledge Transfer and Technical Assistance

Organizing seminars and training for local cadres in poor areas is an important measure of CDB to implement the decision and plan of the CPC Central Committee and the State Council on Winning the Fight against Poverty, to deepen cooperation between the Bank and government agencies, and to promote the battle against poverty, and also an important way and content of CDB to provide intellectual capital service. In particular, since 2014, around the country's overall plan for the battle against poverty and the entire Bank's plan for the fight against poverty, CDB has focused the work of training local cadres on the fight against poverty and intensified great efforts on training for cadres in poor areas, especially in contiguous destitute areas. By the end of December 2017, CDB had organized 21 training programs on the fight against poverty for 1,883 local cadres, achieving full coverage of 14 contiguous destitute areas.

I. Basic Facts

Starting from the Wuling Mountain area, CDB has held 15 training programs for local cadres on the fight against poverty in 14 contiguous destitute areas, and 3 training programs for 4 fixed-point poverty alleviation counties and 1 partner assistance county in line with the fixed-point poverty alleviation planning of the entire bank. The Bank has jointly organized the "Special Training on the Investment and Funding for Relocation of Poor Populations" with the National Development and Reform Commission (CBRC) and jointly organized the "Training for Cadres of Central State Organs Temporarily Serving Fixed-point

Poverty Alleviation Areas" with the State Organs Work Committee of CPC Central Committee, covering 764 counties in 14 contiguous destitute areas.

II. Main Practices

(I) Organizing special training programs and workshops closely around the theme of the fight against poverty

Firstly, in terms of contents, CDB has put focus on national poverty alleviation policies and the three strategic goals, the policies of poverty alleviation through development finance, the project operation mode, etc.. Secondly, in terms of method, CDB has arranged activities such as field observation, exchange symposium, project match-making, organized participants to make investigation on poverty alleviation projects supported by CDB and exchange poverty alleviation experience, and arranged branches to provide relevant support to participants, so as to enhance the training effectiveness. Thirdly, in terms of participant selection, CDB recruited participants collaboratively with the organization departments of relevant CPC provincial committees to ensure the participation of all the cadres responsible for poverty alleviation or economic and financial work in poor counties.

(II) Providing accurate training of "one policy for one place" based on local characteristics and needs of cadres

Firstly, CDB has accurately arranged the training programs according to the special needs of different regions. For example, the topics, such as ecological construction, water conservancy construction, stony desertification, were highlighted in the training programs for the stony desertification regions in Yunnan Province, Guangxi Zhuang Autonomous Region and Guizhou Province; the training in Tibet as well as Kashi Prefecture, Hotan Prefecture, Kizilsu Kirghiz Autonomous Prefecture and Aksu Prefecture in the South of Xinjiang Uyghur Autonomous Region focused on special topics such as stability maintenance and ethnic policies; the training in Dabie Mountain and Wumeng Mountain regions focused on the interpretation of regional planning. Secondly, according to the common needs of local cadres, CDB has organized training on crisis management, media communication, public opinion guidance, etc.

(III) Innovatively promoting poverty alleviation through education and forming a training synergy

CDB has adhered to organizing the training of local cadres on the one hand and improving the well-round development and capacity building of the poor people on the other hand. In close cooperation with China Foundation for Development of Financial Education, firstly, CDB has implemented the "Rewards for Caring" program to give financial support to 1,043 teachers sticking to the front line in 4 fixed-point poverty alleviation counties and 1 partner assistance county of the Bank to promote the development of grass-roots education cause in poor areas. Secondly, CDB has launched the "Wuling Mountain Region Project of Jinhui Plan" to conduct financial knowledge publicity and training for grass-roots rural people in 71 counties and districts in Wuling Mountain region and fixed-point poverty alleviation counties and partner assistance counties of the Bank.

III. Achievements

(I) Actively strengthening cooperation between the Bank and government agencies to support the development of poverty alleviation by acting as a bridge

CDB has not only arranged interpretation of policies, but also built a communication platform in the training of cadres on the fight against poverty and matched relevant branches with poor counties one by one, with a view to jointly exploring ideas and ways for the fight against poverty and tapping the cooperation direction and potential projects. For example, after the training for the stony desertification regions in Yunnan Province, Guangxi Zhuang Autonomous Region and Guizhou Province, most poor counties in Guangxi signed a cooperation agreement with CDB Guangxi Zhuang Autonomous Region Branch. For another example, after the training for cadres of central state organs temporarily serving the fixed-point poverty alleviation areas, the Ministry of Public Security, the Ministry of Transport, China Soong Ching Ling Foundation, and other organs took the initiative to contact with CDB to discuss the work of promoting poverty alleviation projects.

(II) Deepening understanding to lay the foundation for further cooperation.

With the training focusing on policies and measures on poverty alleviation through development finance, project operation mode, and policies on regional distinctive industries, etc., CDB has also arranged participants to investigate poverty alleviation projects supported by the Bank to promote local cadres to deepen their understanding of relevant policies and measures of CDB, get familiar with the project operation mode and enhance their awareness and capability to boost the fight against poverty with financial means. For example, Vice Mayor of Shangri-La, Diqing Tibetan Autonomous Prefecture, Yunnan Province, a participant of the training program for Tibetan areas organized in Sichuan Province, said in a discussion, "the training has built up my confidence and determination of cooperation with CDB. I will try to make a match with the provincial branch as soon as possible after the meeting and strive to give strong support and help to our poverty alleviation through industrial development, poverty alleviation through relocation, poverty alleviation through tourism, infrastructure construction, etc."

(III) Establishing the distinctive brand of poverty alleviation through development finance with knowledge transfer and technical assistance to demonstrating the sense of responsibility

The training programs organized by CDB were highly praised by the State Council Leading Group Office of Poverty Alleviation and Development, the Office of the Central Rural Work Leading Group, the State Ethnic Affairs Commission, and the State Organs Work Committee of CPC Central Committee as well as local governments and participants. For example, the director of the State Council Leading Group Office of Poverty Alleviation and Development attended the training programs for several times and pointed out that the training was very innovative, exemplary and politically correct. The deputy director of the State Ethnic Affairs Commission said that the training gave full play to the financial multiplier and leverage effects, playing a demonstrative role for poverty alleviation and development across the country. The deputy executive secretary of Tibet Autonomous Region pointed out that the training provided strong intellectual support for Tibet to win the fight against poverty. The head of Shangcheng County, Henan Province, a participant of the training program for Dabie Mountain region, said that "the training of CDB brings together banks, government agencies and enterprises together rather than promoting poverty alleviation only, combines funding with knowledge transfer and technical assistance, and reflects its sense of responsibility as well as its difference from other commercial banks." The mainstream media such as the *People's Daily*, *Guangming Daily*, People. cn, and Xinhuanet. com as well as local Party newspapers have repeatedly reported relevant training programs, showing the training programs of CDB have achieved good social results.

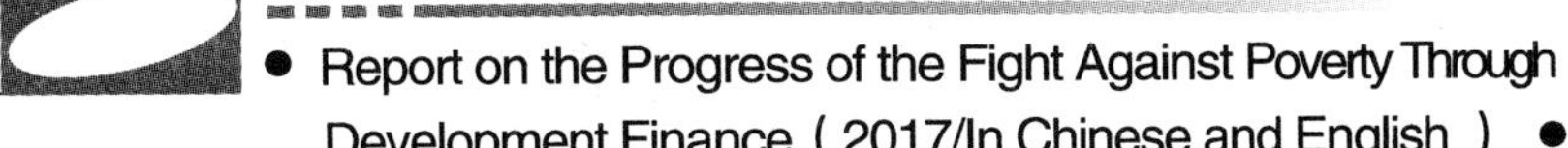

Full Consideration of People' s Livelihood

Love is essential for poverty alleviation. Through cooperation with various social organizations, CDB has make constant innovation in the ways of using donated capital so as to better offer support and assistance to poor areas and poor people. This chapter mainly introduces credit enhancement donation of CDB for poverty alleviation, and a series of assistance projects carried out in cooperation with China Foundation for Poverty Alleviation, Western China Human Resources Development Foundation, China Youth Development Foundation, China Population Welfare Foundation, and China Foundation for Development of Financial Education.

Credit Enhancement Donation Projects of China Development Bank

◇•

To win the fight against poverty, CDB reformed the using ways of donated capital in 2016, carrying out credit enhancement donation for poverty alleviation in 38 poverty-stricken counties (including four fixed-point anti-poverty counties and one partner assistance county of CDB) in 18 provinces such as Hebei, Jilin, and so on. Amounting to RMB 49 million Yuan, the donation was used as the risk compensation for loans granted to poor counties for the purpose of relieving the "funding difficulty" of the industrial development. Credit enhancement donation for poverty alleviation helped local governments shift development ideas, enhanced their understanding of the importance of risk compensation mechanism of poverty alleviation through industrial development, reinforced credit construction, and facilitated poverty alleviation through industrial development in poor areas.

I. Playing the Leverage Effect, and Supporting Poverty Alleviation through Industrial Development with Financial Capital and Credit Capital

Credit enhancement donation for poverty alleviation propelled pilot counties to increase financial injection and continuously expand the risk compensation scale of loans for poverty alleviation. Presently, the total amount of risk compensation for loans in 38 poverty-stricken counties reaches RMB 750 million Yuan. Through the lever effect of donation, CDB guides credit capital to support targeted poverty families. In 2017, donation of CDB directly levered loans of RMB 288 million Yuan, benefiting 5,900 registered poor families.

II. Offering Knowledge Transfer and Technical Assistance, and Improving Relevant Systems of Risk Compensation in Pilot Counties

Credit enhancement donation for poverty alleviation is also a process of urging local governments to reinforce the construction of risk compensation systems through the ideas and methods of development finance. Among 21 pilot counties, 12, including Chicheng, Antu, Wangqing, and so on, formulated or modified relevant systems according to working requirements of credit enhancement donation for poverty alleviation, and the rest nine also clarified such systems and improved procedures. Through the construction of risk compensation systems, pilot counties further improved the credit system, and offered the system guarantee for the legal and effective utilization of donation from CDB.

III. Breaking the Bottleneck of Knowledge Transfer and Technical Assistance, and Improving the Ecological Environment of Finance in Poor Areas

Credit enhancement donation for poverty alleviation is favorable for relieving local financial institutions' concern over high risks of loans for poverty alleviation, helping local governments guide credit capital to support the fight against poverty, reducing the financing cost of poverty-stricken families, and making them able to obtain credit capital much more easily. Therefore, it is highly praised among governments of pilot counties, cooperative financial institutions, and poverty-stricken families. Pilot counties generally attach importance to credit enhancement donation, and promise to make the better use of it continuously.

IV. Enhancing the "Hematopoietic Function", and Stimulating the Endogenous Power of Poverty Alleviation in Poor Areas

Credit enhancement donation for poverty alleviation changes the traditional "point-to-point" support into "point-to-face" support, helps pilot counties focused on targeted poverty alleviation, guides credit capitals to support the development of the targeted industries, makes poverty-stricken families confident of shaking off poverty through industrial development, and converts "transfusing" poverty alleviation into "Hematopoietic" poverty alleviation, and supports poor people to become rich by resorting to market ways.

Donation for Poverty Alleviation from Organs of CDB

Winning the fight against poverty is the strategic design and practical action for achieving the goal of building a moderately prosperous society in all respects, and also the key task and central work of CDB during the "13th Five-year Plan" Period. To earnestly implement the spirits of the Central Government and the decisions of the CPC CDB Committee, guide all cadres and employees to care about and participate in poverty alleviation, assist the fight against poverty in the form of public welfare donation, and practice the spirit of CDB and carry forward the passion for home and nation in daily life, CDB initiated the themed activity of "Donation for poverty alleviation—party members of organs taking action" at the 95th anniversary for the founding of Communist Party of China in 2016, and set up the platform for organs of the Head Office to make donations.

Little drops of water make the mighty ocean. The donation service platform, focused on the "public welfare for poverty alleviation", accepts donations from cadres and employees, raises capitals and materials, offers donation channels, and feeds back the effect of assistance through love warehouse, link exclusive for WeChat, love hotline, and EP substation, starting with contributing a book, a piece of paper, and a piece of clothes, and making donation a responsibility, an attitude, and a habit.

Since June 28, 2016, the first "organ donation day", there have been donations of seven themes, 5,800 articles, paper of tens of thousands of kilograms, and rotating services of nearly 400 young volunteers in the past one year... About 2,000 organ cadres and employees transmitted their love to people in seven poor areas of six provinces (regions), devoting themselves to the fight against poverty with practical actions.

I. Clothes Sent to Chicheng—Carrying the Love of CDB

To transmit the love of Party cadres to poor people in need of help, CDB named the first donation campaign "Sending Love"—cloth donation, with the object of donation being

Haijiayao Village, Chicheng, Hebei Province. Located in the northwest of Hebei Province, Haijiayao Village is a registered national poor village. In the light of the village's features such as being located in the mountainous area, large temperature different at daytime and night, and early coming of winter, the donation service platform called on Party cadres and employees to donate clothes that can keep warm to local poor people. Leaders of the Head Office took the lead in the donation, and each Party branch (general branch and Party committee) made the active response. Some employees even purchased cotton-padded overcoats and thick quilts on their own expenses. On July 6, 2017, the donation service platform donated 200 boxes of poverty alleviation articles, totaling 1,082 pieces of warm-keeping clothes, to 136 registered poor families in Haijiayao Village, Maying Town, Chicheng County, Zhangjiakou City.

II. Donation for Poverty Alleviation, My Heart for Love

After the donation campaign mentioned above, the love warehouse received about 2,000 pieces of clothes successively. To transmit the love of donators to more needy poor people in time, the donation service platform joined hands with the "My Heart for Love" public welfare project to start the donation of clothes to poor areas such as Xihe County, Gansu Province, etc. 40 young volunteers from nine Party branches spent four consecutive weeks collecting, sorting out, separating, and packaging these cloths, making 1,273 pieces of autumn clothes from the love warehouse sent to poor areas in time.

III. "For the Children in Mountains"—Site Donation of Love Packages

From September 12 to 13, 2016, the donation service platform organized the site donation activity of "For the Children in Mountains" at Maliu Primary School of Gulin County, Sichuan Province and Datang Primary School of Daozhen County, Guizhou Province separately, donating 300 love packages to these two schools, and carrying out three characteristic activities: "Artistic Creation Classroom for Fulfilling Dreams", "CDB Children's Painting Exhibition for Fulfilling Dreams", and "Exchange of Growth Dialog Cards". The activities were attended by 150 children of organ employees and local teachers, and responded warmly by local teachers and students, generating the favorable effect.

IV. Sending Warmth to Poor People in Chifeng

Following Chicheng County of Hebei Province and Xihe County of Gansu Province, the donation service platform, together with Jinrong Sub-district Office of Xicheng District, took part in the 2016 "Sending Warmth in Winter" donation activity of Beijing civil affairs systems. 18 young volunteers from five Party branches worked hard at their rest time to sort out 880 pieces of clothes in 58 bags, which, carrying the love of organ employees, were dispatched to Chifeng of Inner Mongolia, sending the warm of CDB employees to poor people in the cold winter.

V. A Special Gift from Organs of CDB—"*CDB Children's Painting Exhibition for Fulfilling Dreams*"

In the back-to-school season in September 2016, children of CDB organs and students in the mountain jointly created their own "children's painting exhibition" at the "For the Children in Mountains" schoolbag donation activity. In February 2017, the donation service platform prepared a special gift "*CDB Children's Painting Exhibition for Fulfilling Dreams*" for children of the two schools. The album is composed of five parts: "Image of Beijing", "My Hometown", "Our Blessing", and "Colorful Dreams", and contains themed creations of children of CDB and drawings of children in the mountains created at the "Artistic Creation Classroom for Fulfilling Dreams". 120 paintings made children of their peers know each other's world, and erected the bridge of friendship.

VI. Making Those Left Unused Useful Again—Lending A Hand in the Love Action of Ganzi

At the turn of spring and summer, cloths proper for the season become a "difficulty" for many employees. Clothes sorted out are not fully utilized, but occupy space in wardrobes, and cannot be presented to needy people for the lack of channels. How to solve the problem? The donation service platform joined hands with the "My Heart for Love" public welfare organization again, and launched the initiative of environment-friendly life: presenting your unused clothes to those people in need in Ganzi of Sichuan Province. In just one week, the donation service platform received nearly 2,100 pieces of clothes in 91 bags from 20 units.

VII. Paper for Love to Help Poor Sicken Children

To further push the effective combination of Party building and the fight against poverty, and carry forward the spirit of public welfare for poverty alleviation, CDB waged the campaign of "Paper for Love to Help Poor Sicken Children" at the 1st anniversary of the donation service platform according to the spirit of the Office of the Central Guidance Commission on Building Spiritual Civilization.

Initiated by the Office of the Central Guidance Commission on Building Spiritual Civilization in June 2015, the campaign is to advocate the philosophy of "Charity being all around" and "Thrift beginning from myself", and raise donations through selling disused paper to help sicken children of poverty-stricken families of minority nationalities. In the past two years, totally RMB 209,500 Yuan has been raised in such a way, and used for curing eight children in Xinjiang suffering congenital heart disease and hydatid disease.

After the notice was sent, the 39 Party branches (Party committee and general branch) of the Head Office made responses at the first time, and just in two hours, the donation platform received 11,082 kg disused books and newspapers, equivalent to RMB 3,878.7 Yuan. The director of China Charity Federation arrived at the site to witness the love transmission of CDB people, highly spoke of the action of CDB, appreciated the active effort of CDB in the fight against poverty, and said that it would actively give publicity to the positive energy of CDB through platforms and media of China Charity Federation.

Public Welfare Projects for Poverty Alleviation Carried out by CDB

I. "New Great Wall" Project of Aid to the Neediest Students

China Foundation for Poverty Alleviation is a public welfare institution instructed by the State Council Leading Group Office of Poverty Alleviation and Development and established to alleviate poverty, and is the largest public welfare organization in the poverty alleviation public welfare field of China. Since 2003, CDB has donated capital of RMB 11 million Yuan accumulatively to the "New Great Wall" project of aid to the neediest students initiated by China Foundation for Poverty Alleviation, a typical case that CDB fulfills social responsibilities. In the past 14 years, CDB has subsidized poor university students, senior high school students, and elementary school students of 6,223 person times through the "New Great Wall" student aid project and package donation project organized by employees spontaneously, offering economic assistance to poor students and making remarkable contribution to poverty alleviation through education in poverty-stricken counties.

In 2016, CDB donated capital of RMB 2 million Yuan to the project, and subsidized 1,000 students, including 650 senior high school students in 13 self-improving classes in five senior high schools in five counties of Sichuan, Guizhou, and Chongqing, and 350 undergraduates in four universities Beijing Foreign Studies University, Renmin University of China, Xinjiang University, and Tibet University. In March 2016, CDB was awarded the honorable title of "Poverty Alleviation Ambassador" by China Foundation for Poverty Alleviation.

II. "Colorful Candle" Public Welfare Project

Established in 2006, and under the supervision of China National School of

Administration, Western China Human Resources Development Foundation (the Foundation) is a national public-raising foundation registered at the Ministry of Civil Affairs with the approval of the State Council. Since its cooperation with the Foundation in December 2011, CDB has donated capital of RMB 15 million Yuan in total to the "Colorful Candle" public welfare project.

"Colorful Candle" public welfare project, jointly set up by CDB and the Foundation in 2012, has held 17 principal training classes in Beijing, training 805 primary school principals and teachers from provinces such as Chongqing, Sichuan, Guizhou, Jiangxi, Gansu, and so on; invited domestic famous education experts to "deliver lectures" in fixed point poverty alleviation counties for three times, training about 1,500 principals and backbone teachers on themes such as comprehensive school management, class adviser improvement, and reading culture cultivation; and subsidized 90 stay-at-home children in 27 schools in Gulin County. The project constructed the active and effective psychological support environment for stay-at-home children through organizing self-improving and mutual-assisting activities, and benefited nearly 12,000 teachers and students, thus winning the favorable appraisal from leaders of the State Council.

In 2016, CDB donated RMB 2 million Yuan to the project for the following activities: 1. Holding three special training programs on psychological health education at Beijing Normal University, which involved 148 educational workers from Gulin of Sichuan Province, Wuchuan, Zheng'an, and Daozhen of Guizhou, and Quannan of Jiangxi. Teachers generally said that they benefited a lot from well-organized, strictly-organized courses of "Colorful Candle" project. After returning to their schools, they are able to apply the knowledge and skills learned at the training classes to the practical teaching management; 2. Support 45 stay-at-home children in 25 schools in Gulin County of Sichuan Province, and winning the favorable appraisal from all walks of life. "Colorful Gardening" implemented by Shuangxi Middle School of Gulin County offered a clear picture of hometown to students from the aspects of geology, history, humanity, and society, and improved the internal quality of students from the aspects of environmental protection and etiquette education, and reinforced students' creative spirit and operational ability through cultivating the flower garden in campus; and "Tailor and Model" activity implemented by Huangjing Middle School thoroughly enhanced their aesthetic judgment and imagination through requiring students to produce their favorable clothes with disused articles and renewable environmental protection materials collected by themselves. In 2016, "Colorful Candle Project—Staying Plan" was evaluated as the "Annual Case Prize of the 11th People's Corporate Social Responsibility" and "2016 Outstanding Project Prize of Chinese Corporate Social Responsibility" by People. com. cn and China Philanthropy Times respectively.

III. "Happy Music Classroom" Public Welfare Project

China Youth Development Foundation was established in 1989, and supervised by the Central Committee of the Communist Young League. Since its establishment, the Foundation has provided assistance in constructing 19,000 Hope Primary Schools, and subsidized about 5.19 million students, making the noticeable achievement in improving school conditions in poor areas and promoting fair education. To facilitate the development of music education of primary schools in remote poor areas, CDB has donated capital of RMB 4 million Yuan through cooperation with China Youth Development Foundation.

In 2016, CDB, together with China Youth Development Foundation, offered financial assistance to 50 primary schools in remote poor areas of minority nationalities in 13 provinces such as Inner Mongolia, Jilin, Qinghai, and Xinjiang for building "CDB—Hope Project Happy Music Classroom". Through configuring materials such as musical instruments, chorus apparatus, and performing costumes for music classrooms of those subsidized schools, the project allowed children in poor areas to obtain better music education resources and teaching experience, benefiting over 41,300 students directly in the year. In October of the same year, China Youth Development Foundation invited Angels Chorus to organize the music teacher training class in Beijing, offering professional training to music teachers from the 50 subsidized schools in chorus teaching and music so as to enhance the teaching level and quality of "Happy Music Classroom". All of the teachers receiving the training said that they gained a lot from the training, and would apply what they learned to their teaching practice, and share their teaching experience in the mutual assistance group of WeChat. In 2016, "Happy Music Classroom" was granted "2016 Hope Project Contribution Prize" by The Central Committee of the Communist Young League.

IV. "Yellow Wristband Action" Public Welfare Project

China Population Welfare Foundation was established in 1987 and supervised by National Health and Family Planning Commission. Since its establishment, the Foundation has paid attention to vulnerable groups, population welfare, and family happiness, and produced the favorable social response. From 1998 to 2015, CDB had cooperated with the Foundation for 17 consecutive years, organizing employees to donate over RMB 2 million

Yuan and participating in "Happy Project—Helping Poor Mothers". To support the elder suffering Alzheimer's disease and their families, CDB has donated RMB 4 million Yuan in total to the "Yellow Wristband Action" public welfare project since its cooperation with China Population Welfare Foundation in 2015.

To help the elder likely to get lost go home safely, the Foundation, with the help of CDB, developed the fourth-generation yellow wristbands with functions such as real-time positioning, bi-directional communication, SOS, security fence, historical route inquiry, and so on, making people able to inquire the position of the elder at real times, changing passive locating into active attending. By the end of June 2017, the project has distributed 3,680 positioning "yellow wristbands" accumulatively to help the elder go back home safely. The elder receiving yellow wristbands and their families said that yellow wristbands helped solve many practical difficulties with powerful functions, accurate positioning, and convenient use, and expressed their thanks to the "Yellow Wristband Action" public welfare project.

Meanwhile, to guide the whole society to care for the elder suffering Alzheimer's disease, the project held six "Yellow Wristband Action" special lectures, gratuitous treatments, and medical staff training in Beijing, Shanghai, Jinan, and Qingdao, inviting professional volunteers to explain to community people the prevention and judgment, and treatment of Alzheimer's disease, and basic knowledge concerning the attending of medium and severe patients; training grassroots medical workers about the skills of identifying patients of Alzheimer's disease in the early stage, and professional cares. The activities benefited nearly 1,000 people. The "Yellow Wristband Action" public welfare project, namely the fourth-generation yellow wristband distribution ceremony, was held in Beijing in November 2016, and relevant activities were reported by media such as People. com. cn, gmw. cn, cnr. cn, etc.

V. Setting up "CDB Care Incentive" for Poor Village Teachers

According to requirements of national targeted poverty alleviation and its overall deployment in poverty alleviation, CDB has cooperated with China Foundation for Development of Financial Education to start the "CDB Care Incentive" project for poor village teachers in its fixed-point poverty alleviation counties and partner assistance counties since 2014. Through donating the given amount of capital to poor village teachers, the project is intended to help them relieve their living difficulty, motivate them to completely devote themselves into village education, and promote the sustainable and healthy development of rural education in poor areas. From 2014 to 2016, CDB had donated over RMB 3 million Yuan to China Foundation for Development of Financial Education for helping village teachers in its fixed-point poverty alleviation counties and partner assistance counties. The donation was distributed to 1,043 village teachers, RMB 3,000 Yuan per person.

Since its establishment, the "CDB Care Incentive" project has solved the actual difficulty for some poor village teachers staying in villages and dedicated to their jobs in its fixed-point poverty alleviation counties and partner assistance counties, and won the favorable appraisal from education departments of poverty counties and grassroots teachers. Furthermore, "Care Incentive" is accurately targeted to the vulnerable group of village teachers, filling the gap of poverty alleviation through education in grassroots teachers, and revealing CDB's philosophy of targeted poverty alleviation. In the past three years, the project has played the active role in promoting the grassroots education of poverty-stricken counties and stopping the intergenerational transmission of poverty, thus winning the extensive social praise.

Regions

In accordance with the working mechanism whereby the Central Government makes overall plans, provincial-level governments take overall responsibility, and city and county governments ensure implementation", the provincial-level governments takes overall responsibility for the fight against poverty. The CPC Committee of CDB Head Office therefore signed the letters of commitment and responsibility statement on the fight against poverty with 25 provincial branches with the task of poverty reduction, to ensure the implementation of fight against poverty. This chapter mainly introduces practice and effect of CDB's supports in the fight against poverty in 25 provinces (autonomous region or municipality directly under the Central Government), such as Hebei and Shanxi, where CDB brought into play the role of CDB in the development finance, adhered to the poverty alleviation solutions that combine sound rules and systems, funding, and knowledge transfer and technical assistance, financed provincial programs for relocating poor populations, county programs for infrastructure development, and village programs for nurturing industrial development, and gave financial support for poor students to pursue their studies.

Report on the Progress of the Fight Against Poverty in Hebei Province with the Support of Development Finance

Winning the battle against poverty is a great task to realize the co-development strategy in Beijing-Tianjin-Hebei Region and to achieve the goal of building a moderately prosperous society in all respects. In order to carry out the strategic thought of General Secretary Xi Jinping on poverty alleviation and development and the spirit of his speeches during investigation, to fully implement the decisions and plans of the CPC Central Committee and the State Council on the fight against poverty, based on the principle of "delivering poverty alleviation solutions that combine knowledge transfer and technical assistance based on prior planning, sound rules and systems based on reform and innovation, and funding based on market operation", CDB, focusing on 10 counties in extreme poverty in Hebei Province, strengthened external cooperation and communication, streamlined the internal working process, took accurate actions in targeted areas for poverty alleviation according to situation of the fight against poverty in the province, and supported Hebei to make remarkable progress in its fight against poverty. In recent years, CDB have committed loans for poverty alleviation more than RMB 100 billion Yuan to the province accumulatively, covering 57 of the 62 key counties for poverty alleviation and development across the province, granted RMB 67. 31 billion Yuan of loans for targeted poverty alleviation, effectively ensured the funds for 209 key poverty alleviation projects being put in place, and helped lift more than 2 million of poor people out of poverty.

I. Main Highlights and Achievements

(I) Improving the mechanism of provincial-level governments taking overall responsibilities and guaranteeing victory in the first battle against poverty in relocating the poor populations

In accordance with the Planning of Hebei Province for Relocating the Poor Populations during 13th Five-Year Plan Period, during the 13th Five-Year Plan period, the province intends to relocate 420, 000 poor people in 38 counties (districts) of 7 cities (prefecture), a very tough task. After in-depth investigation and research, most of the poor people in the province who meet the conditions and have the capability to relocate have been relocated in the previous years, and those who are relocated now yet are living in deeper poverty among more unfavorable living environment and conditions, so their relocation is a"tough issue" that has not been solved after rounds of poverty alleviation. To this end, the Bank carefully studied and understood the Work Plan of Hebei Province for Relocating the Poor Populations during 13th Five-Year Plan Period issued by the five ministries and commissions, gave full play to the advantages of as a specialist bank, submitted the Report on Supporting Poverty Alleviation and Development to CPC Hebei Provincial Committee and Hebei Provincial Government, systematically proposing the new idea of establishing a provincial investment and financing entity and the provincial-level support mode of"unified loans, unified procurement and unified repayment" and"covering both registration of poor people and relocation of poor populations". In addition, on behalf of the province, CDB drafted a full set of policies and documents, including the agreement on government purchase of service, fund management method, tripartite agreement on the use of loan funds, agreement of purchase of service by county governments, and preliminarily established the overall operation framework of investment and financing for poverty alleviation and relocation in the province. In May 2016, under the joint push of 4 departments, including the CDB Hebei Branch and Hebei Provincial Development Reform Commission, Hebei Poverty Alleviation and Relocation Development Investment Co., Ltd., the provincial investment and financing entity, was formally established. On June 15, CDB took the lead in completing the overall project credit extension, and fully committed the long-term loan of RMB 19.67 billion Yuan. The Bank has accumulatively granted poverty alleviation and relocation loans of RMB 4.24 billion Yuan to 23 counties (districts), including Guyuan of Zhangjiakou, Fengning of Chengde, etc., and offered special development fund of RMB 225 million Yuan.

(II) Breaking the restriction of infrastructure bottleneck by integrating financial funds for rural development

1. Rural infrastructure. The construction of rural infrastructure is the antecedent project for the fight against poverty. The 10 poor counties, with 206 extremely poor counties, specified by CPC Hebei Provincial Committee and Hebei Provincial Government, including Fuping and Laiyuan, with a high incidence of poverty and poor living and production conditions, is one of the areas with the most vulnerable infrastructure in the eastern coastal

areas of China. Centering on the key area, in 2016, CDB actively summarized the results of the previous investigation and, based on the Opinions of the General Office of the State Council on Supporting the Pilot Project of Integrated Use of Financial Funds for Rural Development in Poor Counties, proposed to the CPC Hebei Provincial Committee and Hebei Provincial Government the financing mode in which the financial funds for rural development that can be integrated in the future are used as the source of repayment to support the rural infrastructure of the poverty counties by way of "direct loan at the county level", winning recognition of leaders of the province.

In August 2016, 10 days after Hebei 7.19 Catastrophic Flood, CDB Hebei Branch held the mobilization meeting, called for a tough fight against poverty by taking unconventional measures in the efficient and effective development period before winter, centered on the difficult tasks and "weak areas" such as village road, safe drinking water, environmental improvement, beautiful countryside, thus improving the living and production conditions of the poor people to the maximum extent. After the meeting, the leader of the Branch took command personally, and more than half of its business backbone members formed 23 poverty relief teams and went to poor areas overnight. With the strong support from relevant city and county governments, significant achievements have been made with the concentrated battle against poverty. By the end of August 2018, CDB has granted loans of RMB 13.8 billion Yuan for rural infrastructure construction in 52 counties (districts), including Shunping of Baoding and Liping of Chengde, covering 3,831 registered poor villages in the province and benefiting more than 1.4 million registered poor people.

2. Major infrastructure fields. Hebei Taihang Mountain Expressway has a total length of 680 kilometers and a radiation area of 26,000 square kilometers, covering millions of poor people in the Taihang Mountain-Yanshan Mountain extremely poor areas. After completion, the project will effectively lift the urban and rural residents in Taihang Mountain region out of poverty, and it is of great significance to promote economic development along the line and the integration of Beijing-Tianjin-Hebei transportation. The expressway is a veritable "road for poverty alleviation, for enrichment, for tourism and for development", but also the first major poverty alleviation project in Hebei Province. However, with the aggravated government debt burden and the reform of fiscal and taxation system, the project of Taihang Mountain Expressway has faced unprecedented difficulties and challenges in the field of funding.

CDB, bringing into full play the function of knowledge transfer and technical assistance, actively got involved in the design of PPP funding scheme for the project. After rounds of simulation calculation, the first "collocated" and bundled PPP operation mode of "BOT + EPC + Government Subsidy" was finally formed, offering a successful solution to funding difficulty of the Taihang Mountain Expressway project. By the end of August 2018, the bank consortium led by CDB, has granted a credit of RMB 57.58 billion Yuan to nine highways in the Taihang Mountain region, granted credit funds of nearly RMB 13.69 billion Yuan, a strong support for the construction of "Main Artery for Poverty Alleviation". In addition, for key areas such as South-to-North Water Transfer and power generation with clean energy, CDB has supported 62 major cross-regional infrastructure projects and granted poverty alleviation loans of RMB 44.98 billion Yuan, and guided RMB 4.68 billion Yuan of poverty-alleviation funds from other banks, benefiting almost all poor areas in the province.

(III) Based on the local advantageous resources, building a long-term industrial assistance mechanism

It was often said that different locks are opened with different keys and directions should be pinpointed before marching forward. The poverty alleviation through industrial development should be based on the resources and local advantages of the poor areas, so as to achieve precise identification, provide precise assistance and targeted poverty alleviation. In Xingtaiwei County, a national poor county, the local government has been trying to explore ways to lift the poor population out of poverty for years, but one of the difficult problems is the tight fiscal condition and the lack of financial resources. After surveys, CDB discovers that some of the poor people who have the labor capacity have a low education level and poor skills, and a low awareness of credit. If loans are granted directly to poor households in the traditional way, where the poor rural residents should bear the market risks by themselves, the loan-supported projects may not be finished on schedule and the rural residents may have relatively low repayment consciousness when the market is depressed. After communication and consultation, the Weixian County Government and Hebei Hongbo Animal Husbandry Co., Ltd. started the "Boost Plan of Weixian County" for poverty alleviation through industrial development to establish a production line with an annual capacity of 50,000 tons of chicken-related cooked products. The project is supported the long-term loan of RMB 130 million Yuan from CDB. The Weixian County Government will, integrating the poverty alleviation funds, pay 4,500 Yuan each of the poor people RMB and cover them in shareholding bonus program. After implementation, the project can increase the average annual income of 2,988 poor people to RMB 18,621 Yuan. In addition, CDB actively surrenders part of the profits to grant the project the benchmark interest rate, thus taking out part interest incomes, and Hongbo is committed to make a contribution of RMB 0.05 Yuan for each chicken sold, to jointly set up the "Chicken Fund" for the sustainable development of the poverty alleviation cause in

Weixian County. In this way, a long-acting system with " self-renewal " function is established.

Special Column: Case of "Boost Plan of Weixian County" for Poverty Alleviation Through Industrial Development in Hebei Province

I. Basic facts

Hebei Hongbo Animal Husbandry Co. ,Ltd. (hereinafter referred to as "Hongbo Animal Husbandry") is a modernized white feather broiler enterprise with full industry chain. On March 15,2015, CDB Hebei Branch passed Group A credit for Hongbo Animal Husbandry with an annual capacity of 50,000 tons of chicken related cooked food (Phase I), with a credit line of RMB 130 million yuan and a loan term of 8 years (including a 2-year grace period), at the benchmark interest rate of RMB loan of the same class and same term issued by the People's Bank of China. The funds were used to build the production line with an annual capacity of 20,000 tons of chicken related cooked food and 10,000 tons of prepared raw food (Phase I).

II. Operation mode

(I) The targeted poverty alleviation mode of "government + bank + leading enterprise + cooperative + poor rural households" is adopted. The resources of governments, banks and leading enterprises are effectively integrated to give full play to the organization and coordination advantages of the government, fund advantages of the Bank and business advantages of the leading enterprise. The poverty alleviation funds are first subsidized to the poor households and integrated to allow the enterprise to bear the operational risk, and therefore, farmers are free from market risks. It opens a realistic way to improve financial benefits of the enterprise, bring financial revenues to the government, and to increase farmers' income. It is of great demonstrative significance to realize the transformation from blood-transfusion poverty alleviation to blood-making poverty alleviation.

(II) The "Chicken Fund" supplements the poverty alleviation funds, reflecting the social responsibility of the Bank and the enterprise. The fund, composed of the active investment from Hongbo and the part of profits surrendered by CDB, is targeted to support the leading industry, infrastructure and public welfare establishment for the registered poor villages. After the poor villages are lifted out of poverty, it can be used for the industrial development, old-age insurance, construction of nursing homes for low-income families. It is estimated that annual income of the "Chicken Fund" is RMB 1.7 million Yuan, a second source of poverty alleviation funds, fully reflecting the social responsibility of the leading enterprise and CDB, and forming a virtuous circle of poverty alleviation.

(III) Establishing a complete credit structure and sticking to the bottom line of risk. The enterprise provides sufficient amount of real estate and land mortgage, and Weixian County provides RMB 10 million Yuan of risk compensation funds.

III. Poverty alleviation effect

After the project is implemented, the poor people can get return on capital by becoming shareholders with the poverty alleviation funds, lease income fromoperation based on land contracting, and salary income after being employed. The 1,592 poor households in 69 poor villages, with a total of 2,988 poor people, can have their annual income increased to RMB 18,630 Yuan each one, and in the loan term, a total of RMB 299 million Yuan can be increased for the poor households. This project realizes the targeted poverty alleviation for registered households.

(IV) Origin-based student loans were granted for those poor students to pursue their studies in colleges and universities, in the principle of "providing loans to those really needing them"

The student loan is a policy loan service guided by the government, organized by education system and supported by finance, and also an important national policy to cut off the intergenerational transmission of poverty. CDB started early with the college and university student loans in Hebei Province, but for many reasons, the origin-based credit loan service for students has not been conducted in the province for many years. In July 2016, after many field investigations, CDB conducted the pilot program in Yangyuan County and Huailai County, and over more than a month, nearly 1,400 students in the two counties applied for the origin-based student credit loans, with the total amount exceeding RMB 10 million Yuan in total. In 2017, relying on Hebei Provincial Department of Finance and the subsidy center of each county (district), CDB has its origin-based student credit loans expanded to 48 counties (districts) in 9 cities, and student loans of RMB 8.155 billion Yuan were granted to fund 20,369 poor students enrolled by colleges and universities. In 2018, the service was further extended to another 35 counties (districts), and the all-process electronic management was adopted. At present, at least 83 counties in the province have been provided with origin-based student credit loan s, with the expected loan amount not less than RMB 100 million Yuan a year. In the future, the origin-based student credit loan will be expanded to all counties (districts) across the province, in a hope to help millions of poor students go to colleges and universities and to prevent students from dropping out of school due to economic difficulties of their families.

CDB's substantial and targeted efforts in poverty alleviation have been highly appreciated by leader of the CPC Hebei Provincial Committee and Hebei Provincial Government. A number of provincial leaders have commented on CDB's support for the fight against poverty in the province: "China Development Bank has provided actively support to the fight against poverty in our province, and especially offered timely assistance to urgent needs, showcasing the important role of a policy bank with high-level political consciousness." "Bearing in mind the overall situation, CDB is pragmatic and highly efficient in the poverty alleviation!"

II. Experiences and Practices

(I) Strengthening external publicity and providing knowledge transfer and technical assistance

First, CDB has offered advice and suggestions to CPC Hebei Provincial Committee and Hebei Provincial Government, and assisted the provincial government offices to design and formulate poverty alleviation policies and funding mode in line with the actual situation of the province, with a number of suggestions being highly praised by provincial leaders and some being included in provincial policy documents. Second, CDB has prepared the supporting systematic financing plan, thoroughly sorted out the local key projects of poverty alleviation, and scientifically designed financing mode to ensure the targeted implementation of policies and targeted poverty reduction. Third, CDB has selected 3 partner assistance counties of the central state organs, namely Yangyuan, Chicheng, and Lingcheng, as the cooperation pilot sites under planning, and based on local resources, worked out in-depth poverty alleviation plan to provide feasible knowledge transfer and technical assistance service.

(II) Promoting the development of sound rules and systems relying on the cooperation between the Bank and government

On the one hand, CDB has assigned nine financial specialists of poverty alleviation with prominent business capabilities and rich experience to 9 prefecture-level cities with poverty alleviation tasks, respectively serving as deputy secretary-general of the municipal government in charge of poverty alleviation, to help the cities to improve the top-level design for poverty alleviation. On the other hand, based on the experience of concentrated fight against poverty, CDB has fully improved the mechanism of regional working group, and by establishing mechanisms with the governments of poor counties such as dynamic coordination, regular communication and information sharing, tried all possible ways to extend the service network and to lower the focus of service, in order to advance fight against poverty smoothly with a well-established system.

(III) Planning the key projects and increasing funding support

Planning key projects is the lifeline of poverty alleviation through financial support. Based on the knowledge transfer and technical assistance service and development of sound rules and systems, CDB has given full play to the organization and coordination advantages of government agencies and the comprehensive services of development finance, increased the efforts in project planning. In terms of the program of relocating poor populations, CDB has developed the relocation projects in key counties, such as Guyuan and Kangbao in Zhangjiakou. In terms of rural infrastructure, CDB has initiated and developed key projects including the rural infrastructure (village roads) in Fuping County and improved the rural living environment in Lingshou County, and the "Three-year Battle" for rural highways in Luanping County. For the major infrastructure projects, CDB has initiated and developed key projects including Taihang Mountain Expressway and South-to-North Water Transfer Project, and Chahar Wind Farm. In the field of industrial development, CDB has initiated and developed the production line of Hongbo Animal Husbandry with an annual processing capacity of 50,000 tons of cooked food chicken products, the science and technology business incubator base in Weixian County, and Taihang Mountain Ecological Greening Project. With extraordinary review efforts, credit efficiency and strong fund guarantee, CDB has provided strong support for the fight against poverty in Hebei Province.

Being pragmatic and efficient, CDB will continue to implement the decisions and plans of the CPC Central Committee of and the State Council on the Fight Against Poverty, adhere to the working concept of "Four Programs" (financing provincial programs for relocating poor populations, county programs for infrastructure development, and village programs for nurturing industrial development, and giving financial support for poor students to pursue their studies), deliver the poverty alleviation solutions that combine sound rules and systems, funding, and knowledge transfer and technical assistance, focus on the four areas "relocation of poor populations, infrastructure, industrial development and education support", and advance the fight against poverty with greater efforts and refined measures to assist Hebei to win the fight against poverty.

1. Improving the self-consciousness to promote the "great perspective" of poverty alleviation and development. Poverty is not socialism. General Secretary Xi Jinping once said earnestly that "I now see the people in poor areas. Indeed, I'm sincerely concerned with them. As communist party members, we should put them in our heart and do practical things for them, otherwise, where is our conscience?" CDB will always proceed from the national strategy and overall context of the country, with the responsibility and feeling, and the sincere efforts, make substantial explorations, and take pragmatic and practical measures. CDB will constantly increase the consciousness of service for the fight against poverty, and assume the social responsibility and historical mission in the fight against poverty with the support of development finance.

2. Exploiting the advantages fully to reflect the "great wisdom" of poverty alleviation and development. The tasks of fight against poverty in Hebei Province are urgent, difficult and complicated. CDB will always adhere to the principle of sustainability and inclusiveness, give full play to the advantages of "knowledge transfer and technical assistance" and "sound rules and systems", focus on the development of inclusive and preferential finance and the increase of financial supply in poor areas, improve the mechanism of financial specialists of poverty alleviation, actively explore and research the innovative support models, and guide the inflow of social capitals to poverty alleviation areas. CDB will constantly strengthen the benign interaction of policy-based, development-oriented and commercial capitals, and form a consultant force to speed up the economic and social development of the poor areas.

3. Making pragmatic advancement to straighten out the "general thoughts" of poverty alleviation and development. In view of the relocation of poor populations, CDB will strengthen the investigation and research, coordinate the county (district) governments to accelerate the pre-approval of new projects, encourage the accelerated payment of stock funds, and dig the capital demands of key counties. As to the infrastructure, CDB will grasp the principles of the Notice Concerning Further Standardization of Borrowing and Financing Conducts of Local Governments and, based on the Public-Private Partnership (PPP), explore innovative support patterns. For the distinctive industries, CDB will support the development of poverty alleviation industries in the modes including sub-loan by relying on the state-owned enterprises, listed enterprises and small- and medium-sized city commercial banks in in the province. With respect to origin-based student credit loan, CDB will push the county (district)-level education departments to implement the requirements of agreement and the equipment of electronic equipment, and expand the coverage to the maximum extent.

"Into my office was borne the bamboos rustling. That's undoubted the weals and woes of the suffering. For us Jack-in-office of prefectural and county magistrates, the civil shirt-tails should not go ho-hum but caring." As a development finance institution serving the national strategy, CDB will bring into better play the role of development finance, remain confident, gather the momentum, accurately define the target, take the initiative to serve the national strategy in the fight against poverty with "great perspective, great wisdom and general thoughts", and shoulder the responsibility and mission of "building Hebei into an economically strong and environmentally beautiful province", and make remarkable contribution to the fight against poverty with development finance!

Report on the Progress of the Fight Against Poverty in Shanxi Province with the Support of Development Finance

Shanxi Province is one of key provinces for the fight against poverty and development in China. Nearly half of the counties and cities in the province are poor ones, with a big poverty coverage and a large poor population living in profound poverty. In late June 2017, General Secretary Xi Jinping inspected Shanxi and required the province to "substantially promote the fight against poverty and ensure people's wellbeing". During the inspection, Xi Jinping held a seminar on the fight against poverty for extremely poor areas in Taiyuan City, and made strategic arrangements for solving extreme poverty, giving strong impetus for the province to win the battle against extreme poverty. From 2016 onward, CDB has thoroughly implemented the decisions and plans made by the CPC Central Committee and the State Council, strengthened cooperation with CPC Shanxi Provincial Committee, Shanxi Provincial Government, and the local governments at the municipal and county levels, applied the concept of development finance to innovate in the investment and funding mode for the fight against poverty based on the situation of the province and reality of the fight against poverty. The Bank has kept intensifying poverty alleviation solutions that combine sound rules and systems, funding, and knowledge transfer and technical assistance, and vigorously financed provincial programs for relocating poor populations, county programs for infrastructure development, and village programs for nurturing industrial development, and programs of giving financial support for poor students to pursue their studies, achieving positive results.

I. Adhering to Poverty Alleviation Solutions that Combine Sound Rules and Systems, Funding, and Knowledge Transfer and Technical Assistance to Support the Fight against Alleviation in Shanxi

(I) Funding

By the end of 2017, CDB has granted credit funds of RMB 32. 4 billion Yuan for poverty alleviation to poor areas in Shanxi Province, covering 58 poor counties in the province, benefiting about 760,000 registered poor people. The loans covered the financing programs for relocating poor populations, rural infrastructure, student loans, poverty alleviation through industrial development, and major regional infrastructure.

(II) Knowledge transfer and technical assistance

1. Carrying out high-level knowledge transfer and technical assistance and top-level design. In April 2016, CDB Shanxi Branch submitted to the Governor of Shanxi Province the *Proposal on Transformation of Shantytowns and the Fight against Poverty in Shanxi Province with the Support of Development Finance*, which gave advice and ideas on the design of funding mode and operation plan for relocating poor populations. In May 2016, CDB submitted to the Secretary of CPC Shanxi Provincial Committee the *Proposal on Poverty Alleviationand Ecological Development in ShanxiProvince with the Support of Development Finance.* Both of the proposals were highly recognized. Since 2017, CDB Shanxi Branch has reported to the main responsible officers and leaders of CPC Shanxi Provincial Committee and Shanxi Provincial Government suggestions on the fight against poverty on many occasions, and gained recognition and support.

2. Making plans and implementing them in a systematic way. CDB Shanxi Branch has repeatedly contacted with Shanxi Provincial Development and Reform Commission, Shanxi Provincial Poverty Alleviation and Development Office, and Shanxi Provincial Finance Department, to offer advice and ideas on the"13th Five-Year Plan" of the province on the fight against poverty and relocation of poor populations. The Branch has developed the *Planning of CDB Shanxi Branch for Poverty Alleviation Through Financial Support during the"13th Five-Year Plan"Period*, to clarify the working path of poverty alleviation, and has selected Linxian County, Lyuliang as a pilot site to complete the preparation of the funding plan for poverty alleviation, which was highly appreciated by Linxian County Government.

3. Planning and implementing in batches. CDB Shanxi Branch has drafted poverty

alleviation plans in the fields of forestry, water conservancy, transport, and coal mining subsidence areas, and provided suggestions to relevant departments. The Branch has adhered to advance review, helped project implementation entities to prepare feasibility study reports, and improved project implementation conditions to promote the implementation of projects in batches.

(III) Sound rules and systems

1. Promoting work by contracting and improving the mechanism. CDB Shanxi Branch has issued papers including the *Implementation Plan of CDB Shanxi Branch for Centralized Battle against Poverty* and the *Work Plan of CDB Shanxi Branch for Poverty Alleviation in* 2017. The Branch has implemented the contracting system under the leadership of the Branch, established 58 working groups, visited and researched 10 prefecture-level cities and 58 poor counties, promoted the establishment of Municipal and County Cooperation Office of Development Finance to help the municipal and county governments to clarify the necessary papers, such as documents and programs required for cooperation in poverty alleviation, and boosted efficient and effective financing by local governments.

2. Actively implementing rules and systems through in-depth involvement. CDB dispatched personnel to assist Shanxi Poverty Alleviation and Development Investment Co. , Ltd. to improve a series of basic systems for internal management. The Bank cooperated with the Departments of Finance and Poverty Alleviation to draft relevant papers, and promoted Shanxi Provincial Government and relevant departments to promulgate the *Measures for Management on Funds for Relocating Poor Populations in Shanxi Province*, and the *Measures for Management on Long-Term Policy Loans for Relocating Poor Populations (Trial)*. On a national scale, CDB completed the entire process for project procurement services by government, and promoted Shanxi Provincial Poverty Alleviation Company to conclude a *Government Procurement Agreement for Programs of Relocating Poor Populations* withShanxi Provincial Finance Department and Shanxi Provincial Poverty Alleviation and Development Office.

3. Signing agreements and creating synergy. On May 30,2016,CDB Shanxi Branch and Shanxi Provincial Poverty Alleviation and Development Office signed the *Cooperation Agreement on the Fight against Poverty in Shanxi Province with the Support of Development Finance*, which specified the cooperation objectives of both parties, key cooperation areas, cooperation mode, establishment of contacts and information sharing mechanism. It was decided that, to complete the task of the fight against poverty in the province during the "13th Five-Year Plan" period, joint efforts would be made to bring into play the advantagesof development finance and strengthen the funding support, and knowledge

transfer and technical assistance for the fight against poverty in the province. On May 20, 2016, CDB signed the *Cooperation Agreement forthe Fight against Poverty in Lyuliang Municipality with the Support of Development Finance* with Lyuliang Municipal Government, and the two parties decided to focus on promoting poverty alleviation through financial support in contiguous destitute areas in the Lyuliang Mountain region.

4. Designating specialists to implement cooperation. From 2016 onward, CDB has dispatched 18 financial specialists for poverty alleviation in two batches to take temporary posts in the local areas for exchanges, so as to promote poverty alleviation and development. The financial specialists of poverty alleviation act as publicity officers for poverty alleviation, planners for the fight against poverty and liaisons between the government and the Bank for the purpose of achieving in-depth cooperation in the field of poverty alleviation, playing a significant role in improving cooperation mechanism between local governments and development finance.

II. Adhering to the Working Concept of "Four Programs" to Assist the Implementation of Strategic Plan for the Fight against Poverty in Shanxi Province

(I) Taking the program for relocating poor populations as the breakthrough to promote funding for poverty alleviation

CDB has dispatched personnel to assist the establishment of Shanxi Provincial Poverty Alleviation Company, and actively carried out the evaluation and credit extension for the programs for relocating poor populations. In May 2016, CDB granted credit commitment of RMB 30 billion Yuan for the programs for relocating poor populations in the province. On August 17, 2016, CDB Shanxi Branch and Shanxi Provincial Poverty Alleviation Company signed the first *Loan Contract for Relocating Poor Populations*, and extended a loan of RMB 13 million Yuan. On October 13, 2016, CDB Shanxi Branch took the lead in granting the special development funds for relocating poor populations with an amount of RMB 1.125 billion Yuan.

Special Column: Support of CDB for the Programs for Relocating Poor Populations in Shanxi Province

In May 2016, CDB fulfilled an overall commitment loan of RMB 30 billion Yuan for the programs for relocating poor populations in ShanxiProvince, offering funding support for the relocation of 450,000 registered poor people and 110,000 people relocated together the province during the "13th Five-Year Plan" period. In August 2016, CDB granted the first loan of RMB 13 million Yuan for the programs for relocating poor populations in the province.

I. Building a provincial-level investment and funding mechanism

1. CDB has assisted in the establishment of provincial-level investment and financing entity for poverty alleviation. In December 2015, CDB Shanxi Branch dispatched a backbone officer to take a temporary post and exchange at Shanxi Poverty Alleviation and Development Investment Company, participate in the establishment and operation of the company, help it to set up rules and regulations, improve the internal control system, standardize the work flow, and consolidate the management foundation of borrowers.

2. CDB has improved the development of provincial-level systems and standardized the use of funds. CDB has cooperated with Shanxi Provincial Finance Department and Poverty Alleviation and Development Office to formulate regulation documents, such as the *Measures for Management of the Funds for Programs for Relocating Poor Populations*, so as to standardize the use of funds for relocating poor populations, clarify the responsibilities of all parties, and provide institutional guarantee for ensuring the smooth implementation of the programs for relocating poor populations in the province.

3. CDB has improved the repayment mechanism to ensure the real poverty alleviation and help the really poor people. CDB has promoted the promulgation of provincial-level regulations. Within the credit line of the central special discount loan enjoyed by the registered poor people, the repayment of principal and interest of the national poor counties shall be all borne by the provincial-level finance, 70% of that of provincial poor counties shall be all borne by the provincial-level finance, and 50% of that of non-poor counties shall be all borne by the provincial-level finance. The provincial-level finance bears about 90% of the principal and interest, effectively reducing the repayment burden of poor counties.

II. Building and implementing municipal-level coordination functions

1. CDB has assisted in the establishment of municipal-level poverty alleviation investment and financing entities, and promoted the proportional distribution of main funds of Shanxi Provincial Poverty Alleviation Company and municipal governments in setting up municipal-level poverty alleviation companies in 11 prefecture-level municipalities of Shanxi Province, which are specialized in undertaking various funds, including loans provided by Shanxi

Provincial Poverty Alleviation Company, and coordinating the application and use management of loans for relocating the poor populations at the county level.

2. CDB has dedicated to dispatch financial specialists of poverty alleviation to strengthen communication and coordination with local governments. CDB Shanxi Branch dispatched financial specialists of poverty alleviation to the municipal poverty alleviation offices for taking temporary posts and making exchange to strengthen coordination with local poverty alleviation and finance departments, to help the municipal-level governments to improve the management mechanism for relocating poor populations, to learn the financing needs in the earliest possible time, and to coordinate management of project development and fund use in all counties.

(II) Focusing on the construction of rural infrastructure to improve the appearance of poor villages

CDB has actively supported the construction of rural infrastructure, such as village roads, safe drinking water, environmental remediation, and school building safety, in poor villages in ShanxiProvince. CDB has innovated in the funding ideas, offered promised rural infrastructure loans of RMB 2.35 billion Yuan to Wenxi County of Yuncheng, Fushan County of Linfen, Yangqu County of Taiyuan, Hunyuan County of Datong, and Kelan County of Xinzhou, based on two modes of "unified loan at municipal level" and "direct loans" under the governmental purchase service framework. CDB has cumulatively granted loans of RMB 900 million Yuan, which benefited 307 poor villages and 179,000 registered poor people.

(III) Concentrating efforts on poverty alleviation through industrial development to break the bottleneck of the fight against poverty

CDB has attached great importance to poverty alleviation in key industries such as forestry, water conservancy and transportation. It has dispatched its backbone staff members to take temporary posts in Shanxi Provincial Forestry Department, Shanxi Provincial Water Industry Investment Group and Shanxi Provincial Transport Department to strengthen cooperation and exchanges of the Bank with government agencies and enterprises. CDB has provided active cooperation for and promoted the preparation of the *Overall Plan for Targeted Poverty Alleviation in Forestry in Shanxi Province*, and the establishment of investment and funding entity for poverty alleviation in forestry. CDB has signed the

Cooperation Memorandum on Promoting Development Finance for the Water Conservancy Construction in Shanxi Province with Shanxi Provincial Department of Water Resources, and studied the work program for utilizing water conservancy to make the people get rich with the financial supports. CDB has geared up with Shanxi Provincial Communications Department for the poverty alleviation plan in transport, focusing on supporting the construction of major traffic channel projects across regions and connecting the poor areas. The Bank has allocated a loan of RMB 13. 76 billion Yuan to the transportation infrastructure projects in the poor areas with the registered poor populations accounting for more than 10%.

(Ⅳ) Taking education as the foundation for poverty alleviation to effectively block the intergenerational transmission of poverty

Since 2016, CDB has granted loans to nearly 350,000 students in ShanxiProvince, amounting to RMB 4. 49 billion Yuan in total. These student loans basically covered the children of the registered poor families in the province, who studied in colleges and universities. Since 2005, CDB has distributed student loans of RMB 10. 7 billion Yuan in the province, supporting 1. 84 million students with financial difficulties, and covering 122 counties and districts and 81 colleges and universities in the province.

III. Giving Play to the Role of Development Finance and Further Increasing the Support for the Fight Against Poverty in Shanxi Province

(Ⅰ) Doing a good job in building a mechanism for poverty alleviation through financial support and actively promoting the establishment of a provincial-level leading group for development finance cooperation

CDB has promoted the establishment of a normalized high-level communication mechanism between Shanxi Provincial Government and the Bank, and carried out the detailed implementation of the mechanism for poverty alleviation through financial support to form a resultant force to the fight against poverty. CDB has actively promoted the establishment of a leading group for development finance cooperation at the provincial level, with the participation of the provincial poverty alleviation office, finance department, development and reform commission, CDB Shanxi Branch and other departments. A cooperation office is set up as a cooperation platform for assistance in organizing, promoting and coordinating development finance for poverty alleviation. CDB has combined, to the greatest extent, the advantages of government agencies in organization and those of the Bank in funding and knowledge transfer and technical assistance, opened up the path of "borrowing, using, managing and repaying" for poverty alleviation funding, and established a long-term mechanism for poverty alleviation and development.

(II) Starting from the preparation of Systematic Funding Plan for the Fight Against Poverty and Ecological Restoration for Taihang Mountain and Lyuliang Mountain to actively participate in the ecological poverty alleviation for the regions of Taihang Mountain and Lyuliang Mountain

CDB has intensified the cooperation with Shanxi Provincial Forestry Department and Shanxi Provincial Poverty Alleviation and Development Office, given play to the pioneering role of planning around the fight against poverty for regions of Taihang Mountain and Lyuliang Mountain, and prepared the Systematic Funding Plan for Poverty Alleviation and Ecological Restoration for Taihang Mountain and Lyuliang Mountain. By providing funding consultation, all parties have jointly promoted the projectization of planning, and implemented project funding in accordance with the ideas of overall cooperation and batched promotion.

(III) Promoting infrastructure improvement projects in poor villages and living environment improvement phase II project in rural areas

CDB has worked with Shanxi Provincial Poverty Alleviation and Development Office to make good project planning and financing design based on the Out-of-Poverty criteria for poor villages, especially, the poor living and production infrastructure of the poor population, and provided packaged financial support for renovation of rural dilapidated housing, garbage sewage treatment, village-level road construction, safety drinking water renovation, village clinics and poorly-equipped primary school upgrading projects.

(IV) Increasing support for poverty alleviation in water conservancy projects with innovative funding modes

CDB has actively geared up with Shanxi Provincial Water Resources Department, Water Industry Investment Group and other departments for the funding needs of poverty alleviation in water conservancy. CDB has innovated in the mode, supported some major projects, such as the Treatment Project for Yongding River Water System, Ecological Restoration and Treatment Project for "Seven Rivers" (Fenhe River, Sanggan River, Hutuo River, Zhanghe River, Weihe River, Qinhe River, Sushui River, and Daqing River), Four

Backbone Projects of "Big Water Network", and Guxian Water Conservancy Project of Yellow River and construction of other water conservancy facilities that have been included in the provincial planning for poverty alleviation in water conservancy during the "13th Five-Year Plan" period.

(V) Increasing financial supports to overcome the weakness of poverty alleviation through industrial development

Since 2017, CPC Shanxi Provincial Committee and Shanxi Provincial Government have repeatedly requested to increase the intensity of poverty alleviation through industrial development. CDB will actively strengthen cooperation with Shanxi Provincial Poverty Alleviation and Development Office, Shanxi Provincial Department of Agriculture and other departments to continue improving the financial support measures for poverty alleviation through industrial development, with a focus on supporting role of the government. By means of the mechanism development, CDB will coordinate the various resources to form a resultant force to promote the industrial projects that can increase incomes of the poor populations, and to drive the poor people to participate in the industrial chain, share the value chain, and increase the income to get rid of poverty.

(VI) Continuing to play the role of the main financial institution in poverty alleviation through education in Shanxi Province

CDB has provided loan as an important means to support poverty alleviation through education and stop the intergenerational transmission of poverty. CDB will continue doing a good job in extending origin-based student loans. At the same time, CDB will actively support the construction of educational infrastructure in poor areas, such as, the building safety transformation of primary and secondary schools.

Report on the Progress of the Fight Against Poverty in Inner Mongolia Autonomous Region with the Support of Development Finance

Inner Mongolia Autonomous Region is located in the northern frontier of China and is the cradle of regional autonomy of ethnic minorities in China, where there are more than 50 different ethnic minorities living in harmony and enjoying prosperous development. Since its establishment in 1947, under the care of the CPC Central Committee and the State Council, the economy and society of Inner Mongolia has witnessed rapid social and economic development and continuously improved living standards of people. The number of poor people in the rural and pastoral areas of the region has decreased from 6 million to 378,000. Since the CPC Central Committee and the State Council made the decision to win the fight against poverty, CDB has responded positively and implemented conscientiously the plan of the Central Government to win the fight against poverty. CDB has adhered to the work ideas of the fight against poverty through development finance, that is, "financing provincial programs for relocating poor populations, county programs for infrastructure development, and village programs for nurturing industrial development, and giving financial support for poor students to pursue their studies", explored paths, built mechanisms and found ways in the fight against poverty, and taken concrete measures, paid substantial efforts and sought substantial results for targeted poverty alleviation. CDB has given play to the role of development finance, that is, "knowledge transfer and technical assistance by putting planning ahead, sound rules and systems by making reform and innovation, and funding by market-based operation", and helped the frontier minority areas to accelerate the process of the fight against poverty. CDB will ensure that all the 31 national poor counties in the region will be lifted out of poverty, 78000 poor people will get rid of poverty steadily, and the grand goal of building a moderately prosperous society in in all respects will be achieved on schedule by 2020.

I. Overall Situation

As of the end of 2017, CDB has undertaken to provide Inner Mongolia Autonomous Region with loans totaling RMB 23. 6 billion Yuan for targeted poverty alleviation projects, and granted RMB 22. 3 billion Yuan, and the promised projects covered 31 national poor counties and 26 regional poor counties in the whole region, benefiting 340,000 registered poor people.

Firstly, CDB has taken the initiative to fully promote the programs for relocating poor populations. A large number of poor peasants and herdsmen in Inner Mongolia have long lived in remote mountainous areas, pastoral areas, forest areas and reclamation areas, where living conditions are harsh, ecological environment is fragile and natural disasters occur frequently. There is a serious phenomenon that a place cannot support its inhabitants. In order to help the people in poor areas to move their home and eliminate the poor roots, CDB has made great efforts to solve the program for relocating poor populations in the autonomous region, which is the most difficult one in the "five poverty alleviation measures" program (alleviating poverty by means of fostering local industries, advancing relocation, implementing ecological compensation, strengthening education and improving social security) for targeted poverty alleviation. CDB Inner Mongolia Autonomous Region Branch has repeatedly communicated and geared up with the Poverty Alleviation and Development Office, Development and Reform Commission, and Finance Departmentof Inner Mongolia Autonomous Region, and Inner Mongolia Poverty Alleviation and Development Investment Management Co., Ltd. (hereinafter referred to as "Inner MongoliaPoverty Alleviation and Investment Company"), participating in the formulation of business implementation opinions, government procurement service agreements, fund management measures and other documents. Moreover, the Bank fulfilled the commitments in reviewing discount loans of RMB 2. 8 billion Yuan and special development funds of RMB 400 million Yuan of the program for relocating poor populations in the autonomous region, and completed the credit approval on discount loans and special development funds for 49 banners and counties. At the same time, the Branch signed the contract at the earliest possible time to extend the loans, gave the first batch of funds to the poor areas for the battle against poverty in a timely manner, and helped the poor people to enjoy a prosperous and contented life and get themselves out of poverty in the course of relocation. In order to bring into play the role of loans in targeted poverty alleviation and poverty reduction, the Branch, Inner Mongolia Poverty Alleviation and Development Office and

Inner Mongolia Poverty Alleviation and Investment Company, jointly went to 10 leagues and municipalities to carry out supervision and inspection on projects and use of funds. CDB showcased its determination to lift the people of Inner Mongolia out of poverty, in the vast gobi desert in Alxa, the vast grasslands of Xilin Gol, on the banks of the Yellow River, and at the foot of the Greater Khingan Mountains. CDB has established the normalized, targeted and standardized credit management model for the fight against poverty, which includes "one compilation of regulatory documents, two flow charts and three business manuals", according to the characteristics of the program for relocating poor populations, such as wide coverage, long chain and many related parties, winning the recognition of all parties.

Special Column: Implementing Targeted Policies to Promote the Relocation of Poor Populations in Frontier Minority Areas

Inner Mongolia Autonomous Region has a vast area and is located in two contiguous destitute areas at the southern foot of Greater Khingan Mountains and Yanshan-Taihang Mountain regions. There are 31 national or contiguous destitute poor countries and 26 regional poor counties within the jurisdiction of the autonomous region, and more than half of the banners and counties are poor. There are a total of over 800,000 registered poor people (the data at the end of 2015). It is required to relocate registered 69,000 households and 200,000 persons during the "13th Five-Year Plan" period. CDB has actively studied the policies for relocating poor populations, taken initiative to design the work mechanism for borrowing, using, repaying and managing the funds, and promoted the Government of Inner Mongolia Autonomous Region to hold a special meeting on the matters of relocating poor populations on April 21, 2016, which clearly specified that Inner Mongolia Poverty Alleviation and Investment Company was the entity of investment and funding for relocating poor populations, the loan scale was RMB 2.8 billion Yuan and the special development fund was RMB 400 million Yuan. CDB has stepped up reviewing commitments, and promised to grant loans of RMB 2.8 billion Yuan for relocating poor populations and RMB 400 million Yuan for special construction funds in June and August 2016 in the whole autonomous region. Since then, CDB Inner Mongolia Autonomous Region Branch has set up a working group to conduct project research in 47 counties in 10 leagues and municipalities under its jurisdiction, and set down the conditions for loan approval, contracting and extension. On October 20, 2016, the

Branch and the Government of Inner Mongolia Autonomous Region signed the *Memorandum on Cooperation in Development Finance during the 13th Five-Year Plan Period*. On November 18, 2016, the Branch and the Inner Mongolia Poverty Alleviation and Investment Company signed a loan contract of RMB 758 million Yuan and a special development fund investment contract of RMB 400 million Yuan for 44 banners and counties, and then it extended loans of RMB 880 million Yuan to 4 banners and counties in only 3 working days, and special development funds of RMB 400 million Yuan in 10 working days. It was the first tranche of funds for relocating poor populations in the autonomous region. *Inner Mongolia Daily* and Inner Mongolia TV reported this event. As of the end of 2017, CDB has cumulatively granted loans of RMB 1. 3 billion Yuan to 40 counties for relocating poor populations, all of which were paid to the co-management accounts of the implementation entities of the respective banners and counties.

CDB Inner Mongolia Autonomous Branch has drawn on strengths of funding and knowledge transfer and technical assistance by means of high-level promotion, planning and guidance, mechanism building, and targeted management, explored ideas from the development of institutional mechanisms, worked hard in targeted customer management and credit management, and proposed targeted credit management mode including "one compilation of regulatory documents, two flow charts and three business manuals". In the mode of targeted working mechanism and credit management, CDB has effectively guaranteed the demands of the autonomous region for funds for relocating poor populations and making positive contributions to supporting the autonomous region in the first battle against poverty.

Secondly, CDB has innovated in ideas and made efforts to improve rural infrastructure. The basic public facilities, such as transportation, water conservancy, electric power and energy, and ecological environment development, in most poor areas in Inner Mongolia are still relatively weak, with many outstanding historical problems, which have become the biggest constraint for the economic and social development of the autonomous region. As a result of tight schedule and heavy tasks of the fight against poverty, CDB Inner Mongolia Branch has adhered to the principle of "targeted efforts", focused on improving the infrastructure, production and living conditions of poor areas, speeded up improving the infrastructure of the registered poor areas, in the aspects of village roads, safe drinking water, environmental remediation, and school safety programs, etc. In order to fully cooperate with the poor counties of the autonomous region to get rid of poverty as scheduled, CDB has actively innovated in the financing modes, integrated the funds and resources of the poor counties and promoted the improvement of the application mechanism of agriculture-related financial funds. CDB has adopted the government procurement service mode, including unified loans to the poverty alleviation investment and financing entities of leagues and municipalities, and direct loans to the poverty alleviation investment and financing entities of banners and counties, and provided loan supports for rural infrastructure in the form of "county programs". CDB has promised to provide loans of RMB 14.76 billion Yuan and granted RMB 9.3 billion Yuan to 24 national poor counties, such as Kharachin Banner and Naiman Banner, covering 1,517 registered poor villages, counting 72% of all registered national poor villages in China and benefiting 250,000 poor people. CDB solved the problems "in front of home" that the poor people really cared, such as "uneven roads, poor water, and no electricity", laying a solid foundation for the fight against poverty.

Thirdly, CDB has adjusted measures to different conditions to assist in promoting poverty alleviation through industrial development, increase the employment and raise income for poor households. "When defining a moderately prosperous society, the key is to observe the condition of farmers." CDB proposed to develop distinctive industries, such as green ecological breeding, forest and grassland tourism, leisure agriculture, traditional handicraft industry, rural tourism, and rural e-commerce, by adjusting measures to different conditions and implementing strategies based on specific problems, according to different natural resources and industrial characteristics in poor areas, and exerted positive effects of poverty alleviation through industrial development in increasing the employment and the incomes of the poor people. CDB has promoted the "Four Platforms + Agencies" model (a model combining the management platform, the financing platform, the guarantee platform, the public information platform and the credit enhancement agencies), accumulatively distributed loans of RMB 1.8 billion Yuan for poverty alleviation though industrial development. The Bank has vigorously supported the leading enterprises in poverty alleviation industrialization, rural professional cooperative organizations and rural collective economy to develop distinctive advantageous industries, with a view to promoting the full integration of poor farmers into the industrial development. CDB helped enterprises to absorb 1,100 registered poor people to achieve stable employment and enhance the ability of poor areas to generate revenue. The Branch took Wuhai as a pilot site and innovatively proposed a three-in-one poverty alleviation approach combining "assistance in employment, supporting medical care, and assistance in education". Based on the different poverty causes of poor people, the Branch established a targeted financial poverty alleviation system based on specific households and people, and extended loans of RMB 200 million Yuan for poverty alleviation through industrial development, which directly lead to an average annual increase of RMB 3,000 Yuan per person, and covered 1,515 registered local poor people. The Branch also, considering the development characteristics of the potato industry in Ulanqab, innovated in the loan for benefiting farmers in the potato industry according to the operation mode of "Unified Lending Platform of Government + Policy Guarantee Company + Leading Potato Enterprise + Farmers". It made great efforts to solve funding weakness of the industrial chain and granted loans of RMB 296 million Yuan to activate the distinctive advantageous industry of Ulanqab as a "City of Potato".

Special Column: The Case of Targeted Poverty Alleviation through Industrial Development of Industrial Chain in Agricultural and Livestock Products Circulation in Wuyuan County, Bayannur, Inner Mongolia

Wuyuan County is located in the west of Inner Mongolia Autonomous Region and the hinterland of Hetao Plain. Subordinated to Bayannur, Wuyuan County is a poor county at the autonomous region level, where there are 3,370 registered poor households and 6,271 poor people. Because of the extreme poverty in the area, it is difficult for themselves to get rid of poverty. Therefore, it is essential to bring sustainable income growth to them through industrial development.

CDB has repeatedly visited the county for on-the-spot investigation and argumentation, and finally established the funding mode of "first market and then the merchants, and first point and then chain", to boost poverty alleviation through industrial development. CDB has supported the construction of market infrastructure in the early stage, and later promoted the local government, Hongding Agricultural Trade Co., Ltd., and Hongding Guarantee Company to establish a cooperation mechanism for SME loans to expand to downstream merchants, building a funding mode supporting circulation chain. In 2007, in order to solve the difficulty in the sales of local agricultural and sideline products, Hongding Agricultural Trade Co., Ltd. invested in the development of Hongding Farmers' Market. CDB participated proactively and granted loans of RMB 30 million Yuan to support the construction of market infrastructure. After the market was completed, CDB supported to extend the industrial chain centering on the market, and reached a consensus with Wuyuan County Government that it assumes the responsibility of platform management and selects Hongding Agricultural Trade Co. ,Ltd. as the platform for unified loans. In the meanwhile, CDB promoted the establishment of Inner Mongolia Wuyuan County Hongding Guarantee Co. , Ltd. as a guarantee platform. CDB worked with market professional associations and other institutions to provide loan support to merchants in Hongding Market, so that they can acquire agricultural and sideline products from local farmers. Good economic and social benefits have been achieved. Hongding Farmers' Market has developed into the largest distribution center for agricultural and animal products, such as sunflower seeds, black watermelon seeds, pumpkin seeds, red melon seeds, and fluff. In order to further utilize the local poverty alleviation policies, CDB actively played its role in funding and knowledge transfer and technical assistance, worked together with Wuyuan County Government and Hongding Agricultural Trade Co. , Ltd. to jointly research and design the targeted poverty alleviation mode for the circulation chain industry of agricultural and livestock products, achieving good results. Since 2017, CDB has granted SME loans of RMB 98.2 million Yuan to Hongding Agricultural Trade Co. , Ltd. in three tranches to support 68 merchants in the Hongding Market to purchase agricultural and sideline products from local farmers, which directly increased the incomes of 9 registered poor households. It is expected to realize an income of RMB 342,000 Yuan and an average household income of RMB 38,000 Yuan.

CDB combined the principles of development finance with poverty alleviation through industrial development in Wuyuan County, and built the "Four Platforms + Agencies" model (a model combining the management platform, the financing platform, the guarantee platform, the public information platform and the credit enhancement agencies) around the upstream and downstream circulation chain of Inner Mongolia Hongding Farmers' Market. With the mechanism building at the core, CDB explored the circulation funding service mode of "company + merchants (loan user) + farmers (including registered poor farmers)" from supporting the building of fixed assets to providing working capital, from supporting market development to market transactions, and from loans to individuals to loans to the industry chain, which promoted the circulation of agricultural products and the stability of agricultural product prices, ensured the stability of agricultural production and the income growth of farmers, greatly improved the incomes of poor farmers in the local area, especially the registered ones, and provided a powerful financial support to help the fight against poverty in Wuyuan County.

Fourthly, CDB has insisted on the principle that "all loans that should be granted are granted", and promoted poverty alleviation through education with student loans. In the poor areas across the autonomous region, there are a great number of farmers and herdsmen, who have been poorly educated and thus are less competent. Due to the limited education, most people are lack of income-increasing skills and self-development ability, and have backward production methods, and low labor productivity. Therefore, it is necessary to firstly offer knowledge transfer and technical assistance to alleviate poverty and enhance the educational level to get rid of poverty. Improving education level and knowledge is the premise to help the poor people to get rid of poverty and avoid poverty-returning. Over the years, CDB has always adhered to the principle that "all loans that should be granted are granted", and continuously intensified the efforts and broadened the coverage to offer more student loans in Inner Mongolia Autonomous Region in accordance with the mode of "supporting with developmental finance under the leading of government and direction of the education department" to ensure that students from poor families can receive higher education fairly, so as to effectively block the intergenerational transmission of poverty. In order to ensure the accurate information of the registered poor students, CDB proposed to move three steps forward, namely "finding out demands, collecting information and accepting application". CDB fully started the pre-application in high school, got known the needs in advance, geared up with the poverty alleviation departments to learn the information of registered students in advance, and established township (Sumu) processing office to perform application acceptance in advance. Under the system, CDB granted student loans of RMB 903 million Yuan in 2017, involving 12,000 registered poor students, both hitting a record high. In order to prevent every college student from dropping school due to poverty, CDB has cumulatively granted student loans of RMB 5.7 billion Yuan since 2006, supporting 850,000 poor students. The Bank has become the financial institution that has the longest duration in providing student loan services in the autonomous region, covered the largest number of students, largest market share, the greatest number of banners and counties and higher education institutions. It is also the sole financial institution in the autonomous region that is still offering student loan service.

II. Main Practices and Experiences

Firstly, adhering to the cooperation between the Bank and the government, and strengthening the high-level publicity. CDB has adhered to the idea that the government guides the fight against poverty, actively communicated with government agencies and industry authorities at all levels, and became a member of the promotion group for poverty alleviation in the whole region. CDB also proactively reported to the major leaders of the autonomous region on the fight against poverty with the support of development finance, promoted its experiences in poverty alleviation with the support of development finance, helped to design funding mode, put forward work proposals, got recognition by the leaders of the autonomous region, and obtained strong policy support for advancing the projects for the fight against poverty.

Secondly, insisting on guidance by planning, and focusing on the top-level design. CDB Inner Mongolia Autonomous Region Branch has actively exploit the advantages as a member of the leading group of the autonomous region for the 13th Five-Year Plan, and established a planning connection mechanism with the Development and Reform Commission and the Poverty Alleviation and Development Office of the autonomous region. The Branch has participated in the preparation of poverty alleviation plans including the *Implementation Plan for Relocating Poor Populations in Inner Mongolia Autonomous Region during the 13th Five-Year Plan Period*, the *Planning for Relocating Poor Populations in Inner Mongolia Autonomous Region during the 13th Five-Year Plan Period*, and the *Planning for Poverty Alleviationin Inner Mongolia Autonomous Region during the 13th Five-Year Plan Period*, worked together with departments including the Political Research Office and Poverty Alleviation Office of the Government of Inner Mongolia Autonomous Region to jointly develop the *Funding Planning for the Fight Against Poverty in Inner Mongolia Autonomous Region during the 13th Five-Year Plan Period*, to lead the funding for projects for the fight against poverty effectively.

Thirdly, insisting on the "unified loans at the provincial level" and improving the relevant systems. In accordance with the requirements of the *Decision of the CPC Central Committee and the State Council on Winning the Fight against Poverty* in the aspect of overall responsibility taken by provincial-level governments, CDB has, based on active coordination, promoted the government of the autonomous region to establish provincial-level investment and funding entity for relocating poor populations, assisted in improving the corporate governance structure and set up a management system for use of funds, so as to give full play to the existing cooperation advantages between the Branch and the government of the autonomous region in the provincial-level unified lending platform.

Forthly, strengthening talent support and enhancing poverty alleviation through knowledge transfer and technical assistance. CDB has dispatched 14 financial specialists of poverty alleviation in two batches to the seven leagues and municipalities, where national poor banners and counties are located. As a propagandist of poverty alleviation policies, a planner for the fight against poverty and a liaison between the government and the Bank, they are responsible for the overall planning, coordination, communication, organization and promotion of poverty alleviation through development finance, in the leagues and municipalities, promoted poverty alleviation through development finance with full consideration of people's livelihood and delivered poverty alleviation solutions that combine sound rules and systems, funding, and knowledge transfer and technical assistance.

Fifthly, cooperating with the central state organs and institutions to provide fixed-point assistance. In accordance with the relevant requirements of the central state organs and institutions on fixed-point assistance, CDB actively cooperated with cadres who are dispatched by 13 central state organs and institutions to station in 15 national poor counties for poverty alleviation. CDB combined the advantages of the central state organs and institutions in terms of organization and coordination, policy guarantees and industry management, with those of funding, and knowledge transfer and technical assistance of development finance, gave a full play to role of financial specialists of poverty alleviation, established the mechanisms for cooperative relationship and daily communication mechanism, and jointly promoted the progress in funding.

"The horse gallops for seventy years." On the map of China, Inner Mongolia Autonomous Region is like a horse, galloping on the northern frontier of China and on the glorious road of ethnic regional autonomy. CDB will continue adhering to the basic strategy of "targeted poverty alleviation and targeted poverty reduction", persist in exerting the functions of development finance, and focus on serving the supply side structural reform in accordance with the working concept of "four programs" (financing provincial programs for relocating poor populations, county programs for infrastructure development, and village programs for nurturing industrial development, and giving financial support for poor students to pursue their studies). CDB will focus on targeted poverty alleviation, highlight poverty reduction, lay stress on practical results and make targeted and continuous efforts on the four major areas of poverty alleviation. CDB will utilize development finance to help the frontier minority areas to get rid of poverty, greet the Party's 19th National Congress, and celebrated the 70th anniversary of the Inner Mongolia Autonomous Region with outstanding achievements.

Firstly, CDB will vigorously promote the programs for relocating poor populations and provide funding support for follow-up industrial development and continue providing fundraising and loan support around the task of autonomous region for relocating the poor populations. At the same time, CDB will actively assist the governments at all levels to formulate poverty alleviation plans for relocated populations, combine the program for relocating poor populations with new urbanization, modernization of agriculture and animal husbandry, development of socialist new countryside and development of distinctive industries, and drive them forward simultaneously based on overall planning. CDB will put forward poverty alleviation measures and funding plans, and focus on knowledge transfer and technical assistance and the development of sound rules and systems to support the relocation for poverty reduction. CDB will adhere to the work idea of "village programs for nurturing industrial development", give top priority to industrial development for relocated poor populations, and insist on paying equal attention to "relocating poor populations" and "promoting industrial development for the poor people" to help the poor people to enjoy a prosperous and contented life. While giving full play to the advantages of local governments in organization and coordination, CDB will select industries with development prospects in accordance with the local conditions of the relocated areas, work out plans scientifically, integrate surplus financial funds for relocating poor populations and agricultural-related financial funds to support industrial development and construction of related supporting facilities, and enable the relocated poor households to "move out, live stably, and get rich", to fundamentally solve the problems of survival and development.

Secondly, CDB will focus on improving the poor villages and speed up the improvement of the production and living conditions for the poor people. Focusing on the shortcomings of the development of rural pastoral areas in the autonomous region, CDB will vigorously support the construction of infrastructure, the improvement of public services and development of distinctive industries by expanding the scope of support of integrated financial resources related to agriculture, and comprehensively enhance the production and living conditions and raise the self-reliance capacity of the industries in poor areas. CDB will cooperate with the governments at all levels to combine the rural pastoral transformation and upgrading project with the development of distinctive towns, the campaign of poverty reduction and alleviation involving the construction of one million kilometers of rural roads and 100 major passageway projects, and the building of infrastructure covering water conservancy, photovoltaic project, etc. CDB will fully promote funding cooperation, utilize concentrated resources, provide support in the building of infrastructure including village roads, safe drinking water, rural power grid, education and medical care, which can truly solve bottlenecks in poor areas, such as poor traffic facilities, limited water conservancy works, and lack of electricity", and enhance the sense of well-being and happiness of poor farmers and herdsmen.

Thirdly, CDB will increase the support for distinctive industries and help achieve stable poverty alleviation. In accordance with the guiding ideology of "keeping a foothold at improving people's livelihood, focusing on weak areas, intensifying financial innovation, and promoting the development of inclusive finance", CDB will, focusing on "agriculture, rural areas and farmers" and the poor populations, continue to intensify the cooperation with local governments, improve and apply the "Four Platforms + Agencies" model (a model combining the management platform, the financing platform, the guarantee platform, the public information platform and the credit enhancement agencies), and pilot poverty alleviation and development sub-loan business. The Bank will actively promote the development of inclusive finance, and increase the credit input to registered poor households. Moreover, following the fundamental way of adjusting to local conditions, highlighting characteristics, and fostering industries, promote poor villages and poor households to develop distinctive and advantageous industries according to local conditions, CDB will form experiences and modes that can be duplicated and promoted easily for the fight against poverty through development finance, with a view to lifting poor people out of poverty and get rich.

Fourthly, CDB will, adhering to the principle that "all loans that should be granted are granted", continue doing a good job in granting student loans. CDB takes student loan as a key for achieving poverty alleviation through education with financial aids. The Bank will continue publicizing the student loan policies through various media such as television, radio, newspaper, and the Internet, and ensure that registered poor students can fully understand relevant policies. CDB will provide sufficient staff members to improve the service level for registered poor students, guarantee the credit scale of student loans, made proper financial arrangements in advance and ensure that "all loans that should be granted were granted and all jobs should be competed satisfactorily". Focusing on targeted poverty alleviation, CDB will make sure that no registered poor student was out of school due to economic difficulties, so as to effectively avoid poverty for lack of education and intergenerational transmission of poverty.

Fifthly, CDB will establish a contact guarantee system and bring into full play the role of financial specialists of poverty alleviation. CDB will enable the financial specialists of poverty alleviation to exert positive effects at the forefront of the fight against poverty, with all of them really working in the stationed poor areas under strict management. CDB will often listen to the report of the specialists, dynamically check the work progress, research and solve the difficulties and problems encountered, and improve the support and service guarantee mechanism, so as to ensure that the financial specialists of poverty alleviation can go deep into the poor areas, concentrate on work and carry out poverty alleviation tasks wholeheartedly. CDB supports the financial specialists of poverty alleviation to carry forward the hardworking spirit and dedication, serve farmers and take root in the countryside based upon agriculture, strengthen communication with the fixed-point assistance officers from the central state organs and institutions for jointly playing a greater role in lifting poor villages out of poverty.

Report on the Progress of the Fight Against Poverty in Liaoning Province with the Support of Development Finance

Since the 18th National Congress of CPC, Liaoning Province has conscientiously implemented the National Outline for Poverty Alleviation and Development in the new era, focused on the strategy of "Six Targeted Programs" (targeted supported recipients, targeted project arrangement, targeted project capital distribution, targeted implementation measures, targeted dispatches of talents, and targeted outcomes of relief efforts) and "Four Groups" (developing a group of poor people by supporting production and employment, settling a group of poor people by relocation, guaranteeing a group of poor people by low-income policies, and supporting a group of poor people by medical assistance), taken reform and innovation as driving power, made efforts to build a three-in-one poverty alleviation pattern including special poverty alleviation, poverty alleviation through industrial development, and poverty alleviation through society development. Moreover, CDB has adopted more effective policy measures, strived to solve outstanding problems that constrained the economic and social development of poor areas, enhanced endogenous impetus and development vitality, ensured that the poor populations of the province will be lifted out of poverty as scheduled in 2020, and provided basic supports for building Liaoning Province as a moderately prosperous society in all respects. In recent years, CDB has resolutely implemented the decisions and plans made by CPC Central Committee and the State Council for winning the fight against poverty, promoted the implementation of poverty alleviation solutions that combine sound rules and systems, funding, and knowledge transfer and technical assistance, and working concept of "Four Programs" (financing provincial programs for relocating poor populations, county programs for infrastructure development, and village programs for nurturing industrial development, and giving financial support for poor students to pursue their studies) in Liaoning Province, on the basis of reality of the fight against poverty in the province, and achieved good social effects.

I. Strengthening the Working Mechanism Guarantee

(I) Strengthening guarantees and establishing the organization and leadership mechanism for poverty alleviation business within the bank

Since the launch of poverty alleviation work, CDB Liaoning Branch has set up the Leading Group for Poverty Alleviation and Development in the first place, to strengthen organization and clarify responsibilities. The President of the Branch acted as group leader, deputy president served as the deputy head and members of Leading Group were composed of the Office, Planning Office, Operation and Management Office, Risk Department, Assessment Office, Loan Review Office, and various customer offices. The office of the Leading Group is located at Customer Service Division III.

(II) Establishing a joint work promotion mechanism with Liaoning Provincial Office for Poverty Alleviation and Development based on full collaboration

Firstly, CDB has established a daily work contact mechanism to ensure the orderly advancement of daily work; secondly, CDB has set up a key work promotion mechanism to ensure that a big push can be given to the development of key work during the fight against poverty; thirdly, CDB has established an information sharing mechanism to achieve a seamless connection between provincial-level poverty alleviation policy and poverty alleviation policy of CDB.

(III) Establishing cooperation mechanism with various prefecture-level cities for poverty alleviation and development based on intensified publicity

According to the economic and social development level, industrial features and resource endowment of different districts, counties and villages and towns in the province, where poor counties are located, CDB has actively publicized the loan policies of CDB for the fight against poverty to the cities within its jurisdiction, combined with the financing needs of different objects and features of local poverty alleviation work, implemented policies in line with situations of various counties, worked creatively and defined key cooperation contents.

II. Increasing Financing Supports

(I) Utilizing county programs for infrastructure development to improve production and living conditions in poor areas

Since the launch of poverty alleviation work, CDB has granted loans of RMB 2. 395 billion Yuan for targeted poverty alleviation to infrastructure projects in poor areas of Liaoning Province, including RMB 2. 18 billion Yuan for major infrastructures and RMB 215 million Yuan for rural infrastructures, which supported the development and construction of poor n areas of Liaoning Province and enhanced production and living conditions in poor areas.

Firstly, CDB has focused on supporting construction of roads in poor villages and improved the road network system in poor areas. CDB has implemented rural road construction projects for fight against poverty of village in Beipiao City, a provincial poor county, and newly built 1262. 16 km of pavement for rural road works, including 78. 4 3km of township roads, 568. 33 km of village-level roads, and 615. 40 km out of road network. A total of 70 bridges of 2174. 62 linear meters needed to be arranged to cover 23 registered poor villages in Beipiao City. CDB provided transportation support for implementing targeted poverty alleviation and accelerating agricultural and rural economic development through the construction of village roads and road network system. Accelerating the construction of rural roads can effectively promote exchanges between urban and rural areas and drive economic development in poor and backward areas, generating great significance.

Secondly, CDB has prioritized the development of energy projects by strengthening the construction of major infrastructure in poor areas. In December 2016, the State Council issued the *National Planning for the Fight Against Poverty during the 13th Five-Year Plan Period* (hereinafter referred to as the "Planning"), which clearly stated that poverty is still the most prominent weakness in the course of economic and social development of China and the situation of fight against poverty is complicated and grim. The Planning pointed out that it is necessary to strengthen the construction of major infrastructures in poor areas, prioritize the construction of energy projects, and actively promote new energy projects such as wind power.

Kangping County Xintun Wind Farm (50MW) Project of Liaoning Province, supported by the funds of CDB, is located in Luojiatun Village, Xiguantun Township, Kangping County, Liaoning Province. Kangping County is a provincial poor county in the province, and Luojiatun Village is a registered poor village in the province. According to the

Compensation Agreement for Land Acquisition of the Project signed by the Borrower and Xiguantun Township Government of Kangping County, the Borrower should compensate the villagers for the land acquisition according to the compensation standard of RMB 24,000 Yuan/mu, and give a total compensation of RMB 1.524 million Yuan to the villagers. It is estimated that the registered poor population of Luojiatun Village will get a compensation for land acquisition in the amount of RMB 5,000 Yuan per capita. After the project is officially put into operation in the future, it is expected to play a more active role in increasing local taxes, driving employment, and improving the poor and backward status.

Special Column: Rural Road Construction Projects for the Fight Against Poverty of Villages in Beipiao City, Liaoning Province

Beipiao City is located in the west of Liaoning Province, bordering on Bohai Sea in the south and Inner Mongolia Autonomous Region in the north. As early as 5,500 years ago, there was a mark of human activities. Beipiao City is famous for Hongshan Culture, Sanyan Civilization and Qidan Historic Site. Since the earliest birds, fossils and the earliest flowering and plant fossils were unearthed here, Beipiao was hailed as "the place where the first bird flies and the first flower blooms in the world." At present, there are registered 31,115 poor people in the area within the jurisdiction of Beipiao City, and 86 registered poor villages. It is one of the 15 key counties for poverty alleviation in the province.

For a long time, the roads in 28 townships within the jurisdiction of Beipiao City are mostly natural roads and gravel roads, with weak capability for disaster resistance. Pockmarked road is formed as a result of lack of maintenance for many years. During the rainy season, the roads are muddy, full of water. Because of the potholes, the rainwater cannot be discharged naturally. The long-term blocking leads to poor roads, which brings great inconvenience to life and travel of residents and poses a safety hazard. At the same time, due to the limited road conditions, it is inconveniently to transport abundant special resources of the City, which has become a bottleneck restricting the poor rural population in the City to get rid of poverty and become better off.

After CDB Liaoning Branch was informed, it organized the relevant departments to conduct on-the-spot investigations in Beipiao City, understand the project situation and help the government to design the financing mode. CDB has granted credits of

RMB 300 million Yuan to the project in the shortest time to build the rural roads of 1262.16km, including: 78.43km of township roads, 568.33km of village-level roads, 615.40km out of road network. CDB supported 70 bridges of 2,714.62 linear meters. This project radiates 28 townships and administrative villages within the jurisdiction of Beipiao City, and involves a total of 139,695 people, including 14,069 registered poor people.

As of the end of June 2017, CDB has granted a loan of RMB 200 million Yuan to this project, which has met the actual needs of this project and meet the urgent needs of local governments. The implementation of this project promoted the optimization of the road network structure of Beipiao City, improved the overall function of road network, laid a solid foundation for the realization of new leap-forward development of Transportation in the City, and greatly enhanced the rural economic development and poverty alleviation work of the City.

(II) Strengthening the self-development ability of the poor people by village programs for nurturing industrial development

CDB has promoted the poverty alleviation through industrial development as a key task in supporting fight against poverty in the province, and achieved good work results. CDB has cumulatively granted loans of RMB 2.62 billion Yuan for poverty alleviation through industrial development, and driven 165 poor stricken households to shake off poverty and become prosperous. In the process of supporting development of enterprises by financing, CDB has also realized the support and assistance to the registered poor households, and improved the self-development ability of the poor people.

(III) Giving loans to students to effectively block intergenerational transmission of poverty

Since the launching of the student loan business in the province in 2011, CDB has always adhered to the guiding ideology that "all loans that should be granted were granted and meaningful work should be made properly", combined the organizational advantages of the government with the financing advantages of CDB, and cooperated with the Education Department to promote the benign development of student loans, which has now achieved full coverage in the entire province except Dalian. As of the end of 2017, CDB has cumulatively granted student loans of RMB 981 million Yuan in LiaoningProvince, which benefited 71,600 poor students and 159,300 person-times, resulting in good social benefits.

III. Making Great Efforts to Targeted Assistance and Supports

(I) Actively responding to the call, rooting at the grassroots level and serving the masses

According to the unified arrangement of CPC Liaoning Provincial Committee and Liaoning Provincial Government, CDB Liaoning Branch started its work for staying at Shangwen Village, Mingde Township, Xifeng County, Tieling City in June 2014. The leaders of CDB Liaoning Branch attached great importance to it and demanded that poverty alleviation should be regarded as politic tasks and social responsibilities, encouraged team members staying at the village should do a good job in poverty alleviation with persistence. Since staying at the village, the Work Team of CDB at Shangwen Village, Mingde Township, Xifeng County has adhered to the actual investigation and relied on the village government to solve the urgent problems of the villagers, and actively done the relevant work for transformation from subsidized poverty alleviation to development-oriented poverty alleviation.

Firstly, CDB has given play to the advantages of the cooperation between the bank and enterprise, actively strived for getting various types of assistance projects and assistance funds, strengthened coordination with the project-related departments, and promoted to solve the difficulties and problems in project implementation.

Secondly, CDB combined the special education on "the Three Guidelines for Ethical Behavior and the Three Basic Rules of Conduct", and learning education on "Two Studies, One Action" (the education campaign asking all Party members to study the Party Constitution and rules, as well as remarks made by General Secretary Xi Jinping of the CPC Central Committee and to become qualified Party members), integrated targeted assistance with grassroots organization construction, effectively strengthened the construction of grassroots organizations with the village Party branches as the core, so that grassroots organizations can become the main force in developing production and getting rid of poverty, allowing the grassroots organizations can give full play to their role in the masses and letting the masses get rid of poverty and get rich under the leadership of the village Party branches.

Thirdly, CDB took the opportunity of staying at the village to carry out educational assistance activities. The Work Team organized young employees of CDB Liaoning Branch to go to Juying Primary School to launch the campaign of "Love Class for Promoting

Growth", which became a regularization activity of the Branch. During the implementation of the campaign, the Branch has not only provided the necessary books and stationery for the children of poor families, but more importantly, helped the children to understand the motherland, enrich their inner world, broaden their horizons, encourage them to study hard, and bring hope for improving their lives.

(II) Demonstrating social responsibility, giving donation for poverty alleviation, and making donation to charity

In 2016, CDB donated RMB 500,000 Yuan to Kangping County, a provincial poor county, to build the "Cultural Activity Center for Villages in Dongyishu Village". The project construction scale of is about 3,000 m^2, mainly used for the construction of the square, the stage performance area, amusement area, fitness area, and sports area, etc. The construction contents include the courtyard wall, activity square, stage, screen wall, amusement road, basketball court, pavilion, construction equipment, green planting and so on. At present, this ActivityCenter has been put into operation, and achieved the desired results.

CDB will thoroughly implement the decisions and plans made by CPC Central Committee and the State Council on poverty alleviation, give full play to the large-scale, long-term and low-cost capital advantages of development finance in the fight against poverty and other fields, continue to enrich the cooperation contents based on the higher starting point for cooperation with all circles of the province, intensify the cooperative relationship, and especially strengthen the poverty alleviation cooperation mechanism with relevant departments of the province and local governments. CDB will further keep close communication with professional partner departments such as Liaoning Provincial Office for Poverty Alleviation and Development, innovate in the financing mode of poverty alleviation, and improve the path for poverty alleviation through industrial development. Moreover, CDB will follow the working concept of "Four Programs" (financing provincial programs for relocating poor populations, county programs for infrastructure development, and village programs for nurturing industrial development, and giving financial support for poor students to pursue their studies), deliver poverty alleviation solutions that combine sound rules and systems, funding, and knowledge transfer and technical assistance, focus on the three sectors of "infrastructure, industrial development, and education funding", take the initiative to seek breakthroughs, look for the truth while remaining practical, and give priority to the following aspects:

Firstly, CDB will continue to maintain contact with Liaoning Provincial Poverty Alleviation and Development Office, always pay attention to the new dynamics and new situations of poverty alleviation and development in LiaoningProvince, and carry out work based on relevant opportunities.

Secondly, CDB Liaoning Branch will continue to strengthen communication with the local government, enhance the promotion and publicity, closely follow and give full supports to cities and towns who demand for poverty alleviation loans.

Thirdly, the Branch will increase the support of poverty alleviation projects through industrial development under the market-oriented operation, and combine policies of Liaoning Province for poverty alleviation through industrial development and features of industrial development, to realize the transformation from subsidized poverty alleviation to development-oriented poverty alleviation.

Fourthly, CDB will combine the new urbanization, improve the county infrastructure conditions through funding, and create good external conditions for the poor people to get rid of poverty.

"How I wish I could have ten thousand houses, to provide shelter for all who need it!" Eradicating poverty has been the ideal of human dreams since ancient times. As a development finance institution serving the national strategy, CDB will give full play to the functions and roles of development finance in key areas, weak links and key periods. While holding its belief firmly, the Bank will make targeted efforts in a pragmatic manner, and take the initiative to push the implementation of various polices and measures. CDB will continue to advance the fight against poverty to achieve new results and make new and greater contributions to revitalizing the province, creating new glories for the old industrial base in the Northeast China and building a moderately prosperous society in all respects!

Report on the Progress of the Fight Against Poverty in Jilin Province with the Support of Development Finance

"Working together to win the fight against poverty" is an important project related to people's livelihood during the "13th Five-Year Plan" period and a major initiative for the reform and development of China. As of the end of 2015, there are still one concentrated contiguous destitute area, 8 national key counties for poverty alleviation and development, 1,500 poor villages, and 70,700 registered rural poor populations in Jilin Province. The overall task for the fight against poverty is still arduous. Since the Central Work Conference on Poverty Alleviation and Development, CDB has further increased its supports for poverty alleviation in Jilin Province. By the end of June 2017, CDB has cumulatively granted loans of RMB 9.152 billion Yuan for targeted poverty alleviation in the province. In the programs for relocating poor populations, a mode of "unified lending, procurement and repayment" has been adopted at the provincial level to effectively realize distribution of loans and funds; CDB has integrated financial funds to grant loans for infrastructure poverty alleviation and promoted to all poor counties in Jilin Province; CDB has innovated in approaches for poverty alleviation through industrial development, explored a new mode of deep integration of poverty alleviation development and industrial development; all student loans that should be granted were granted in a timely manner, covering all 60 counties (cities, districts) and 42 universities in the province. CDB fully exerted the role of development finance institutions in key areas, key periods, and weak links, which highlighted the responsibility of development finance institutions in enhancing national strength and improving people's livelihood.

I. Consolidating and Improving the Construction of Development Mechanism for Poverty Alleviation and Foundation for Fight against Poverty Based on the Cooperation between the Bank and Government

We will fail to live up to history if we cannot get rid of poverty, and we may keep awake at night with worry of the people who are not rich. In-depth cooperation between the Bank and government and strengthening the top-down design is an important foundation for getting a right pulse of poverty and establishing a blueprint for fight against poverty. In accordance with the principle of "government leading, financial supporting, financial serving, and market operation", CDB has actively planed and innovated in services to fully support Jilin Province in winning the fight against poverty. In the first time, CDB Jilin Branch took the initiative to submit a letter to the leaders of CPC Jilin Provincial Committee and Jilin Provincial Government, made a special report on the relevant credit policies of CDB to support poverty alleviation, and put forward a large number of practical and effective suggestions on the establishment of provincial platforms and project packaging, which obtained strong support and response from Jilin Provincial Government. At that time, the Governor of Jilin Province immediately gave instructions after receiving the letter from the Branch, stating that it is significant for CDB to propose a plan of RMB 150 billion Yuan for poverty alleviation for the whole year. Jilin Province should seize the opportunity and learn from the experience and practices of other provinces, actively innovate in and promote the issuance of poverty alleviation loans in the province. It is required to deal with this issue urgently and in an innovative way." On the basis of deep understanding of situation of the province, CDB Jilin Branch cooperated with Jilin Provincial Government to draw blueprints, make clear responsibility, set the path, form the cohesive force and build mechanism. CDB Jilin Branch has signed the *Cooperation Agreement for Fight against Poverty with the Support of Development Finance*, with Jilin Provincial Development and Reform Commission. The two parties have reached extensive consensus on fully exerting the role of development finance in the fight against poverty, further innovating in financial mechanisms for poverty alleviation, enhancing the endogenous power and development vitality of poor areas, and accelerating the pace of enabling the poor people to get rid of poverty and getting rich and building poor areas into a moderately prosperous society in all respects. Jilin Provincial Development and Reform Commission has clarified that CDB acted as a key cooperative bank for programs for poverty alleviation and development and relocating the poor populations in JilinProvince. At the same time, CDB has established an approach for joint research on credit evaluation for poverty alleviation loans, explored the coordination mechanism to use poverty alleviation loans, special funds, and central and local budget funds, and proposed to give full play to the combined advantages of fiscal funds, credit funds and special construction funds, so as to enhance the financing of poverty alleviation projects through multiple channels and channels, which laid a solid foundation for Jilin Province to take the lead in achieving comprehensive goal of poverty alleviation in China.

II. Strengthening Planning Formulation and Service to Assist in the Development of Poor Areas by Giving Play to Advantages of Knowledge Transfer and Technical Assistance

Planning in advance is the basic mode for the business development of CDB, and is also the core brand different from the general commercial bank. CDB Jilin Branch worked with the governments at all levels in Jilin Province to seek macro development ideas and gave supports of knowledge transfer and technical assistance for local economic and social development, by planning in advance. At the provincial level, the Branch has actively connected and continued to promote and participate in the relevant compilation of the *Plan for Fight against Poverty in Jilin Province during 13th Five-Year Plan Period*, and worked with CPC Jilin Provincial Committee and Jilin Provincial Government to build a supporting system for poverty alleviation to fully safeguard fight against poverty. Wangqing County of Yanbian Korean Autonomous Prefecture, as one of the eight national poor counties in JilinProvince, was identified by CDB as a pilot county for planning cooperation. On October 12, 2016, the Branch has signed a *Memorandum on the Cooperation for the Planning on the Fight against Poverty during 13th Five-Year Plan Period*, with Wangqing County People's Government. Based on the principle of "effective planning" and planning service demands proposed by Wangqing County People's Government, the Branch has organized the preparation of *Systematic Financing Plan for the Fight against Poverty in Wangqing County with the Support of Development Finance during 13th Five-Year Plan Period*, calculated fund demands and designed financing model for the key areas of poverty alleviation in Wangqing County during the "13th Five-Year Plan" period, and put forward policy suggestions for enhancing the financing capacity in the fight against poverty, broadening financing channels, improving the financing environment, combining the advantages of government organizations with the bank financing, and became the publicity window for the innovated financing mode of CDB. In the aspect of strengthening talent support and intellectual supports, the Branch has selected 10 business backbone with strong political quality, high professional level and strong work style in 2016, 2017 and 2018, of which 5 were department-level cadres. They were dispatched to Baicheng, Baishan and Yanbian, where Jilin Provincial Poverty Alleviation and Development Office and national poor counties are located, and they specialized in development for poverty alleviation, participated in the preparation of local poverty alleviation plans, assisted the government in planning projects that are in line with the credit policy of CDB for poverty alleviation, and controlled risks from the source of the project. After the specialists worked in place, they kept their mission firmly in mind and really undertook important responsibilities as important messenger, communicator and spokesperson of development finance in poor areas, performed overall coordination, communication and organization promotion for poverty alleviation through developmental finance, and assisted local governments to solve their actual difficulties, and thus they have been highly valued by local circles.

III. Proceeding with the Program for Relocating the Poor Population, Adopting County Programs, Coordinating and Promoting Relevant Work

As the project that has most concentrated contradictions and the longest work chain, and involves the most comprehensive fields in the fight against poverty, the program for relocating the poor population is the toughest issue among all poverty alleviation measures. During the period of "13th Five-Year Plan", there were 15,219 registered poor people in JilinProvince, who were relocated, involving 14 counties (cities, districts). Although the total amount of relocation is small, there are many counties and cities involved, and the specific relocation situation is extremely complicated. CDB has actively communicated with Jilin Provincial Government, coordinated with Jilin Provincial Development and Reform Commission, Jilin Provincial Department of Finance, Jilin Provincial Poverty Alleviation and Development Office and other relevant departments, to promote the establishment of provincial-level subjects for poverty alleviation investment and financing, and solved the problems of operating mechanism and borrowing platform from top to bottom. Subsequently, CDB has assisted Jilin Provincial Government in designing a financing scheme in accordance with the mode of "provincial-level unified lending, procurement and repayment", researched and formulated the fund management methods, determined the contents of government procurement service agreement, and completed the entire process of the projects at the fastest pace, including due diligence, unified credit granting, county approval, contract signing and loan issuance. CDB has achieved review commitment for mid- and long-term loans in the amount of RMB 266.5 million Yuan by the end of July 2016. As of the end of June 2017, CDB has granted loans of RMB 62.82 million Yuan. In 2016, CDB achieved commitment and granting for the special construction fund in the sum of RMB 30.582 million Yuan. To this end, Jilin Provincial Government highly praised the efficiency and working methods of CDB.

IV. Taking Infrastructure Construction as the Key Point of Application and Adopting the County Programs to Crack the Bottleneck in the Fight Against Poverty

For most poor areas, infrastructure backwardness is a common "root cause of poverty" and is the most urgent problem to be solved during the poverty alleviation and development. CDB has focused on some difficulties and shortcomings, such as, village roads, safe drinking water and environmental remediation, integrated funds and resources of poor counties, promoted the use mechanism of financial funds for rural development, innovated in financing methods, actively provided loans for supporting the construction of rural infrastructure in poor counties, and speeded up the improvement of the infrastructures in the registered poor villages. The leaders of CDB Jilin Branch went to some poor counties to conduct comprehensive research and, understood local initiatives for poverty alleviation and financing needs, provided financing suggestions, and submitted special letters to Jilin Provincial Department of Finance, i. e., the *Suggestions on Using and Integrating Financial Funds for Rural Development to Support the Infrastructure Construction in Poor Counties in Jilin Province*. Under the efforts of all parties, the *Implementation Opinions of the General Office of Jilin Provincial People's Government on Supporting Pilots of Integrated Use of Financial Funds for Rural Development in Poor Counties* were officially released in Jilin Province at the end of July 2016. Taking it as an opportunity, CDB has selected ZhenlaiCounty, a remote city in the West, as a pilot, and vigorously promoted the development of infrastructure construction projects for poverty alleviation in eight national poor counties. As of the end of June 2017, CDB has granted total credits of RMB 1.47 billion Yuan to infrastructure poverty alleviation construction projects in Zhenlai County, Tongyu County and Antu County, and loans of RMB 450 million Yuan, realized accessibility of 1188.54km of village roads in 192 poor villages and solved the safe drinking water for 21215 people in 37 poor villages and environmental remediation for 222 poor villages. In Yanbian Prefecture, according to the features of regional autonomy in ethnic minority areas, CDB has designed the mode of "unified lending by the national poverty alleviation investment and financing entity, procurement by the county-level government and unified lending and procurement under credit enhancement by prefecture government". While strengthening the financing capacity of national poor counties, CDB has enhanced the risk prevention and control mechanism for poverty alleviation loans through prefecture-level credit enhancement. In terms of major infrastructure poverty alleviation, CDB has actively developed poverty alleviation projects such as rural roads and rural environmental governance in Jilin Province, and realized a project development base of RMB 6.8 billion Yuan and issued RMB 340 million Yuan. At the end of August 2016, Yanbian Prefecture was affected by the Typhoon Lionrock. The Tumen River Basin suffered a flood in a hundred years. CDB has spent 2 days to complete the credit review and approval process for emergency loans of RMB 300 million Yuan in the shortest time, to fully support the affected people in Yanbian Prefecture and related poverty counties. From 2016 onward, CDB has granted total loans of RMB 1.09 billion Yuan for poverty alleviation in infrastructures.

V. Focusing on Industrial Development and Adopting the Village Programs for Nurturing Industrial Development to Lend Targeted Support for the Poor People to Increase Income and Get Rid of Poverty

Giving money and things can only solve the poverty problem temporarily. Rational arrangement of projects and funds for poverty alleviation, and transformation from subsidized poverty alleviation to development-oriented poverty alleviation, is the fundamental solution to consolidate the results of poverty alleviation and enhance the development of endogenous power in poor areas. In terms of innovation in poverty alleviation through industrial development, CDB Jilin Branch focused on the development of and designing the Construction Project of Standardized Farm of Layer Chickens for Poverty Alleviation in Dongliao County, which aimed at building one Chicken Farm in each village, created the "Dongliao Model" featured by government-leading, private capital participation, leading enterprise operation, procurement service by government finance, sharing of product benefits and benefiting poor households, and truly realized the basic concept of "industrial development in the village". This project is led by the local government, for which CDB designed loan mode. The poverty alleviation funds of government were converted into shares to quantify the Poverty Alleviation Holding Company. The deep integration of poverty alleviation development and industrial development ensured the income growth and poverty relief of 5, 806 registered poor people. Currently, a total of RMB 200 million Yuan has been issued. In addition, CDB has adhered to the principle of adapting to local conditions and implementing strategies based on difficulty, given play to the guiding role of the government, promoted and improved the loan mode of the "Four Platforms + Agencies" model (a model combining the management platform, the financing platform, the guarantee platform, the public information platform and the credit enhancement agencies). CDB promoted the employment and income increase of poor households by means of a tripartite "Supporting Agreement" made by and between supported local industrial enterprises, local poverty alleviation and development office and registered poor people. CDB granted loans of RMB 192 million Yuan for poverty alleviation to small and medium-sized enterprises. It also created a mode of poverty alleviation driven by forestry projects and forestry economy based on the featured resources. It carried out the fight against poverty through industrial development under the assistance of large state-owned enterprises, and provided Jilin Sengong (Hunan) Particleboard Co., Ltd. with RMB 1. 8 billion Yuan for Hunan National Reserve Forest Base Project. In the relevant context of the national proposal to accelerate the promotion of poverty alleviation through developing the photovoltaic projects, CDB has developed and granted loans of RMB 300 million Yuan for the first phase of PV Construction Project for Poverty Alleviation in Shulan City, Jilin Province. CDB enabled, 4, 829 incapable poor people from 3, 175 households in 124 administrative villages to get rid of poverty, by providing profit subsidy. Since 2016, CDB has granted total loans of RMB 2. 49 billion Yuan for poverty alleviation through industrial development to the province.

Special Column: Case of Supporting Poverty Alleviation Through Return on Assets in Dongliao County, Jilin Province

CDB has played a leading role in supporting the Project Company jointly established by Dongliao County Government and Leading Enterprises to implement the Standardized Farm Project pf Layer Chicken to achieve targeted poverty alleviation through return on assets for people. Firstly, Dongliao County State-owned Assets Management Co., Ltd. (established by funds of Dongliao County Finance

Bureau) to hold funds of RMB 30 million Yuan for poverty alleviation (converted into shares and quantitatively gave to registered poor population who lose labor capacity) to buy shares of the Project Company, finance and construct infrastructure, and entrust the Leading Enterprise to operate, which ensured that each person received a dividend income of not less than RMB 3,080 Yuan/year. Secondly, CDB introduced leading enterprises to take advantage of their upstream and downstream industrial chain, to carry out market-oriented operations and prevent market fluctuation risks. Thirdly, CDB ensured that dividends were paid in full for a long time through social publicity and locking the payment path of dividend funds. The total investment of this project was RMB 251 million Yuan, and three-layer chicken farms were built with a capacity of 3 million chicken/year, which can house 3 million layers of chicken. The annual output of fresh eggs was 52,800 tons and revenue of chicken farms is RMB 400 million Yuan/year. The net profit was not less than RMB 20 million Yuan/year. At present, CDB has promised and granted loans of RMB 200 million Yuan, with a term of 10 years, which can drive 5,806 local registered poor people (accounting for 34% of the total poor population in Dongliao County) to shake off poverty and become prosperous.

This mode is a useful exploration and practice for poverty alleviation through industries with the support of development finance. Firstly, it highlights the leading role of leading enterprises, and realizes simultaneous promotion of the development of local industries and fight against poverty, especially, giving play to the market, technology and management advantages of leading enterprises, and to deal with market fluctuation risks. Secondly, the comprehensive economic and social benefits were obvious. Through the 10-year operation of the Project Company, the poor households can enjoy dividends of RMB 200 million Yuan; the Project Company can annually pay profits and taxes of about RMB 26 million Yuan to the county government; leading enterprises can reduce their liabilities while expanding production capacity, obtain stable raw material supply, and enhance development potential. Thirdly, the cash flow sources of Project Company include the payment under the government procurement service agreements, guaranteed dividends and the dividends obtained by the leading companies through efforts. It not only followed the features of market and industrial development, but also embodied the role of government support and credit enhancement, fully mobilized the enthusiasm of the government, leading enterprises and financial forces to participate in poverty alleviation through industrial development, and realized the transition from subsidized poverty alleviation to development-oriented poverty alleviation.

This project won an award in "2016 Excellent Project for Offering Financial

Knowledge to the Countryside" of the China Banking Association, and the First Prize of Jilin "Golden Ideas" Innovation and Efficiency Competition of the Financial Youth.

VI. Taking Education as the Foundation for Poverty Alleviation and Giving Financial Support for Poor Students to Effectively Block Intergenerational Transmission of Poverty

In the fight against poverty, the poverty alleviation through education is a fundamental solution to the poverty and the national student loan is an important basis for the poverty alleviation through education. CDB has cumulatively granted student loans of RMB 1.87 billion Yuan in the province, and supported 340,000 poor students. The business of origin-based student loan covered all 60 counties (cities and districts) of the province. The college student loans covered all 42 provincial colleges and universities, laid a solid foundation for poverty alleviation through education in the province, and effectively alleviated the phenomenon of poverty caused by seeking education. In 2017, CDB dealt with a total of 31,825 origin-based student loans and college student loans in Jilin Province, and granted loans of RMB 250 million Yuan. In addition, CDB has worked with the government, the market and resources to help solve the employment problems of college students with financial difficulties. Since 2012, CDB has held job fairs for employment and entrepreneurship of college graduates, who had student loans, for six consecutive years, and a total of 30,000 students participated in the job fair, more than half of them reached the signing intention, and finally nearly 10,000 students signed the labor contract. Through the job fair, CDB extended the financial service of student loan to the employment link of the students, provided the employment platform for the students and carried out the integrity publicity and education, which enhanced the loan repayment ability of the students, and achieved good social benefits.

"Nothing is too small for us to do if it delivers concrete benefits to our people. Things that are harmful to the people must be removed one by one." Over the past year, with the joint efforts of the government, CDB, and all walks of life, JilinProvince has completed poverty relief for 517,000 registered poor people, and initially achieved a good start in pragmatic progress in fight against poverty. In the coming period, it will be a crucial period for Jilin Province to fight against poverty. CDB will continue adhering to the basic strategy of targeted poverty alleviation and targeted poverty reduction, insisting on playing the functions and roles of development finance, following the working concept of "Four

Programs" (financing provincial programs for relocating poor populations, county programs for infrastructure development, and village programs for nurturing industrial development, and giving financial support for poor students to pursue their studies), focus on targets, highlight poverty alleviation and pay attention to effectiveness. CDB will keep in mind the key parts and weak links, innovate in product services and working mechanisms, and make new contributions to winning the fight against poverty in the province. It is believed that a warm spring will surely come to the battle for poverty alleviation in the province in with the strong support of development finance.

Report on the Progress of the Fight Against Poverty in Heilongjiang Province with the Support of Development Finance

Heilongjiang Province is located in the northeastern border of China, where is a remote area with backward transportation, single industrial structure, and scarce human capital. The task of poverty alleviation in Heilongjiang Province is very arduous. According to the decisions and plansmade by CPC Central Committee and the State Council, CDB followed the principle of concentrated resources and targeted implementation, and aimed at the economic and social development level, industrial features and resource endowments in different districts, different counties and different villages and towns where the poor counties of Heilongjiang Province were located. By combination with financing needs of different objects, CDB proposed different development ideas and financing support programs according to local conditions, ensured the targeted allocation of credit funds for poverty alleviation, and truly achieved poverty alleviation. As of the end of 2017, CDB realized its commitment to provide the province with loans of RMB 15.05 billion Yuan for poverty alleviation, cumulatively signed contracts in the amount of RMB 12.545 billion Yuan, and granted loans of RMB 11.48 billion Yuan. In the first half of 2017, CDB granted loans of RMB 5.973 billion Yuan with a balance of RMB 9.4 billion Yuan.

I. Joint Promotion and Publicity by Multi-parties to Boost the Implementation of Projects in Heilongjiang Province

CDB Heilongjiang Branch has repeatedly connected with leaders and departments of Heilongjiang Provincial Government in the aspect of establishing provincial-level investment and financing entity for poverty alleviation and development, and actively submitted to Heilongjiang Provincial Government the *Proposal for Establishment of*

Investment and Financing Platform for Poverty Alleviation and Development in Heilongjiang Province. Finally, Heilongjiang Provincial Government agreed in principle that "Heilongjiang Longji Asset Management Co. , Ltd. , the original provincial-level platform", acted as the investment and financing entity for poverty alleviation and development. After the Branch signed the *Cooperation Agreement on the Fight against Poverty through Development Finance* with Heilongjiang Provincial Poverty Alleviation and Development Office at the end of 2016, the Branch submitted to the relevant leaders of CPC Heilongjiang Provincial Committee and Heilongjiang Provincial Government, Heilongjiang Provincial Poverty Alleviation and Development Office and Financial Office, the *Report of CDB Heilongjiang Branch on the Fight against Poverty through Finance*, *Work Scheme for the Fight against Poverty in Heilongjiang Province through Development Finance*, and *Financing Work Scheme for Poverty Alleviation through Photovoltaic Project* etc. CDB has established a Joint Coordination Mechanism through multi-parties that publicized and promoted the policies, work ideas and ideas for poverty alleviation financing of CDB, adhered to the cooperation concept in development finance, that is, "providing timely assistance to government hotspots", formed a resultant force of financial system, and jointly promoted early implementation of poverty alleviation projects in the province.

II. Giving Guidance Practice for "Four Finance Programs" to Get Initial Results of Fight against Poverty

Firstly, in the field of key infrastructures, as of the end of 2017, CDB has promised to provide the province with loans in the sum of RMB 7. 957 billion Yuan. CDB has cumulatively granted loans of RMB 6. 025 billion Yuan, and realized granting of RMB 2. 808 billion Yuan in 2017. Baoquan-Kedong-Baiquan Section and Suibin-Mingshan Section of National Highway were listed as the "100 Key Channel Engineering during "13th Five-Year Plan" Period for Poverty Alleviation through Transport Improvement", and was granted with loans of RMB 710 million Yuan in 2017. Secondly, in the field of rural infrastructure, CDB has supported the construction of village roads in Lanxi County and Qinggang County in the mode of "driving countries by cities", through the integration of financial funds for rural development. The loan amount was RMB 138 million Yuan, which was fully granted. The construction road of the project covered 57 registered poor villages in the two poor counties, and the service has been provided to 46, 619 registered poor people. Thirdly, in the field of poverty alleviation through industrial development, CDB has supported Quanlin Ecological Agriculture Co. , Ltd. , Longmei Mining Group Co. , Ltd. ,

Xiangyu Agricultural Products Co. ,Ltd. and other leading enterprises in the province, and cumulatively granted loans of RMB 4. 442 billion Yuan for poverty alleviation through industrial development.

III. Implementing the Service Concept and Providing the Supports for Funding, and Knowledge Transfer and Technical Assistance

CDB selected and dispatched 7 poverty alleviation specialists to go to 20 national poor counties and concentrated contiguous destitute counties in Heilongjiang Province, who actively fulfilled social responsibilities, publicized national policies for poverty alleviation and financial measures of CDB for poverty alleviation, and assisted in planning for local poverty alleviation and development, especially, the preparation of systematic financing plans, understood the financing needs of local governments and the poor population, researched and solved the difficulties and problems encountered in poverty alleviation through industrial development, and truly played the role of propaganda, planners and liaisons for the poverty alleviation. These specialists went to the first line of poor villages on a regular basis, intensified the effectiveness of poverty alleviation work, visited the poor households on the spot, looked at the real situation of poverty, checked the truth, and wrote seven research reports, namely, *Research Report on the Fight against Poverty in Dong'an Village, Dabailang Township, Huanan County*, *Plan for Poverty Alleviation Through Photovoltaic Industry in Yanshou County*, *Research Report on Hongwei Village, Hongwei Town, Lindian County, Daqing City*, and *Research Report on the Fight against Poverty in Zhenjiang Village, Datonghe Township, Raohe County* etc. , comprehensively analyzed the bottleneck encountered in fight against poverty of poor villages and the urgent needs of the people, found out the root cause of poverty, researched work direction and work ideas for the fight against poverty through development finance, and laid the foundation for exploring effective ways and methods of poverty alleviation through financial support.

At the end of May 2017, CDB Heilongjiang Branch actively responded to the work arrangements of CPC Heilongjiang Provincial Committee and Heilongjiang Provincial Government on dispatching poverty alleviation team to the village, and poverty alleviation team to Pengsheng Village, Zhonghou Township, Fuyu County, Qiqihar City, who were responsible for implementing policies of targeted poverty alleviation and targeted poverty relief, developing the economy to drive the villagers out of poverty and get rich, solving practical problems for the people in difficulty, and grasping the Party building to promote poverty alleviation. During the stationing period, the Work Team visited more than 4,400 households, made more than 300 work records, and received more than 600 visits, carried out more than 180 key investigations on the objects that the masses reflected problems and contradictions, and solved more than 60 outstanding contradictions. They were approved by the Agriculture Division of Ministry of Finance of China, Supervision Team of CPC Heilongjiang Provincial Committee, and the inspection departments at municipal, county and township level.

IV. Making a Planning in Advance and Clarifying Work Plan for Poverty Alleviation

By combining the task of "getting rid of poverty" in Heilongjiang Province and the overall layout of poverty alleviation in the provinceduring the "13th Five-Year Plan" period, CDB has successively compiled the *Systematic Financing Plan for the Fight against Poverty in Heilongjiang Province during 13th Five-Year Plan Period*, *Work Plan of CDB Heilongjiang Branch in Connection with Loan Business for Poverty Alleviation Through Industrial Development*, *Work Plan of CDB Heilongjiang Branch in Connection with Overall Utilization of Financial Funds for Rural Development in Supporting Rural Foundations for Poverty Alleviation*, and *Implementation Plan of CDB Heilongjiang Branch for Supporting the Fight against Poverty in Heilongjiang Province*, according to the economic and social development level, industrial features and resource endowment in different districts, different counties and different villages and towns, where the poor counties of Heilongjiang Province are located, based on the financing needs of different subjects. CDB also proposed different development ideas and financing support plans in line with local conditions, ensured the targeted allocation of poverty alleviation credit funds, and achieved targeted poverty alleviation.

V. Creating Models for Poverty Alleviation to Improve Accuracy in Poverty Alleviation

CDB Heilongjiang Branch has signed the *Memorandum on Cooperation in Economic and Social Development of Suihua City with the Support of Development Finance during 13th Five-Year Plan Period* with Suihua Municipal Government, taken the opportunity of promoting the cooperation between the bank and government, and made Qinggang County of Suihua City a pilot county for implementing poverty alleviation through industrial development in the "Four Platforms + Agencies" model (a model combining the management platform, the financing platform, the guarantee platform, the public information platform and the credit enhancement agencies). CDB Heilongjiang Branch set up the first Cooperation Office for the Fight against Poverty through Development Finance, designed the mode of poverty alleviation through industrial development according to local conditions, separately sorted out the industrial projects that had demands within the support of CDB, and strived to complete the screening and piloting of project during the year. CDB has built a benign operation model with features of developmental finance through creation of a model of targeted poverty alleviation, given full play to the advantages of the integrated financial services of CDB in the aspect of "investing, lending, debt, rent, and license", provided demonstrations for financial assistance to the province and improve the accuracy of credit loan extension.

VI. Strengthening Organizational Leadership and Enhancing Social Responsibility

CDB Heilongjiang Branch established the Leading Group for Poverty Alleviation and the Office for Poverty Alleviation, with the president of the Branch as the group leader and the deputy president of the Branch as the deputy leader to coordinate the promotion of poverty alleviation. At the end of 2016, CDB has participated in the "Informatization Training Course for Targeted Poverty Alleviation through Finance and Poverty Alleviation through Financial Supports in Heilongjiang Province", which was organized by Heilongjiang Provincial Office for Poverty Alleviation and Development. CDB has carried out business training on relevant staffs of Heilongjiang Provincial Poverty Alleviation and Development Office and 65 Municipal and County Poverty Alleviation and Development Office under the theme of "strengthening cooperation between the bank and enterprise and helping the fight against poverty", initially established a communication mechanism with poverty alleviation staffs in cities and counties, which laid a foundation for comprehensively promoting poverty alleviation cooperation. At the end of February 2017, CDB organized a three-day training and discussion for mayors or relevant poverty alleviation staffs in 11 poor counties in contiguous destitute areas of southern foot of Greater Khingan Mountains, which further enhanced the social influence of fight against poverty with the support of development finance.

VII. Enhancing Financial Synergy to Make Breakthroughs Weak Business Areas

Since 2016, CDB has visited Heilongjiang Provincial Department of Education for many times and expressed its willingness to participate in the field of student loans in Heilongjiang Province, thus helping more poor families to solve the problem of "difficulty in schooling". At present, CDB has submitted the *Report on the Relevant Situations of Student Loan Business* to CBRC Heilongjiang Office and the CNAO Harbin Resident Office, which introduced in detail the mode, operational features and comparative advantages of student loan business of CDB, and discussed with Heilongjiang Provincial Department of Education about the feasibility of carrying out the origin-based student loan and related work that needs to be specifically promoted and implemented.

CDB will strengthen the mechanism construction and mode innovation, and focus on tackling weak links, based on reality of fight against poverty and the main causes of poverty for the poor people, by combining with areas supported by poverty alleviation policy of CDB and loan models. More attention will be paid to the following aspects:

Firstly, signing cooperation agreements. CDB will active facilitate the signing of the *Memorandum on Cooperation for the Fight against Poverty in Heilongjiang Province with the Support of Development Finance during 13th Five-Year Plan Period* with Heilongjiang Provincial Government, to intensify the cooperation between the Bank and government in the field of poverty alleviation. The Bank will specify the fields, scope and concrete forms of the fight against poverty with the support of development finance, promote the establishment of joint coordination mechanism, strengthen high-level linkage and connection, make top-level design, and jointly promote the fight against poverty in the province.

Secondly, insisting on making a planning in advance. CDB will give full play to the advantages of experts and industry, and based on the work requirements in the preparation of Planning for Poverty Alleviation in Heilongjiang Province during "13th Five-Year Plan" period and local government poverty alleviation, assist the poor cities and counties to make investment and funding planning and design by preparing funding plans and formulating comprehensive financial service plans. According to the planned key areas to support, CDB will select poverty alleviation projects with good demonstration effects and high operability to build a reserve pool for poverty alleviation projects, and focus on them to track and develop in a coordinated manner.

Thirdly, establishing and improving the poverty alleviation mechanism. 1) CDB will promote the development of investment and funding entity at the provincial level for poverty alleviation and development. CDB will give full play to the role of investment and funding entity at the provincial level for poverty alleviation and development, and integrate all poverty alleviation projects of the province through the provincial-level platform, which is superior to municipal and county direct loans in terms of coverage, promotion efficiency and poverty alleviation. CDB will recommend to CPC Heilongjiang Provincial Committee and Heilongjiang Provincial Government to further determine the provincial-level unified department for poverty alleviation projects, establish a joint working mechanism, make clear the division of responsibilities, and coordinate the promotion of the unified loan project as soon as possible. Moreover, CDB will promote local governments to set up or consolidate the investment and funding entities for poverty alleviation in cities and counties, who can receive funds from the provincial-level investment and funding entity and implement specific projects. 2) CDB will establish a cooperation organization for poverty alleviation through development finance, and set up cooperation offices at provincial, municipal and county levels to conduct preliminary review, recommendation and supervision on local poverty alleviation and development projects. 3) CDB will improve the guarantee system, choose a government-led provincial-level guarantee company with strength and good credit as a credit enhancement agency to mitigate the risk of loans. The municipal and county governments may increase capital investment, enhance the guarantee capacity of local guarantee companies, and provide credit support. 4) CDB will establish a risk compensation sharing mechanism, promote the establishment of loan risk compensation funds at all levels of governments, and enhance the enthusiasm and safety of financial investment and social capital investment.

Fourthly, CDB will focus on the promotion according to different fields. In the field of major infrastructure, CDB will intensify cooperation with provincial authorities such as Heilongjiang Provincial Department of Transport and Heilongjiang Provincial Department of Water Resources in accordance with the principle of centralized resources and targeted development, and consider supporting the construction of major infrastructure in poor areas in the provincial-level unified loan mode. CDB will actively follow up the major infrastructure projects, such as campaign of poverty reduction and alleviation involving the construction of one million kilometers of rural roads and 100 major passageway projects, railway, road, aviation, inland waterway transportation, power production and supply, so as to ensure that all loans that should be granted were granted.

In the field of rural infrastructure, CDB will strengthen the connection with the cities and counties, and conduct in-depth investigations on the rural infrastructure needs of poor counties. According to the requirements on targeted poverty alleviation and targeted poverty reduction, CDB will mainly adopt the mode of "driving countries by cities", focus on supporting infrastructure projects that can contribute to the achievement of the objectives of "Two Ensures and Three Guarantees" (poor population should be guaranteed for food and clothing; children from poor families should be guaranteed for nine-year compulsory education; basic medical needs of poor population should be guaranteed; basic living conditions of poor population should be guaranteed), such as the roads at township level and below (including tourist roads with poverty alleviation functions, road projects conductive to improving traffic conditions in poor areas, and traffic barriers in poor areas), safe drinking water, environmental remediation, farmland infrastructure, tourism infrastructure, basic medical care and renovation of dilapidated houses in rural areas, and other projects that conform to the policy requirements of the province for integrating financial funds for rural development and conductive to improving infrastructure conditions of poor areas and accelerating the development of poor areas. CDB will also take the opportunity of integrating funds and resources of poor counties to promote the perfection of use mechanism of financial funds for rural development, provide loan support for rural infrastructure construction in poor counties, and focus on infrastructure projects in poor counties and village upgrading projects.

In the field of poverty alleviation through industrial development: CDB will promote poverty alleviation through industrial development by means of two paths, namely drive of leading enterprises and the "Four Platforms + Agencies" model (a model combining the management platform, the financing platform, the guarantee platform, the public information platform and the credit enhancement agencies) based on government cooperation, give play to the guiding role of leading enterprises, use market-oriented methods to build a variety of interest mechanism closely connected with poor households, and promotethe development of those industrial systems in the poor areas featuring market stability, obvious driving effect and long-term sustainable development. CDB will also facilitate the registered poor households who are able and willing to work to enhance self-development capabilities and willingness, so that they can participate in industrial development through various forms of production, operation or capital gains, form a relatively stable and sustained income, and achieve income increase and get rid of poverty. Firstly, CDB will give play to the driving role of "big leading enterprises" in the province, such as Beidahuang Group and Jilin Forest Industry Group, seize the opportunities of investment by big leading enterprises including Xiangyu Group and other high-quality enterprises fromother provinces, take into consideration poverty alleviation in the development layout of such enterprises, form a number of poverty alleviation projects in counties and districts with concentrated poor populations, reflecting the regional and industrial features of Heilongjiang. Secondly, CDB will fully tap the potential of "small leading enterprises" in various cities and counties, improve their ability to attract investment, give play to the linkage effect of industrial development to drive the development of infrastructure construction projects, and enhance the endogenous power of development in poor areas. Thirdly, CDB will actively support the projects where the borrowers or the loan users are farmer cooperatives, family farms or large agricultural professional enterprises, adopt the unified loan mode in the "Four Platforms + Agencies" model (a model combining the management platform, the financing platform, the guarantee platform, the public information platform and the credit enhancement agencies) to support poverty alleviation through industrial development. Fourthly, CDB will offer pilot poverty alleviation sub-loan service, select small- and medium-sized commercial banks that have standardized operation, good credit status and active willingness to offer poverty alleviation sub-loan service on the basis of effective prevention and control of risks.

Special Column: Case of Supporting Leading Agricultural Enterprises to Push Poverty Alleviation

CDB Heilongjiang Branch has taken full advantage of the intensive agriculture-related enterprises in Heilongjiang Province, injected poverty alleviation factors into the development layout of enterprises, and carried out financing cooperation with Heilongjiang Xiangyu Agricultural Products Co., Ltd. (hereinafter referred to as "Xiangyu Agriculture") according to the idea of utilizing leading enterprises to push poverty alleviation, and driven the registered poor households to be out of poverty in the form of employment agreements. In response to the features of business related to food supply chain, which has large demands for funds and strong periodicity, especially, strong demands for short-term loans for operating liquidity, CDB has increased the Group B credit of RMB 200 million Yuan to the Target Xiangyu Agriculture in 2016 and granted loan of RMB 150 million Yuan in 2017, to meet the needs of its daily production and business turnover, mainly for acquiring grains, buying food, seeds, fertilizers and fuel, and paying for logistics costs. Xiangyu Agriculture has promoted the development of upstream and downstream industry related to agriculture through the operation of the whole industry chain, and has driven economic development of more than 10 national and provincial poor counties such as Longjiang County, Tailai County, Gannan County, Fuyu County, Kedong

County and Baiquan County.

(I) Background. Xiangyu Agriculture is mainly engaged in the operation of agricultural whole industry chain and rooted in Heilongjiang. It is an integrated service provider for whole industry chain of grain, of which business scope covers upstream cooperative planting, seeds, fertilizer, cooperative association, mid-stream grain procurement and warehousing, logistics services, downstream trade and deep processing.

(II) Credit structure. This project was credited with RMB 200 million Yuan with a term of one year. The interest rate was 8% below the benchmark interest rate of the People's Bank of China for the same period. The shareholder of the Borrower, Xiangyu Agricultural Holdings Co. , Ltd. is Xiamen Xiangyu Co. , Ltd, which was a listed company and provided joint liability guarantee for the current principal and interest of RMB 200 million Yuan of working capital loans.

(III) Effect of poverty alleviation. Firstly, getting rid of poverty directly. Xiangyu Agriculture directly drove a certain number of registered poor households to get a job in accordance with the requirements of *Notice of the People's Bank of China on Establishing a Special Statistical System for Targeted Loan for Poverty Alleviation though Financial Supports* (Y. F. [2016] No. 185), and *Special Statistical System of National Development Bank for Poverty Alleviation Loans* (K. H. F. [2016] No. 488). Secondly, CDB promoted regional economic development. Xiangyu Agriculture has effectively promoted the regional economic development of more than 10 poor counties, relying on the advantages of its technology, resources and management, through the grain collection and storage, grain fertilizer, logistics and other food industry operations, thus driving 14. 7 million registered poor people within the region to get rich through labor.

In the field of poverty alleviation through education and health care, CDB will continue publicizing the business for origin-based student loans, loans for "two types of students who are surplus labor among poor families and failed to continue their studies at the beginning of middle and high school, loans for the construction of rural boarding schools and secondary vocational schools and loans for vocational training for the poor populations. CDB will strive to achieve breakthroughs as soon as possible and continue to promote the infrastructure construction of medical institutions at the county, township and village levels and the business for loans for medical equipment upgrade projects.

Report on the Progress of the Fight Against Poverty in Anhui Province with the Support of Development Finance

Anhui is a major agricultural province and one of the provinces with heavy poverty alleviation tasks. In April 2016, during the inspection tour in Anhui, General Secretary Xi Jinping made a special trip to Dawan Village, Huashi Township, Jinzhai County, and Xiaogang Village, Fengyang County, to investigate the situation of poverty alleviation. He stressed that it is necessary to insist on valuing ecological and environmental protection, make hard work and pay efforts to ensure that people will get rid of poverty, villages and counties will be out of poverty by 2020. CDB, guided by the spirit of important speech of General Secretary Xi Jinping during his visit in Anhui, has taken the Dabieshan Mountain Region and the North of Anhui Province as the main battlefield. CDB has undertaken a major political task and primary task for helping Anhui to fight against poverty, and adhered to the basic strategy of targeted poverty alleviation and targeted poverty relief. In combination with "Ten Works for the Fight against Poverty" in the *Planning for the Fight against Poverty in Anhui Province during 13th Five-Year Plan Period*, and actual conditions of the province, CDB has explored and formed the work ideas for the fight against poverty in Anhui Province with the support of development finance, including, alleviation requiring a change of attitude and the support of education, poverty alleviation solutions that combine sound rules and systems, funding, and knowledge transfer and technical assistance, and finance provincial programs for relocating poor populations, county programs for infrastructure development, and village programs for nurturing industrial development, and give financial support for poor students to pursue their studies. As of the end of 2017, CDB has accumulatively granted loans of nearly RMB 41 billion Yuan to the poverty alleviation projects in poor areas of the province, and issued various funds of RMB 18.7 billion Yuan for targeted poverty alleviation, which covered all key counties of poverty alleviation and development in the province, supported the fight against poverty and achieved positive results. It played a major role in the fight against poverty through development finance.

I. Major Achievements in Poverty Alleviation

Since CDB and Anhui Provincial Government took the lead in signing the first cooperation agreement between a bank and a provincial government in 1998, the parties have signed six rounds of cooperation agreements on development finance, provided various funds of over RMB 800 billion Yuan to Anhui in the form of investment, credit, bonds, leasing, securities, and carried out fruitful cooperation in areas, such as major infrastructure construction, new urbanization, renovation of shanty towns, poverty alleviation and other people's livelihood undertakings, and real economy development.

In August 2016, CDB and Anhui Provincial Government have signed the *Memorandum on Comprehensively Intensifying Cooperation on Development Finance*, which included poverty alleviation and development into the key cooperation areas of the parties during "13th Five-Year Plan" period, and specified to provide the total financing support of not less than RMB 30 billion Yuan for several poor areas in Anhui Province in the next five years. CDB Anhui Branch has focused on the major poverty alleviation project, and followed the work objectives of "Two Ensures and Three Guarantees" (poor population should be guaranteed for food and clothing; children from poor families should be guaranteed for nine-year compulsory education; basic medical needs of poor population should be guaranteed; basic living conditions of poor population should be guaranteed) and "One Close" (indicators of main areas of basic public services are close to the national average indicators), helped the economic and social development in Anhui Province, assisted poor areas to get rid of poverty and achieve the targeted coverage of "Four Programs" (financing provincial programs for relocating poor populations, county programs for infrastructure development, and village programs for nurturing industrial development, and giving financial support for poor students to pursue their studies) and "Five Fields".

(I) Overall responsibility by provincial government, and financing offered to support for the relocation project of poor population in Anhui Province

CDB has realized the loan commitment of RMB 14 billion Yuan for relocating the poor population in the mode of "unified loan and unified repayment" by the provincial-level investment and financing entity. CDB promised to give special construction funds of RMB 170 million Yuan for relocating the poor population. The credit of CDB covered 83,000 registered poor people who were relocated and 292,000 migrated people in Anhui Province. CDB has promoted the signing of a provincial government purchase service agreement, and completed the granting of loans in the amount of RMB 139 million Yuan and funds of RMB 0.53 billion Yuan.

(II) Practicing on regional promotion, formulating standards and systems and increasing supports for major infrastructures

CDB has offered credits of RMB 11.51 billion Yuan and granted RMB 863 million Yuan (including loans of RMB 647 million Yuan and special construction funds of RMB 216 million Yuan) for major infrastructure projects to build the backbone structure of infrastructure in poor areas, such as, Zhengzhou-Fuyang Railway Engineering, Road Revitalization and Development of the Lu'an Dabieshan Mountain Region, Fast Track for Poverty Alleviation Through Tourism Development in Dabieshan Mountain Region, all of which belonged to the campaign of poverty reduction and eradication involving the construction of one million kilometers of rural roads and 100 major passageway projects.

(III) Improving weakness, filling in the gaps and fully supporting the construction of rural infrastructure

Firstly, CDB has supported the construction of rural roads in poor areas. CDB promised to offer loans of RMB 4.248 billion Yuan for Rural Road Engineering Project in six rural counties (districts), including Lixin, Woyang, Linquan, Yingshang, Yu'an District and Jin'an District, granted loans of RMB 3.569 billion Yuan, and helped 1,399,700 rural people in poor areas (including 279,800 registered poor people) to enjoy open and unimpeded roads. Secondly, CDB has supported the construction of safe drinking water engineering in poor rural areas. CDB promised to offer loans of RMB 3.14 billion Yuan for Consolidation and Upgrading Engineering of Safe Drinking Water in 16 poor counties (districts), namely, Fuyang, Suzhou, Bozhou, and Lu'an etc., granted loans of RMB 1.76 billion Yuan, and helped 4,293,500 rural people in poor areas (including 462,000 registered poor people) to solve the difficulty in safe drinking water. Thirdly, CDB has supported the construction of water conservancy projects in poor areas. It promised to provide a loan of RMB 790 million Yuan to Jiangxiang Reservoir, one of 172 National Major Water Conservancy Project. Fourthly, CDB has supported post-disaster reconstruction and environmental remediation in poor areas. In response to circumstances, such as, frequent disasters, back into poverty as a result of disaster, and suffering poverty due to disasters. CDB has donated RMB1.23 billion Yuan to three projects, including the Post-Disaster Reconstruction for Damage Caused by "6 · 30" Catastrophic Flood in Jinzhai County, and realized the granting of funds to support post-disaster reconstruction in poor areas; and credited 2 billion Yuan for Jinzhai County Rural Environmental Improvement

Project and granted in full amount.

(IV) Implementing policies according to different category and linking the investment and loan to support industrial development in poor areas

Firstly, CDB has connected revenue and utilized photovoltaic projects to increase income. CDB has granted credits of RMB 400 million Yuan for Photovoltaic Poverty Alleviation Project in Lixin County, directly driven the registered poor household who was incapable to be out of poverty to increases the income and filled the gap of collective village economy, by establishing a linkage mechanism between projects and return on assets of poor villages and poor households. Secondly, CDB has promoted the development of the tourism industry according to local conditions. CDB promised to offer RMB 1 billion Yuan to "Beautiful Yuexi" Poverty Alleviation Project through Tourism Development, and granted loans of RMB 120 million Yuan. Moreover, CDB has integrated high-quality tourism resources of whole Yuexi County, improved the carrying capacity of regional tourism infrastructure, and effectively achieved the organic combination between ecological and environmental protection and industrial development, so that the poor people can get more benefits from ecological protection and construction. Thirdly, CDB has supported the development of industrial parks in poor areas. CDB has provided loans of RMB 200 million Yuan to support Jinzhai County Jintongtong Industrial Park Project, built 19 standardized factory buildings, attracted 40 enterprises to settle down, driven investment of about RMB 2.023 billion Yuan, and solved the employment of more than 2,000 local people, including about registered 400 poor people. Fourthly, CDB has given full play to the special development funds of CDB. It has offered the special construction funds of RMB 1.14 billion Yuan for projects in poor areas, such as, the construction of "Agriculture, Rural Areas and Farmers", enterprise relocation and transformation, industrial transformation and upgrading, etc., which were used as project capital to attract investment of nearly RMB 10 billion Yuan from social and financial capitals.

(V) Adhering to the principle that "all loans that should be granted are granted without missing", and utilizing education aids and employment assistance to block the intergenerational transmission of poverty

Firstly, CDB has further increased the support for student loans. In 2016, CDB issued origin-based student loans of RMB 1.174 billion Yuan, which benefited 151,000 poor students and accounted for more than 80% of the student loans in Anhui Province. Secondly, CDB has built platform to provide employment security for students who applied for loans. CDB cooperated with Anhui Provincial Department of Education and Anhui

Provincial State-owned Assets Supervision and Administration Commission to hold special job fairs to build an employment platform for students who applied for loans. It organized special job fair for college graduates in Anhui Province, who had family economic difficulties and employment difficulties, which attracted more than 1, 200 recruiting companies and provided nearly 40,000 jobs.

(VI) Filling in the gaps, making equal distribution and helping to achieve equalization of public services

Firstly, CDB has filled in the gaps and improved the medical service capacity in poor areas. CDB has taken Sixian County of Suzhou as a pilot to promote the construction of a three-level medical and health system in the provinces and counties. CDB has provided new credits of RMB 950 million Yuan to the three-level medical and health system service capacity project (county, township and village), and granted loan of RMB 600 million Yuan, which effectively improved the level of medical infrastructure in the region and solved the problem of poor people who were back to poverty due to illness.

Special Column: Exploring and Supporting the Capacity Upgrading Project of Medical and Health Service System at County, Township and Village Level in Sixian County, Anhui Province

The proportion of poverty caused by illness in Anhui Province reached 56.9%, which was higher than the national average. CPC Anhui Provincial Committee and Anhui Provincial Government attached great importance to poverty alleviation by providing better healthcare, and listed the projects for poverty alleviation by providing better healthcare in "Top Ten Projects for the Fight against Poverty" of Anhui Province and proposed to "implement standardization of medical and health service institutions in poor counties", including the construction of three-level medical and health service systems, such as county-level medical institutions, township health centers, and village clinics. CDB has focused on the hardware weakness in the three-level medical and health service system in counties, townships and villages in poor areas. According to the principle of "piloting first and then promoting", CDB has selected Sixian County, which has a good cooperation with CDB, as the first pilot area, to launch the Capacity Upgrading Project of Medical and Health Service System at County, Township and Village Level in SixianCounty.

(I) CDB has identified the pilot area guided by planning and systematic scheme. In order to take the lead in breaking through the poverty alleviation by providing better healthcare within Anhui Province, CDB Anhui Branch and Health and Family Planning Commission of Anhui Province signed the *Strategic Cooperation Agreement for the Construction of Medical and Health System at County, Township and Village Level in Anhui Province with the Support of Development Finance*, which stipulated that CDB will provide total funds of RMB 40 billion Yuan for three-level health care in the province. In accordance with the working principle of "unified management combined with independent management", CDB has actively promoted the unified loan project for enhancing capacity of three-level medical and health service system in Anhui Province, and submitted the *Report on Work Thoughts for Building Medical and Health System at County, Township and Village Level in Poor Areas in Anhui Province*; on the other hand, CDB has further interpreted the planning of medical and health service system in Anhui Province, and initiated Sixian County as a pilot project, which had strong demands for cooperation, huge construction significance, development weakness, and high project maturity.

(II) CDB has made mechanism of "planning and promoting by departments or regions" to seek the greatest common factor. On the one hand, CDB has visited the Health and Family Planning Commission of Anhui Province and the Municipal and District Health Committee on several occasions to understand the plans, weaknesses and policies for poverty alleviation by providing better healthcare, and make clear the task, route and process of poverty alleviation by providing better healthcare in accordance with the requirements of the networked business promotion mechanism of "planning and promoting by departments or regions"; On the other hand, CDB has strengthened the "promotion by regions, dispatched the poverty alleviation and finance specialists to take post temporarily in poor counties and districts, for in-depth publicity, planning and promotion of business, accurately propagandize the policies for financing for poverty alleviation by providing better healthcare, and strengthen connection communication.

(III) CDB has promoted project commitments according to local conditions and innovative modes. CDB has insisted on adapting to local conditions, innovated in financing mode and products, adopted the financing mode of "borrowing and procurement by county", selected Sixian County as the Borrower of the project, which was an investment and financing entity that has completed the market transformation, and promoted the mode of government procurement services in line with features of quasi-public welfare of medical and health projects. The efficient and professional work ability of CDB has been highly recognized by the leaders of CPC Suzhou Municipal Committee and CPC Sixian County Committee. CPC Suzhou Municipal Committee requested to promote the cooperation experience of Sixian Medical and Health Project within SuzhouCity and actively strived to get funds of CDB.

(IV) Work results. The implementation of this project can directly cover 47 registered poor villages, benefit about 41,000 registered poor people, with 10.25% of benefit rate of registered poor population, and achieve full coverage for improving weak links in three-level basic medical and health services (county, township and village) and two major areas (medical health and public health) in Sixian County. This project has achieved a good demonstration effect, and also explored the pilot experience for the enhancement unified loan project of following three-level health care capacity in Anhui Province.

Secondly, CDB has improved weakness and promoted the balanced development of educational infrastructure in poor areas. CDB has provided additional credits of RMB 1.39 billion Yuan for Improvement Project of Rural Compulsory Education School in TaihuCounty, Sixian County Education Balance Development Project, and Huoqiu County Education Balance Development Project, granted loans of RMB 972 million Yuan, and built 623 new school buildings. It improved the basic conditions for running compulsory education in poor areas and promoted the tilt of educational resources towards rural areas and poor areas.

II. Main Practices

(I) Adhering to the combination of organizational guarantee and institutional construction

Firstly, CDB Anhui Branch has established a Leading Team, with the president as the leader, for the purpose of assisting targeted poverty alleviation and targeted poverty relief in Anhui Province with the support of development finance, to timely study important directions, significant policies, major issues and key links; Secondly, the leaders of CDB Anhui Branch has led the team to publicize, plan and promote business in poor counties, and realized the visiting coverage of 20 national poor counties and concentrated contiguous destitute areas in Anhui Province. Thirdly, CDB has dispatched seven deputy division-level business backbones to Fuyang City, Suzhou City, Bozhou City, Lu'an City, Anqing City,

Chizhou City, and Yuexi County for exchanges, and appointed Poverty Alleviation Work Team to Fantan Village in Shucheng County to help the villagers, who provided ideas and planning, funding, and knowledge transfer and technical assistance to promote the project. Fourthly, CDB has done a good job in building a cooperation mechanism for poverty alleviation. CDB has established 28 cooperative leadership groups and cooperative offices. The effectiveness of the cooperative office mechanism has been initially demonstrated, and the role of development finance in poverty alleviation has been further highlighted. Fifthly, CDB has strengthened the overall work of poverty alleviation, sorted out the basis for poverty alleviation policies, and enhanced the pre-judgment of poverty alleviation work. Sixthly, CDB held regular meetings for debriefing by poverty alleviation specialists, and closely coordinated the front and rear contacts to promote experience sharing and enhance the pertinence, timeliness and coordination of the work.

(II) Adhering to combine the top design and the principle of moving steadily

Firstly, CDB has made planning ahead and taken the initiative to make deployment. CDB Anhui Branch has formulated the *Work Plan for Poverty Alleviation* and *Propagandistic Plan for Poverty Alleviation*. Under the guidance of the *Work Plan for Poverty Alleviation*, the Branch has promoted the work of poverty alleviation in an orderly and steady manner. CDB has made plans before taking actions, so as to increase the predictability and initiative of the work. Secondly, the Branch has conducted in-depth research and found the right direction. In line with the poverty situation and poverty causes in Anhui Province, the Branch has actively promoted the unified loan project for enhancing capacity of three-level medical and health service system in the province on the basis of supporting infrastructure, industrial development and post-disaster reconstruction in poor areas, formed and submitted to the leaders of Anhui Province the *Report on Work Thoughts of the Construction of Medical and Health System at County, Township and Village Level in Poor Areas in Anhui Province*, provided the Plan for solving poverty caused by illness; at the same time, it has vigorously promoted the balanced development of education, pushed the development of education in poor areas, and improved schooling conditions in poor areas to help to block the transmission of poverty.

(III) Adhering to the combination of detailed planning and regional promotion

CDB has followed the requirements of the networked business promotion mechanism of "planning and promotion by departments and regions", strengthened communication, publicity and development, found out policies, understood the demands, and sought the greatest common factor between customers and CDB. Taking the three-level medical system construction project as an example, on the one hand, CDB has strengthened the "planning by departments", visited Anhui Provincial Health Committee and the municipal and district health planning committees to understand the task, weakest link, route and process of poverty alleviation by providing better healthcare, and organized business departments to perform in-depth study on series documents for poverty alleviation by providing better healthcare at all levels; On the other hand, CDB has strengthened the "promotion by regions" and carefully selected politically competent and experienced departmental cadres as poverty alleviation financial specialists to work in poor counties, for in-depth introduction, planning and promotion of business, accurately propagandizing the financing policies for poverty alleviation by providing better healthcare, and enhancing connection communication. In combination with the "Five Plans, Two Opinions and Two Standards" for medical health development, CDB found out the financing needs, and did a good job in reserves for project development. Under the vigorous promotion of CDB, Suzhou Municipal Government has deployed the promotion of construction of three-level medical and health system within Suzhou City, and Lu'an Municipal Government issued the *Notice on Strengthening the Infrastructure Construction of Grassroots Medical and Health Institutions*.

(IV) Adhering to the combination of mode innovation, promotion and replication

Firstly, Capacity Improvement Project of Medical and Health Service at County, Township and Village Level in Sixian County has become the first project for poverty alleviation by providing better healthcare, which led to the replication of similar projects in Suzhou, Liushen City and some counties in Xiangyang, and further put in motion the development of health care projects in non-poor areas, represented by Bengbu. The Taihu Education Balanced Development Project promised in 2016 has been replicated in Lu'an, Suzhou and Fuyang. Secondly, CDB has built an effective project resource pool to provide support for supporting the sustainable development of poverty alleviation in Anhui.

(V) Adhering to the combination of poverty alleviation and prompting ambition

Firstly, CDB has promoted financing to foster endogenous motivation for poverty alleviation. CDB has propelled Yuexi County Government to issue the *Notice on the Relevant Matters Concerning the Beautiful Yuexi Tourism Poverty Alleviation Project*, strengthened the employment skills training for registered poor households based on project resources, increased the employment policy supports for the travel-related enterprises who employed poor households, and enhanced self-reliant and willingness of people in poor areas to dilute the "poverty consciousness". Secondly, CDB has provided targeted assistance and played a leading role. Working Team dispatched by CDB to Fantan Village has combined own resource advantages and industrial base of Fantan Village, integrated the status quo of capable brains and big enterprises and the entrepreneurial opportunity of youth returning to the countryside, found the industry positioning, helped the village collectively to set up the company, built a platform, fully utilized the leading role of capable brains and big enterprises, enhanced the subjective initiative of poor households, driven villagers to increase their income and given impetus to collective economic growth.

(VI) Adhering to the combination of Party building and business development

Firstly, CDB Anhui Branch has closely focused on the "Two Studies and One Action"" (the education campaign asking all Party members to study the Party Constitution and rules, as well as remarks made by General Secretary Xi Jinping of the CPC Central Committee and to become qualified Party members) and the task of local government in the fight against poverty, and organized CPC Branch and CYL Committee to carry out the branch construction and donation activities in the poor areas under the leading of President of CDB Anhui Branch. It carried out "five featured programs of poverty alleviation" (alleviating poverty by means of fostering distinctive industries, advancing relocation, ecological restoration, strengthening education and improving social security), donated "family exchange room" to village-run primary schools and kindergartens, and enhanced the sense of mission and responsibility of the employees of CDB Anhui Branch to assist in the fight against poverty. Secondly, CDB has further increased the efforts of poverty alleviation driven by Party building, cooperated with CPC Anhui Provincial Committee Organization Department to donate Party membership dues of RMB 1. 5 million Yuan collected by CDB Anhui Branch, to support the five national poor counties, namely, Jinzhai, Shucheng, Yuexi, Taihu and Sixian, which were used to build venues for activities of the local grass-roots Party organizations, updating educational facilities for Party members, allocating educational equipment and books for Party members, and conducting training on poverty alleviation. Thirdly, CDB Anhui Branch has enhanced publicity efforts for poverty alleviation. CDB has compiled and distributed on a regular basis the *Briefing for Poverty Alleviation* and copied to CPC Anhui Provincial Committee and relevant departments of Anhui Provincial Government. Anhui Provincial Poverty Alleviation and Development Office also forwarded the first *Briefing for Poverty Alleviation* of the Branch in Anhui Province. The fight against poverty in Anhui Province with the support of development finance appeared in related media and platforms of the provinces, cities and counties. Nearly 10 press releases have been made in mainstream media such as *Anhui Daily*, Xinhua. net and *Jianghuai Times*.

CDB will further increase its efforts to support the fight against poverty in

AnhuiProvince.

Firstly, CDB will actively adapt to policy changes and innovate in funding models for poverty alleviation business. Focusing on the new papers and new policies issued by the State newly, CDB will timely carry out the relevant interpretation and training, and meanwhile, do a good job in the mode innovation for the cooperation between bank and government. The Bank will promote the franchise pilots of capacity enhancement project for medical and health care service and education service, explore the multi-funding model in poverty alleviation and development, promptly summarize experience, promote cases, and strive to achieve promotion and replication in various fields during the year.

Secondly, CDB will continuously strengthen project planning, promotion and development. 1) CDB Anhui Branch will fully implement the Strategic Cooperation Agreement signed with the Health and Family Planning Commission of Anhui Province, and combined the "Three Medical Reforms" (medical care, medical insurance and medicine) with the municipal medical treatment partnerships, to promote the development of the three-level medical and health system in the province. 2) CDB will continue to do a good job in the development evaluation of major poverty alleviation projects, such as the Project for Leading Water from Yangtze to Huaihe River, and PPP project of Level 1 Provincial Highway 307. 3) CDB will conduct in-depth planning on projects of poverty alleviation through industrial development. While continuing to promote poverty alleviation through development of supporting industries with government investment, such as poverty alleviation through tourism development, poverty alleviation through photovoltaic industry, and programs for relocating the poor populations, the Bank will actively explore poverty alleviation through development of parks, and poverty alleviation through employment driven by large enterprises. 4) CDB will actively promote the development of distinctive small towns integrating production, city, people and culture in poor areas, and advance the promotion of poor villages with the development of distinctive small towns. 5) CDB will further promote the balanced development of the areas and structures of poverty alleviation and development business to achieve the two full coverage goals of the poor areas and "Five Major Categories".

Thirdly, CDB will effectively use the cooperation institutions and cooperative organization management system for poverty alleviation and development business. 1) It will utilize financing to promote the establishment of "Cooperation Leadership Group for the Fight Against Poverty through Development Finance", and "Cooperation Office for the Fight Against Poverty through Development Finance, at the provincial, municipal and county levels"; 2) It will further play the pragmatic and long-term full-cycle role of the cooperative institutions and cooperative organizations.

Fourthly, CDB will do a good job in the development of demonstration sites for targeted poverty alleviation with the support of development finance in Jinzhai County. Jinzhai County, Anhui Province has stood out from 832 national key counties of poverty alleviation and development, and concentrated contiguous destitute areas, and has been identified as one of the eight demonstration sites for targeted poverty alleviation with the support of development finance. CDB will continue to bring into play the advantages of development finance, seek practical innovation in the funding mode, supporting areas, product services and other fields, strengthen the cultivation and development of demonstration sites, and build the county as a famous and reliable model for targeted poverty alleviation with the support of development finance.

Report on the Progress of the Fight Against Poverty in Fujian Province with the Support of Development Finance

The" 13th Five-Year Plan" period is a crucial period for Fujian to intensify reform and opening-up and accelerate the transformation of economic development mode, the decisive period for building a moderately prosperous society in all respects, and also a difficult period for the poverty alleviation and development. Solving the problem of poverty alleviation for the poor has been of important strategic significance for accelerating the economic construction of FujianProvince and achieving the goal of building a moderately prosperous society in all respects. In order to implement the decisions and plans made by CPC Central Committee and the State Council, and support the province to win the fight against poverty, CDB has given play to the functions and roles of development financial, taken the initiative to conduct in-depth research, understood the needs of the people for livelihood, seized the opportunity, publicized policies, designed plans, and actively contributed ideas. CDB has done a good job in the fight against poverty in the province with the support of development finance during 13th Five-Year Plan period, and helped the province to achieve its goal of building a moderately prosperous society in all respects.

I. Current Poverty Situation in Fujian Province and Overall Goal of Fight Against Poverty

With abbreviated name of" Min", Fujian is located on the southeast coast of China, adjacent to Zhejiang, Jiangxi, and Guangdong, and facing Taiwan across the sea. It has jurisdiction over 9 districts and cities, such as Fuzhou, Xiamen, and Pingtan Comprehensive Experimental Zone. It has a permanent population of 38.39 million. Fujian has a geographical feature of nearby the mountain and the sea, and 90% of the land area of Fujian is mountainous and hilly, known as" eight mountains, one water and one penny farmland". During the "12th Five-Year Plan" period, while vigorously promoting comprehensive economic and social development, the province insisted on the poverty alleviation and development as an important task, continued to increase policy support and work promotion, driven accelerated development in poor areas, and enabled the poor people to increase incomes and get out of poverty. By the end of 2015, the number of poor people in the province had decreased from 1.4 million in 2010 to 452,000, and the incidence of rural poverty fell from 5.42% to 1.65%. The illness-caused poverty, re-poverty caused by illness, re-poverty caused by accidents and labor shortages are prominent in poor areas of the province. The province is also weakened by poor industrial competitiveness, thin foundation, and limited government financial resources. As of the end of 2017, there were still 23 provincial-level key counties subject to poverty alleviation, 2201 poor villages, and 4,286 poor populations in the province have not yet been lifted out of poverty.

II. Supporting the Fight Against Poverty in Fujian Province

CDB has given full play to the role of development finance, adhered to the poverty alleviation solutions that combine sound rules and systems, funding, and knowledge transfer and technical assistance and work ideas of "Four Programs" (financing provincial programs for relocating poor populations, county programs for infrastructure development, and village programs for nurturing industrial development, and giving financial support for poor students to pursue their studies). CDB has vigorously supported the province to win the fight against poverty and promote the economic, social, healthy, coordinated and rapid development of the province. In 2016, CDB Fujian Branch was awarded the top one prize among key poverty alleviation financial institutions for supporting the poverty alleviation in the banking system of the province.

(I) Actively offering advice and suggestions and providing services of knowledge transfer and technical assistance

CDB has taken advantage of the planning first, and actively researched and promoted the mode of "overall responsibility by provincial government". On September 30, 2015, CDB Fujian Branch submitted to Fujian Provincial Government the *Opinions on the Fight against Poverty in Fujian Province with the Support of Development Finance*. Since then, it has actively assisted and solidly promoted the construction of provincial-level investment and funding entity for poverty alleviation and development. In December 2015, CDB has submitted the *Report on the Proposal for the Establishment of Provincial-Level Investment and Funding Entity for Poverty Alleviation and Development and Related Matters* to Fujian Provincial Government; in the same month, it again delivered the *Proposal for Investment and Funding Entity for Poverty Alleviation and Development and Project Financing in Fujian Province* to Fujian Provincial Government; At the same time, it actively communicated with Fujian Provincial Department of Finance, Fujian Provincial Development and Reform Commission, Fujian Provincial Department of Agriculture and other relevant departments of Fujian Province, and promoted Fujian Province to promulgate the *Management Measures for the Relocation of Poor Population in Fujian Province*, to clarify key issues such as the procurement subject of government procurement services for provincial-level relocation projects, rationalized the working mechanism of the provinces and counties, and sought a new pattern of scientific development in poor areas. In addition, the Branch also actively intensified cooperation with Fujian Provincial Development and Reform Commission, Fujian Provincial Department of Agriculture and other units to carry out the systematic financing plan for the fight against poverty, and completed the *Systematic Funding Planning for the Fight Against Poverty in Fujian Province during 13th Five-Year Plan Period*, which is the first "systemic financing plan" for banking institutions to fight against poverty.

(II) Close communication between the bank and enterprise and building the consensus of cooperation

In May 2016, witnessed by the main responsible officers of CPC Fujian Provincial Committee and Fujian Provincial Government, CDB Fujian Branch signed the *Memorandum on Cooperation for Supporting the Fight against Poverty in Fujian Province*, with Fujian Provincial Poverty Alleviation and Development Office, as well as *Memorandum on Cooperation for Building Sanming City as National Pilot City for Poverty Alleviation Reform*, with Sanming Municipal Government. In the first half of 2017, the Branch successively issued a *Notice on Printing and Distributing the Action Plan for Rural Poverty Alleviation Project through Tourism Development in Fujian Province* with Fujian Provincial Tourism Administration and Fujian Provincial Development and Reform Commission, and jointly forwarded with Fujian Provincial Forestry Department the *Notice on Further Promoting Forestry and Ecological Progress by Development Finance and Policy Finance* (F. G. N. J. [2017] No. 140), explored new modes for poverty alleviation through tourism development and ecological forestry development, and continuously consolidated cooperation consensus.

(III) Playing a pioneering role in helping to promote the program for relocating the poor population

In June 2016, CDB has granted a credit of RMB 2.975 billion Yuan to Fujian Provincial Poverty Alleviation Company for relocating the poor populations in Fujian Province during "13th Five-Year Plan" period, and taken the lead in realizing the fund guarantee for relocating the poor populations in Fujian Province during "13th Five-Year Plan" period. As of the end of 2017, CDB has invested special construction funds of RMB 130,946 million Yuan, issued special loans (discount) of RMB 531 million Yuan for relocating poor populations, and successfully completed the discount loan plan for relocating poor populations in FujianProvince in 2016 and 2017. Special funds and (discount) loans of CDB covered 54 counties in Fujian Province, which benefited more than 29,000 state-level poor people and helped to win the fight of relocation of poor population. At the same time, CDB has actively supported the synchronous resettlement of the Program for Relocating Poor Population, and promised to provide funds of RMB 2.7 million Yuan for Fuding City Benefiting Project, which benefited the simultaneous relocation of 85,000 people, and solved the problem of simultaneous resettling and poverty alleviation of the provincial-level and the state-level poor population.

Special Column: Focusing on the Development of Follow-up Industry and Helping Local Employment of Relocated People

With a total land area of 2,975km^2, Zhangping City is located in the southwestern of Fujian Province. At present, Zhangping City has about 280,000 people and a jurisdiction over 8 towns, 6 townships, 2 sub-district offices, 174 administrative villages and 25 neighborhood committees. Zhangping City is a former Central Soviet Area. The wood and bamboo industry is the pillar one for the economic development of the City, and it is also an important starting point for pushing forward the fight against poverty.

Since 2016, in the process of serving Fujian Province to win the fight against poverty, CDB has always given high priority to the development of poverty alleviation through production, actively studied the specific measures to support the poverty alleviation through industrial development, and especially focused on the industrial development after the relocation of poor population. On the basis of full connecting with the local government, CDB has taken the lead in the development and cultivation of Wood and Bamboo Industrial Park in Zhangping City to help the employment of relocated people. This project is surrounded by concentrated resettlement sites for relocating poor populations in townships and villages, such as Wuci, Lingdi, Nanyang and Guantian, involving a total of 726 state-level and provincial-level poor households with 2,162 people. This project had a capital of RMB 156 million Yuan and applied for loan of RMB 177 million Yuan from CDB. After this project is completed, it is expected to attract about 15 enterprises for processing 198,000m^3 of wood and processing 20,000t of bamboo. The total output value will reach RMB 2.8 billion Yuan. With an annual profit of RMB 420 million Yuan, it will bring 500 direct jobs and 1,500 indirect jobs. After the completion of this project, the Industrial Park Management Committee will sign an employment agreement with some of the poor people in the nearby concentrated resettlement sites for relocating poor population. At the same time, the local government requires the enterprises that settled down in Wood and Bamboo Industrial Park to sign an assistance agreement or employment contract, so that the displaced people can be given with job and income, and the surrounding poor people can increase income and be lifted out of poverty, and the construction and development of poor villages can be promoted. The implementation of this project will also stimulate the integration and development of the handicraft industry, agriculture, tourism and other industries in surrounding villages, and form an industrial development trend with high correlation and strong concentration, which is conducive to promoting the development of the local county economy and driving the people out of poverty.

CDB has innovatively explored a construction mode of industrial park that combined "Distinctive Industry + Ecological Progress", and followed the promoting way of "Industry Park Management Committee + Settled Enterprises + Relocation of the Masses" to support the development of the wood and bamboo industry in Zhangping City to ensure the relocated masses can move out, live stably, and get rich", and realize the idea of "carrying relocation according to the industry, promoting the urban development by relocating, and integrating the industry and ". CDB has put the industrial development in a more prominent position, and achieved stable poverty alleviation in the true sense.

(IV) Preferential credit support to enhance the development momentum of poor areas

By the end of 2017, CDB has cumulatively granted on-balance sheet loans of RMB 29.

597 billion Yuan to 23 provincial-level key counties of poverty alleviation, and distributed total special construction funds of RMB 3. 338 billion Yuan, of which RMB 3. 62 billion Yuan was issued in 2017, and the loan balance was RMB 17. 476 billion Yuan, which were used to support village roads, safe drinking water, education and health, modern agriculture and other projects to help poor areas to accelerate poverty alleviation and to enhance the endogenous development momentum in poor areas.

(V) Grasping the distinctive industry and actively innovating in the financing mode

CDB has closely combined the resources of Fujian Province, focused on the development of follow-up industries after relocating poor populations, and poverty alleviation through the tourism development, explored new ways of poverty alleviation through the industrial development, and supported the transformation from subsidized poverty alleviation to development-oriented poverty alleviation. Since 2016, CDB has cumulatively granted total loans of RMB 2. 143 billion Yuan for targeted poverty alleviation through industrial development, and utilized industrial projects to help and create jobs for the poor population. In addition, CDB has proactively served the ecological progress in FujianProvince, positively explored the implementation of poverty alleviation through ecological forestry development, and submitted to Fujian Provincial Government the *Work Plan for the Ecological Forestry Development with the Support of Development Finance* for the instructions and approval. CDB has also cooperated with Fujian Provincial Development and Reform Commission and other units to forward the *Notice on Further Utilizing Development and Policy Finance to Promote Ecological Forestry Development*; CDB has gone to the site together with Fujian Provincial Forestry Department, innovated in the mode to support the construction of the reserve forest poverty alleviation project, and promoted Nanping Reserve Forest Poverty Alleviation Project through the mode of "PPP + Municipal Risk Reserve Mechanism + Insurance". Moreover, CDB has granted credits of RMB 17 billion Yuan, which was expected to provide more than 1,000 jobs for poor forest farmers, and help poor forest farmers to get rid of poverty and increase income.

Special Column: Poverty Alleviation through Ecological Forestry Development in the Fight against Poverty in FujianProvince with the Support of Development Finance

On May 12, 2016, CDB has held a high-level joint meeting with Fujian Provincial Government and signed the *Memorandum on Comprehensively Intensifying Development Finance Cooperation during the 13th Five-Year Plan Period*. At the joint meeting, CDB Fujian Branch has signed Memorandum of Cooperation with Fujian Provincial Poverty Alleviation and Development Office, Fujian Provincial Finance Office and Sanming Municipal Government in the aspect of supporting the fight against poverty, development of green finance and the construction of Sanming National Poverty Alleviation Reform Pilot Zone, on the basis of the strategies of fight against poverty, implementing the eco-provincial strategy to accelerate the ecological progress, and building the national pilot zone for poverty alleviation, which clearly stipulated to intensify the cooperation between the bank and the enterprise, exert the role of development finance and achieve mutual integration and common development.

In May 2017, General Secretary Xi Jinping made important instructions on the reform of the collective forest tenure system in Fujian Province, required that Fujian should take the opportunity of the National Ecological Progress Pilot Zone to continue to intensify the reform of the collective forest tenure system, better realize the organic unity of beautiful ecology and prosperous people, and make greater achievements in promoting green development and ecological progress. CDB has actively implemented the instruction of General Secretary Xi Jinping in the reform of the forest tenure system in Fujian Province, served the ecological progress in Fujian Province, further promoted the development of forestry finance, and carried out innovative models to perform poverty alleviation through ecological forestry development. Firstly, CDB has strongly supported the construction of key areas of national reserve forest and poverty alleviation through ecological forestry development in Fujian Province by relying on the top-level promotion, Fujian Province is the first national ecological progress pilot zone in China and takes the lead in promoting the intensified reform of the collective forest tenure system. In order to play a leading role of the development finance, innovate in the forestry investment and financing mechanism and help Fujian to build into Demonstrative Province for supply-side structural reform of the forestry industry and poverty alleviation through ecological forestry development, in July 11, the State Forestry Administration, the Fujian Provincial Government and CDB have signed the *Cooperation Agreement on Jointly Promoting Intensified Reform of Collective Forest Right System in Fujian Province*, and clarified the intention financing amount was RMB 60 billion Yuan. Secondly, CDB utilized projects to drive the reform of the collective forest rights system. CDB has fully studied the role of development finance in the construction of ecological progress pilot zone, and submitted to Fujian Provincial Government the *Report on Further Utilization of Development Finance to Promote Ecological Forestry Development*, and cooperated with Fujian Provincial Development and Reform Commission and other units to forward the *Notice on Further Utilization of Development Finance and Policy Finance to Promote Ecological Forestry Development*. CDB has gone to the site together with Fujian Provincial Forestry Department, and promoted the review on Nanping City Reserve Forest Ecological Poverty Alleviation Pilot Project through the mode of "PPP + Municipal Risk Reserve Mechanism + Insurance". CDB has signed with Nanping Municipal Government the Cooperative Agreement on Jointly Promoting Nanping Ecological Pilot Zone and National Reserve Forest Construction Project, with an intentional financing amount of RMB 17 billion Yuan. It is expected to provide more than 1,000 jobs for poor forest farmers, and help poor forest farmers to get rid of poverty and increase income. In addition, CDB and Fujian Provincial Forestry Department and other units actively developed and cultivated forestry ecological construction projects in Sanming and Longyan, and served Fujian Province to continue to promote new achievements in forestry ecological poverty alleviation and make new achievements.

(VI) Expanding origin-based student loans to help poor students to enter the university

CDB Fujian Branch has piloted the student loan business since 2014. By the end of 2017, CDB Fujian Branch has signed Student Loan Cooperation Agreement with 35 counties and districts in Fujian Province, and carried out student loan business in 17 counties and districts (including 7 provincial poor counties). It has cumulatively issued total origin-based student loans of RMB 133 million Yuan, supported total of 18,433 poor students to realize dreams of studying in university, which effectively blocked the intergenerational transmission of poverty, further improved the rate of getting student loans in Fujian Province, and played a role as ballast in promoting fair and equitable education and supporting poverty alleviation through education supports.

(VII) Strengthening talent support and enhancing support with knowledge transfer and technical assistance

CDB Fujian Branch has improved the long-term mechanism for poverty alleviation and development by means of "external assignment and introduction", dispatched five cadres to the local government departments for taking temporary posts, and accepted four local cadres for exchange at the Branch. It also selected and dispatched 23 cadres to 23 provincial-level key counties of poverty alleviation and development for exchanges, who played the role of propagandists, planners and liaisons, helped local governments to clarify development ideas especially through planning and consulting services, made clear development goals, and constantly developed bridges between CDB and local governments. The Branch has actively participated in the 2017 Poverty Alleviation Project with Contributions of Youth People and Plan Competition in Fujian Province. Among 989 participating projects in the province, "Zhangping City Wood and Bamboo Industrial Park Project" and "Special Program of Poverty Alleviation Finance Specialist" recommended by the Branch have been awarded the First Prize in the group of plan for poverty alleviation through industrial development and plan for poverty alleviation through talent support. The Branch won the most awards and top prizes.

CDB will always take supporting the fight against poverty as a key task at present and in the future. By strengthening communication, promoting connection, and focusing on implementation, the Bank will serve Fujian Province to promote the fight against poverty in a systemic manner and help the province to consolidate and reinforce the results of poverty alleviation.

Firstly, CDB will make great efforts to consolidate the results of poverty alleviation and accelerate the relocation of poor populations. CDB Fujian Branch will continue strengthening coordination with Fujian Provincial Department of Finance, Fujian Provincial Office of Poverty Alleviation and Fujian Provincial Development and Reform Commission, communicate and implement the 2017 Special Loan Plan for Relocation of Poor Populations, and accelerate the counties (cities, districts) that meet the conditions, to use special discount loans. CDB will support local governments to strengthen the implementation of centralized resettlement, and used loan funds to support the construction of infrastructure and supporting public service facilities in centralized resettlement areas and improve the production and living environment of the relocated people. In addition, on the basis of consolidating the effectiveness of the cooperation in simultaneous relocation loan for relocating poor populations of Fuding City, CDB will continue to support and promote the simultaneous relocation and construction of demolition and reclamation in other counties (cities, districts), and impel the effective relocation of poor populations.

Secondly, CDB will focus on stabilizing poverty alleviation and vigorously support poverty alleviation projects through industrial development. 1) CDB will give full support to poverty alleviation through ecological forestry development, and enhance the driving force of industrial development for poverty alleviation. On July 11, 2017, CDB has signed *Cooperation Agreement for Jointly Promoting the Reform of the Collective Forest Right System in Fujian Province* with the State Forestry Administration and Fujian Provincial Government, to speed up the connection with local governments. The Bank will give priority to promote the review commitment for Nanping Reserve Forest Project, create pilot projects, form a model that can be replicated and promoted, help the province to fight against poverty and assist in green finance development. At the same time, CDB will achieve new breakthroughs in the review on projects for poverty alleviation through ecological forestry development in Sanming, Longyan and Yongding, build a mechanism for poverty alleviation through scientific development, encourage and support leading enterprises to drive the registered poor people to increase income by arranging their employment and signing assistance agreements with them, and enhance the contribution to poverty alleviation and development, economic development and ecological progress. 2) CDB will vigorously support poverty alleviation through tourism development and improve the precision of poverty alleviation through industrial development. CDB will enhance the internal and external linkage to form a resultant force. CDB will strengthen communication with Fujian Provincial Tourism Development Committee and other departments, publicize the relevant policies of CDB on supporting the projects of poverty alleviation through tourism development, and intensify the linkage between the parties in planning cooperation and project planning. CDB will also intensify interaction with local governments, explore local resources efficiently, and actively build various poverty alleviation projects through tourism development, such as those relying on scenic spots, rural tourism, and infrastructure upgrading. CDB will expand the coverage of poverty alleviation projects through tourism development. First of all, CDB will actively explore and promote the planning of one or several quality routes for rural tourism base on counties, assist in achieving "tourism + poverty alleviation" to turn the scenery into the money. The project plan will highlight the advantages of rural natural resources, with the aim of creating rural vacation products including agritainment, fishing entertainment, animal husbandry entertainment, leisure farms and forest families, etc., and building a group of rural tourist attractions featured by natural scenery, beautiful villages and traditional houses. In the second place, CDB will actively promote the close integration of agriculture and tourism, and form a featured agricultural industrialization system integrating planting, sales and tourism, so that targeted poverty alleviation through tourism development can be "transformed and upgraded". Finally, based on the features of "small and scattered" rural tourism projects, CDB will focus on developing projects of poverty alleviation through tourism development, including "tourism infrastructure + industry + poor households", support the development of new scenic spots or transformation of original scenic spots, improve the infrastructure and public services of distinctive towns, and upgrade the infrastructure in key villages along the major routes of poverty alleviation projects through tourism development, so as to help make up the weak areas of tourism development, and drive the development of tourism industry, poverty alleviation and income increase.

Thirdly, CDB will focus on financial innovation and continue to make up weakness in poor areas. 1) According to the relevant requirements of the *Opinions on Supporting Poverty Counties to Carry out the Integrated Use of Financial Funds for Rural Development*, CDB will explore the establishment of an innovative financing mechanism that takes financial funds for rural development as a source of repayment, focus on the development of infrastructure construction projects and public service improvement projects for poor villages where the registered poor populations were concentrated, such as village roads, safe drinking water, and environmental remediation. 2) CDB will actively promote the PPP model, especially strengthen policy publicity for 23 provincial key counties of poverty alleviation and development in the province, and actively support the development of public welfare and quasi-public welfare PPP projects. It will explore the use of TBOT and ROT models to revitalize the stock operation assets, to alleviate the debt burden of local governments, to free up funds for the construction of key livelihood projects, and to improve the production and living conditions in poor areas comprehensively.

Fourthly, CDB will focus on the fundamental point of poverty alleviation and expand the coverage of poverty alleviation through education support. CDB will cooperate with Fujian Department of Education and Fujian Provincial Student Financial Assistance Center to jointly promote the student loan business. Focusing on the provincial poor counties and the former Central Soviet districts and counties, CDB will further expand the benefits of the student loan business, especially strengthen the publicity and education on registered poor students and pre-application coverage, and ensure that every poor student can enjoy fair access opportunity to student loans. CDB strives to promote the full coverage of student loan business in the 23 provincial key counties of poverty alleviation and development, and achieve full coverage of student loan business in all counties and districts in 2018. CDB will vigorously promote the counties and districts that have signed county-level cooperation agreements to launch the student loan business as soon as possible, to support the program for giving financial support for poor students to pursue their studies and to effectively block the intergenerational transmission of poverty.

Report on the Progress of the Fight Against Poverty in Jiangxi Province with the Support of Development Finance

From 2016 onward, CDB has always kept in mind and undertaken the mission of fight against poverty, constantly researched new situations and new issues, planned new ideas and new methods, and helped the Province to create a new situation of fight against poverty. Based on the situation of the province and features of CDB, CDB has intensified its understanding, implemented its goals, strengthened its role, and focused on the poverty alleviation solutions that combine sound rules and systems, funding, and knowledge transfer and technical assistance, and working concept of "Four Programs" (financing provincial programs for relocating poor populations, county programs for infrastructure development, and village programs for nurturing industrial development, and giving financial support for poor students to pursue their studies). CDB has given full play to the role of development finance in promoting the fight against poverty, and cumulatively promised to offer loans of RMB 96.2 billion Yuan for poverty alleviation and granted loans of RMB 34.6 billion Yuan. CDB has innovated the mode, taken the initiative in the fight against poverty and has been highly recognized by CPC Jiangxi Provincial Committee and Jiangxi Provincial Government. The Deputy Secretary of CPC Jiangxi Provincial Committee has given written instructions in the relevant report submitted by CDB Jiangxi Branch, indicated that the Branch had clear view of overall situation with high political standing and particularly made active response to serve the green rise of the province, brought prosperity to Jiangxi Province and benefited people in the province with laudably attempts. Jiangxi Department of Agriculture and Industry, and Jiangxi Provincial Poverty Alleviation and Development Office made full use of financial credit advantages of CDB to serve economic and social development, "agriculture, rural areas, and rural residents" and overall situation of fight against the poverty in the province. Deputy Governor of Jiangxi Provincial Government commented that "CDB Jiangxi Branch has done a lot of fruitful exploration in the fight against poverty of the province, achieved remarkable results and made positive contributions".

I. Strengthening the Service of Knowledge Transfer and Technical Assistance and Creating a New Situation in Scientific Development

(I) Going to grass-root poor areas and planning for poverty alleviation

CDB has focused on the concentrated contiguous areas in Luoxiao Mountain Range, and the former poor counties in the former Central Soviet Area. The leaders of CDB Jiangxi Branch led the team to the grassroots level, visited the poor people and investigated the actual situation, and made visiting and the investigational study on a total of 50 national and provincial poor counties. The main responsible of CDB Jiangxi Branch visited 24 national poor counties and more than 70 poor villages in Jiangxi Province during the weekends, and went to the poor areas in the former Central Soviet Area in southern Jiangxi for 11 times. Through discussions with cadres at all levels of the county and villages, CDB understood the current situation of poverty, the causes of poverty and the difficulties, jointly studied the policies of the Central Government for poverty alleviation through financial support, and planed the way and path for the fight against poverty.

(II) Dispatching the poverty alleviation specialists for providing talent support

CDB has dispatched 9 key business staffs with excellent thinking style and outstanding business quality to go to six cities, i. e., Ganzhou, Ji'an, Fuzhou, Shangrao, Yichun and Jiujiang as poverty alleviation financial specialists, who played the role of propagandists, planners, liaison and fighter, publicized poverty alleviation policy, promoted the planning for poverty alleviation, and pushed forward poverty alleviation projects. They have achieved good results and have been affirmed and welcomed by local governments.

(III) Adhering to planning and guidance and innovating in funding mode

After the mobilization meeting for the poverty alleviation and development in December 2016, CDB Jiangxi Branch submitted to CPC Jiangxi Provincial Committee and Jiangxi Provincial Government the *Report on Comprehensively Promoting the Fight against Poverty in Jiangxi Province*, the *Proposal for the Establishment of Financial Subject for Poverty Alleviation and Development and Financial Plan for Jiangxi Province*, the *Proposal for Financial Plan for Relocating Poor Populations in Jiangxi Province* the 13th Five-Year Plan Period, and other reports, which were affirmed by the provincial leaders. Focusing on the weak links in the fight against poverty in Jiangxi Province, CDB Jiangxi Branch took the initiative to submit a Financing Plan to Jiangxi Provincial Government, which specified to apply surplus credit funds to the construction of infrastructures in poor villages of Jiangxi Province, which received positive response from the provincial government leaders. CDB has prepared the Financial Planning for the Fight Against Poverty in Jiangxi Province during the 13th Five-Year period and Development Planning for Oil-tea Camellia in Ganzhou City, and guided the targeted poverty alleviation through scientific planning. CDB has cooperated with relevant departments to design a specific financing plan, fully relied on the credit advantages of provincial-level investment and financing entity, innovated in the financing modes for program for relocating poor populations in Jiangxi Province, water supply integration, sewage pipe network, and reconstruction projects of national and provincial roads, and supported the poverty alleviation development projects of Jiangxi Province in batches.

(IV) Conducting business training to improve the competence

CDB has jointly organized with Jiangxi Provincial Poverty Alleviation and Development Office to hold the Training Meeting on Poverty Alleviation and Development with the Support of Development Finance that was attended by leaders of 28 poor counties of the province, hold a Symposium on Targeted Poverty Alleviation though Development Finance with PBC Nanchang Central Branch, and nine forums for cadres dispatched by central state organs and national ministries and commissions to 15 national poor counties of the province, to publicize the poverty alleviation and development policies, introduce the methods and measures for fight against poverty with support of development finance, and improve the understanding of local governments in poor areas towards the policies for the fight against poverty.

II. Focusing on Cooperation in Sound Rules and Systems and Highlight New Advantages in Poverty Alleviation and Development

(I) Matching with government needs and reaching a consensus on cooperation

CDB has strengthened communication and contact with governments at the provincial, municipal, and county level, matched financing needs and built cooperation mechanisms. CDB has concluded a Memorandum on Comprehensive Intensified Cooperation with Jiangxi Provincial Government during the 13th Five-Year Plan period, which involved financing of

RMB 126. 6 billion Yuan for the poverty alleviation projects; and proactively signed a Comprehensive Cooperation Agreement during the 13th Five-Year Plan period with 11 cities in Jiangxi Province to clarify the direction of cooperation with local governments for the fight against poverty and achieve full agreement coverage in cities; CDB also signed the Development Financial Cooperation Agreement with Jiangxi Provincial Communications Department, Jiangxi Provincial Poverty Alleviation and Development Office, and Jiangxi Provincial Water Resources Department, etc. , which focused on cooperation in the fight against poverty, and jointly promoted the construction of major and key projects in the poor areas, such as infrastructures, industries for poverty alleviation, relocation of poor populations, water conservancy and education etc.

(II) Jointly establishing cooperation offices to strengthen the foundation for the cooperation between the Bank and government

CDB and the local governments have jointly established the cooperation offices for the Fight against Poverty through Development Finance at the provincial, municipal and county levels, realized the full coverage of Office for Cooperation in the Fight against Poverty through Development Finance jointly built by CDB with Jiangxi Provincial Government, and the governments of 6 prefecture-level cities and 24 national poor counties, set up working mechanism and cooperation platform for the fight against poverty through development finance, and improved the operation of poverty alleviation projects and management of capital operation. CDB has set up a joint working group by constructing a Cooperation Office, given play to the advantages of government organization and financing of CDB, and jointly promoted the organization and implementation of the projects. Through the construction of the cooperative institutions, CDB has completed the development and evaluation of seven rural infrastructure construction improvement projects in FuzhouCity in only 24 days, and promised to give loans of RMB 4. 2 billion Yuan to realize the full coverage at the "city, county and village" level.

(III) Strengthening the leadership by Party building and innovating liaison mechanisms

CDB has given full play to the role of Party branches as a fighting fort and vanguard role of Party members. On the basis of sending eight poverty alleviation specialists to six cities and towns, CDB has further established liaison mechanism including 15 Party branches and 87 party members responsible for collaboration and communication with 87 national and provincial poor counties, to achieve a comprehensive connection of Party building and poverty alleviation, and accelerate the work of poverty alleviation.

III. Increasing Financing Supports and Achieving New Actions in the Fight Against Poverty through Development Finance

(I) Accelerating the implementation of programs for relocating poor populations

CDB has promised to provide loans of RMB 26 billion Yuan for relocating the poor populations in the mode of unified loans at provincial level, and special construction funds of RMB 400 million Yuan to the Jiangxi Provincial Administrative Assets Group. As of the end of 2017, CDB has granted loans of RMB 1.6 billion Yuan to 28 counties (cities and districts) in nine cities including Ganzhou, Shangrao, Ji'an and Fuzhou, and special construction funds of RMB 88.39 million Yuan, which benefited 45,700 poor people. During the "13th Five-Year Plan" period, CDB will support 69,700 poor people in the province to "move out from the poor areas and live stably".

(II) Overall improvement of rural infrastructure

According to the *Opinions of the General Office of the State Council on Supporting the Pilot Project of Integrated Use of Financial Funds for Rural Development in Poor Counties*, CDB has focused on difficulties and weakness, such as, village roads, safe drinking water, environmental remediation, school security, by means of innovative measures that utilized the financial funds for rural development to stimulate credit funds, and provided loan support for registered poor villages and poor counties to build infrastructures without increasing the local financial burden. By the end of 2017, CDB has promised to provide loans of RMB 21.9 billion Yuan and granted loans of RMB 20.5 billion Yuan, which covered 24 national poor counties and 35 provincial poor counties, accounting for 67.8% of 87 poor counties in Jiangxi Province, comprehensively upgraded village roads, safe drinking water, environmental remediation and school security and basic medical care in poor counties, and boosted the "clean and beautiful, harmonious and livable" development of rural areas in the province, which benefited 1.03 million registered poor population, accounting for 53.8% of the poor population in Jiangxi Province.

(III) Significant achievements in major infrastructure

Focusing on the transportation, water conservancy and energy fields in poor areas, CDB has solved bottlenecks in poor areas, such as "lack of electricity and water transportation".

CDB has promised to give loans of RMB 41.6 billion Yuan, and granted RMB 15.7 billion Yuan to support the construction of infrastructures in poor areas, such as roads, sewage treatment, safe drinking water and electricity in poor areas, and cracked the infrastructure bottlenecks in poor areas. CDB has given full play to the advantages of financing experiences in provincial-level unified loan and promoted the financing for sewage pipe network in Jiangxi Province. The total credit amount for the project was RMB 4.19 billion Yuan, and RMB 2.829 billion Yuan was invested to support the construction of sewage pipe network in 12 poor counties. CDB has innovated in the operation mode of "urban-rural integration", coordinated the urban and rural water supply resources in Jiangxi Province, supported the urban-rural integrated water supply construction project in Jiangxi Province, financed RMB 9 billion Yuan, and granted loans of RMB 2.58 billion Yuan, which benefited 15.29 million people in 41 counties (districts).

(IV) Orderly advancement of distinctive industries

In accordance with the mode of "one product one city", "one industry, one plan, one platform and one project", CDB has coordinated and supported the development of industries for poverty alleviation. CDB has innovated in the mode of "Five Unified Requirements" + the "Four Platforms + Agencies" model (a model combining the management platform, the financing platform, the guarantee platform, the public information platform and the credit enhancement agencies) to support Oiltea Camellia of Ganzhou. CDB has promised to give loans of RMB 6 billion Yuan to support the development of 1 million mu of high-yield Oiltea Camellia industry in GanzhouCity, and granted loans of RMB 320 million Yuan. CDB has established the interest linkage mechanisms, such as "poverty alleviation through assisting employment" and "poverty alleviation fund for Oiltea Camellia industry", "Early Dividends", "Forestry and People Shares" and "cooperation in afforestation" etc., helped nearly 100,000 poor people to integrate into the development of Oiltea Camellia industry, and achieved income increase and poverty relief. CDB carried out the review on Ji'an Reserve Forest Project and planned to offer loans of RMB 6.5 billion Yuan to support the construction of 160,000 hectares of reserve forest in Ji'an.

Special Column: High-Yield Pilot Base Construction Project of Oiltea Camellia Industry for Targeted Poverty Alleviation in Dingnan County

In order to achieve "unified planning, unified resources, unified credit, unified lending and united repayment, and unified management", and wholesale support for the development of Oiltea Camellia industry in 18 counties (cities, districts) in Ganzhou City, CDB and Ganzhou Municipal Government worked together to build a municipal-level unified lending platform, adopted the financing mode of government procurement service, implemented unified loans for project in the manner of city driving county through the credit enhancement organized by government at all levels, and innovated in developing the mechanisms for the "Four Platforms + Agencies" model (a model combining the management platform, the financing platform, the guarantee platform, the public information platform and the credit enhancement agencies) in each county (city, district). CDB improved the system construction, carried out the construction of Oiltea Camellia industry in GanzhouCityfor targeted poverty alleviation in accordance with the "unified planning, unified land preparation, unified seedling procurement, unified planting, unified tending, and family splitting income", and promoted to give credits of RMB 6 billion Yuan.

Mode 1: "Forest farm + poor households"

Dingnan County selected county-level state-owned forest farms to carry out planting of Oiltea Camellia. On the basis of obtaining reasonable profits, the state-owned forest farm will distribute the shares of 1,500 mu of Oiltea Camellia to poor households according to the standard of 3 mu per household, and shares of poor households will be held by the County Poverty Alleviation and Development Office and Resettlement Office. In each year, the state-owned forest farm collected the income dividends generated by 1,500 mu of Oiltea Camellia and gave to the County Poverty Alleviation and Development Office and Resettlement Office. The County Poverty Alleviation and Development Office and Immigrant Office subsidized the poor households according to the fixed income of RMB 5,000 Yuan per household per year, and helped the poor households to get rid of poverty. The income period is 20 years, ensuring that the poor households driven can be out of poverty before 2018. The proceeds after 2018 will be regularly verified and dynamically managed, and will be used by the County Poverty Alleviation and Development Office and Resettlement Office. State-owned forest farms will transfer the fixed income of poor households to the special account of the County Poverty Alleviation and Development Office and Resettlement Office who will issue these incomes to the account of poor households upon review. At the same time, it has locally driven a group of poor people to achieve employment and get rid of poverty.

Mode 2: "Company (influential entity) + poor households"

The planting company (influential entity) signed an agreement with the county state-owned capital company, the County Poverty Alleviation and Development Office and Resettlement Office to purchase poverty alleviation services, and perform loan financing through the platform of county state-owned capital company. The planting company (influential entity) adopted the interest linkage method of "100 + 1 + 1%, that is, one poor household must be lifted out of poverty when 100mu of Oiltea Camellia forests are developed and more than one poor people with working ability must be employed. The planting company (influential entity) gave fixed income to poor households according to the standard of RMB 5,000 Yuan/household in each year, and the income period was 20 years, so as to ensuring that the poor households are promoted to be out of poverty by 2018. After 2018, regular verification and dynamic management will be carried out. The fixed income paid by planting company (influential entity) will be coordinated and used by the County Poverty Alleviation and Development Office and Resettlement Office. The fixed income funds of the poor households are transferred by planting company (influential entity) into special account of the County Poverty Alleviation and Development Office and Resettlement Office, and then credited to account of poor households upon reviewed by the County Finance Bureau, the County Poverty Alleviation and Development Office and Resettlement Office.

(V) Strengthening the efforts of poverty alleviation by providing education supports and better healthcare

CDB has adhered to principle of helping the people who are in need, promoted pre-application for student loans, improved coverage and application efficiency, and granted loans of RMB 2.29 billion Yuan in total. In 2016, CDB has granted loans of RMB 530 million Yuan to support 341,000 poor students in 50 counties (cities and districts) in 5 prefecture-level cities including Nanchang, Xinyu, Ganzhou, Yichun and Fuzhou, to help 341000 poor students to go to university, which accounted for more than 60% of Jiangxi Province. Moreover, CDB has taken the poverty alleviation by providing better healthcare as an important initiative to improve the medical conditions for the poor population, and actively promoted the construction and capacity upgrading of county-level hospitals and township health centers.

"Winning the fight against poverty is an arduous and long-term task; and time and tide wait for no man in benefiting the revolutionary base areas." CDB will continue to follow the decision and plans of the CPC Central Committee and the State Council, work along with governments and departments at all levels, during the critical and hard period of the fight against poverty. CDB will never forget its original intention, do it right away and seriously, work hard consciously, and continue to do it with confidence, and show new responsibility and new achievements. CDB will further clarify the situation requirements, strengthen responsibility and work out innovative mechanisms and initiatives. Based on the goal of poverty alleviation and development for granting loans of more than RMB 85.2 billion Yuan during the 13th Five-Year Plan period, CDB will take practical measures with genuine emotions and seek practical results to fully support 24 national poor counties, 63 provincial poor counties, and 2,900 poor villages in the province to get rid of poverty and 2 million poor people to get rich.

Firstly, CDB will improve ideological understanding and strengthen responsibility. It will further study in depth the important spirits of CPC Central Committee and the State Council on the fight against poverty, remain firmly confident and determined to win the fight against poverty, and earnestly fulfill the duties and mission of development finance to serve the national strategy, and go all out to do a good job in the fight against poverty with the support of development finance.

Secondly, CDB will strengthen the guidance by Party building and provide political guarantees. CDB will innovate in the Party building activities, take the fight against poverty as an important part for implementing the study and education of on "Two Studies, One Action" (the education campaign asking all Party members to study the Party Constitution and rules, as well as remarks made by General Secretary Xi Jinping of the CPC Central Committee and to become qualified Party members), and give full play to the role of Party branches as a fighting fort and the vanguard role of Party members. CDB will also further give full play to the Poverty Alleviation Liaison Mechanism of 87 party members of 15 Party branches, closely integrate poverty alleviation and development with Party building, and do a good job in Party building to promote poverty alleviation.

Thirdly, CDB will strengthen cooperation mechanisms and intensified the cooperation between the Bank and government. CDB will further develop the advantages of knowledge transfer and technical assistance, focus on the support of the knowledge transfer and technical assistance system, actively carry out planning formulation, funding model design, system development, etc., and work with local governments to explore new ideas and measures to support the fight against poverty. CDB will also make further efforts to implement the establishment of cooperation offices for the fight against poverty through development finance, improve working mechanism and system development for cooperative office, promote the cooperation between the Bank and government and achieve practical results of the fight against poverty through combined efforts.

Fourthly, CDB will do a good job in financing services to ensure the relocation of poor populations. CDB will continue supporting the program of relocating poor populations in JiangxiProvince, speed up project approval and funds granting and guarantee the needs of relocation funds for 69,700 registered poor people in 28 counties. CDB will work with Jiangxi Provincial Development and Reform Commission, Jiangxi Provincial Poverty Alleviation and Development Office and the local governments to jointly ensure the efficient and compliant use of funds, and cooperated with relevant state organs to do a good job in supervising, inspecting and appraising the local governments to make sure that good things are handled well.

Fifthly, CDB will focus on infrastructure and crack down the bottleneck of development. CDB will further support the campaign of poverty reduction and eradication involving the construction of one million kilometers of rural roads and 100 major passageway projects, and the development of infrastructure covering water conservancy, energy, etc. in poor areas, and strive to solve the problem of "uneven roads, poor water, and no electricity". In accordance with the "clean, beautiful, harmonious and livable" action requirements of Jiangxi Province for development of socialist new countryside, CDB will increase funds granting, improve the use efficiency of funds, comprehensively raise the infrastructure level of poor villages, and build a solid foundation for winning the fight against poverty. Focusing on the requirements of CPC Central Committee and the State Council to ensure that the relocated population can live stably and be able to get rich, in combination with the supply-side reform of agriculture and the work plan proposed by CPC Jiangxi Provincial Committee and Jiangxi Provincial Government for "a Hundred Modern Agriculture Demonstration Parks of a Hundred Counties, promote financial support for the development of modern agriculture demonstration park in the province based on research, and explore the scientific mechanism linking the development and construction of parks with poverty alleviation and income growth for the registered poor people who were relocated.

Sixthly, CDB will highlight industrial support and intensify poverty alleviation measures. On the basis of the successful landing of Ganzhou Oiltea Camellia, CDB will cooperate with local governments to explore ways to support the development of poverty alleviation industries, such as tourism, reserve forests and Chinese medicine. CDB will intensify the loan mode of"the"Four Platforms + Agencies" model (a model combining the management platform, the financing platform, the guarantee platform, the public information platform and the credit enhancement agencies), give play to the organization and coordination advantages of government agencies, support the start-up loan for people returning home, and promote the development of local industries. CDB will make innovation in funding model, cooperate with local commercial banks, adopt sub-loan mode of commercial bank to support poor people to develop industries, and support poor people to achieve sustainable poverty alleviation.

Seventhly, CDB will promote education and medical care to improve the guarantee for people's livelihood. CDB will continue to insist on the principle of helping the people who are in need, and plan to grant student loans of no less than RMB 500 million Yuan each year during the 13th Five-Year Plan period, and benefit no less than 60,000 poor students each year to protect the right of poor people to receive education. CDB will promote the loans for"two types of students who are surplus labor among poor families and failed to continue their studies at the beginning of middle and high school" based on research, support the poor areas to improve the level of basic education, develop modern vocational education, vocational skills training and other programs for poverty alleviation by providing education support, improve capabilities of the poor people to get employed and start up business, and accelerate the realization of guaranteed education for the poor people. CDB will promote the implementation of new growth points for poverty alleviation by providing better healthcare, and cooperate with the Health and Family Planning Commission of Jiangxi Province to support the development of grass-roots medical and health institutions, including county-level hospitals, township health centers, and village clinics throughout the province to accelerate the realization of guaranteed basic medical care for the poor people.

Report on the Progress of the Fight Against Poverty in Shandong Province with the Support of Development Finance

CDB has clearly defined its work objectives, identified key tasks, formulated implementation plans, adopted effective measures, given full play to the role of development finance, and continuously increased supports for the fight against poverty in Shandong Province. By the end of 2017, CDB has cumulatively granted loans of RMB 24.999 billion Yuan for targeted poverty alleviation in Shandong Province and achieved good working results.

I. Policy Background

At the beginning of the national fight against poverty, CPC Shandong Provincial Committee and Shandong Provincial Government issued the *Opinions of CPC Shandong Provincial Committee and Shandong Provincial People's Government Concerning Implementing the Arrangement of Central Poverty Alleviation and Development for Winning the Fight against Poverty* (L. F. [2015] No. 22) to put forward clear requirements on the fight against poverty in Shandong Province. CPC Shandong Provincial Committee and Shandong Provincial Government planed to complete basically the task of poverty alleviation in the two years from 2016 to 2017, finish all basic works in the third year, consolidate the achievements of poverty alleviation in the next two years, and establish the long-term mechanism; furthermore, *Planning for Relocating the Poor Populations in Shandong Province during the 13th Five-Year Plan Period* (L. Z. Z. [2016] No. 83) and other important documents were formulated and unveiled; *Planning for the Fight against Poverty in Shandong Province during the 13th Five-Year Plan Period* was prepared; at the same time, the relevant departments of Shandong Province issued multiple special implementation plans that constituted "1 + N" programs for targeted poverty alleviation. In order to strengthen the poverty alleviation through financial support and optimize the environment for the poverty alleviation through financial support, PBC Jinan Branch and other relevant functional departments printed and distributed the *Implementation Opinions on the Fight against Poverty with the Support of Finance*, to clarify the goal and task of finance for promoting the fight against poverty in Shandong Province.

There are 31 provincial-level poor counties in Shandong Province, but no national poor county. At the end of 2015, there were 1.211 million poor households and 2.424 million poor people in Shandong Province. The poor populations are distributed unevenly, showing the scattering characteristics, of which 66.25% poor people are caused due to illness and disability, and 13.15% poor people are caused due to lack of working ability. After more than a year of unremitting efforts, the first battle against poverty in Shandong Province was successful in 2016, and the annual poverty reduction task was overfulfilled. But there are still 896,000 poor populations in the province. In terms of group composition, most of them are extremely poor people without working ability.

II. Work Measures

(I) Adhering to the leadership by Party building and establishing liaison mechanisms

Winning the fight against poverty is a major political task. CDB has always adhered to the leading role of the Party building in the fight against poverty, and has formed a unified understanding and firm confidence. As a member of the Leading Group for Poverty Alleviation and Development in Shandong Province, CDB Shandong Branch has participated in the provincial work conference on poverty alleviation, the work conference on poverty alleviation through financial support and work conference on relocation of poor population, actively promulgated policy measures, reported progress, and put forward work proposal. CDB Shandong Branch has organized donation for the fight against the poverty, gone to the old revolutionary base areas and poor areas in Shandong Province to carry out featured activities for Joint Building of grassroots Party organizations, conducted on-the-spot investigations in poverty alleviation projects, matched financing needs, and solved the practical difficulties of the poor population. CDB Shandong Branch has strengthened liaison with Shandong Provincial Poverty Alleviation and Development Office, Shandong Provincial Development and Reform Commission, Shandong Provincial Department of Finance, Shandong Provincial Financial Affairs Office, and PBC Jinan Branch, established a mechanism for high-level communication and daily liaison, timely grasped information on poverty alleviation policies, clarified work requirements, and laid a solid foundation for the fight against poverty with the support of finance.

(II) Clarifying the work objectives and identifying the key tasks

In combination with the actual situation of the fight against the poverty in Shandong Province, CDB has further clarified the key categories for fight against the poverty in Shandong Province with the support of development finance, fully protected the demand for funds, and enhanced the endogenous impetus and development vitality of the poor people. 1) Relocation of poor population and resettlement of residents in the reservoir area; 2) Construction of rural infrastructure in poor areas; 3) Development of distinctive industries for registered poor villages and poor households; 4) Consolidating the implementation of origin-based student loans.

(III) Formulating work scheme and strengthening measures guarantee

CDB Shandong Branch has established a work mechanism for poverty alleviation with the "Chief Head" as the first responsible person, set up Leading Group for the Fight against Poverty, formulated an implementation plan for fight against poverty, decomposed the task indicators into various responsible offices, applied quantitative assessment and other means to mobilize the enthusiasm of poverty alleviation work in various sectors. CDB has formulated opinions on promoting the implementation of fight against poverty for two consecutive years, and held many special office meetings on poverty alleviation work to sort out the progress of the project, analyze existing problems, increase the funds granting, and guide the scientific and orderly development of fight against poverty.

(IV) Signing a cooperation agreement to increase funds granting

In October 2015, CDB and Shandong Provincial Government held a top-level joint meeting, signed a strategic cooperation agreement for total financing of RMB 300 billion Yuan in three years, and focused on supporting the construction of the infrastructure and development of the people's livelihood in Shandong Province. In April 2016, at Shandong Provincial Work Conference on Poverty Alleviation through Financial Supports, CDB Shandong Branch and Shandong Provincial Poverty Alleviation and Development Office have signed the *Cooperation Agreement for the Fight against Poverty with the Support of Development Finance*, which focused on the key areas such as program for relocating poor population, construction of rural infrastructure in poor areas, features industries in registered poor villages and poor households, student loans and education, promoted the poverty alleviation through financial support in Shandong Province, and strived to grant total funds of RMB 30 billion Yuan during the period of fight against poverty.

(V) Insisting on making a planning in advance and promotion in a scientific and orderly way

CDB has actively compiled the *Financing Planning for Fight against Poverty in Shandong Province during "13th Five-Year Plan" Period*, focused on key areas such as infrastructure in poor areas, programs for relocating poor populations, and improvement of education and medical care, rationalized investment and financing modes and mechanisms, researched supporting policy recommendations and promoted poverty alleviation business in a scientific and orderly manner. CDB has studied and developed *Work Scheme for Loans for Poverty Alleviation through Industrial Development* in Shandong Province, to further rationalize the financing mechanism for poverty alleviation through industrial development, sort out loan investment fields and key projects, increased supports for industrial development in poor areas, and broadened the channels for income increase of poor people.

(VI) Improving the mechanism development and intensifying the cooperation between the bank and government

In order to make full use of the theory of development finance and concept of financial socialization, CDB has speeded up to formulate a Work Scheme for Accelerating the Implementation of Targeted Poverty Alleviation through Financial Support in the old revolutionary base areas of Shandong Province, increased financial support for the fight against 48 key old revolutionary base counties (cities, districts) in Shandong Province, so as to improve production and living environment for people in old revolutionary base areas, promote the development of distinctive industries, and realize poverty alleviation as soon as possible. In combination with the actual situation in Shandong Province, CDB has studied and formulated an Implementation Plan for the Establishment of Cooperation Office for the Fight against Poverty through Development Finance, continuously intensified the cooperation between the bank and government, built cooperation institution and organization management system for the fight against poverty covering the county, and supported the system of knowledge transfer and technical assistance. It has piloted the establishment Leading Group and Cooperation Office for the Fight against Poverty through Development Finance in Heze City, Juancheng County, Dongping County and Wulian County, and actively promoted financing cooperation in key areas, such as the fight against poverty, education and medical care, farmland water conservancy and shantytown transformation.

III. Work Achievements

(I) Giving play to the financing advantages and vigorously supporting the resettlement and relocation

1. Program for relocation and resettlement of poor population in Dongping Reservoir Area. In December 2015, CDB Shandong Branch signed the *Cooperation Agreement for Supporting the Program for Resettlement and Relocation of Poor Populations in Dongping County Reservoir Area Project* with Shandong Provincial Department of Finance and Tai'an Municipal Government, and concluded a loan contract of RMB 1 billion Yuan to support the relocation of 12,000 people from nearly 4,000 households and community development in the reservoir area. As of the end of June 2017, CDB has granted loans of RMB 350 million Yuan and special development funds of RMB 100 million Yuan.

2. Program for relocating poor populations in Juancheng and Wulian. After the State officially issued the task of relocating poor population, CDB has actively connected with Shandong Provincial Development and Reform Commission, Shandong Provincial Poverty Alleviation and Development Office and Shandong Provincial Silk Road Investment Development Company to widely publicize supporting policies, study specific financing plans, and carry out project evaluation work. In accordance with the requirements of the *Planning for Relocating Poor Population in Shandong Province during 13th Five-Year Plan Period*, CDB has actively carried out financing work for the program of relocating poor population in Juancheng and Wulian, studied and formulated the Management Measures for Financing Funds and the Implementation Rules for the Supervision and Management over Special Development Funds, and promoted to sign the provincial-level and county-level government procurement service agreement. As of the end of 2017, CDB has promised to offer credits of RMB 370 million Yuan to Juancheng and Wulian, and granted loans of RMB 370 million Yuan, and special development funds of RMB 15 million Yuan, which benefited 6144 registered poor people in Juancheng and Wulian and 6806 people were relocated simultaneously. In order to speed up the progress of the project development and further improve the use efficiency of loan funds and special development funds, CDB has worked with Shandong Provincial Development and Reform Commission, Shandong Provincial Poverty Alleviation and Development Office, Shandong Provincial Land and Resources Department and Shandong Provincial Silk Road Investment Development Company to go to the project site for implementing effectiveness evaluation, urging to speed

up the use of funds for relocating poor population and proposing effective solutions to existing problems.

3. The program for relocating poor population in the Yellow River Beach area. CPC Shandong Provincial Committee and Shandong Provincial Government have taken the relocation in Yellow River Beach Area as a major initiative to fight against poverty, included it in the Planning for the Fight against Poverty in Shandong Province during"13th Five-Year Plan" Period, and listed it as a major project for replacing old growth drivers with new ones in Shandong Province.

(Ⅱ) Cracking the financing difficulty and breaking through the "last kilometer" during infrastructure construction

CDB has offered financing supports for the development of shantytowns transformation, agricultural and drinking safety, education and medical care, and health care for the elderly in poor areas, and effectively solved the financing difficulties of infrastructure construction in poor areas. CDB has granted loans of RMB 865 million Yuan for renovation of old and dilapidated buildings in poor areas, such as Yinan and Junan, and vigorously improved the living conditions of poor residents. CDB has granted loans of RMB 3.378 billion Yuan for poverty alleviation through education supports in poor areas such as Heze, Binzhou, Caoxian, Yuncheng, Sishui, Yinan, Pingyi, Yiyuan and Qingyun, for improving the conditions for running schools in poor areas, loans of RMB 890 million Yuan for poverty alleviation through water conservation supports in poor areas such as Juye, Caoxian, Yuncheng, Juancheng and Dongming for the purpose of solving the issue of agricultural and drinking safety in poor areas, and loans of RMB 751 million Yuan for poverty alleviation by providing service for the aged, in poor areas such as Caoxian, Shanxian and Yuncheng, for the purpose of solving the issue of supporting old poor people.

(Ⅲ) Building a financing mechanism to help the poor people to get employment

According to the loan model of the "Four Platforms + Agencies" model (a model combining the management platform, the financing platform, the guarantee platform, the public information platform and the credit enhancement agencies), CDB has given full play to the role of the unified lending platform, guarantee platform, organization platform, public information platform and the credit enhancement agency, combined the funding advantages of development finance, organizational advantages of the poverty alleviation department, information advantages of market-based guarantee companies, management advantages of the unified lending platform and the social supervision advantages of public information platform, granted to Yiyuan County the loans of RMB 104 million Yuan for poverty alleviation through mechanism improvement, and supported 10 leading enterprises, 2 professional cooperatives and 9 rural mutual cooperatives for poverty alleviation, which benefited about 1, 000 poor households. CDB integrated the models of production enterprises, professional cooperatives and rural mutual cooperatives, to carry out targeted poverty alleviation by implementing polices according to households.

Special Column: CDB Supporting New Model of Poverty Alleviation Loan in Yiyuan County, Shandong Province

In order to combine the large-scale and long-term credit funds of CDB with the small-scale and mobile financing needs of the poverty alleviation subject at county level, and utilize the unified standard mode to solve the common problems of thousands of households, and solve the unit problem by unified means, CDB has taken Yiyuan County, Shandong Province as a pilot for poverty alleviation and development, and explored to form a new model of poverty alleviation through development finance in poor areas, featured by "targeted identification, platform development, and credit development".

I. Targeted identification to determine the targets of poverty alleviation loans

In order to accurately identify the target of poverty alleviation loans, CDB has promoted Yiyuan County to formulate the *Assessment Measures for Targets of Financial Loans for Poverty Alleviation to Participate in Poverty Alleviation and Development*, which stipulated that the loan subject can apply for financial poverty alleviation loans of different quotas based on the poverty alleviation effect promoted. Yiyuan County Finance Bureau, Yiyuan Poverty Alleviation and Development Office and Loan Platform established review committee to identify, determine and evaluate the targets of financial poverty alleviation loans.

II. Building a platform to promote effective granting of funds

As the organization platform, Yiyuan County Poverty Alleviation and Development Office has been responsible for connecting with CDB, organizing and coordinating with other government departments for improving mechanism development and the nature identification of poverty alleviation loans; Zibo Anxin Financing Guarantee Co., Ltd. acted as a guarantee platform to give play to the local advantages and operational experience of private guarantee enterprise, and determined the targets of poverty alleviation through financial supports, by means of field visits and inspections; Qiyuan Hongding Asset Management Co., Ltd. was the financing subject, responsible for undertaking the publicity of CDB loans on social sections at government websites, and mobilized social forces to jointly monitor the application and implementation of poverty alleviation loans in an open, just and fair manner for controlling risks jointly.

III. Credit development to prevent risks of credit fund

The guarantee platform provided the joint guarantee responsibility and the deposit according to 10% of the total guarantee balance of the loan project. After the deposit certificate is opened, it is pledged to CDB. The Loan User provided mortgage or pledge guarantee to the guarantee platform or other counter-guarantee method satisfied by guarantee platform. Qiyuan County Government has established compensation fund for risks of poverty alleviation through financial support based on 10% of loan amount, initiated the risk sharing and compensation mechanism when credit risk occurred. The unified loan platform and guarantee platform collected funds for repayment. Supervision Bureau and Audit Bureau of Qiyuan County jointly conducted continuous supervision and inspection on such model.

This project aimed at carrying out targeted poverty alleviation through various models, such as professional cooperative, mutual cooperative for poverty alleviation and leading enterprise. As of the end of 2017, CDB has cumulatively granted loans of RMB 102 million Yuan, which supported 2 agricultural professional cooperatives, 10 leading agricultural industrialization enterprises, and 9 poverty alleviation cooperatives and benefited 1,000 poor households.

(IV) Attaching importance to the development of education and supporting poverty alleviation through education supports

CDB has worked closely with the education departments at all levels in Shandong Province to vigorously carry out the business of student loan. As of the end of 2017, CDB has cumulatively offered origin-based student loans of RMB 8.326 billion Yuan, which benefited 563,100 students with financial difficulties in 144 counties (cities, districts) of 16 provinces, accounting for more than 95% of the total, and achieved the goal that "all loans that should be granted are granted and full coverage was realized".

(V) Promoting poverty alleviation through industrial development and fully supporting local development

CDB Shandong Branch worked together with Shandong Provincial Development and Reform Commission, Shandong Provincial Poverty Alleviation and Development Office, and ADBC Shandong Provincial Branch jointly issued the *Notice on Accelerating the Promotion of Poverty Alleviation in Shandong Provincethrough PV Development* (L. F. G. N. Y. [2016] No. 638), and vigorously promoted poverty alleviation through PV development . At the same time, CDB has actively cooperated with local governments to develop a number of featured industrial poverty alleviation projects, such as Juancheng County PV, Weishan County PV, Yuncheng PV, Anqiu PV, Zoucheng Tourism and Shandong Hangtian Lyuyuan Modern Agricultural Science and Technology Park. The total investments of these projects were RMB 3.003 billion Yuan, and the proposed loans were RMB 2.04 billion Yuan. CDB granted the loans of RMB 200 million Yuan to Shandong Fengxiang Co., Ltd. as working capital for poverty alleviation, which were used to support the targeted poverty alleviation through industrial development and enabled nearly 300 poor people to get employment.

CDB will play a positive and promising role with high sense of political responsibility to win the fight against the poverty, continue to increase poverty alleviation funds in 20 counties (cities, districts) with heavy poverty alleviation tasks and 48 key old revolutionary base areas (cities, districts) in the province, implement the targeted poverty alleviation through financial supports and targeted poverty alleviation, and focus on the following aspects:

Firstly, CDB will continue to strengthen contact and cooperation with Shandong Provincial Poverty Alleviation and Development Office, Shandong Provincial Development and Reform Commission, Shandong Provincial Department of Finance, Shandong Provincial Finance Affairs Office, PBC Jinan Branch and other members of Shandong Provincial Leading Group for Poverty Alleviation and Development, timely learn about the poverty alleviation policy information, and jointly promote poverty alleviation work. CDB will intensify the foundation of cooperation between the bank and government for poverty alleviation at the provincial, city, and county levels, vigorously promote the development of Cooperation Office for the Fight against Poverty through Development Finance, adapt to local conditions, and provide knowledge transfer and technical assistance and built systems. Moreover, CDB will effectively combine the overall coordination advantages of government departments and long-term and large-scale financing advantages of development finance, and continue to intensify cooperation in the areas of poverty alleviation, such as people's livelihood.

Secondly, CDB will actively promote the financing for the poverty alleviation and relocation project in the Yellow River Beach area, and strive for getting policy supports from the relevant departments of the Head Office. It will provide sufficient financing guarantee for promoting replacing old growth drivers with new ones in Shandong Province and solving the flood control safety and housing issues of 600,000 residents in beach areas.

Thirdly, CDB will vigorously promote the implementation of the program for relocating poor populations, strengthen communication with local governments, research and propose effective programs, scientifically and effectively arrange loan disbursement, speed up the use of funds, and do a good job in fund supervision to ensure funds will be earmarked for its specified purpose only.

Fourthly, CDB will research and promote the loan model of the "Four Platforms + Agencies" model (a model combining the management platform, the financing platform, the guarantee platform, the public information platform and the credit enhancement agencies), strengthen cooperation with industry leaders, increase support for poverty alleviation projects in special industries such as PV, tourism, and modern agriculture, and drive the poor to become rich through hard work.

Fifthly, CDB will steadily carry out poverty alleviation through education supports, increase the granting of student loans in key poor areas and old revolutionary areas in Shandong Province, implement risk compensation reward return and special student assistance policies, to effectively block the intergenerational transmission of poverty.

Sixthly, CDB will actively explore the innovation of financing mode, push forward the promotion and application of PPP mode in infrastructure construction of poverty alleviation projects, rationally use special development funds, guide social capital investment, and effectively solve the financing difficulties in infrastructure construction in poor areas.

Report on the Progress of the Fight Against Poverty in Henan Province with the Support of Development Finance

Henan Province has a relatively large size of total poor population, facing huge challenges in the fight against poverty in extremely poor area and poor people. At the end of 2017, there were still 50 poor counties in Henan Province, including 35 national poor counties, 3, 723 poor villages, and 2. 214 million rural poor people. The total poor population of Henan Province ranks the fourth, making it one of the most difficult provinces for poverty alleviation and development. Since the 18th National Congress of CPC, CPC Henan Provincial Committee and Henan Provincial Government have attached great importance to the fight against poverty, and have held many meetings on the promotion of the fight against poverty, which called for comprehensive implementation of the strategic thinking of General Secretary Xi Jinping in connection with poverty alleviation and development, firmly establishing the "Four Consciousness" (consciousness of the need to maintain political integrity, thinking in big-picture terms, upholding the leadership core, and keeping in alignment), earnestly fulfilling the political responsibility of the fight against poverty, performing the decisions and plans of the Central Government and resolutely winning the fight against poverty. CDB has attached great importance to the work of fight against poverty in Henan Province, strengthened the guidance by planning, made model innovation and loan issuance, and supported the fight against poverty in Henan Province with practical actions. As of the end of 2017, CDB has cumulatively granted to Henan Province the loans of RMB 29. 55 billion Yuan for targeted poverty alleviation, of which RMB 22. 163 billion Yuan was issued for targeted poverty alleviation in 2017, benefiting nearly 2. 23 million registered poor people.

I. Actively Implementing Policies for Poverty Alleviation and Strengthening Cooperation between the Bank and Government in Poverty Alleviation

Firstly, CDB has strengthened cooperation with provincial-level departments to forge a resultant force for poverty alleviation based on the cooperation between the bank and government. CDB Henan Branch has strengthened the connection and cooperation with various provincial-level departments of Henan Province, and regularly reported to PBC Zhengzhou Central Branch, Henan Provincial Finance Affairs Office and other relevant departments about the progress of CDB for the fight against poverty; it has worked with Henan Provincial Department of Agriculture and Henan Provincial Poverty Alleviation and Development Office for jointly issuing the paper on the establishment of financing promotion mechanism for poverty alleviation through industrial development; cooperated with Henan Provincial Development and Reform Commission to promote the development of featured (city) towns, and carried out the investigation on poverty alleviation and summary of cases for the fight against poverty with the support of development finance together with Political Research Office of CPC Henan Provincial Committee; made business connection with Henan Provincial Animal Husbandry Bureau based on "Two Million Trillion Projects" (realizing the goal of 1 million beef cattle, 1 million tons of top-quality raw milk, and the output value increased by RMB 100 billion Yuan in the province by 2020); and signed a Cooperation Agreement with Henan Provincial Department of Education on poverty alleviation through education supports. All the work was carried out in an orderly manner to provide policy support for promoting relevant work from top to down in the next phase. Secondly, CDB has promoted the establishment of the Office for Fight against Poverty with the support of Development Finance at provincial, municipal and county level, paid efforts to build such Office into a Cooperative Platform for organizing, promoting and coordinating the business of fight against poverty with the support of development finance. At the beginning of 2017, CDB Henan Branch has worked with Henan Provincial Poverty Alleviation and Development Office to jointly establish the Cooperative Office for Fight against Poverty with the support of Development Finance, and cooperated with 27 poor counties to set up county-level Office for Fight against Poverty.

II. Establishing a Promotion Mechanism for Poverty Alleviation Business and Implementing Services of Poverty Alleviation through Financial Support

Firstly, CDB has established the Leading Group for the fight against poverty, and dispatched poverty alleviation specialists. In 2016, CDB Henan Branch established the Leading Group and Office for the Fight Against Poverty, and overcame the difficulties, such as, fewer personnel, heavy tasks, and no branches in cities and counties. CDB Henan Branch has worked with CPC Henan Provincial Committee to dispatch 12 deputy-level business backbones of CDB Henan Branch as poverty alleviation specialists for cities and counties. At the same time, it transferred special officers to set up 18 local working groups for building a double working team of "Working Group + Poverty Alleviation Specialist". The Poverty Alleviation Working Group were stationed at the local level for no less than 200 days in each year, so as to ensure that the financing needs of the city and county governments can be supported in the first place. Secondly, CDB Henan Branch has set up a special working group for fight against poverty. For the poor counties that should be out of poverty in the year, special groups were established, such as Lankao, Huaxian, Guangshan and Lushi, to form a task force of CDB Henan Branch for fight against poverty, which focused on the solving key points and bottlenecks of the national key poor counties, and made special breakthroughs to achieve early investment and early effect of poverty alleviation projects.

III. Actively Playing the Role of Planning First and Advantages of Knowledge Transfer and Technical Assistance to Boost the Scientific Development in Poor Areas

Firstly, CDB has actively developed the advantages of knowledge transfer and technical assistance of development finance. CDB Henan Branch served as a financial planning expert for the local government, helped local governments to plan major projects, and promoted credit development, market development and system development. CDB Henan Branch has participated in the preparation of several plans, such as, *Systemic Financing Plan for Poverty Alleviation and Development in Henan Province during "13th Five-Year Plan" Period*, *Financing Plan for Poverty Alleviation through Development of Distinctive industry in Henan Province during "13th Five-Year Plan" Period*, *Financing Plan for Revitalization Development of Dabieshan Mountain Old Revolutionary Base Area*, *Financing Plan for Poverty Alleviation and Development in Guangshan County during "13th Five-Year Plan" Period*, and *Financing Plan for Poverty Alleviation and Development in Lushi County during "13th Five-Year Plan" Period*, to serve the scientific development of poor areas. Secondly, CDB Henan Branch has fully and flexibly used its unique loan business variety for planning cooperation. In response to the financial difficulty encountered by the poor county government in the course of preliminary planning, feasibility study and preliminary design of the project, CDB Henan Branch has taken the initiative to provide the cooperation loan support to the poor areas, such as, granting loans of RMB 46 million Yuan to Lankao, RMB 30 million Yuan to Lushi, and RMB 31 million Yuan to Guangshan, which greatly accelerated the progress of projects from place to place and improved the convenience in financing.

IV. Focusing on Key Areas of Poverty Alleviation and Strengthening the Targeted Granting of Poverty Alleviation Funds

Firstly, CDB has strived for supporting the upgrading of urban infrastructure construction in poor counties, and granted loans of RMB 7.777 billion Yuan to 29 poor counties such as Lankao and Lushi, which were mainly used for supported urban ecological water systems, road traffic, medical education and other projects, and effectively enhanced the municipal infrastructure and public service levels, and appearance of poor counties. Secondly, CDB has speeded up the promotion of relocating poor populations. On the basis of issuance of special loans of RMB 1.23 billion Yuan and special development funds of RMB 374 million Yuan in 2016, CDB has continued to grant special loans of RMB 1.967 billion Yuan in 2017, loans of RMB 467 million Yuan to Henan Provincial Department of Land and Resources for land reclamation, purchasing and storage, and actively promoted the signing of annual loan contract of RMB 3.5 billion Yuan in 2017. Thirdly, CDB has increased the granting of funding for the construction of rural infrastructure in poor counties. In accordance with the idea of "county programs for infrastructure development", CDB has seized the integration opportunity of government funds for rural development and strongly supported the construction of rural infrastructure in poor counties. As of the end of 2017, CDB has cumulatively promised to grant rural infrastructure loans of RMB 14.187 billion Yuan and realized granting of RMB 7.527 billion Yuan. CDB has assisted in Action Plan for Poverty Alleviation through Rural Tourism Development in Henan Province, promised to offer loans of RMB 600 million Yuan to Targeted Poverty Alleviation Project through Luanchuan County Rural Tourism Development, and issued loans of RMB 100 million Yuan. CDB has supported the employment base project of targeted poverty alleviation, helped the poor people to find jobs in the village, and supported 64 registered villages of 15 townships and towns in Tongbai County to construct 41 employment bases, which benefited 3,000 registered poor households and achieved the funds granting of RMB 180 million Yuan. Fourthly, CDB has innovated in the model to support poverty alleviation through industrial development. In the field of poverty alleviation through industrial development, CDB has innovated in the model to support the poor populations to increase income and get rid of poverty according to the idea of "county programs for infrastructure development". Since 2016, CDB has cumulatively granted loans of RMB 12.114 billion Yuan for poverty alleviation through industrial development, of which RMB 9.043 billion Yuan was issued in 2017. CDB has innovated in the implementation of Five-in-One provincial-level unified loan model of poverty alleviation through industrial development, combining the "Government + CDB + Provincial-level Guarantee Company + Provincial-level Insurance Company + Provincial-level Agency". By the end of 2017, CDB has completed the first batch of loan commitments of RMB 1 billion Yuan and granted nearly loans of RMB 300 million Yuan to new agricultural enterprises in Huangchuan and Guangshan. CDB has implemented the model of poverty alleviation driven by leading enterprises. CDB has granted a loan of RMB 350 million Yuan to the Broiler Breeding Cooperative Project on the upstream of Yongda Group, which drove 728 poor people in Huaxian County and 625 poor people in Qixian County of Hebi City to income their increase; offered the credits of RMB 1.5 billion Yuan to the Pig Breeding Cooperative Project on the upstream of MuYuan Group, and granted loans of RMB 970 million Yuan to drive 3,296 poor people out of poverty; CDB has also signed a Cooperation Agreement on Poverty Alleviation with Zhonghe Group and Chuying Agro-Pastoral Group. The poverty alleviation through photovoltaic development with supports of CDB has begun to take shape. DB has granted loans of 1.911 billion Yuan for poverty alleviation through photovoltaic development, which benefited 140,300 registered poor people. CDB has implemented the county-level unified loan model for poverty alleviation through industrial development, carried out pilot cooperation in counties and cities such as Gushi, Neihuang and Zhoukou, and planned to promote in 53 poor counties in Henan Province. Fifthly, CDB has fully promoted poverty alleviation through education supports, increased the promotion of student loans, strived to achieve full coverage on poor households in Henan Province, and ensured that no poor student was deprived of education due to poverty, so as to block the intergenerational transmission of poverty. In 2017, CDB has granted total student loans of RMB 3.05 billion Yuan.

Special Column: Five-in-one Provincial-level Unified Loan Model for Poverty Alleviation through Industrial Development in Henan Province

Supporting industrial development in poor areas is an important part for serving the supply-side structural reform, and is also the foundation for getting rid of poverty in poor areas. Regarding the issues of "difficult financing and expensive financing" for industrial development, CDB has adhered to the concept of "planning first and mechanism development", and innovated in the implementation of five-in-one provincial-level unified loan model that combined "provincial-level unified loan platform + policy guarantee + policy insurance + risk compensation fund + new operation subject" in Henan Province through unremitting efforts. CDB has supported the industrial development of legal entities in poor areas and helped the poor households to get rid of poverty and increase income in the unified style and standardization manner, and achieved win-win situation for the government, CDB, enterprise and registered poor households. As of the end of 2017, CDB has completed the mechanism review under this model, granted a credit line of RMB 1 billion Yuan, promoted the provincial-level finance to set up a risk compensation fund of RMB 100 million Yuan, assisted more than 10 poor counties in Henan Province to establish county-level Poverty Alleviation Association or the Modern Rural development Promotion Association and the County Leading Group for Poverty Alleviation, and funded RMB 130 million Yuan to set up risk compensation funds. Loan of RMB 300 million Yuan has been issued, which can drive nearly one million of the registered poor households to increase their income and get rid of poverty.

A complete set of institutional solutions and replicable and propagable standardized business models were provided for the industrial development of industries in poor areas based on this model that exerted the organizational coordination, policy and funding advantages of the government, unified lending and repaying advantages of the provincial-level platform, planning first and mechanism innovation advantages of CDB, which can effectively solve the difficulties, such as, insufficient institution outlets and personnel of CDB, financing and expensive financing for industrial development in poor areas, high project risks, and weak capability of poor households for sustainable income growth, explored new ideas and methods for poverty alleviation through industrial development. It is a typical example of poverty alleviation through industrial development with the support of development finance.

Special Column: Case of Cooperation between CDB and ZhongYuan Bank for Sub-loan Business for Poverty Alleviation

In order to further strengthen the support for the fight against poverty, CDB increased communication with small and medium-sized financial institutions and cooperated in sub-loan business for poverty alleviation. At the beginning of 2016, CDB reached a consensus on sub-loan business with local small and medium-sized financial institutions such as ZhongYuan Bank and Luoyang Bank for poverty alleviation. CDB provided funds to local small and medium-sized financial institutions, and small and medium-sized financial institutions then sub-loaned funds to loans to the economic subjects such as farmers' professional cooperatives in registered poor villages, for the purpose of developing industries for poverty alleviation and promoting the poor households to get rid of poverty and become rich. At the end of 2016, CDB took the lead in the sub-loan model for ZhongYuan Bank. In October 8, CDB Henan Branch and ZhongYuan Bank signed the *Cooperation Agreement for Sub-Loan Business for Poverty Alleviation* with an amount of RMB 800 million Yuan. As of the end of 2017, loan of RMB 100 million Yuan has been granted.

The cooperation mechanism of sub-loan business for poverty alleviation has played capital advantage of CDB, the advantages of integrated financial coordinator, and the advantages of the personnel and outlets of commercial bank, and achieved mutual benefit and win-win cooperation. This model explored new ideas and new ways of poverty alleviation with the support of development finance, and also built a new pattern of poverty alleviation with the support of development finance for cooperation, participation, performance of own functions and complementary advantages among financial institutions.

CDB will combine with the actual situation of fight against poverty in Henan Province, take the initiative to connect the financing needs of local governments at all levels, fully utilize the functions of development finance that combine sound rules and systems, funding, and knowledge transfer and technical assistance, and provide targeted financial services for fight against poverty in Henan Province. Firstly, CDB will properly utilize the policy on integration of government funds for rural development, broaden the support areas for infrastructure construction in poor counties, and effectively improve the infrastructure level of poor areas, such as, roads in villages, safe drinking water and environmental remediation. CDB will incorporate rural waste treatment, medical care and old-age care into the key areas of poverty alleviation and development, and provide financing support. CDB will further promote the development of major infrastructure projects, such as medical care, grassroots education facilities transportation, water conservancy, tourism, and energy in "Three Mountain Regions" (Dabieshan Mountains, Funiushan Mountain and Taihangshan Mountain) that meets the standards for targeted poverty alleviation. Secondly, CDB will play the leading role of poverty alleviation through industrial development and promote the implementation of project. CDB will strengthen cooperation with leading enterprises such as central enterprises, state-owned enterprises and listed companies, and guide enterprises to participate in the work of poverty alleviation through industrial development in Henan Province, and propel the "leading enterprises + registered poor households" to form a sustainable model for poverty alleviation. CDB will accelerate the implementation of unified lending model for poverty alleviation through industrial development in Zhoukou and Neihuang, and accelerated the implementation of the targeted poverty alleviation model driven by the "Two Type of Cattle" and the whole industrial chain of Chinese herbal medicines. CDB will actively support the development of local industries such as "planting, breeding and processing", reserve forests, and Oiltea Camellia, and help the poor households to increase their income and get rid of poverty by means of land transfer, share dividends and work. Thirdly, CDB will stimulate endogenous impetus of the poor people to be out of poverty by providing education supports and strive to provide student loans to all poor students in accordance with the principle that "all loans that should be granted are granted".

Report on the Progress of the Fight against Poverty in Hubei Province with the Support of Development Finance

The fight against poverty in Hubei Province faces a situation of wide areas, large population, and tight schedule. There are three national concentrated contiguous destitute areas, namely, Qinling-Daba Mountain Region, Wuling Mountain Region and Dabieshan Mountain Region, and one provincial-level concentrated contiguous destitute area (Mufushan Mountain Region), involving 5.82 million registered poor populations in 4613 poor villages, 37 poor counties (25 national poor counties, 4 provincial-level poor counties and 8 poor counties enjoying regional policies). CDB has adhered to serve the national strategy for fight against poverty with high political awareness, and actively innovated in loan model and mechanism for poverty alleviation to support the fight against poverty in Hubei Province. Since the Central Poverty Alleviation and Development Work Conference was held, CDB has cumulatively granted credit funds of RMB 26.6 billion Yuan for the fight against poverty in Hubei Province, honored its commitment for review of poverty alleviation loan in the amount of RMB 33.8 billion Yuan, with loan balance of RMB 65.9 billion Yuan, which strongly supported the program of relocating poor populations in Hubei Province, and development of infrastructure, distinctive industries, education and medical care in poor areas, and achieved positive results.

I. Attaching Great Importance, Fully Promoting, and Building Organizational Guarantee

On December 7, 2016, CDB has signed the *Cooperation Agreement on the Fight against Poverty in Hubei Province with the Support of Development Finance* with Hubei Provincial Government, and CDB Hubei Brach has concluded the *Cooperation Agreement on the Poverty Alleviation through Financial Support during "13th Five-Year Plan" Period* with

Hubei Provincial Poverty Alleviation and Development Office. The top levels of the two parties have reached into consensus, which provided a solid organizational guarantee for CDB to support the fight against poverty in Hubei Province. In conjunction with the reality of fight against poverty in Hubei Province, CDB Hubei Branch has formulated an implementation opinion on supporting the fight against poverty, and established the Leading Group for fight against poverty, in which the president of CDB Hubei Branch acted as leader and all leadership members participated. At the same time, CDB Hubei Branch has established Innovation Team and Special Work Shift for fight against poverty across divisions and departments, and utilized full force of CDB to support the fight against poverty in Hubei Province.

II. In-depth Investigation, Localized Policy and Comprehensive Connection with Cooperation between the Bank and Government

In order to understand in detail the needs of poor areas and poor people, and give full play to the advantages of Development Finance to ensure the real poverty alleviation and really help the poor, CDB has conducted in-depth investigations and centralized publicity in the concentrated contiguous destitute areas and poor villages. CDB has focused on understanding the financing needs and existing problems in the program for relocating poor populations, infrastructure construction and industrial development, etc. in poor areas, introduced the credit policies related to the fight against poverty through development finance, and at the same time, it dispatched eight cadre of division level and business backbones to act as financial specialist of poverty alleviation to play the role of propagandist, planner and liaison officer to promote poverty alleviation in poor areas in the aspect of intensifying the cooperation between the bank and government, advancing the progress of the fight against poverty, and grasping the Party building.

III. Implementation of "Four Programs" and Large-scale Financing to Boost Fight against Poverty

Since the Central Poverty Alleviation and Development Work Conference was held, CDB has followed the work idea of "Four Programs" (finance provincial programs for relocating poor populations, county programs for infrastructure development, and village programs for nurturing industrial development, and give financial support for poor students to pursue their studies), taken advantage of large-scale financing to support the development of poor areas in Hubei Province, and offered credit funds of RMB 26.6 billion Yuan for the fight against poverty in Hubei Province, among which funds for relocating poor populations were RMB 10.47 billion Yuan, loan for poverty alleviation through industrial development was RMB 2.6 billion Yuan, loan for poverty alleviation through development of major infrastructure was RMB 1.22 billion Yuan, and origin-based student loans were RMB 1.35 billion Yuan.

(I) Finance provincial programs for relocating poor populations and combined solution of funding, and knowledge transfer and technical assistance to promote relocation

The program for relocating poor population is considered as the top priority in the fight against poverty, and CPC Hubei Provincial Committee and Hubei Provincial Government attached great importance and determined to win the first battle against poverty. CDB has taken the initiative to actively provide support for poverty alleviation solutions that combine sound rules and systems, funding, and knowledge transfer and technical assistance, and effectively assisted Hubei to solve the problem of living and development of registered poor households in the place where unique features of local environment cannot afford its inhabitants.

1. Combining sound rules and systems, and knowledge transfer and technical assistance perfect the institutional mechanisms. CDB Hubei Branch has made suggestions to CPC Hubei Provincial Committee and Hubei Provincial Government, recommended to set up a provincial-level investment and financing subject for poverty alleviation, actively promoted the implementation of relevant national requirements, and adhered to the model of "overall responsibility by provincial government", and a model of "unified lending, procurement and repayment" at the provincial level, to promote loans for the program for relocating poor population. Hubei Provincial Government has carried out the relocation of poor populations in the model of government procurement service, and completed the conclusion of agreements for loans and special development funds for relocation of poor populations on August 26 and December 9, 2016, respectively. At the same time, CDB has fully utilized the advantages of knowledge transfer and technical assistance, arranged special personnel to exchange with Hubei Provincial Office for Relocation of Poor Populations, and fully participate in the formulation of various institutional documents and on-site investigations for programs for relocating poor population in Hubei Province. CDB Hubei Branch worked with the relevant departments to draft *Management Measures for the Loan for Relocation of Poor Populations*, and the government purchase service agreement documents, researched

and formulated the *Guiding Opinions of CDB Hubei Branch on the Management over Payment of Loan Fund for Relocation of Poor Populations*, to consolidate the institutional foundation for financing and credit management for relocating poor populations.

2. Large-scale financing to ensure the need for relocation. During the "13th Five-Year Plan" period, 890, 800 registered poor people are planned to be relocated in Hubei Province. According to the opinions of Hubei Provincial Government on the division of work for the relocation of poor population, CDB supported 9 counties (city and district) within the jurisdiction of Shiyan City, and total of 11 counties (cities, districts), likely, Yangxin County and Chongyang County. It is planned to relocate 373,300 people during the 13th Five-Year Plan period. In order to guarantee the funding needs of relocation program and help the registered poor households are relocated and resettled in a timely manner, CDB has taken active actions, effectively organized the credit evaluation and contract signing, and realized its commitment to review on-balance-sheet loans of RMB 14.62 million Yuan and special development funds of RMB 2 billion Yuan for relocation of poor population in Hubei Province. By the end of 2017, CDB has cumulatively granted loans of RMB 8.47 billion Yuan and special development funds of RMB 2 billion Yuan for relocation of poor population in Hubei Province, which can support the relocation of 267,000 registered poor people.

Special Column: CDB Assisting in "Shiyan Model" for Relocation of Poor Populations

Shiyan City is located in the Qinling-Daba Mountain Region, one of the 14 contiguous destitute areas in China. There are 355, 600 poor people in the nine counties (cities, districts), who need to be relocated, accounting for more than 40% of the relocated population of Hubei Province. CDB took Shiyan City as the main battlefield to promote the relocation of poor population in Hubei Province.

Firstly, CDB has been led by the planning, formulated regional poverty alleviation plans together with government, strived to improve the targetness of poverty alleviation, and effectively implemented policies based on the people, place and poverty type. CDB has participated in the review on the archives of poor households throughout the whole process, and promoted Shiyan City to take the lead in completing the accurate identification of targets of the program for relocating poor population in Hubei Province. At the same time, CDB has assisted the city to complete the Overall Plan for Relocation of Poor Population during the "13th Five-

Year Plan" Period, and the Implementation Plan for 2016.

Secondly, CDB has used the publicity and training as a bridge, so that the footsteps of poverty alleviation specialists of CDB spread across the whole region. CDB has focused on cultivating and improving the financial ecology of poor areas, and promoted the sustainable development of fight against poverty. CDB has organized the "Chief Head" of various poor district and county governments in the city to participate in the Training on Local Cadres for the Fight against Poverty in Qinling-Daba Mountain Region with the Support of Development Finance, and communicated the idea of poverty alleviation through financial support to local government; CDB has cooperated with Shiyan Municipal Government to establish the Leading Group for Relocating Poor Population, and actively participated in many on-site meetings and seminars.

Thirdly, CDB has taken the mechanism development as a key, given full play to the knowledge transfer and technical assistance advantages and the advantages of comprehensive service functions of development finance, fully cooperated with Shiyan Municipal Government to build "Shiyan Model" that adhered to the principle that leaders are pitched into the work, the targets are defined, work is carried out under leadership by planning, resettlement is made scientifically, poverty alleviation is performed simultaneously, and nodes are refined. CDB has actively implemented the principle of "Five County Programs" for funds, projects, bidding, management, and responsibility, simplified the process as much as possible under the premise of compliance, and promoted the actual benefits of loan funds.

With the strong support and full participation of CDB, "Shiyan Model" for the relocation of poor populations has been highly recognized by the leaders of the State Council. On October 11, 2016, the National Development and Reform Commission issued the full text of the *Shiyan City of Hubei Province Building Shiyan Model for Relocation of Poor Population Based on Six Persistences* to all people's governments of provinces, autonomous regions and municipalities directly under the Central Government, requesting careful study ad reference.

(II) County programs for infrastructure development, exploring and innovating in the "Badong Model"

In order to make full use of the relevant policies of the State Council on coordinating the integration of government funds for rural development to support poverty alleviation, CDB has actively explored and intensified the research on the organizational model and on-site assessment of Badong County, and explored the integration of government funds for rural development to support infrastructure construction in rural areas based on "Padang Model" in the form of "county direct loans". By the end of 2017, CDB had cumulatively committed total loans of RMB 7.855 billion Yuan for rural infrastructure in 13 poor counties in Hubei Province. In view of the fact that poor areas are generally remote and have poor traffic, which restricts the actual development of the local economy and the reality of poverty alleviation, CDB has also actively promoted poverty alleviation through transportation improvement, vigorously supported the development of major projects, such as highways for poverty alleviation, and cumulatively granted total loan of RMB 10.92 billion Yuan for poverty alleviation through transportation improvement, and promoted the gradual improvement of infrastructure conditions in poor areas.

Special Column: Coordinating Government Funds for Rural Development to Support Construction of Rural Infrastructure in Badong County

Badong County is affiliated to Enshi Tujia and Miao Autonomous Prefecture, in Hubei Province. It is located in the concentrated contiguous destitute areas of Wuling Mountain and is a national poor county. There are still 2,100km rural roads in Badong County, which are "muddy roads" and "abandoned roads" that are accessible in the sunny weather and summer, but inaccessible in the rainy weather and winter. Over the years, due to its own "weak financial resources and difficult financing" and other reasons, rural road facilities of Badong County have not been improved. CDB has actively explored the integration of government funds for rural development, and innovated in financing models to support the construction of rural infrastructure in Badong County.

Firstly, CDB has promoted Badong County Urban Development and Investment Co., Ltd. to apply for loans from CDB as a Borrower, improved the corporate governance structure and system development; propelled the establishment of the special shift of Badong County Government to formulate relevant policies, and issue approval documents.

Secondly, in accordance with the *Opinions of the General Office of the State Council on Supporting the Pilot Project of Integrated Use of Government Funds for Rural Development in Poor Counties* and the relevant policies of CDB, CDB has promoted Badong County Government to successively issue the *Notice of Office of*

Badong County People's Government on Printing and Distributing the Management Measures for Integrated Use of Government Funds for Rural development in Badong County, and *Management Measures for Funds for Rural Road Construction Projects in Badong County*, which clarified the division of labor, scope of overall planning, purpose of funds, operational procedures, fund management and regulatory measures, etc.. Moreover, CDB has submitted these documents to Hubei Provincial Leading Group for Poverty Alleviation and Development for records.

Thirdly, according to income, expenditure and balances of Badong County Government in terms of 21 types of central government funds for rural development and county financial arrangements in the past four years, CDB has made calculation and thorough investigation on the government funds for rural development that Badong County Government can dispose, to determine the project financing limit. At the same time, CDB has worked with the relevant government departments and implementing entities to jointly form a perfect project payment mechanism, strictly manage the project funds, ensure that the loan funds are earmarked, and manage the good things well.

By coordinating and integrating 21 types of central and local government funds for rural development in Badong County, CDB has effectively solved the dilemma of less public budgets and financing difficulties in poor counties; on the other hand, CDB has supported the construction of 2,577 km rural roads in 322 administrative villages and 12 townships in Badong County, opened of the "connection" between the urban and rural areas of Badong County, greatly improved the travel environment of the local people, promoted and driven the development of local industries.

(III) Village programs for nurturing industrial development to support poor households to increase income and get rid of poverty

On the one hand, CDB has taken fund advantage of development finance, actively guided various industrial customers to enhance industrial support and assistance to poor areas, and supported the poor households to increase income. In Luotian County of Huanggang City and Enshi Prefecture, CDB supported central enterprises and leading enterprises to build Green Vegetable Base in poor villages of Luotian County, Enshi Grand Canyon Scenic Spot Project, to build a Benefit Coupling Mechanism between large enterprises and poor people, and drive the employment of the poor people. By signing assistance agreements with poor households, CDB helped the poor population in Luotian County and Enshi Prefecture to increase their income and get rid of poverty. For example, in the development of Enshi Grand Canyon Scenic Spot, CDB has taken several measures simultaneously to promote the poverty alleviation through industrial development; 1) Local residents were prioritized in the employment of scenic spots, hotels, and performers, directly increasing the employment of 653 local people, including 51 registered poor people; 2) CDB invested in development shops around the scenic spot, which were provided to local residents at low rents, so as to promote local residents to rely on the scenic spots to start businesses; 3) CDB carried out forest land circulation for barren hills and slopes of local residents in combination with the actual situation during the development of scenic spots, involving a total of 326 households with average compensation per household of RMB 200,000 Yuan; 4) CDB gave full play to the driving effect of the scenic spot, promoted the development of local accommodation, farmhouse, catering and other ancillary service facilities and featured agricultural and forestry industrial bases, and drove the employment and entrepreneurship of poor households.

CDB promoted poverty alleviation through photovoltaic development in Suizhou City and Shiyan City. In combination with the better natural conditions of PV and the development advantages of the entire PV industry chain in Suizhou City, CDB has adapted to the local conditions and explored the financing model of "Project Income + Government Procurement" to support the Suizhou Poverty Alleviation Project based on Photovoltaic Power Generation. This project was built with 5KW installed capacity per household for 65,000 poor households, involving 261 construction sites. This project creatively combined the advantages of industrial development with targeted poverty alleviation, and rationally distributed the income from photovoltaic power generation to poor households, which can increase the income of 65,000 poor households by RMB 3,000 Yuan per household per year, and effectively help the poor households to embark on a stable and sustainable path for poverty alleviation. In Yunxian County, Shiyan City, CDB actively promoted the construction of a 40 MW High-Efficiency Agricultural PV Power Generation Project by CGNPC, the largest new energy group in China. The Project Borrower rented agricultural greenhouses for construction of photovoltaic power generation, and the annual power generation income reached RMB 40 million Yuan. By means of the land transfer and employment of farmers, the neighboring poor households can increase their income. A total of more than 1,000 mu of land of the poor households have been transferred. If the annual rent is calculated as RMB 1,200 Yuan/mu, the income of the farmers can be increased by more than RMB 1.2 million Yuan per year. At the same time, the sciophilous flowers, vegetables and economic crops can be planted on the land underneath the PV frames, so that more than 50 farmers in the surrounding areas can get employment on quarterly basis.

On the other hand, CDB has continued to intensified the cooperation between the bank and government, and explored to support the industrial development of poor counties and boost the income growth of poor households by adopting the "Four Platforms + Agencies" model (a model combining the management platform, the financing platform, the guarantee platform, the public information platform and the credit enhancement agencies). CDB has made numerous trips to Badong County of Enshi Prefecture to conduct on-the-spot investigations, visited counties and township enterprises and poor villages, and understood local industrial development and needs for poverty alleviation. It discussed with CPC Badong County Committee and Badong County Government to build the "Four Platforms + Agencies" model (a model combining the management platform, the financing platform, the guarantee platform, the public information platform and the credit enhancement agencies), to support poverty alleviation through industrial development. With the continuous promotion and assistance of CDB, Badong County established the Cooperation Office for the Fight against Poverty through Development Finance, confirmed it as an organizational platform, and selected Badong Urban Development and Investment Company and Badong Hengxin Guarantee Company as the unified loan platform and guarantee platform respectively. In accordance with "Four Platforms + Agencies" model (a model combining the management platform, the financing platform, the guarantee platform, the public information platform and the credit enhancement agencies), CDB provided loan support to SMEs, farmers' cooperatives and large agricultural professionals in Badong County, and promoted the employment of the poor and signed assistance agreements with the poor to increase the income of poor households.

(IV) Giving financial support for poor students to pursue their studies to effectively block intergenerational transmission of poverty

CDB has fully played the dominant role of student loans, continuously increased support for poor students, and adhered to the principle that "all loans that should be granted are granted" to provide timely student loans to poor students, and contributed to blocking the intergenerational transmission of poverty. As of the end of 2017, CDB has distributed a total of RMB 5.62 billion Yuan of origin-based student loans to Hubei Province, which benefited 900,000 students with family financial difficulties in Hubei Province.

(V) Increasing the contribution efforts to poor areas and helping in getting rid of poverty

CDB has donated special funds of RMB 500,000 Yuan for poverty alleviation to three national poor counties, i. e., Zhuxi County, Fangxian County and Yangxin County, and promoted the government of poor county to provide corresponding funds to guide the local banks and loan enterprises in poor counties to set up over special funds of RMB 10 million Yuan for the development of SMEs, which was specially used for loan interest subsidies and risk compensation for poor counties and loan banks to carry out cooperation in poverty alleviation through industrial development. Hubei Branch of CDB has carried out fixed-point poverty alleviation in the poor villages such as Dongfang Village and Meizigou Village in Suixian County, Suizhou City, supported the poor villages to improve the environment, helped stay-at-home children of poor villages to get some basic knowledge and broaden their horizon by donating rural infrastructure development funds of RMB 500,000 Yuan and contributing to construct "Library Room", and launching "Colorful Classroom", so as to achieve poverty alleviation through assistance.

In combination with the deployment of CPC Hubei Provincial Committee and Hubei Provincial Government for the fight against poverty, CDB will vigorously support the fight against poverty in Hubei Province in accordance with the working ideas of "Four Programs" (finance provincial programs for relocating poor populations, county programs for infrastructure development, and village programs for nurturing industrial development, and give financial support for poor students to pursue their studies). Attention will be given to the following aspects:

Firstly, CDB will do a good job in the issuance of loans for relocating poor populations, immediately guarantee the fund needs of relocating poor populations in various places, and ensure that the loan funds will be tagetedly used for poverty alleviation. CDB will strengthen supervision over the use of loan funds, continue to promote the improvement of the provincial-level system of "unified lending, procurement and repayment" for relocating poor populations, actively undertake responsibility, and strive to build a benign operating mechanism for borrowing, using, repaying and managing the unified loan funds for relocating poor populations, to ensure that good things will be done well. By focusing on the development of follow-up industry, CDB will support the local governments to take into account the issues of employment and social security of relocated people the relocation plan, simultaneously plan and promote the relocation and resettlement.

Secondly, CDB will increase the supports for construction of major infrastructure in poor areas, and the construction of water conservancy and forestry under the ecological protection and green development cooperation of the Yangtze River Economic Belt, and promote economic development in poor areas and increase incomes of poor households. CDB will continue to promote the use mechanism of government funds for rural development, actively research and innovate in the support methods for infrastructure, public services, and upgrading projects in poor village, combine the characteristics of rural infrastructure construction loans, explore differentiated credit management methods, and assist in completing the "last kilometer" in the implementation of fight against poverty.

Thirdly, CDB will increase support for poverty alleviation through industrial development. CDB will continue to guide large-scale industrial enterprises to increase investment in poor areas, build an interest linkage mechanism between large enterprises and the poor people, and drive the poor people to increase income and get rid of poverty. CDB will improve and promote the "Four Platforms + Agencies" model (a model combining the management platform, the financing platform, the guarantee platform, the public information platform and the credit enhancement agencies)" in poor areas with conditions, and give priority to local leading enterprises to drive poor households out of poverty by means of "Company + Base + Farmers". In combination with the actual situation in Hubei Province, CDB will explore the industrial model that can drive the registered poor households to achieve sustainable income and employment, such as photovoltaic and tourism projects.

Fourthly, CDB will play the role as the main bank of student loans, grant student loans in accordance with the principle that "all loans that should be granted are granted", and continue to make due contributions for blocking the intergenerational transmission of poverty. At the same time, CDB will further increase donations and assistance to designated poor villages, fulfill social responsibilities, support the poor household and help poor villages to get rid of poverty.

Report on the Progress of the Fight Against Poverty in Hunan Province with the Support of Development Finance

Since the State Council launched the pilot project for regional development and fight against poverty in Wuling Mountain Region in November 2011, CDB has been exploring the path and model for supporting the development of poor areas and the poverty alleviation of poor population with the support of development finance in Hunan Province. In the aspect of "Last Kilometer" from poverty alleviation and development in concentrated contiguous destitute areas to supporting targeted poverty alleviation, from planning of knowledge transfer and technical assistance and mechanism building to establishing subjects and designing projects, from major infrastructure projects such as transportation, electricity and urban roads to rural infrastructure, township public service facilities and other public facilities, CDB has always insisted on proceeding with the actual needs of poor areas and poor people, focused on the core of cooperation between the bank and government, and given full play to the organizational advantages of government, and credit and financing advantages of CDB, to maximize the economic and social benefits of poverty alleviation funds. As of the end of 2017, CDB has promised to offer credits of RMB 103.8 billion Yuan for targeted poverty alleviation projects and granted loans of RMB 54.8 billion Yuan for poverty alleviation in Hunan Province, which effectively served the deployment of strategic plan for fight against poverty in Hunan Province.

I. Adapting to Local Conditions and Implementing Targeted Strategies to Promote Full Coverage of Poverty Alleviation Work

CDB has conscientiously implemented the spirit of the Central Poverty Alleviation and Development Work Conference and given a top priority to poverty alleviation and development in serving the national strategy, which has achieved good results and produced certain social impacts. The main leaders of CPC Hunan Provincial Committee and Hunan Provincial Government have repeatedly affirmed the poverty alleviation work of CDB. CDB Hunan Branch has successively won the honorable titles awarded by the State Council, such as, "Model Collective for Ethnic Solidarity and Progress", "Excellent Unit in Assessment on the Leading Group for Poverty Alleviation in Hunan Province", and "Advanced Entity in Special Competition for Poverty Alleviation in Hunan Province" etc.

Firstly, full coverage of financing plan. CDB cooperated with relevant departments of Hunan Province to compile 12 financing plans such as, the *Systematic Financing Plan for Targeted Poverty Alleviation in Hunan Province during 13th Five-Year Plan Period*, *Systematic Financing Plan for Regional Development and Fight against Poverty in* Wuling *Mountain Region*, *Systematic Financing Plan for Cultural and Tourism Integration Development in the Western Hunan Province*, and *Systematic Financing Plan for Development of SMEs in the Western Hunan Province*, formed a multi-level financing planning framework covering inter-provincial contiguous destitute areas, provinces, cities, counties and industries, made plans for targeted areas of poverty alleviation, such as, relocating poor population, rural infrastructure, township and town public service facilities, top-quality tourist routes, distinctive industry development, featured town construction, and poverty alleviation through education supports, and helped the governments at all levels to clarify the ideas, investment and financing models and key construction projects for poverty alleviation.

Secondly, full coverage of policy publicity. CDB has organized nine matching meetings for poverty alleviation and development work, project planning and training meetings, and financing platform transformation meetings for poor counties in Hunan Province, and compiled a series of propaganda materials and case sets, such as, the *Guideline for the Fight against Poverty in Hunan Province with the Support of Development Finance*, *Hunan Model for Targeted Poverty Alleviation with the Support of Development Finance*, communicated and explained the latest poverty alleviation policies of the Central Government and CDB, summarized various cases and models for poverty alleviation, and helped the poor areas to understand the concepts and practices of fight against poverty with the support of development finance. At the same time, CDB has attached great importance to the summary and propaganda of poverty alleviation through development finance. Central Media, such as, CCTV, People's Daily, Financial Times, and Hunan Daily have repeatedly reported on the poverty alleviation through development finance. *Internal Reference* of Xinhua News Agency, and *Internal Reference* of CPC Hunan Provincial Committee etc. made reports on the development of poverty alleviation work of CDB.

Thirdly, full coverage of the financial specialist of poverty alleviation. CDB Hunan

Branch has set up the Leading Group for poverty alleviation and development led by the "Chief Head" to promote the poverty alleviation work of the whole bank; jointly established Cooperation Office for Development Finance together with various municipal governments in poor areas to improve the poverty alleviation cooperation mechanism between the bank and government; CDB Hunan Branch has also established General Office for leading the poverty alleviation and development business of special divisions and offices, selected and dispatched 13 financial specialist of poverty alleviation to go to cities and prefectures in the Western of Hunan Province, who should be stationed for 1-3 years; sent one cadre to go to Xinzhuang Village, Qijiang County as the "First Secretary", who provided assistance in villages, and helped Xinzhuang Village to establish a benign mechanism for targeted poverty alleviation.

Fourthly, full coverage of the program for relocation of poor populations. In accordance with the idea of finance provincial programs for relocating poor populations, CDB has actively promoted the establishment of provincial investment and financing company for poverty alleviation. As the provincial investment and financing subject, CDB has undertaken the task of investing and financing for relocating poor populations in Hunan Province and realized the unified lending and repayment of loans, independent business operation and full coverage of the poverty alleviation and relocation funds in poor counties of Hunan Province. As of the end of 2017, CDB has offered credits of RMB 14. 1 billion Yuan for relocation of poor populations in Hunan Province, of which loans of RMB 7. 4 billion Yuan and special development funds of RMB 2 billion Yuan were granted.

Fifthly, full coverage of rural infrastructure projects. CDB has actively leveraged the advantages of rural infrastructure loans, fully supported the construction of the "Last Kilometer" of rural infrastructure in poor counties of Hunan Province, and concentrated on addressing the weak links of roads, drinking water, living environment and school security projects in poor villages and poor counties. As of the end of 2017, CDB has supported the rural infrastructure projects in poor counties in Hunan Province through the integration of government funds for rural development in the amount of RMB 27. 5 billion Yuan, which covered all the poorest counties in Hunan Province, and benefited 2. 1 million registered poor people in 4,914 registered poor villages.

Sixthly, full coverage of the comprehensive rural comprehensive service platform. In order to support the construction of rural grassroots organizations, CDB and Hunan Provincial Development and Reform Commission and Organization Department of CPC Hunan Provincial Committee jointly proposed a Comprehensive Rural Service Platform integrating the five functions of "handy service for the public, cultural and sports activities, agricultural services, medical care for the elderly, and Party building services", and organized the compiling of a plan for the construction of a Comprehensive Rural Service Platform in Hunan Province, which clarified investment standards, construction content, and unified design. In May 2016, the three parties followed the principle of "provincial-level planning, implementation based on different counties, voluntary construction, and market operation", and adopted the investment model of "special investment funds within the provincial budget + medium and long-term loans for development banks" to support the construction of local projects. As of the end of 2017, CDB has completed credit granting of RMB 10.5 billion Yuan to support the construction of more than 10,000 comprehensive rural service platforms in more than 80 counties across Hunan Province, which greatly improved the public service level of poor rural areas. The "New Medical Reform" based on the comprehensive rural service platform piloted in Wugang City and other place was warmly welcomed by the local people and was reported by People's Daily, CCTV and other central media.

Seventhly, full coverage of the top-quality tourist route. According to the features of tourism resources in Hunan Province, CDB has worked in conjunction with Hunan Provincial Development and Reform Commission, Propaganda Department of CPC Hunan Provincial Committee, Hunan Provincial Tourism Bureau and other departments, to put forward the idea of "building the top-quality tourism network in Hunan Province based on famous scenic spots and top-quality tourist routes", and to formulate a systematic financing plan, which clearly defined the construction contents of projects, such as supporting towns and villages along the route, village tourist service centers, traffic signs, tourism atmosphere, tourism infrastructure, etc.. CDB piloted in Tongdao, Jingzhou, Shimen and other places, and pushed development of "Excellent Tourism Network + Internet + People's Livelihood Service + Distinctive industry", which has been welcomed by the local government and people. As of the end of 2017, CDB has completed credit granting of RMB 2 billion Yuan for Top-quality Tourist Route Project in the pilot areas of the Western of Hunan Province, which has formed a good model and benefits. Relying on the Top-quality Tourism Network of the Western Hunan, CDB has been working with the municipal and county governments along the route to create a number of special towns that are livable, suitable, and suitable for tourism, achieved the "integration of towns and towns, and driving villages with towns", promoted the development of surrounding rural industries, and helped local poor people to get rid of poverty and become rich. As of the end of 2017, the loan credit of RMB 2.5 billion Yuan has been completed.

Special Column: Supporting the Poverty Alleviation Model based on Top-quality Tourist Routes in the Western of Hunan Province

The Western area of Hunan Province has a long history, unique Miaozhu and Tongzhu culture, a large number of natural landscapes and abundant cultural tourism resources. In response to the poor infrastructure and weak industrial base in the Western area of Hunan Province, where the poor people are lack of income sources, CDB and Hunan Provincial Development and Reform Commission have jointly compiled the *Systematic Financing Plan for the Integrated Development of Cultural Tourism in the Western Area of Hunan Province* in 2015, made full use of the unique natural and humanistic conditions in Western area of Hunan Province, linked the tourism resources of Huaihua City and Zhangjiajie City with the Western area of Hunan Province, and driven the poor people along the route to lift poverty and increase income.

In order to make full use of mountainous and river, folk customs and other tourism resources in Wuling Mountain, Luoxiaoshan Mountain and other contiguous destitute areas, and drive the poor people in the surrounding areas to be lifted out of poverty and become rich, Hunan Provincial Development and Reform Commission, Hunan Provincial Tourism Bureau, Propaganda Department of CPC Hunan Provincial Committee and other departments jointly planned and built top-quality ecological tour route in the Western area of Hunan Province in 2015. CDB has participated in the design of the implementation plan, and compiled the *Systematic Financing Plan for the Integration of Cultural Tourism and Development Finance in the Western Area of Hunan Province*. According to the features of tourism resources in Hunan Province, CDB has put forward the idea of "building the top-quality tourism network in Hunan Province based on famous scenic spots and top-quality tourist routes", and to formulate a systematic financing plan and also formulated a systematic financing plan, which clearly defined the construction contents of projects, such as supporting towns and villages along the route, village tourist service centers, traffic signs, tourism atmosphere, tourism infrastructure, etc.. CDB piloted in Tongdao County, Jingzhou County, Shimen County and other places, and pushed the development of "Excellent Tourism Network + Internet + People's Livelihood Service + Distinctive industry", which has been welcomed by the local government and people. For example, the tourism infrastructure construction project in the Rushui-Gaoyi Section of Wushui

River Basin in Huitong County supported by CDB, is located in Gaoyi, which is an important node along the top-quality tourist route, and a national traditional village with ancient buildings, intangible cultural heritage, ethnic characteristics and folk customs as core resources. As it is surrounded by mountains, the traffic is blocked, development is limited, the economy is backward, and the overall development of Gaoyi is relatively lagging behind. The original residents of this village have a single mode of production and development, and mainly engage in traditional agriculture. Due to lacking of tapping the agricultural added value, the tourism industry of Gaoyi is in its infancy, and the per capita income is lower than the county average. The traffic conditions, development and utilization and other infrastructure of Gaoyi are still deficient and backward, and Gaoyi is increasingly incompatible with the status of the continuously-upgraded scenic spot. The Top-quality Tourist Route is cored at the cultural and ecological integration, linking together the scattered tourism resources and attractions. The project focuses on the core node (Gaoyi Ancient Town), and aims at perfecting the tourism public service facilities, promoting the development of related industries, such as folk culture industry, featured agriculture, trade and commerce in the same region, accelerating the transformation and upgrading of the tourism industry, and promoting the specialized, scaled, branding and leisured development of cultural and ecological tourism in this region.

Eighthly, supporting the full coverage of social public utilities. In line with the requirements of equalization of public services in poor areas, CDB has fully supported the construction of three-level public service system in the poor towns, villages and counties. As of the end of 2017, CDB has provided loans of RMB 4.074 billion Yuan to support the construction of public service facilities, such as medical and health care, health care for the elderly, farmer's market, government service center, cultural center, safe drinking water, etc. After the completion of the project, the rural public service system of Hunan Province will be greatly improved.

Ninthly, full coverage of loans for poverty alleviation through education supports. By the end of 2017, CDB has cumulatively granted student loans of RMB 3.633 billion Yuan to Hunan Province, for supporting 281,000 students with family financial difficulties, among which, origin-based student loans were RMB 640 million Yuan in 2016, accounting for 100% in Hunan Province. At the same time, CDB also actively supported the development of basic education and vocational education in poor counties. In 2016, CDB granted new loan credits of RMB 2.4 billion Yuan, which effectively blocked the intergenerational transmission of poverty.

Tenthly, full coverage of the financial model for poverty alleviation. CDB has adapted local conditions and actively innovated in "multi-level financing models such as "provincial-level unified loans", "municipal-level unified loans", "county-level direct loans", "industrial loans", "farm loans" and "study loans", such as financing of RMB 1.85 billion Yuan for Zhangjiajie in the mode of "municipal-level unified loans"; financing of RMB 1.25 billion Yuan for Huayuan in the model of targeted poverty alleviation; financing of RMB 1.459 billion Yuan for Zhijiang in the model of "whole village promotion"; financing of RMB 2.1 billion Yuan for Cili in the model of "whole county promotion"; financing of RMB 1.275 billion Yuan for Wugang in the model of "transforming weak schools", which were widely recognized and promoted by governments at all levels and all walks of life.

II. Promoting the Model of Poverty Alleviation through Development Finance based on the Principle of People-oriented and Whole County promotion

CDB selected projects based on the people-oriented principle, focused on improvement, built construction mechanism based on county, paid efforts in project promotion and advancement, and explored in the formation of poverty alleviation model of "whole county promotion" in Huayuan, Wugang, Zhijiang, Pingjiang and etc., which aimed at "relocating the poor population with the financing support"; "facilitating farmers by improving rural facilities with the financing support"; "cultivating future generations by improving basic education with the financing support"; "training workers by improving vocational education with the financing support"; "serving the patients by improving medical and health care with the financing support"; "taking care of the elderly by improving the aged industry with the financing support"; "gathering merchants by improving the market construction with the financing support"; "attracting tourists by providing top-quality tourism with the financing support"; "recruiting capable people by promoting distinctive industries with the financing support"; "driving group of people by promoting grass-roots Party building with the financing support", which were widely welcomed by the local cadres and the masses.

Firstly, CDB provided financing supports for relocation of poor population. As of the end of 2017, CDB has granted loan credits of RMB 14.1 billion Yuan for the relocation of poor population, of which loans of RMB 7.4 billion Yuan and special funds of RMB 2 billion Yuan were granted. Secondly, CDB provided financing supports for the construction of rural infrastructure to facilitate farmers. CDB has focused on solving the issue of "Last

Kilometer" in rural areas, such as, roads, drinking water and living environment. Thirdly, CDB provided financing for supporting basic education and cultivating future generations. It mainly supported the transformation of weak schools in rural areas and townships, and supported the construction, relocation and reconstruction of compulsory education and high school education facilities. Fourthly, CDB provided financing for supporting vocational education and training of workers. CDB supported the construction of vocational education and training bases, improved the skills of young people in poor areas, so that their average income can be doubled after receiving vocational education. Fifthly, CDB provided financing for supporting medical and health care and serving patients. It supported the construction of three-level diagnosis and treatment systems in poor counties, townships and villages, and realized the goal of "curing minor ailments at township level, serious ailments at county level, and chronic disease at the nearest hospital". Sixthly, CDB provided financing supports for the old-age industry and took care for the elderly. It gave play to the good environmental resources in poor areas, and supported the construction of beds at nursing home, and projects integrating treatment and convalesce, such as, nursing and rehabilitation centers. Seventhly, CDB provided financing supports for the construction of the market and gathering of merchants. CDB supported the construction of the farmland market, the e-commerce center and the logistics center, etc. in the center town and resettlement area for relocating poor populations. By means of poverty alleviation linkage, CDB arranged certain booths to help the poor, so that they can do business nearby. Eighthly, CDB provided financing supports for top-quality tourism to attract tourists. CDB signed a Strategic Cooperation Agreement with direct department of Hunan Province on the Construction of Top-quality Tourist Route for Cultural and Eco-tourism Integration and Development in the Western Area of Hunan Province, which aimed at building the top-quality tourism network in Hunan Province based on famous scenic spots and top-quality tourist routes. As of the end of 2017, RMB 2 billion Yuan of credit has been realized. Ninthly, CDB provided financing supports for the distinctive industries and recruiting of talented people. In accordance with the idea that "the poor will follow the capable man, and the capable man will track the project", CDB explored the model to support the leading agricultural enterprises, large-scale planting and breeding households, and rural cooperatives to drive the poor households to increase the income. Currently, CDB adopted the model of "Company + Base + Farmers" to support the poverty alleviation project through industrial development, such as, Oiltea Camellia Project, 10,000 mu Sweet Orange Base (Bingtang Orange) and 10,000 mu Tea Garden Standardization Project. Tenthly, CDB provided financing supports for the grassroots Party building to drive a group of people. In cooperation with Hunan Provincial Development and Reform Commission and

Organization Department of CPC Hunan Provincial Committee, CDB supported the construction of a Comprehensive Rural Service Platform that integrates grassroots Party building, handy service for the public, cultural and sports facilities, agricultural services and medical care through the "government awards and subsidies and loan of CDB", and gave full play to the role of grassroots Party building in the fight against poverty.

Special Column: Supporting the Situation of "Poverty Alleviation of Whole Village" in Xinzhuang Village, Zhijiang Tong Autonomous County, Hunan Province

Xinzhuang Village is one of the most remote villages in Zhijiang Tong Autonomous County, with 52 registered poor households and 174 poor people. In 2015, the per-capita income of Xinzhuang Village was only RMB 2,972 Yuan. In April 2015, CDB Hunan Branch became the backing unit of Xinzhuang Village, sent the supporting and assistance team to station at Xinzhuang Village, and dispatched business backbone to act as the "First Secretary". The cadres of CDB staying at villages considered the village as their home, were eager to meet the needs of the villagers, and paid close attention to the construction of weak links during poverty alleviation. They got involved in building 7200 m of village roads to realize the "roads access to the household" in the village; safe coverage of rural drinking water in the whole village so that the villagers can drink "safe water"; 500 m^2 of comprehensive rural service platform was put into use; 120KW PV power station started generating electricity. The income of the village collectives was increased by RMB 120,000 Yuan per year; the traditional grape industry was upgraded and rebuilt, sp that the income per mu was increased by more than RMB 5,000 Yuan. In accordance with the requirements of the "five featured programs of poverty alleviation" (alleviating poverty by means of fostering distinctive industries, advancing relocation, ecological restoration, strengthening education and improving social security), CDB provided targeted assistance to 52 poor households in the village.

Under the leadership of CPC and the Government, and with the support of the backing units, Xinzhuang Village has explored a poverty alleviation solution that combined "the poverty alleviation of whole village" and "targeted poverty alleviation", and summed up with "Twelve Ones". 1) "One road", which means that CDB helped the village to build a 12km village road to achieve access to household;

2) "Clear Water", which means that the work team helped the villagers to build a safe drinking water project in rural areas; 3) "One Irrigation Channel", which means that the work team helped the people to rectify the small reservoir, build a 4 km flood levee and 2 km irrigation canal, so that the irrigation area reached 400mu; 4) "One Bright Light", which means that the work team helped the people to complete the transformation of the rural power grid; 5) "One New House", which means that the work team helped 160 houses in the village to carry out the transformation of the house and reconstruct the old house to a new house; 6) "One Party Branch", which means that the work team helped Xinzhuang Village to build a new grassroots public service center with five functions, likely, handy service for the public, mass activities, medical and health care, agricultural services, and grassroots Party building; 7) "One Book", which means that the work team donated an "Kaixin Library" to facilitate the villagers to study, and regularly invited the teacher to come over and give lessons to students; 8) "One Doctor", which means that a new village-level clinic has been built, and doctors come to the village regularly to see a doctor every week; 9) "One Collective Economy", which means that CDB donated to construct a 190KW PV Power Station, so that the annual power generation revenue reached RMB 180,000 Yuan; 10) "One E-commerce Platform", which means that CDB helped villagers to sell their local products to the city through e-commerce platform, so as to increase the income of ordinary people. CDB also carried out the program of "one product for one village", introduced rain-proof cultivation techniques, cultivated 800mu of grapes in the village, and improved the quality of grapes to increase the income of the villagers; Finally, "One Spirit", which means that CDB put forward "Spirit of Xinzhuang" that contained "self-reliance, greenness, gratitude and inheritance", to place spiritual construction as an important task to help the poor to fight against poverty.

III. Focusing on Targetness and Increasing Efforts to Promote the Fight against Poverty to a New Height

CDB will comprehensively implement the spirit of the Central Poverty Alleviation and Development Work Conference, adhere to the basic strategy of targeted poverty alleviation and targeted poverty relief, focus on "Ten Categories of People" based on actual needs of targeted poverty alleviation in Hunan Province, and make new contributions to win the fight against poverty in Hunan Province. Priority is given to the following aspects:

Firstly, CDB will accelerate the promotion of key projects. Focusing on poverty alleviation activities in terms of transportation, water conservancy and energy in poor areas, CDB will speed up the construction of major infrastructure radiating the poor areas, give priority to the upgrading of poor villages, support the areas of village roads, safe drinking water, rural power grid reconstruction, and human settlements, and accelerate up the coverage of rural infrastructure projects in poor counties and poor villages. CDB will also focus on top-quality tourist lines, rural tourism, and all-for-one tourism, and increase the efforts in poverty alleviation through development of cultural tourism. By giving priority to the protection and improvement of Xiangjiang River and the comprehensive improvement of the water environment in Dongtinghu Lake, CDB will strengthen the governance and protection of "One Lake and Four River (Dongtinghu Lake, Xiangjiang River, Zijiang, River, Yuanjiang River, and Lishui River)" and vigorously implement poverty alleviation through ecological supports.

Secondly, CDB will accelerate the promotion of innovation in poverty alleviation. By taking the poverty alleviation through health and education supports as new growth point and new breakthrough, CDB will strive for rapid model innovation and project development. In combination with the poor village upgrading project with the work of "featured towns" and "town driving villages", CDB will enhance the sense of gain and happiness of the poor population, and take the development of the follow-up industries for the promotion of poverty alleviation as the focus of support, so that the poor population will be able to move, be retained and become rich. CDB will innovate in the way of poverty alleviation through industrial development, research on the industrial development model based on poverty alleviation through raising asset income, so as to achieve capitalization and stocklization of funds, assets and resources in poor areas. CDB will continue to do a good job in student loans, and support the pilot of vocational education loans, and the construction of vocational schools and training bases for rural migrant workers in cities.

Thirdly, CDB will accelerate the construction of the promotion mechanism. CDB will adhere to the principle for "building systems for poverty alleviation", combine planning, education and training, and talent exchange, play the role of the poverty alleviation specialist, strengthen and implement the office for poverty alleviation through development finance. Focusing on the "Seven Actions for Poverty Alleviation" in Hunan Province, such as relocating poor populations, poverty alleviation through education supports and medical assistance etc., CDB will play the role of bridge between the government and market to promote government credit tilted to the poverty alleviation field and create favorable conditions for implementing poverty alleviation measures of Hunan Provincial Government. CDB will innovate in the supervision mechanism for payment of poverty alleviation loan, give full play to the advantages of government organization and the advantages of inter-bank outlets, do a good job of controlling nodes of poverty alleviation funds, such as, borrowing, using, management and repayment, improve the conversion rate of review commitments to payment of poverty alleviation loan, and ensure the loans to achieve the largest social benefits.

Fourthly, CDB will accelerate the cultivation of poverty alleviation subjects. CDB will promote the construction of investment and financing subject for poverty alleviation at the provincial, municipal and county levels, and form an efficient system for step-by-step promotion and labor division. It will cooperate with local governments to integrate weaker poverty alleviation subjects, replenish top-quality assets, enhance the credit rating of poverty alleviation subjects, intensify the loan model of the "Four Platforms + Agencies" (a model combining the management platform, the financing platform, the guarantee platform, the public information platform and the credit enhancement agencies), explore pilot projects for poverty alleviation and sub-loan business, and support the leading agricultural enterprises and new agricultural cooperative organizations.

Report on the Progress of the Fight Against Poverty in Guangxi Zhuang Autonomous Region with the Support of Development Finance

Guangxi is a minority autonomous region that is a former revolutionary base, minority-inhabited area, frontier area and poor area, one of 14 contiguous destitute areas in China (Stony Desertification Region in Yunnan, Guangxi and Guizhou), and one of the main battlefields for the fight against poverty in China. As of the end of 2015, Guangxi Zhuang Autonomous Region has 4.52 million poor population, 28 national key counties for poverty alleviation and development, and 33 Stony Desertification Regions in Yunnan, Guangxi and Guizhou.

In accordance with the working ideas of "Four Programs" (finance provincial programs for relocating poor populations, county programs for infrastructure development, and village programs for nurturing industrial development, and give financial support for poor students to pursue their studies), CDB has given full play to the advantage of poverty alleviation solutions that combine sound rules and systems, funding, and knowledge transfer and technical assistance, to rapidly promote targeted poverty alleviation. As of the end of 2017, CDB has cumulatively granted loans of RMB 114.6 billion Yuan to the poor areas in Guangxi Zhuang Autonomous Region, and leveraged social financing of RMB 36.4 billion Yuan. The balance of poverty alleviation loans exceeded RMB 91.6 billion Yuan, accounting for about 405 in the whole Autonomous Region and ranking the first in the industry. The business of CDB covered 54 key counties in the fight against poverty in Guangxi, and benefited more than 3 million registered poor people.

I. Performing Active Actions and Resolutely Implementing the Plan of Central Government for Fight against Poverty

CDB has earnestly studied the spirit of the series of important speeches by the General

Secretary Xi Jinping on the fight against poverty, and actively promoted the fight against poverty in Guangxi Zhuang Autonomous Region with the support of finance, in accordance with the strategic arrangements and "Four Comprehensives" (comprehensively building a moderately prosperous society, intensifying reform, governing the country according to law and applying strictness in governing the Party) of the CPC Central Committee and the State Council. Firstly, CDB has strengthened organizational guarantees, and set up the Leading Group for Fight against Poverty, for which the President of CDB Guangxi Zhuang Autonomous Region Brach served as leader and Deputy President acted as deputy leader. The members of this Leading Group included all the heads of the Front and Middle Office. CDB has designated the division and office special for overall poverty alleviation, and strengthened the organization and leadership of the Branch for the fight against poverty; Secondly, CDB has adhered to the leadership by Party building and. The heads of division and office of CDB Guangxi Zhuang Autonomous Region Brach signed the Responsibility Agreement for the fight against poverty. CDB Guangxi Zhuang Autonomous Region Brach has strictly implemented the accountability system of the responsible person at every level and the system of "Two Duties for One Post", and continuously strengthened the responsibility sense of leading cadres to actively participate in poverty alleviation; thirdly, CDB has promoted to go down to grass-roots unities to conduct poverty alleviation services, accumulatively selected and dispatched 15 financial specialists of poverty alleviation with strong political quality and business ability to go to 8 key poor counties for 1-3 years, likely, Baise, Hechi, Guilin, Chongzuo, etc., and assigned three business backbones to serve as "First Secretary" in designated poor villages, to achieve comprehensive coverage in key counties of national poverty alleviation strategy, and fully guide Party members to play a pioneer and exemplary role. Moreover, CDB has actively promoted financial knowledge, assisted in planning and designing financing solutions, organized project development, and used financial mechanisms to quickly communicate poverty alleviation policies to the localities.

II. Taking the Initiative to Meet the Financing Needs of Local Poverty Alleviation

After the Central Poverty Alleviation and Development Work Conference was held in November 2015, CDB has actively communicated with the CPC Committee and Government of Guangxi Zhuang Autonomous Region on the work ideas and important work progress of poverty alleviation, and gone to key cities and counties of poverty alleviation to conduct exchanges and study, and to implement the spirit of the Central Poverty Alleviation and Development Work Conference. Firstly, Hu Huaibang, the Chairman of CDB, talked with the Secretary of the CPC Committee of Guangxi Zhuang Autonomous Region about the Strategic Plan for the Fight against Poverty in Guangxi with the Support of Development Finance during "13th Five-Year Plan" Period, to clarify the specific objectives of the poverty alleviation in Guangxi Zhuang Autonomous Region during "13th Five-Year Plan" period; secondly, CDB signed provincial cooperation agreement for poverty alleviation under the witness of Chairman Hu Huaibang and Chairman of Guangxi Zhuang Autonomous Region Government, for further grasping the targeted poverty alleviation and increasing the supports of development finance; thirdly, CDB has gone into 80 counties and regions across Guangxi Zhuang Autonomous Region to carry out research and service for poverty alleviation, understand local funding needs and specific difficulties in poverty alleviation, and establish a smooth communication system for poverty alleviation financial services.

III. Taking Scientific Actions to Build a Mechanism for the Fight against Poverty with the Support of Development Finance

CDB has taken work idea of "Four Programs" (finance provincial programs for relocating poor populations, county programs for infrastructure development, and village programs for nurturing industrial development, and give financial support for poor students to pursue their studies) to consider the overall situation, established a comprehensive accountability system, and made breakthroughs in various areas of poverty alleviation.

(I) Innovating in the model to promote the relocation of poor population

The program for relocating the poor population is considered as the top priority in the fight against poverty, and the toughest issue among all targeted poverty alleviation projects of "Five Programs of Poverty Alleviation" (alleviating poverty by means of fostering distinctive industries, advancing relocation, ecological restoration, strengthening education and improving social security). According to the plan issued by the State Council Leading Group Poverty Alleviation and Development Office, during the period of "13th Five-Year Plan", there are 1 million registered poor populations in Guangxi Zhuang Autonomous Region, of which 300,000 were relocated in 2016, 484,000 were relocated in 2017, and 216,000 were relocated in 2018. The relocation and consolidation work will be carried out in 2019 and 2020.

Under the circumstances of tight schedule, heavy tasks and high pressure, CDB has opened the way to finance the program of relocating poor populations, and formed an operation model that can be copied and promoted. Firstly, CDB has given full play to the rich experience in the cooperation between the bank and government, actively connected with Guangxi Zhuang Autonomous Region Poverty Alleviation and Development Office, Guangxi Zhuang Autonomous Region Development and Reform Commission, Guangxi Zhuang Autonomous Region SASAC and other departments, and assisted Guangxi Zhuang Autonomous Region Government to set up Guangxi Rural Investment Group Co., Ltd., a provincial-level investment and financing subject for poverty alleviation; Secondly, CDB has given play to the linkage and synergy effect of the Branch and Head Office, and quickly realized the review commitment on loan credits of RMB 58 billion Yuan, by relying on the on-site office, in which CDB promised to provide RMB 53.308 billion Yuan as financing funds of provincial-level unified loan for relocating poor populations in Guangxi during the 13th Five-Year Plan period; thirdly, CDB has assisted Guangxi Zhuang Autonomous Region Government to draft and promulgate the *Management Measures for the Special Financing Funds for the Construction of the Program for Relocating Poor Populations in Guangxi*, the *Six-Party Agreement on the Use of Special Financing Funds for the Construction of the Program for Relocating Poor Populations in Guangxi*, and *Regulations on the Special Financing Fund for the Program for Relocating Poor Populations*, so that there would be rules and regulations available for funding, fund transfer, fund use, fund repayment, purchase service, supervision and management; Fourthly, CDB has given play to the pioneering spirit to face the challenge, and granted the first provincial-level loan for relocating poor populations (in Long'an County, Nanning City) in the amount of RMB 200 million Yuan, which have been highly appraised by the leaders of the National Development and Reform Commission, Office of the Central Leading Group on Financial and Economic Affairs, Office of the Central Rural Work Leading Group, the Ministry of Finance, and the State Council Leading Group Office for Poverty Alleviation and Development. As of the end of 2017, CDB has cumulatively granted loans of RMB 11.249 billion Yuan for relocation of poor populations, and special development funds of RMB 1.962 billion Yuan to Guangxi.

(II) Going deep into the countryside and vigorously supporting infrastructure construction

According to the relevant requirements of *Opinions of the General Office of the State Council on Supporting the Pilot Project of Integrated Use of Government Funds for Rural development in Poor Counties*, and *Pilot Plan of Guangxi* Zhuang *Autonomous Regional*

Government Office for Implementing Integrated Use of Government Funds for Rural development in Poor Counties, and for the purpose of forming a new pattern of funding in poverty relief, which attracted funds from several channels and distributed funds uniformly", and addressing the urgent infrastructure difficulties in poor areas, CDB worked with Guangxi Government to carry out field research, selected Lingyun County of Baise City as a pilot, where the poverty alleviation task is heavier, dispatched business backbone to form a Work Team to station in Lingyun County, assisted Lingyun County Poverty Alleviation and Development Office, Lingyun County Development and Reform Commission, Lingyun County Finance Bureau, Lingyun County Transportation Bureau, Lingyun County Water Resources Bureau, Lingyun County Education Bureau and other departments to sort out the project list and draft relevant policy documents, quickly completed the first project review commitment in the financing model of "integration of government funds for rural development + county-level government purchase services in the amount of RMB 357 million Yuan, which were used to support the construction of village roads, rural environmental improvement, safe drinking water and school safety projects Lingyun County, involving about 48,800 people in 12,000 households, in 40 registered villages of 15 townships and towns.

By summarizing the successful experiences in Lingyun County, CDB has gradually established a model for development of infrastructure and poverty alleviation industry projects in rural areas and county (district), released the *Operation Rules of CDB Guangxi Zhuang Autonomous Region Branch for Review on Development of Infrastructure and Poverty Alleviation Industry Project in Rural Areas and County (District)* in August 2016 to provide a full set of reference formatted texts of poverty alleviation financing materials needed for the loan for relocating poor populations and construction of rural infrastructure projects, so as to realize framework for areas supported in poverty alleviation projects, project identification accuracy, project process standardization, cataloguing of data collection, report writing formatting, schedule nodeization, and working mechanism linkage, which have laid a solid foundation for rapidly promoting rural infrastructure poverty alleviation project financing.

(III) Broadening the thinking and actively exploring the poverty alleviation through development of distinctive industries

The poverty alleviation through industrial development is the basis and key to increase the income of the poor people, the top priority in the implementation of "Five Programs of Alleviating Poverty" (alleviating poverty by means of fostering distinctive industries, advancing relocation, ecological restoration, strengthening education and improving social security) and the most urgent expectation of the poor people. On the basis of the resources of poor areas in Guangxi, CDB actively carried out research on new models and new methods, guided and supported the registered poor households to achieve income growth and overcome poverty through employment or asset income.

Firstly, CDB supported the poverty alleviation through industrial development. CDB innovated in the ideas, combined new energy strategy of Guangxi with the strategy for the fight against poverty, designed and supported the implementation of the first "Agriculture-PV Complementation" Power Generation Poverty Alleviation Project, and created the model of poverty alleviation through development of distinctive industries integrating "Agricultural Breeding + Clean Energy + Recreational Travel + Poverty Alleviation Project". With the joint efforts of all parties, this project was successfully connected to the grid in June 2017. As the first large-scale "Agriculture-PV Complementation Tracking System Power Station in South China, it is estimated that the annual power generation will reach 70 million kWh, equivalent to annual saving of 21,000 t of standard coal, which can reduce the emissions of carbon dioxide, sulfur dioxide and nitrogen oxide by about 54,000 t, and the emission reduction effect was remarkable. At the same time, it is expected that this project can drive poor household in the at least three registered poor villages in the surrounding to increase the per-capita income by RMB 5000-35,000 Yuan/year. The successful operation of Guiping PV Power Generation Project has explored a green, efficient and sustainable industrial development path. With the model of "Agriculture-PV Complementation Project" for poverty alleviation, the market-oriented operation led the enterprise was combined with the fight against poverty under the responsibility of government and the centralized PV power generation was integrated with poverty alleviation and development based on large-scale modern agriculture and tourism. CDB can drive the local registered poor households to steadily increase their income through participation in agricultural and tourism development, while returning the land rents through large-scale modern agricultural and tourism development. CDB supported the transformation from subsidized poverty alleviation to development-oriented poverty alleviation to achieve the sustainability of poverty alleviation strategies and truly ensue that the poor will not return to poverty.

Secondly, CDB supported poverty alleviation through ecological development in forestry. As one of the first pilot provinces implementing the National Reserve Forest Project, Guangxi took the lead in developing reserve forests. CDB and the forestry authorities jointly researched the model of combining forestry with poverty alleviation work, actively promoted poverty alleviation through forestry development, and explored ways to help the poor people to increase income by using renting of forest land and forest conservation. By adopting the model of model of"three unification", i. e., "unified rating, unified credit granting, unified lending and repayment", CDB has promoted the financing of RMB 10 billion Yuan for implementation of the first Reserve Forest Base Project in Guangxi in 2015, and innovated in the establishment of risk compensation mechanism, such as, forestry risk reserves and forestry insurance, to maximize the reduction of loan risk. At the same time, CDB continued to promote the review on the second phase of Guangxi National Reserve Forest Project, and completed the credit granting of RMB 20 billion Yuan in April 2017. The smooth implementation of the reserve forest project not only brought significant economic, ecological and social benefits, but also supported the follow-up industrial development of the program of relocating poor population, and provided strong support guarantee for the fight against poverty in Guangxi.

Special Column: CDB Innovating in the Model for Targeted Poverty Alleviation Loan for National Reserve Forest

Guangxi is rich in forestry resources, and is the province with the largest area of artificial forests and the highest timber yield in China. It is also the province undertaking the heaviest task for building national reserve forest bases. It plans to build 28 million mu of national reserve forest, accounting for 13.3% of the total national size. Meanwhile, the forest areas of Guangxi are mostly distributed in poor areas and in areas where the poor population are relocated. To this end, CDB innovated in the investment and financing mechanism for the construction of reserve forests, successfully implemented the first phase of Guangxi National Reserve Forest Project, and explored useful ways and experience for the construction of national reserve forests.

I. Introduction of model

This model focused on the key point of current poverty alleviation through forestry development. It combined forestry industry and poverty alleviation work, relied on the credit of provincial-level platform, supported the construction of Guangxi National Reserve Forest Base and poverty alleviation through forestry development, explored the way to help the poor population to raise income, such as, renting and transfer of land, and putting labor into the construction etc., maximized the income of poor households through rents, salaries, etc., and boosted the implementation of the strategy of " prospering forests and enriching farmers " and assisted the poor households to have income growth and be out of poverty.

II. Highlights of model

The project adopted the model of "three unification" (that is, Guangxi Zhuang Autonomous Regional Government designates Guangxi Forestry Group as the financing subject, CDB performs unified rating and unified credit granting for it, and set up unified loan platform for unified borrowing and repayment). CDB promised to offer loans of RMB 10 billion Yuan to the first phase of Guangxi National Reserve Forest Construction Project, with a loan term of 27 years. The property right of forest was mortgaged as credit, and risk compensation mechanisms such as risk reserve and forestry insurance were established. The state-owned forest farm directly under the autonomous region acts as the loan user, responsible for the implementation of the reserve forest project and the use of funds.

Ways to increase income for poor households: obtaining rental income by signing forest land lease contracts with forest farms; participating in project construction as a forester and forest guard, and receiving salary income.

III. Effectiveness of model

The implementation of reserve forest project of CDB has been highly concerned by the Office of the Central Rural Work Leading Group, the National Development and Reform Commission and other relevant departments. It has innovated in the investment and financing mechanism for forestry construction, and has changed the practice of forestry ecological construction in Guangxi that was mainly based on public government funds, solved shortage of funds for forestry construction and brought significant economic, ecological and social benefits to Guangxi. As of the end of 2017, this project has realized a total investment of RMB 4.28 billion Yuan, provided a total of about 50,000 jobs, realized forestry labor income of about RMB 900 million Yuan, and forestry rental income of about RMB 150 million Yuan. The support covered in 72 counties and districts in all 14 cities and 25 contiguous destitute counties of Guangxi.

(IV) Helping the knowledge transfer and technical assistance and comprehensively promoting poverty alleviation through education supports

The ancients said: pine and cypress should be planted in case of infertile soil and children from poor family should try to read more books and receive education. To effectively block the intergenerational transmission of poverty, the most important thing is to vigorously develop education in poor areas and improve the level of human resources in poor areas. As the only institution in Guangxi handling student loans, CDB has effectively implemented the spirit of Central Government on the principle that it is crucial to cure the poverty in mind firstly and then get rid of poverty in life, and help the knowledge transfer and technical assistance firstly and then assist in poverty relief, established a long-term mechanism to protect key universities in rural and poor areas, strengthened the cooperation with Education Department and Poverty Alleviation and Development Office, and other departments of Guangxi Zhuang Autonomous Region to enhance the supports for registered poor students, completed the work of the student loan in Guangxi on schedule every year, and promised not to let any poor student lose the opportunity to go to school because of poverty. As of the end of 2017, CDB has cumulatively granted student loans of RMB 13.64 billion Yuan to Guangxi. The loan amount ranked the first in China, and benefited 900,000 people in the whole region. CDB achieved 100% coverage of locally-granted credit student loan in Guangxi.

CDB will continue to adhere to the principle of "government-led, planning first, financial support, and market operation", and combine local features, innovative ideas and methods in Guangxi to increase the support for relocation of poor population, infrastructure construction, development of distinctive industry, and education and health improvement:

Firstly, CDB will proceed with the relocation of poor population and promote the relevant work. The relocation of poor population is of great significance as the first battle against poverty. It must be promoted in a stable and steady manner to maintain a positive working momentum. CDB will continue to accurately grasp the support policies for promoting the program of relocation of poor population, adhere to the requirements of "over responsibility by provincial-level government", and cooperated with Guangxi Zhuang Autonomous Region Development and Reform Commission (Resettlement Bureau), Department of Finance, Poverty Alleviation and Development Office, and Agricultural Investment Corporation, to do a good job in the granting of loans and special funds for relocation of poor population.

Secondly, CDB will focus on infrastructure to solve the bottleneck of poverty alleviation. Focusing on the difficulties and weakness, such as the village roads, safe drinking water, environmental remediation and school security projects, CDB will seize the opportunity of comprehensively launching the pilot project for the integration of government funds for rural development in 2017, promote the review commitment on rural infrastructure loan in the remaining counties, actively provide loan support for rural infrastructure construction in poor counties, and speed up the improvement of the infrastructure in the poor villages.

Thirdly, CDB will take the industrial development as a breakthrough point to support targetedly the income growth and poverty relief. CDB will firmly establish and implement the new development concept of innovation, coordination, green, openness, and sharing, adhere to the principle of adapting to local conditions and implementing policies based on difficulties, promote and improve the "Four Platforms + Agencies" model (a model combining the management platform, the financing platform, the guarantee platform, the public information platform and the credit enhancement agencies), vigorously support leading enterprises, rural professional cooperative organizations and the rural collective economy to develop featured and advantageous industries, and drive the poor farmers to fully integrate into the industrial development.

Fourthly, CDB will take education as the foundation for poverty alleviation to effectively block the intergenerational transmission of poverty. CDB will continue to play the role of the main bank for student loans, strengthen cooperation with the Education Department and other departments, research and expand the scope of support for student loans, strengthen loan support for registered poor students in the establishment, and explore the loans for "two types of students who are surplus labor among poor families and failed to continue their studies at the beginning of middle and high school", so as to help the students from poor families to master a skill, achieve stable employment, and promote income growth. At the same time, CDB will strengthen the support for constructing the training bases and vocational school for rural migrant workers, vigorously promote employment skills training for poor farmers, improve the professional knowledge and production skills of poor farmers, and push forward the people in poor areas to start up business.

Report on the Progress of the Fight Against Poverty in Hainan Province with the Support of Development Finance

In order to help Hainan Province to win the fight against poverty and build a moderately prosperous society in all respects, CDB has closely followed the work plan of CPC Hainan Provincial Committee and Hainan Provincial Government for "wining the fight against poverty within three years and performing consolidation and improvement in next two years", and provided comprehensive financial support for the fight against poverty in Hainan Province in accordance with the poverty alleviation solutions that combine sound rules and systems, funding, and knowledge transfer and technical assistance and working idea of "Four Programs" (finance provincial programs for relocating poor populations, county programs for infrastructure development, and village programs for nurturing industrial development, and give financial support for poor students to pursue their studies).

I. Taking the Relocation of Ecological Migrants for Poverty Alleviation through Ecological Development as the Breakthrough to Promote the Establishment of Provincial-Level Investment and Financing Subject for Poverty Alleviation and Development

According to the Plan of Hainan Province for Relocation of Ecological Migrants for Poverty Alleviation through Ecological Development during 13th Five-Year Plan Period, there are 2,228 persons of 547 households in 11 natural villages in 5 cities and counties included in the resettlement scope for poverty alleviation through ecological development, including 824 people from 194 registered poor households. The total investment of project is RMB 320 million Yuan. In the face of the small population base, small scale of investment, inactive desire of the government towards financing, and the lack of provincial-level investment and financing entities for poverty alleviation and development, CDB overcame difficulties and took actions proactively. Firstly, CDB consolidated the top-level design. CDB adhered to the principle of "overall responsibility undertaken by the provincial government", formed work idea and plan for fight against poverty in Hainan Province with the support of development finance, proposed to establish a provincial-level investment and financing subject for poverty alleviation and development, played the strategic vision of "multi-use of one platform", and obtained strong support and promotion from Hainan Provincial Government. Secondly, CDB strengthened the poverty alleviation solutions that combine sound rules and systems, and knowledge transfer and technical assistance. CDB overcame difficulties such as fewer personnel and multiple management projects, dispatched the financial specialist of poverty alleviation to assist in the completion of articles of association, internal rules and regulations and external agreements of the provincial-level investment and financing subject for poverty alleviation, according to the requirements of Hainan Provincial Department of Finance, and participated in the establishment of Hainan Poverty Alleviation and Development Investment Co., Ltd., the first provincial-level investment and financing subject for poverty alleviation and development. Thirdly, CDB provided efficient financing services. CDB actively cooperated with the relevant departments to plan and package the projects in cities and counties, and at the same time, overcame the unfavorable situation that Hainan Province didn't get the support of the preferential policies of Central Government in the course of relocation of ecological migrants for poverty alleviation through ecological development, actively communicated with the Head Office to obtain preferential interest rates, and took the lead in granting credits of RMB 240 million Yuan to the first program of relocating poor population for poverty alleviation through ecological development in Hainan Province. The first tranche of loan was issued in the amount of RMB 9 million Yuan nine days after the official opening of Hainan Provincial Poverty Alleviation and Development Investment Co., Ltd. in nine days, which benefited 409 people from 90 natural villages, including 46 households with 213 persons. At present, loan contract of RMB 60 million Yuan was signed for this project, and loans of RMB 41 million Tuan were granted, which benefited 517 persons from 121 farm households, including 197 people from 44 registered poor households. The relocated population accounted for 23.2% of the Relocation Plan for Ecological Migrants in Hainan Province during the "13th Five-Year" period.

Special Column: Helping the Relocation of Poor Population in Hainan Province during"13th Five-Year Plan" Period

At the beginning of the"13th Five-Year Plan", a total of 2,228 people lived in the central mountainous region of Hainan Province, where the traffic was inconvenient, water and electricity were not available, materials were scarce, and the industry was backward, causing major damage to the local ecological environment and drinking water sources. Since the Central Poverty Alleviation and Development Work Conference was held, CDB has actively exerted its advantages and functions of development finance, promoted the relocation of poor population Hainan Province during the"13th Five-Year Plan" period, helped to promote the program of relocating poor population in Hainan Province during the"13th Five-Year Plan" period through poverty alleviation solutions that combine sound rules and systems, funding, and knowledge transfer and technical assistance, and helped the poor people to"move out, live stably, and get rich".

Firstly, CDB played a role in knowledge transfer and technical assistance, actively contributed ideas and suggestions, and promoted the establishment of provincial-level investment and financing subject for poverty alleviation and development. CDB Hainan Branch submitted to Hainan Provincial Government the *Request for Proposal on Wining the Fight against Poverty in Hainan Province with the Support of Development Finance and Achieving the Goal of Building a Moderately Prosperous Society in All Respects*, which was fully affirmed and supported by CPC Hainan Provincial Committee and Hainan Provincial Government. Hainan Provincial Government requested Hainan Provincial Department of Finance to implement the establishment of investment and financing subject for poverty alleviation and development. On August 29, 2016, Hainan Provincial Poverty Alleviation and Development Investment Co., Ltd. was incorporated.

Secondly, CDB gave play to the role of sound rules and systems, innovated in work mechanisms, and promoted the company's rules and regulations. CDB actively dispatched cadres for stationing, assisted Hainan Provincial Department of Finance to draft and issue a series of rules and regulations, such as, *Management Measures for Special Financing Funds for the Development of Program for Relocating Poor Population in Hainan Province*, and *Six-Party Agreement for Finance Supervision*, which clarified the rights, responsibilities and obligations of relevant departments, provincial platforms, poor cities, counties and CDB, and provided institutional guarantees and operational norms for implementing the follow-up business.

Thirdly, CDB gave play to the role of financing, took the initiative to plan the project, and guaranteed the financing needs of the program of relocating poor populations in Hainan Province during "13th Five-Year" period. CDB has actively assisted Hainan provincial-level platform, and poor cities and counties to plan and promote the program of relocating poor populations, and taken the lead in granting credits of RMB 240 million Yuan to the program of relocating poor populations in Hainan Province during "13th Five-Year" period, and granted the fist loan for the program for relocating poor populations in Hainan Province, which effectively guaranteed the capital needs of relocating poor populations in poor villages such as Daoyin Village, Pogao Village, Gaoshi Old Village and Wengcun Village Brigade III of Baisha Li Autonomous County.

CDB has taken the initiative to help Hainan Province to win the first fight against poverty and was highly recognized by CPC Hainan Provincial Committee and Hainan Provincial Government, all sectors of society and the news media. On October 27, 2016, *Hainan Daily* reported that CDB provided credit and granted the first tranche loan for the program for relocating poor populations in Hainan Province during "13th Five-Year" period; on February 3, 2017, *CCTV News* reported that CDB supported the program for relocating poor populations in Hainan Province with the title of "Relocating Poor Population in Hainan Province for Poverty Alleviation".

II. Taking Infrastructure Construction as the Key Point of Application to Crack the Bottleneck in the Fight against Poverty in Poor Cities and Counties

From 2006 to 2015, CDB has issued total medium and long-term loans of RMB 10.8 billion Yuan to poor areas in Hainan Province, which effectively supported infrastructure construction in poor areas, and established good cooperative relationship with relevant cities and counties. Since the implementation of the fight against poverty in 2016, in the face of the restricted financing platform of municipal and county government under new financial regulations, 1) CDB has strengthened top-level communication; CDB has repeatedly conducted research in poor areas and developed financing plans based on local conditions; 2) CDB has established the Work Team for city and county; It has set up Work

Team for corresponding cities and counties, for which heads of CDB Hainan Province served as the team leader, and members come from backbones of main divisions and offices. It has also piloted in establishing Leading Group and Office for fight against poverty with the support of development finance, to sort out project reserves, plan project packaging, and speed up project development. After the promulgation of the *Implementation Opinions on Supporting Poor Counties to Carry Out Integrated Use of Government Funds for Rural Development* by the General Office of Hainan Provincial Government, CDB Working Group has quickly followed up and completed the credit granting for Phase I of Poverty Alleviation Project through Infrastructure Construction in just one month As of the end of 2017, CDB has promised to offer total credits of RMB 316 million Yuan to the rural infrastructure projects in poor areas in Hainan Province, and granted loans of RMB 71 million Yuan, which benefited 39,248 people, including 5,118 registered poor people.

III. Focusing on Industrial Development to Win the Fight Against Poverty through Development of Distinctive Industries

Firstly, CDB supported modern agriculture with tropical features. CDB has promoted the "Four Platforms + Agencies" model (a model combining the management platform, the financing platform, the guarantee platform, the public information platform and the credit enhancement agencies), and "leading enterprises + cooperatives + poor farmers", supported a series of tropical high-efficiency agricultural brands such as "Ledong Banana", "Qiongzhong Green Orange", "Chengmaifu Orange", "Tunchang Black Pig", "Seedless Lychee" and "Selenium-rich Sweet Potato", cultivated a number of leading agricultural enterprises such as Chunlei Industrial, Gaoming Agriculture, and Ledong Dafengyu, to build tropical modern agriculture into an ace industry that enriched peasant in Hainan and serve the country, and drive directly or indirectly, 150,000 poor people to be out of poverty. Secondly, CDB piloted implementation of poverty alleviation through asset income. CDB has innovated in the model of poverty alleviation through tourism development based on the pattern of "Integrative Development of Large Scenic Spot and Style Town", supported Beijing Chunguang Group to perform comprehensive transformation on Shijin Village, Sandaowan, Baoting County, which is a national poor county, guided farmers to form a stable interest linkage mechanism with enterprises in the form of pooling of land as shares, and provision of labor services etc., and combined new rural construction with rural leisure and holiday tourism, to drive 203 people of 48 households in the village to be out of poverty. Thirdly, CDB explored and drive a new assistance model. CDB has accumulatively distributed loans of RMB 1.005 billion Yuan for poverty alleviation through industrial development, actively promoted poverty alleviation policies and social responsibilities to major customers, such as Hainan Airlines and Jinhai Pulp & Paper, and guided large customers to sign assistance agreements with poor households, to drive 281 registered poor people of 59 households to develop production.

Special Column: Creating a New Rural Model of "Integrative Development of Large Scenic Spot, Style Town and New Village" to Assist in Wining the Fight against Poverty

Baoting County is a national poor county. Shijin Town of Sandao Town is one of the poorer Li villages in Baoting County, where living conditions are and economic income is low. It is the key contacting target for "connecting villages with enterprise" for poverty alleviation of CPC Hainan Provincial Committee. CDB has insisted on planning first, and innovated in the model of "Integrative Development of Large Scenic Spot, Style Town and New Village", so as to help farmers to realize development, by relying on the superior geographical position and unique natural conditions of Sandao Town. As of the end of June 2017, CDB has accumulatively granted loans of RMB 1.8 billion Yuan and driven 203 people of 48 households in the village to get rid of poverty and become rich.

(I) Researching and planning the new concept of "Integrative Development of Large Scenic Spot, Style Town and New Village". The "Large Scenic Spot" refers to attractive large-scale complex tourist attraction and tourist resort; the "Style Town" means the leisure and original tourism town that possesses a variety of consumption forms by extending the theme culture of the large scenic spot; at the same time, Style Town also provides a base for tourism public services for the surrounding tourist villages; "New Village" is a tourist village supported by the government, for which the enterprise makes investment and manages its operations, for the purpose of enabling farmers to enjoy the equity by pooling of land as shares, work and operate in the village.

(II) Exploring a new model of land transfer system and villager resettlement system to protect farmers' rights and benefits. CDB has actively promoted the county government to complete the ownership affirmation, such as, rural collective land ownership, the right to the use of curtilage, and the right to use the collective construction land. Under the condition of ensuring the invariance of basic farmland and the same land ownership, CDB has revitalized the stock of land resources and transformed the village in the way of pooling of farmer land as shares. The Village Group provided land for tourism project development. The enterprise offered funds to perform development and construction according to the plan, paid land cooperation dividends to the Village Group and farmers, and provided resettlement houses, shops and employment opportunities, so as to drive local farmers to participate in tourism development, and ensure that farmers will not leave their homes, lose their land, jobs and homes, and farmers will increase their income locally, and embark on the road of sustainable development.

(III) Solving the funding bottleneck and innovating in the financing model of "Integrative Development of Large Scenic Spot, Style Town and New Village". Through the model of "Bank + Company + Village Collective/Villager", the company used its own funds and sub-credit funds, plus the operating income from the surrounding cultural tourist attractions, to "re-support" the style towns and new villages. The projects of tourism infrastructure and hotels, inns and other operation items were constructed, while Shijin Village provided collective land for converting into state shares, which avoided the large amount of funds that enterprises need to pay in the process of land acquisition and demolition, and greatly reduced the pre-investment pressure of enterprises, so that more funds can be used for project development and improving the basic life of farmers, and a "win-win" situation between enterprises and farmers has been formed.

IV. Taking Education Supports as the Foundation for Poverty Alleviation to Effectively Block the Intergenerational Transmission of Poverty

CDB, as the only bank in Hainan Province to carry out student loans, firstly, has followed the operation idea of "led by government, sponsored by education and supported by finance", constantly rationalized the relationship between the government, the education department and the bank, and gradually built a model of student loan with coordinated management, clear rights and responsibilities, and risk-sharing; Secondly, CDB has increased credit support for poor students in line with the principle that "all loans that should be granted are granted and assistance should be offered to people who needed", improved the information record inputs of poor students, simplified the process of approval for the loan application of registered poor students, and ensured satisfaction rate of student loans for college students was 100%. Thirdly, CDB cooperated with the relevant departments to hold a special job fair for loan-sponsored students, build employment platforms for graduates, and provide multi-faceted employment channels to effectively alleviate employment pressure; Fourthly, CDB has strengthened the construction of the credit system, held special lectures on integrity education, and piloted the establishment of a working mechanism for recovery of principal and interest according to "Municipal (County) Government - Township (Town) Government - Village (Residential) Committee" and "County Education Bureau - Central School", to promote the sustainable development of the student loan business. As of the end of 2017, CDB has cumulatively issued origin-based student loans of more than RMB 2 billion Yuan to Hainan Province, which helped 130,000 students with family financial difficulties in Hainan Province to fulfill their university dreams and benefited 12,900 students from registered poor families.

V. Taking Fixed-Point Poverty Alleviation as an Innovation Point to Help Gengfeng Village in Tunchang County to Fight Against Poverty

Gengfeng Village is a provincial-level poor village. There are 281 people in 59 households in Gengfeng Village (including 214 people of 45 enhancement households), and the occurrence rate of poverty is 23%. CDB Hainan Branch acted as the designated support unit of Gengfeng Village. 1). CDB Hainan Branch adhered to the promotion of Party building, set up the Work Team for fixed-point supports and assistance, for which Secretary of CPC Committee of CDB Hainan Branch served as the leader, and members included deputy leader and all the Party branches, to research and formulate the implementation plan for the fixed-point assistance work, and repeatedly inspected the targets of investigation and helped to build the assistance for "provincial-county-town-village"; 2). CDB strengthened the construction of assistance mechanism, set up 14 pairing assistance groups for 14 registered poor households and 45 consolidation households, and dispatched poverty alleviation specialists to Gengfeng Village; 3). CDB provided financial support, and cumulatively implemented funds of RMB 3.356 million Yuan, of which RMB 2.466 million Yuan was granted. It has innovated in the model to develop the village collective economy, with farming of black goat as the development direction to drive the village to lift poverty and increase income. 4). CDB carried out education assistance, and successively held special activities, such as, "Colorful Classroom" and "Experiencing City", which not only provided material help for poor students, but also enriched the spiritual life of poor students, helped them to broaden their horizons, and stimulated the desire of young people to study hard and improve the life; 5). CDB promoted inclusive finance and guided Changjiang Village Bank of Tunchang County to provide loans of RMB 150,000 Yuan to 6 farm households (including 5 poor households) in Gengfeng Village, of which the minimum amount for single households was RMB 20,000 Yuan, used to support the completion of renovation of dilapidated buildings; 6). CDB donated materials to improve the lives of poor population, took care of poor masses, and raised funds and materials by RMB 112,000 Yuan to support the needy people to improve their lives.

VI. Using Donated Funds as a Lever to Perform the Social Responsibility of Development Finance

CDB donated a total of RMB 30 million Yuan of various award funds from Hainan Provincial Government to CDB Hainan Branch over the years to Hainan Provincial Department of Finance, so that Hainan Provincial Department of Finance made overall arrangements on these funds, by reference to the management measures for government funds, to support the expenditure in poverty alleviation matters, such as, establishment of government-funded financing guarantee institutions in poor areas, infrastructure construction, education funding, entrepreneurial assistance, and medical assistance etc. CDB play to the synergy effect of donation funds and development, policy and commercial loans and other social funds, and provided comprehensive financial support for the fight against poverty in Hainan Province.

CDB will focus on key areas, such as relocation of poor population, improvement of infrastructure and public service in poor villages, and distinctive industry development, and further increase promotion efforts to help Hainan Province to achieve its goal of wining fight against poverty at an early date.

Firstly, CDB will promote the Program for Relocation of Ecological Migrants for Poverty Alleviation through Ecological Development. In accordance with the goal of the *Program for Relocation of Ecological Migrants for Poverty Alleviation through Ecological Development in Hainan Province during 13th Five-Year Plan for Period*, i. e., the goal of completing relocation of ecological immigrants in five cities and counties in 2018, CDB will promote the implementation of Relocation Project of Ecological Migrants for Poverty Alleviation through Ecological Development in Xinchun Village in Wuzhishan City, and Relocation

Project of Ecological Migrants for Poverty Alleviation through Ecological Development in Shiyanchang Village of Ledong County, and provide long-term low-interest loans for the project and guarantee the fund demands for project construction. By focusing on 8,000 rural poor people who are not included in the plan but still live in the ecological core areas and water source protection areas, such as Nandujiang River, Changhuajiang River, Wanquanhe Yuan River, etc. , CDB will promote the government to refer to successful experience in the Relocation Project of Ecological Migrants for Poverty Alleviation through Ecological Development and carry out integral moving of above populations.

Secondly, CDB will support infrastructure construction in poor areas. Under the situation that the financing channels of the government are limited and the financing enthusiasm is reduced, CDB will innovate and research the "new normal" cooperation model between bank and government, take the projects of Hundreds of Villages and Town for Beautiful Hainan, and distinctive industry towns of Hainan with total scale of RMB 20 billion Yuan established by CDB as the key point of application, focus on the difficulties and weakness, such as the village roads, safe drinking water, environmental remediation and renovation of dilapidated houses, integrate the funds and resources of poor areas, explore the cooperation way for government and the social capital, provide a comprehensive packaged financial solutions for rural infrastructure construction in poor areas, and accelerate to put an end to the backwardness of infrastructure in poor areas.

Thirdly, CDB will explore a new financing model for poverty alleviation through industrial development. CDB will continue to improve the model of "Four Platforms + Agencies" model (a model combining the management platform, the financing platform, the guarantee platform, the public information platform and the credit enhancement agencies) and "Leading Enterprises + Cooperatives + Poor Farmers", intensify cooperation with Hainan farmers, and support modern agriculture with tropical features. CDB will take the pilot of "Shared Farm" in Nangeng Village, Baoting County as an opportunity to strengthen cooperation with Hainan Provincial Poverty Alleviation and Development Company, give play to the advantages and functions of development finance, provide a package comprehensive finance including "investment, loan, debt, rent, and license" according to local conditions, support the planning, construction and operation of pilot projects and explore new paths for poverty alleviation through tourism development. CDB will give full play to the main position in Hainan Province, intensify cooperation with Credit Cooperatives, and Rural Financial Institutions in rural areas, carry out poverty alleviation through industrial development in the form of sub-loans for poverty alleviation and syndicated loans, further deepen the potential of large customers, guide large customers to participate in the promotion, build a stable and sustainable linkage mechanism between poor households and enterprises, and research new measures for poverty alleviation through asset income.

Fourthly, CDB will improve the working mechanism of origin-based student loans. CDB will continue to optimize the handling process for origin-based student loans, improve the efficiency of the city and county funding centers, and facilitate the loan application by poor students. It will further rationalize the relationship between the government, the education department and the bank, coordinate the city and county governments to promote the city and county funding centers to establish a multi-level linkage collection system, and promote the transformation of the city and county funding management centers to change into the management platform. CDB will utilize traditional media, such as, newspapers and televisions and new media platforms, such as, WeChat and Weibo, and increase the publicity and popularization of student loans and integrity education, so that the poor students can learn about student loans. CDB will give full play to the advantages of its resources, build employment platforms for poor students, reduce employment costs of students, increase the employment rate of graduates, and help students who are granted with loans, to ease the repayment pressure. CDB will work in conjunction with Hainan Provincial Department of Education, to provide repayment assistance to the students who have graduated, and help students who meet the conditions of death, disappearance, serious illness, and poor households.

Report on the Progress of the Fight Against Poverty in Chongqing City with the Support of Development Finance

In order to win the fight against poverty in Chongqing, CDB has conscientiously studied the spirit of a series of General Secretary Xi Jinping's important addresses on the fight against poverty and the strategic plans made by CPC Central Committee and the State Council regarding "Giving Play to the Important Role of Party Leadership in Business Development" to enhance the building of a coordination mechanism between the Bankand governmental agencies in combination with our own orientation and business characteristics, focused on the targeted poverty alleviation, intensified the efforts of financing and investment, and made remarkable achievements in poverty alleviation.

I. Improving the Mechanism and Forging a Resultant Force to Promote the Poverty Alleviation

(I) Deepening the coordination mechanism between governmental agencies and the Bank for poverty alleviation

CDB has been continuously working with Chongqing Municipal Poverty Alleviation and Development Office (Chongqing PADO) to deepen the communication, liaison and cooperation. Firstly, CDB Chongqing Branch and Chongqing PADO signed the Coordination Agreement on Poverty Alleviation through Development Finance in December 2015, in which, three principles of adhering to the combination of governmental leadership and financial participation, sticking to the combination of fiscal funds and credit funds and insisting the combination of regional development and targeted poverty alleviation as well as the objectives, contents and mechanism of coordination were determined. Secondly, CDB worked with Chongqing PADO to prepare the 13th Five-Year Plan of Chongqing on Targeted Poverty Alleviation through Finance. Thirdly, CDB has reinforced the coordination mechanism between county-level governmental agencies and the Bank by signing a MOU on the Fight against Poverty with the Support of Development Finance respectively with Qianjiang District, Wulong County, Fengdu County, Zhongxian County, Wushan County and Chengkou County and by formulating the poverty alleviation financing plans for Wulong, Fengdu, Wuxi and Chengkou. Fourthly, CDB has invited experts from national ministries and commissions and scientific research institutions to train the leaders and carders of districts and counties in Qinling-Daba Mountainous Area on poverty alleviation.

In April 2017, CDB President Hu Huaibang came to Chongqing and had a meeting with the principal leaders of the city, and in the end, both parties entered into a *Memorandum of Understanding on the Coordination of the Fight against Poverty in Chongqing with the Support of Development Finance*. According to the objectives and requirements of Chongqing in the fight against poverty, both parties will strengthen the coordination on the major areas of the fight against poverty, such as relocating poor populations in mountainous areas for ecological development, traffic infrastructure, key water conservancy projects, rural infrastructure, distinctive industries, education, etc. The conclusion of the MOU has placed a solid foundation for CDB to support Chongqing in the fight against poverty.

(II) Designation of financial specialists of poverty alleviation

Since 2016, CDB has been designating 4-5 outstanding young carders as financial specialists of poverty alleviation to the poor districts and counties of Chongqing every year, each serving 3- 4 poor districts/counties. As the publicity, planning and liaison officers of CDB, financial specialists of poverty alleviation publicize CDB's policies on poverty alleviation to customers, coordinate with governmental agencies in planning poverty alleviation and development projects, assist customers in designing financing plans and solve problems occurred in project financing, to ensure the implementation of projects. Financial specialists of poverty alleviation have effectively compensated for the institutional weakness of CDB and played an important role in the significant increase of the total financing amount. In 2016, the total financing amount of CDB to the poor districts and counties of Chongqing increased by 49% than 2015.

II. Taking Initiative Actions and Giving Play to Featured Development with the Support of Financing

With the coordination of "poverty alleviation specialist + account manager + middle and back offices", CDB concentrates on targeted poverty alleviation, is willing to assume responsibility and work initiatively according to the requirements of the "five poverty alleviation measures" program (alleviating poverty by means of fostering local industries, advancing relocation, implementing ecological compensation, strengthening education and improving social security) formulated by the Central Government and the working concept of"Four Program" (financing provincial programs for relocating poor populations, county programs for infrastructure development, and village programs for nurturing industrial development, and giving financial support for poor students to pursue their studies. As of the end of 2017, CDB had accumulatively committed for loans for targeted poverty alleviation of 28.3 billion Yuan, released 24.4 billion Yuan in accumulation, granted RMB 2.1 billion Yuan of special construction fund, realized a total financing amount of 26.5 billion Yuan, and had a loan balance of RMB 19.9 billion Yuan. CDB has not only realized the comprehensive implementation of various loan categories for targeted poverty alleviation and had the loans cover all 18 major poor districts and counties for poverty alleviation and development but also maintained the positive growth of loan balance to poor districts and counties all along.

(I) Relocating poor populations

CDB has actively tracked the work arrangements of Chongqing in relocating poor populations and participated in the formulation of a system for relocating poor populations in Chongqing, convene a quarterly coordination meeting with Chongqing Municipal Poverty Alleviation and Development Office, the National Development and Reform Commission (NDRC), the Bureau of Finance and Chongqing Xingnong Assets Management Co., Ltd. To study the difficulties in work and promote the implementation of projects. CDB has realized RMB 505 million Yuan of special development funds and 875 million Yuan of loan commitment to support the relocation of 100,000 registered poor populations in Chongqing, and as of the end of 2017, CDB had released 485.5 million Yuan of special construction fund and 195 million Yuan of loans for relocating poor populations.

(II) Infrastructure

Firstly, CDB gives play to conventional strengths by greatly supporting the construction of important infrastructure projects such as expressway crossing poor districts and counties, etc. to promote the local economic and social development. CDB has accumulatively released 790 million Yuan to support the construction of Youyang-Guizhou Riverside Expressway, Wanzhou-Lichuan Expressway and Shizhu-Qianjiang Expressway that cross poor districts and counties. Secondly, CDB has taken the opportunity of coordinated use of agricultural related funds to concentrate on the goals of no worry with food and clothing and the guarantees for compulsory education, basic medical care and housing of poor populations and on the difficulties and "weaknesses" of registered poor villages in aspects such as village road, safety of potable water, school building safety engineering, rural environment, etc. , to support the rural infrastructure construction in poor districts and counties with loans. CDB has accumulatively released 630 million Yuan of loans to support the construction of Xiushan Village road, potable water for Xiushan Village, Chengkou Village road, Protection Works Wulong Lot (South Bank) of Wujiang River Baima Navigation and Hydropower Project, the People's Hospital of Fengdu County, Zhongxian County Social Welfare Center Project, etc. , covering 190,000 registered poor populations in 380 registered poor villages.

(III) Distinctive industries

On the one hand, CDB sufficiently develops the rich and featured tourism resources in the southeast region of Chongqing to build a tourism corridor by developing adjoined districts, and has accumulatively released 250 million Yuan to support Youyang Peach Garden, Youyang Longtan Ancient Town, Xiushan Chuanhe Plain, Xiushan West Street Folk Cultural Tourism projects, etc. On the other hand, CDB promotes small-amount loans for poverty alleviation and loans for distinctive industries with the "Four Platforms + Agencies", "mode (management platform, unified loan application platform, security platform, publicity platform, and credit association)" to support the development of rural tourism, featured and profitable agriculture and small and micro businesses, and has granted a total of 380 million Yuan credit to Wulong, Qianjiang and Xiushan. CDB cooperates with Wulong County to develop small-amount loans to support the rural tourism and distinctive industries; cooperates with Xiushan County to support the native chicken industry chain of Xiushan, thus to increase the income of registered poor households; cooperares with Qianjiang District to support the small and micro enterprises to employ registered poor populations. So far, CDB has released a loan of RMB 10 million Yuan for Xiushan native chicken industry chain project and 15 million Yuan for Qianjiang logistic companies.

Special Column: Building a Poverty-alleviation Oriented Industrial Mechanism to Support Xiushan Native Chicken Rural Households to Overcome Poverty and Develop the Industry

Locating in the southeast of Chongqing, Xiushan is a settlement of Tujia and Miao people. Local people raise chickens all year round, and the brand of Qiushan Native Chicken locally bred has come into being. Xiushan Native Chickens are raised with cereals in natural environment, and tastes unique and chewy due to their slim muscle fibers and rich fat between muscles as the result of large amount of exercise. Because of the extensive breeding, Xiushan Native Chicken has a bright prospect in the market, and has become a featured and advantageous industry of Xiushan.

Established in 2004, Xiushan Yunu Poultry Industrial Co., Ltd. is a leading enterprise for seedling breeding, cultivation and egg selling of Xiushan Native Chicken, and can incubate over 12 million commercial baby chicks a year with cultivation equipment that is of first class in China in eight breeding buildings of large scale and possess an on-hand livestock of 80,000 sets of breeding hens. With the mode of "company + cooperative + rural households", Luyu Poultry has established a comprehensive industry chain with numerous rural households in terms of seedlings supply, technical service, training, forage production and distribution, native chicken collection, processing and sales.

The Xiushan County Government attaches great importance to the poverty alleviation work in coordination with CDB. It has designated relevant deputy county chiefs to attend seminars regarding poverty alleviation through development finance organized by CDB in Zunyi, Gulin and Enshi for three consecutive years; in 2015, it selected staffs from the Financial Affairs Office of the county and some key state-owned enterprises to form a study team to learn the cooperation mode between Shuangliu JuYuan Financing and Investment Management Service Co., Ltd. and CDB Sichuan Branch in Shuangliu County, Chengdu; in 2016, it invited the senior management of Shuangliu JuYuan Financing and Investment Management Service Co., Ltd. to come to Xiushan to teach on the spot. In August, 2016, under the common efforts of CDB and the Xiushan County Government, a "Four Platforms + Agencies" poverty-alleviation oriented industrial mechanism with Xiushan Huarui Industrial Co., Ltd. as the unified loan application platform, Xiushan Huaxin State-owned Assets Management Co., Ltd. as the security platform, the Financial Affairs

Office, the Poverty Alleviation Office and the Council of Agriculture of Xiushan County as the management platform was successfully established, to which, CDB committed a banking facility of 50 million Yuan.

In November 2016, CDB released a one-year working capital loan of RMB 10 million Yuan to Yulu Poultry through the mechanism. Through a stable and sound benefit coupling mechanism, the company can promote over 10,000 rural households to become well-off and increase the income by around RMB 5, 000 Yuan per household, including more than 300 registered poor populations.

(IV) Student loans

Considering education credit loans as an important aspect of poverty alleviation through education, CDB sticks to the principle of granting loans to all eligible students in a targeted manner, so as to achieve the goal of "avoiding the dropping out of school of any child due to poverty" by making unremitting endeavors, and releases 1 billion Yuan of education credit loans a years, benefiting students from 134, 000 poor families. First, precise identification of stock loans. By comparing the data of student loans with the data of the Municipal Education Commission of Chongqing and Chongqing Municipal Poverty Alleviation and Development Office, CDB has precisely identified 51,000 students from registered poor households for education loans, accounting for 16. 4% of total loaned students. Second, total coverage for new applications. At the beginning of 2016, CDB Chongqing Branch imported the data of all students from registered poor households in the entire city into the system to cover all registered poor students at the application stage. When receiving a loan application from a student from a registered poor household, CDB would open a green channel, exempt the student from providing a document certifying the family financial situation, directly approve his/her qualification for the loan, and directly proceed with the loan release formalities. In 2016, CDB released 150 million Yuan of education credit loans to 1. 9 students from registered poor households. Third, supplementary student loans. In addition to the education credit loan, CDB also grants a supplementary student loan with a credit line of 1,000—8,000 Yuan to students from registered poor households and urban and rural low-income households, to which, the tuitions of some universities or disciplines that exceed the limit of the national education credit loan is still a great burden.

(V) Poverty-alleviation oriented credit enhancement and donation

At the beginning of 2017, CDB gratuitously donated 4 million Yuan to the governments of Chengkou, Wuxi, Fengdu and Wulong for the establishment of a risk compensation fund, which has accumulatively levered 7.28 million Yuan of industrial loans for poverty alleviation, benefited around 130 registered poor households and effectively supported the improvement of livelihood and production of the poor households.

III. Playing an Active Role to Provide Greater Support

(I) Promoting the comprehensive implementation of financing for relocating poor populations

According to the plan of Chongqing Development and Reform Commission, CDB is responsible for seven districts and countries in the 17 districts and counties with the task of relocating poor populations, accounting for 40% of the task of Chongqing. CDB has completed the overall credit granting for relocating poor populations, and next will actively cooperate with Chongqing Municipal Poverty Alleviation and Development Office, Chongqing Municipal Development and Reform Commission, Chongqing Municipal Finance Bureau and Chongqing Municipal Commission of Rural Affairs, Chongqing Xingnong Asset Management Co., Ltd., and the governments of its districts and counties to properly carry out the institution building and project planning, thus to comprehensively realize the loans.

(II) Full support to infrastructure construction in poor counties

With the "13th Five-Year Plan" of Chongqing in mind, CDB continues to support the construction of important infrastructure projects in poor districts and counties, such as expressway, railway, renovation of shanty towns, health care for the elderly, etc., to stimulate the local economic and social development; works on innovative financing and investment methods to actively support the construction of the backwardness key projects in the "13th Five-Year Plan" of the poor districts and counties and convert the backwardness of the poor districts and counties with the support of large-amount loans; take the opportunity of coordinated use of agricultural-related funds to fully support the infrastructure construction in the poor districts and counties and other poverty alleviation projects.

(III) Intensifying industrial loans for poverty alleviation

CDB has intensified industrial loans for poverty alleviation to further promote enterprises in poor areas and new types of agribusinesses in rural areas to develop distinctive industries and to stimulate the employment of and the assistance to poor populations.

(IV) Giving further play to student loans and targeted poverty alleviation through eduction

CDB has intensified the supports to national-level poor counties and contiguous destitute areas to ensure the full coverage of these areas with student loans and refined the services to students from registered poor households at various stages of a loan. On the basis of electronic file pilot work of student loans, CDB ensures the full coverage of those students at the application stage, designates dedicated personnel to handle their loans and open a fast channel at the loan processing stage, and simplifies the loan processing formalities in a targeted manner through active publicity and initiative assistance, thus to guarantee the demands of student loans.

(V) Continuing the functioning of financial specialists of poverty alleviation

CDB will continue to assign highly responsible and competent carders as financial specialists of poverty alleviation to poor districts and counties, to act as publicity, planning and liaison officers of CDB in closely working with the district and county governments on project promotion.

Report on the Progress of the Fight Against Poverty in Sichuan Province with the Support of Development Finance

CDB has been earnestly implementing the decisions and plans made by CPC Central Committee and the State Council on the fight against poverty and the working concept of "financing provincial programs for relocating poor populations, county programs for infrastructure development, and village programs for nurturing industrial development, and giving financial support for poor students to pursue their studies" by giving play to its strengths in concentrated, large-amount and long-term financing, to promote the multi-level fight against poverty in Sichuan in all aspects.

I. Significance of the Fight Against Poverty in Sichuan Province with the Support of Development Finance

(I) Poverty situation in Sichuan Province

Since the beginning of the "13th Five-Year Plan" period, the poverty issue has still been a prominent "weakness" in the economic and social development of Sichuan, and among the diversified and overlapped causes for poverty and the multiple development constraints, the main factors and constraints are as follows: First, a wide range of poverty. Three of the 14 national contiguous destitute areas (Qinling-Daba Mountainous Area, Wumeng Mountainous Area and Tibetan areas on plateau) involve Sichuan Province, and moreover, Yi people's settlements in Daliang and Xiaoliang Mountains in Sichuan Province also need supports at the state level. Second, a large number and uneven distribution of poor counties. Among the 832 national-level poor counties nationwide, 66 are in Sichuan, the third largest number of all provinces and regions, and in the meantime, Sichuan has the second largest Tibetan area and the largest Yi area in China. The number of national-level poor counties in minority areas of SichuanProvince is as high as 45, accounting for 68% of the total number of national-level poor counties in the province. Furthermore, Sichuan also has 22 province-level poor counties. Third, a large poor population. Sichuan has 11,501 registered poor villages, the only province in China with the number of poor villages exceeding 10,000. As of the end of 2017, the registered poor population in Sichuan was 1.71 million people. The registered poor population of Sichuan Province to be relocated in the "13th Five-Year Plan" period is 1.16 million people, accounting for over 10% of the 10 million poor population to be relocated nationwide, and the third place nationwide in terms of relocation task.

(II) Fight against poverty in Sichuan Province with the support of development finance

Starting from such aspects as mechanism and system improvement, mode innovation, etc., CDB has designed modes and methods meeting the characteristics of Western China, including Sichuan, and effectively combined the financial features of long term, low interest rate and strict risk control of development finance with the fight against poverty. As of the end of 2017, CDB had granted 53.1 billion Yuan of targeted poverty alleviation funds of various categories to Sichuan, covering 88 poor counties and directly benefiting over 800,000 poor populations. The work of CDB in supporting the fight against poverty in Sichuan has been fully acknowledged by all walks of life. CDB Sichuan Branch was evaluated by the CPC Sichuan Provincial Committee and Sichuan Provincial Government as a model village-stationing assisting collective under the "Five-One Initiative" for the fight against poverty in 2016 and an advanced unit in the appraisals of the fight against poverty with the support of finance made by CBRC Sichuan Office in 2016 and 2017, and was granted with the "2016 Award for Financial Institutions with the Highest Level of Social Responsibility" and "2017 Award for Best Advanced Units in Poverty Alleviation" by Sichuan Banking Association, and several of its employees were awarded with such honorary titles as "Advanced Individuals for Poverty Alleviation", "Models for Poverty Alleviation Post", etc..

II. Specific Measures for the Fight Against Poverty in Sichuan Province with the Support of Development Finance

(I) Proper implementation of supportive policies through top-level design

First, mechanism development. CDB Sichuan Branch applied to join the poverty alleviation leading group of Sichuan Province by itself, so as to take part in the province-wide work of fighting against poverty in all aspects; established a poverty alleviation leading group and a work promotion group within the branch, and established a special working mechanism under the unified leadership of the Bank management, with the Planning and Development Department as the coordinator, customers to ensure the implementation and poverty alleviation specialists to"play forward". Second, designation of personnel. CDB assigned a bureau-level cadre to take the post of deputy director of Sichuan Bureau of Poverty Alleviation and Relocation on secondment to enhance the comprehensive planning of financial resources and the linkage among provincial departments; designated 13 poverty alleviation specialists to work in the "front-line" of national-level poor counties to give play to their specialties in finance and be a policy publicizing, a poverty alleviation planning, a bank-government liaison and an information collecting officer of CDB. CDB supports the fight against poverty to realize the "province-city-county-village" coverage, carrying right down to the grass roots level. Third, implementation of targeted poverty alleviation. Among the poverty alleviation work leading units that assist the 88 poor counties in SichuanProvince, CDB is the only banking institution. In the principle of prior satisfaction of needs, prior promotion of business and prior pilot of innovation, CDB has accumulatively granted credits of 4.319 billion Yuan and released 1.713 billion Yuan of loans to Gulin County and Xingwen County and carried out over 20 activities in the assistance of poverty alleviation over the past year, trying to establish the counties as model counties for poverty alleviation through finance. Fourth, due support for measure implementation. CDB Sichuan Branch specially printed and distributed a series of systems for the fight against poverty, such as the *Work Plan for the Fight Against Poverty*, *the Work Program for Review of Poverty Alleviation and Development*, *the Work Program for Industry-based Poverty Alleviation*, *the Work Program for Eastern China and Western China Poverty Alleviation Coordination*, *the Work Program for Supporting Industries Following Relocating Poor Populations*, etc., to promote the poverty alleviation work in various fields in an orderly manner.

(II) Establishment of Sichuan mode to fully support the relocation of poor populations

First, the adherence to the provincial government to take the overall responsibility. CDB has worked with relevant provincial departments to clear the thoughts, build a mechanism and establish a platform to issue provincial fund payment management methods for relocating poor populations, to ensure special loans are properly released, used and managed under the premise of strictly implementing the spirit of CPC Central Committee. Second, the expansion of financing channels. By taking the lead in promoting the "fund +

loan + bond" integrated financing mode, CDB has granted credits of 48.5 billion Yuan, released special loans of 2.5 billion Yuan, and accumulatively offered loans of 10.4 billion Yuan, benefiting 580,000 registered poor populations in 52 counties. An innovation has been made for poverty alleviation through bonds. Working with China Development Bank Securities, CDB issued the first bond for relocating poor populations - "2016 Luzhou Poor Population Relocation Project Benefit Bond" with a registered capital of 2 billion Yuan and a term of 10 years, setting a precedent for supporting poverty alleviation and development in the form of bond. Third, the optimization of loan granting modes for relocating poor populations. In 2017, Sichuan planned to relocate 330,000 people with a total investment of 19.8 billion Yuan, which required 5 billion Yuan to be financed by CDB. CDB optimized the approval method for credit granting for relocating poor populations by adjusting the "approval on county basis" to "unfied approval". The method of contract conclusion was adjusted from "conclusion on county basis" to "unfied conclusion". In 2017, CDB released loans of 5.8 billion Yuan for relocating poor populations in Sichuan and accelerated such work as payment, etc.

The effect of CDB's support to the poor population relocation work in Sichuan has been acknowledged by the CPC Sichuan Provincial Committee and Sichuan Provincial Government. In the *Circulation of Sichuan Provincial Government on Commending Localities and Departments Efficient in Implementing Relevant Important Policies and Measures and in Doing the Solid Work in 2016*, CDB was commended.

(III) In-depth promotion of infrastructure-based poverty alleviation

First, placing a solid foundation for communication-based poverty alleviation. CDB has established a three-level coordination system consisting of Sichuan Provincial Transport Department, the governments of cities and prefectures and poor counties to promote the release of loans for expressway, railway and airport projects in poor areas, of which, the focus is on the "Two-hundred" Program for transportation construction in Sichuan, and promoted the financing for national/provincial trunk road and rural highway projects with the mode of service purchasing by municipal governments. Since 2016, CDB has released funds of 16.3 billion Yuan for poverty alleviation through transportation construction to assist 16 poor counties to solve the traffic bottleneck. Second, intensifying the poverty alleviation through energy. In the field of energy-based poverty alleviation, CDB has offered greater support for hydropower projects in poor areas, and taken the opportunity of pilot reform for poverty alleviation with asset benefits from the development of hydropower and mineral resources in poor areas to endeavour to offer the financing priority. CDB has released loans of 9.3 billion Yuan to the energy sector, including hydropower, wind power and water conservancy, to promote the upgrading of infrastructure in poor areas. Third, coordinated loan of innovation of agricultural-related funds. CDB has committed loans of 4.2 billion to Gulin County, Mabian County, etc. to support their infrastructure construction, such as village road, school building safety engineering, safe potable water, environment improvement, etc. , covering 398,000 people in 896 poor villages, and based on the thinking of "adapting the working method to local conditions and taking measures as suitable to local town conditions", taken the opportunity of coordinated use of agricultural-related funds and policy expansion to offer greater supports for projects concerning roads inside and outside villages, safe potable water, environment improvement, school building safety engineering and health care in poor areas.

(IV) Promoting the industry-based poverty alleviation by joint effort of the Bank with multiple measures

First, successful pilot of industry-based poverty alleviation after relocating poor populations. CDB launched a pilot of industry-based poverty alleviation after relocating poor populations, and by applying the matured the "Four Platforms + Agencies" model that has been used for many years, granted loans of 11 million Yuan to support three local featured industrial enterprises of prominent effects for promoting poverty alleviation, which have helped 22 registered poor rural households to become well off through a series of targeted measures such as conclusion of assistance agreement, donation of seedlings, provision of feedstuff, technique training, etc. Second, pilot of construction enterprise industry based poverty alleviation. CDB innovatively carried out a pilot to promote loans to construction enterprises, a mode of promoting the income of poor populations through industry-based poverty alleviation. With such effective measures as proper establishment of credit structure, design of closed fund operation program, etc. , CDB released loans of 1.2 billion Yuan to Chengdu Huachuan Group and other two construction enterprises to promote the increase of income of poor populations. Third, promotion of forestry-based poverty alleviation. CDB concluded a MOU for Cooperation on the Fight against Poverty through Forestry with the Forestry Department of Sichuan Province to study the promotion of financing for Sichuan forestry through provincial level planning and city- and county-level direction loans, to promote the industry-based poverty alleviation through forestry. Fourth, poverty alleviation through tourism. CDB supports the construction of important village infrastructure and public service facilities, scenic areas and featured tourism towns for poverty alleviation through tourism.

Special Column: Promoting Loans for "Relocating Poor Populations + Industry-based Poverty Alleviation" with the "Four Platforms + Agencies" model

Locating in Qinling-Daba Mountains contiguous destitute areas, the two districts and five counties of Dazhou are all national- or provincial-level poor counties, and with a large number of populations, its economic development is relatively lagged behind. CDB has successively granted credits of 33 billion Yuan with a loan balance of 15.7 billion Yuan to Dazhou to supports its infrastructure construction, pillar industry development and improvement of regional development level. In recent years, CDB has carried out a great deal of work to support the relocation of poor populations, construction of rural roads, etc. in Dazhou, and created conditions for its poor populations to overcome poverty, achieve prosperity and strive for a relatively comfortable life through renovation of hardware facilities like housings, roads, etc. in rural areas. While supporting the fight against poverty, CDB has profoundly realized that the industry-based poverty alleviation is a fundamental means to assist poor populations to overcome poverty and become well off, so carries out the work of promoting industry-based poverty alleviation after relocating poor populations on spot. Based on the work concept of "relocating poor populations + industry-based poverty alleviation" and by applying the the "Four Platforms + Agencies" model (a model combining the management platform, the financing platform, the guarantee platform, the public information platform and the credit enhancement agencies), CDB released industry-based poverty alleviation loans of 11 million Yuan to three enterprises in WanYuan City and Xuanhan County, national-level poor counties of Dazhou, on May 26, 2017, successfully explored a new path to support the industry-based poverty alleviation after relocating poor populations.

In March 2017, CDB launched the pilot of industry-based poverty alleviation after relocating poor populations in Dazhou City, Sichuan Province, and completed the field survey, project screening, review, credit granting and loan release within a period as short as three months. By applying the "Four Platforms + Agencies" model that has been used for many years, three local featured industrial enterprises (Erlangping JiuYuan Black Chicken Ecological Breeding Specialized Cooperative in WanYuan City, etc.) with prominent poverty alleviation promotion effects from 15 Dazhou enterprises through the process of recommendation by government, mechanism examination and review by CDB branch. On May 26, CDB granted loans of 11 million

Yuan to the three enterprises for industry-based poverty alleviation, which have helped 22 registered poor rural households to become well off through a series of targeted measures such as conclusion of assistance agreement, donation of seedlings, provision of feedstuff, technique training, etc.

(V) Highlighting the characteristics of education-based poverty alleviation

CDB has made great efforts to build a financing mechanism covering the "full school age" from preschool education to higher education, to realize the concurrent development of preschool education, compulsory education, secondary vocational education and higher education. **First**, preschool education stage. CDB has granted loans of 2.35 billion Yuan to Yi areas in LiangshanMountains for the construction of 450 kindergartens and kindergarten teacher schools, to solve the problems of preschool education of over 90,000 preschool children and the source of teachers. Second, compulsory education stage. CDB has increased a credit of 290 million Yuan for the dormitory safety engineering of primary and middle schools in Qianfeng District and other poor counties of Guang'an City. Third, vocational education stage. In 2016, CDB initiatively launched a pilot for secondary vocational student loan, under which, 150 students as the first batch were granted with the loan, particularly those who cease to pursue the study after graduation from middle or high school, to enable the benefited students to grasp a professional skill and realize a stable employment. In 2017, CDB will continue to promote the secondary vocational student loan in Gulin County and further expand the coverage of the loan, and currently is communicating with Aba Prefecture on the work of granting the secondary vocational student loan at city level. Fourth, higher education stage. CDB has established a 6-level promotion and mobilization mechanism for education credit loan together with the Department of Education, namely "province, city, county, school, class and student" levels. In 2017, CDB released 2.07 billion Yuan of student loans covering 265,000 students from poor families, increased by 83% on year on year basis.

CPC Sichuan Provincial Committee and Sichuan Provincial Government expressed appreciation for and their main leaders gave a good appraisal on the education-based poverty alleviation work of CDB, and they hope CDB will make more efforts for poverty alleviation through financial support in the future. The in-depth participations of CDB in the fight against poverty, the poor population relocation project benefit bond, education-based poverty alleviation, etc. in Sichuan were reported by many media such as China National Radio, the People's Daily, Sichuan Daily, the Financial Times, China

Financialyst, China News Service, etc. , a demonstration of the important role of development finance in the fight against poverty. Cases of CDB's support for the fight against poverty and education-based poverty alleviation were published in publications such as the *Bulletin of the Fight Against Poverty* by the Poverty Alleviation Leading Group Office of Sichuan Province, etc. CDB Sichuan Branch's work on poverty alleviation through financial support was specially introduced by five units, including the People's Bank of China Chengdu Branch, CBRC Sichuan Office, etc..

CDB will adhere to the basic policy of targeted poverty alleviation and targeted fight against poverty to give play to the functions and roles of development finance, concentrate on targets objects, emphasize on overcoming poverty, drive for results, and offer more supports for the fight against poverty of SichuanProvince. CDB will particularly carry out work in the following aspects:

Firstly, promotion of relocating poor populations. By focusing on the task of relocating 330,000 registered poor populations and the task of advance implementation batch, CDB will continue to support the financing and loan work, further optimize the loan mode and simplify the procedure of formalities to improve the capital usage efficiency, and constantly improve the post-relocation support policy, and provide all-around financial services for relocating poor populations in terms of resettlement, industrial development, town construction, ecological improvement, etc..

Secondly, CDB will give full support to the construction of important infrastructure for poverty alleviation. CDB will support the construction of important infrastructure in poor areas, such as highway, railway, airport, water conservancy, energy, etc. , actively innovate in and pilot the modes of poverty alleviation through financial support, and develop multiple support programs to particularly solve problems related to road, water and power shortage. The bank will greatly promote the "Two-hundred" Program for poverty alleviation through transportation construction, support the construction of hydropower projects in poor areas, explore the pilots for poverty alleviation through PV energy development and with asset benefits from the development of hydropower and mineral resources, and promote the application of PSL preferential policy for 172 important water conservancy projects.

Thirdly, particular promotion of rural infrastructure project. CDB will concentrate on the major weaknesses for the development of poor areas, and support the construction of rural infrastructure projects such as village road, safe potable water, rural environment improvement, school building safety engineering, etc. and the improvement of public services through coordinated use of agricultural-related fiscal funds, to convert the backwardness of poor areas at a faster rate, and comprehensively improve the production and living conditions or poor areas and further expand the coverage of poverty alleviation work. CDB will continue to promote the fixed-point poverty alleviation in Gulin County and Xingwen County and properly, flexibly and fully use the policies to build a model county for poverty alleviation.

Fourthly, emphasis on the characteristics of education-based poverty alleviation. CDB will improve the "full school age" education-based poverty alleviation and financing mechanism to have the financing fully cover the preschool education, the compulsory education and the higher education. The bank will make more efforts to support educational infrastructure projects on the basis of promoting the "One Kindergarten in One Village" Project in Liangshan Prefecture, to accelerate the guarantee for education of poor populations. It will give play to the functions of the education credit loan, try to avoid the dropping out of school of any child due to poverty per the principle of "granting the loan to all eligible students", and promote the mode of Gulin Middle School.

Fifthly, active support to poverty alleviation through health care. CDB will strengthen the cooperation with departments of health to jointly design a mechanism for developing the medical and health services in poor areas with the support of development finance, and innovate in the financing mode to support the construction of county-level hospitals, township health centers and village clinics, the upgrading of medical facilities and the construction of telemedicine facilities in rural areas, so as to accelerate the realization of basic health care of poor populations.

Sixthly, targeted support for industrial development in poor areas. CDB will, under the guidance of supply-side structural reform, actively provide planning and consultant services to poor areas in aspects such as project cultivation, market selection, market development, etc., to ensure the accurate selection and effectiveness of industrial projects; enhance the cooperation with local governments to intensify the "Four Platforms + Agencies" loan mode, integrate various resources and explore to establish a financing mechanism and mode to local conditions for poverty alleviation through industrial development; intensify the cooperation with leading enterprises and rural cooperative organizations of new types to support the development of large-scale featured crop production and breeding industry, refined and intensive processing of agricultural products, rural service sector, rural ecological tourism, etc. and particularly cultivate and develop the collective economy of poor villages, to enable poor people to have sustainable incomes.

Report on the Progress of the Fight Against Poverty in Guizhou Province with the Support of Development Finance

Guizhou is the province with the largest poor population, the widest poor area and the toughest fight against poverty in China. In recent years, CDB has always put the fight against poverty of Guizhou Province in priority and provided great supports. As of the end of 2017, CDB had covered 66 poor counties in Guizhou for loan, accumulatively released loans of RMB 115.1 billion Yuan for targeted poverty alleviation with a balance of RMB 105.6 billion Yuan, and granted special development funds of 15.4 billion Yuan, realized a good start in supporting the fight against poverty in Guizhou in the "13th Five-Year Plan" period.

I. Promoting Poverty Alleviation through Knowledge Transfer and Technical Assistance and Enhancing the Coordination between Governmental Agencies and CDB

In June 2016, CDB entered into a *Memorandum of Understanding on In-depth Development Finance Cooperation during the "13th Five-Year Plan" Period* with Guizhou Provincial Government, in which, the fight against poverty is determined as the key aspect of cooperation between governmental agencies and CDB during the 13th Five-Year Period, placed a solid foundation for promoting the fight against poverty with the resultant force of both governmental agencies and CDB. CDB Guizhou Branch signed a *Memorandum of Understanding on Development Finance Cooperation during the 13th Five-Year Plan Period* with eight cities and prefectures with poverty alleviation tasks, in which, the combination of Party building and poverty alleviation and the fight against poverty are the key aspects of cooperation; has been assisting local governments to design a financing mechanism for poverty alleviation and guide local governments to concentrate on resultant force and fast development through preparing plans and participating in the preparation of planning for the fight against poverty of various counties, such as the Financing Plan for the *Fight against Poverty of Guizhou during the 13th Five-Year Plan Period*, the *Study on Poverty Alleviation and Development through Mountain Tourism in Southwest Guizhou Autonomous Prefecture*, the *Financing Plan for Poverty Alleviation through Ecological Development of Jianhe County during the 13th Five-Year Plan Period*, etc. The *Financing Plan for Poverty Alleviation through Ecological Development of Jianhe County during the "13th Five-Year Plan" Period* prepared with the assistance of CDB was published as a headline in the *Bulletin of the Policy Research Department of the CPC Guizhou Provincial Committee* and in the *Contact and Work Liaison Bulletin for Fixed-point Poverty Alleviation Assistance in Jianhe County of the Central Financial and Economic Committee* (Issue 9), and presented to the main leaders of the Central Financial and Economic Committee and the CPC Guizhou Provincial Committee.

II. Boosting Poverty Alleviation by Zones under the Unified Leadership of the Party Committee

CDB Guizhou Branch researched and formulated the *Opinions of the CPC Committee of China Development Bank Guizhou Branch on the Work of Supporting the Fight against Poverty* and the 2016 *Work Plan of China Development Bank Guizhou Branch for Supporting the Fight against Poverty* to realize the mutual promotion between the Party building and the fight against poverty. Through meetings of the Party Committee, study sessions of the central group, themed work meeting of the President and other forms, CDB studied and solved the key issues and difficulties in poverty alleviation through financial support of difference areas according to the timeline and the requirements of tasks, and implemented the work level by level; members of the Party Committee of Guizhou Branch had meetings with the main leaders of eight cities (prefectures) of Guizhou Province within their respective jurisdiction to discuss on promoting the fight against poverty, and successively carried out over 30 field surveys in poor counties; CDB customer departments in the poor areas worked with the Party branches of middle and back offices to carry out more than 40 Party building activities focusing on the fight against poverty in eight cities (prefectures) where the 66 poor counties are located by zones, study the measures for poverty alleviation through financial support, and strengthen the sense of responsibility of Party carders in combination with studies on "understanding of the Party Constitution, Party regulations and related major policy addresses and meeting Party standards".

III. Performing Duties According to Job Specifications

CDB has assigned eight financial specialists of poverty alleviation to each city (prefecture) where the poor counties of Guizhou Province are located, and selected a county in each city (prefecture) as the counterpart county for poverty alleviation through financial support. CDB has also selected 58 financial specialists of poverty alleviation to other poor counties in the province to cover all of the 66 poor counties with the specialists. CDB formulated the *Work Rules for Financial Specialists of Poverty Alleviation* to regulate the work nature, selection requirements, work responsibilities, contact and communication mechanism, work disciplines and other aspects of the specialists and provide a comprehensive institutional guarantee for the specialists to function as the "Party building, publicity, liaison, planning and credit officers" at the primary level and effectively carry out their work.

To take Rongjiang County in Southeast Guizhou Autonomous Prefecture as an example, the poverty alleviation financial specialist, after arrival at the county, firstly worked as a "Party building officer" to assist the Party building communication with local Party organizations, promote to carry out Party building activities themed on the fight against poverty with CPC Rongjiang County Committee, and explore the ways for primary-level Party organizations to play a key role in the fight against poverty; secondly as a "publicity officer" to give lectures on finance to Party and governmental carders of the county to introduce the theoretical knowledge of development finance and poverty alleviation and development cases; thirdly as a "liaison officer" to act as a communication link between Rongjiang County and CDB, and feed back, coordinate and solve problems and needs existing in the fight against poverty of the county in a timely manner; fourthly as a "planning officer" to participate in the preparation of a plan for the fight against poverty of Rongjiang County during the 13th Five-Year Plan period to promote the incorporation of rural infrastructure and tourism based poverty alleviation projects into the project development reserve of CDB; fifthly as a "credit officer" to guide the local planning programs, and assist to solve the specific problems occurred in project application, loan release and payment. In September 2016, CDB granted a credit of 1 billion Yuan for the 2016 Rural Infrastructure Project of Rongjiang County. Within a period as short as several months, the cooperation between Rongjiang County and CDB started out of nothing and moved onto a new stage.

IV. Implementing Finance Provincial Programs for Relocating Poor Populations as the First Move for the Fight Against Poverty

Relocating poor populations is the"first battle" for the fight against poverty. In the five years of the 13th Five-Year Plan period, GuizhouProvince plans to relocate 1,625,000 people, which is four times of the number in past decade and requires a total investment of nearly 10 billion Yuan. There is a big financing gap. With the great efforts of CDB, Guizhou Province organized a provincial level investment and financing entity for relocating poor populations - Guizhou Poverty Alleviation Development and Investment Co., Ltd. according to the principles of"the Central Government to make overall plans, provincial-level governments to take overall responsibility, and city and county governments to ensure implementation" defined in the Work Plan for Relocating Poor Populations in the 13th Five-Year Plan Period. CDB has intiatively assisted Guizhou Poverty Alleviation Development and Investment Co., Ltd. in building various financing mechanisms and actively promoted Guizhou Provincial Government to authorize the Department of Finance and the Company to sign service purchase agreements for the government, to guarantee the funds for relocating poor populations in Guizhou. As of the end of 2017, CDB had released all special development funds, a total of 3.4 billion Yuan, for relocating poor populations in the 13th Five-Year Plan Period, benefited 310,000 registered poor populations in 65 poor counties; committed to accumulatively grant loans of 55.6 billion Yuan, signed contracts of 18.4 billion Yuan, and released loans of 8.3 billion Yuan, benefited 320,000 registered poor populations in 45 poor counties.

V. Innovating Modes and Methods to Fully Promote the Poverty Alleviation through Rural Infrastructure Development

In recent years, with increasingly bigger input of the national finance into funds for assisting rural areas, conflicts such as fund release from multiple sources, scattered fund utilization and ineffective fund usage have come forward, and it increasingly becomes a consensus to integrate funds in different lines to bring the fist effect into play. In April 2016, the General Office of the State Council issued the *Opinions on Supporting the Coordinated Use of Agricultural-related Budgets in Poor Counties*, and CDB began to implement the spirit of the document immediately and determined to adopt the method to particularly support four"weak" fields in the development of poor counties, namely"rural highway, comprehensive rural environment improvement, safety of rural potable water and school building safety engineering", which have effectively solved the difficulties in rural infrastructure financing due to few financial resources, low credit level of poor counties, etc. As of the end of 2017, CBD coordinated agricultural-related funds for rural infrastructure projects in 65 poor counties of Guizhou Province, increased 45. 7 billion Yuan of loan commitment, and released 21. 9 billion Yuan. Under these projects, 2. 82 million registered poor populations in over 4,700 registered poor villages will be benefited, 56, 000 km village linking roads will be constructed, the general environment of 540 registered poor villages will be improved, 42 school building safety projects will be built, and 120,000 m^3 safe potable water will be increased in the rural areas.

VI. Actively Promoting Poverty Alleviation through Industrial Development by Focusing on Local Characteristics

CDB has worked on the innovation of mechanisms to create a"Guizhou mode" for poverty alleviation through industrial development. From 2012 to date, through working with the Guizhou Provincial Poverty Alleviation and Development Office of (Guizhou PADO), CDB has innovated a"CDB agricultural petty loan" financing mode under the "Four Platforms + Agencies" mechanism. Under the financing mechanism, local governments determines the key agricultural industrialization projects for poverty alleviation and establish or select a management platform, a unified loan application platform, a security platform, a publishing platform and a credit association; CDB, as the lending bank, grants credits to financing entities, and financing entities provide funds to rural households, cooperatives or small and medium enterprises and leading enterprises on the agricultural industry chain (the borrower) through the entrusted loan mode; Guizhou PADO offers an interest subsidy for the loaned projects. This mode is highly praised by the State Council Leading Group Office of Poverty Alleviation and Development and called it as"Guizhou mode" for poverty alleviation with financial support. As of the end of June 2017, an accumulative credit of 4. 35 billion Yuan had been granted and 2. 013 billion Yuan had been released under"CDB agricultural petty loan", and the financial products had been provided to 22 poverty counties to support tea, ecological herding, traditional Chinese medicines, fruit and vegetable industries in particular for poverty alleviation, benefited 12, 000 rural households, 165 cooperatives and 138 small and medium enterprises, leading more than 300,000 farmers to to the path of overcoming poverty.

CDB has been exploring a financing mode of "infrastructure + industry + poor household" through industry and financing combination. Adhering to the principle of adjusting measures to local conditions and specific poverty scenarios, CDB is piloting a rural tourism infrastructure construction project in Longli County to renovate the existing houses and farmlands of poor households to operational recreational facilities such as shop, agritainment, sightseeing agriculture garden, etc. through planning supporting recreational facilities in scenic and surrounding areas as a whole, so as to increase the additional value of assets and create diversified poverty alleviation methods for poor households. The implementation of the project can directly solve the employment problem of 51 poor households in Lianhua Village and realize a monthly income of 2,500 Yuan and an annual income of 30,000 Yuan per person, which are higher than the economic income of an entire family before; after renovation, the village will look clean and tidy and complement each other with natural landscapes, villagers can renovate their houses to featured recreational facilities and provide rural life experience activities such as farming in field, firewood cutting and cooking, vegetable picking, wine making, learning songs of Buyi people, etc. to tourists, which can indirectly involve 259 people from 85 poor households in adjacent villages to engage in tourism related services to increase their income; those rural households can have their vacant houses be uniformly designed, managed and rented by government, and the estimated rental of RMB 60,000 Yuan/a will, after deduction of related costs and expenses, all be refunded to the house owners. Moreover, the ecological tourism featured in recreational agriculture can be developed by utilizing the unique natural ecological conditions and landscapes in countryside to gradually transform the former conventional vegetable and fruit lands to village tourism projects of high added value, such as agricultural sightseeing, experiencing of farming activities, featured village, rural guesthouse, etc., to enable local poor households to realize a sustainable increase of income and overcome poverty. As of the end of June 2017, CDB had committed to grant 1.4 billion Yuan of loans for "tourism-based poverty alleviation +" in Guizhou and released loans of 945 million Yuan, under which, the projects benefit more than 13,000 registered poor populations.

Special Column: Case of Poverty Alleviation through Industrial Development -Longli County Rural Tourism Infrastructure Project with the Support of Development Finance

Locating in Southern Guizhou Buyi and Miao Autonomous Prefecture, Longli County possesses remarkable regional traffic, ecological resource, ethnic culture and rural tourism conditions. On the basis of combining the advantages of development finance (funding and knowledge transfer and technical assistance) with the featured tourism resources in Guizhou, CDB Guizhou Branch actively serves local governess and supports the fight against poverty with improving rural tourism infrastructure in poor areas as the start point and increasing the income of poor households as the goal.

Firstly, CDB draws up guidance plans and establishes a "hemopoietic" poverty alleviation mechanism. On April 15, 2016, CDB Guizhou Branch signed a "Memorandum of Cooperation on the Fight against Poverty in the 13th Five-Year Plan Period" with the government of Southern Guizhou Prefecture for cooperation with counties in the prefecture on poverty alleviation planning. CDB actively took part in preparing a poverty alleviation plan for Longli County, and its proposals regarding poverty alleviation through financing, tourism and infrastructure development were adopted by the government of the county.

Secondly, CBD explored a poverty alleviation mode of "infrastructure + industry + poor household" on the basis of governmental purchase mode. The total investment of Lianhua Village Rural Tourism Infrastructure Construction Project in Longli County was 280 million Yuan, to which, CDB loaned 200 million Yuan mainly for construction and renovation of infrastructure in the scenic area. The project was implemented with the governmental purchase mode, with Longli Cultural and Tourism Bureau as the purchasing entity and Guizhou Tenglong Industrial (Group) Co., Ltd. As the service provider (the lender of the project). The implementation of the project can directly solve the employment problem of 51 poor households in Lianhua Village and indirectly involve 259 people from 85 poor households in adjacent villages to engage in tourism related services to increase their income. Moreover, the rural households can have their vacant houses be uniformly designed, managed and rented by government, to increase the income through operation of sightseeing agricultural garden and rental.

In 2017, tourists to LongliCounty were 4,342,600 person-times, increased by 73.2% on year-on-year basis, and Longli realized a total income of 4 billion Yuan from tourism, increased by 78.9% on year-on-year basis. The goal of "hemopoietic" poverty alleviation has been achieved.

VII. Providing Loans to All Eligible Students and Continuously Promote Work on Education Credit Loan

Over the years, CDB has been cooperating with the Department of Education of Guizhou Province to promote the establishment of a provincial-level university student loan center and county-level funding centers, jointly carry out the appraisal, supervision and integrity promotion and establish the risk compensation and interest subsidy systems at fiscal, etc. departments to realize the coordination of fiscal subsidy policies, the educational organization system and the financing mode of CDB and practically accomplish a "full coverage" and "loaning to all eligible students". In 2017, CDB granted education credit loans of 2.298 billion Yuan in Guizhou, which increased by 21% on year-on-year basis, was a historical high, and benefited students from 350,000 low-income families. As of the end of 2017, CDB had accumulatively released education credit loans of 10.1 billion Yuan that have assisted over 740,000 poor students to equally receive the higher education, and controlled the default rate at a low level at the same time, which was fully recognized by China National Center for Student Financial Aid.

VIII. Taking Multiple Measures to Help Selected Counties Fight Against Poverty

Among the counterpart poor counties designated to central state organs and units by the State Council, CDB is responsible for four counterpart poor counties, three of which are in Guizhou Province, i. e. Wuchuan, Zheng'an and Daozhen Counties in Wuling Mountain contiguous destitute areas. With the concept of development finance, CDB provides consultancies and financing plan reports for poverty alleviation projects of the three counties, and will grant more loans and build a pattern of poverty alleviation with financial support that is "combined with funding, knowledge transfer and technical assistance, small and large projects, and mid- and long-term loans" to support the production development and improve the livelihood of the three counties. As of the end of 2017, CDB had accumulatively committed loans of 11.5 billion Yuan, released 8.4 billion Yuan of loans and donated 34.77 million Yuan of poverty relief fund to the three counties, played a positive role in realizing a provincial-level poverty alleviation and removing the title of poor county for Zheng'an, Wuchuan and Daozhen.

While closely combining the actual conditions of poverty alleviation and development requirements of Guizhou Province, CDB will focus on the key points, implementation and effects to properly carry out the financial supported poverty alleviation work, support Guizhou to accelerate the economic and social development and realize the goals of the fight against poverty in due time.

Firstly, CDB will work on finance provincial programs for relocating poorpopulations, county programs for infrastructure development, village programs for nurturing industrial development and financial support for poor students to pursue their studies as well as poverty alleviation solutions that combine sound rules and systems, funding, and knowledge transfer and technical assistance, and improves various mechanisms and systems. CDB will take the opportunity of granting special funds for relocation poor populations and long-term loans to assist various departments to further improve the fund using management systems, to ensure the compliant and efficient use of the funds. In the meantime, CDB will also positively cooperate with relevant national and provincial departments to supervise, check and evaluate the funds for relocating poor populations in various counties, to prevent any loose ends following relocation and loan granting. CDB will assist those counties to formulate a comprehensive plan for coordinated use of agricultural-related funds and fund using methods to ensure the timely utilization of the funds in project development; put efforts into having CDB's policies cover 16 poor counties in contiguous destitute areas at the earliest time possible, to realize the full coverage of rural infrastructure projects in the 66 poor counties; greatly support the "Two-hundred" Program for poverty alleviation through transportation development and the construction of water conservancy and energy infrastructure to particularly solve problems related to road, water and power shortage; continue to promote the "CDB agricultural petty loan" mode on the basis of improving the "Four Platforms + Agencies" mechanism, to benefit more poor counties; continued to carry out the education credit loan work in the principle of "granting loans to all eligible students".

Secondly, CDB will continued to innovate on financing modes to expand the range of support, and explore the "county promotion through provincial or city level work" to support the poverty alleviation through education and health care. CDB will, in respect of poverty alleviation through education, focus on the exploration of supporting the construction of secondary vocational schools, and in respect of poverty alleviation through health care, particularly support the development of primary-level health services, including county hospitals, township health centers and village clinics, and the upgrading of medical facilities; apply the "tourism-based poverty alleviation +" mode to greatly promote the "Four-at-peasant-family and beautiful countryside" Program for improvement of poor villages, the construction of tourism infrastructure and featured towns, etc.; in combination with Guizhou's experiences in rural-resource-to-asset, fund-to-share-capital and farmer-to-shareholder in rural areas, explore to change the loan mode to support the poverty alleviation through agricultural industrialization. CDB will concentrate on poverty alleviation through industrial development and assets income after relocating poor populations to support relocated poor people to overcome poverty through industrial development.

Thirdly, CDB will enhance the organizational support, continue to improve the mode of funding, and knowledge transfer and technical assistance, and keep exploring the poverty alleviation promotion methods through coordination with Party building. Financial specialists of poverty alleviation will continue to work at the primary level as Party building, publicity, liaison, planning and credit officers and give play to the "knowledge transfer and technical assistance" function in particular, to actively give advices for the development of poor counties with financial support; carders work in counterpart poor counties on secondment will communicate between the counties and CDB and put more efforts into fixed-point poverty alleviation; CDB will improve relevant appraisal systems and service safeguard mechanisms to ensure the financial specialists of poverty alleviation can dedicate to the poverty alleviation work at the primary level and positively reflect and communicate the new thoughts, practices and highlights in work.

Fourthly, CDB will strengthen the risk control to ensure the proper management of loans through further enhancing the self inspection and supervision of various kinds of loans for poverty alleviation and adhering to compliant operations to prevent the detention or misappropriation of credit funds. The Bank will control the project approval criteria, improve the financing plan and establish a good credit structure to strengthen the risk control throughout the process of poverty alleviation services. It will actively coordinate with regulatory departments to ensure the sustainable development of poverty alleviation services.

Report on the Progress of the Fight Against Poverty in Yunnan Province with the Support of Development Finance

As one of the main battlefield of the fight against poverty in China, Yunnan has a wide poor area and large poor populations, and is deeply stuck in poverty. Winning the fight against poverty concerns building a moderately prosperous society in all respects, people's well-being as well as the prosperity and stability in borderland and the national unity and progress. CDB has always considered supporting the fight against poverty in Yunnan as a priority, given full play to the important functions of development finance in serving the fight against poverty in Yunnan, fully supported the fight with deep devotion and open thought, and made positive contributions to the fight against in Yunnan through adjusting measures to local conditions and with open minds and innovative methods. As of the end of 2017, CDB was ranked the first among financial institutions in Yunnan in terms of 10 indexes, including mid- and long-term loan balances in RMB and foreign currencies, increase of loan balances in RMB and foreign currencies, etc. , accumulatively released loans of 102. 1 billion Yuan for targeted poverty alleviation, and had a loan balance of 83. 1 billion Yuan.

I. Enhancing the Coordination between Governmental Agencies and CDB to Produce A Resultant Force for the Fight Against Poverty

In May 2016, CDB had a meeting with the principal leaders of the CPC Yunnan Provincial Committee and Yunnan Provincial Government, and in the end, both parties entered into a *Memorandum of Understanding on the Coordination of the Fight Against Poverty in Yunnan Province with the Support of Development Finance* (hereinafter referred to as MOU). According to the MOU, CDB will, in the next five years, practically increase the funding scale for poor areas and for the fight against poverty in Yunnan through providing comprehensive funding, knowledge transfer and technical assistance in aspects of planning and development, construction of important infrastructure facilities, relocating poor populations, promotion of entire village and township, poverty alleviation through industrial development, ecological protection based poverty alleviation, education based poverty alleviation, demonstration plot of national unity and progress, border area vitalization and making the people rich, " development of directly-entering-socialism ethnic group " settlements and settlements of ethnic groups of small populations, etc. In the meantime, CDB Yunnan Branch also entered into four special cooperation agreements for poverty alleviation through transportation construction, water conservancy construction, vocational education and health care with relevant departments of the province to support the development of integrated transportation, water conservancy, vocational education and health care services of Yunnan. These agreements have further intensified the strategic cooperation relations between the governmental agencies and CDB and further enhanced the support of CDB to the fight against poverty in Yunnan from the top-level design in particular.

II. Steadily Supporting the Transportation Construction in Yunnan Province and Breaking the Bottleneck and Solving Constraints in Its Fight Against Poverty

As the mountainous areas of Yunnan account for 94% of its total land area, the major factor constraining the development of its poor areas is traffic condition. CDB has always considered solving the traffic issue of Yunnan Province as a key work and studied work programs for poverty alleviation through transportation development and solved difficulties existing in project financing with open mind and innovative methods, to continuously increase the investment for transportation construction, especially in poor areas. As of the end of 2017, CDB had accumulatively released nearly 200 billion Yuan for transportation infrastructure construction in the whole province, accounting for over 1/3 in the industry, which solved the traffic problems of 92 districts and counties, helped 52 poor districts and counties to improved their connection to the outside, and contributed to the construction of over 65% of expressways, over 25% of secondary highways and more than 80% of railways in the province.

III. Doing Solid Work to Solve the Water Shortage Problem in Yunnan and Promoting the Implementation of the"A More Power Yunnan through Water Conservancy Development" Strategy

For a long time, the engineering water shortage problem is serious in Yunnan, and it is a conspicuous phenomenon that people are in a trapped situation and poor because of water shortage. Through actively participating in preparing construction planning of important water sources, CDB intervenes the design of funding plan and financing mode in advance and, in the principles of comprehensive planning, guidance by the government and resource integration, advices the provincial government to uniformly plan, examine and approve water source projects that are of significance and can solve the water shortage problem and have the commencement conditions in place in the short run as well as grant credits and design the repayment source and credit structure of such projects, thus to accelerate the work process and realize the fast implementation of water conservancy projects. As of the end of 2017, CDB had released loans of 12 billion Yuan for water conservancy projects in poor areas of Yunnan Province, benefited 3.36 million registered poor populations in these areas.

IV. Actively Offering Loans for Rural Dilapidated Housing Reconstruction and Infrastructure to Improve the Living Environment of Poor Villagers

Rural dilapidated housing reconstruction projects make for promoting the comprehensive improvement of infrastructure, public services and rural environment in poor villages and realizing the fundamental change of the ways of production and life in countryside, and are a poverty alleviation measure that is closely related to the self interests of poor farmers. In combination with the actual local conditions and through applying the mode of"provincial-level unified loan application, overall commitment, approval on county by county basis and agreement conclusion on case by case basis", CDB has committed a loan of 5 billion Yuan in the first stage (2015-2019) for rural dilapidated housing reconstruction and anti-earthquake comfortable housing projects (infrastructure) in Yunnan, which would be implemented in five years, i. e. 1 billion Yuan a year, to support the infrastructure construction concerning sewage treatment, domestic waste collection, transfer and disposal, public toilet construction, road hardening, water supply and road lighting in 500 provincial-level demonstration villages in the province. As of the end of 2017, CDB had totally released loans of 2.148 billion Yuan to support the infrastructure construction in 954 demonstration villages of 126 counties (districts) in 16 prefectures (cities) of the province, which have practically benefited 558,000 people and are well received by peasants in the massive rural areas.

V. Seizing Every Minute to Establish and Release the Special Construction Fund for Relocating Poor Populations to Provide a Solid Guarantee for Winning the Fight against Poverty

In April 2016, CDB, through applying the mode of "provincial-level unified loan application, overall commitment, approval on county by county basis and agreement conclusion on case by case basis" according to the requirement of "provincial-level governments to take overall responsibility", committed a loan of 2.275 billion Yuan (interest subsidy by the central financial revenue) to Yunnan Poverty Alleviation and Development Investment Co., Ltd., in which, RMB 612,500 Yuan had been released as of the end of 2017 to support the relocation of 650,000 registered poor populations in all 122 counties (cities and districts) of Yunnan Province that involve the poor population relocation.

VI. Doing Solid Work to Promote the Rural Infrastructure Construction

Rural infrastructure is an important foundation for the economic and social development in poor areas and a problem that calls for immediate solution in poverty alleviation and development. In order to actively support and respond to the state's requirement for pilot of coordinated use of agricultural-related funds in rural counties, further improve the fund using efficiency, produce a new pattern of "drawing water from multiple channels and letting water out from one faucet" for poverty alleviation investment and support poor counties of Yunnan Province to win the fight against poverty with concentrated resources, CDB has innovated a financing method that focuses on the rural infrastructure problems and "weaknesses" in the poor counties to grant loans for targeted poverty alleviation projects concerning rural road, safe potable water, safe school building engineering, rural environment improvement, etc. in contiguous poor counties, completely break the key bottleneck of the local fight against poverty, and accelerate the improvement of lagged-behind infrastructure in registered rural villages. As of the end of 2017, CDB, through the mode of coordinated use of agricultural-related fiscal funds and loans, had totally committed loans of RMB 36.7 billion Yuan and released RMB 21.16 Yuan for rural road, safe potable water, safe school building engineering, rural environmental improvement, etc. infrastructural projects in 2,669 poor villages of 58 national-level poor counties in nine prefectures/cities of Yunnan Province.

Special Column: Overcome Vocational Education and Health Care Inadequacy, the Underlying Cause of Poverty, in Yunnan Province

In order to implement the spirit of the Central Government on resolutely winning the fight against poverty, improve the vocational skill and employability of poor populations in Yunnan Province, and raise the medical service capability and the health level of poor populations in Yunnan Province, CDB is promoting this work as the top priority, and has actively obtained credit supports of RMB 52.2 billion Yuan for vocational education and health care based poverty alleviation for Yunnan with an innovative financing mode and in the principles of "provincial-level unified loan application, overall commitment, approval on project by project basis and agreement conclusion on case by case basis" to support the construction of 104 vocational education schools (parks) and 107 county-level public hospitals and women's and children's hospitals in the province.

Special loans for poverty alleviation through vocational education and health care are targeted measures taken to fill in gaps in the fight against poverty of Yunnan Province and the key and characterized work determined by the CPC Yunnan Provincial Committee and Yunnan Provincial Government for the whole province. These special loans meet relevant spirits of the Central Government, and are valuable and superior financial resources for underdeveloped provinces like Yunnan for the large amount, long term and low interest rate. CDB realized the overall credit commitment of RMB 20.2 billion Yuan for Phase 1 projects by the end of 2016, and had released loans of RMB 9.629 billion Yuan as of the end of 2017. The work of CDB filling in gaps of vocational education and health care for poverty alleviation is efficient, is practically improving the quality of public services like education and health care for poor populations, etc., and has been recognized by the CPC Yunnan Provincial Committee and Yunnan Provincial Government.

VII. Persisting the Exclusive Education Credit Loan to Assist Poor Students Pursuing their Dream of Going to University and Cutting off the Intergenerational Transmission of Poverty

To eliminate poverty, civilize people first, and to alleviate poverty, enhance the education first. Education, especially the higher education, is the fundamental solution to cut off the intergenerational transmission of poverty. Over the years, as the major financial institute granting the education credit loan, CDB has worked together with education departments of all levels to assist poor students to accomplish and pursue their study in accordance with the requirement of "granting loans to all eligible students". As of the end of June 2017, CDB had accumulatively released student loans of RMB 6.4 billion Yuan to Yunnan Province, of which, the annual growth rate was nearly 30%. Those loans assisted 809,500 poor college students, covering 129 counties and districts in 16 prefectures (cities) and 71 universities and colleges in Yunnan. Especially, the yearly amounts of student loan released were all above 1 billion Yuan since 2015. 85% of the loans were used to support the contiguous destitute areas like Tibetan areas in Yunnan Province, Wumeng mountainous area, Yunnan-Guangxi-Guizhou stony desertified areas, etc. to meet the loan requirements of students from ethnic minorities, small ethnic minorities and registered poor households, targeting the weakest field and the poorest grups in education. The student loan of CDB has comprehensively benefited the poor student sources in enrollment of universities and colleges in Yunnan every year.

VIII. Supporting Industry-based Poverty Alleviation with the Support of Leading Enterprises according to Circumstances, to Promote the "Hemopoiesis" Type Poverty Alleviation

Without any industries in a poor area, there would be short of support for poverty alleviation and development. CDB works hard to innovate a financing mode to serve issues relating to agriculture, rural areas, and rural people, and has granted mid- and long-term loans of 1.1 billion Yuan to leading poverty alleviation enterprises such as Xiangyun Feilong, Zhefang Tribute Rice, Baoshan Shifu, etc. through "village programs for nurturing industrial development", to fully bring the fundamental effects of modern agriculture in increasing the income of poor people into play. With the comprehensive integration and development of farmer planting, in-depth product processing and sales from the primary industry to the tertiary industry brought along by leading enterprises and the introduction of "Internet + " promoted through e-commerce for in-depth integration and development with featured agriculture, the sales channels for agricultural products of Yunnan local features are opened up. In this way, the key function of "alleviating a batch of rural people from poverty through production development" in the "Five Measurements" in the fight against poverty is practically realized.

IX. Passionately Carrying Out the "Leader-Zone, Department-Village and Staff-Household Mode Poverty Alleviation" and "Changing Work Style and Visiting Grassroots and Poor People and Villages" and Designating Financial Specialists of Poverty Alleviation for Knowledge Transfer and Technical Assistances in Poor Areas

CDB Yunnan Branch is coupled with Baixia Village, Liuxi Township, Yiliang County, Zhaotong City, and coordinates with the local government to gather human, financial and material resources to practically and effectively assist the village to be cleared from the list of poor villages within the year. First, CDB conducted a field survey in Baixia Village and donated 69,000 Yuan to poor households in the village as their industrial development fund, 1,000 - 2,000 Yuan per household; second, CDB coordinated 3 million Yuan for building an access road to the village, and offered a loan of 2 million Yuan to improve infrastructure in the village; third, the village-stationing team voluntarily raised more than 20,000 Yuan in the Bank for destitute households, offering them the compassion of the Bank employees; forth, CDB has actively explored a financing mechanism and mode for poverty alleviation through industrial development to support the large-scale cultivation and plantation of the village. At present, 62 registered poor households of Baixia Village have successfully overcome the poverty, nearly two thirds of the villagers have been relocated, and the old poor village has taken on a new look. In the meantime, CDB also attaches importance to assisting primary-level Party branches in poor villages, and appropriated 550,000 Yuan from Party membership dues for renovating the venues and upgrading the facilities for the primary Party organizations of Liuxi Township, Yiliang County and Mangbu Town, Zhenxiong County of Zhaotong City, to build a solid micro-foundation for the fight against poverty and stimulate the subject consciousness of the people in poor areas to overcome poverty and achieve prosperity. CDB has accumulatively selected nearly 40 carders of division level and professionals and assigned them to different prefectures and cities as financial specialists of poverty alleviation to directly assist primary-level units in applying and precisely using poverty alleviation loans and special development funds, thus to bringing the function of finance into play and effectively promote the implementation of poverty alleviation work.

Basing on the actuality of the fight against poverty in Yunnan, CDB will give play to the strengths and functions of finance and make more efforts to support funding, and knowledge transfer and technical assistance, to contribute more to Yunnan for it to comprehensively complete tasks of the fight against poverty and build a moderately prosperous society in in all respects together with other regions of China. CDB will focus on work of the following aspects: first, innovation of financing mode, to enhance the support for infrastructure projects in poor areas. Basing on the *Five Infrastructure Networks Construction Planning of Yunnan Province* (2016-2020), CDB will continue to take improving the infrastructure in poor areas as the focus of the poverty alleviation work, coordinate with local governments, use different types of innovative financial products for investment, loan, debt, leasing, certification, etc. and enrich the financing mode to promote the construction of five infrastructure networks, road network, water supply network, energy safeguard network, air line network and internet, of Yunnan Province, to solve the problems related to road, water and power shortage, improve the production and living conditions of poor areas and place a foundation for Yunnan to overcome poverty on the whole. Second, optimization of fund using procedure to improve the using efficiency of project funds for the fight against poverty. CDB will cooperate with relevant provincial departments and local governments of all levels to put in place the release and payment conditions of poverty alleviation project loans committed for rural dilapidated building reconstruction, relocating poor populations, poverty alleviation through vocational education and health care, infrastructure in poor village, etc. , improve the working mechanism, and simplify and optimize the fund using procedure, to accelerate the credit granting speed, improve the fund using efficiency, reduce non-performing funds, lower the capital use cost, maximize the lever function of loans over poverty alleviation, provide financial support for project construction and guarantee the construction speed of projects. Third, active promotion of industry-based poverty alleviation project development of local characteristics in poor areas. CDB will enhance the cooperation with local governments and strengthen the "Four Platforms + Agencies" construction to create a wholesale type poverty alleviation financing mode of "government taking the lead, mechanism development, unified loan lending, social collaboration and rural people gaining benefits". CDB will enhance the cooperation with leading enterprises and rural cooperative organizations of new types, coordinate the resource endowments of different areas, and, under the guidance of supply-side structural reform, actively assist relevant departments in program planning and financing plan design and provide planning and consultant services to poor areas in aspects such as project cultivation, market selection, market development, etc. to ensure the accurate selection and effectiveness of industrial projects, thus to cultivate and develop the collective economics in poor villages and enable poor rural people to overcome poverty and achieve prosperity.

Report on the Progress of the Fight Against Poverty in Shaanxi Province with the Support of Development Finance

Shaanxi Province has a large poor population. As of the end of 2015, Shaanxi had 56 national-level poor counties, and the registered poor population in the province was 3.167 million people in 1.057 million households. It had the 9th largest number of poor population and the 7th highest poverty incidence nationwide. Since 2016, CDB has fully given play to functions of poverty alleviation with the support of development finance as the main driving force and actively supported the province to win the fight against poverty with the concepts of "finance provincial programs for relocating poor populations, county programs for infrastructure development, village programs for nurturing industrial development, and financial support for poor students to pursue their studies". As of the end of 2017, CDB had accumulatively released 40.1 billion Yuan of funds for targeted poverty alleviation, in which, 24.1 billion Yuan was released in 2017. In respect of poverty alleviation through industrial development and infrastructure construction, CDB has established the "Shangluo mode" for poverty alleviation with the support of development finance and the "CDB + government + Shaanxi Co-op Enterprise Group + poor household" mode for poverty alleviation through industrial development, which have produced positive effects. Both the Secretary of CPC Shaanxi Provincial Committee and the Governor of Shaanxi Province gave instructions on the support of CDB to the fight against poverty of Shaanxi Province. The Secretary of CPC Shaanxi Provincial Committee instructed that: "CDB has always offered great support to and guaranteed the development and people's livelihood work of our province, and we shall keep on the good cooperation." The Governor instructed that: "CDB has greatly support the poverty alleviation work of our province, and we shall properly carry out relevant work to put the funds in place to produce the best possible results at the earliest time possible." The work of CDB has also been recognized by governmental departments of different levels and well received by the massive poor people.

I. Reaching Common Understanding and Development Consensus

First, top-level design. CDB Shaanxi Branch has established a taskforce and a powerful team for the fight against poverty to give play to the overall planning and promotion functions. Second, organization and leadership. CDB Shaanxi Branch convenes poverty alleviation and development meetings regularly to reach a common understanding and intensify the sense of responsibility, classify the concepts of "finance provincial programs for relocating poor populations, county programs for infrastructure development, village programs for nurturing industrial development, and financial support for poor students to pursue their studies" and determine the phased objectives and tasks. Third, appraisal. The Party Committee of CDB Shaanxi Branch has signed a letter of commitment on the appraisal of objectives with various customer departments to intensify the appraisal of poverty alleviation work. Fourth, take enhancing the Party's political building as the overarching principle. CDB takes the fight against poverty as an important practice of the "understanding of the Party Constitution, Party regulations and related major policy addresses and meeting Party standards" to politically safeguard the fight against poverty.

II. Enhancing Coordination between Governmental Agencies and CDB and Establishment of Solid Work Mechanism

First, establishment of cooperation framework. CDB Shaanxi Branch has taken the lead in the province to enter into the *Cooperation Agreement on Relocating Poor Populations* with the Development and Reform Commission and the Poverty Alleviation and Development Office of Shaanxi Province, the *Cooperation Agreement on Industry-based Poverty Alleviation and Development* with Shaanxi Co-op Enterprise Group, the *Cooperation Agreement on Loans for Relocating Poor Populations* and the *Cooperation Agreement on Special Development Funds for Relocating Poor Populations* with Shaanxi Resettlement and Development (Group) Co., Ltd., and a cooperation agreement or a memorandum on cooperation for the 13th Five-Year Plan period respectively with the government of Xianyang, Baoji, Shangluo, Ankang, Hanzhong, Tongchuan, Yulin, Weinan, etc. for poverty alleviation and cooperation, Second, formulation of internal and external systems. CDB has first straightened out the external mechanism by establish a joint meeting system with Shaanxi PADO, Shaanxi Resettlement and Development (Group) Co., Ltd. and Rural development Bank of China Shaanxi Branch to promote the establishment of a system for relocating poor populations in the province and assisted the Group to improve its governance structure and straighten the financing structure through coordinating the establishment of a provincial-level investment and financing entity; then built the internal systems and established a green channel for the development, review and credit audit of poor population relocation projects to develop, review and audit poverty alleviation projects in a timely manner. CDB has drafted and prepared such documents as poor population relocation plan, financing plan, project management methods and fund management methods. Third, exploration of new mode. CDB has taken the lead to create a new mode for the fight against poverty with the support of development finance in Shangluo, which closely combines the funding strength of CDB with the organization and coordination strengths of the local Party committee and government and the local supervision capability of the fiscal department to open a new path for the poverty alleviation work in the province. Through promoting the industry-based poverty alleviation with the "Four Platforms + Agencies" model, creating a poverty alleviation mode through Shaanxi Co-op Enterprise Group and introducing Shaanxi Credit Reguarantee Co., Ltd., CDB has conducted a pilot of the "Four Platforms + Agencies" model for poverty alleviation in Luonan County and made a positive progress.

III. Adhering to Financing Provincial Programs for Relocating Poor Populations, County Programs for Infrastructure Development and Village Programs for Nurturing Industrial Development and Giving Financial Support for Poor Students to Pursue Their Studies in Innovating New Modes and in Targeted Application of Solutions

(I) Provincial programs for relocating poor populations, the first battle of the fight against poverty

First, opening up new prospects of work with leaders and carders taking the lead. Leaders of CDB Shaanxi Branch has successively reported the credit policies of CDB to leaders of CPC Shaanxi Provincial Committee and Shaanxi Provincial Government for over 20 times to flexibly combine the financing modes with the actual situations of Shaanxi, and CDB's work has been recognized by the provincial government and relevant departments. Second, active participation in top-level design. CDB has assisted the establishment of systems for relocating poor populations in the province and taken part in drafting relocation plans, implementation plans, financing plans, project fund management methods, the Agreement on Government Purchase of Services, etc. ; coordinated the establishment of a provincial-level investment and financing entity, and assisted the company to improve its governance structure and straighten out the financing mechanism; promoted the establishment of a joint meeting system between Shaanxi PADO, Shaanxi Resettlement and Development (Group) Co., Ltd., the Rural development Bank of China Shaanxi Branch and CDB to build a work platform. Third, realization of fund release in large amount. Basing on the financing mode of "unified loan application, unified purchase and unified repayment" by the provincial-level investment and financing entity, CDB has granted credits of 43.75 billion Yuan for relocating poor populations in the province in the 13th Five-Year Plan period and released loans of 7.79 billion Yuan.

(II) County programs for infrastructure development, to improve the living environment in poor areas by implementing multiple measures

First, coordinating the use of agricultural-related fiscal funds to support the infrastructure construction in poor villages In less than half a year, CDB has committed infrastructure loans of 19.539 billion Yuan to poor villages in 51 poor counties in the province and released 11.1 billion Yuan, which can benefit 5.1 million people in 4,295 poor villages, and can be used to construct 23,000 km village road and 1,537 safe school building projects, solve the safe potable water problem for 2.51 million people and improve the environment of 3,566 villages. Second, steady support for construction of important infrastructure. CDB has granted a working capital loan of 2.5 billion Yuan to Shaanxi Provincial Communication Construction Group for maintenance and reconstruction of expressways through rural areas; committed loans of 11.285 billion Yuan to Shaanxi Provincial Transportation Investment Co., Ltd. For rural highway projects; actively developed transportation projects under the "Two-hundred" Program and audited the credit of Xi'an-Yinchuan Railway and other projects.

(III) Village programs for nurturing industrial development, to explore new ways for poor people to increase the income and achieve prosperity in the long run

Basing on Shaanxi's strengths in resource industries, CDB has established a key point, line and plane combined new mode that focuses on benefits directly enjoyed by poor populations and is adjusted according to local industrial conditions and on project by project basis. Since 2016, CDB has released loans of 9.45 billion Yuan for poverty alleviation projects involving small and medium sized enterprises, rural cooperatives, tourism, coal chemical industry, etc. In respect of key points, CDB has promoted the industrial projects of many industries by granting poverty alleviation loans of 8.58 billion Yuan to the key distinctive industries, such as tourism, electric power, chemical, etc. In respect of lines, CDB has established a provincial-level industry-based poverty alleviation mechanism with Shaanxi Co-op Enterprise Group as the lead to fully give play to the functions of the co-op system and mechanism of Shaanxi Province, and determined a cooperation amount of 3 billion Yuan, in which, 43 million Yuan has been released to support nine leading enterprises in eight poor counties to increase the income of 3,000 registered poor households. This mode has been recognized in a written instruction of the State Council leader. In respect of planes, CDB has used the "Four Platforms + Agencies" mechanism to promote the poverty alleviation through industrial development and, in batches, released 823 million Yuan to small and medium sized enterprises which can play a driving role in poverty alleviation in poor areas.

Special Column: "Government + Shaanxi Co-op Enterprise Group + Finance + Leading Enterprise (Cooperative) + Poor Household" Mode

Shaanxi Province gives full play to its co-op system and mechanism in promoting the targeted poverty alleviation through industrial development and has explored a "government + Shaanxi Co-op Enterprise Group + finance + leading enterprise (cooperative) + poor household", and CDB and Shaanxi Co-op Enterprise Group has cooperated to build a provincial-level "Four Platforms + Agencies" model for poverty alleviation through financial support and industrial development. CDB has granted a national special construction fund of 20 million to Shaanxi Co-op Enterprise Group, and as of the end of June 2017, had completed the working capital loan commitment of 100 million Yuan to the Group and released 43 million Yuan to support nine leading enterprises in eight poor counties, which can directly or indirectly promote nearly 3,000 registered poor households to overcome poverty.

This mode has the following characteristics. First, it combines the CDB's strengths in funding, knowledge transfer and technical assistance with the organizational system strengths and the agricultural resource advantages of Shaanxi Co-op Enterprise Group to systematically solve the financing constraints for numerous poor rural people in an organized, social and batched manner. Second, it takes the fiscal poverty alleviation fund as leverage and the finance as support to build a "five-in-one" community of shared interests through contract. Poor households are integrated into the whole-industry chain of enterprise and can obtain many benefits, to effectively evade risks from market fluctuation; Shaanxi Co-op Enterprise Group can expand its assets and extend businesses to bind interests with those leading enterprises to jointly build brands and sales channels for agricultural products and share the market risks; leading enterprises (cooperatives) can get supports in many aspects like land, project, fund, etc. for their development; the government can find a new carrier for targeted poverty alleviation to promote the development of leading industries of local characteristics. The "four-platform and once-association" mode for development finance clears the "lending-use-management-repayment" channel of fund to ensure the fund safety. Third, it can effectively integrate various poverty alleviation funds to have funds be released in a more targeted manner and increase the availability of poverty alleviation resources. From granting in a "peppering" manner to share capital of poor households, the governmental fiscal system now collectively invest the funds to leading enterprises which can promote the industrial development, so the fiscal funds for poverty alleviation are changed to capital for production expansion and the poverty alleviation is more targeted. Through the "Four Platforms + Agencies" mechanism, poverty alleviation funds with the support of development finance are coordinated with fiscal funds and funds of enterprises, so that the fiscal fund use efficiency can be effectively increased and enterprises' capital is also increased. Fourth, it can improvement the sustainability of targeted poverty alleviation through financial support. Through promotion by government, market operation and lead by leading enterprises, a platform is established to gather resources elements to accelerate the development of local distinctive industries and increase the "hematopoietic" capability; through share earnings, land transfer, local employment, etc., poor rural people can receive incomes from salary, operation, investment, etc.; in this way, poor households are effectively linked with market but protected from market risks. Fifthly, it can fully bring the political and system advantages into play to produce a "combination blow" for targeted poverty alleviation through industrial development with the powerful promotion by government, support of policies and coordination of various parties. It also coordinates the financial institution supported poverty alleviation with resources for finance supported poverty alleviation, special poverty alleviation, industry based poverty alleviation and social supported poverty alleviation to systematically promote the targeted poverty alleviation through industrial development.

(IV) Financial support for poor students to pursue their studies, to cut off intergeneration transmission of poverty

As of the end of 2017, CDB had released education credit loans of 8.25 billion Yuan in Shaanxi Province to support 1.35 million person-time of university and college students from poor families, and in 2017, loans of 737 million Yuan was released, benefited 109,000 poor university and college students.

IV. Giving Play to Strengths in Knowledge Transfer and Technical Assistance to Provide Intellectual and Talent Supports

First, planning in the first place. CDB actively participated in preparing the *Poor Population Relocation Plan in the 13th Five-Year Plan Period* and the *Systematic Financing Plan for the Fight Against Poverty in the 13th Five-Year Plan Period* of the province; prepared a *Financing Plan for the Fight Against Poverty in the 13th Five-Year Plan Period* for three national-level poor counties, Ningshan County of Ankang City, and Yijun County and Yintai District of Tongchuan City, to assist them to formulate a differentiated path for poverty alleviation. Second, designation of communicating carders. CDB has assigned 10 financial specialists and also two village-stationing poverty alleviation carders to Nanzheng County, and recommended four deputy county (district) heads on secondment to the Organization Department of the CPC Shaanxi Provincial Committee. Third, training on financing services for poverty alleviation together with local governments. CDB has worked with Shaanxi PADO and Shaanxi Resettlement and Development (Group) Co., Ltd. to train over 500 carders from 97 counties and districts in 10 prefectures and cities on financial management in poor population relocation projects, and carried out themed trainings at Shangluo, Weinan, etc. places on poverty alleviation fund use, feasibility report preparation for poor population relocation projects and four examination and approval formalities, to assist the carders to better grasp the poverty alleviation and financing policies and understand the concepts and practices of the fight against poverty with the support of development finance. Fourth, policy publicity and model presentation. CDB summarized the financing cases and modes for poverty alleviation and development, and participated in the first double-improvement activity organized by CCYL Shaanxi Provincial Financial Work Committee, in which, six model modes such as "five-in-one" targeted poverty alleviation through industrial development were evaluated as "Golden Idea" plan. CDB's methods for and experiences in supporting the fight against poverty were introduced by the Financial Times, Shaanxi Daily and other media, in which, and CDB's good practices and sound concepts for the fight against poverty were summarized.

Guided by the spirits of General Secretary Xi Jinping's important addresses on the fight against poverty, CDB will comprehensively implement the spirits of the Central Economic Work Conference, the National Poverty Alleviation and Development Work Conference and CDB annual conferences to insist the basic solutions for targeted poverty alleviation and poverty overcoming, keep on bringing the functions and roles of development finance into play, adhere to the concepts and methods of financing provincial programs for relocating poor populations, county programs for infrastructure development and village programs for nurturing industrial development, and offering financial support for poor students to pursue their studies, concentrate on targeted poverty alleviation on the basis of service supply side structural reform, and be result oriented, to fully support and serve the fight against poverty of Shaanxi Province.

Report on the Progress of the Fight Against Poverty in Gansu Province with the Support of Development Finance

Since 2016, CDB has worked hard to establish a province-city-county poverty alleviation work mechanism based on the"1 + 17" targeted poverty alleviation work plan of Gansu Province to guarantee credit funds are reachable to individuals, households and villages, made overall plans and conducted active pilots in important fields such as relocating poor populations, village infrastructure, distinctive industries leading to prosperity of people, student loan, etc. , and explored ways for rural people to overcome poverty and increase income through regional economic development, to bring the leading roles for financial institute supported poverty alleviation into play, and has accumulatively released various loans of 44.2 billion Yuan for poverty alleviation.

I. Assisting "Alleviating A Batch of Rural People from Poverty through Relocating Poor Populations"

Adhering to the principle of provincial-level governments to take overall responsibility, CDB communicates regularly with the Finance Department, the Reform and Development Commission and other main departments, takes part in preparing plans for the whole province, establishes a provincial-level platform and policy framework, and straightens up the"lending, use, management, and repayment" mechanism of the province in accordance with relevant national policies and requirements. On February 19, 2016, CDB Gansu Branch signed the *Cooperation Agreement on Loans for Relocating Poor Populations* with the Finance Department of Gansu Province, in which, it was agreed that CDB will provide the financing support for all the funds required by relocating poor populations of Gansu Province in the 13th Five-Year Plan period. According to the relocation task of Gansu Province in the 13th Five-Year Plan period determined by the Central Government, CDB has committed a formal loan of 28. 5 billion Yuan. As of the end of 2017, CDB had approved 11. 5 billion Yuan according to the project review schedule of each county (district), including 5. 3 billion Yuan for 2016 projects and 6. 2 billion Yuan for 2017 projects covering all counties (districts) with poor population relocating tasks. Later, CDB will also comprehensively consider the sustainability of settlement and income and work hard on the two major topics of synchronous relocation and financing mode and post support through industrial development while guaranteeing the whole financing requirement of relocating registered poor populations to support Gansu to properly finish the task of relocating poor populations in the 13th Five-Year Plan period.

II. Supporting "Alleviating A Batch of Rural People from Poverty through Production Development"

After researching in recent years, the concept and mode of CDB regarding application of policies by levels for poverty alleviation through industrial development in Gansu Province has come into being, and CDB combines inclusive finance with preferential finance and has respectively established a wholesale type unified loan application mechanism for different types of loan applicants to solve the fund requirements by levels. For common rural people, loans are mainly solved with village mutual aid fund; for micro and small processing enterprises and agricultural cooperatives, CDB promotes to establish governmental credit enhancement measures and supports with the "Four Platforms + Agencies" model; for leading agricultural enterprises, CDB implements the special industry-based poverty alleviation loan project or carries out the poverty-alleviation-to-loan services. Since 2016, CDB has committed petty credit loans of RMB 74 million Yuan and released 27. 68 million Yuan for mutual aid fund to over 2, 000 rural households in Liangdang, Weixian, Jishishan, Lizhao and Tongwei counties through pilot, and is promoting this work in 18 poor counties; since 2016, according to the commitment to grant Tianshui City a loan of 2 billion Yuan for mutual aid fund, CDB has granted RMB 1. 3 billion Yuan, covering all of its 1,034 registered poor villages. Through cooperation with Gansu Bank, CDB has completed a poverty-alleviation-to-loan of RMB 50 million Yuan in Longnan, the first one of this kind in the province, to support the e-commerce based poverty alleviation and promote the development of rural people. CDB has also committed a loan for a village PV power station for poverty alleviation in Tongwei, the first one of this kind in the province. In the future, CDB will further give play to the advantages of wholesale type services, innovate the financing mechanism for poverty alleviation through industrial development, and explore and promote the special industry-based poverty alleviation loan project together with the Finance Department of Gansu Province, to promote the cultivation of distinctive industries and the improvement of county economics and fully bring the poverty alleviation promotion effects of leading enterprises and agricultural cooperatives into play.

III. Promoting "Alleviating A Batch of Rural People from Poverty through Ecological Compensation"

In the first quarter of 2016, in combination with various internal and external support policies, and based on the concept of "unified planning and implementation by years" proposed by Gannan Tibetan Autonomous Prefecture for its ecological civilization and moderately prosperous village project, CDB assisted the Prefecture to prepare an implementation plan for the actionable 2015-2016 part through project integration to solve the problem of "small and scattered" projects for a long time, and also researched the coordinated use of fiscal fund to guarantee the project capital and the source of repayment, to create conditions for financing of large amount. CDB committed loans of RMB 1.8 billion Yuan in April 2016, which has been completely released by now and is the largest loan amount the Prefecture has obtained in one time since its establishment. The loan has benefited around 25,000 registered poor populations from 5,800 households.

IV. Implementing the Requirements of "Alleviating A Batch of Rural People from Poverty through Education Development"

As of the end of 2017, CDB had released education credit loans of RMB 9.343 billion Yuan in Gansu Province to support 570,000 poor students in 65.71 counties and districts, covering all registered poor households. In 2017, the percentage of loans to students from registered poor households accounted for over 60% of the total amount released, and CDB is expected to release education credit loans of over RMB 1.6 billion Yuan in 2018. CDB also signed an *Agreement on Promoting Poverty Alleviation through Education Development* with the Education Department of Gansu Province and China Educational Instrument & Equipment Corp. under the Ministry of Education at the National On-the-spot Conference on Winning the Fight against Poverty through Education Development. Later, the three parties will, based on the mode of provincial level planning, prefecture/city level liaison and county level implementation, implement education-based poverty alleviation projects in poor areas of Gansu Province in three batches in the next five years through the PPP mode, finance a total amount of RMB 10-12 billion Yuan for poor counties (districts) to purchase educational instruments and construct relevant supporting infrastructure, in which, RMB 3 billion Yuan will be financed for projects in Phase 1 (2017-2010), and try to select 1-2 motivated regions to implement the projects in 2017.

Special Column: Support of CDB to Education Credit Loan in Gansu Province

In 2007, CDB explored an operation mechanism that is based on the construction of student financing center, coordinated by the government through overall planning and guaranteed by promoting the credit building, and successfully launched the national education credit loan at Huining County, Gansu Province to promote solving the bottleneck of livelihood and develop the inclusive finance. Since the beginning of the pilot at Huining, CDB has insisted the development of student loan of development finance characteristics through socialization and systematization, and operated with the provincial student funding center as the management platform and the student funding centers and basic-level governments in various counties (districts) as the operation platform to continuously reinforce the business mechanism.

At present, CDB has accumulatively released RMB 7.9 billion Yuan in Gansu Province to support 570,000 poor students in all the 86 counties and districts (1.44 million person-time), and the accumulative collection ratio of principal and interest is 98.6%. Basing on the education credit loan, CDB has gradually determined the core concept of "solving retail problems with wholesale method and solving common problems of numerous families with unified standard mode".

The loan applies a reference interest rate of 4.9% (current), the limit is no more than RMB 12,000 Yuan for graduate student and RMB 8,000 Yuan for other students (undergraduate and college students), the term of loan is generally no more than 20 years (with a grace period of three years), and the loan is mainly used to pay for tuitions and accommodation fees of students. While students are at school, a fiscal interest subsidy is granted for their loan, and after graduation, students shall pay the principal and interests on their own.

V. Funding to Support the Improvement and Upgrading of Infrastructure in Poor Areas, and Laying A Solid Foundation for Poverty Alleviation and Development

At the provincial level of cooperation, CDB coordinates with the Finance Department, the Transport Department and the Water Conservancy Department of Gansu Province to continue to fund village road and safe potable water projects in full amount. In 2017, CDB released loans of RMB 4 billion Yuan for village road projects and accumulatively granted loans of RMB 800 million Yuan for village road and safe potable water projects in the province to support the construction of nearly 40,000 km village roads and solve the potable water safety problem for 1.45 million people. At the city and county level of cooperation, CDB makes full use of the policy of coordinated use of agricultural-related fiscal funds to promote the implementation of infrastructure projects in rural villages through the city-driven county promotion and the CDB-driven county promotion modes as the actual circumstances of each county may require. Since the end of 2015, CDB has successively explored the coordinated use of fiscal funds of county and prefecture levels in key areas of poverty alleviation such as old revolutionary base areas, Tibetan areas, etc. to support the infrastructure construction in poor villages, and based on the poverty alleviation mechanism of "Whole Village Promotion" of Gansu Province, granted RMB 55 million Yuan to Huachi County, an old revolutionary base area, through coordinating the use of county-level fiscal funds, to solve the fund for infrastructure construction in six core villages. After the issuance of GB No. 22 document in 2016, CDB conducted a pilot in Longnan City to try to realize breakthroughs in key fields and generate a demonstration effect, and completed the coordination of agricultural-related fiscal funds, committed loans of RMB 6 billion Yuan for rural village infrastructure projects and released loans of RMB 3.44 billion Yuan in two months. Through innovation of financing mode, CDB has committed loans of RMB 1.1 billion Yuan and released RMB 60 million Yuan in 2017 to support the integrated improvement of rural infrastructure and ecological environment in Qilian Mountain Natural Reserve in Zhangye and Weiwu; realized the cooperation on high-standard farmlands on whole-county (district) basis in Ganzhou, and released loans of RMB 200 million Yuan.

The financial supports of CDB to Gansu in the fight against poverty are reflected not only by the timely allocation of funds in large amount but also by the positive actions of CDB focusing on the strategic direction and targeting at hot spots of government, mode innovation and mechanism building. From comprehensive planning of village roads, safe potable water and relocating poor populations at the provincial level to county programs for infrastructure development, from county/household mutual aid funds for industry-based poverty alleviation to financial support for poor students to pursue their studies, all these demonstrate the functions of planned development finance in providing timely assistance. In this process, CDB has provided the knowledge transfer and technical assistance to municipal and county governments through such methods as designation of carders working on secondment basis, service training, etc. CDB has assigned 10 financial specialists for poverty alleviation in two consecutive years to work on secondment basis in 10 cities (prefectures) of contiguous destitute areas, to work on poverty alleviation with the support of development finance in full time. CDB successively organized three carder training sessions for the fight against poverty in Qinling-Daba Mountainous Areas, Liupan Mountainous Areas and Tibetan areas in Sichuan, Gansu, Yunan and Qinghai with the support of development finance in Beijing, and 65 carders attended the sessions all together.

CDB will comprehensively implement the spirits of the Central Economic Work Conference, the National Poverty Alleviation and Development Work Conference and CDB annual conferences and work conferences on poverty alleviation and development, deeply understand the important instructions made by General Secretary Xi Jinping on the fight against poverty, insist the functions of development finance, and further intensify and improvement the development finance based on the poverty alleviation solutions that combine sound rules andsystems, funding, and knowledge transfer and technical assistance and the concepts and methods of "Four Programs", to show new actions and make new achievements in the process of winning the fight against poverty and building a moderately prosperous society in in all respects.

Relocating poor populations. With objective of realizing sustainable resettlement and incomes after relocation, CDB will establish a supporting system of "synchronous planning of industrial development and relocation" to provide the financing support for registered poor households and synchronously relocated households, realize the steady poverty reduction of relocated populations, and put efforts into industrial development, employment and development of collective economy. First, guaranteeing the loan requirements of registered rural households in full amount. CDB will effectively link the rated limits and the supporting policies of CDB for different industries with the implementation plans for relocating poor populations of various counties and districts, in which, the industrial development issues after the relocation are sufficiently considered, especially the arrangement of balance funds for different industries. CDB will figure out the organization structure of different areas to enhance the coordination and communication with the local governments and local Reform and Development Commissions, release long-term loans with interest subsidy in due time, speed up the fund payment, and improve the fund use efficiency, to make full use of the policy of RMB 35,000 Yuan/person long-term interest subsidy loan. Second, fully supporting the industrial development after relocating poor populations. Measures will be applied respectively for parts within and outside the plan. For the part within the plan, i. e. within the special loan plan of RMB 35,000 Yuan/person, CDB will, on the basis of satisfying the needs of hardware such as housing, infrastructure, public service, etc., coordinate with each county to promote and plan the industrial plan in real time, first engage those fields that CDB is familiar with or is promoting, and use the remaining fund of the special loan for the post-allocation industrial development, such as investing in PV power stations of village collectives to generate revenues from dividends, or investing in the construction of plant building, logistic park or store to generate revenues from rental, to ensure the relocated people will have sources of stable income. CDB will also put the remaining fund into village mutual aid societies in resettlement districts in combination with petty loan of mutual aid fund, as the production startup fund for relocated people. Moreover, local governments may increase the economic income of relocated people from multiple channels in combination with actual conditions and explore a new mode for "Relocating Poor Populations + ". For the part outside the plan, i. e. there is no remaining fund in the RMB 35,000 Yuan/person special loan for relocating poor populations, CDB will support the post-allocation industrial development for those relocated people with diversified industry-based poverty alleviation methods of CDB. Third, solving the financing bottleneck of synchronously relocated populations with the mode of "provincial-level financing + voluntary purchase by counties".

Rural infrastructure. CDB will establish a support system of "agricultural-related infrastructure in poor county + rural infrastructure in non-poor county + important special infrastructure" for different fields. First, CDB will take the poverty reduction of poor villages as the primary goal to plan as a whole and support the construction of infrastructure like road, water supply, electricity, housing, network, kindergarten, clinic, cultural center, village outlook, etc. to reach the acceptance criteria for poor village delisting. Second, CDB will take beautiful countryside and modern agriculture improvement projects as the carrier to plan as a whole and promote the improvement of infrastructure in poor villages and the construction of infrastructure in non-poor villages in accordance with the requirement that the policy shall remain unchanged after the delisting of a poor village, and coordinate with finance departments to properly control the governmental debt limits and reasonably predict the demands under the premise of risk control. Third, CDB will explore to implement integrated rural living environment improvement projects with PPP mode. During implementation, county (district) governments shall designate a platform company to fund on their behalf and publically selected a city-level platform company or another county (district)-level state-owned company as the social capital funding party to jointly establish a project company to undertake the responsibilities of project construction, operation and maintenance and receive the credit capital from CDB.

Poverty alleviation through industrial development. Focusing on industrial development, CDB will establish a support system of "supporting the whole-industry chain + credit granting by levels", make the best use of characteristic products to support the poverty alleviation through industrial development, promote the establishment of an industrial system with stable market, prominent promotion effect and long-term sustainability of development in poor areas, and promote registered poor people with labor capacity and working intention to enhance their capacity and willingness of self development, to generate stable and sustainable incomes from participation in industrial development in many different ways such as production, operation or asset revenue. First, CDB will particularly support leading enterprises with a fund requirement of RMB 10 million Yuan or more. In combination with the structural reform at agricultural supply side, CDB will concentrate on special loans for industry-based poverty alleviation projects, supplement the loans with poverty-alleviation-to-loan, provincial level agricultural credit guarantee, etc. and give play to the leading effect of enterprises to establish a mechanism in which loaned enterprises will lead rural people to acquire wealth and build a rural industry system that can gets people rich, to ensure rural people to have a source of sustainable and stable income and practically improve the economic strength of counties. CDB will flexibly apply the "Four Platforms + Agencies" model to solve the financing problem of hundreds of thousands of and even millions of micro and small enterprises and agricultural cooperatives. Second, CDB will continue to offer mutual-aid petty loans at village level to effectively solve the financing problem of poor households needing RMB 10,000-30,000 Yuan and non-poor households of similar conditions as poor household and the fund demands of delisted poor households for industrial development. Third, CDB will explore to support through distinctive industries and actively research ways for poverty alleviation through assets revenue, such as poverty alleviation through PV energy development. For Zhangye, Jiuquan and other cities in Hexi Region, CDB will explore ways for poverty alleviation through developing the high-standard farmland industry. On the basis of improving rural tourism infrastructure, CDB will, in areas with rich tourism resources, actively carry out the poverty alleviation through developing rural tourism related industries.

Education assistance. According to the requirement of "loaning to all eligible students",

CDB will enhance the support of education credit loan, on the basis of which, CDB will seek new breakthroughs for the vocational training mode for students who cease to pursue the study after graduation from middle or high school, actively carry out pilots on the foundation of vocational education, poverty alleviation through China Educational Instrument & Equipment Corp., etc. to look for more resources to support the poverty alleviation through education development.

Poverty alleviation through health care. CDB will explore a financing mode for poverty alleviation through health care in counties to support the building of primary-level medical and health organizations. CDB will make good use of the current policy on reviewing agricultural-related infrastructure to support the primary-level health care in poor counties, the development of primary-level medical and health organizations such as county hospital, township health center, village clinic, etc., the upgrading of medical facilities and the setup of telemedicine in poor areas.

Moreover, CDB will initiatively coordinate policies with resources to fully support the poverty reduction and development of extremely poor areas in Gansu Province. CDB will, in the main battlefield of poverty alleviation through financial support, i. e. 23 extremely poor counties in four extremely poor cities and prefectures (two prefectures and two cities) of Gansu Province, make concentrated efforts to give a combination blow" combining all products for different fields such as development promoted poverty alleviation, special loans for relocating poor populations, rural infrastructure development, poverty alleviation through industrial development, education credit loan, transportation, water conservancy, etc. on the basis of regional development, to raise the benefiting level of poor populations in extremely poor areas and improve the self development capability of poor areas and poor people.

Report on the Progress of the Fight Against Poverty in Xinjiang Uyghur Autonomous Region with the Support of Development Finance

Since the 18th National Congress of the Communist Party of China, the CPC Central Committee with General Secretary Xi Jinping at its core has started the fight against poverty in all aspects around China by including the fight against poverty into the four-pronged comprehensive strategy and using helping the impoverished people shake off poverty as the primary task and a token for building a moderately prosperous society in all respects. In March 2017, at the Xinjiang Delegation Meeting of the 5th Session of the 12th National People's Congress, General Secretary Xi Jinping emphasized that Xinjiang should implement the targeted poverty reduction and alleviation measures in all respects and consider the poor area in South Xinjiang as its main battlefield for fight against poverty. In June 2017, Secretary of the CPC Committee of Xinjiang Uyghur Autonomous Region required thoroughly carrying out the spirit of General Secretary Xi Jinping's key addresses, particularly the spirit of a vital instruction on poverty alleviation and development, facing tough choices and keeping fighting to ensure achieve the goal of poverty alleviation as scheduled and build Xinjiang into a moderately prosperous society in all respects together with the remaining places nationwide. CDB has been adhered to implementing the Central Government's Xinjiang governance policy and serving national strategic focuses, used medium-term and long-term investment & financing as its means and focused on Kashi Prefecture, Hotan Prefecture, Kizilsu Kirghiz Autonomous Prefecture and Aksu Prefecture in the south of Xinjiang and poor counties, especially areas of extreme poverty to try its best and take targeted measures to help Xinjiang win the fight against poverty and show the vital supporting role finance plays in the stability and development of Xinjiang.

I. Fully Understanding the Strategic Significance of the Fight Against Poverty for Building a Moderately Prosperous Society in All Respects

(I) Winning the fight against poverty is the CPC Central Committee's key strategy for building a moderately prosperous society in all respects

General Secretary Xi Jinping pointed out: "take urgent, targeted and effective measures in the fight against poverty, insist on targeted poverty reduction and never let even one minority or a region to lag behind; letting rural residents out of poverty as scheduled, eliminating poverty in all poor counties and solving the problem of regional poverty and winning the fight against poverty by 2020 are matters concerning the building of a moderately prosperous society in all respects and solemn commitments the Party made to all our people."

(II) Winning the fight against poverty is an important foundation for the social stability and enduring peace of Xinjiang

As a special ethnic area in the borderland, Xinjiang has a large poor population, who are extremely poor, so it is a heavy task to fight against poverty here. In particular, the four prefectures of South Xinjiang are the main battlefield for anti-terrorism and stability maintenance and the fight against poverty in Xinjiang and also one of the 14 concentrated contiguous areas destitute areas in China, so wining the fight against poverty in South Xinjiang is the ballast for the stability and development of Xinjiang and concerns whether we can build a moderately prosperous society in Xinjiang and nationwide synchronously.

(III) Winning the fight against poverty is the political mission of a institution of development finance

According to the *Decision of the CPC Central Committee and the State Council on Winning the Fight Against Poverty*, the CDB is required to set up the Poverty Relief Program Finance Unit to give play to the advantages and functions of development finance. With the purpose of serving national strategies, development finance closely combines the government's organization & coordination advantage, the market's resource allocation function and the development finance's medium-term and long-term investment & financing to explore and build a market-oriented sustainable funding mechanism for poverty alleviation and development and provide sustained internal driving force for winning the fight against poverty.

II. Actively Promoting the Practical Explorations into the Fight Against Poverty in Xinjiang with the Support of Development Finance

CDB has been regarded supporting the stability and development of Xinjiang as its lofty mission and political responsibility and taken targeted measures to support the fight against poverty in Xinjiang in strict accordance with the general objective of social stability and enduring peace. By late 2017, CDB had granted RMB 43.6 billion of loans for targeted poverty reduction accumulatively and had the loan balance of RMB 30.9 billion, supporting the key areas and weak parts such as relocating poor populations, rural infrastructure development, major infrastructure development, comprehensive social governance facilities, education facilities, new urbanization and poverty alleviation through industrial development, achieved full coverage of 35 poor counties with comprehensive financial services and tried hard to become the forerunner and new force for poverty alleviation through financial support.

(I) Taking top-level design as the overarching principle to guide the poverty alleviation through financial support

In 2014, at the 2nd Xinjiang Work Symposium of the CPC Central Committee, General Secretary Xi Jinping required increasing funding for poverty reduction, making top-level design from the national level and adopting special measures to boost the development of South Xinjiang. Then, CDB took actions promptly based on the CPC Central Committee's deployment and actively planned to establish a second-level branch in Kashgar. In 2015, CDB Kashgar Branch was officially opened in Kashgar, a key town in South Xinjiang, and its business covers three prefectures in South Xinjiang. Then, CDB Xinjiang Branch had become the first provincial branch with the "1 + 2" management structure (incl. CDB Yili Branch) within the CDB's system. Since its establishment, Kashgar Branch has accumulatively issued RMB 14.552 billion of loans, managed RMB 17.2 billion of assets in full aperture, actively supported the preparation of the *Financing Plan for Relocating Poor Populations in Kashi Prefecture during the "13th Five-Year Plan" Period*, *Development Financing Plan of Kashgar City in the "13th Five-Year Plan" Period* and the *Financing*

Plan of Fight Against Poverty in Kashgar City in the"13th Five-Year Plan" Period and others, and strongly promoting the development and construction of southern Xinjiang.

CDB vigorously propelled the close combination of deepening poverty alleviation and development and new urbanization based on the strategy of the CPC Committee of Xinjiang Uyghur Autonomous Region of taking the four prefectures of South Xinjiang as the main battlefield for the fight against poverty and increasing more capital investments and project development in South Xinjiang. In December 2016, witnessed by the CPC Committee of Xinjiang Uyghur Autonomous Region and key CDB leaders, Xinjiang Uyghur Autonomous Region and CDB signed the Cooperation Agreement on Financing for Fight against Poverty and held a joint meeting of senior leaders. In April 2017, CDB completed the overall credit granting of relevant projects; in late June, CDB made loans totaling RMB 800 million to the first 4 projects to promote city-industry integration, lead rural residents to gathering towards cities and achieve the transfer employment of poor populations.

(Ⅱ) Focusing on comprehensive social organizations and infrastructure to contribute to the social stability and enduring peace in Xinjiang

Stability is the premise and basis of poverty reduction while poverty reduction is the pathway and guarantee for stability. Adhering to carrying out the strategy of CPC Committee of Xinjiang Uyghur Autonomous Region and considering ensuring the credit granting of relevant projects as its priority, CDB has accumulatively financed the construction of 33 comprehensive social governance facility projects in Xinjiang, promised to makes loans totaling RMB 12. 35 billion and granted 6. 9 billion of loans to actively guarantee the early commencement and successful development of projects and promote the early completion and operation of the projects arranged by CPC Committee of Xinjiang Uyghur Autonomous Region.

In order to help shake off poverty in the border regions, CDB created a new financing mode by integrating financial funds for rural development as a whole, has issued 352 million of loans for the "Nine Connections and Nine Availabilities"① poverty reduction projects through construction of rural infrastructure in 36 border villages in"3 counties in 1 city" of Kizilsu Kirghiz Autonomous Prefecture, covering 20 registered poor villages, benefiting nearly 20,000 people and playing an role of active exploration in facilitating

① Notes: "Nine Connections" refer to road building, water supply, power supply, telephone communication availability, radio & television coverage, information availability, heating, postal communication, transportation vehicle availability. "Nine Availabilities" refer to having a working place, a strong leading group, industries stably increasing income, rubbish storage points, cultural room, clinics, bilingual pre-school education institutions, cultural and sports activity places and farmer-benefit supermarkets.

poverty reduction in border regions, consolidation of border defense and social stability.

Special Column: Cases of Integrating Financial Funds for Rural Development as a Whole to Support Thriving Animal Husbandry and Consolidating Border Defense in Border Villages in Kizilsu Kirghiz Autonomous Prefecture

Kizilsu Kirghiz Autonomous Prefecture is located in the four prefectures in South Xinjiang, one of the 14 concentrated contiguous destitute areas in China. The "3 counties in 1 city" within the jurisdiction are the border county, national poor county and key county for poverty alleviation and development. The poverty headcount ratio is ranked 2nd in Xinjiang and the poor population is ranked 3rd in Xinjiang, so the task of poverty alleviation and border defense consolidation is very heavy. Especially, the poverty problem of the 20 registered poor villages is particularly prominent. With adherence to the concept of development finance of "focusing on government's hot issues, offering timely support, planning first, credit development and promoting by financing", CDB actively contacted the Government of Kizilsu Kirghiz Autonomous Prefecture for times, energetically explored integrating financial funds for rural development and creating a new financing mode to support border villages to thrive the animal husbandry and consolidate the border defense.

Firstly, thrive the animal husbandry and consolidate the border defense and strictly follow the government's strategic focus to give play to the leading role of CDB's fund. The border villages of Kizilsu Kirghiz Autonomous Prefecture are scattered along the border on huge mountains, facing the harsh natural environment, frequent disasters, poor infrastructure and other problems. After conducting an in-depth study, both the CPC Committees and Governments of Xinjiang Uyghur Autonomous Region and Kizilsu Kirghiz Autonomous Prefecture proposed the strategy of thriving the animal husbandry and consolidating the border defense covering all of the "Nine Connections and Nine Availabilities". Then, CDB vigorously supported the development of " nine connections and having nine places " and other rural infrastructure in strict accordance with the local needs and based on policies regarding integrating financial funds for rural development as a whole.

Secondly, take targeted poverty reduction measures, remove the weaknesses of infrastructure construction and thrive the animal husbandry to provide a peaceful and happy life for people here in a systematic and integrated way. The contents of the project include"Nine Connections and Nine Availabilities", which are systematic and complete, not only remove all the weaknesses of border villages but also achieve precise industry development, animal husbandry thriving and consolidation of border defense. In particular, the project development involves building covered pens, planting forests and fruits, building forage production bases and building other infrastructure which will make the people get rich and thrive the animal husbandry as well as buying fattening newborn animals and dams. Taking targeted measures for every issue here, this project development is of a great practical significance for helping local herdsmen increase the production capacity, raising the production efficiency, achieving targeted poverty reduction and improving the production and living conditions.

Thirdly, cover the area contiguously and help the whole advancement in 36 villages of 3 counties in 1 city through the government-bank-enterprise cooperation. By integrating the financial funds for rural development as a whole, the project divided the 20 registered poor villages and 16 unregistered ones into Phase I and Phase II projects for synchronous credit granting. As a result, it addressed the financing needs of all 36 border villages of 3 counties in 1 city under the jurisdiction of Kizilsu Kirghiz Autonomous Prefecture and realized the full coverage of the border villages along the 1, 130 km long borderline in Kizilsu Kirghiz Autonomous Prefecture; meanwhile, it gave full play to the government's leading role, achieved the government-bank-enterprise cooperation in the fight against poverty, created and enriched the investment and financing systems of Kizilsu Kirghiz Autonomous Prefecture. Besides, the project development combined the latest financial regulations with CDB's credit policy and granted a large amount of credit of RMB 420 million at once, not only filling the project's financing gap but also building a bridge to solve the problem that the time delay of all special funds affects concentrated development and giving full play to the guiding role of development finance.

(III) Focusing on Kashgar Prefecture in South Xinjiang to boost relocating poor populations

Relocating poor populations is the top priority in the fight against poverty. Since 2016, CDB has conscientiously followed the requirements stated in the *Program for Relocating Poor Populations in the "13th Five-Year Plan" Period* by the five national ministries and commissions and cooperated with the development and reform commission, department of finance, poverty relief office and other relevant departments of Xinjiang Autonomous Region to successfully fulfilled its commitment of reviewing the program for relocating poor populations in Xinjiang Autonomous Region. For the past two years, CDB accumulatively issued loans totaling RMB 1.98 billion, involving 4 prefectures and 16 counties and cities and benefiting 56,557 registered poor people. In 2017, CDB made loans totaling RMB 1.62 billion, benefiting 46,231 registered poor people and supporting the development of the program for relocating poor populations in 11 counties and cities in Kashgar Prefecture.

Meanwhile, CDB made great efforts to propel the "five combinations", namely, combining relocation with new urbanization, new rural development, tourism development, industry development and employment promotion, accumulatively granted loans totaling RMB 23.3 billion, mainly supported the project of "enriching the people to make them live comfortably and settling people down to enrich the animal husbandry", shantytown renovation and other government-subsidized housing projects as well as urban infrastructure projects involving common facilities, education, health and culture etc., helped poor areas enhance the development of public service capability and optimized and improved the public services for poor people.

(IV) Taking infrastructure construction as carrier to accelerate the economic development in poor areas

There are a lot of infrastructure to be built in poor areas in Xinjiang. By giving full play to the advantages of traditional businesses in the "two basics and one pillar (infrastructure, basic industry and pillar industry)" field and strengthening the pioneering role of infrastructure in poverty reduction, CDB accumulatively granted loans totaling RMB 24 billion, supported the construction of major infrastructure represented by Aertash Water Control Project, Sanchakou-Shache Expressway, Kuqa Airport, Kashgar Thermal Power Plant and other projects and helped poor areas quicken investment and stabilize growth.

In order to take the "last key step" for infrastructure construction in poor areas, CDB uses multiple modes like integrating financial funds for rural development as a whole, energetically explored projects improving poor rural areas, granted loans totaling RMB 11.8 billion and especially supported the construction of rural infrastructure such as rural roads, safe drinking water, human settlement improvement, school safety projects, actively propelling the integration and coordinated development of rural-urban public services.

(V) Taking poverty alleviation through industrial and educational development as long-term mechanism to further promote the sustainability of poverty alleviation

Poverty alleviation through industrial development is an important means to achieve the sustainability of achievements of poverty alleviation. In accordance with Xinjiang Uyghur Autonomous Region's strategy of supporting the development of textile industry, CDB granted RMB 2.7 billion Yuan of loans to such major textile projects as Jinsheng Litai Silk Road and Fuli Zhenlun, contributed to the employment of more than 3,500 people of all ethnic groups in South Xinjiang and vigorously supported the development of deep processing of agricultural products, SMEs and other labor-intensive sectors in South Xinjiang, helping the people in poor areas to find jobs and increase their income. In addition, CDB energetically propelled the preliminary work of poverty alleviation project using assets income from the ultra-large "Huoshaoyun" lead-zinc mines to explore the development of major projects, which will further contribute to poverty alleviation through industrial development in South Xinjiang.

Education is the basis for long-lasting poverty alleviation. CDB granted loans of RMB 3.1 billion Yuan to Xinjiang to support building 1,837 bilingual kindergartens, granted students loans totaling 9.44 million to finance 1,945 students with financial difficulties in colleges in Xinjiang, organized more than 50 trainings such as "Local Cadre Seminar for the Fight against Poverty in Four Prefectures of South Xinjiang with the Support of Development Finance", sent financial specialist of poverty alleviation to 8 prefectures in 35 poor counties in Xinjiang, enhanced the propaganda and training of knowledge about poverty alleviation through financial support and facilitated all work of poverty alleviation through financial support by combining sound rules and systems, funding, and knowledge transfer and technical assistance.

III. Taking the Opportunity of the Convening of the 6th National Work Conference for Counterpart Support of Xinjiang to Continue Further Promoting the Focus of Poverty Alleviation through Financial Support

Finance is an important means to allocate resources efficiently, so poverty alleviation through financial support is of vital significance for market development, credit development and the poor people's credit awareness training in poor areas. As a institution of development finance serving national strategies, CDB will continue to provide sustainable sources of funding for the fight against poverty, effectively increase the total amount and sources of poverty alleviation funds via market & credit development and gathering investments of financial, credit and social funds, and improve the effect of poverty alleviation and development. At the same time, CDB will also energetically help poor people raise their financial awareness and credit awareness through market & credit development of development finance, stimulate poor people's internal driving force to develop production and shake off poverty to increase income, and help them to create wealth and a happy life through hard work and to build a moderately prosperous society in all respects.

The fight against poverty mainly relies on making indefatigable and sustainable efforts. CDB will continue to demonstrate our new sense of mission and new achievements in facilitating the stable development of Xinjiang by strictly following the general objective of social stability and enduring peace, performing the main task of serving the supply-side structural reform and focusing on the extremely poor counties in the four prefectures of South Xinjiang.

Report on the Progress of the Fight Against Poverty in Qinghai Province with the Support of Development Finance

Qinghai Province is a province in the plateau, West China and poor areas, with a wide coverage of poverty and a high poverty headcount ratio, so the poverty alleviation is costly and also difficult to conduct. Qinghai Province's contiguous destitute areas are mainly the Tibetan Areas of four provinces (Qinghai, Sichuan, Yunnan and Gansu Tibetan Areas) and Liupan Mountain Area. Except for Xining municipal district, all of 42 cities and counties among the 43 cities and counties in Qinghai Province are in the list of 832 national poor counties and concentrated contiguous destitute areas and counties. At present, there are 530,000 registered poor people and the poverty headcount ratio is 13.2% in Qinghai. Since 2016, CDB has conducted the "Hundred-day Battle against Poverty" and promoted positive progress of the fight against poverty in Qinghai Province with the support of development finance in accordance with the thought of "leading role of Party building, top-level promotion, tier-1 development, tier-2 follow-up and tier-3 guarantee".

I. "Combining Investment and Credit" to Grant A Large Amount of Fund for the Program for Relocating Poor Populations

According to the *Program of Qinghai Province for Relocating Poor Populations in the "13th Five-Year Plan" Period*, the program of Qinghai Province for relocating poor populations involves 200,000 people in the "13th Five-Year Plan" period, including 118,900 registered poor people, with total investment of RMB 6.688 billion Yuan. In 2016, CDB promised RMB 6.8 billionYuan at one time for the program. Meanwhile, CDB energetically promoted Qinghai Provincial Office of Poverty Alleviation to sign the *Government's Purchase Service Agreement* with Qinghai Poverty Alleviation Investment Company In the light of this agreement, CDB has completed the verification of credit granting of RMB 2.54 billion Yuan and released RMB 3 million Yuan in 2016. Moreover, after active communicating with the Qinghai Provincial Office of Poverty Alleviation and Qinghai Poverty Alleviation Development Company, CDB successfully granted RMB 500 million Yuan of China's first targeted development fund for the program for relocating poor populations "with the overall responsibility borne by the province" on June 12, 2016.

II. Integrating Financial Funds for Rural Development to Creatively Support the Rural Infrastructure Construction in Poor Counties

CDB Qinghai Branch seized firmly the policy opportunity that the state supports setting up pilots of integrating financial funds for rural development in poor counties, selected 27 Party members of business backbones to form 8 poverty alleviation development work group and spared no effort to start the "Hundred-day Battle against Poverty" based on the thought of "leading role of Party building, top-level promotion, tier-1 development, tier-2 follow-up and tier-3 guarantee". All the work groups wrestled with various difficulties such as high cold, anoxia and trudge, carried out work in 42 poor counties in Qinghai Province, made plans, promoted the development and advertised poverty alleviation through financial support on site, enhanced the regional economic development capability by focusing on the infrastructure construction in poor villages, and thus made fruitful achievements in the "Hundred-day Battle against Poverty". By the end of June 2017, CDB Qinghai Branch had developed and reserved RMB 39.47 billion Yuan of loan demand for the infrastructure construction project in counties, promised to grant loans of RMB 32.535 billion, signed contracts involving RMB 27.022 billion of loans and accumulatively released RMB 14.266 billion of loans.

Special Column: Starting the "Hundred-day Battle against Poverty"

In 2016, CDB Qinghai Branch started the "Hundred-day Battle against Poverty", sent selected Party member business backbones to the "battlefield", gave play to the leading role of Party building for the fight against poverty, took the fight against poverty as the touchstone and an ordeal of the fight against poverty so as to trained their Party spirit, tempered their character and improved their skills and gathered precious spiritual wealth for following development. All the work groups wrestled with various difficulties such as high cold, anoxia and trudge, carried out work in 42 poor counties in Qinghai Province, made plans, promoted the development and advertised poverty alleviation through financial support on site, enhanced the regional economic development capability by focusing on the infrastructure construction in poor villages, and thus made fruitful achievements in the "Hundred-day Battle against Poverty".

The great significance of the "Battle" lies in that it effectively implemented the overall layout of infrastructure construction in counties, achieved helping Qinghai to have a good start for winning the fight against poverty, meanwhile, further realized closer bank-government cooperation and laid a foundation for giving play to the role of development finance in Qinghai.

Also, the great significance of the "Battle" lies in the following: through this "Battle", the Qinghai experience of poverty alleviation with the support of development finance has been summed up. The experience is adhering to the "one fundamental principle" of the Party's leadership, highlighting following the strategic decisions of the CPC Central Committee, CPC Qinghai Provincial Committee and CPC Committee of CDB Head Office and the overall situation of finance serving the supply-side structural reform ("Two Followings"), creatively using the "mechanism innovation, grassroots immersion and promotion as a whole" ("Three Guidelines") and practicing "financing provincial programs for relocating poor populations, county programs for infrastructure development, and village programs for nurturing industrial development, and giving financial support for poor students to pursue their studies" ("Four Programs") and giving play to the "Five Advantages" of "solid foundation for bank-government cooperation, sufficient medium and long-term large funds, strong knowledge transfer and technical assistance for planning first and high-quality comprehensive financial service and high quality of talent team". The "12345" new Qinghai experience is a magic weapon we can use to further increase our achievements and win a decisive victory.

More importantly, the great significance of the "Battle" lies in training our teams and enhancing the morale and confidence. After great waves sweeping the sand, only the glittering gold is left; sparkling stainless steel can be produced only after being tempered time and time again. Therefore, it is very gratifying that the tier-1 bureau and office workers tried hard to overcome illness caused by high cold and anoxia, worked day and night to develop projects and went to all poor areas in Qinghai. Meanwhile, tier-2 bureau and office workers actively followed up the tier-1 workers, actively met their actual needs, studied policies carefully, reviewed promises, released loans and did other subsequent work; besides, the tier-3 bureau and office workers did their best to satisfy the administrative needs of the work groups, did the propaganda work and stimulated their enthusiasm for work to create a favorable public opinion atmosphere for tier-1 development.

III. Innovating in Mechanism Development to Enlarge the "Wholesale" Effect of Village Programs for Poverty Alleviation through Industrial Development

By the end of 2017, the Branch had totally released RMB 1.833 billion of loans for poverty alleviation through industrial development. First, the Branch raised the driving effect of leading enterprises. It offered financial support to Qinghai Zhenqi Biotechnology, Sanjiang A Power, Dasong Agriculture and other enterprises' projects in the "company + cooperative + poor household" mode, propelled the development of farmers' professional cooperatives, leading enterprises and distinctive advantageous industries, drove poor households to increase income and shake off poverty, increased the effect of targeted poverty reduction in the wholesale mode and granted RMB 390 million of loans. Second, the Branch strengthened the "Four Platforms + Agencies" model (a model combining the management platform, the financing platform, the guarantee platform, the public information platform and the credit enhancement agencies). It established the "Four Platforms + Agencies" loan model in Hainan Prefecture, with loan limit of RMB 100 million, mainly supporting the small and micro enterprises in agriculture and animal husbandry sectors in Hainan Prefecture. Besides, it cooperated with the government of Golmud City to build the "CDB-Golmud Targeted Poverty Reduction Loan" model, with the first cooperative loan limit of RMB 500 million, of which RMB 167 million has been granted. Meanwhile, the Branch increased the financing amount of loans for poverty alleviation through industrial development such as "CDB Micro Loan" and "CDB Agricultural Loan", and released RMB 648 million of loans in 2016. Third, the Branch worked together with Bank of Qinghai, Datong CDB Village Bank and other local financial institutions in Qinghai to exploit their mutual advantages to carry out poverty alleviation through industrial development. In 2017, CDB provided concessional loans of RMB 800 million and RMB 300 million to Bank of Qinghai and Datong CDB Village Bank respectively to cooperatively support projects of poverty alleviation through industrial development around Qinghai. Fourth, CDB released the first loan for photovoltaic poverty alleviation in Qinghai Province and created a new mode to provide a financial support of RMB 170 million for the photovoltaic poverty alleviation project in Xunhua County, helping increase more than RMB 3,000 in the income of each of the 800 registered poor households each year.

IV. Fulfilling the Social Responsibility to Give Financial Support for Poor Students to Pursue Their Studies and Guarantee Providing Loans to Those Really Needing Them

As the only bank providing student loan services in Qinghai Province, CDB continued to increase student loan financing and accumulatively released student loans totaling RMB 1.378 billion, benefiting 266,000 poor students, among which 41,800 students were from registered poor households, involving RMB 221 million. In 2017, CDB released student loans of RMB 223 million, benefiting 39,500 poor students, including 6,100 students from registered poor households. CDB effectively stopped the intergenerational transmission of poverty via poverty alleviation through educational development.

V. Giving Play to the Advantage of Knowledge Transfer and Technical Assistance to Achieve the "Hematopoietic" Poverty Alleviation

First, CDB prepared the *Systematic Financing Plan of Qinghai Province on the Fight Against Poverty in the "13th Five-Year Plan" Period*, providing a significant reference for financing the poverty alleviation in Qinghai Province. Second, CDB together with the Organization Department of CPC Qinghai Provincial Committee organized the poverty alleviation leaders of 18 counties of Qinghai Province and business leaders of Qinghai Provincial Office of Poverty Alleviation and Development to attend the Local Cadre Seminar on the Fight against Poverty in Liupan Mountain Area with the Support of Development Finance, effectively improving the financial literacy and ability of targeted poverty reduction of grassroots cadres responsible for poverty alleviation. Meanwhile, CDB will further put more efforts into the fight against poverty in Qinghai Province.

(Ⅰ) Giving Play to the advantage of knowledge transfer and technical assistance to make financing plans in key regions

CDB will mainly and actively support and participate in making relevant comprehensive plans and special industrial plans for the area, focus on making systematic financing plans and rendering financing consultation services, and select key cities and counties in regions gathering poor people such as Haidong Prefecture (Liupan Mountain Area) and South Qinghai (including Huang Prefecture, Guoluo Prefecture and Yushu Prefecture) to promote the implementation of relevant plans.

(Ⅱ) Integrating resources to offer loans for rural infrastructure projects for poverty alleviation

First, under the leadership of leaders, CDB will form special work groups to work in Haibei Prefecture, Yushu Prefecture and Guoluo Prefecture without our loan services to promote the loan service development here, gain a thorough understanding of the current situation of infrastructure and fund demands for poverty alleviation in all regions, coordinate governmental departments to complete the Program for Poverty Alleviation through Infrastructure Construction, prepare the institutional texts for four-item approval and government's purchase service for reference and use by the government, promote governmental departments to cooperate with our work groups and strive to the full coverage of rural infrastructure loans in counties around Qinghai Province. Second, the Bank will energetically help governments at all levels to quicken the preliminary work and start their work as soon as possible so that funds for poverty alleviation through financial support can produce effects as soon as possible to create conditions for comprehensively improving the infrastructure conditions in the farming and pastoral areas in Qinghai Province.

(Ⅲ) Increasing the support for other key infrastructure for poverty alleviation

CDB will accelerate the progress of development, review and loan release of the department of transportation's highway projects in poor areas, ensure having large reserves for projects meeting the conditions for loan release as soon as possible and continue to support the development of water control projects in rural areas; all bureaus and offices shall focus on developing water supply, sewage and flood control projects and other major water conservancy development projects in combination with the new urbanization and program for relocating poor populations.

(IV) Creating new financial products and financing modes to support the development of distinctive advantageous industry

First, CDB will take full advantage of the government's organization and coordination to popularize the application of the "Four Platforms + Agencies" unified loan model. CDB will use existing platforms or set up new ones in Xining City, Haidong City, Haixi Prefecture, Hainan Prefecture, Huangnan Prefecture and other areas with a good foundation for cooperation with CDB, and properly use the "Four Platforms + Agencies" model for poverty alleviation through industrial development according to the practical conditions in different regions. Second, the Bank will give play to the guiding role of poverty alleviation policies for SMEs and continue to scale up the support of the mature modes, namely, "CDB Agricultural Loan" and "CDB Micro Loan" which have implemented the poverty alleviation policy well. CDB will rationally guide the SMEs under the "CDB Agricultural Loan" and "CDB Micro Loan" mechanisms to consciously implement the assistance policy for poverty alleviation. CDB will properly increase the space for cooperation with "CDB Agricultural Loan" and "CDB Micro Loan" projects, which have significant driving effect in poverty alleviation and radiate many poor people, and increase the support for them. Third, the Bank will explore the mode of rural mutual cooperatives with the support of unified loans through prefecture (or city and county) platforms. Namely, the government authorizes prefecture (or city and county) platforms to become unified loan platforms and village-level mutual cooperatives are fund users. Then, loans will be offered to mutual cooperatives in all registered poor villages in the "unified loans by platform, credit enhancement by government, repayment by farmers and financial discount" mode; the current RMB 200,000 to RMB 500,000 of mutual funds for each village-level mutual cooperative are increased to RMB 1 million to 1.5 million. At present, there are 4,143 administrative villages in Qinghai, including 1,622 registered poor villages. In case the project covers 1,000 administrative villages (including registered poor villages), each of which is provided with loans of RMB 500,000, the total loan amount will be up to RMB 500 million. Fourth, CDB will adopt the special loan mechanism for poverty alleviation through industrial development. Based on the provincial (or prefecture) financial credit enhancement and local government's organization and coordination advantage, establish a provincial (or prefecture) and county (city and district) two-level management mechanism and a risk control mechanism and support the poverty alleviation through industrial development in the county platform "unified loan and repayment" mode. Fifth, CDB will fully arouse the driving effect of "leading enterprises +" and direct grant loans to excellent leading enterprises. According to the "one enterprise in one prefecture" principle, it will select superior agricultural leading industrialized enterprises and leading industrialized enterprises for poverty alleviation etc., adopt "leading enterprise + cooperative + farmer", "leading enterprise + association + farmer", "leading enterprise + farmer" and many other ways to support the extension and development of distinctive industry chain in Qinghai Province and lead poor households to shake off poverty. Sixth, CDB will enhance the cooperation with local rural financial institutions in the same business, complement each other's advantages and put the poverty alleviation sub-loan mode in trial use. It will strengthen cooperation with village banks, rural credit cooperatives in all regions and rural commercial banks and choose financial institutions with a high management level and stable asset quality as experimental units for poverty alleviation sub-loan cooperation first.

(V) Giving play to the vital role of education in poverty alleviation and development and enhancing talent training and intellectual support in poor areas

First, CDB will continue to enhance the support of origin-based student loans. While guaranteeing providing loans to those really needing them, the Bank will energetically popularize the "student loan - start-up loan - small and medium-size enterprise loan" serialized financial products. Second, CDB will increase taking temporary posts or exchanging posts bi-directionally with cadres in poor areas, take poverty alleviation and development as an institutional platform for training cadres, and give play to the role of go-between, knowledge transfer and funding of cadres taking temporary posts to alleviate such prominent problems as shortage of talents and lack of fund. Meanwhile, it will organize cadres of key districts and counties for poor alleviation to take temporary posts in CDB in order to broaden their horizon, change their ideas and improve their ability.

Report on the Progress of the Fight Against Poverty in Ningxia Hui Autonomous Region with the Support of Development Finance

As one of the five minority autonomous regions in China, Ningxia Hui Autonomous Region currently has the poor population of 238,900 and the poverty headcount ratio here is 6%. The poor population of 9 key counties (districts) for poverty alleviation and development in the south-central part accounts for 83% of the poor population in the whole autonomous region. The majority of poor counties are in the Liupan Mountain concentrated contiguous destitute area. Since 2016, CDB has taken the Liupan Mountain concentrated contiguous destitute area (Ningxia) as priority, poverty alleviation through industrial development as a breakthrough and mechanism development as guiding principle to effectively integrate all sorts of funds, give play to the development finance's advantages of combining sound rules and systems, funding, and knowledge transfer and technical assistance and centralization, big amount, durability and low interest of funds, ceaselessly improve the supply capacity of development finance in poverty alleviation, and realize full coverage of all poor counties in Ningxia with financial services. According to the statistic specification by the People's Bank of China, by late June 2018, CDB had accumulatively released loans totaling RMB 43.917 billion for targeted poverty reduction in Ningxia, with the balance of RMB 30.678 billion, accounting for 43% of loan balance for targeted poverty reduction in the whole autonomous region.

I. Improving Education First for Poverty Alleviation to Practically Enhance Knowledge Transfer and Technical Assistance Services

(I) Giving play to the planning advantage of expert bank

CDB vigorously assisted the governments of poor areas of Ningxia in making poverty alleviation and development plans and supporting financing plans, clearly specifying the development focuses and scales, designed financial products and financing programs based on their regional features, completed the *Systematic Financing Plan of Ningxia on Relocating Poor Populations in the "13th Five-Year Plan" Period* and the Systematic Financing Plan of Ningxia for the Fight against Poverty in the "13th Five-Year Plan" Period, successively participated in the preparation of *Plan of Ningxia Inland Opening-up Pilot Economic Zone*, *Development Plan of Hoholt - Baotou - Yinchuan-Yulin Economic Zone* and other plans, and actively conducted the *Study on the Development and Financing of Beef Cattle Rearing Industry in Ningxia*.

(II) Providing frontline combat forces for the fight against poverty

In 2018, CDB sent 3 business backbones with high comprehensive quality, a strong sense of responsibility and outstanding service capability to Liupan Mountain concentrated contiguous destitute area for poverty alleviation. As a bridge between CDB and poor areas, they have play an important role in advertising policies, making plans, planning poverty alleviation projects, designing financing modes and straightening up fund operating mechanisms etc. and have become "propagandists, planners and liaison men" in the CDB's frontline of poverty alleviation and development. By visiting villages, they became friends of the poor people, chatted with them, sought development, and helped the poor areas figure out their specific conditions, found the ways of thinking and worked out ideas. Some specialists created a new financing mode for poverty alleviation through industrial development based on the local practical conditions and allocate dividends from return on assets to registered poor households in the financing mode of mutually fostering beef cattle; some specialists helped farmers set up distinctive industry cooperatives and attract leading enterprises to buy their products, helping finding the market for farmers. They applied the principles and methods of development finance, went deep to the farmland and energetically explored the new thought of supporting the fight against poverty with development finance to provide knowledge transfer and technical assistance for winning the fight against poverty in poor areas.

(III) Conducting fixed-point poverty alleviation in an innovative manner

Driven by CDB, Nanping Village in Guyuan City was determined as a educational practice base for youth of central state organs, where the Walking on the Ridge - CDB Youth Rural Financial Service Action were held for more than 30 times. Accumulatively, more than 200 employees under the age of 35 years old were sent to the village for "Three Samenesses (eating the same food, living under the same roof and doing the same work)" practice. From 2015, cadres were consecutively dispatched to the village as its major secretary. In 2018, three employees were sent to Nanping Village to build a village work group, leading local villagers to get rid of poverty and become better off. Besides, the group also directed setting up a beef cattle rearing cooperative and a centralized trading market in the village, helped the poor households apply for CDB's loans, built the characteristic brand of "Nanping Beef Cattle", and helped the whole village shake off poverty using characteristic breeding to change "blood transfusion" into "hematopoiesis" and give assistance in a benign way.

II. Innovating in the Working Mechanism to Explore Business Modes

(I) Taking new measures and innovating the working mechanism

In June 2016, CDB Ningxia Hui Autonomous Region Branch set up the "Poverty alleviation and development Leading Group", set the goal of releasing more than RMB 20 billion Yuan of loans for targeted poverty reduction, and established the working mechanism that the Branch's leaders lead teams to poor counties for investigation and promotion in different areas and that the special poverty alleviation teams follow up and work in counties to support the fight against poverty with all strength of the bank. In addition, the Branch has signed Cooperation Agreements on Poverty Alleviation with the Support of Development Finance with 7 poor cities and established the poverty alleviation and development cooperation mechanisms with such counties and districts as Pengyang, Tongxin, Yuanzhou, Yanchi and Hongsibao, laying a solid foundation for further achieving the strategic goal of alleviating poverty and enriching people.

(II) Establishing a new mechanism and innovating the business mode

Considering the weaknesses in the fight against poverty alleviation in Ningxia, CDB strengthened organizing the promotion, investigation and research of poverty alleviation through industrial development, insisted on adjusting measures to the local conditions, and took targeted measures to explore the thought and way of innovating the fight against poverty with the support of development finance in Ningxia. The new business mode and business mechanism have taken shape. For instance, the Yanchi Huimin Micro-loan Mode conducted in the seven poor counties of Ningxia has accumulatively granted loans of RMB 1.302 billion Yuan, benefiting 69,900 rural poor households; the "Four Platforms + Agencies" model and the mutually fostering mode for poverty alleviation through industrial development conducted in Hongsibao in an extremely poor county has accumulatively granted RMB 227 million Yuan of loans for poverty alleviation through industrial development, directly benefiting 2,665 registered poor households. At present, these modes have been copied and generalized to the Liupan Mountain concentrated contiguous destitute area (Ningxia), Yanchi County and other areas, covering 80% of poor counties in Ningxia, accumulatively releasing RMB 448 million Yuan of loans and accumulatively benefiting 4,994 registered poor households.

III. Increasing Investment to Break the Funding Bottleneck

(I) Sparing no pains to relocate poor populations

In accordance with the state's uniform arrangement on relocating poor populations, CDB took an actively part in planning, implementation, financing and system development of relocation of poor populations in the whole autonomous region, helped the regional investing and financing bodies for poverty alleviation improve their corporate governance, and propelled the establishment of a joint supervision system with the poverty alleviation and development office, development and reform commission, department of finance, audit office and Rural development Bank of the autonomous region. Meanwhile, CDB took the employment of relocated people, education of their children, social security and subsequent industrial development as focuses for our support and offered support of them together with the relocation and settlement. Up to the end of June 2018, CDB has promised to Ningxia RMB 1.4 billion Yuan of loans for relocating poor populations and RMB 100 million Yuan of targeted development fund, benefiting 82,000 registered poor people. Moreover, CDB had released RMB 890 million Yuan of loans and RMB 100 million Yuan of targeted development fund.

(II) Focusing on key issues and carrying out the county program for infrastructure development

CDB has taken the "last and key" step for the implementation of policies on the fight against poverty. Poor areas, especially the outdated transportation infrastructure in poor villages, are an important factor restricting the fight against poverty. While giving play to its medium-term and long-term credit advantage to energetically support the development of transportation, water conservancy and power infrastructure and other large infrastructure, CDB closely centered on such difficulties and "weaknesses" as village road, safe drinking water, environmental improvement and school safety projects and grasped the opportunity of integrating the financial funds for rural development for poverty alleviation as a whole in poor counties to promote the improvement of the utilization mechanism of financial funds for rural development, innovating the financing support mode and practically increase the financing support for rural infrastructure construction and improvement projects in poor counties. By the end of June 2018, CDB had promised RMB 953 million Yuan of infrastructure loans to Pengyang, Tongxin, Yuanzhou and other counties and districts and released RMB 908 million Yuan, benefiting 276,000 poor people in 785 poor villages in 6 poor counties. In addition, this greatly improved the production and living conditions in these poor areas, raised the poor people's sense of gain, laid a foundation for industrial development and created conditions for long-lasting poverty alleviation.

(III) Positioning precisely and carrying out the village programs for nurturing industrial development

Taking poverty alleviation through industrial development as the fundamental way to win the fight against poverty, CDB adhered to innovation in poverty alleviation mode and increased support. Closely centering on the distinctive advantageous industries in Ningxia, CDB promoted integrating all sorts of resources, innovated the financing mechanism for poverty alleviation through industrial development, rendered the knowledge transfer and technical assistance service for project planning and strengthened the development and management of various cooperative institutions, giving full play to the exemplary and leading role of development finance in supporting poverty alleviation through industrial development in this autonomous region. Up to the end of June 2018, CDB had accumulatively released RMB 10.191 billion Yuan of loans for poverty alleviation through industrial development in Ningxia, with the loan balance of RMB 3.531 billion Yuan. In the same year, CDB additionally released RMB 2.18 billion Yuan of loans for poverty alleviation through industrial development, benefiting 13,800 registered poor households and giving play to a good exemplary and leading role.

Special Column: Ningxia Yanchi Huimin Micro Loan Mode

Drawing lessons from the poverty micro-credit model put forward by Yunus, a Nobel Prize winner, in Bangladesh, CDB organically combined its wholesale advantage and the retail advantage of market-oriented micro-credit company, took rural poor women as prospective borrowers, relied on Ningxia Huimin Micro-finance

Corporation, and made use of advanced micro-credit management concept to offer micro-credit of less than RMB 50, 000 for poverty alleviation through industrial development to each household, solve problems like the large number of rural households, small amount and tedious procedures using wholesale loans and form the highly socialized "CDB - Dongfang Huimin Corporation - Coordinator - Promoter - Credit Village - Credit Group - Rural Households" organization chain. By the end of June 2017, CDB had provided services in 7 poor counties (districts) in the autonomous region, accumulatively released RMB 1. 302 billion Yuan of loans, supported 69, 900 of rural poor households, including 4, 896 registered poor households. As a result, the annual average increment in income of each household was nearly RMB 6,000 Yuan. The present balance is RMB 289 million Yuan. It is expected to release RMB 300 million Yuan in 2018, supporting 12,000 rural poor households. Next, CDB will propel the restructuring and reorganization of Dongfang Huimin Micro-finance Corporation, help it create a financing mode, build the company into a modern enterprise with a certain strength and high market competitiveness and expand the credit-granting scale. In 2020, CDB will continue to support 38,000 rural poor households, including no less than 3,800 registered poor households and 30,000 registered poor people.

Apart from the remarkable effect of helping farmers cast off poverty and get rich, the mode also promoted the progress of new socialist countryside through technical training, cultural activities and other multiple forms. In 2015, the State Council determined the mode as one of the "Yancheng modes" for poverty alleviation through financial support. In January 2016, executive meeting of the State Council praised the "Yancheng mode" for poverty alleviation through financial support. In November 2016, the rural work office, department of finance, department of agriculture & animal husbandry, poverty alleviation office, financial bureau, People's Bank of China and Banking Regulatory Commission of Ningxia Hui Autonomous Region jointly issued announcements to generalize the mode around Ningxia.

Special Column: Ningxia Mutually Fostering Mode

Beef cattle rearing is a unique advantageous industry in Ningxia. In consideration of the big risk and low profit of farmers' free-range beef cattle rearing mode and leading breeding enterprises' shortage of funds, CDB used innovative thinking, gave full play to the government's organizational superiority, and created the "mutual guarantee mode" with joint participation by and achieving mutual benefits and win-win results among the government, poor households, leading breeding enterprises and guarantee cooperation based on the principle of "leading role of government, financing by CDB, unified loan on platform, professional guarantee and market operation". Registered poor households buy shares by cash. Then, new rural business entities (mainly cooperatives, cooperative unions and family farms etc.) are established in each administrative village and the government dispatches personnel to these business entities for financial supervision. Then, CDB provides farmers with credit funds and uniformly buy beef cattles to beef cattle breeding bases established by the government for centralized feeding and uniform epidemic prevention; besides, the government also sends regulatory companies to supervise the whole process. Leading enterprises offer breeding technology and fodder etc., purchase all beef cattles and sell them via their marketing channels. This mode can effectively integrate resources, save the feeding cost and sharply change the separate breeding mode into the centralized and large-scale breeding mode. In this mode, only 2.5 labor forces are needed to feed 500 beef cattle on average, hugely freeing the rural labor forces, ensuring the benefit maximization of rural poor households and promoting the fight against poverty. In addition, this mode propelled the synchronization of industry fostering, stable increment in rural poor people's income and development of ecological and livable countryside.

By the end of June 2018, CDB had granted credit of RMB 62.10 million Yuan in Haiyuan, Pengyang Ancient City and other places, released RMB 34 millionYuan and driven 1,284 registered poor households to get out of poverty; meanwhile, CDB generalized the mode to Hongsibao District, an extremely poor area, and granted RMB 15 million Yuan of loans to 150 registered poor households. CDB is expected to release RMB 100 million Yuan of loans by late 2018 to directly support 1,000 registered poor households.

(IV) Giving financial support to poor students to pursue their studies based on the educational condition

CDB is the only bank providing origin-based student loans in the autonomous region. Based on the principle of providing loans to those really needing them, CDB has accumulatively made RMB 1.83 billion Yuan of student loans in Ningxia, with the balance of RMB 1.32 billion Yuan, helping 144,000 students with financial difficulties realize their dream of going to university. These student loans include RMB 1.34 billion Yuan granted to poor students from 9 poor counties and districts, benefiting 104,400 poor students, including 10,100 registered poor students.

CDB will continue adhere to the principle of leading role of government, planning first, mechanism development and market operation, focus on Liupan Mountain concentrated contiguous destitute area (Ningxia), program of relocating poor populations, poverty alleviation cooperation between the East and West in China, infrastructure improvement projects in poor villages, major infrastructure for poverty alleviation, poverty alleviation through industrial development, poverty alleviation through educational development and other projects, continue to strengthen support for development finance and contribute to the fight against poverty in Ningxia and building of a moderately prosperous society in all respects in Ningxia, as scheduled.

Report on the Progress of the Fight Against Poverty in Tibet Autonomous Region with the Support of Development Finance

Situated in southwest borderland of our country, the Tibet Autonomous Region is a crucial shelter protecting the national and ecological security of our country and plays a vital role in the long-lasting stability and development of China. General Secretary Xi Jinping has been paying great attention to the stability and development of Tibet all the time. He went to Tibet for investigation and research twice in 1998 and 2011. Based on summarizing and inheriting the Party's thoughts and theories of building and developing Tibet, he clearly put forward the strategic thought that "administering the borderland is essential to governing our country while stabilizing Tibet should be the top priority to administer the borderland" at the 12th National People's Congress in 2013, and elaborated this "Strategy in Dealing with Issues Concerned with Tibet" in a more systematic and all-around manner at the 6th Tibet Work Symposium of the CPC Central Committee in 2013, and required accelerating the great-leap-forward development and enduring peace of Tibet to ensure building Tibet into a moderately prosperous society in all respects together with the remaining places around China in 2020. CDB served state's "administering the borderland and stabilizing Tibet" strategy, conscientiously practiced General Secretary Xi Jinping's strategic thought of poverty alleviation and development in the new era, implemented the decisions made by the CPC Central Committee and the State Council, took supporting the fight against poverty in Tibet Autonomous Region as the priority among priorities, gave play to development finance's function and role in key fields, weak parts and key periods, actively devoted itself to the fight against poverty, overcame difficulties and worked industriously to achieve positive results.

I. Conducting Targeted Poverty Reduction with the Support of Development Finance to Contribute to the Fight Against Poverty

(I) With the leadership of Party building, clarifying the development through and goal

The way of thinking decides the way out while a goal inspires the fighting will. Always insisting on taking Party building as its greatest political achievement and finance-aided poverty alleviation as its main battlefield, CDB has been sparing no efforts to building a high-quality contingent of cadres, which is loyal to the Party, the strategy of "administering the borderland and stabilizing Tibet" and the undertaking of development finance. After in-depth discussions, the CDB Tibet Autonomous Region Branch worked out a "1458" development strategy: "clearly setting one goal", namely, "striving for advancement and acting as the main force"; "tightly clinging to the four tasks", namely, "carrying out Party building, leading teams, laying foundations and promoting development"; "bringing the five advantages to play", namely, "planning first, bank-government cooperation, combining funding and knowledge transfer and technical assistance, differentiated policies and comprehensive financial services"; "adopting eight measures", namely, adhering to "four emphases and four excellences" in business development. This development strategy unified all workers' thought and understanding in the bank and strengthened cadre employees' confidence and determination in the strategy of "administering the borderland and stabilizing Tibet".

(II) Giving preferential support and timely unveiling differentiated supportive policies concerning Tibet

CDB conducted highly preferential policies on businesses in Tibet region. Since 2010, CDB has successively issued 8 documents, expressly specifying the differentiated policies on businesses in Tibet. In June 2016, CDB and the Government of Tibet Autonomous Region convened a joint meeting of senior leaders. Later, CDB proposed the thought of and measures for supporting the economic and social development of Tibet with development finance through special research and formulated the *Guidance on Supporting the Development of Tibet in the "13th Five-Year Plan" Period with Development Finance*, which clearly regards Tibet as a strategic focus of CDB for preferential support.

(Ⅲ) Making thorough investigations and adjusting measures for the fight against poverty according to the local conditions

As a border province, Tibet is highly cold and anoxic, has vast land but is thinly populated. However, there is still a big gap between the overall development level of Tibet and that of the inland areas. Because of this, CDB Tibet Autonomous Region Branch carried out thorough investigations, took extensive advice, meanwhile, reported work to the Party Secretary and President of Tibet Autonomous Region face to face or in writing for more than 20 times, actively contacted all prefectures, cities and departments of the autonomous region, and took the initiative to provide door-to-door services to study how can CDB better serve the fight against poverty in Tibet together. CDB not only gave financial support, but also offers free knowledge transfer and technical assistance services such as planning cooperation, consultation and talent exchange. For instance, CDB gave policy suggestions based on the supporting the supply-side structural reform in Tibet with finance, perfecting the investment and financing systems and mechanisms, innovating modes of poverty alleviation through industrial development, popularizing PPP and industry funds. At length, all of these suggestions were translated into the government's practical policies.

(Ⅳ) Taking multiple measures simultaneously to root for targeted poverty alleviation

CDB vigorously followed the requirements of poverty alleviation of the CPC Central Committee and the autonomous region, was really concerned about the fight against poverty, took it as its mission and grasped it in hand. First, CDB Tibet Autonomous Region Branch set up a Leading Group for the Fight against Poverty, signed a strategic cooperation agreement involving RMB 50 billion Yuan with the poverty alleviation office of the autonomous region, established a poverty alleviation cooperation mechanism between both sides, sent backbones to directly join the policy-making, planning, fund, poor population relocating work groups etc. of the headquarters for the fight against poverty of the autonomous region, dispatched financial specialists of poverty alleviation to work by taking temporary posts in all prefectures and cities around Tibet to advertising and promote policies on poverty alleviation. Second, improve education first for poverty alleviation. CDB provided the "Cadre Training Course for Poverty Alleviation through Financial Support in Tibet" and invited experts from the State Council Leading Group Office of Poverty Alleviation and Department and other institutions to train 101 county-level cadres in 74 counties in the autonomous region by preaching policies on poverty alleviation and financing modes etc. Third, CDB had a precise thought to actively explore the loan model. CDB has formed the basic thought on supporting the poverty alleviation in Tibet Autonomous Region: focusing on registered poor villages and people and sticking to targeted poverty reduction and alleviation; adopting the "Three Combinations" policy, namely, combining sound rules and systems, funding, and knowledge transfer and technical assistance to support poverty alleviation in a stereoscopic manner and in all respects; "Four Programs", namely, financing regional programs for relocating poor populations, county programs for infrastructure development, and village programs for nurturing industrial development, and giving financial support for poor students to pursue their studies; "Five Modes", namely, five main modes for poverty alleviation through industrial development: traditional "company + farmer" mode, "leading enterprise + base + industrial worker" fund-supporting-Tibet bridging mode, "prefecture-level unified loan + farmer" mode combining investment and credit, "prefecture-level unified loan + government's purchase service" mode and "provincial unified loan + specialized company" mode.

(V) Making selfless contributions and persistently overcoming high cold and anoxia

Regardless of physical discomfort, CDB's workers conducted investigations and consoled the people with financial difficulties in Ngari, with an altitude of 4,700 m, and other remote and border areas, where they thoroughly discussed with the local county and town governments about the routes and ways to help people with financial difficulties to cast off poverty and get rich. Since 2011, CDB has successively sent 33 key Party members to reside in the high-altitude Jiawu Village, Xiongba Town, Gê'gya County, Ngari to publicize the Party's policies and cooperate with village officials and the "two committees" in facilitating targeted poverty reduction. Meanwhile, CDB has accumulatively donated more than RMB 2 million Yuan to help 111 villagers of 39 households in the village for targeted poverty alleviation, and this was highly praised by the CPC Committee and Government of Tibet Autonomous Region. Besides, CDB's village work teams won the title of "Excellent Organization Engaging in Consolidating Grassroots Organizations and Benefiting People" of the autonomous region for times and five of its members successively won the title of "Excellent Village Work Team Member".

(VI) Strengthening the determination in in-depth poverty alleviation through financial support after making brilliant achievements

CDB worked proactively by "formulating sound rules and systems through planning first, funding through reform and innovation and conducting knowledge transfer and technical assistance through market operation", signed strategic cooperation agreements for the "13th Five-Year Plan" period with governments at all levels such as the governments of the autonomous region, Lhasa, Shigatse, Shannan and Nyingchi, with the cooperative amount totaling RMB 510 billion Yuan in these agreements. By the end of 2017, CDB had accumulatively released RMB 35.8 billion Yuan of loans to Tibet Autonomous Region, accounting 1/3 of all funds allocated to Tibet. These loans were mainly granted to such fields as program of relocating poor populations, poverty alleviation through transportation, industrial, educational and tourism development and poverty alleviation through medical and health improvement. Meanwhile, the ranking of the proportion of loans rose from the 7th place in the previous year to the 4th place among financial institutions in Tibet.

CDB's efforts to serve the fight against poverty in the whole autonomous region were fully recognized by the CPC Committee and Government of Tibet Autonomous Region and local governments in the autonomous region. In the written instructions of the Secretary of CPC Committee of Tibet Autonomous Region, he thanked CDB for its substantial support for poverty alleviation in Tibet. In the instructions of the president of the autonomous region, he thanked CDB's staff for their efforts and contributions. Moreover, the governments of prefecture-level cities such as Nyingchi and Shigatse wrote letters to thank for the achievements that CDB has made in the local fights against poverty. Besides, CDB Tibet Autonomous Region Branch won the "Tibetan Financial May Day Labor Award" and the title of "Tibetan Financial Vanguard" of 2015.

II. Supporting Key Fields in the Fight against Poverty

(I) Poor population relocation

Tibet is the biggest and only provincial concentrated contiguous destitute area in China. On April 13, 2016, CDB granted the first loan of RMB 175 million Yuan to the program for relocating poor 5,000 people in Lhasa City, identified by the state. Later, CDB released RMB 50 million Yuan of targeted development fund. On this basis, CDB also took the initiative to connect with synchronous relocation and relocation in areas with high altitude and to participate in making the synchronous relocation plan of the autonomous region.

(II) Poverty alleviation through industrial development

CDB actively promoted the poverty alleviation through industrial development to guarantee that those out of poverty will not become poor again. According to the regional conditions in Tibet, CDB proposed various modes of poverty alleviation through industrial development after research, mainly including: "leading enterprise + base + industrial worker" fund-supporting-Tibet bridging mode, "prefecture-level unified loan + farmer" mode combining investment and credit, "prefecture-level unified loan + government's purchase service" mode and "provincial unified loan + specialized company" mode etc., and successively granted loans of more than RMB 6 billion Yuan to Qushui Agricultural Industry Demonstration Base in Lhasa City, the first batch of key industrial projects for targeted poverty reduction in Shigatse and other fields of poverty alleviation through industrial development to ensure successfully relocating, stabilizing and enriching poor populations. The first batch of key industrial projects for targeted poverty reduction in Shigatse consist of 12 sub-projects such as cultural tourism, agricultural product processing, herb planting, livestock and poultry breeding and trade logistics. These projects can help the local leading enterprises improve their hematopoietic capability by developing production, skill training and driving employment etc., provided 2,269 employment opportunities, and helped about 1,922 registered poor people of 406 households to stably cast off poverty, playing a positive role in helping Tibetan farmers and herdsmen to get out of poverty and get rich and in serving the state's strategy of "administering the borderland and stabilizing Tibet".

(III) Poverty alleviation through transportation development

Firmly believing that "transportation is the lifeline of the fight against poverty", CDB took the initiative to follow the "13th Five-Year Plan" development goal for transportation of the autonomous region as per the spirits of the *MOU of a New Round of Cooperation in Development Finance* Signed between the People's Government of Tibet Autonomous Region and CDB, the *Opinions on Giving Play to the Role of Development Finance in Propelling the Fight Against Poverty Regarding Through Transportation Development* (*JGHF* [2016] *No.* 158) and other documents, and energetically supported the nine projects included in the "13th Five-Year Plan" and "14th Five-Year Plan" Highway Traffic Development Plan in Tibet. By the end of 2017, CDB had promised loans of RMB 26.18 billion Yuan for transportation projects and accumulatively granted RMB 14.8 billion Yuan. The total investment in the G109 Highway Rebuilding Nagqu-Lhasa Section Project is RMB 30 billion Yuan. CDB promised a loan of RMB 24.8 billion Yuan to this project and released RMB 950 millionYuan, involving 146,564 people of 37,953 registered poor households. Seni District, Damxung County and Doilungdeqen County passed by the project are all national poor counties. Seni District is one of the 44 national extremely poor counties in Tibet. CDB offered the following advice to the Ministry of Transport: in the development period, actively attract local residents to participate in the project, contract conventional civil development to local rural development teams and hire local residents who have transport vehicles to transport the sand and gravel; after completion, attract poor peoples and train them to become road protection personnel in charge of highway maintenance and management. This project is expected to directly generate about RMB 50 million Yuan of income for local poor households and help about 4,200 poor people to get rid of poverty.

(IV) Poverty alleviation through medical development

The medical industry has a weak base in Tibet. CDB took the initiative to promise and grant loans of RMB 200 million Yuan to the medical industry and supported the development of medical facilities of Shigatse People's Hospital and others, meeting the masses' medical needs and guaranteeing their health.

(V) Poverty alleviation through infrastructure construction

In order to guarantee that rural poor people can enjoy equal public services and improve the external conditions for the fight against poverty, CDB accumulatively released loans totaling more than RMB 14.4 billion Yuan to support the construction of rural infrastructure involving "water, power, road, communication and network" etc. to improve the traffic conditions and life convenience in rural areas.

(VI) Poverty alleviation through ecological management

In order to support the land greening and the comprehensive control of ecological environments of the "six rivers" (Yarlung Zangbo River, Nujiang River, Lhasa River, Nianchu River, Yarlung River and Shiquan River), CDB successively promised and granted loans of RMB 3.9 billion Yuan, strongly supporting the strategic positioning by CPC Central Committee that "Tibet is a crucial shelter protecting the ecological security in our country".

(VII) Poverty alleviation through educational development

As the only bank providing student loans in Tibet, CDB has accumulatively granted student loans of RMB 24.43 million Yuan in Tibet Autonomous Region to guarantee that no university students will drop out school due to their financial difficulties, benefiting 5,289 students.

(VIII) Poverty alleviation through tourism development

CDB granted loans of RMB 410 million Yuan to support the tourism and Qamdo Distinctive Town etc. in Tibet. In this way, rural households can increase their income by engaging in agritainment and operating family inns etc.

(IX) Poverty alleviation through village residency

In 2011, CDB Tibet Autonomous Region Branch actively responded to the autonomous region's call of thoroughly carrying out the " Striving for Excellent, Consolidating Foundations and Enriching People" event, sent more than 33 key employees to Jiawu Village, Xiongba Town, Gê'gya County, Ngari for village work in all respects with high senses of responsibility and historical mission, and propelled consolidating foundations and enriching people in all respects. Since 2015, CDB spared no effort to propel the fight against poverty and made significant achievements, dramatically increasing villagers' per capita income.

Special Column: CDB Has Been Stationed in Villages in Tibet Autonomous Region for Six Year, Writing a New Chapter for Consolidating Foundations and Enriching People

Jiawu Village is situated in central Ngari Prefecture, with an average elevation of over 4,800 and an area of 2,460 square kilometers. There are 298 households (1,202 people) in the village, where disasters take place frequently due to its dryness, coldness and poor natural conditions. For the past six years, all the team members focused on the "Five Tasks" in village work, overcame such difficulties as high cold, anoxia, traffic inconvenient, shortage of materials and physical discomfort, and adopted the work style of "keeping up spirits in spite of anoxia and maintaining the high working standard in spite of tough conditions" to reach the grassroots level, work dependably and actively promote taking measures for consolidating foundations and enriching people and providing financial services to villages.

1. Valuing the education of Party character and guiding farmers and herdsmen to be grateful for Party's contributions and follow the Party's leadership. CDB concentratedly publicized the spirits and major decisions of the Party's important

meetings to nearly one thousand people.

2. Highlighting income increase, promoting the implementation of policies and leading absolutely poor people and relatively poor people to cast off poverty by increasing their income through starting up business. Driven by the resultant force of various policies and assistances, villagers' annual per capita income rose from less than RMB 3,000 Yuan to RMB 11,000 Yuan in 2017.

3. Highlighting educational support and improving the conditions for running village schools. For the past six years, CDB has accumulatively donated money and goods totaling RMB 500, 000 Yuan to village schools, practically improving the school-running conditions.

4. Paying attention to maintaining the stability and improving the social management mechanism. CDB ensured "no three-level incidents" in the whole-village stability maintenance work, and the masses continuously enhanced their awareness of consciously safeguard the national unity and ethnic solidarity.

Due to remarkable success in stationing-in-village work, CBD Tibet Autonomous Region Branch was awarded with the title of "Excellent Organization in Foundation-Consolidating and People-Enriching Activity in Tibet Autonomous Region" of 2013-2017; the Branch's work team was awarded with the title of "Excellent Work Team in Tibet Autonomous Region" in 2012 and 2015, and 5 team members won the title of "Excellent Work Team Member in Tibet Autonomous Region" successively.

III. Supporting the Development of Tibet with Development Finance-"Always on the Road"

(I) Giving play to advantages of centralized, large-amount and long-term funding, strengthening the support in key fields and weak parts of poor areas

First, take the program for relocating poor populations as the entry point to win the first battle in the fight against poverty. Actively keep liaison with the development and reform commission, poverty alleviation office and other departments of the autonomous region, help the government of the autonomous region establish and improve the provincial investing and financing bodies according to the principle of "with the overall responsibility borne by the province", actively cooperate with and support the relocating poor populations in the

"13th Five-Year Plan" of governments at all levels of the autonomous region, rationally formulate the annual fund raising plan and the fund arrangement according to task of relocation. Second, take the infrastructure construction as the point of strength to speed up the cracking of development bottleneck. Give play to CDB's advantages of "two basics and one pillar" businesses, and strengthen the support for major infrastructure. Meanwhile, study and explore the focus on whole village promotion to break through "the last mile" of infrastructure construction in poor areas. Third, take the industrial development as the breakthrough to enhance the internal driving force for development of poor areas. Further improve and promote "Four Platforms + Agencies" mode for local industrial development supported by CDB, to promote the improvement of financial ecological environment of poor areas. Raise funds to support the development of various industrial parks and the development of characteristic and cultural tourism industries, and establish the sustainable income-increasing and poverty-alleviation mechanism where industrial development is closely aligned with farmers' interests.

(Ⅱ) Giving play to advantages of "knowledge transfer and technical assistance" and integrating the plan making, talent support, education and training to assist in scientific development of poor areas

First, take planning as the guide to improve the accuracy of fight against poverty. Center on the "five-batch" action plan for fight against poverty to actively cooperate with, participate in and support the compilation of "fight against poverty" plans by governments at all levels of the autonomous region, implement the policies according to the local conditions, and carry out targeted irrigation and treatment. Second, strengthen the poverty alleviation through educational development. Give play to CBD's the main bank role in students loans, and ensure every student with financial difficulties continues studies according to the principle of "providing loans to those really needing them".

(Ⅲ) Giving play to advantages of innovation, strengthening the mechanism innovation, and promoting the fight against poverty with unconventional measures and market-oriented ways

First, promote the establishment of socialized cooperation mechanism for the fight against poverty. Develop the cooperation mechanism by establishing the poverty alleviation with the support of development finance, to coordinate and solve the difficulties and problems encountered in the fight against poverty. Second, combine the financing bodies with the mode innovation, to actively promote and improve the thinking and methods for the fight against poverty. Assist governments of the autonomous region in improving the operation mechanism of Tibet Poverty Alleviation Investment Development Company according to the requirements of "with the overall responsibility borne by the autonomous region". Third, explore and form the diversified and sustainable development mechanism for the poverty alleviation. Give play to the bridging role between government and market, and combine the government credit with the market-oriented and commercial operation, to promote continuous flow of social funds into the poor areas, achieve the virtuous cycle of market, credit and system and make up the market gap and system absence.

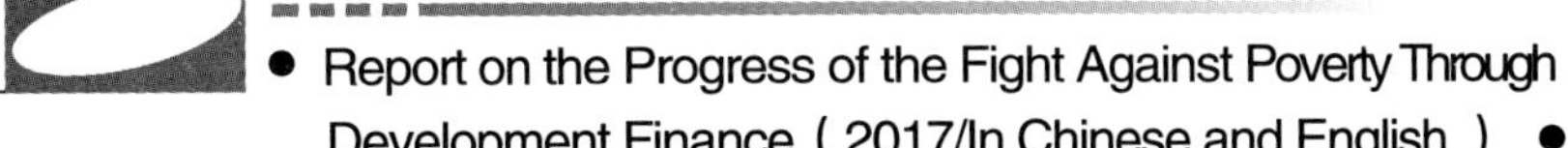

Demonstration

With the experience gained from the practices in targeted poverty alleviation through development finance over the past year, CDB, under the guidance of President Xi Jinping on giving full play to the exemplary role of models in the fight against poverty, has designated 8 pilot sites for poverty alleviation through development finance, including the following counties and cities: Shangluo City in Shaanxi Province (covering Shangzhou District, Luonan County, Danfeng County, Shanyang County, Shangnan County, Zhen'an County, and Zuoshui County), Longnan City in Gansu Province (covering Wudu District, Dangchang County, Wenxian County, Kangxian County, Chengxian County, Huixian County, Lixian County, Xihe County, and Lingdang County) and Jinzhai County in Anhui Province, Dingnan County in Jiangxi Province, Lushi County in Henan Province, Gulin County in Sichuan Province, Dejiang County in Guizhou Province as well as Wuding County in Yunnan Province, with a view to setting models for targeted poverty alleviation through development, and strengthening the promotion successful practices in the poor areas and expediting the fight against poverty. The 8 pilot sites for targeted poverty alleviation though development finance are briefed in this chapter.

Shangluo City as a Pilot Site of Targeted Poverty Alleviation Through Development Finance in Shaanxi Province

Located in southeast Shaanxi, Shangluo City, with 1 district, 6 counties and 98 towns, covers 19,300 square kilometers, with a population of 2.51 million. All the 7 counties (district), which are old revolutionary areas, are taken into Qin-Ba contiguous destitute area and as the key counties for poverty alleviation and development. This means that all the counties (district) in the jurisdiction of the prefecture-level city are poor, which is rarely seen across the country. By the end of 2016, 398,800 people, 15.89 % of the city's population, were still mired in destitution, indicating a huge challenge for poverty reduction. What has been hindering poverty alleviation the most in Shangluo is the poor infrastructure across the city. However, the limited financial investment in Shangluo because of its small economic volume cannot support people's demand of infrastructure in the rural area, which has been an obstacle stood in development of the city for years. The lack of fund frustrated the government's policies, plans and projects designed to meet the demands of people, the reason of which lies in the fact that there is no driving force to draw investments from social capitals or financial businesses as the funds invested usually fail to be paid off with great profit. Thus CDB developed "Shangluo Model" to support the battle against poverty in poor villages with development finance, by innovating in mechanisms around the rural infrastructure, lending a great boost for the city to win the fight against poverty.

I. New Breakthroughs in the Fight Against Poverty Based on the Cooperation with Shangluo City

Under the guidance of the "Opinion on the Pilot Program for Planning and Integrating the Use of Financial Funds for Rural Development in Poor Counties" issued by the General

Office of the State Council in April 2016, CDB, based on active exploration, launched an innovative mechanism of backing loans with the integration of financial funds for rural development, and issued special credit policies. CDB has made great efforts in enhancing communication with local governments in terms of publicity policies, project design and project package, as well as in briefing them the procedure of applying for loans under the new policy. In June 2016, in the mode where the city plays a leading role for counties, CDB granted the credit of RMB 350 million Yuan in just half a month to 701 registered poor villages of 7 counties (district) across the city in the infrastructure construction by integrating financial funds for rural development, with the aim of promoting road construction, drinking water safety, environment renovation and school building safety in poor villages. To enhance management, CDB and Shangluo Municipal Government, focusing on developing the management mechanisms for projects and funds, have established the Cooperation Office for the Fight Against Poverty with the Support of Development Finance at city and county levels, building the mechanism and platform to facilitate the organization, management and coordination in the course of poverty alleviation through financial support. The capital advantage of CDB, the organization and coordination advantages of the local Party committees and governments, and the supervision advantages of the financial department were closely combined, and thus CDB established the innovative "Shangluo Model" for the fight against poverty with the support of development finance, making notable achievements.

II. Exploring New Models of Management to Boost the Fight Against Poverty

CDB has been seeking new models of management together with Shangluo City with the aim of making the project funds "easy to access and used accurately under proper management".

(I) Cooperation mode

1. Easy accessibility—Integration of financial funds for rural development. CDB and Shangluo City decided to integrate 20% of the financial funds for rural development as the source of repayment, and take city-level and county/district-level investment companies as borrowing entities to obtain loan funds with a term of 15 years and a total credit line of RMB 7 billion Yuan in the way of government purchase of service. The first batch of loans amounted to RMB 3.5 billion Yuan, which were used to support the infrastructure

construction of 701 registered poor villages in the city. By the end of 2017, Shangluo City has raised project capital of RMB 968 million Yuan and CDB has issued loans of RMB 2.025 billion Yuan, which were used to solve the most concerned and urgent problems in improving the working and living conditions of the people in registered poor villages, which has been long expected by the people in the poor areas and remained as the barriers that local government has no resources to remove.

2. Accurate use—Program of using the funds in the targeted villages. The financial support from CDB was precisely what Shangluo needs as the shortage of funds was the biggest obstacle for its development. Focusing on targeted poverty reduction, CDB took the city as the first pilot site to jointly explore the course of poverty alleviation through better projects with the proper support of financial resources with a view to improving people's well-being. Shangluo Municipal Government has issued the Pilot Plan on the Fight Against Poverty with the Support of Development Finance and tried it out in 34 villages of 7 counties (district). In addition, a competent design institution was engaged to develop the Plan on the Infrastructure Construction Projects in Registered Poor Villages of Shangluo City with the Support of Loans of CDB based on the classification of 701 poor villages in the principle of planning in advance and working with clear targets. On that basis, those promising villages boasting regional advantages should be developed into bellwethers in the fight against poverty through more adequately-funded programs, while for those remote ones, which may disappear naturally, the funds should be used primarily in improving local water supply facilities, road constructions, the building of modern-standard toilets and waste disposal capabilities with the focus on environmental protection and renovation, so as to improve the efficiency of funds effectively.

3. Proper management—Safe and sound operation of funds. Infrastructure construction in rural areas is a significant project to promote people's well-being which can be seen as an undertaking that can benefit our future generations. So to carry out the projects properly, the two sides has adhered to systematic management of funds by formulating 15 regulations and measures covering project management, fund management, county-level account statement, fund integration and supervision and inspection. In addition, a well-established fund management system was formed through the joint supervision of the financial department, the Bank, and the city investment company to ensure the safe operation of funds.

(II) Characteristics in cooperation

During the pilot stage, CDB and Shangluo City formed through practices a model for the fight against poverty with the support of development finance that is replicable and feasible—"Shangluo Model". It can be simply summarized as follows: jointly building "a platform", solving "two problems", giving play to "advantages of three parties", establishing "four mechanisms", implementing "duties of five agencies" and calling for "enthusiasm from six groups".

— Jointly building "a platform": With the aim of breaking new ground in targeted poverty alleviation firstly by lifting Shangluo City out of poverty, CDB together with Shangluo Government and CPC Shangluo Municipal Committee set the Cooperation Office for the Fight Against Poverty with the Support of Development Finance at both city and county levels which comprises staff members from city-level and county-level divisions and offices of finance, development and reform, poverty alleviation as well as those from city investment company and CDB. The office set in the Finance Bureau is divided into three groups focusing on comprehensive coordination, program management and fund management, respectively responsible for business coordination, project review, and management of funds and account statement. The team of over 80 members working in the office managed all relevant affairs efficiently with all members working diligently in cooperation with each other.

— Solving "two problems": County-level account statement and payment measures and project management measures were formulated to solve the problems of fund supervision and project management with the help of the financial department.

— Giving play to "advantages of three parties": The model gave full play to the advantages of CDB in financial policies and funds, the advantages of local Party committees and governments in organization and coordination, and the advantages of the financial department in proximity supervision.

— Establishing "four mechanisms": The mechanisms were established for the integration of financial funds for rural development, for the fight against poverty with the support of development finance, for project management and for county-level joint audit reporting and payment.

— Implementing "duties of five agencies": The duties financial department, the competent project administration authority, the township government, the project implementation entity and the agency bank were implemented actively.

— Calling for "enthusiasm from six groups": The enthusiasm of the poor people, village cadres, industrial departments, township governments, banking regulatory departments and social forces was fully mobilized in the participating in the fight against poverty.

III. Breaking New Grounds in Shangluo's Fight Against Poverty Through Development Finance to Get Rid of Poverty

Since 2016, CDB and Shangluo City have cooperated to put into place more than 14,000 infrastructure projects for the development of the registered poor villages, covering rural road and bridge, drinking water safety, renovation of rural dilapidated housing, school building safety, dike building, and slope protection, and environment renovation projects, which are indicators for lifting registered poor villages out of poverty. As of the end of 2017, CDB has extended loans of 2.025 billion Yuan, benefiting 107,500 people from 35,000 registered poor households. The efforts were made in almost every aspects of rural residents' life, covering 530 roads connecting the villages with the outside world which totals 7,150 kilometers, 60 convenience bridges, 4,620 safe drinking water projects and ecological protection projects, 3,650 households with dilapidated houses renovated; 315 dikes and 180 slopes built; over 100 sewage and waste disposal facilities and 40 environmental beautification projects as well as 30 outdoor squares. With the strong support of CDB, the infrastructure in the poor areas of the city has been effectively improved, and the production and living conditions of the people have been greatly improved, which has won nationwide acclaims.

At the same time, with the innovative mechanism of poverty alleviation through industrial development, CDB has granted nearly RMB 200 million Yuan of loans to 8 leading enterprises in poverty alleviation through industrial development and more than 20 agricultural cooperatives across the city, helping lift more than 4,500 people out of poverty. The Bank has granted loans of RMB 2.54 billion Yuan for programs relocating poor populations and student loans of RMB 175 million Yuan to 23,000 students. The efficient use of funds has driven and touched the local cadres and people to actively participate in the project development, and stimulated inner driving force of the poor people in the poor areas, thus setting off their enthusiasm in the fight against poverty. The achievements made through cooperation between CDB and Shangluo City are as follows.

(I) Creating a cluster effect by building infrastructure

With the Chinese parasol trees planted, the Golden Phoenix will come. With the construction of poor village infrastructure, the number of people starting businesses in poor villages has increased significantly. For example, in the 12 poor villages along the North Kuanping Town of Shangzhou District, Shangluo City, with the completion of the construction of the Mangling Greenway supported by the CDB loan, 120 agritainment households and rural hotels have been developed, and 17 enterprises invested by merchants from other parts of the country have been established with the focus on promoting rural developments. The number of tourists has increased significantly. In 2016, more than 3,500 people from over 1,000 poor households were employed to get rid of poverty. This has not only improved the production and living conditions of poor villages, but also boosted the development of rural industries with a cluster effect.

(II) Promoting the course in an overall manner for group effects

Loans were issued to poor villages, making sure the funds were utilized efficiently in a centralized manner to avoid the past separate efforts in fighting against poverty. With the support of development finance, the Xichuan River Basin in Xialiang Town, Lishui County, Shangluo City has continuously improved infrastructure construction and environmental renovation. 25 million Yuan in loan funds were invested to rebuild the houses of 649 households in 20 village groups in 5 poor villages in the basin and roads connecting the villages with the outside world as well as some dilapidated bridges, and to enhance the renovation of dikes and the implementation of green projects. Xichuan River Basin has been taken as the model of the county, the city and even the province thanks to the efforts made in propelling the development of green industry, rural tourism and picturesque countryside.

(III) Sticking to overall planning and reinforcing the spill-over effects

While ensuring the efficient use of CDB loans, Shangluo City has integrated funds of other programs such as poverty alleviation, development of beautiful rural areas, village-level social undertakings and "five poverty alleviation measures" program (alleviating poverty by means of fostering local industries, advancing relocation, implementing ecological compensation, strengthening education and improving social security) to enhance the positive spill-over effect of CDB funds in improving the living environment and quality of poor people and in fertilizing the soil for backbone industries. For example, Zhaogou Village, Longjuzhai Sub-district Office, Danfeng County, Shangluo City, a poor village with "muddy roads, poor traffic, and stinky outdoor toilets, where farmlands would be flooded in case of heavy rain" has witnessed great changes with the financial support from CDB as the houses have been nicely painted, the solar street lights set along the well-constructed roads, the ecological dikes built, and even the outdoor toilets rebuilt as clean toilets that the urban residents can enjoy. Thanks to the infrastructure improvement, the local leading enterprises have also settled in the village for poultry development. The residents are very much satisfied with the achievements saying that "we can get rich in a few years with such fruitful poverty alleviation". Located at the junction of two provinces and three counties, Huangtutu Village in Fushui Town, Shangnan County was equipped with the first cement road connecting it to the province just months after the introduction of the CDB program. Apart from that, the traditional shiitake fungus industry in Huangtutu Village has been successfully upgraded by selling the mushrooms to other places, bringing profits of more than tens of thousands of RMB each year for the poor residents as every kilo of mushroom is priced at RMB 5 Yuan, rather than RMB 2 Yuan before.

Longnan City as a Pilot Site of Targeted Poverty Alleviation Through Development Finance in Gansu Province

Located at the junction of Gansu, Shaanxi and Sichuan, Longnan as the only city in Gansu Province that is covered by Yangtze River Basin belongs to Qinling-Bashan Mountain contiguous destitute area. The city, with a population of 2.83 million, has 3,201 villages in 195 towns of 8 counties and 1 district which are all national key counties (districts) for poverty alleviation. With the 1,356 registered poor villages holding 410,000 poor population in 2016 and the poverty incidence of 16.5%, ranking top across the province, Longnan City has always been one of key areas to be assisted in the fight against poverty throughout the province and even the country.

As Longnan has been deeply mired in poverty, there are still 900 poor villages out of the 1365 registered ones that cannot enjoy the poverty alleviation mechanism in an overall manner, over 3,100 villages without roads connecting them to the outside world, 860,000 people troubled by the lack of bridges, around 40,000 dilapidated houses that have to be rebuilt, 360,000 rural residents who cannot get access to clean drinking water, and 70,000 people who are waiting to be relocated. As the problems such as difficulties in traveling, crossing river, getting access to clean drinking water and electricity have not been solved completely, there are great challenges in poverty reduction in the region because of the high cost of developing infrastructure.

It is difficult to lift Longnan out of poverty as the reasons for its destitution are complicated. Firstly, some residents are stuck in poverty because of poor natural conditions. More than 60% of the poor people reside in mountainous, dank, or arid areas, or natural reserves, featuring extreme coldness or commonly-seen drought where people are often attacked by extreme weather conditions like hailing, frosting and drought. Thus leaders of national ministries and commissions who visited Longnan after the 5 · 12 Earthquake indicated that what matters more than disaster relief was to shake local people out of poverty. Secondly, some residents are stuck in poverty for the lack of resources. Most parts of Longnan are located in mountainous areas with infertile lands of which 70% are sloping croplands. And the per capita cultivated farmland is just 1.2 acres. Thirdly, some residents are stuck in poverty for the lack of education. Most people from the poor villages are poorly educated and skilled, and some people are also troubled by poor health conditions, which hinders them to fight against poverty. Considering all the complicated reasons for overall poverty and regional poverty in Longnan, involving both natural conditions and competence of local people, we are clear that the city is a huge challenge to lift Gansu Province out of poverty as a whole and build China into a moderately prosperous society.

We should stick to the basic strategy of targeted poverty alleviation and targeted poverty reduction in the fight against poverty where funds are what matters the most to win out. Taking the fight against poverty as the primary task, CPC Longnan Municipal Committee and Longnan Municipal Government have set down the goal of building a "National Pilot Area for Poverty Alleviation and Development" and worked out "Longnan Model" of targeted poverty alleviation and targeted poverty reduction, establishing six brands, such as poverty alleviation through financial support, regional poverty alleviation, and poverty alleviation through e-business. Following the working concept of "Four Programs" (financing provincial programs for relocating poor populations, county programs for infrastructure development, and village programs for nurturing industrial development, and giving financial support for poor students to pursue their studies", CDB has carried out poverty alleviation by delivering poverty alleviation solutions that combine sound rules and systems based on reform and innovation, funding based on market operation, and knowledge transfer and technical assistance based on prior planning, acted as the spearhead in poverty alleviation through financial support, and become the leading force in poverty alleviation through financial support in Longnan City. By the end of June 2016, CDB has granted loans of RMB 4.5 billion Yuan for targeted poverty alleviation to the city, making notable achievements and creating many record highs in practice:

— The first county program for infrastructure development integrating financial funds for rural development was implemented in Longnan;

— The first sub-loan for poverty alleviation through E-business development in Gansu was issued in Longnan;

— The first micro-credit loan for mutual assistance among villages with the support of development finance was issued in Longnan.

The strategy of "delivering poverty alleviation solutions that combine sound rules and systems, funding, and knowledge transfer and technical assistance" and "Four Programs" (financing provincial programs for relocating poor populations, county programs for infrastructure development, and village programs for nurturing industrial development, and give financial support for poor students to pursue their studies have now been deeply rooted in the hearts of Longnan people, and with significant fruits, they have played a great role in boosting people's well-being in the fight against poverty in Longnan. In 2017, Longnan City was designated by CDB as one of the 8 "pilot cities for the fight against poverty with the support of development finance" across China.

I. Financing Provincial Programs for Relocating Poor Populations

With the aim of "relocating the poor populations through sound mechanisms to improve people's well-being", CDB has made great efforts in developing the system through which the relocation of the poor populations can be smoothly advanced with industrial development by establishing a province-level funding entity and the funding mechanism, so as to ensure a stable advancement of poverty alleviation by relocating the poor populations. CDB has granted relocation loans of RMB 945 million Yuan has been issued to 9 counties (district) to fulfill its promise of RMB 28.5 billion Yuan as relocation loans during the "13th Five-year Plan" period of Gansu Province. All the loans granted are full-discount government loans, with a term of 25 years including a grace period of 5 years. Around 700,000 Longnan residents relocated saw great hope with such strong financial guarantee. For example, 5,573 residents of 1,165 households from 8 administrative villages in Pingya Tibetan Township, Wudu District, including 2,054 residents from 438 registered households and 3,519 residents from 727 other households, were resettled to a newly built district under the support of CDB. By the end of 2017, CDB has issued low-cost loans of RMB 160 million Yuan to registered households with a per capita amount of RMB 350,000 Yuan to support them in the construction of houses, infrastructure and other public service facilities.

II. Financing County Programs for Infrastructure Development

The biggest obstacle in the fight against poverty is the poor infrastructure. With the support from CDB, Longnan City aims at hitting the target set in rural road construction, drinking water safety, renovation of rural dilapidated housing, environment renovation, public service facilities and other aspects that are closely connected to targeted poverty alleviation by focusing on infrastructure construction among 1,356 registered poor villages within 2-3 years, to meet the goal of getting rid poverty 2 years earlier. Only in this way can

Longnan make up for its shortcomings to break the biggest obstacle that obstructs its fight against poverty during the "13th Five-Year Plan" period.

From June to July 2016, under the in-depth cooperation and joint efforts of CDB and Longnan City, the commitment in loans for infrastructure projects in Weinan's poor villages up to RMB 5.975 billion Yuan was given, of which RMB 4.54 billion Yuan has been granted. Wudu District witnessed the first project of CDB to integrate financial funds for rural development in the country. It has created the "three record highs" in the funding scale, funding speed and funding mode, and has become the one-time maximum loan support in the history of Longnan. It benefited about 380,000 poor people and thus it is called "the second post-disaster reconstruction" by the Longnan people. The specific measures are as follows:

Firstly, planning in advance to grasp the chances brought by policies. Before the promulgation of the "Opinions on Pilot Programs for Supporting Poor Counties to Carry out the Integrated Use of Financial Funds for Rural Development", as early as 2015, CDB promoted the village-based development of Wudu District, Longnan City, and tried to support the construction of rural infrastructure in an effective manner, which provides a solid project foundation for the subsequent smooth promotion of the integration of financial funds for rural development to support the construction of rural infrastructure across the city. After the publication of the paper, CDB quickly formed an implementation plan to use the integrated financial funds for rural development to support the infrastructure construction in poor villages, which was highly recognized by the main leaders of Longnan City. The plan was approved by the Standing Committee of CPC Longnan Municipal Committee based on deliberation only three days after it was submitted. Thus CDB immediately dispatched a working group to officially carry out the work, realizing the first loan commitment of the Bank to support the infrastructure construction of the poor villages through the integration of financial funds for rural development. The country's first project loan of "county program for infrastructure development" was granted—the first batch of rural infrastructure construction loans in Wudu District, Longnan City was RMB 300 million Yuan.

Secondly, making up for the shortcomings of poor villages with targeted measures for poverty alleviation. In pushing the first phase of the project, CDB combined the requirements of the central government with the local financial resources, and did not blindly expand the support areas to non-poor villages and the stage of building a moderately prosperous society. Instead, based on solving the most urgent and realistic needs of the poor people, CDB has comprehensively planned the infrastructure construction including water facilities, electricity facilities, road networks, houses and access to the Internet, and the building of public service facilities including activity rooms, cultural rooms, clinics, kindergartens, etc. On the basis of preserving the original pattern of villages, CDB has also committed to upholding the original style, local flavor and historical culture of the villages involved in the project to the utmost extent.

Thirdly, reinforcing management to guarantee the implementation of projects through sound mechanisms. It is of great importance to strengthen the establishment of mechanisms. Thus CDB and Longnan Municipal Government set up an office for cooperation in poverty alleviation with the support of development finance, dispatched financial specialists of poverty alleviation, set up a professional work team, established a WeChat group to report the progress of each county and district every day, and promoted active coordination in feasibility report preparation, project approval and government procurement. At the same time of rapid advancement, CDB has developed the funding operation manual and supporting documents for related project implementation, fund management in strict accordance with the national legal procedures. Thus CDB has successively formulated and issued the "Plan for the Government Purchase of Public Services for Infrastructure Construction Projects of Poor Villages", the "Implementation Opinions on Using the Medium- and Long-term Loans of China Development Bank to Accelerate the Infrastructure Construction of Poor Villages in the City", the "Measures for Funds Management of Infrastructure Construction Projects in Poor Villages" and other documents to specify the project funding modes and implementation methods. The government of each county (district) issued the "Implementation Plan on Pilot Program to Use Integrated Financial Funds for Rural Development", the "Implementation Opinions on Government Purchase of Public Services from Non-government Organizations", the Detailed Implementation Rules for Funds of Rural Infrastructure Development Projects" and other documents to further refine project implementation and fund supervision responsibilities. In addition, the project funds announcement and publicity system was established to show the source, use and project development of the integrated financial funds for rural development on the government portal website and the main media to improve the transparency of funds use.

Special Column: Achievements Made in the Construction of Infrastructure with the Support of Development Finance in Poor Villages of Longnan

First, the first project of integrating financial funds for rural development to stimulate financial support for rural infrastructure. CDB made innovations in the institutional mechanism of rural infrastructure investment and financing, broke the obstacles of rural infrastructure construction in poor rural areas. Taking rural infrastructure as a public product, via the "bridge" of the development finance, CDB used integrated financial funds for rural development as a source of procurement funds, not only improving the value of financial funds for rural development, but also providing a financial safeguard for the fight against poverty without increasing government debt. As of the end of June 2017, CDB has invested RMB 3.44 billion Yuan in Longnan, completed an investment of about RMB 2.3 billion Yuan, involving about 5,300 projects, benefiting 1,278 poor villages in Longnan, benefiting a total of about 877,000 people, including 378,000 poor people.

Second, improving the production conditions of the poor people and building a solid foundation for industrial development. The effective implementation of rural infrastructure projects will effectively improve the production conditions of the poor, enhance the function of the collective economic organization, and lay a solid foundation for poverty alleviation through industrial development. Investment in rural infrastructure projects will form operational collective assets such as water supply facilities, sewage treatment plants, and rural tourism, which will play an important role in improving the income-increasing mechanism for village-level collective economy and improving the service capacity of village-level organizations. In particular, the construction of roads connecting the villages to the outside and village roads, and tourist roads and tunnels that break traffic obstructions will effectively solve the problem in selling agricultural products.

Third, improving the living conditions in poor areas and internal driving force and competence of the poor people to fight against poverty. Renovation of the rural environment of 1,209 poor villages, including drinking water safety, garbage and sewage treatment, slope protection and check dam beautification and lighting, will effectively improve the overall living environment of poor areas, effectively prevent geological hazards, and solve problems of poor rural living environment, laying a solid foundation for building beautiful countryside.

For example, in the infrastructure construction project for poor villages of Xihe County, Longnan City, the total investment is RMB 1.04 billion Yuan, and the credit guarantee for CDB loans is RMB 800 million Yuan. The current loan balance is RMB 600 million Yuan. 177 registered poor villages were involved in this project, covering 498 natural villages with 29,321 households and 149,000 residents, and the incidence of poverty is 56.2%. The implementation of the project will directly benefit 19,045 households with 83,746 residents, accounting for 57% and 54.5% of the total poor households and poor people in Xihe County, respectively.

III. Financing Village Programs for Nurturing Industrial Development

Taking the industrial development as the main direction to promote lasting poverty reduction, CDB focused on industrial development, striving to build a supporting system of "Support based on whole industrial chain + layered credit".

—For leading companies with demands of tens of millions RMB or more, CDB, combining them with agricultural supply-side structural reform, focused on special loan projects of poverty alleviation through industrial development, established a mechanism for borrowing enterprises to drive rural residents to become rich, and built an industrial system for rural areas to get rich, so as to enhance the county's economic strength effectively.

—For cooperatives with demands of millions of RMB, CDB focused on the special loan projects of poverty alleviation through industrial development and sub-loans for poverty alleviation, combined effectively the capital cost advantages of CDB, the credit enhancement advantages of government organizations, and the risk control advantages of commercial bank outlets to support new industries and new business forms such as rural E-commerce, processing of agricultural products, and rural tourism, made great efforts to improve the production conditions of the poor people, increase their incomes and make them get rich.

—For rural households with demands of tens of thousands of RMB, CDB, relying on micro-credit loans as village-level mutual help funds, effectively solved the funding problems of poor households with demands of RMB 10,000-30,000 Yuan and non-poor households in similar conditions as well as subsequent industrial funding needs.

At present, CDB has a total of committed loans of RMB 39 million Yuan in Huixian County and Liangdang County in Longnan, with the loan term extending from 3 to 5 years, and the interest rate follows the national benchmark interest rate, less than half of that in the past. The Bank has granted loans of RMB 15.27 million Yuan, supporting more than 500 poor households to develop industries. The micro-credit loans as village-level mutual help funds with the support of development finance has indeed become a "funding gas station" for rural residents to develop industry.

Special Column: Development of the Sub-loan Business for Poverty Alleviation Through E-commerce Industry with the Support of Development Finance in Longnan

CDB supports the development of apple E-commerce in Lixian County Liangyuan Fruit Company of Longnan City by way of sub-loans for poverty alleviation through E-commerce industry. CDB granted sub-loans of RMB 5 million Yuan for poverty alleviation to Liangyuan Fruit for the purchase of apple and other E-commerce local products. After granting of the loans, the company started to drive registered 123 poor households to get rid of poverty in the form of purchasing local products in Xinhe Village, Yanguan Town, Lixian County, totally 574 residents, among whom there are 61 households with 287 residents in poverty, and 62 households with 287 residents ready to get out of poverty.

IV. Giving Financial Support for Poor Students to Pursue Their Studies

Since the launch of origin-based student loans in 2007, CDB has totally granted RMB 9.343 billion Yuan of student loans to Gansu and given support to more than 650,000 poor students, really implementing the policy of "lifting a group of people out of poverty through educational support". In Longnan, CDB has issued RMB 588 million Yuan of student loans, covering all counties (district) in the city, benefiting 41,200 poor family students. Student loan has become one of policies benefiting the greatest number of people with the greatest support efforts in Longnan, and thus it is called the "dream project".

V. Combination of Funding with Knowledge Transfer and Technical Assistance

Despite of the above "Four Programs" (financing provincial programs for relocating poor populations, county programs for infrastructure development, and village programs for nurturing industrial development, and giving financial support for poor students to pursue their studies.), CDB has given full play to its advantages of large-amount, wholesale, and long-term funds to support the implementation of major projects in Longnan City through joint efforts of the provincial and municipal governments. CDB granted a loan of RMB 510 million Yuan for the project of the front square of Longnan Station of the Lanzhou-Chongqing Railway, ensuring that this major railway project could be open to traffic on time, and putting an ending to the history that Longnan had no access to railways. CDB made full efforts in providing financial guarantee for major projects such as Weiyuan-Wudu Expressway, Chengzhou Airport, Wudu-Jiuzhaigou Expressway, Huixian-Liangdang Expressway, with a view to removing the obstacles in transportation.

CDB has paid more attention to knowledge transfer and technical assistance while providing funding support. CDB has always carried out poverty alleviation actively by delivering poverty alleviation solutions that combine sound rules and systems, funding, and knowledge transfer and technical assistance. It offered financial support for the fight against poverty in Longnan not only by providing adequate funds in time, but also by actively assuming responsibility in focusing on strategic orientation, targeting at government policies, innovating in poverty alleviation patterns and developing mechanisms. All the poverty alleviation efforts, from provincial programs for relocating poor populations to county programs for infrastructure development, and from village programs for nurturing industrial development to financial support for poor students to pursue their studies, show clearly CDB's commitment to the idea of planning in advance and offering timely assistance. In April 2016, CDB assigned a development review working group and financial specialists for poverty alleviation to Longnan City to help improve its competence and awareness in utilizing financial resources. CDB, combining funding with knowledge transfer and technical assistance, pushed every county (district) to develop the plans for local poverty alleviation and development and systemic funding, and make innovations in using financial funds for poverty alleviation.

The battle against poverty is the need of the Party and the aspiration of the people. It has become a major task of Longnan to fight against poverty and win over the course of building a moderately prosperous society in all respects. With great achievements in targeted poverty alleviation and targeted poverty reduction with the unparalleled support of development finance, Longnan is forging ahead to achieve the goal of building a moderately prosperous society in all respects together the whole province and the entire country.

Jinzhai County as a Pilot Site of Targeted Poverty Alleviation with the Support of Development Finance in Anhui Province

I. Overview of Jinzhai County

Jinzhai is an important place of origin for Chinese revolution and the people's army. Covering an area of 3,814 square kilometers, the county has 23 towns and townships, one modern industrial park and 224 administrative villages, with a total population of 680,000. As an area dedicated to Chinese revolution, during the period of war, Jinzhai was the main place of origin for the Fourth Front Army and the core area of Hubei-Henan-Anhui Revolutionary Base. With 100,000 people joining the army and fighting at war time, the county saw 59 founding generals for the PRC. That is why Jinzhai is called the cradle of the Red Army and the hometown of generals. During the socialist development period, the two major reservoirs, Meishan and Xianghongdian, were built, with a total water storage capacity of 5 billion cubic meters, at the cost of flooding about 100,000 acres of fertile land, 140,000 acres of economic forests and three major economic towns, and rendering a migration of 100,000 people. Jinzhai, in an urgent need of development, is one of the first group of key poor counties at the national level. In 2011, it was identified as a key county for fight against poverty in the Dabie Mountain region. At that time, the number of poor population was 193,000, and the incidence of poverty was 33.3%. At the end of 2016, the county's poor population was reduced to 66,000, and the incidence of poverty dropped down to 11.2%. Nevertheless, there are still heavy tasks in development. Jinzhai is a land full of hope. The Party and State leaders have always cared for and paid great attention to the county. In 1990, Comrade Li Keqiang visited Jinzhai and decided to build the first Hope Primary School in China. Since 2003, Xi Jinping, Wu Bangguo, Wen Jiabao, Zeng Qinghong and other leading comrades have visited the county successively. The central ministries and commissions, Anhui Provincial Government and Lu'an Municipal

Government all have offered great support to the development of Jinzhai. On June 19 and 20, 2012, Comrade Wu Bangguo visited Jinzhai in person, initiating the "5 + 1" assistance program for the county, and determining that the county was partner assistance of the organs of the National People's Congress. CPC Anhui Provincial Committee and Anhui Provincial Government set down the strategy for poverty alleviation and development of Jinzhai to promote the economic development of the whole province. Especially from April 24 to 25, 2016, President Xi Jinping visited the county, giving a series of important instructions on carrying out the revolutionary spirit and promoting the fight against poverty. The people living in the old revolutionary base were inspired, encouraged and glorified and Jinzhai has stepped into the best period of development. The county is the demonstration area for poverty alleviation with the support of development finance. In recent years, Jinzhai County has firmly established the concept of innovative, coordinated, green, open and shared development. With the strong support from development finance, Jinzhai has insisted on taking the fight against poverty as the primary task, working under the strategy of promoting ecological progress, strengthening industrial development, attracting investment and developing tourism, and always putting the people's benefits at the first place. The county has made great efforts in moving population towards urban areas, concentrating farmland towards large operators, and upgrading industrial development in industrial parks. It has explored a new path for the fight against poverty and green development with Dabie Mountain characteristics. Since 2013, Jinzhai has won 15 national honors, including national model county, advanced county for scientific and technological progress, and model county of intensive conservation of land resources, and has been listed into 34 national and provincial pilot projects covering national comprehensive reforms in rural areas, poverty alleviation through development of photovoltaic industry, financial reform, land system reform, and regional tourism development. It has become one of the pilot sites for targeted poverty alleviation through development finance. In 2017, the county achieved a total production value of RMB 10.8 billion Yuan, an increase of 8.7%. The fiscal revenue rose to RMB 11.5 billion Yuan and the number of poor population decreased from 84,300 in 2015 to 38,600, with the incidence of poverty falling to 6.6%, hitting a new all-time low.

II. Overview of the CDB Supporting Jinzhai County

Jinzhai County is one of the counties where the CDB has invested the largest amount of money and resources in the widest areas with the closest cooperation within Anhui

Province. During the "12th Five-Year Plan" period, CDB has established an in-depth cooperative relationship with the county to fight against poverty together. It raised RMB 2 billion Yuan to support the development of Jinzhai. First, CDB has provided the strongest support for the county to promote fundamental work of urbanization in poverty alleviation and reduction. It invests a lot to help the county in areas such as the construction of road networks in the economic development zone and sewer networks in the county, relocation and transformation of Jinzhai County Hospital, renovation of school buildings and dangerous buildings in rural areas. Second, CDB has given full support to Jinzhai County for rebuilding of shanty areas. Loans for the program covers 6,010 households to be relocated and the demolition area of 817,600 square meters. This program has played a positive role in improving people's well-being and renewing the whole outlook of the county. Third, CDB has vigorously supported the county to do a good job in the incubation of industrial parks for poverty alleviation through industrial development. Loans are granted for the building of Jinwutong Industrial Park in the county. The project has built 19 standardized plants, attracted 40 enterprises to move in, drove investment of about RMB 2,023 million Yuan and provided employment for over 2,000 local people, including about 400 registered poor people. While making Jinzhai "become stronger and more powerful" and "improves people's well-being', development finance will also help the county accumulate experience and lay the foundation with increasing power based on strong support to mobilize the whole county to win the fight against poverty during the "13th Five-Year Plan" period.

Since 2016, in accordance with the requirements of poverty-alleviation policies in the new period, CDB has actively carried out scientific planning, mechanism development of targeted poverty alleviation, and effectively promoted the matching of projects with relevant policies for the county. While integrating the financial funds to support the fight against poverty, the county has also achieved "gathering all resources to fight against poverty, making substantial investment with planned funds, promoting development with innovative mechanisms, and strengthening supervision and regulation for efficiency". In the latest two years, CDB has promised loans of RMB 3.85 billion Yuan and issued loans of RMB 3.2 billion Yuan to the county in the area of targeted poverty alleviation, mainly supporting the program for relocating poor populations, rural environmental improvement, safe drinking water in rural areas as well as the restoration and upgrading of main rivers and roads damaged by water. By the end of 2017, the balance of funds invested by development finance for the development of the county has reached nearly RMB 6 billion Yuan.

III. Main Practices

First, building a mechanism for targeted poverty alleviation. The establishment of a mechanism, especially a good mechanism is based on the foundation and consensus of establishing a cooperation mechanism. Since 2016, CPC Jinzhai County Committee and Jinzhai County Government have taken the fight against poverty as the primary task to tackle the overall situation of economic and social development, pooled funds and resources, deeply implemented the "3115 Plan for the Fight against Poverty", and mobilized the county to go all out, and made full efforts to ensure the victory in the battle against poverty in accordance with the working concept of "setting a goal, compacting two responsibilities, highlighting the 12 key tasks and improving three guarantees". It has laid a good ideological foundation and work security for the cooperation mechanism. CDB took the lead in establishing the leading groups and cooperation offices for the fight against poverty through development finance in the Lu'an City and the four districts and three counties in its jurisdiction. CPC Jinzhai County Committee and Jinzhai County Government attached great importance to cooperation in development finance, and took the lead to establish Jinzhai County Cooperation Office among the seven office of the four districts and three counties of Lu'an and took practice measures to promote its operation. The cooperation mechanism quickly played an active, efficient and effective role in the planning of projects, promotion of work and controlling of source risks. The concept and action of taking the lead in building a cooperation mechanism in Jinzhai County also coincide with the strategies of "Boosting Jinzhai to promote the development of the whole province" proposed separately by CPC Anhui Provincial Committee and Anhui Provincial Government and the program of "Boosting Jinzhai to promote the development of the entire city" set down by CPC Lu'an Municipal Committee and Lu'an Municipal Government in the fight against poverty. CDB and Jinzhai County has kept doing "addition" in the fight against poverty: The county government increased the policies on poverty alleviation, and CDB increased financial support for poverty alleviation. "Subtraction" by "following closely to problems": The county government reduced the number of the poor population, and CDB removed the funding shortcomings and obstacles. "Multiplication" based on "reasonable planning": The county government activated the financial variables for poverty alleviation, and CDB activated the power of the financial group. "Division" based on supervision and assessment: The county government guaranteed the forces for the fight against poverty, and CDB guaranteed the flow of poverty alleviation funds. Both parties has maintained a high level of consistency.

Second, innovating in the idea of targeted poverty alleviation. At the end of June 2016, Jinzhai County was attached by a 100-year flood disaster. CDB communicated with the county at the earliest possible time, and effectively launched the emergency loan in the shortest time, which only took one working day from the funds being put into the project reserve pool to the loan extension. CDB not only gave play to the role of development finance offer timely assistance to urgent needs in the disaster-stricken county, but also played a leading role in the development finance, driving other financial institutions to quickly help the county and even the city to respond to the disaster. For this reason, CDB won the unanimous approval of the Lu'an Municipal Government and Jinzhai County Government. On that basis, with innovative ideas, proactive advice, and active follow-up, CDB took into overall consideration the county's emergency response to the disaster, post-disaster rebuilding and the targeted poverty alleviation work planned before the disaster, worked out the new idea of "emergency rescue + post-disaster reconstruction + poverty alleviation and reduction + rejuvenation and development". Based on the demands of safe drinking water demand and rural roads due to the disaster and the policy on the integrated use of financial funds for rural development, CDB developed and guided Jinzhai County to plan the projects such as rural safe drinking water, rebuilding and upgrading of main river channels and repairing and upgrading of water-damaged roads, laying a good planning foundation for the future poverty alleviation through revolution-themed tourism and accessible roads. The program benefited 710,000 people in the county, including about 84,000 registered poor people, basically realizing the full coverage of the poor populations. While making innovation in working ideas of targeted poverty alleviation and development, CDB, based on the reality in the poor areas, where the debt space was limited and the poverty alleviation and development projects were small and scattered, made innovation in the ideas for prevention and control of targeted poverty alleviation risks, starting from guaranteeing repayment sources, implementing repayment measures, and conducting strict repayment management. Related projects of the county became the first group of county-level ones in which CDB Anhui Branch used the integrated financial funds for rural development as the source of repayment, the first county-level one to implement the dynamic repayment mechanism, the first county-level one for which CDB jointly studied and formulated funds management measures with the local government, the first county-level one for which functional departments and the funding entity worked together to jointly carry out post-loan inspection and management.

Third, bringing into play the effect of targeted poverty alleviation. Since the launch of the pilot program for rural land system reform, which is an important part of local targeted poverty alleviation, CPC Jinzhai County Committee and Jinzhai County Government, with the support of all parties, have adhered to the reform bottom line, made bold innovation, coordinated the promotion of the three reforms of the rural land system, and actively explored the new path for coordinated development with targeted poverty alleviation and land reform. On that basis, the county has formed a series of institutional achievements, successfully fulfilled the objectives and completed tasks of the phased reform, winning the support of the people. In the process of this important and epoch-making reform, the pilot program for residential bases has achieved outstanding results in poverty alleviation. Through multiple measures, the county has ensured that the reform of residential bases and the fight against poverty are organically combined and safeguarded. The county integrated the reform of superimposed residential bases, relocation of poor populations, resettlement for reservoir building, and renovation of dilapidated houses in rural areas, and guided "two households and three houses", namely "poor households, immigrant households" and rural residents living in "houses built with adobes, bricks and tiles, and bricks and wood" to relocate their homes voluntarily, effectively solving the housing security problem in the program of "two guarantees and three ensures" (guaranteeing the basic needs of those living in poverty and ensuring that they have adequate access to education, medical care, and housing) and greatly promoting the poverty reduction of the poor people. At the same time, Jinzhai effectively linked the reform pilot policy with the national poverty alleviation policy, and explored the paid use of the available construction land index of the residential land reclamation in the provincial scope. The county has successfully traded the surplus construction land index for 1,057 mu reclaimed residential land. The transaction amount effectively eased the pressure on reform funds, enhanced the development of internal driving forces for development, and boosted the confidence to win the fight against poverty. In this case, development finance played a vital role, CDB collaborated with Jinzhai in the pilot program for reform of residential bases. The Bank actively and steadily provided financing within the scope of reform of residential bases to promote rural infrastructure construction with rural environmental renovation as the starting point. The poverty alleviation loans granted benefited 35,127 people, including 15,572 registered poor people, accounting for 44.33%. The pilot program for reform of residential bases in the county promoted the strategic development in the fight against poverty, accelerated the urbanization of rural mountainous areas, improved the intensified land use, implemented the incremental protection of cultivated land, and maximize of the interests of the people. The effect of targeted poverty alleviation through development have been brought into full play.

On April 24, 2016, General Secretary Xi Jinping inspected Jinzhai and stressed that "building a moderately prosperous society in all aspects should forget no one, especially the old revolutionary bases", giving the people of the old revolutionary base great encouragement and motivation! According to General Secretary Xi, we should adhere to the principle of targeted poverty alleviation and targeted poverty reduction, improve the effectiveness of poverty alleviation, find the right path, build good systems and mechanisms, and take practical measures in targeted implementation of policies, make substantial efforts to advance the course of targeted poverty alleviation, and stress on the effectiveness in targeted measures. Jinzhai County has accurately targeted the poor populations and vigorously implemented the "3115 Poverty Alleviation Plan" and 35 special programs, innovatively built a poverty alleviation big data platform to achieve targeted and refined management in the fight against poverty, ensuring to realize the object that all people, villages and counties are lifted out of poverty, and build a moderately prosperous society in all respects together with the whole province and the entire country.

Development finance will continue to focus on the poverty alleviation plan of the county, get geared up with its poverty alleviation programs in a refined manner, and carefully safeguard its goal of poverty reduction, and sincerely promote the path of the county to a w moderately prosperous society. At present, CDB is actively promoting the funding service and offering knowledge transfer and technical assistance for targeted poverty alleviation for the county, covering health, transportation and tourism projects. For the health projects for poverty alleviation, the Bank is mainly providing funding support for the improvement of its overall health care system efficiency, including three county-level hospitals, 23 township hospitals and 209 village clinics, with a view to laying the foundation for the development of the medical community and the physical health and health planning of the people of the county. For the transportation projects for poverty alleviation, CDB is mainly supporting for building supporting facilities, such as hardening, blackening, and widening of existing roads, reinforcement and maintenance of bridges and pipelines and tunnels, and security and slope protection in all the townships and villages across the county. Such projects will effectively improve the traffic conditions in rural areas of the county, better promote the targeted poverty alleviation in the county, speed up poverty reduction and make people get rich quickly. The tourism projects for poverty alleviation will be combined the new trend of red tourism development, integrate the revolutionary spirit and culture of the county thoroughly with green tourism and green industry based on high-level planning, and bring together revolutionary culture and green tourism to stimulate more productivity in the county and drive the fight against poverty and economic development across the county.

Jinzhai County, as the main battlefield for poverty alleviation in Lu'an City, Anhui

Province, has accumulated rich experience in the long-term cooperation with development finance. CPC Jinzhai County Committee and Jinzhai County Government are firmly confident that the development finance will play a huge role in supporting the county to complete the tasks in the fight against poverty smoothly. The county boasts its own unique revolutionary spirit, innovative spirit, perseverance, and belief to win, which also gives greater encouragement to development finance. CDB will work together with CPC Jinzhai County Committee and Jinzhai County Government more closely to do a better job in targeted poverty alleviation with strong resultant forces based on exquisite measures. CDB will take the initiative to participate in the course, work out plans actively, make reasonable arrangement, develop sound mechanisms, implement projects pragmatically, enforce strict management to prevent risks, and make due contribution to the fight against poverty. In the future, with the concerted efforts of all parties, development finance will play a more prominent demonstrative and guiding role in providing funding support and offering knowledge transfer and technical assistance in the fight against poverty in the county, and the effect of development finance in targeted poverty alleviation across the county will be more fully reflected and further brought into play. With the support of development finance, the county will no doubt win the fight against poverty and will toughly maintain the achievements made in the fight against poverty.

Dingnan County as a Pilot Site of Targeted Poverty Alleviation Through Development Finance in Jiangxi Province

According to the "*Decision of the CPC Central Committee and the State Council on the Fight Against Poverty*", CDB has, adhering to the basic strategy of targeted poverty alleviation and poverty reduction, given full play to the role of development finance in Dingnan County. The Bank has increased loan support in targeted poverty alleviation fields, including rural infrastructure, poverty alleviation through industrial development and educational support by intensifying innovation in funding models. CDB has promised targeted poverty alleviation loans of RMB 942 million Yuan to the county, and granted targeted poverty alleviation loans of RMB 681 million Yuan, which are expected to benefit 1,300 registered poor households. CDB and Dingnan County have also formed good practices, models and experiences in the cooperation mechanism and innovation in cooperation mode.

I. Top-level Design for High-level Promotion

CDB has attached great importance to the cooperation with Dingnan County in the fight against poverty. CDB reached a consensus with the county on poverty alleviation after repeatedly visiting the county to carry out research on fight against poverty in the first half of 2017. The two sides will thoroughly implement requirements of the CPC Central Committee on poverty alleviation through financial support to solve funding problems regarding the fight against poverty and project development with joint efforts by exploring cooperation models. CDB and the county will explore the models of poverty alleviation through industrial development to promote the innovation in poverty alleviation models with focuses on talent training, industrial development, practical measures, and Party building, which can foster sustainable economic development to ensure that the poor households can get out of poverty through targeted poverty alleviation efforts, so as to help the county fight against poverty and carry out reform and development.

II. Establishing Mechanisms for Overall Coordination

(I) Establishment of a cooperative mechanism

Dingnan County has established a county-level "Cooperation Office for the Fight against Poverty with the Support of Development Finance", and assigned three members from the limited staff of institutions fully supported by financial allocation to the cooperation office for coordinating and handling financial cooperation work for the fight against poverty, with a view to making full use of the development finance theory and the concept of finance socialization, deepening the bank-government cooperation, and building a cooperative organization and an organization management system for poverty alleviation and development. The cooperation office, a symbol of the top-level design of the poverty alleviation and development mechanism jointly made by CDB and the Dingnan County Government, combines the organization and management advantages of the government in poverty alleviation and development with the advantages of CDB in offering funding support and providing knowledge transfer and technical assistance in the areas including planning development, project development, funding plan design, etc. The office will help jointly build and improve the systems for the operation of poverty alleviation projects, fund operation management and project implementation evaluation, open the paths for "borrowing, using, management and repayment of " loans for poverty alleviation and development, and promote the establishment of a long-acting mechanism for poverty alleviation and development.

(II) Bringing into play the role of cooperation office

In deepening the cooperation between the two sides, Dingnan County Cooperation Office for the Fight Against Poverty with the Support of Development Finance has given full play to the role of "Five Staff Members" and gradually formed "Three Sets" of mechanisms. The "Five Staff Members" include liaison officer, publicist, agent, administrator and brainman. The liaison officer strengthens the regular communication and matching of the whole process of project development and management through the WeChat group established with CDB and other communication methods; the publicist publicizes the progress of CDB in targeted poverty alleviation in its residential sites and its corporate culture concept by making full use of the county-level media such as the website of Dingnan County

Government and Dingnan TV. In this way, the people of the county can further understand CDB, which is helpful to promote the deep integration of the two sides. The agent designated by the cooperation office is responsible for organizing and coordinating the relevant units of the county to conduct preliminary examination, household investigation and joint examination for each loan object for the more efficient, convenient and standardized implementation of the cooperation projects of the two parties. The administrator, along with investment and financing entity and the correspondent bank, is responsible for post-loan management of the project. The brainman carries out in-depth research and scientific development of projects, serving as an advisor and assistant for CPC Dingnan County Committee and Dingnan County Government, by fully understanding and mastering the development direction supported by CDB, thoroughly understanding the higher-level and outside situation, grasping the situation of the county and the lower-level situation based on the actual economic and social development of the county. The "Three Sets" of mechanisms include quick and efficient matching mechanism, specialized working mechanism and multidimensional guaranteeing mechanism. The quick and efficient matching mechanism refers to the timely interpretation of key support directions of CDB, the routine daily communication and matching in all links such as policy direction, project screening, review and organization, project implementation, and post-loan management. It can enable each project of the county ranging from screening and reporting to post-loan management to gain support from CDB more efficiently. The specialized working mechanism is to enable all departments to perform their duties, coordinate and cooperate with each other by streamlining the relationship between relevant departments, and to work around on the cooperation project with CDB, so as to create a professional team where each project is tracked to implement by "county leaders with specific duties + cooperation office + responsible unit". The multidimensional guaranteeing mechanism is the guaranteeing system where the investment and financing entities and county finance provide funds for the project to guarantee that the relevant departments complete their jobs and the media guides public opinion, under the unified dispatching and coordination of CPC Dingnan County Committee and Dingnan County Government, so as to ensure clear responsibilities and smooth connections among departments.

(III) Strengthening the Efforts for Poverty Alleviation through Industrial Development

CDB and Dingnan County signed the "Cooperation Agreement on the Loans of Poverty Alleviation through Industrial Development" to effectively promote the deep integration of industrial development and the fight against poverty with the support of leading industries, distinctive industries and advantageous industries of the county, by relying on leading enterprises in combination of agricultural operation entities and cooperatives, so as to jointly build the cooperation mechanism for poverty alleviation through industrial development. Under the basic principles of "assistance with poverty alleviation, controllable risk, compliance under regulation and credit development", the two sides will promote the development of the financing system for poverty alleviation through industrial development in the county based on the consensus on market financing and government credit, foster and support SMEs that tally with the industrial development plan of the county and can create an effect in boosting poverty alleviation for registered poor households by way of the market-oriented operation through government credit enhancement, so as to gradually realize that enterprises can access to multi-channel financing and poor households can be lifted out of poverty and witness income increase.

III. Taking Multi-pronged Measures to Provide Funding Support

(I) Making up weak areas through rural infrastructure construction

Rural infrastructure, an important foundation for economic and social development in the poor area, is the most urgent problem to be solved in poverty alleviation and development. CDB, in cooperation with Dingnan County Government, has promoted to improve the mechanism for use of financial funds for rural development and bring into play the leveraging role of the financial funds by integrating funds and resources. CDB has worked out the innovative financing model of unified loan borrowing and repayment on the city-level platform, and helped the county to solve the funding problem for rural infrastructure construction with the focus on the difficult and weak areas including village roads, safe drinking water, environmental renovation, and school building safety project. CDB has granted the credit of RMB 460 million Yuan to support rural infrastructure construction in the county, benefiting 119 administrative villages there.

(II) Strengthening industrial development to promote poverty alleviation

First, adhering to the principle of adapting to local conditions and taking specific measures for relevant problems, CDB has improved the "Four Platforms + Agencies" loan mode, and granted the credit of RMB 20 million Yuan to SMEs which could play an obvious role to push poverty alleviation of the county. Such enterprises drove nearly 100 households to get rid of poverty and increase income by means of employment and cooperative operation. Second, on the basis of system development, market building and credit development in the early period, the project of "Ganzhou High-output Eco-demonstration Base of Oil Tea Industry for Targeted Poverty Alleviation" promoted by CDB took the lead in getting the credit of RMB 400 million Yuan in Dingnan, with RMB 200 million Yuan granted. It is estimated that the project will help 1,200 poor households to participate in the development of the oil tea industry by way of employment, sharing dividends, and cooperative management so that they can increase income continuously and stably and enhance their self-development capability. The targeted poverty alleviation development model of the oil tea industry in the county has played a demonstrating and leading role for other districts and counties of Ganzhou.

Special Column: Cooperation Mechanism of the "Four Platforms + Agencies" Model for Poverty Alleviation through Industrial Development in Dingnan County

In order to better integrate the organization and coordination advantages of local government with the advantages of CDB in offering funding support and providing knowledge transfer and technical assistance, CDB and the Dingnan County Government jointly established "Four Platforms + Agencies" model, a cooperation mechanism of poverty alleviation through industrial development, and built a full-process risk prevention and control mechanism to advance the development of poverty alleviation through industrial development business in a systemic, organized, sustained and specialized manner. The papers issued by Dingnan County including the "Measures of Dingnan County for the Management of the Loans for Poverty Alleviation through Industrial Development from China Development Bank" and the "Measures of Dingnan County for Deliberation of Projects Supported by Loans for Poverty Alleviation through Industrial Development Loan Project from China Development Bank" were for clarifying the financial cooperation process and the duties of all parties in the "Four Platforms + Agencies" model by the establishment of rules and regulations.

First of all, the "Cooperation Office for the Fight Against Poverty with the Support of Development Finance" was determined as the management platform, which organizes and coordinates the application for, evaluation and recommendation of the loans for poverty alleviation through industrial development granted by CDB for the county, as well as specific issues such as the borrowing, use, and repayment of loan funds, and recommends loan projects to CDB. Secondly, Dingnan County State-owned Assets Operation and Management Company was designated as the unified loan platform, which is responsible for the unified borrowing and repayment of the funds of loan users including advantageous SMEs that are tallying with the industrial development plan of the county and can drive the poverty alleviation of poor households, the agricultural business entities and cooperatives that can help lift poor households out of poverty. In the third place, Jiangxi Credit Guarantee Co., Ltd. was selected as the guarantee platform to provide full-amount effective guarantee to CDB. Fourthly, Dingnan County Government Affairs Public Network was selected as the public platform that regularly publicizes loan application information of the companies, the progress in driving poverty alleviation and repayment of principal and interest so as to supervise the production and operation of enterprises and the use of loan funds. Fifthly, Dingnan County SME Bureau is preparing to establish the SME Credit Association, which will cultivate the contractual spirit and credit awareness of member companies by strengthening the mutual insurance and joint guarantee audit of member companies, platform publicity, democratic decision-making and organization of production management.

Finally, Dingnan County has innovatively built a "one-stop" application process. The actual users who meet the industrial support conditions only need to submit the loan application to Dingnan County Financial Service Center, which provides "one-stop" service. The actual loan user's loan application and data integrity will be reported to the Cooperation Office of Dingnan County after the initial review, which will organize the borrower to evaluate the actual loan user's loan status, conduct the pre-loan investigation, and submit the investigation report to the Review Committee of Dingnan County for deliberation. After the approval, the deliberation will be reported to CDB Jiangxi Branch for approval by the Dingnan County Cooperation Office for the Fight Against Poverty with the Support of Development Finance.

The establishment of the "Four Platforms + Agencies" mechanism has strengthened the grass-roots management of poverty alleviation and development business by pooling the resources of all parties, laying a solid foundation for cooperation with financial institutions. CDB granted credit of RMB 300 million Yuan to the mechanism on July 13, 2017.

(III) Giving full play to the role of education to root out poverty

To help poor students get access to education, CDB has, under the guideline of "improving people's livelihood to enhance national strength", explored an innovative model of granting student loans by integrating resources of all parties and making innovation in mechanisms, and through cooperation with education departments of the province, the Student Subsidy Management Center of Jiangxi Province is functioning as the management platform, with county-level funding centers serving as handling platforms, responsible for student loan application and repayment. At the same time, CDB established a fiscal discount interest and risk compensation fund policy with the support of the provincial financial department to ensure the smooth operation of the student loan service. Since the establishment of the student loan service, a total of 9,145 students from poor families in Dingnan have enjoyed the financial support, with a total of RMB 61.68 million Yuan of loans granted, of which RMB 13.89 million Yuan were granted to 1,812 students in 2016. The student loans have effectively supported the poor families to block the intergenerational transmission of poverty through education.

IV. Laying a Solid Foundation Through Knowledge Transfer and Technical Assistance

Finance is the core of the modern economy and the engine to drive the growth of real economy. In order to enable the cadres of Dingnan County to better understand the means and process of financial operation, CDB has given full play to its advantages as a specialist bank by providing support in knowledge transfer and technical assistance. First, CDB organized backbone members from the "Four Platforms + Agencies" in Chengdu, Sichuan Province to provide training on financial knowledge for all main leaders of the county and townships in its jurisdiction at the "Dingnan Auditorium", and organized training programs on the "Four Platforms + Agencies" model for related members from committees, bureaus and offices of the county involved in the "Four Platforms + Agencies" to enhance the awareness and capability of the cadres of the county in using financial means to carry out economic work. Secondly, exchanges were carried out by way of assigning carders holding temporary positions with a view to make up the gaps in financial knowledge. The county dispatched officers to CDB Jiangxi Branch to serve temporarily for a short term to learn the financial process of CDB and systematically study of the focuses of CDB business, with a view to helping enhance the awareness of the county's cadres in using financial means to carry out economic work.

V. Promoting Development Through Joint Bank-Government Efforts Under the Guidance of Party Building

CDB has, based on Party building activities, made great efforts to enhance the internal driving force of the poor villages by means of mechanism development, capacity training, and education funding. The cooperation office and CDB Dingnan Residential Office for the Fight Against Poverty worked together with the poor villages to establish a system of joint Party building. CDB also carried out Party building activities intensively in poor villages to have exchanges with the Party branches of poor villages, and stimulate the vanguard and exemplary role of Party organizations in poor villages. Through policy publicity and concept indoctrination, CDB has transformed the development concept of the people in poor areas to boost the internal development capabilities. The Bank has promoted the deep integration of Party building and the fight against poverty to achieve the win-win goal of driving poverty alleviation through Party building and advancing Party building with poverty alleviation.

Firstly, jointly carrying out Party building in the form of joint study and collaborative building. The two sides conducted exchanges on experiences and methods in organizing the work of Party branches and advanced joint study and collaborative building to help Party members and cadres in the county further understand the working concept and practices of CDB in the fight against poverty, with a view to learning from each other and helping each other, and promoting common progress.

Secondly, carrying out Party building activities of "advancing the fight against poverty through Party building". The two sides went to Huangshakou Village, a provincial poor village, to carry out the Party building activities by way of exchanging experiences and offering suggestions with Party branches of poor villages, centering on the theme of "advancing the fight against poverty through Party building". By stimulating the vanguard and exemplary role of Party organizations in poor villages through policy publicity and concept indoctrination, CDB has transformed the development concept of the people in poor areas to boost the internal development capabilities.

Thirdly, setting a good guiding example in poverty alleviation through Party building. CDB went to the provincial poor village, Huangshakou, to carry out investigation over the development of agricultural industries with local characteristics and the development of beautiful countryside there. According to the local geographical advantages, CDB proposed ideas and methods to increase the incomes of the poor households to lift them out of poverty, promoting the industrial development of the village effectively.

Lushi County as a Pilot Site of Targeted Poverty Alleviation Through Development Finance in Henan Province

I. Background of the Poverty of Lushi County

Located in western Henan Province, Lushi County is in the concentrated contiguous destitute areas along the Qinling-Daba Mountain. It is the key county for poverty alleviation and development in the country and the key county for poverty alleviation for "Three Mountains and One Flood Plain" of Henan Province. The county is dominated by mountains but lack water and farmland, a place where agriculture can hardly be developed. Since the "12th Five-Year Plan", the poverty alleviation in Lushi County has achieved remarkable results. By the end of 2017, the number of poor people in the county had decreased from 96,200 to 40,000, and the incidence of poverty has dropped from 28.9% to 12.03%. But the task of the fight against poverty remain formidable. Poor infrastructure and medical conditions are the main causes of poverty among poor households in Lushi County. For example, more than 38% of poor households remain poor due to poor transportation. More than 33% of poor households remain poor due to illness, and others are mired in poverty due to poor education and disability.

At present, Lushi County faces the following problems in poverty alleviation and development: First, the poor people are distributed in a broad area and many are deeply mired in poverty. Second, it is located in the vast mountainous area of western Henan. The special geological features lead to frequent natural disasters and poor infrastructure conditions. Third, the development of leading industries witnessed no prominent changes, and the advantages of endowed resources are not brought into play sufficiently. The industrial chain still needs to be improved, and distinctive industries fail to develop in considerable scale. Fourth, the level of urbanization is also relatively low. The number of built-up towns is small, and so is the scale, leading to the fact that the gap between urban and rural areas remain huge. Fifth, a huge amount of investment is required for projects planned for the fight against poverty during the "13th Five-Year Plan" period, while the local government only has limited financial resources. Thus, it is required to resort to innovative ideas and methods.

II. Main Ideas of Supporting Lushi County in the Fight Against Poverty Through Development Finance

(I) Achieving well-balanced development by planning in advance

CDB adheres to the principle of driving development through planning in advance. Based on the new development requirements and the actual situation of the county, CDB will help Lushi develop a planning for the fight against poverty and ensure the effective connection between the county-level planning with the provincial and national plans, with projects arranged in a reasonable and orderly manner. CDB will specify the development goals, support priorities and funding plans to ensure that the planned projects can be implemented as scheduled.

(II) Making market operation under the leading of government

CDB will, adhering to the government's leadership, give full play to the functional advantages of Party committees and governments at all levels in Lushi County in terms of macro-planning, organization and coordination, strengthen leadership over the fight against poverty, integrate financial funds and various resources, and leverage the role of financial funds to bring credit funds, introduce social capital, and aggregate various social resources, so as to jointly promote fight against poverty in a market-oriented manner.

(III) Taking targeted measures according to the local conditions

CDB will adhere to the policy of "Six Targeted Programs" (targeted supported recipients, targeted project arrangement, targeted project capital distribution, targeted implementation measures, targeted dispatches of talents, and targeted outcomes of relief efforts) to guide Lushi County's fight against poverty, focus on targets precisely, and take pertinent measures according to the local conditions. The Bank will make great efforts to advance targeted poverty alleviation and poverty reduction, change from "indiscriminate actions" for all projects into "targeted measures" for specific items, so as to make poverty alleviation reach those who truly need it and deliver genuine outcomes. CDB will propose practical and feasible poverty alleviation programs to guarantee that the accurate allocation of poverty alleviation funds and targeted poverty alleviation.

(Ⅳ) Fighting against poverty through joint efforts and innovative mechanisms

CDB will make innovations in institutional mechanisms, thinking patterns, development routes and working methods, to improve mechanisms for fund raising, resource integration, interest linkage, supervision and evaluation. By revitalizing various assets, gathering various funds, CDB will form a broad structure of poverty alleviation and development which is helpful for all parties to bring into play their advantages and the whole society push the cause in a concerted manner. In particular, the Bank will pay special attention to the advancement of the self-development capability of the poor areas, and strengthen their own efforts to lift themselves out of poverty.

Ⅲ. Main Measures for the Fight Against Poverty in Lushi County with the Support of Development Finance

In order to implement the decisions and plans of the CPC Central Committee and the State Council on the fight against poverty, CDB has, following the philosophy of "offering funding support and providing knowledge transfer and technical assistance in a timely manner", given full play to the pioneering role in key areas, key periods, and weak areas. CDB has granted credit of RMB 3.716 billion Yuan for the loan projects in the fight against poverty of Lushi County and extended loans of RMB 1.886 billion Yuan, including RMB 200 million Yuan for provincial programs for relocating poor populations, RMB 1.76 billion Yuan for county programs for infrastructure development, RMB 120 million Yuan for village programs for nurturing industrial development, RMB 0.57 billion Yuan for giving financial support for poor students to pursuc their studies. The projects covers all the 352 administrative villages in the county, covering all poor villages across the county with targeted poverty alleviation, benefiting 63,806 registered poor people from 99% of the registered poor households.

(Ⅰ) Promoting targeted poverty alleviation with the concerted efforts of CDB Head Office and the local branch

CDB Poverty Relief Program Finance Unit of and CDB Henan Branch, centering on the goal of "Targeted Poverty Alleviation and Targeted Poverty Reduction", have innovatively offered the "poverty alleviation sub-loan" model in the county, made funding plans for the fight against poverty according to local conditions, and promoted the establishment of the mechanism on poverty alleviation through development finance. With the joint efforts made by CDB and the local branch, on May 10, 2017, CDB Henan Branch signed the "Cooperation Agreement on the Fight Against Poverty with the Support of Development Finance" with the Sanmenxia Municipal Government to further improve the cooperative mechanism, forming a sound leadership system and poverty alleviation working mechanism.

(II) Deepening the bank-government cooperation to reinforce the working mechanism

In April 2016, the CDB Henan Branch established a special working group for Lushi. The special work promotion group, consisting of members from relevant departments covering the planning office, the marketing office, the appraisal office, the risk control office, and the customer service office, got geared up with the key projects of the county in the fight against poverty, to understand the funding needs, design financing solutions, and strive for the most favorable policy support. The working group regularly reports the progress of work to the CPC Lushi County Committee and Lushi County Government. The Lushi County Government has also set up a leading group for the fight against poverty with the support of development finance in response to the special working group, which specifically tackles the key and difficult tasks and bottlenecks that hinder the county's progress in poverty alleviation. Under the guidance of the policy of "One County One Policy Based on the Specific Situations", CDB and the county worked together to implement the distinctive poverty alleviation projects.

For the sound implementation of policies of CDB to promote the fight against poverty, the county set up the Leading Group the Fight Against Poverty of Lushi County with the Support of development finance was established in April 2017, with an affiliated office for the cooperation of development finance, which is responsible for project development and management. The office has successively issued the measures for the management of targeted poverty alleviation projects and management methods for fund payment.

(III) Planning in advance to make better arrangement for the fight against poverty

As the forefront of the fight against poverty of Henan Province, Lushi County faces formidable challenges due to the fact that a large number of population have long been mired in extreme poverty. In order to give full play to the driving role of planning in the fight against poverty in the county, first, CDB granted a loan of RMB 30 million Yuan to Lushi County for the planning of the fight against poverty. Second, CDB Head Office and CDB Henan Branch jointly conducted research and completed the preparation of the consultation report on the planning of fight against poverty in the county. On July 25, 2017, CDB held the ceremony for the submission of the Consultation Report on Planning of Fight Against Poverty in Lushi County and the unveiling ceremony for the Pilot Site of Targeted Poverty Alleviation Through Development Finance. Comrades from Henan Provincial Government, Henan Poverty Alleviation Office, CPC Sanmenxia Municipal Committee, CPC Lushi County Committee and other local governments and the relevant comrades of the General Administration of Customs, the organ responsible for the fixed-point poverty alleviation of the county, attended the ceremony. At the meeting, CDB submitted the consultation report to Lushi County and unveiled the board of "Pilot Site of Targeted Poverty Alleviation Through Development Finance".

(IV) Integrating financial funds for rural development to develop a range of infrastructure for the poor villages

At present, the infrastructure is still a weak area for the fight against poverty in Lushi County. It remains a heavy task as the village-based progress is slow. The problems of "uneven roads, poor water, and no electricity" remain as the outstanding obstacles because of the poor infrastructure. CDB has developed and reviewed a series of rural infrastructure projects, including the rural infrastructure projects and poverty alleviation projects through educational support for primary and secondary schools, and basic health and medical care projects across the county, based on the facts concerning the lack of basic education, backward infrastructure in water conservancy and ecological protection. Making use of integrated funds for rural development in the county, CDB has promised loans of RMB 1.17 billion Yuan and granted loans of RMB 1.66 billion Yuan in total, effectively solving the bottleneck of backward infrastructure in poor areas in the county. In the future, according to the actual infrastructure construction and relative plans of the county, in order to give full play to the leading and fundamental role of infrastructure construction in the fight against poverty, CDB will continue to take the infrastructure construction for transportation, water conservancy and electricity as the focuses in the poverty alleviation in the county, increasing investment in the county's fight against poverty.

(V) Innovating in the financing model of poverty alleviation through industrial development to help poor population increase their incomes and get rid out of poverty

Lushi County boasts superior ecological environment and high quality of distinctive agricultural products. It is the county with the most protective products of geographical indication in Henan Province (including Lushi forsythia, Lushi black fungus, Lushi walnut, Lushi chicken, TRUEIN animal husbandry products, and Lushi honey, 6 in total). Rural households generally have the tradition of planting specialty agricultural products such as edible fungi and Chinese herbal medicines, and are proficient in relevant planting skills. The ecotourism resources are abundant, with outstanding conditions for the development of rural tourism. The rural E-commerce has witnessed rapid development. All these lay a solid foundation for the poverty alleviation through industrial development in the county. In 2016, CDB innovatively gave Zhongyuan Bank the loan credit of RMB 800 million Yuan for poverty alleviation and in the same year, granted sub-loans of RMB 20 million Yuan to support the industries which could play a role to drive poverty alleviation for of the registered poor populations. By assembling the strengths of local governments, cooperative banks, and new business entities into a consultant force to support the development of distinctive industries in the poor areas and lift poor people out poverty, CDB has effectively solved the problem of investing large amounts of funds into small projects at the same time, building a new pattern of poverty alleviation through financial support where the distinctive advantages of both development finance and commercial finance can complement each other through collaboration and joint participation while performing respective responsibility.

(VI) Supporting the development of education

In response to the current situation of poor education infrastructure in Lushi County during the "13th Five-Year Plan" period, CDB focused on reducing the burden of schooling for poor families, improving school conditions, strengthening the development of education infrastructure, and committing loans of RMB 720 million Yuan to the county for poverty alleviation projects of basic education, and granted of loans of RMB 340 million Yuan. In accordance with the principle of "providing loans to those really needing them", CDB helped each poor university student in handling the origin-based student loan, not allowing any college students from dropping out of school due to family poverty.

(VII) Promoting the fight against poverty and the new urbanization in Lushi County synchronously

CDB has actively supported the county in promoting poverty alleviation and development through new urbanization, gradually improving the infrastructure and public service conditions in poor areas to narrow down the urban-rural gaps, to change the contradiction of urban-rural dual structure, and realize the integration of urban and rural development. CDB has granted loans of RMB 1.766 billion Yuan to the county for its infrastructure upgrading to promote industrial development and industrial clustering, thus effectively driving the poor people to get rid of poverty and get rich.

(VIII) Paying attention to the coordination of multiple departments to form a consultant force to support the development of Lushi County

CDB has strengthened communication with relevant departments of the central state organs, central enterprises, and large state-owned enterprises geared up with Lushi, such as the General Administration of Customs, Henan Energy and Chemical Industry Group, and China Gold Group, to jointly plan poverty alleviation projects and form a consultant force to support the fight against poverty alleviation in the county.

In line with the philosophy of "offering funding support and providing knowledge transfer and technical assistance in a timely manner", CDB will adhere to the decisions of the Central Government on the fight against poverty, make more practical efforts, and take more effective measures to actively support the county in the fight against poverty, with focus on the following aspects.

First, CDB will strengthen the work of the special working group for the fight against poverty in the county to implement the planning for its fight against poverty. On the basis of the establishment of the Special Working Group for the Fight Against Poverty in Lushi County, CDB will further strengthen the working group, with the leader of the responsible branch to serve as the leader. All departments will form a consultant force and respond quickly to promote the fight against poverty in the county. With the Planning of Lushi County for the Fight Against Poverty being formally submitted to the Lushi County Government, CDB Head Office the branch will work together to promote the implementation of the planning.

Second, CDB will speed up the relocation of poor populations. During the "13th Five-Year Plan" period, the county will relocate 10,353 households with 36,741 poor people, accounting for 58.2% of the total poor population in the county, and 2,335 households with 8,432 people. In 2016, 14 relocation and resettlement sites have been planned and built, with 2,335 households with a population of 9,628 people being relocated. In 2017, 3,138 households with 11,254 people will be relocated in the county, and 18 new relocation and resettlement sites will be built as planned. CDB will work together with Henan Provincial Poverty Alleviation and Relocation Investment Co., Ltd. to provide financial support and ensure the smooth progress in the program of relocating poor populations in the county.

Third, CDB will support infrastructure construction. In 2017, Lushi County plans to implement poor village infrastructure construction in 112 administrative villages of 18 townships and at the same time, launch other projects including the construction of buildings of primary and secondary schools for the fight against poverty in the education system across the county. Through the comprehensive improvement of the infrastructure of 112 poor villages and the upgrading of 60 primary and secondary schools in the county, CDB will drive 33,661 poor people from 10,083 poor households get rid of poverty and get rich. The total investment of the two projects is RMB 2.1 billion Yuan, of which loans applied from CDB total RMB 1.66 billion Yuan. Up to now, CDB has granted loans of RMB 1.17 billion Yuan. Next, CDB will help the county establish a fund payment management mechanism to ensure the safe use of funds.

Fourth, CDB will strengthen poverty alleviation through industrial development. After the success in sub-loans for poverty alleviation through industrial development based on cooperation between CDB and Zhongyuan Bank in 2016, the business has drawn extensive attention from the government and other banking institutions. CDB will guide financial resources to flow into the poor areas by collaborating with the government and cooperative banks. CDB will further expand the scope of sub-loan, guiding funds to cluster the distinctive industries of the county, to truly nurture industrial development for poor households.

Fifth, CDB will continue support poverty alleviation through educational support. In 2017, CDB granted student loans of RMB 19.87 million Yuan in Lushi County, supporting 3,181 students. Up to now, the student loans have benefits a total of 7,873 students in the county. All poor students really needing student loans have received financial support from CDB. The Bank will continue increasing the support in student loans according to the needs of poor students in the county.

CDB will continue to carry out the spirit of the important speeches of President Xi Jinping on the fight against poverty, firmly uphold and implement the new development concept "innovative, balanced, green, open, and sharing", adhere to the basic strategy of targeted poverty alleviation and targeted poverty reduction, and continuously make innovation in institutional mechanisms. CDB will give full play to the leading role of the government's investment as the main body, bring into play the guiding and coordinating role of financial capital, fully mobilize the internal driving force of cadres and people in the poor areas, and vigorously promote the implementation of projects for relocation of poor populations, infrastructure, public services, and industrial development. By accelerating the cracking of bottlenecks in regional development of poor areas, CDB will continuously enhance the self-development capability of poor areas and poor people to ensure that the county can build a moderately prosperous society in all respects together with the whole country.

Gulin County as a Pilot Site of Targeted Poverty Alleviation Through Development Finance in Sichuan Province

Gulin County is a national poor county and a targeted poverty alleviation county of CDB. Since 2012, CDB has fully supported the fight against poverty in Gulin County through the five-sphere integrated financial services approach of" investment, loans, bonds, donation and intelligence". The two sides have been cooperatively and effectively working on relocation of poor populations, rural infrastructure, poverty alleviation thorugh industrial development and educational support, and achieved remarkable results, benefiting 74,000 poor people.

I. Overview of Gulin County

(I) Basic information

Gulin County, located at the junction of Sichuan and Yunnan and the northern part of the western section of the Dalou Mountain in the Wumeng Mountain system, is in the concentrated contiguous impoverished area of Wumeng Mountain. It is 427 kilometers away from Chengdu and 164 kilometers away from Luzhou. The county covers an area of 3,184 square kilometers and has jurisdiction over 26 towns (townships). There are 870,000 people of 26 ethnic groups including Han, Miao and Yi. It is a national key county in the poverty alleviation and development.

(II) Economic operation

In 2017, the GDP of Gulin County reached RMB 15.27 billion Yuan, an increase of 9.2%; the added value of industrial enterprises above designated size increased by 11%; the investment in fixed assets of the whole society was RMB 23.76 billion Yuan, an increase of 18%. The total retail sales of social consumer goods amounted to RMB 7.07

billion Yuan, an increase of 13.6%; the local public finance income was RMB 1.695 billion Yuan, an increase of 5% (see Table 1); the per capita disposable income of urban residents was RMB 26,077 Yuan, and the per capita disposable income of rural residents was RMB 11,568 Yuan. At the end of 2017, the county had a permanent population of 690,000, and the urbanization rate of permanent residents was 30.15%. In 2017, Gulin County completed the poverty reduction task of 45 poor villages including 14,419 people.

Table 1 The main economic indicators of Gulin County in the past three years

(Unit: RMB 100 million Yuan, %)

Indicator	2015		2016		2017	
	Value	Increase	Value	Increase	Value	Increase
GDP	128.1	9.1%	140.1	8.1%	152.7	9.2%
Local public finance total income	15.65	—	16.2	5.1%	16.95	5.0%
Fixed asset investment	170.69	34.3%	201.4	23.9%	237.6	18%
Consumer Retail	54.79	13.6%	62.3	13.6%	70.7	13.6%

(III) Objectives and key tasks of the "13th Five-Year Plan" of Gulin County

The goal of the "13th Five-Year Plan" of Gulin County is to take the lead in getting rid of poverty and step into a moderately prosperous society in all respects together with the entire country. Specifically speaking, in 2018, the poverty reduction task of 117 poor villages and 74,000 poor people in the county will be fully completed, meeting the poverty alleviation standards set by Sichuan Provincial Government and the standards for poor villages and poor counties, and the gap between the per capita disposable income of urban and rural residents and that of the province and the nation as a whole is narrowed remarkably; by 2020, the average annual growth rate of regional GDP will be over 11%, the total economic output exceeds RMB 23 billion Yuan, and the per capita GDP exceeds RMB 32,800 Yuan. The economic aggregate strives to enter the top 75 of the province in the scale of county economy.

The main tasks are as follows: First, fully promoting the fight agasint poverty. The task that 45 poor villages and 14,395 poor villages should be lifted out of poverty in 2017 and that 50 poor villages covering 40,483 people is to be completed. Second, achieving the success of relocation of poor populations in accordance with the "two-year action plan for the fight agasint poverty", aiming at relocating 38,335 people of 9,829 households. Third, focusing on the development of the "five industries with a ten-billion-grade scale" by establishing the flagship of Langjiu, the Baikou Sauce Winery, the ten billion ecological beef cattle industry, the ten billion Chinese herbal medicine industry, and the ten billion

Huangjing pilot project of poverty alleviation thorugh tourism. Fourth, doing a good job in infrastructure construction with traffic construction as the first priority. In 2017, the construction of the Gulin-Jinsha Expressway, the National Highway 352, the Provincial Highway 442 was commenced and the construction of the Gulin-Renhuai Expressway in 2018 will be put into commenced. Fifth, focusing on the goal of "turning the county into a county-level city" and focusing on the improvement of urban and rural areas. Since 2017, the urban built-up area will have reached 35 square kilometers with an urban resident population of 350,000 within 3-5 years, of whom 48% live in town.

II. Progress in Gulin County's Fight Against Poverty of with the Support of CDB

In 2012, the State Council Leading Group Office for Poverty Alleviation and Development and the Organization Department of the CPC Central Committee identified Gulin County as one of the six targeted poverty alleviation counties of CDB. In April 2013, CDB Sichuan Branch and the Gulin County Government signed a cooperation agreement on the fight against poverty in Beijing, with the aim to provide funds of RMB 2 billion Yuan. Since then, CDB has comprehensively applied the five-sphere integrated financial services approach of investment, loan, debt, donation and intelligence, and actively explored a new path of poverty alleviation through financial support in Gulin County, effectively improving the transportation, education, housing and employment in the poor areas in Gulin County. Such conditions have enhanced their ability in self-development. By the end of June 2018, CDB had promised loans of RMB 4.279 billion Yuan to Gulin County, issued loans of RMB 2.965 billion Yuan, and invested RMB 220 million Yuan in special construction funds, with a donation of RMB 16.176 million Yuan. In particular, on November 11, 2016, Chairman Hu Huaibang of CDB, went to Gulin to investigate requiring to continue increasing the support for Gulin, and in accordance with the principle of finance provincial programs for relocating poor populations, county programs for infrastructure development, and village programs for nurturing industrial development, and give financial support for poor students to pursue their studies, focusing on making Gulin a model for poverty alleviation and development, leading the new direction for further improving fixed-point poverty alleviation in the county.

(I) Investment— special construction funds to solve the problem of project capital

Special construction fund is an important measure for steady growth as an important role in mitigating the lack of capital of a project. CDB regards the special construction fund as an important measure for supporting the local fight against poverty. In particular, it provides full-process financial services regarding the special construction fund for Gulin County from project application, review and credit granting, contract signing to funding, etc. and assigns special personnel to answer questions at any time. As of the end of June 2018, CDB had already invested a total of RMB 220 million Yuan of special construction funds in the relocation of poor population and water source projects of Gulin County, supporting the construction of two projects.

(II) Loans—long-term concessional loans to fulfill the requirements of project funding

CDB prioritizes the granting of long-term, large-amount and low-cost credit funds to Gulin County to support its development in rural infrastructure construction, rebuilding of shanty towns, construction of water conservancy facilities and poverty alleviation through transportation. To date, CDB has promised loans of RMB 4. 279 billion Yuan to Gulin County and granted loans of RMB 2.965 billion Yuan.

The first support goal is infrastructure construction. In terms of improving the living conditions of the poor villages, CDB gives powerful support to Gulin County in its schoolhouse security projects as well as the village road construction. By integrating the financial funds for rural development, CDB has promised a loan of RMB 1.3 billion Yuan. In terms of water conservancy facilities, CDB has granted a loan of RMB 160 million Yuan to the Shiliangzi Water Reservoir. In terms of transportation, CDB has granted a credit loan of RMB 53. 56 million Yuan to Gulin County for its rural road construction project to support its repair and reconstruction of the old rural roads. In terms of construction of featured towns, CDB gives full play to its development financing advantages to help Gulin County in development planning, project planning, financing planning and other related planning of Erlang Town to promote the review progress of the featured town project of Erlang Town.

The second is poor population relocation. CDB actively optimizes the loan models for poor population relocation and the credit granting approval modes for poor population relocation to the maximal extent by shifting "decentralized approval and separate contract signing" into "annual approval and unified contract signing" in collaboration with the

Provincial Poverty Alleviation and Immigration Bureau and the Provincial Development and Reform Commission in accordance under the principle of " controlling risks, improving procedures, and accelerating implementation". It has invested RMB 812 million Yuan of loan funds for the poor population relocation in Gulin County, covering 18,000 people of registered poor households.

The third is student-home-based loans. The Student Financial Aid Management Center of Gulin County is an advanced unit for student-home-based-loan cooperation of CDB Sichuan Branch. Since 2012, CDB has granted a total of RMB 216 million Yuan of student loans to Gulin County, supporting a total of 29,260 students. In addition, in 2016, Gulin County was the first to succeed in the pilot secondary vocational education student loan across China, granting a total amount of RMB 5.1685 million Yuan of students loans and giving support to 914 people, aiming to focus on solving the education problems of "two kinds of backward students" (students who are from poor families and who fail to continue their studies after completing their middle or high school education).

The fourth is the industrial development. On the basis of perfecting the "Four Platforms + Agencies" of the SMEs, the credit enhancement mode is innovated and the use of the preferential credit funds of CDB is linked with the absorption of the labor force from poor families; the loan platform and guarantee platform for SMEs' unified loan business of Gulin County is set up with a cumulative amount of RMB 37.5 million Yuan of loans granted to the SMEs and 312 jobs were created, which has made positive contributions in supporting the development of local SMEs, promoting employment .

(III) Debts— special bonds used to expand the sources of poverty alleviation funds

First, in cooperation with Luzhou City, CDB launched the first project of pilot poverty alleviation bonds across China. In March 2016, the "2016 Revenue Bond of the Relocation of Poor Populaitons of Luzhou City" was officially approved by the National Development and Reform Commission with a total amount of RMB 2 billion Yuan, of which one RMB billion Yuan is related to the project of Gulin County. On September 12, the bond was officially and successfully issued. For the first phase of issuance, RMB 500 million Yuan was issued with an offering period of 10 years. The bond issuance funds are mainly used to support the programs of relcoating poor populations of the two national key counties for poverty alleviation and development, that is, Gulin County and Xuyong County of Luzhou City with 28,623 poor families relocated and a total of 112,101 people involved. Therein, 50%, that is, RMB 250 million Yuan went to Gulin County. The successful issuance of bonds has innovated the financing mode of the poor population relocation. Second, with the assistance from CDB and with the CDB Securities as the main underwriter, the book building of the special urban parking lot construction bond of the state-owned company of Gulin County has been successfully completed with a scale of RMB 640 million Yuan, an interest rate of 5. 96% and a term of 7 years. This special bond is another important measure of CDB to provide fixed-point assistance to Gulin County to expand its poverty alleviation through finanical support and the further implementation of the working concept of "Four Programs" (financing provincial programs for relocating poor populations, county programs for infrastructure development, and village programs for nurturing industrial development, and giving financial support for poor students to pursue their studies). The project plays a promoting role in optimizing the parking environment of the county and improving the basic appearance of the urban areas.

(IV) Donation —funds donated to blaze a new path for poverty alleviation through industrial development

CDB regards donation as an indispensable part of support to Gulin County in its battle against poverty. It is different from the traditional one-off poverty alleviation characterized by funds giving and goods offering in that the donated funds are mainly used to support the development of poverty alleviation industry of Gulin County to achieve the upgrading of poverty alleviation from "blood transfusion" to "blood making". To date, the accumulated donation funds have reached RMB 16. 176 million Yuan. Over the past year, more than 10 fixed-point poverty alleviation activities have been carried out. Most of the donated funds are used for the development of featured local agriculture such as vegetable cultivation, horse-head sheep breeding as well as tea bush planting, etc. of Gulin County, to support the ten-billion-scale beef cattle poverty-alleviating industry projects across the county and to provide credit enhancement services for the registered poor households to enable them to obtain industrial loans.

Table 2 List of CDB's Donations to Gulin County

Sequence No.	Nature	Project Content	(RMB 10,000 yuan)
Total fund donation			1617.6
I	List of donation of the CDB Head Office		1593.2
1	Fund donation of the CDB Head Office		1035
1.1	Funds donated by the CDB Head Office in 2012	Three industry development projects: beauty pepper cultivation, horse-head sheep breeding and tea.	160

Continued table

Sequence No.	Nature	Project Content	(RMB 10,000 yuan)
1.2	Funds donated by the CDB Head Office in 2013	5 industry development projects: 2 walnut tree planting projects, vegetable cultivation and apricot plums cultivation	150
1.3	Funds donated by the CDB Head Office in 2014	3 industry development projects: vegetable cultivation, horse-head sheep breeding, 1 stay-at-home children project(10 schools)	160
1.4	Funds donated by the CDB Head Office in 2015	One village infrastructure project: Maliutan Village Road	245
1.5	Funds donated by the CDB Head Office in 2016	Used as the risk compensatory funds for small poverty alleviation loans of Gulin County	160
1.6	Funds donated by the CDB Head Office in 2017	Used as the risk compensatory funds for small poverty alleviation loans of Gulin County	160
2	Special events of the CDB Head Office		558.2
2.1	"Eyesight-recovering Action" cataract treatment project	Joining hands with China Foundation for Disabled Persons, CDB launched the "Eyesight-recovering Action" to provide financial support for thousands of patients from 2012 to 2015.	133
2.2	"New Great Wall" Self-improvement High School Class for the most-needy student	Through the "New Great Wall" Self-improvement High School Class for the most-needy student, from 2013 to 2015, nine classes are aided financially with RMB 100 thousand Yuan offered to each class and help given to 450 poor students.	90
2.3	"Western Colorful Candle Project"	Thanks to the "Western Colorful Candle Project", from 2012 to 2015, the headmasters and presidents of 206 Schools of Gulin County was given the chances to go to Beijing Normal University.	314
2.4	Mutual Care Plan of the "Colorful Candle Project"	20 schools of Gulin County are aided financially and 20 yuan are offered to 20 left-behind children since 2014.	20

Continued table

Sequence No.	Nature	Project Content	(RMB 10,000 yuan)
2.5	The materials donated by the bureau	On the eve of the "Children's Day", the party branch of the bureau went to the township schools of Gulin County to carry out service activities, organizing staff to donate 10,207 yuan, 151 books and several school supplies (including computers, electronic albums and stationeries) voluntarily.	1.2
II	The donations of Sichuan Provincial Branch of CDB		24.4
1	Materials donated by Sichuan Provincial Branch of CDB	On the Children's Day of 2014, the league committee members of Sichuan Provincial Branch of CDB went to Huangjing Township to carry out care activities and to donate school supplies worth 12,000 yuan.	1.2
2	Funds donated by Sichuan Provincial Branch of CDB in 2014	Gulin Student Aid Commonweal Project	10
3	Funds donated by Sichuan Provincial Branch of CDB in 2015	Teaching equipment donated to the primary schools of Mati Township, Gulin County and the Warmness-delivering Winter Trip	13.2

(I) Intelligence—Intellectual help and support greatly advances poverty alleviation

To eliminate poverty, the first step to be taken is to eliminate illiteracy. Poverty alleviation through intellectual support is the most prominent feature of CDB's participation in the battle against poverty. It has created the typical model of poverty alleviation through financial and intellectual support.

The first is planning. Gulin County is one of the first batch of 22 state-level poor planning cooperation pilot areas of CDB. From 2014 to 2015, CDB actively participated in the preparation of the planning schemes like the "Poverty Alleviation and Development Planning of Gulin County", the "Implementation Plan of the Third Batch of Rural Drinking Water Safety Projects of During the 'Twelfth Five-Year Plan' Period" and others. It has also assisted Gulin County to strengthen investment and financing entities and to promote project financing and legal person construction as a development counselor or in other forms. In 2016, taking the promotion of "studies on the theoretical and practical issues of party building" as a learning and educational opportunity, CDB made in-depth research on the poverty alleviation planning, industry development, financial support and other conditions of Gulin County, independently formulated the "Financing Planning for Key Poverty Alleviation Areas of Gulin County" and organized the experts inside and outside the industry to develop the "Suggestions on the Development of Energy, Tourism and Special Local Agriculture of Gulin County". The two planning reports have become an example for the whole CDB to conduct county-level poverty alleviation planning.

The second is poverty alleviation through intellectual support. CDB vigorously promotes the student-home-based loan business in Gulin County, blocks the transmission of poverty from generation to generation in the principle of "granting all allowable loans", organizes activities like the microcredit poverty alleviation on-site training and observation meetings and spreads the new concepts of poverty alleviation and new patterns of financing through various channels.

The third is talent exchange. CDB has established a two-way talent exchange mechanism with the Gulin County Government. The two sides send personnel to each other's place to take temporary posts to carry out talent exchanges, which has achieved good results.

Dejiang County as a Pilot Site of Poverty Alleviation Through Development Financial Support in Guizhou Province

Following the principle of "planning first" and taking the mechanism and institutional development as means, CDB has adhered to the combination of project development and credit development, the combination of poverty alleviation through financial support and poverty alleviation through knowledge transfer and technical assistance, as well as the combination of production development and improvement of people's livelihood, continuously intensified efforts in delivering poverty alleviation solutions that combine sound rules and systems, funding, and knowledge transfer and technical assistance, with a view to realizing the sustainable development of resources, the protection of ecological environment and the well-balanced poverty alleviation and development. It has made active exploration and practice in the poverty alleviation through financial support in the 50 national poor counties of Guizhou Province. According to local government's financial situation, financial and ecological environment, and poverty alleviation planning, CDB selects Dejiang County as a pilot cooperation county for targeted poverty alleviation to systematically promote the poverty alleviation through development finance.

I. The Overview of the Bank and Government Cooperation Between CDB and Dejiang County

Dejiang County is located in the northeast of Guizhou Plateau, at the junction of Wuling Mountain and Dalou Mountain, and it is about three and a half hours' drive away from Guiyang, the capital city of Guizhou Province. The total population of the county is 550,000 and more than 60% of them are ethnic minorities such as Tujia, Miao, and Gelao. As a key county for the national poverty alleviation and development in the new stage, it has 174 poor villages with 21,711 poor households made up of 73,752 people, and the incidence of poverty hits 20.23%. In 2017, the county registered a GDP of RMB 11 billion Yuan, an increase of 22%. The per capita disposable income of urban and rural residents reached RMB 26,130 Yuan and RMB 8,050 Yuan respectively, registering an increase of 9% and 10.5%. As of the end of 2017, CDB has signed various types of credit contracts worth RMB 3.94 billion Yuan with Dejiang County accumulatively (see Table 3), and granted RMB 3. 133 billion Yuan of credit funds (covering rural infrastructure, rebuilding of shanty towns, water conservancy, relocation of poor populations, CDB rural micro-loan, and SMEs, student loans and special funds, etc.), preliminarily formed a three-dimensional funding framework for financing the provincial programs for relocating poor population, county programs for infrastructure development, village programs for nurturing industrial development, and give financial support for the poor students to pursue their studies.

Table 3 Progress in the Cooperation Between CDB and Dejiang County

(Unit: RMB 100 million Yuan)

Category	Accumulative credit granted	Total amount of loans granted	Loan balance
Rural infrastructure	10.00	10	10
Rebuilding of shanty towns	23.99	15.85	15.62
Relocation of poor populations (poverty alleviation funds included)	2.43	2.43	2.43
Rural micro-loans	2.12	2.12	0.64
Student loans	0.64	0.64	0.45
Other infrastructure	0.3	0.3	0
Total	39.48	21.34	29.13

II. Main Actions of CDB in Targeted Poverty Alleviation Through Development Finance

(I) Planning in advance and dispatching the financial specialist of poverty alleviation to act as the county's financial advisor of targeted poverty alleviation

At the beginning of 2016, CDB dispatched financial specialists of poverty alleviation to the 66 poor counties in Guizhou Province. The financial specialist of poverty alleviation in Tongren City also serves as the financial specialist of poverty alleviation in Dejiang. As the saying goes, "So long as all people be relieved from hunger, free from cold, I care not if, from wooded mountains it comes to vast sufferings untold". In the past two years, the financial specialist dispatched by CDB has traveled between CDB and Dejiang every month. He has visited the main leaders of CPC Dejiang County Committee and Dejiang County Government, learning about the local "13th Five-Year Plan" and the recent goal of the fight against poverty, and proposing advice on the systemic funding planning for development finance to support the economic development and the fight against poverty in the county. He worked tirelessly in the poor villages of Dejiang County regardless all kinds of difficulties, supervising and offering advice on the use of specific project funds.

(II) Fully supporting the renovation of urban shanty towns and the relocation of poor populations to make people live and work in peace and contentment

Dejiang County is a region characterized by "underdevelopment, lack of development and heavy debts". Some urban and rural residents are leading a difficult life. It is pressing to improve the production and living conditions of residents in water conservancy and hydropower project reservoir areas, resettlement areas, industrial and mining areas, shanty towns and urban villages. In order to get rid of the difficult situation that "a place cannot support its inhabitants", CDB cooperated with CPC Dejiang County Committee and Dejiang County Government to fully implement the rebuilding of urban shanty towns and relocation of poor populations. In order to solve the shortage of financial resources and limited credit space in the county, CDB made great efforts to get the unified credit extension of provincial and municipal companies, and used provincial and municipal resources to provide support for the development of the county. At the same time, based on the county-level financial evaluation, the Bank also granted moderate direct credit for rebuilding of shanty towns. As of the end of 2017, CDB has granted loans of RMB 1.585 billion Yuan for the rebuilding of shanty towns and loans of RMB 243 million Yuan for relocation of poor populations.

(III) "To get rich, build roads first"—increasing funding support for important infrastructure projects for poverty alleviation including village roads

It is harder to build roads in Guizhou compared with Sichuan. Guizhou is the only province in the country that has no plains. Dejiang County is located at the intersection of Wuling Mountain and Dalou Mountain. These mountains and ranges bring unique natural resources to the county, but also hinder its development. In response to the traffic problem in the county, CDB proposed to integrate the financial funds for rural development to give funding support to the construction of village roads across the county, which coincides with the transport planning and ideas of poverty alleviation through transportation of CPC

Dejiang County Committee and Dejiang County Government. In 2016, CDB granted the credit of RMB 1 billion Yuan to Dejiang County to support 240 administrative villages (communities) in 21 townships in the county to build 1,643.11 kilometers of roads, benefiting a population of 550,342 from 133 poor villages, including 93,780 persons from rural households under poverty alleviation. At the same time, CDB will continue to explore the practice of poverty alleviation through educational and medical support in the county on the basis of supporting the Relocation of Dejiang Middle School and the project of Jiancha Town Health Center.

(IV) Promoting the transformation from "blood-transfusion" poverty alleviation to "blood-making poverty alleviation and boosting incomes to rural households through "CDB rural micro-loan"

According to the natural resources endowment of Dejiang County, CDB innovatively offered the "CDB rural micro-loan" to support the superior agricultural and animal husbandry products in the contiguous destitute areas of the county, which has become a well-received product of poverty alleviation through financial support among the rural households in Guizhou Province. By promoting the mechanism development, platform building and credit development in advance, CDB has solved the problems of rural residents, such as lack of guaranty, relatively scattered agricultural production, small amount of rural loans and big management difficulty. In this way, the Bank has helped to form the agricultural industrialization development model and funding mode with "government guiding people, farmers participating in development, CDB incubating with capital, and leading enterprises ensuring market benefits". At the same time, "CDB rural mirco-loan" has enhanced the awareness and capability of rural residents in getting involved in market development depending on advantageous resources, transformed them from traditional passive recipients of poverty alleviation donations to active market participants in the agricultural industrialization. The transformation from "blood transfusion" to "blood making" has greatly changed the mental outlook of the people in poor areas and enhanced their self-confidence in development. As of the end of 2017, CDB has granted a total of RMB 211 million Yuan of "CDB rural micro-loans" to the county, investing in Tall Gastrodiae and tea planting and beef cattle breeding industries, and supporting 623 households and 33 SMEs (cooperatives).

(V) Planting the seeds of hope by fully supporting poor students in pursuing a better future through education

It is a solemn commitment of the Party and the State that "no student falls out of school because of family financial difficulties". CDB has worked closely with Guizhou Provincial Department of Education to go all out to promote the origin-based student loans with the aim of"providing loans to those really needing them". As a county with a large population in Guizhou Province, Dejiang has a large number of poor students. In order to ensure that the local poor students know the policy and study at ease, at the peak period of student loan application, the financial specialist of poverty alleviation and account manager actively contact Dejiang County Financial Office and County Education Bureau to organize policy publicity activities, and they and has repeatedly visited the student loan application site with the relevant comrades of the county. During the idle period for the student loan, they urged the relevant departments of the county to do a good job in the integrity education of student loans, ensuring the student loan service can be developed in a sustainable way in the county. As of the end of 2017, CDB has granted RMB 64.42 million Yuan of student loans, and helped 5,735 students to get access to education.

Centering on the goal of"target poverty alleviation", CDB will carefully study the new situation and new changes in poverty alleviation and development, deepen cooperation with the county, continuing the contribution of development finance in supporting targeted poverty alleviation in the areas such as rural infrastructure, agricultural industrialization, poverty alleviation through tourism development and educational support.

Wuding County as a Pilot Site of Targeted Poverty Alleviation Through Development Finance in Yunan Province

I. Background of Wuding

As one of the provinces with the biggest rural poverty scope, the largest poor population and the greatest degree of poverty, Yunnan is one of the main battlefields for the fight against poverty in China. There are a total of 65,500 poor rural people, 7 poor towns (townships) and 59 poor villages in Wuding County, Chuxiong Prefecture, Yunnan Province. Wuding is a national poor county inhabited by ethnic minorities, featuring "mountainous area, ethnic minorities, religion and poverty". It is also a key county for development and the fight against poverty in Wumeng Mountain Region, an old revolutionary base area, and one of typical representatives of poor counties in Yunnan Province.

In recent years, CDB has worked conscientiously by taking forceful steps and delivering tangible results in Yunnan with deep devotion, great wisdom and open thought. CDB has adopted the innovative model of "conducting business according to planning under the overall guidance of party building", given full play to the advantages of development finance in the aspects of implementation and operation, turned the decisions and plan of the central government into substantial financial benefits, acted on the missions, and made great achievements, writing a new chapter in the poverty alleviation through financial support in the province.

II. Poverty Alleviation Progress in Wuding County in 2016

In 2016, according to the overall requirements for the "Crucial Year of Poverty

Alleviation" set down by Wuding County Party Committee, CDB gave active support to the poverty alleviation in Wuding County. Wuding County has always given top priority to the fight against poverty in the county's overall economic and social development, and closely focused on the annual goal of "lifting out of poverty Bailu Town, 8 poor administrative villages, and 12,400 registered poor people". All departments, cadres and the people across the country worked hard together, gaining certain success in the fight against poverty.

First, hitting a record high of the funds for poverty alleviation projects. In the whole year, great efforts were made to get the funds for various poverty alleviation projects, totaling RMB 980 million, amounting to 408% of the target amount (RMB 240 million) set at the beginning of the year, equivalent to the total special fiscal funds for poverty alleviation in the previous 30 years.

Second, completing the relocation of poor populations ahead of schedule. Resettlement houses were built for 7,224 households that were relocated for poverty alleviation, and the tasks of the past three years were completed ahead of schedule.

Third, greatly improving infrastructure in poor rural areas. Efforts were made to seek funding and project development funds of RMB 540 million went to 11 towns throughout the year, solving problems relating to safe drinking, road traffic and living environment for poor households.

Fourth, greatly enhancing the follow-up industries to get rid of poverty and become rich. According to the standard of RMB 5,000 per household, a total of RMB 64.47 million were input as funds for poverty alleviation through industrial development and the poverty alleviation projects were completed successfully for 13,807 registered poor households.

Fifth, achieving the annual poverty alleviation goal as scheduled. According to "6,985" poverty alleviation standards (i.e., 6 indicators for lifting poor population out of poverty, 9 indicators for lifting poor administrative villages out of poverty, 8 indicators for lifting poor townships (towns) out of poverty, and 5 indicators for lifting poor counties out of poverty) and assessment requirements of "three rates and one degree" (meaning that the incidence of poverty is less than 3%, the error out-of-poverty rate is less than 2%, the assessment missing rate is less than 1%, and the satisfaction degree of the people is over 90%), the 2015 Annual Promotion Project Acceptance of Township and the 2016 Poverty Alleviation Task Assessment and Acceptance carried out by Chuxiong Out-of-Poverty Assessment and Acceptance Team from December 15 to 21, 2016 were successfully completed, with The Bailu Town, 8 poor administrative villages and 12,400 registered poor people all meeting the out-of-poverty acceptance criteria.

Sixth, steady promoting the work that the leaders personally go to the towns and villages to supervise and manage the poverty alleviation, and management department assists villages and counties and grass-roots cadres help households, and advancing the work of improving work style, conducting grass-roots campaign and visiting poor households in poor villages. Through joint efforts of 131 departments at the provincial, prefecture and county levels, assistance and support rom 5,549 cadres and 585 poverty alleviation team members stationed in villages, the whole county accurately identified 4,871 people of 2,244 households, which were development households, low-income households, pure low-income households, and households enjoying the five guarantees, and assist the newly covered poor households in a timely manner.

Seventh, actively creating a situation of extensive poverty alleviation. Following the work ideas of the County Party Committee and County Government, the following work has been done: there are pictures on TV, voice from broadcasting, columns on website and news update on mobile newspaper, basically forming a circumstance, where the cadres and the people focus on, talk about, pay attention to and promote poverty alleviation.

Eighth, successfully achieving the annual assessment indicators. According to the 4 indicators and 18 sub-indicators for assessment given in the Implementation Rules of Chuxiong Prefecture for Poverty Alleviation Assessment, all the indicators have been reached upon comprehensive performance appraisal. Wuding County has been awarded the title of Outstanding County of Poverty Alleviation and Development in Yunnan Province during the "12th Five-Year Plan" period.

III. Main Practices and Experiences

(I) Strengthening Party building, establishing systems with full consideration of people's livelihood, and combining Party building with poverty alleviation through financial support organically

General Secretary Xi Jinping once pointed out that "doing a good job in Party building and promoting poverty alleviation is important experience in poor areas to get rid of poverty and become rich." CDB has closely integrated poverty alleviation through financial support with Party building, and has always adhered to the principle of "promoting poverty alleviation through Party building, and strengthening Party building through poverty alleviation". Firstly, strengthen the establishment of systems with full consideration of people's livelihood. The Bank has conducted several thorough investigations in Chuxiong Prefecture and Wuding County. Through full consultation with Chuxiong Prefecture and Wuding County Party Committees, CDB has achieved goal integration, responsibility integration and mechanism integration in terms of planning cooperation, project cooperation and mechanism establishment, thus laying a good foundation for subsequent work. Secondly, strengthen organizational guarantee. Under the circumstance of heavy tasks and shortage of staff members, an outstanding deputy director was dispatched to Chuxiong Prefecture as the financial officer for poverty alleviation. CDB continuously coordinated the relevant policy resources and financial resources at the levels of municipality and prefecture, to help Wuding County to get rid of poverty. Thirdly, strengthen the linkage between the Head Office and the local branch. The members of the Head Office and Yunnan Branch went to Chuxiong Prefecture to conduct joint research to learn the funding needs and the funding difficulties of the grass-roots government, and effectively help the poor to get rid of poverty and become rich.

(II) Enhancing planning, cohesion and talent aggregation, and providing knowledge transfer and technical assistance service

In the fight against poverty, knowledge transfer and technical assistance service is a prominent feature distinguishing CDB from other financial institutions. CDB proposed, "to do a good job in poverty alleviation through financial support, it is necessary to accurately interpret various poverty alleviation policies in accordance with local conditions, thoroughly sort out business lines, and establish a systematic development strategy and implement poverty alleviation through financial support with defined goals, steps and measures". The systemic funding plan should be developed as a key carrier for merging the consensus of the Bank and local governments and deepening the business cooperation, with a view to formulating annual systemic financing plans with controllable risk and high feasibility, on the basis of scientifically determining the optimal balance between fiscal expenditure and debt development, so as to promote projects with enough funds, turn planning into reality, and make the poverty alleviation through financial support more accurate, reasonable and systemic. The *Systemic Financing Plan for Poverty Alleviation in Wuding County, Chuxiong Prefecture* was prepared by CDB in conjunction with Yunnan University and the Party School of CPC Yunnan Provincial Committee through six-month research. CDB officially submitted the plan to Wuding County Government in April for reference in decision-making. This is the first systemic funding plan of Yunnan Province for a poor county in the fight against poverty and has been highly recognized by governments at all levels. The following proposals are provided in the plan for Wuding County: i) give full play to financial synergy, utilize the term mismatch principle of project income and financial instrument and use limited disposable revenue to leverage moderate financial resources; ii) identify the nature of poverty alleviation projects (public welfare, quasi-public welfare or market oriented), clarify the scope of government expenditure, and focus on promoting the development of major poverty alleviation projects in the mode of government purchase of service or PPP mode; iii) actively strive for enhancing credits of large-scale enterprises in China and Yunnan Province, improve funding capacity, and promote project implementation.

(III) Supporting business development, paying close attention to actual results and offering funding support to projects for the fight against poverty

As of the end of 2017, CDB has extended credits of RMB 12.142 billion to the projects in Wuding County, granting loans of RMB 7.206 billion in total. Special development funds, long- and medium-term loans and other financial instruments were used to accelerate the process of the fight against poverty in the county. Firstly, CDB has offered RMB 969 million of special project development funds to effectively incite project investment and financing. Secondly, a commitment of RMB 900 million was made for assessment of Poor Village Infrastructure Project in Wuding County, and a loan of RMB 342 million was offered, so as to support the development in four fields, i. e. rural roads, safe water drinking, school security, and environmental remediation. Thirdly, a loan of RMB 256 million was committed and a loan of RMB 68 million was offered to the county through the Provincial-level Unified Loan Project for relocation programs of poverty alleviation. Fourthly, the provincial-level unified loan resources for rural renovation were properly used to support 10 demonstration villages in the county, with a loan of RMB 20 million offered. Fifthly, the special financial products, such as student loan and emergency loan, were used to offer funds of RMB 45 million in the county. Sixthly, the foundation for poverty alleviation and development of Wuding was built, a loan commitment of RMB 8.081 billion was realized for traffic and water conservancy projects for poverty alleviation in the county, with loans of RMB 5.262 billion granted. Seventhly, a Cooperation Office for Development Finance in Poverty Alleviation was set up in Chuxiong Prefecture. With reference to the model of "four platforms and one association" (Management Platform, Loan Platform, Guarantee Platform, Publicity Platform and Credit Association), focus was put on providing systematic funding support for the industrial chain by relying on leading enterprises.

IV. Main Achievements

CDB has been fully affirmed by the main leaders of CPC Yunnan Provincial Committee with achievements made for the fight against poverty by promoting work in all areas by drawing upon the experience gained on key points, giving full consideration to people's livelihood, lending funding support, and offering knowledge transfer and technical assistance. CDB officially submitted the *Systematic Funding Plan for the Fight Against Poverty in Wuding County*, *Chuxiong Prefecture* (2016-2020) to Wuding County Government, which has been highly recognized by the County Party Committee and the County Government, and laid a good foundation for further pragmatic cooperation of both sides in the fight against poverty.

In addition, the mainstream media, such as the official websites of the State Council Leading Group Office for Poverty Alleviation and Development and *Yunnan Daily*, have given positive comments. Firstly, the article of *CDB Yunnan Branch Gave Full Assistance to Poverty Alleviation of Wuding County by* Development *Finance* was published on the official website of the State Council Leading Group Office for Poverty Alleviation and Development, with a view to promoting the Wuding model nationwide. Secondly, *Yunnan Daily* published an article on the front page reporting that CDB boosted Wuding County to get rid of poverty with systematic funding planning. Thirdly, the article of *Yunnan's First County-level Systematic Funding Planning for the Fight Against Poverty Unveiled* was published at Yunnan. cn.

CDB will deepen the cooperation between the Bank and the government based on the actual situation of Wuding County, focus on key areas and further increase the funding support financing, knowledge transfer and technical assistance. Firstly, CDB will utilize the ecological advantages of Chuxiong Prefecture, support the development of the reserve forest projects in the county through the innovative models including PPP, promote the improvement of rural economic structure, facilitate the poor people to increase income and get rid of poverty, and actively boost poverty alleviation by forestry projects. Secondly, CDB will continue to promote the poor village upgrading program, support the rural renovation projects of Wuding County, combine the reconstruction of rural dilapidated housing and earthquake-resistant housing projects and development of new socialist countryside, comprehensively promote the development of new socialist countryside, and help poor households to have good environments, live in good houses and lead good lives. Thirdly, CDB will support the development of characteristic small towns in the county, develop ecology, tourism and other resources, promote industrial agglomeration and development of collective economy, and explore new ways to support the fight against poverty through the development of characteristic small towns.

Appendixes

Pictures of CDB's Fight Against Poverty

I. The Program of Relocating Poor Populations

Resettlement Building (Phase I) Project for Relocated Poor Population supported by CDB in Yukou Town, Fangshan County, Shanxi Province

Contrast of the living environment before and after the Relocation Project of Poor Population supported by CDB at Beiliuzi Village, Dukou Town, Dukou Town, Dengkou County, Inner Mongolia Autonomous Region

Relocation Project of Poor Population supported by CDB at Xiaochi Town, Taihu County, Anqing City, Anhui Province

Contrast of the living environment before and after the Relocation Project of Poor Population supported by CDB at Lushi County, Henan Province

Yimin Jiayuan Concentrated Resettlement Site completed with the support of CDB at Lukou Town, Chongyang County, Xianning City, Hubei Province

Yisuo Relocation and Resettlement Project of Poor Population supported by CDB at Futangtun Area, Wuming County, Guangxi Zhuang Autonomous Region

Yinpo Village, Nankai Township, Baisha County, Hainan Province, built with the support of CDB

Contrast of housing before and after the relocation of the registered poor households at Baixia Village, Zhaotong City, Yunnan Province with the support of CDB

he concentrated resettlement site for the relocated poor population at Deji New Village, Songjitan, Tianzhu County, Wuwei City, Gansu Province, completed with the support of CDB

II. Program of Rural Infrastructure Construction

The main street in Houyanzhuang Village before reconstruction

The main street in Houyanzhuang Village after reconstruction

Contrast before and after reconstruction of village road under the Rural Infrastructure Construction Supported by CDB in Wei County, Hebei Province

Contrast before and after construction of village roads in Qinggang County, Heilongjiang Province, supported by CDB

Contrast before and after Road Construction of Wajianggou Village, Sanbao Township, Beipiao City, Liaoning Province, supported by CDB

New Resettlement Housing under the Rural Environmental Improvement Program supported by CDB in Jinzhai County, Anhui Province

Contrast before and after the Poor Village Upgrading Project supported by CDB at Guoying Village, Laozhuang Town, Zhenping County, Henan Province

Development of the Biancheng Scenic Town, Xiangxi, Hunan Province supported by CDB

A New Look of Shijin Village, Sandao Town, Baoting County, Hainan Province, supported by CDB

Contrast before and after the Construction of the Dagangbei to Zhangxianjie Highway in Shangping Village, Gonghe Town, Dejiang County, Guizhou Province, supported by CDB

Ginkgo Tree Village Cultural Square, Jialing Town, Huixian County, Longnan City, Gansu Province, built with the support of CDB

The old and new water mills

The old and new river embankment

The old and new Convenience Cultural Square and Village Service Center

Contrast of new and old infrastructure projects constructed with the support of CDB at Paogou Village, Xihe County, Longnan City, Gansu Province

Bridge construction at Dibian Village,Kizilsu Kirghiz Autonomous Prefecture,and rural infrastructure construction of Moyu County,Xinjiang Uyghur Autonomous Region supported by CDB

Rural Drinking Water Consolidation and Improvement Project in Pengyang County,Ningxia Hui Autonomous Region supported by CDB

Lhasa to Linzhi High-grade Highway Project of Tibet Autonomous Region supported by CDB

III. Program of Poverty Alleviation Through Industrial Development

The "One Village One Chicken Farm" Poverty Alleviation Project in Dongliao County, Jilin Province, supported by CDB

TCM Planting and Processing Project in Yiyuan County, Shandong Province, supported by CDB

Caiyuan Lushi Chicken Ecological Breeding Project in Lushi County,Henan Province, supported by the poverty alleviation loans of CDB

The Project of Lushi County E-commerce Start-up Park in Henan Province supported by CDB

Grape Planting Greenhouse in Xinzhuang Village,Zhijiang County,Hunan Province,supported by CDB

The First"Farm-Solar Complementary" Photovoltaic Poverty Alleviation Project in Guangxi Zhuang Autonomous Region supported by CDB successfully connected to the grid

The National Reserve Forest Base of Guangxi Zhuang Autonomous Region supported by CDB—the Eucalyptus Forest planted after the forest reform

The Free-range Chicken Breeding Project for Poverty Alleviation in Xiushan County, Chongqing, supported by CDB

The project of "Relocation of Poor Population + Poverty Alleviation through Industrial Development" supported by CDB in Dazhou City, Sichuan Province

DB supported the development of tea industry in Yinjiang Tujia and Miao Autonomous County, Guizhou Province

High-standard Beef Cattle Breeding in Dejiang County, Guizhou Province supported by micro-agricultural loans of CDB

Profile of the breeding pig farm of Ankang Yangchen Animal Husbandry Technology Co. ,Ltd. of Shaanxi Province,supported by CDB

The greenhouse supported under the Program of Poverty Alleviation through Industrial Development supported by CDB in Baisha Town,Qingshui County,Gansu Province (Contrast before and after the renovation)

Liangyuan Fruit Industry, Lixian City, Gansu Province, supported by the CDB's poverty alleviation loans

The "water-solar complementary" 320,000-kilowatt Grid-connected Photovoltaic Power Generation Project of Longyangxia, Hainan Tibetan Autonomous Prefecture, Qinghai Province, supported by CDB

CDB supported the development of distinctive industries by poor rural families in Yanchi County, Ningxia Hui Autonomous Region

Qushui Modern Agricultural Industrial Park, Tibet Autonomous Region, supported by CDB

IV. Program of Poverty Alleviation Through Educational Support

95593 Student Loan Call Center Hall

CDB student loan processing site in Hebei Province

CDB origin-based student loan acceptance site in Shandong Province

Acceptance site of origin-based student credit loans of CDB in Du'an County, Guangxi Zhuang Autonomous Region

Teachers from the Qiubei County Financial Aid Center of Yunnan Province were providing consulting service for poor students

Publicity of CDB origin-based student loan in Zhongxian County, Chongqing

Pictures of the Kashgar Bilingual Kindergarten under construction and after being put into use in Xinjiang Uyghur Autonomous Region, supported by CDB

V. Public Welfare Program for Poverty Alleviation

The on-site donation of CDB love packages on the theme"For the Children in Mountains"
—Children carried new schoolbags

The Program of"CDB Children's Painting Album for Fulfilling Dreams" Supported by CDB—a bridge of friendship built through painting

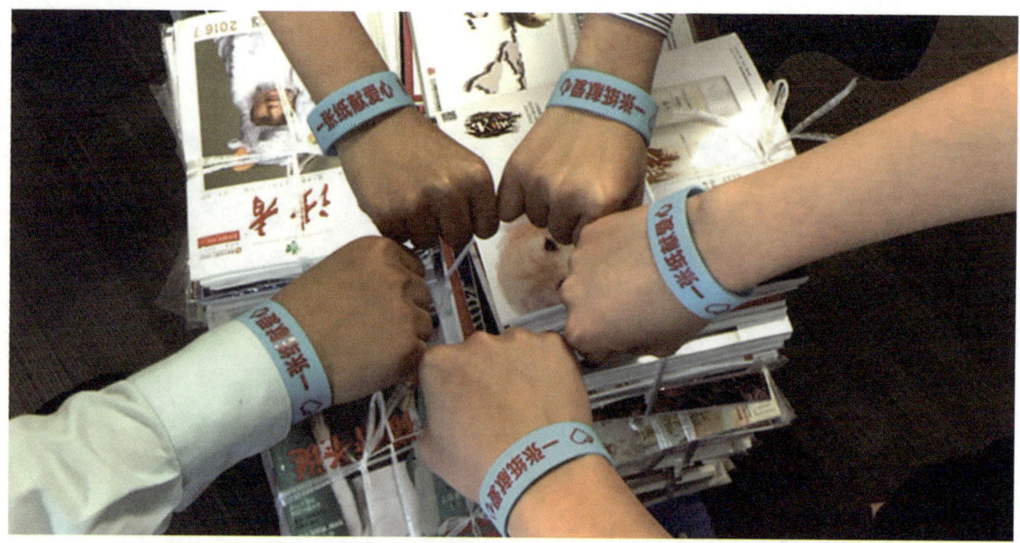

CDB Launched "Paper for Love Campaign"

The CDB "Color Candle Project" Public Welfare Program—Students were showing their works in great delight

The"Yellow Bracelet Donation Action" Public Welfare Program of CDB and the distribution ceremony of four-generation positioning yellow bracelets

CDB"New Great Wall" special student financial aid program

CDB"Happy Music Classroom"Public Welfare Program— Yuerqi Township Central Primary School,Aksu City,Xinjiang

CDB"Happy Music Classroom" Public Welfare Program—Xihai Ethnic Boarding School in Haiyan County,Qinghai Province

CDB Love Award Program —The Aided Teacher is giving lectures to pupils

"Caring for the Poor Angels to Grow with Books" assistance activities organized by CDB Henan Branch

"Colorful Classroom" in the Meizigou Village Love Library, donated by CDB Hubei Branch